여러분의 합격을 응원하는
해커스경찰의 특별 혜택!!

KB148348

FREE 경찰헌법 **동영상강의**

해커스경찰(police.Hackers.com) 접속 후 로그인 ▶ 상단의 [무료강좌 → 경찰 무료강의] 클릭하여 이용

 해커스경찰 온라인 단과강의 **20% 할인쿠폰**

2E7AEC389DF332AT

해커스경찰(police.Hackers.com) 접속 후 로그인 ▶ 상단의 [내강의실] 클릭 ▶
[쿠폰/포인트] 클릭 ▶ 쿠폰번호 입력 후 이용

* 쿠폰 이용 기한: 2024년 12월 31일까지(등록 후 7일간 사용 가능)
* ID당 1회에 한해 등록 가능

합격예측 **모의고사 응시권 + 해설강의 수강권**

7F362F3C8F2675W8

해커스경찰(police.Hackers.com) 접속 후 로그인 ▶ 상단의 [내강의실] 클릭 ▶
[쿠폰/포인트] 클릭 ▶ 쿠폰번호 입력 후 이용

* 쿠폰 이용 기한: 2024년 12월 31일까지(ID당 1회에 한해 등록 가능)

쿠폰 이용 관련 문의 **1588-4055**

단기 합격을 위한

해커스 커리큘럼

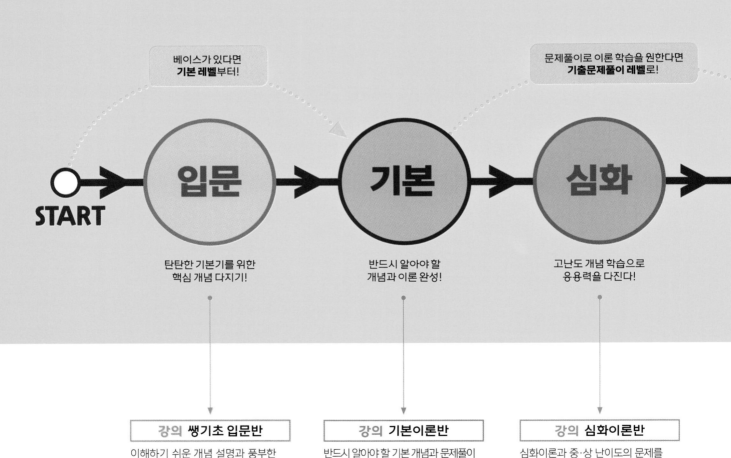

베이스가 있다면
기본 레벨부터!

문제풀이로 이론 학습을 원한다면
기출문제풀이 레벨로!

START

입문
탄탄한 기본기를 위한
핵심 개념 다지기!

기본
반드시 알아야 할
개념과 이론 완성!

심화
고난도 개념 학습으로
응용력을 다진다!

강의 쌩기초 입문반

이해하기 쉬운 개념 설명과 풍부한
연습문제 풀이로 부담 없이 기초를
다질 수 있는 강의

강의 기본이론반

반드시 알아야 할 기본 개념과 문제풀이
전략을 학습하여 핵심 개념 정리를
완성하는 강의

강의 심화이론반

심화이론과 중·상 난이도의 문제를
함께 학습하여 고득점을 위한 발판을
마련하는 강의

레벨별 교재 확인 및
수강신청은 여기서!

police.Hackers.com

* 커리큘럼은 과목별·선생님별로 상이할 수 있으며, 자세한 내용은 해커스경찰 사이트에서 확인하세요.

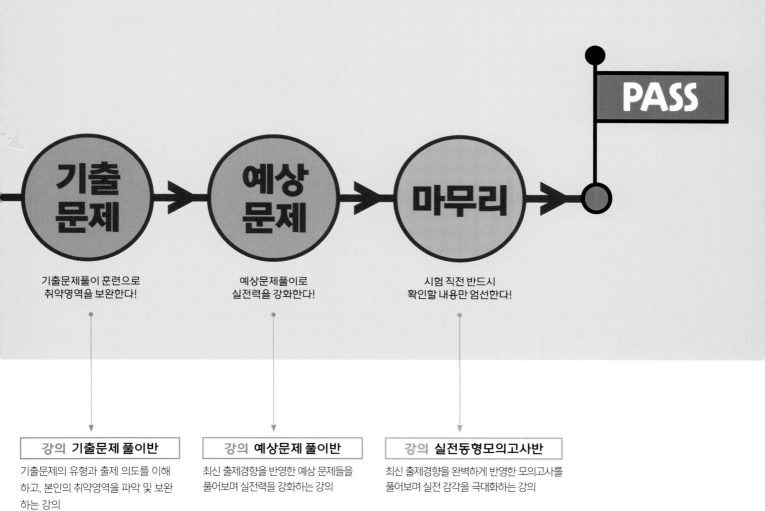

기출
문제

예상
문제

마무리

PASS

기출문제풀이 훈련으로
취약영역을 보완한다!

예상문제풀이로
실전력을 강화한다!

시험 직전 반드시
확인할 내용만 엄선한다!

강의 **기출문제 풀이반**

기출문제의 유형과 출제 의도를 이해
하고, 본인의 취약영역을 파악 및 보완
하는 강의

강의 **예상문제 풀이반**

최신 출제경향을 반영한 예상 문제들을
풀어보며 실전력을 강화하는 강의

강의 **실전동형모의고사반**

최신 출제경향을 완벽하게 반영한 모의고사를
풀어보며 실전 감각을 극대화하는 강의

강의 **봉투모의고사반**

시험 직전에 실제 시험과 동일한 형태의
모의고사를 풀어보며 실전력을 완성하는 강의

해커스경찰 **단기 합격생**이 말하는
경찰 합격의 비밀!

해커스경찰과 함께라면
다음 합격의 주인공은 바로 여러분입니다.

완전 노베이스로 시작,
8개월 만에 인천청 합격!
강*혁 합격생

형사법 부족한 부분은 모의고사로 채우기!

___

기본부터 **기출문제집과 같이 병행**해서 좋았던 것 같습니다. 그리고 1차 시험 보기 전까지 심화 강의를 끝냈는데 **개인적으로 심화강의 추천** 드립니다. 안정적인 실력이 아니라 생각해서 기출 후 **전범위 모의고사에서 부족한 부분들을 많이 채워** 나간 것 같습니다.

법 계열 전공,
1년 이내 대구청 합격!
배*성 합격생

외우기 힘든 경찰학, 방법은 회독과 복습!

___

경찰학의 경우 양이 워낙 방대하고 휘발성이 강한 과목이라고 생각합니다. (중략) 지속적으로 **회독**을 하였으며, **모의고사**를 통해서 **틀린 부분을 복습**하고 그 범위를 **다시 한 번 책**으로 돌아가서 봤습니다.

이과 계열 전공,
6개월 만에 인천청 합격!
서*범 합격생

법 과목 공부법은 기본과 기출 회독!

___

법 과목만큼은 **인강을 반복해서** 듣고 **기출을 반복**해서 읽고 풀었습니다. 익숙해질 필요가 있다고 생각해서 **회독에 더 집중**했었습니다. 익숙해진 이후로는 **오답도 챙기면서 공부**했습니다.

해커스경찰 police.Hackers.com

더 많은 합격수기가 궁금하다면? ▶

해커스경찰
신동욱
경찰헌법
실전동형모의고사 1

신동욱

약력

현 | 해커스 경찰학원 헌법, 경찰행정법 강의
　　해커스공무원학원 헌법, 행정법 강의

전 | 경찰청 헌법특강, EBS 특강
　　경찰교육원 간부후보생 헌법특강
　　서울시교육청 핵심인재과정 헌법특강
　　교육부 평생교육진흥원 학점은행 교수
　　성균관대, 단국대, 전남대, 충북대 등 특강교수

저서

해커스경찰 신동욱 경찰헌법 실전동형모의고사 2
해커스경찰 신동욱 경찰헌법 실전동형모의고사 1
해커스경찰 신동욱 경찰헌법 최신 3개년 판례집
해커스경찰 신동욱 경찰헌법 진도별 문제풀이 500제
해커스경찰 신동욱 경찰헌법 단원별 핵심지문 OX
해커스경찰 신동욱 경찰헌법 기출문제집
해커스경찰 신동욱 경찰헌법 핵심요약집
해커스경찰 신동욱 경찰헌법 기본서
해커스경찰 신동욱 경찰행정법 기출문제집
해커스경찰 신동욱 경찰행정법 기본서
해커스공무원 실전동형모의고사 神헌법2
해커스공무원 실전동형모의고사 神헌법1
해커스공무원 해설이 상세한 기출문제집 神헌법
해커스공무원 처음 헌법 조문해설집
해커스공무원 처음 헌법 만화판례집
해커스공무원 神헌법 기본서
조문이론 판례분석 헌법, 법학사
스마트 신동욱 헌법, 윌비스

서문

엄선된 문제들로 구성되었기 때문에 시험을 앞둔 수험생들에게 단비와 같은 역할을 할 수 있으리라 기대합니다. 한 두 문제로 당락이 좌우될 수 있는 시험현실에서 합격의 열쇠가 될 수 있는 단 한 문제를 건질 수만 있어도 소기의 목적을 달성할 수 있지 않을까 생각합니다. 경찰헌법 시험에 맞는 적절한 난이도 그리고 무엇보다도 최고의 적중률을 염두에 두고 문제를 구성하였습니다.

본 교재는 다음과 같은 특징을 가지고 있습니다.

첫째, 최신판례와 개정법령을 반영하였습니다.

둘째, 경찰헌법에 최적화된 적절한 난이도와 중요도를 반영하여 실전감각을 익힐 수 있도록 하였습니다.

셋째, 상세한 해설을 통해 본 교재를 통해서도 반복학습의 효과를 극대화하도록 하였습니다.

넷째, 적중률 높은 문제만을 엄선하여 고득점 합격에 도움이 되도록 하였습니다.

더불어 경찰공무원 시험 전문 **해커스경찰(police.Hackers.com)**에서 학원강의나 인터넷 동영상강의를 함께 이용하여 꾸준히 수강한다면 학습효과를 극대화할 수 있습니다.

아무쪼록 본 교재로 공부하는 모든 수험생들의 조기합격과 건강을 기원합니다.

2023년 2월
신동욱

목차

정답 및 해설

실전동형 모의고사

소요시간: _____ / 15분　　　　　맞힌 답의 개수: _____ / 20

문　1. 다음 중 헌법재판소의 결정 내용으로 가장 적절하지 않은 것은?

① 2회 이상 음주운전 금지규정을 위반한 사람을 2년 이상 5년 이하의 징역이나 1천만원 이상 2천만원 이하의 벌금에 처하도록 규정한 구 도로교통법 제148조의2 제1항 중 '제44조 제1항을 2회 이상 위반한 사람'에 관한 부분은 책임과 형벌간의 비례원칙과 평등원칙에 반하여 헌법에 위반된다.

② 전문과목을 표시한 치과의원은 그 표시한 전문과목에 해당하는 환자만을 진료하여야 한다고 규정한 의료법 제77조 제3항이 치과전문의인 청구인들의 직업수행의 자유를 침해하는 것이다.

③ 복수국적자가 병역준비역에 편입된 때부터 3개월이 지난 경우 병역의무 해소 전에는 대한민국 국적에서 이탈할 수 없도록 제한하는 국적법 제12조 제2항 본문은 국적이탈의 자유를 침해한다.

④ 국가는 흡연의 폐해로부터 국민의 건강을 보호하여야 할 의무가 있음에도 불구하고 국가가 담배사업법을 통하여 담배의 제조 및 판매를 허용하고 보장하는 것이 국가의 기본권 보호의무를 위반하여 청구인의 생명·신체의 안전에 관한 권리를 침해하는 것이다.

문　2. 집회의 자유에 대한 다음 설명 중 가장 적절하지 않은 것은? (다툼이 있는 경우 헌법재판소 결정에 의함)

① 옥외집회를 개최하겠다고 신고하였으나 그 신고 내용과 달리 처음부터 옥외집회 없이 옥내집회만 개최한 경우 등과 같이 신고된 옥외집회와 현실로 개최된 옥내집회의 동일성이 인정되지 아니하는 경우에는 그 옥내집회는 신고된 옥외집회의 범위를 벗어난 행위에 해당한다는 것을 이유로 해산을 명할 수 있다.

② 집회의 자유에는 집회를 통하여 형성된 의사를 집단적으로 표현하고 이를 통하여 불특정 다수인의 의사에 영향을 줄 자유를 포함한다.

③ 대통령 관저 인근에서 집회를 금지하고 이를 위반하여 집회를 주최한 자를 처벌하는 집회 및 시위에 관한 법률 제11조 제3호는 집회의 자유를 침해한다.

④ 집회를 방해할 의도로 집회에 참가하는 것은 집회의 자유에 의해 보호되지 않는다.

문 3. 다음 중 헌법재판소 결정 내용으로 가장 적절하지 않은 것은?

① 운전면허를 받은 사람이 자동차 등을 이용하여 살인 또는 강간 등 행정안전부령이 정하는 범죄행위를 한 때 운전면허를 필요적으로 취소하도록 하는 구 도로교통법 제93조 제1항 제11호가 직업의 자유를 침해한다.

② 재정신청권자를 '고발을 한 후보자와 정당(중앙당에 한함) 및 해당 선거관리위원회'로 제한한 구 공직선거법 제273조 제1항이 재판청구권을 침해하는 것은 아니다.

③ 형법상의 범죄와 똑같은 구성요건을 규정하면서 법정형만 상향 조정한 특정범죄 가중처벌 등에 관한 법률 제5조의4 제1항 중 형법 제329조에 관한 부분 등은 평등원칙에 위반된다.

④ 혼인 종료 후 300일 이내에 출생한 자를 전남편의 친생자로 추정하는 민법 제844조 제2항 중 '혼인관계종료의 날로부터 300일 내에 출생한 자'에 관한 부분이 모가 가정생활과 신분관계에서 누려야 할 인격권을 침해하는 것은 아니다.

문 4. 다음 중 인격권 등과 관련된 헌법재판소의 판례와 일치하지 않는 것은?

① 불공정한 선거기사를 게재한 언론사에 대하여 사과문 게재를 명하는 것 자체는 언론사의 인격권에 대한 과도한 제한으로 볼 수 없다.

② 민사재판에 당사자로 출석하는 수형자에 대하여 사복착용을 불허하는 것은 인격권을 침해하지 아니한다.

③ 일제강점하 반민족행위 진상규명에 관한 특별법 제2조 제9호에서 조선총독부 중추원 참의활동을 친일반민족행위의 하나로 규정한 것은 과잉금지원칙에 위배되지 않는다.

④ 경찰관이 보도자료 배포 직후 기자들의 취재 요청에 응하여 청구인이 경찰서 조사실에서 양손에 수갑을 찬 채 조사받는 모습을 촬영할 수 있도록 허용한 행위는 청구인의 인격권을 침해하는 것이다.

문 5. 다음 사례와 관련된 헌법재판소의 결정 내용으로 가장 적절한 것은?

> 청구인들은 비전문취업(E-9)비자를 받고 대한민국에 입국한 네팔 또는 우즈베키스탄 국적의 외국인근로자들이다.
> 구 외국인근로자의 고용 등에 관한 법률에 따르면, 외국인근로자는 사업장을 이탈하지 아니한 채 1년 이상 근무하고 기간 만료로 출국하거나 사업장을 변경하는 경우 출국만기보험금을 지급받을 수 있었다. 그런데 국회는 2014.1.28. 외국인근로자들이 근로계약기간이 만료되어 출국만기보험금을 수령하고도 본국으로 귀국하지 않아 불법체류자가 급증하고 있다는 이유로, 외국인근로자의 고용 등에 관한 법률을 개정하여 출국만기보험금의 지급시기를 '피보험자 등이 출국한 때로부터 14일 이내'로 제한하는 내용을 추가하였다.
> 청구인들은 출국만기보험금의 지급시기를 출국 후 14일 이내로 제한하고 있는 외국인근로자의 고용 등에 관한 법률 제13조 제3항과 그 적용 시기를 정한 부칙 제2조가 청구인들의 기본권을 침해한다고 주장하면서 2014.5.8. 이 사건 헌법소원심판을 청구하였다.

① 근로의 권리는 기본적으로 국민의 권리이기 때문에 외국인에게는 인정될 수 없다.

② 외국인도 국가인권위원회법의 적용대상이므로 국가인권위원회의 공정한 조사를 받을 권리를 보장받는다.

③ 불법체류 중인 외국인이라도 신체의 자유, 주거의 자유, 변호인의 조력을 받을 권리, 재판청구권 등은 성질상 인간의 권리에 해당하기 때문에 기본권 주체가 될 수 있다.

④ 내국인근로자는 퇴직한 때부터 14일 이내에 퇴직금을 받을 수 있는 반면, 외국인근로자는 퇴직한 때가 아닌 출국한 때부터 14일 이내에 퇴직금에 해당하는 출국만기보험금을 받을 수 있도록 한 것은 평등권을 침해하는 것이다.

문 6. 통신의 자유와 개인정보자기결정권에 관한 서술 중 가장 적절한 것은? (다툼이 있는 경우 헌법재판소 결정에 의함)

① 형제자매에게 가족관계등록부 등의 기록사항에 관한 증명서 교부청구권을 부여하는 가족관계의 등록 등에 관한 법률 제14조 제1항 본문 중 '형제자매' 부분이 과잉금지원칙을 위반하여 청구인의 개인정보자기결정권을 침해하는 것은 아니다.

② 정보수사기관의 장은 국가안전보장에 대한 상당한 위험이 예상되는 경우에 한하여 그 위해를 방지하기 위하여 이에 관한 정보수집이 특히 필요한 때에는 반국가활동의 혐의가 있는 외국의 기관·단체와 외국인은 고등법원 수석부장판사의 허가를 받아 통신제한조치를 할 수 있다.

③ 통신제한조치기간의 연장에 있어서 그 총연장기간 또는 총연장 횟수의 제한이 없다고 하더라도 그 연장이 법원의 허가를 전제로 하고 있다면 통신의 비밀을 침해하는 것이 아니다.

④ 디엔에이감식시료 채취대상자가 사망할 때까지 디엔에이신원확인정보를 데이터베이스에 수록, 관리할 수 있도록 규정한 디엔에이신원확인정보의 이용 및 보호에 관한 법률 제13조 제3항 중 수형인 등에 관한 부분은 개인정보자기결정권에 대한 정당한 제한이다.

문 7. 다음 중 신체의 자유에 관한 헌법재판소 판례의 내용으로 가장 적절하지 않은 것은?

① 외국에서 형의 전부 또는 일부의 집행을 받은 자에 대하여 형을 감경 또는 면제할 수 있도록 규정한 형법 제7조가 신체의 자유를 침해하는 것은 아니다.

② 헌법 제12조 제3항의 영장주의는 법관이 발부한 영장에 의하지 아니하고는 수사에 필요한 강제처분을 하지 못한다는 원칙으로 소변을 받아 제출하도록 한 것은 교도소의 안전과 질서유지를 위한 것으로 수사에 필요한 처분이 아닐 뿐만 아니라 검사대상자들의 협력이 필수적이어서 강제처분이라고 할 수도 없어 영장주의의 원칙이 적용되지 않는다.

③ 참고인에 대한 동행명령제도는 참고인의 신체의 자유를 사실상 억압하여 일정 장소로 인치하는 것과 실질적으로 같으므로 헌법 제12조 제3항이 정한 영장주의원칙이 적용되어야 한다.

④ 범죄의 피의자로 입건된 사람들에게 경찰공무원이나 검사의 신문을 받으면서 자신의 신원을 밝히지 않고 지문채취에 불응하는 경우 형사처벌을 통하여 지문채취를 강제하는 것은 영장주의원칙에 위반되지 않는다.

문 8. 알 권리에 대한 헌법재판소의 판시 내용으로 가장 적절하지 않은 것은?

① 정보위원회 회의를 비공개하도록 규정한 국회법 조항은 알 권리를 침해한다.

② 헌법재판소는 공공기관의 정보공개에 관한 법률이 제정되기 이전에 이미, 정부가 보유하고 있는 정보에 대하여 정당한 이해관계가 있는 자가 그 공개를 요구할 수 있는 권리를 알 권리로 인정하면서 이러한 알 권리는 표현의 자유에 당연히 포함되는 기본권으로 보았다.

③ 변호사시험 성적 공개를 금지한 변호사시험법 제18조 제1항 본문이 알 권리(정보공개청구권)를 침해하는 것은 아니다.

④ 시험에 관한 사항으로서 공개될 경우 업무의 공정한 수행이나 연구·개발에 현저한 지장을 초래한다고 인정할 만한 상당한 이유가 있는 정보는 공개하지 아니할 수 있도록 규정하고 있는 공공기관의 정보공개에 관한 법률조항은 알 권리를 침해하지 않는다.

문 9. 언론·출판의 자유에 관한 설명으로 가장 적절하지 않은 것은? (다툼이 있는 경우 판례에 의함)

① 국가가 개인의 표현행위를 규제하는 경우, 표현내용에 대한 규제는 원칙적으로 중대한 공익의 실현을 위하여 불가피한 경우에 한하여 엄격한 요건하에서 허용되는 반면, 표현내용과 무관하게 표현의 방법을 규제하는 것은 합리적인 공익상의 이유로 폭넓은 제한이 가능하다.

② 단체는 그 구성원을 위하여 또는 구성원을 대신하여 헌법소원을 청구할 수 없고 직접 단체 자신의 기본권을 침해당한 경우에만 헌법소원을 청구할 수 있는바, 언론·출판의 자유는 성질상 단체가 누릴 수 있는 권리이다.

③ 상업광고는 사상이나 지식에 관한 정치적·시민적 표현행위와는 차이가 있고, 인격발현과 개성신장에 미치는 효과가 중대한 것은 아니므로, 비례의 원칙 심사에 있어서 '피해의 최소성'원칙은 '입법목적을 달성하기 위하여 필요한 범위 내의 것인지'를 심사하는 정도로 완화되는 것이 상당하다.

④ 선거운동기간 중 인터넷언론사 게시판 등에 정당·후보자에 대한 지지·반대의 정보를 게시하려고 할 경우 실명확인을 받도록 한 구 공직선거법 제82조의6 제1항 등은 게시판 이용자의 정치적 익명표현의 자유를 침해하지 않는다.

문 10. 죄형법정주의의 명확성원칙에 관한 설명으로 가장 적절하지 않은 것은? (다툼이 있는 경우 헌법재판소 결정례에 의함)

① 공중도덕상 유해한 업무에 취업시킬 목적으로 근로자를 파견한 사람을 형사처벌하도록 규정한 구 파견근로자보호 등에 관한 법률 제42조 제1항 중 '공중도덕상 유해한 업무' 부분은 명확성원칙에 위배된다.

② '약사 또는 한약사가 아닌 자연인'의 약국 개설을 금지하고 위반시 형사처벌하는, 약사법 제20조 제1항 중 '약사 또는 한약사가 아닌 자연인'에 관한 부분은 죄형법정주의의 명확성원칙에 반하지 않는다.

③ 아동·청소년의 성보호에 관한 법률 제8조 제2항 및 제4항 중 '아동·청소년으로 인식될 수 있는 사람이나 표현물이 등장하여 그 밖의 성적 행위를 하는 내용을 표현하는 것' 부분, 즉 가상의 아동·청소년이용음란물 배포 등을 처벌하는 부분이 죄형법정주의의 명확성원칙에 위반된다.

④ 사회복무요원이 정당이나 그 밖의 정치단체에 가입하는 등 정치적 목적을 지닌 행위를 금지한 병역법 제33조 제2항 본문 제2호 중 '그 밖의 정치단체에 가입하는 등 정치적 목적을 지닌 행위'에 관한 부분은 명확성원칙에 위배된다.

문 11. 교육기본권에 대한 설명으로 적절하지 않은 것은? (다툼이 있는 경우 판례에 의함)

① 학교급식은 학생들에게 한 끼 식사를 제공하는 영양공급 차원을 넘어 교육적인 성격을 가지고 있지만, 이러한 교육적 측면은 기본적이고 필수적인 학교 교육 이외에 부가적으로 이루어지는 식생활 및 인성교육으로서의 보충적 성격을 가지므로 의무교육의 실질적인 균등보장을 위한 본질적이고 핵심적인 부분이라고까지는 할 수 없다.

② 고졸검정고시 또는 고등학교 입학자격 검정고시에 합격했던 자는 해당 검정고시에 다시 응시할 수 없도록 응시자격을 제한한 전라남도 교육청 공고는 교육을 받을 권리를 침해한다.

③ 학부모들이 부담하는 학교운영지원비를 학교회계 세입항목에 포함시켜 의무교육과정의 비용으로 사용하는 것이 의무교육의 무상원칙에 위배되는 것은 아니다.

④ 최대 2점의 가산점을 부여하도록 한 서울대학교 '2022학년도 대학 신입학생 정시모집 안내' 부분은 균등하게 교육받을 권리를 침해하지 않는다.

문 12. 다음 중 근로3권에 관한 설명으로 가장 적절하지 않은 것은?

① 형법 제314조 제1항 중 '위력으로써 사람의 업무를 방해한 자' 부분은 단체행동권을 침해하지 않는다.

② 단결권이란 근로자가 근로조건의 향상을 위하여 자주적인 단체를 결성하는 권리를 말하는데, 여기에서 근로자단체는 근로자의 계속적인 단체로서의 노동조합만을 의미하는 것이 아니라, 쟁의단과 같이 일시적인 단체도 가리킨다.

③ 타인과의 사용종속관계하에서 근로를 제공하고 그 대가로 임금 등을 받아 생활하는 사람은 노동조합법상 근로자에 해당하고, 노동조합법상의 근로자성이 인정되는 한, 그러한 근로자가 외국인인지 여부나 취업자격의 유무에 따라 노동조합법상 근로자의 범위에 포함되지 아니한다고 볼 수는 없다.

④ 교원의 노동조합 설립 및 운영 등에 관한 법률의 적용을 받는 교원의 범위를 초·중등학교에 재직 중인 교원으로 한정하고 있는 교원의 노동조합 설립 및 운영 등에 관한 법률 제2조는 전국교직원노동조합 및 해직 교원들의 단결권을 침해하는 것이다.

문 13. 사회적 기본권에 대한 설명으로 가장 적절하지 않은 것은? (다툼이 있는 경우 판례에 의함)

① 근로자가 사업주의 지배관리 아래 출퇴근하던 중 발생한 사고로 부상 등이 발생한 경우에만 업무상 재해로 인정하는 산업재해보상보험법 조항은 평등원칙에 위배되지 아니한다.

② 국민건강보험법에 따른 건강보험수급권은 국민의 질병·부상에 대한 예방·진단·치료·재활과 출산·사망 및 건강증진을 위하여 실시되는 보험급여를 지급받을 권리로서, 인간의 존엄에 상응하는 최소한의 물질적인 생활의 유지에 필요한 급부를 요구할 수 있는 권리에 해당하므로, 인간다운 생활을 할 권리의 보호범위에 포함된다. 따라서 소득월액 보험료 체납에 따른 건강보험급여의 제한을 규정한 심판대상조항은 청구인의 인간다운 생활을 할 권리를 제한한다.

③ 의료사고가 사망에 해당하는 경우 한국의료분쟁조정중재원의 원장은 지체 없이 의료분쟁 조정절차를 개시하여야 한다고 규정한 의료사고 피해구제 및 의료분쟁 조정 등에 관한 법률은 일반적 행동자유권을 침해하지 않는다.

④ 청원경찰의 복무에 관하여 국가공무원법 제66조 제1항을 준용함으로써 노동운동을 금지하는 청원경찰법 조항은 국가기관이나 지방자치단체 이외의 곳에서 근무하는 청원경찰인 청구인들의 근로3권을 침해한다.

문 14. 재판청구권에 대한 설명으로 가장 적절하지 않은 것은? (다툼이 있는 경우 판례에 의함)

① 권리남용으로 인한 패소의 경우에 소송비용 부담에 관한 별도의 예외 규정을 두지 않았다는 점을 이유로 민사소송법 제98조가 재판청구권을 침해한다고 볼 수 없다.

② 수형자가 소송수행을 목적으로 출정하는 경우 교도소에서 법원까지의 차량운행비 등 비용이 소요되는데, 이는 재판청구권을 행사하는 데 불가피한 비용이므로 수익자부담의 원칙에 따라 당사자 본인이 부담하여야 한다.

③ 인신보호법 제15조 중 '피수용자인 구제청구자'의 즉시항고 제기기간을 '3일'로 정한 부분이 피수용자의 재판청구권을 침해하는 것은 아니다.

④ '교원, 사립학교법 제2조에 따른 학교법인 등 당사자'의 범위에 포함되지 않는 공공단체인 한국과학기술원의 총장이 교원소청심사결정에 대하여 행정소송을 제기할 수 없도록 한 것은 재판청구권을 침해하지 않는다.

문 15. 공무담임권에 관한 설명으로 가장 적절하지 않은 것은? (다툼이 있는 경우 헌법재판소 결정에 의함)

① 공무담임권은 각종 선거에 입후보하여 당선될 수 있는 피선거권과 공직에 임명될 수 있는 공직취임권을 포함한다.

② 국회의원선거의 기탁금제도 및 공무원 시험의 응시연령 제한은 모두 공무담임권의 제한 문제와 관련된다.

③ 7급 세무직 공무원 공개경쟁채용시험에서 특정 자격증 소지자에게 가산점을 부여하는 공무원임용시험령 제31조 제2항은 공무담임권을 침해한다고 볼 수 없다.

④ 총장후보자 지원자에게 기탁금 1,000만원을 납부하도록 한 '전북대학교 총장임용후보자 선정에 관한 규정' 제15조 제3항 등이 공무담임권을 침해하는 것은 아니다.

문 16. 다음 중 선거제도와 관련된 내용으로 적절하지 않은 것은? (다툼이 있는 경우 판례에 의함)

① 고용주는 고용된 사람이 투표하기 위하여 필요한 시간을 청구할 수 있다는 사실을 선거일 전 7일부터 선거일 전 3일까지 인터넷 홈페이지, 사보, 사내 게시판 등을 통하여 알려야 한다.

② 선거의 중요성과 의미를 되새기고 주권의식을 높이기 위하여 매년 5월 10일을 유권자의 날로, 유권자의 날부터 1주간을 유권자 주간으로 하고, 각급선거관리위원회(읍·면·동선거관리위원회는 제외한다)는 공명선거 추진활동을 하는 기관 또는 단체 등과 함께 유권자의 날 의식과 그에 부수되는 행사를 개최할 수 있다.

③ 선거기사심의위원회는 언론사에 게재된 선거기사의 조사결과 선거기사의 내용이 공정하지 아니하다고 인정되는 경우에는 해당 기사의 내용에 대하여 사과문 또는 정정보도문에 해당하는 제재조치를 결정하여 언론중재위원회에 통보하여야 한다.

④ 국회의원·지방의회의원·지방자치단체의 장·정당의 대표자·후보자(후보자가 되고자 하는 자를 포함한다)와 그 배우자는 당해 선거구 안에 있는 자나 기관·단체·시설 또는 당해 선거구의 밖에 있더라도 그 선거구민과 연고가 있는 자나 기관·단체·시설에 기부행위(결혼식에서의 주례행위를 포함한다)를 상시적으로 할 수 없다.

문 17. 신뢰보호원칙에 대한 설명으로 가장 적절하지 않은 것은? (다툼이 있는 경우 헌법재판소 판례에 의함)

① 입법자는 새로운 인식을 수용하고 변화한 현실에 적절하게 대처해야 하기 때문에, 국민은 현재의 법적 상태가 항상 지속되리라는 것을 원칙적으로 신뢰할 수 없다.

② 개정된 법규 제도의 존속에 대한 개인의 신뢰가 합리적이어서 권리로서 보호할 필요성이 인정되어야 그 신뢰가 헌법상 권리로서 보호될 것이다.

③ 진정소급입법은 허용되지 않는 것이 원칙이며 특단의 사정이 있는 경우에만 예외적으로 허용될 수 있는 반면, 부진정소급입법은 원칙적으로 허용되지만 소급효를 요구하는 공익과 신뢰 보호의 요청 사이의 교량과정에서 신뢰보호의 관점이 입법자의 형성권에 제한을 가하게 된다.

④ 세무당국에 사업자등록을 하고 운전교습에 종사해 왔음에도 불구하고, 자동차운전학원으로 등록한 경우에만 자동차운전교습업을 영위할 수 있도록 법률을 개정하는 것은 신뢰보호의 원칙에 반하여 헌법에 위배된다.

문 18. 지방자치제도에 관한 설명 중 가장 적절하지 않은 것은? (다툼이 있는 경우 판례에 의함)

① 지방자치법에서 규정한 주민투표권은 그 성질상 선거권, 공무담임권, 국민투표권과 전혀 다른 것이어서 이를 법률이 보장하는 참정권이라고 할 수 있을지언정 헌법이 보장하는 참정권이라고 할 수는 없다.

② 지방자치단체 주민으로서의 자치권 또는 주민권은 헌법상 간접 보장된 개인의 주관적 공권으로서, 지방자치단체 주민은 그 침해를 이유로 자신이 거주하는 자치단체의 관할구역에 세워진 고속철도역의 명칭 결정의 취소를 구하는 헌법소원심판을 청구할 수 있다.

③ 지방자치단체의 장이 기관위임사무인 국가사무를 처리하는 경우에 국가는 그 사무의 처리에 관하여 지방자치단체의 장을 상대로 항고소송을 제기할 수 없다.

④ 지방자치법상의 지방자치단체 외에 특정한 목적을 수행하기 위하여 필요하면 따로 특별지방자치단체를 설치할 수 있다.

문 19. 역대 헌법에 대한 설명으로 가장 적절하지 않은 것은?

① 1948년 제헌헌법에서 국회의원의 임기와 국회에서 선거되는 대통령의 임기는 모두 4년으로 규정되었다.

② 1962년 개정헌법은 국회 재적의원 3분의 1 이상 또는 국회의원선거권자 50만인 이상의 찬성으로 헌법개정의 제안을 하도록 규정함으로써, 1948년 헌법부터 유지되고 있던 대통령의 헌법개정제안권을 삭제했다.

③ 기본권의 본질적 내용의 침해금지규정을 처음으로 둔 것은 1962년 제3공화국헌법이다.

④ 제8차 개정헌법(1980년)에서 대통령은 대통령선거인단에서 무기명투표로 선거하였으며, 대통령의 임기는 7년이었다.

문 20. 기본권주체에 대한 설명으로 가장 적절하지 않은 것은? (다툼이 있는 경우 헌법재판소 판례에 의함)

① 공법상 재단법인인 방송문화진흥회가 최다출자자인 방송사업자는 관련 규정에 의하여 공법상의 의무를 부담하고 있기 때문에 기본권 주체가 될 수 없다.

② '2018학년도 대학수학능력시험 시행기본계획'은 성년의 자녀를 둔 부모의 자녀교육권을 제한하지 않는다.

③ 대학자치의 주체는 원칙적으로 교수 기타 연구자 조직이나 학생과 학생회도 학습활동과 직접 관련된 학생회 활동 기타 자치활동의 범위 내에서 그 주체가 될 수 있다고 보아야 한다.

④ 헌법은 국가의 교육권한과 부모의 교육권의 범주 내에서 학생에게도 자신의 교육에 관하여 스스로 결정할 권리, 즉 자유롭게 교육을 받을 권리를 부여하고, 학생은 국가의 간섭을 받지 아니하고 자신의 능력과 개성, 적성에 맞는 학교를 자유롭게 선택할 권리를 가진다.

MEMO

문 1. 다음 사례와 관련된 내용으로 가장 적절한 것은? (다툼이 있는 경우 판례에 의함)

> 정부는 남북문제의 교착상태를 해결하기 위해서 '종전선언'을 추진 중이다. 이에 야당 소속 국회의원 A는 '종전선언'은 국익에 도움이 되지 않는다며 사회적 합의를 거쳐 결정할 문제라고 주장했다. A는 성명서를 내고 '종전선언은 한반도의 평화와 국민의 생존 나아가 국가의 명운을 결정할 국가적 의제'라며 "국민투표에 부치는 것도 심각하게 검토해보아야 한다."고 말했다. 이에 대통령은 '종전선언'을 자신의 신임과 결부시켜 국민투표에 부치는 것을 검토 중이다.

① 대통령이 헌법상 국민에게 자신에 대한 신임을 국민투표의 형식으로 물을 수는 없지만, 특정 정책을 국민투표에 부치면서 이에 자신의 신임을 결부시키는 방식은 가능하다고 본다.

② 만약 '종전선언' 문제를 국민투표에 부친다면 해외에 거주하는 재외국민까지 모두 국민투표에 참여하도록 해야 하는 것은 아니다.

③ 헌법 제72조는 가능하면 대통령에 의한 국민투표의 정치적 남용을 방지할 수 있도록 엄격하고 축소적으로 해석되어야 하지만, 주권자인 국민이 원하거나 또는 국민의 이름으로 실시한다면 가능하다고 본다.

④ 헌법 제72조는 대통령에게 국민투표의 실시 여부, 시기, 구체적 부의사항, 설문내용 등을 결정할 수 있는 임의적인 국민투표발의권을 독점적으로 부여하고 있다.

문 2. 헌법의 기본원리 및 기본질서에 관한 다음 설명 중 가장 적절하지 않은 것은? (다툼이 있는 경우 헌법재판소 결정에 의함)

① 헌법의 기본원리는 헌법의 이념적 기초인 동시에 헌법을 지배하는 지도원리로서 입법이나 정책결정의 방향을 제시하고 공무원을 비롯한 모든 국민·국가기관이 헌법을 존중하고 수호하도록 하는 지침이 되며, 구체적 기본권을 도출하는 근거가 될 수도 있다.

② 우리 헌법상의 자유민주적 기본질서의 내용은 기본적 인권의 존중, 권력분립, 의회제도, 복수정당제도, 선거제도, 사유재산과 시장경제를 골간으로 한 경제질서 및 사법권의 독립 등을 의미한다.

③ 우리 헌법상의 경제질서는 사유재산제를 바탕으로 하고 자유경쟁을 존중하는 자유시장경제질서를 기본으로 하면서도 이에 수반되는 갖가지 모순을 제거하고 사회복지·사회정의를 실현하기 위하여 국가적 규제와 조정을 용인하는 사회적 시장경제질서로서의 성격을 띠고 있다.

④ 헌법의 민주적 기본질서에 위배되는 집회 또는 시위를 금지하고 이에 위반한 자를 형사처벌하는 구 집시법 조항은 과잉금지원칙에 위반된다.

문 3. 평등권 또는 평등의 원칙과 관련된 헌법재판소의 결정 내용에 관한 다음 설명 중 가장 적절하지 않은 것은?

① 국민참여재판 배심원의 자격을 만 20세 이상으로 정한 국민의 형사재판 참여에 관한 법률 제16조 중 '만 20세 이상' 부분은 평등원칙에 위배되지 않는다.

② 피고인이 무죄판결을 받지는 않았으나 원판결보다 가벼운 형으로 유죄판결이 확정됨에 따라 원판결에 따른 구금형 집행이 재심판결에서 선고된 형을 초과하게 된 경우, 초과 구금에 대한 형사보상을 규정하지 않은 형사보상법은 평등권을 침해한다.

③ 가족 중 순직자가 있는 경우의 병역감경대상에서 재해사망군인의 가족을 제외하고 있는 병역법 시행령은 평등권을 침해하지 않는다.

④ 금고 이상의 실형을 선고받고 그 집행이 끝나거나 집행이 면제된 날로부터 3년이 지나지 아니한 사람은 행정사가 될 수 없다고 규정한 것은 그 결격사유를 공인중개사나 다른 국가자격 직역에 비해 합리적인 이유 없이 엄격하게 규정한 것으로 평등권을 침해하는 것이다.

문 4. 적법절차의 원칙에 관한 헌법재판소의 판시내용에 관한 다음 설명 중 가장 적절하지 않은 것은?

① 적법절차의 원칙은 형사소송절차에 국한하지 않고 모든 국가작용에 대하여 문제된 법률의 실체적 내용이 합리성과 정당성을 갖추고 있는지 여부를 판단하는 기준으로 적용된다.

② 적법절차의 원칙은 기본권 제한이 있음을 전제로 하여 적용된다.

③ 판결선고 전 구금일수의 산입을 규정한 형법 제57조 제1항 중 '또는 일부' 부분은 헌법상 적법절차의 원칙을 위반한다.

④ 특정공무원범죄의 범인에 대한 추징판결을 범인 외의 자가 그 정황을 알면서 취득한 불법재산 및 그로부터 유래한 재산에 대하여 그 범인 외의 자를 상대로 집행할 수 있도록 한 '공무원범죄에 관한 몰수 특례법' 제9조의2는 적법절차의 원칙에 위배되지 않는다.

문 5. 종교의 자유에 관한 다음 설명 중 가장 적절하지 않은 것은? (다툼이 있는 경우 대법원 판례 및 헌법재판소 결정에 의함)

① 구치소장이 구치소 내에서 실시하는 종교의식 또는 행사에 미결수용자의 참석을 일률적으로 불허한 것은 종교의 자유를 침해한 것이다.

② 금치기간 중 공동행사 참가를 정지하는 것은 금치의 징벌을 받은 사람의 종교의 자유를 침해하지 아니한다.

③ 육군훈련소장이 훈련병들에 대하여 육군훈련소 내 종교 시설에서 개최되는 개신교, 불교, 천주교, 원불교 종교행사 중 하나에 참석하도록 한 행위는 종교의 자유를 침해하여 위헌이다.

④ 종교단체가 운영하는 학교 형태 혹은 학원 형태의 교육기관도 예외 없이 학교설립인가 혹은 학원설립 등록을 받도록 규정한 것은 종교의 자유를 침해하여 헌법에 위반된다.

문 6. 사생활의 비밀과 자유에 관한 다음 설명 중 가장 적절하지 않은 것은? (다툼이 있는 경우 판례에 의함)

① 인터넷 회선을 통하여 흐르는 전기신호 형태의 '패킷'을 중간에 확보한 다음 재조합 기술을 거쳐 그 내용을 파악하는 이른바 '패킷감청'은 사생활의 비밀과 자유를 제한하는 것이다.

② 사생활의 비밀과 자유에 관한 헌법 규정은 개인의 사생활이 함부로 공개되지 아니할 소극적인 권리는 물론, 오늘날 고도로 정보화된 현대사회에서 자신에 대한 정보를 자율적으로 통제할 수 있는 적극적인 권리까지도 보장하려는 데에 그 취지가 있다.

③ 사생활의 비밀과 자유가 보호하는 것은 개인의 내밀한 내용의 비밀을 유지할 권리, 개인이 자신의 사생활의 불가침을 보장받을 수 있는 권리, 개인의 양심영역이나 성적 영역과 같은 내밀한 영역에 대한 보호, 인격적인 감정세계의 존중을 받을 권리와 정신적인 내면생활이 침해받지 아니할 권리 등이다.

④ 구치소장이 미결수용자가 배우자와 접견하는 것을 녹음하는 행위는 미결수용자의 사생활의 비밀과 자유를 침해하는 것으로 헌법에 위반된다.

문 7. 신뢰보호원칙과 소급입법금지원칙에 관한 설명 중 적절한 것을 모두 고른 것은? (다툼이 있는 경우 판례에 의함)

> ㉠ 자율형 사립고등학교를 후기 학교로 정하여 신입생을 일반고와 동시에 선발하도록 한 초·중등교육법 시행령 동시선발 조항은 신뢰보호원칙을 위반하는 조항이다.
> ㉡ 1945.8.9. 이후 성립된 거래를 전부 무효로 한 재조선미국육군사령부군정청 법령 제2호 제4조 본문과 1945.8.9. 이후 일본 국민이 소유하거나 관리하는 재산을 1945.9.25.자로 전부 미군정청이 취득하도록 정한 재조선미국육군사령부군정청 법령 제33호 제2조 전단 중 '일본 국민'에 관한 부분은 소급입법금지원칙에 위반되지 않는다.
> ㉢ 부진정소급입법의 경우에는 특단의 사정이 없는 한 헌법적으로 허용되지 않는 것이 원칙이나, 예외적으로 신뢰보호의 요청에 우선하는 심히 중대한 공익상의 사유가 소급입법을 정당화하는 경우에 허용될 수 있다.
> ㉣ 진정소급입법이라 할지라도 예외적으로 국민이 소급입법을 예상할 수 있었던 경우와 같이 소급입법이 정당화되는 경우에는 허용될 수 있다.

① ㉠, ㉡
② ㉠, ㉢
③ ㉠, ㉣
④ ㉡, ㉣

문 8. 선거의 기본원칙에 관한 설명으로 가장 적절하지 않은 것은? (다툼이 있는 경우 판례에 의함)

① 수형자의 선거권을 제한하는 것은 공동체구성원으로서의 의무를 저버리고 공동체의 유지에 해를 가한 사람들에게는 다른 공동체구성원들과 똑같은 권리를 모두 부여할 수는 없다는 이념에 기초하고 있는 것이므로 보통선거원칙에 위반하는 것이 아니다.
② 병역의무를 이행하는 병사에 대하여 정치적 중립 의무를 부과하면서 선거운동을 할 수 없도록 하는 것은, 선거운동의 자유를 침해하지 아니한다.
③ 국회의원지역선거구 획정에 있어 현 시점에서 헌법이 허용하는 인구편차의 기준은 인구편차 상하 33⅓%, 인구비례 2：1을 넘어서지 않는 것이어야 한다.
④ 재외투표기간 개시일 이후에 귀국한 재외선거인 등이 국내에서 선거일에 투표할 수 있도록 하는 절차를 마련하지 아니한 공직선거법 제218조의16 제3항 중 '재외투표기간 개시일 전에 귀국한 재외선거인 등'에 관한 부분은 선거권을 침해한다.

문 9. 변호인의 조력을 받을 권리에 관한 다음 설명 중 가장 적절한 것은? (다툼이 있는 경우 헌법재판소 결정에 의함)

① 변호인의 조력을 받을 권리를 보장하는 목적은 피의자 또는 피고인의 방어권 행사를 보장하기 위한 것이므로, 미결수용자 또는 변호인이 원하는 특정한 시점에 접견이 이루어지지 못하였다면 변호인의 조력을 받을 권리가 침해된 것이다.
② 일반적으로 형사사건에 있어 변호인의 조력을 받을 권리는 피고인에게만 인정된다.
③ 형사절차가 종료되어 교정시설에 수용 중인 수형자도 원칙적으로 변호인의 조력을 받을 권리의 주체가 될 수 있다.
④ 행정절차에서 이루어진 구속을 당한 사람에 대해, 변호인의 접견신청을 거부한 것은 변호인의 조력을 받을 권리를 침해한 것이다.

문 10. 직업공무원제도에 관한 설명 중 가장 적절하지 않은 것은? (다툼이 있는 경우 판례에 의함)

① 국민이 공무원으로 임용된 경우에 있어서 그가 정년까지 근무할 수 있는 권리는 헌법의 공무원 신분보장 규정에 의하여 보호되는 기득권으로서 그 침해 내지 제한은 신뢰보호의 원칙에 위배되지 않는 범위 내에서만 가능하다 할 것이다.

② 직제폐지에 따른 직권면직을 규정한 지방공무원법 제62조 제1항 제3호는 직업공무원제도에 위반되지 않는다.

③ 직업공무원제도에서 말하는 공무원은 국가 또는 공공단체와 근로관계를 맺고 이른바 공법상 특별권력관계 내지 특별행정법관계 아래 공무를 담당하는 것을 직업으로 하는 협의의 공무원뿐만 아니라 정치적 공무원과 임시적 공무원을 포함하는 것이다.

④ 입법자는 공무원의 정년을 행정조직, 직제의 변경 또는 예산의 감소 등 제반사정을 고려하여 합리적인 범위 내에서 조정할 수 있다.

문 11. 근로3권에 관한 설명 중 가장 적절한 것은? (다툼이 있는 경우 판례에 의함)

① 헌법재판소는 헌법 제33조 제1항이 보장하는 단결권은 노동조합을 결성할 적극적 단결권뿐 아니라 단결하지 않을 소극적 단결권도 포함하는 것이며, 소극적 단결권은 행복추구권에서 파생되는 일반적 행동의 자유 또는 헌법 제21조 제1항의 결사의 자유에 대하여 특별관계에 있다고 판단하였다.

② 단체교섭권에는 단체협약체결권이 포함되지 않는다.

③ 출입국관리법령에 따라 취업활동을 할 수 있는 체류자격을 받지 아니한 외국인근로자도 노동조합을 설립하거나 노동조합에 가입할 수 있다.

④ 정당한 쟁의행위 중에 발생한 손해에 대하여 형사상 책임을 지지는 않으나, 민사상 책임은 인정된다.

문 12. 헌법재판소 결정에 의할 때 집회·시위의 자유가 침해되지 않은 것은?

① 재판에 영향을 미칠 염려가 있거나 미치게 하기 위한 집회·시위의 금지

② 국회의 헌법적 기능을 무력화시키거나 저해할 우려가 있는 집회의 금지

③ 서울남대문경찰서장의 옥외집회신고서를 반려한 행위

④ 해가 진 후부터 같은 날 24시까지의 시위의 금지

문 13. 학문의 자유에 대한 헌법재판소의 판시내용에 관한 다음 설명 중 가장 적절하지 않은 것은?

① 헌법 제22조 제1항에서 규정한 학문의 자유 등의 보호는 개인의 인권으로서의 학문의 자유뿐만 아니라 특히 대학에서, 학문연구의 자유·연구활동의 자유·교수의 자유 등도 보장하는 취지이다.

② 국립대학 교원의 성과연봉제는 학문의 자유를 침해하지 않는다.

③ 헌법 제31조 제4항의 교육의 자주성이나 대학의 자율성은 헌법 제22조 제1항이 보장하고 있는 학문의 자유의 확실한 보장수단으로 꼭 필요하지만 이는 대학에게 부여된 헌법상의 기본권은 아니다.

④ 경찰대학의 입학 연령을 21세 미만으로 제한하고 있는 경찰대학의 학사운영에 관한 규정이 학문의 자유를 침해하는 것은 아니다.

문 14. 직업의 자유에 대한 설명으로 가장 적절한 것은? (다툼이 있는 경우 판례에 의함)

① 택시운전자격을 취득한 사람이 강제추행 등 성범죄를 범하여 금고 이상의 형의 집행유예를 선고받은 경우 그 자격을 취소하도록 규정한 여객자동차 운수사업법 관련 조항은 과잉금지원칙에 위배되어 직업의 자유를 침해한다.

② 접촉차단시설이 설치되지 않은 장소에서 수용자와 접견할 수 있는 예외 대상의 범위에 소송대리인이 되려는 변호사를 포함시키지 않은 것은 변호사인 청구인의 직업수행의 자유를 침해한다.

③ 의사가 임신한 여성의 촉탁 또는 승낙을 받아 낙태하게 한 경우를 처벌하는 의사낙태죄 조항은 의사의 직업의 자유를 침해한다.

④ 사람을 사상한 후 필요한 조치 및 신고를 하지 아니하여 벌금 이상의 형을 선고받고 운전면허가 취소된 사람은 운전면허가 취소된 날부터 4년간 운전면허를 받을 수 없도록 하는 도로교통법 관련 조항은 운전자의 직업의 자유 및 일반적 행동의 자유를 침해하는 것이다.

문 15. 다음 중 헌법의 보장 혹은 보호와 관련한 사항으로 가장 적절한 것은?

① 대법원은 저항권은 일종의 자연법상의 권리로서 이를 인정하는 것이 타당하다 할 것이고 저항권이 인정된다면 재판 규범으로서의 기능을 배제할 근거가 없다는 입장을 가지고 있다.

② 소수의 특수집단을 중심으로 헌정체제의 변화를 유발하는 쿠데타는 혁명이나 저항권과 같이 국민적 정당성을 확보한다고 볼 수 있다.

③ 대법원은 낙선운동을 저항권의 한 형태로 인정하고 있다.

④ 방어적 민주주의를 위한 장치로 위헌정당해산제도와 기본권실효제도를 들 수 있는데 이 중 우리는 독일과 달리 위헌정당해산제도만을 도입하고 있다.

문 16. 인간의 존엄과 가치에 관한 다음 설명 중 가장 적절하지 않은 것은? (다툼이 있는 경우 헌법재판소 결정 및 대법원 판례에 의함)

① 죽음에 임박한 환자에게 '연명치료 중단에 관한 자기결정권'은 헌법상 보장된 기본권이므로, 헌법해석상 '연명치료중단 등에 관한 법률'을 제정할 국가의 입법의무가 명백하다고 볼 수 있다.

② 헌법 제10조로부터 도출되는 일반적 인격권에는 각 개인이 그 삶을 사적으로 형성할 수 있는 자율영역에 대한 보장이 포함되어 있음을 감안할 때, 장래 가족의 구성원이 될 태아의 성별 정보에 대한 접근을 국가로부터 방해받지 않을 부모의 권리는 이와 같은 일반적 인격권에 의하여 보호된다고 보아야 한다.

③ 기부행위자는 자신의 재산을 사회적 약자나 소외계층을 위하여 출연함으로써 자기가 속한 사회에 공헌하였다는 행복감과 만족감을 실현할 수 있으므로, 기부행위는 행복추구권과 그로부터 파생되는 일반적 행동자유권에 의해 보호된다.

④ 주방용오물분쇄기의 판매와 사용을 금지하는 것은 주방용오물분쇄기를 사용하려는 자의 일반적 행동자유권을 제한한다.

문 17. 다음 중 거주·이전의 자유를 침해하는 것은? (다툼이 있는 경우 판례에 의함)

① 북한 고위직 출신 탈북인사인 여권발급신청인의 신변에 대한 위해 우려가 있다는 이유로 미국 방문을 위한 여권발급을 거부하는 것

② 영내 기거하는 군인의 선거권 행사를 주민등록이 되어 있는 선거구로 한 것

③ 법무부령이 정하는 금액 이상의 추징금을 납부하지 않은 자에 대한 출국금지를 규정한 것

④ 법인의 대도시 내 부동산취득에 대하여 통상보다 높은 세율인 5배의 등록세를 부과함으로써 법인의 대도시 내 활동을 간접적으로 억제하는 것

문 18. 현행 헌법상 헌법개정에 대한 설명으로 적절하지 않은 것을 모두 고른 것은? (다툼이 있는 경우 판례에 의함)

> ㉠ 제안된 헌법개정안은 대통령이 30일 이상의 기간 동안 이를 공고하여야 한다.
> ㉡ 헌법개정안은 대통령이 공고한 후 30일 이내에 국민투표에 붙여 국회의원 선거권자 과반수의 투표와 투표자 과반수의 찬성을 얻어야 한다.
> ㉢ 국회는 공고기간이 만료된 날로부터 60일 이내에 의결하여야 하며 국회의 의결은 재적의원 3분의 2 이상의 찬성을 얻어야 한다.
> ㉣ 현행 헌법상 헌법개정을 하지 않고도 채택할 수 있는 것으로는 국회의원 정수를 300인 이상으로 하는 것, 선거권 행사연령의 인상, 지방자치단체 종류의 결정 및 변경, 대법원장과 대법관이 아닌 법관의 임기변경 등이 있다.

① ㉠, ㉣
② ㉠, ㉡, ㉢
③ ㉡, ㉢, ㉣
④ ㉠, ㉡, ㉢, ㉣

문 19. 다음 중 청원권에 대한 설명으로 가장 적절한 것은? (다툼이 있는 경우 헌법재판소 판례에 의함)

① 모든 국민은 법률이 정하는 바에 의하여 국가기관에 문서로 청원할 권리를 가지고, 국가는 청원에 대하여 심사할 의무를 지므로 청원인이 기대한 바에 미치지 못하는 처리내용은 헌법소원의 대상이 되는 공권력의 불행사이다.
② 청원권의 보호범위에는 청원사항의 처리결과에 심판서나 재결서에 준하여 이유를 명시할 것까지를 요구하는 것을 포함하는 것은 아니다.
③ 국회에 청원을 할 때 의원의 소개를 얻어 청원서를 제출하도록 한 것은 청원권을 침해하는 것이다.
④ 모해청원, 반복청원, 이중청원, 국가기관권한사항청원, 개인사생활사항청원 등의 경우에는 수리되지 않는다.

문 20. 정당에 대한 설명으로 가장 적절하지 않은 것은? (다툼이 있는 경우 판례에 의함)

① 누구든지 2 이상의 정당의 당원이 되지 못하도록 한 정당법은 정당 가입·활동의 자유를 침해하지 않는다.
② "정당은 그 목적·조직과 활동이 민주적이어야 하며, 국민의 정치적 의사형성에 참여하는데 필요한 조직을 가져야 한다."는 헌법 제8조 제2항은 정당에 대하여 정당의 자유의 한계를 부과함과 동시에 입법자에 대하여 그에 필요한 입법을 해야 할 의무를 부과하고 있으나, 정당의 자유의 헌법적 근거를 제공하는 근거규범으로서 기능하는 것은 아니다.
③ 민주적 기본질서를 부정하는 정당이라도 헌법재판소가 그 위헌성을 확인하여 해산결정을 할 때까지는 '정당의 자유'의 보호를 받는 정당에 해당한다.
④ 일사부재리의 원칙은 형벌간에 적용되므로 정부는 동일한 정당에 대하여 동일한 사유로 다시 위헌정당의 해산을 제소할 수 있다.

소요시간: _____ / 15분   맞힌 답의 개수: _____ / 20

문 1. 국적에 대한 설명으로 가장 적절하지 않은 것은?

① 법무부장관은 복수국적자로서 대한민국에서 외국 국적을 행사하지 아니하겠다는 뜻을 서약한 자가 그 뜻에 현저히 반하는 행위를 한 경우에는 1년 내에 하나의 국적을 선택할 것을 명할 수 있다.

② 만 20세가 되기 전에 대한민국의 국적과 외국 국적을 함께 가지게 된 자는 만 22세가 되기 전까지, 만 20세가 된 후에 복수국적자가 된 자는 그때부터 2년 내에 하나의 국적을 선택하여야 한다.

③ 대한민국의 민법상 성년이 되기 전에 외국인에게 입양된 후 외국 국적을 취득하고 외국에서 계속 거주하다가 국적회복허가를 받은 자는 대한민국 국적을 취득한 날부터 1년 내에 외국 국적을 포기하거나 법무부장관이 정하는 바에 따라 대한민국에서 외국 국적을 행사하지 아니하겠다는 뜻을 법무부장관에게 서약하여야 한다.

④ 출생 당시에 모가 자녀에게 외국 국적을 취득하게 할 목적으로 외국에서 체류 중이었던 사실이 인정되는 자는 외국 국적을 포기한 경우에만 대한민국 국적을 선택한다는 뜻을 신고할 수 있다.

문 2. 다음의 사례에 대한 설명으로 적절하지 않은 것은? (다툼이 있는 경우 헌법재판소 결정에 의함)

> 변호인 甲이 피의자신문에 참여하면서 피의자 A 옆에 앉으려고 하자 검찰수사관 乙은 甲에게 피의자 A 뒤에 앉으라고 요구하는 한편 변호인 참여신청서의 작성을 요구하였다. 이에 변호인 甲은 A 뒤에 앉아 피의자신문에 참여하였고 변호인 참여신청서('변호인의 피의자신문 참여운영 지침' 별지 1호 서식)에도 인적사항을 기재하여 제출하였다. 甲은 피의자 신문 종료 후 乙에게 피의자 A와 이야기를 해도 되는지를 문의하였는데 변호인 접견신청서를 제출해야 한다는 말을 듣고 피의자와 접견을 하지 않았다.

[심판대상조문]
변호인의 피의자신문 참여 운영 지침(2005.6.20. 시행 대검찰청 지침) 제5조 【변호인의 좌석】 ① 검사는 피의자 후방의 적절한 위치에 신문에 참여하는 변호인의 좌석을 마련하여야 한다.

① 乙이 甲에게 변호인 후방에 착석을 요구한 행위는 청구인에 대한 구속력이 없는 비권력적 사실행위에 불과하여 헌법소원의 대상이 되는 공권력의 행사에 해당한다고 보기 어렵다.

② 乙이 甲에게 행한 후방착석요구행위는 이미 종료되어 청구인의 권리구제에는 도움이 되지 않지만, 기본권 침해행위가 장차 반복될 위험이 있고 헌법적으로 그 해명이 중대한 의미를 지니고 있는 때에 해당하므로 심판의 이익이 있다.

③ 乙이 甲에게 변호인 참여신청서의 작성을 요구한 행위는 비권력적 사실행위에 불과하여 헌법소원의 대상이 되는 공권력의 행사에 해당하지 않는다.

④ '변호인의 피의자신문 참여운영 지침'은 검찰청 내부의 업무처리지침으로 헌법소원심판의 대상이 될 수 없다.

문 3. 집회의 자유에 대한 설명으로 가장 적절하지 않은 것은? (다툼이 있는 경우 판례에 의함)

① 옥외집회를 늦어도 집회가 개최되기 48시간 전까지 사전신고하도록 법률로 규정한 것이 과잉금지원칙에 위반하여 집회의 자유를 침해하였다고 볼 수 없다.

② 국회의사당이나 법원의 경계지점으로부터 100미터 이내의 장소에서 옥외집회를 금지하는 법률 조항은 집회의 자유를 침해한다.

③ 24시 이후의 시위를 금지하고 이에 위반한 시위 참가자를 형사처벌하는 법률 조항은 집회의 자유를 침해한다.

④ 집회참가자에 대한 검문의 방법으로 시간을 지연시킴으로써 집회장소에 접근하는 것을 방해하는 등의 조치는 집회의 자유를 침해한다.

문 4. 공무담임권에 대한 설명으로 가장 적절하지 않은 것은? (다툼이 있는 경우 판례에 의함)

① 공무담임권은 공직취임의 기회 균등만을 요구할 뿐, 취임한 뒤 승진할 때에도 균등한 기회 제공을 요구하는 것은 아니다.

② 정당의 내부경선에 참여할 권리는 헌법이 보장하는 공무담임권의 내용에 포함되지 아니하므로, 정당이 당내경선을 실시하지 않는 것이 공무담임권을 침해하는 것은 아니다.

③ 순경 공채시험 응시연령의 상한을 '30세 이하'로 규정하고 있는 것은 합리적이라고 볼 수 없으므로 침해의 최소성원칙에 위배되어 공무담임권을 침해한다.

④ 교사들이 선거에 입후보하거나 선거운동을 하기 위해서는 선거일 전 90일까지 교원직을 그만 두도록 하는 공직선거법 제53조 등은 교원의 공무담임권을 침해하지 않는다.

문 5. 다음 중 헌법재판소의 결정 내용으로 가장 적절하지 않은 것은?

① 운행 중인 자동차의 운전자를 폭행하거나 협박하여 사람을 상해에 이르게 한 경우를 3년 이상의 유기징역에 처하도록 한 '특정범죄 가중처벌 등에 관한 법률' 제5조의10 제2항 중 '상해'에 관한 부분은 형벌체계상의 균형을 상실하여 평등원칙에 위배되지 않는다.

② 개성공단 전면중단 조치는 관련 기업인들의 재산권을 침해하지 않는다.

③ 혼인 종료 후 300일 이내에 출생한 자를 전남편의 친생자로 추정하는 민법 제844조 제2항 중 '혼인관계종료의 날로부터 300일 내에 출생한 자'에 관한 부분이 모가 가정생활과 신분관계에서 누려야 할 인격권을 침해하는 것은 아니다.

④ '특정범죄 가중처벌 등에 관한 법률'상 밀수입 예비 행위를 본죄에 준하여 처벌하는 조항은 책임과 형벌 사이의 비례성의 원칙에 위배된다.

문 6. 평등의 원칙 내지 평등권에 관한 설명으로 가장 적절하지 않은 것은? (다툼이 있는 경우 판례에 의함)

① 제1종 운전면허를 받은 사람이 정기적성검사기간 내에 적성검사를 받지 아니한 경우에 행정형벌을 과하도록 규정한 것은 행정법규 위반자에 대한 행정제재의 종류와 범위를 선택하는 문제로서, 자의금지원칙에 위배되는지 여부를 판단하면 될 것이다.

② 국가를 상대로 한 당사자소송에는 가집행선고를 할 수 없도록 규정하고 있는 행정소송법 제43조는 평등원칙에 위반되지 않는다.

③ 평등원칙과 결합하여 혼인과 가족을 부당한 차별로부터 보호하고자 하는 목적을 지니고 있는 헌법 제36조 제1항에 비추어 볼 때, 종합부동산세의 과세방법을 '인별 합산'이 아니라 '세대별 합산'으로 규정한 종합부동산세법 조항은 비례원칙에 의한 심사에 의하여 정당화되지 않으므로 헌법에 위반된다.

④ 비방할 목적으로 정보통신망을 통하여 공공연하게 거짓의 사실을 드러내는 명예훼손죄를 '반의사불벌죄'로 규정한 '정보통신망 이용촉진 및 정보보호 등에 관한 법률' 제70조 제3항은 평등원칙에 위배되지 않는다.

문 7. 지방자치에 관한 설명으로 가장 적절하지 않은 것은? (다툼이 있는 경우 판례에 의함)

① 조례가 규율하는 특정사항에 관하여 그것을 규율하는 국가의 법령이 이미 존재하는 경우에도, 조례가 법령과 별도의 목적에 기하여 규율함을 의도하는 것이고 그 적용에 의하여 법령의 규정이 의도하는 목적과 효과를 전혀 저해하는 바가 없는 때에는 그 조례가 국가의 법령에 위반되는 것은 아니다.

② 지방의회 의장의 추천권이 적극적이고 실질적으로 발휘되더라도 지방의회 사무직원의 임용권이 지방자치단체의 장에게 있다고 하면, 그것은 지방의회와 집행기관 사이의 상호견제와 균형의 원리를 침해하는 것이다.

③ 교육감 소속 교육장 등에 대한 징계의결요구 내지 그 신청사무는 징계사무의 일부로서 대통령, 교육부장관으로부터 교육감에게 위임된 국가위임사무이다.

④ 공유수면에 대한 지방자치단체의 관할구역 경계획정은 이에 관한 명시적인 법령상의 규정이 존재한다면 그에 따르고, 명시적인 법령상의 규정이 존재하지 않는다면 불문법상 해상경계에 따라야 한다.

문 8. 재판청구권에 관한 다음 설명 중 가장 적절하지 않은 것은? (다툼이 있는 경우 헌법재판소 결정에 의함)

① 즉시항고 제기기간을 3일로 제한하고 있는 형사소송법 제405조는 입법재량의 한계를 일탈하여 재판청구권을 침해하는 규정이다.

② 재심청구권은 재판을 받을 권리에 당연히 포함된다고 할 수 없고, 어떤 사유를 재심사유로 정하여 재심을 허용할 것인가는 입법자가 확정판결에 대한 법적 안정성, 재판의 신속·적정성, 법원의 업무부담 등을 고려하여 결정하여야 할 입법정책의 문제이다.

③ 행정심판이 필요적 전심절차로 규정되어 있는 경우에는 반드시 사법절차가 준용되어야 하지만, 임의적 전심절차로 규정되어 있는 경우에는 당사자의 선택권이 보장되어 있으므로 그러하지 아니하다.

④ '국민참여재판을 받을 권리'는 헌법 제27조 제1항에서 규정한 재판을 받을 권리의 보호범위에 속한다.

문 9. 다음의 선거제도 또는 선거운동에 관련된 내용으로 가장 적절하지 않은 것은? (다툼이 있는 경우 헌법재판소 결정에 의함)

① 언론인의 선거운동을 금지하고 위반시 처벌하도록 규정한 구 공직선거법 제60조 제1항 제5호 중 '제53조 제1항 제8호에 해당하는 자' 부분은 언론인들의 선거운동의 자유를 침해하는 것이다.

② 선거기사심의위원회가 불공정한 선거기사를 보도하였다고 인정한 언론사에 대하여 언론중재위원회를 통하여 사과문을 게재할 것을 명하도록 하는 공직선거법 제8조의3 제3항 중 '사과문 게재' 부분은 언론사의 인격권을 침해하는 것이다.

③ 중증장애인 후보자의 경우에도 비장애인 후보자들과 동일하게 선거사무원의 수를 제한하는 것은 중증장애인 후보자의 평등권 등 기본권을 침해한다.

④ 사전선거운동금지조항의 '선거운동' 부분이 죄형법정주의의 명확성원칙에 위배되지 않으며, 사전선거운동금지조항이 선거운동 등 정치적 표현의 자유를 침해하는 것은 아니라고 본다.

문 10. 경제적 기본질서에 관한 다음 설명 중 가장 적절하지 않은 것은? (다툼이 있는 경우 판례에 의함)

① 헌법 제119조 제2항에 규정된 '경제주체간의 조화를 통한 경제민주화'의 이념은 경제영역에서 정의로운 사회질서를 형성하기 위하여 추구할 수 있는 국가목표일 뿐, 개인의 기본권을 제한하는 국가행위를 정당화하는 헌법규범이 아니다.

② 헌법 제119조 제2항은 독과점규제라는 경제정책적 목표를 개인의 경제적 자유를 제한할 수 있는 정당한 공익의 하나로 명문화하고 있다. 독과점규제의 목적이 경쟁의 회복에 있다면 이 목적을 실현하는 수단 또한 자유롭고 공정한 경쟁을 가능하게 하는 방법이어야 한다.

③ 헌법의 경제질서 조항은 보다 적극적인 목적을 가지고 조세를 부과하는 이른바 조세의 유도적·형성적 기능의 헌법적 정당성을 뒷받침한다.

④ 국가의 경제정책에 대한 헌법적 지침인 헌법 제119조의 경제질서는 직업의 자유와 같은 경제에 관한 기본권에 의하여 구체화된다.

문 11. 범죄피해자구조청구권에 대한 설명으로 가장 적절하지 않은 것은?

① 범죄피해구조금은 국가의 재정에 기반을 두고 있는 바, 구조금청구권의 행사대상을 우선적으로 대한민국의 영역 안의 범죄피해에 한정하고, 향후 구조금의 확대에 따라서 해외에서 발생한 범죄피해의 경우에도 구조를 하는 방향으로 운영하는 것은 입법형성의 재량의 범위 내라고 할 수 있다.
② 범죄피해자구조청구권은 재산상 피해를 입은 경우에는 적용되지 않는다.
③ 범죄피해자 보호법에 의할 때 외국인이 구조피해자이거나 유족인 경우에는 구조를 청구할 수 없다.
④ 구조대상 범죄피해란 대한민국의 영역 안에서 또는 대한민국의 영역 밖에 있는 대한민국의 선박이나 항공기 안에서 행하여진 사람의 생명 또는 신체를 해치는 죄에 해당하는 행위로 인하여 사망하거나 장해 또는 중상해를 입은 것을 말한다.

문 12. 다음 중 사생활의 비밀과 자유 또는 개인정보자기결정권을 침해한 것은? (다툼이 있는 경우 판례에 의함)

① A시장이 B경찰서장의 사실조회 요청에 따라 B경찰서장에게 청구인들의 이름, 생년월일, 전화번호, 주소를 제공한 행위
② 공직선거의 후보자등록 신청을 함에 있어 형의 실효 여부와 관계없이 일률적으로 금고 이상의 형의 범죄경력을 제출·공개하도록 한 규정
③ 구 국군보안사령부가 군과 관련된 첩보 수집, 특정한 군사법원 관할 범죄의 수사 등 법령에 규정된 직무 범위를 벗어나 민간인들을 대상으로 평소의 동향을 감시·파악할 목적으로 지속적으로 개인의 집회·결사에 관한 활동이나 사생활에 관한 정보를 미행, 망원활용, 탐문채집 등의 방법으로 비밀리에 수집·관리하는 행위
④ 변호사의 수임사건의 건수 및 수임액을 보고하도록 한 규정

문 13. 재산권에 대한 설명으로 적절하지 않은 것은? (다툼이 있는 경우 헌법재판소 판례에 의함)

① 환매권의 발생기간을 '취득일로부터 10년 이내'로 제한한 것은 토지수용 등의 원인이 된 공익사업의 폐지 등으로 공공필요가 소멸하였음에도 단지 10년이 경과하였다는 사정만으로 환매권이 배제되는 결과가 초래될 수 있으므로 재산권을 침해한다.
② 지역구국회의원선거 예비후보자가 정당의 공천심사에서 탈락한 후 후보자등록을 하지 않은 경우를 기탁금 반환 사유로 규정하지 않은 것은 예비후보자의 재산권을 침해한다.
③ 공무원연금법상 퇴직연금 수급자가 유족연금을 함께 받게 된 경우 그 유족연금액 2분의 1을 빼고 지급하도록 하는 것은 재산권을 침해한다.
④ 유한회사가 납부하여야 할 국세·가산금과 체납처분비에 대한 제2차 납세의무를 '유한책임사원 1명과 그의 특수관계인 중 대통령령으로 정하는 자로서 그들의 출자액 합계가 해당 법인의 출자총액의 100분의 50을 초과하면서 그에 관한 권리를 실질적으로 행사하는 자들'에게 부과하도록 하고 있는 구 국세기본법 제39조 제2호의 '법인' 중 유한회사에 관한 부분은 과잉금지원칙에 위배되어 재산권을 침해하지 않는다.

문 14. 헌법 제32조에 따른 근로의 권리에 관한 다음 설명 중 가장 적절하지 않은 것은? (다툼이 있는 경우 헌법재판소 결정에 의함)

① 근로의 권리는 국민의 권리이므로 외국인은 그 주체가 될 수 없는 것이 원칙이나, 근로의 권리 중 일할 환경에 관한 권리에 대해서는 외국인의 기본권 주체성을 인정할 수 있다.
② 근로의 권리는 국가에 대하여 직접적인 직장존속보장청구권을 보장하는 것은 아니다.
③ 근로의 권리는 사회적 기본권으로서, 국가에 대하여 직접 일자리를 청구하거나 일자리에 갈음하는 생계비의 지급청구권을 의미하는 것이 아니라, 고용증진을 위한 사회적·경제적 정책을 요구할 수 있는 권리에 그치는 것이다.
④ '65세 이후 고용된 자'에게 실업급여에 관한 고용보험법의 적용을 배제하는 것은 근로의 의사와 능력의 존부에 대한 합리적인 판단을 결여한 것이다.

문 15. 한국헌정사에 대한 설명 중 가장 적절하지 않은 것은?

① 우리나라 역대헌법에서 명시적인 헌법개정금지조항을 둔 적은 있으나, 현행헌법에는 명시적인 헌법개정금지조항이 없다는 것이 일반적인 견해이다.

② 1948년 건국헌법에서는 대통령, 부통령, 국무총리를 모두 두고 있었다.

③ 1962년 제5차 개정헌법은 인간으로서의 존엄과 가치 조항을 신설하고, 위헌법률심사권을 법원의 권한으로 규정하였다.

④ 1987년 제9차 개정헌법에서 환경권을 최초로 규정하였다.

문 16. 행복추구권에 대한 설명으로 가장 적절하지 않은 것은? (다툼이 있는 경우 판례에 의함)

① 공정거래위원회의 명령으로 독점규제 및 공정거래에 관한 법률 위반의 혐의자에게 스스로 법위반사실을 인정하여 공표하도록 강제하고 있는 '법위반사실공표명령' 부분은 헌법상 일반적 행동의 자유, 명예권, 무죄추정권 및 양심의 자유를 침해한다.

② 누구든지 금융회사 등에 종사하는 자에게 거래정보 등의 제공을 요구하는 것을 금지하고, 위반시 형사처벌하는 금융실명법 조항은 일반적 행동자유권을 침해한다.

③ 자기낙태죄 조항은 모자보건법에서 정한 사유에 해당하지 않는다면 결정가능기간 중에 다양하고 광범위한 사회적·경제적 사유를 이유로 낙태갈등 상황을 겪고 있는 경우까지도 예외 없이 전면적·일률적으로 임신의 유지 및 출산을 강제하고 이를 위반한 경우 형사처벌하고 있으므로 임신한 여성의 자기결정권을 제한하고 있어 침해의 최소성을 갖추지 못하였다.

④ 초등학교 정규교과에서 영어를 배제하거나 영어교육 시수를 제한하는 것은 학생들의 인격의 자유로운 발현권을 제한하나, 이는 균형적인 교육을 통해 초등학생의 전인적 성장을 도모하고 영어과목에 대한 지나친 사교육의 폐단을 막기 위한 것으로 학생들의 기본권을 침해하지 않는다.

문 17. 표현의 자유에 대한 설명으로 가장 적절하지 않은 것은? (다툼이 있는 경우 판례에 의함)

① 인터넷언론사에 대하여 선거일 전 90일부터 선거일까지 후보자 명의의 칼럼이나 저술을 게재하는 보도를 제한하는 구 인터넷선거보도 심의기준 등에 관한 규정 제8조 제2항 본문과 인터넷선거보도 심의기준 등에 관한 규정 제8조 제2항은 인터넷언론사 홈페이지에 청구인 명의의 칼럼을 게재한 자의 표현의 자유를 침해한다.

② 지역농협 이사 선거의 경우 전화·컴퓨터통신을 이용한 지지·호소의 선거운동방법을 금지하고, 이를 위반한 자를 처벌하는 구 농협협동조합법 조항은 해당 선거 후보자의 표현의 자유를 침해한다.

③ 지방공단 상근직원이 당내경선에서 경선운동을 할 수 없도록 금지·처벌하는 공직선거법은 헌법에 위반되지 않는다.

④ 집회·시위장소는 집회·시위의 목적을 달성하는 데 있어서 매우 중요한 역할을 수행하는 경우가 많기 때문에 장소선택의 자유는 집회·시위의 자유의 한 실질을 형성한다.

문 18. 직업의 자유에 대한 설명으로 적절한 것을 모두 고른 것은? (다툼이 있는 경우 헌법재판소 판례에 의함)

> ㉠ 청원경찰이 법원에서 금고 이상의 형의 선고유예를 받은 경우 당연퇴직하도록 규정한 조항은 청원경찰의 직업의 자유를 침해한다.
> ㉡ 청원경찰이 법원에서 자격정지의 형을 선고받은 경우 국가공무원법을 준용하여 당연퇴직하도록 한 조항은 청원경찰의 직업의 자유를 침해한다.
> ㉢ 변호사가 변호사 업무수행을 하던 중 변리사 등록을 한 경우 대한변리사회에 의무적으로 가입하게 하는 조항은 변호사의 직업수행의 자유를 침해한다.
> ㉣ 거짓이나 그 밖의 부정한 수단으로 운전면허를 받은 경우 모든 범위의 운전면허를 필요적으로 취소하도록 한 것은 청구인의 직업의 자유를 침해한다고 볼 수 있다.
> ㉤ 정원제로 사법시험의 합격자를 결정하는 방법은 개인이 주관적인 노력으로 획득할 수 있는 변호사로서의 자질과 능력을 검정하는 것이 아니라 변호사의 사회적 수급상황 등 객관적 사유에 의하여 직업선택의 자유를 제한하는 것이다.
> ㉥ 비의료인의 문신시술을 금지하고 위반하면 처벌하는 것은 직업의 자유를 침해하지 않는다.

① ㉠, ㉣, ㉤
② ㉠, ㉣, ㉥
③ ㉡, ㉢, ㉥
④ ㉡, ㉢, ㉥

문 19. 사회국가원리에 대한 설명으로 적절하지 않은 것은? (다툼이 있는 경우 판례에 의함)

① 사회국가란 사회정의의 이념을 헌법에 수용한 국가로 경제·사회·문화의 모든 영역에서 사회현상에 관여하고 간섭하고 분배하고 조정하는 국가를 말하지만 국가에게 국민 각자가 실제로 자유를 행사할 수 있는 그 실질적 조건을 마련해 줄 의무까지 부여하는 것은 아니다.

② 휴직자에게 직장가입자의 자격을 유지시켜 휴직전월의 표준보수월액을 기준으로 보험료를 부과하는 것은 사회국가원리에 위배되지 않는다.

③ 입법자가 경제영역에서의 국가목표를 이루기 위하여 가능한 여러 정책 중 필요하다고 판단되는 경제정책을 선택하였다면 입법자의 그러한 정책판단과 선택은 합리성을 결여한 것이라고 볼 수 없는 한 존중되어야 한다.

④ 저소득층 지역가입자에 대하여 국가가 국고지원을 통하여 보험료를 보조하는 것은 경제적·사회적 약자에게도 의료보험의 혜택을 제공해야 할 사회국가적 의무를 이행하기 위한 것으로서 국고지원에 있어서의 지역가입자와 직장가입자의 차별취급은 사회국가원리의 관점에서 합리적인 차별에 해당하여 평등원칙에 위반되지 아니한다.

문 20. 제도적 보장에 대한 설명으로 가장 적절하지 않은 것은? (다툼이 있는 경우 헌법재판소 판례에 의함)

① 제도적 보장은 주관적 권리가 아닌 객관적 법규범이라는 점에서 기본권과 구별되기는 하지만 헌법에 의하여 일정한 제도가 보장되면 입법자는 그 제도를 설정하고 유지할 입법의무를 지게 된다.

② 제도적 보장은 법률로써 이를 폐지할 수 없고 비록 내용을 제한하더라도 그 본질적 내용을 침해할 수 없다.

③ 제도보장도 재판규범으로서의 성격을 가진다.

④ 제도적 보장은 기본권 보장의 경우와 마찬가지로 그 본질적 내용을 침해하지 않는 범위 안에서 '최대한 보장의 원칙'이 적용된다.

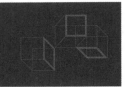

문 1. 다음 사례와 관련된 헌법재판소 결정으로 가장 적절하지 않은 것은?

> 국민건강증진법이 제정된 1995년부터 일부 공중이용시설에 금연구역 설치가 의무화되었고, 2002년부터 영업장 넓이 150제곱미터 이상인 일반음식점영업소도 금연구역 설치의무대상으로 지정되었다. 그런데 2011년에 개정된 국민건강증진법은 금연구역으로 지정하여야 하는 일반음식점영업소의 범위를 보건복지부령에 위임하였고, 이에 따라 개정된 국민건강증진법 시행규칙은 금연구역대상 일반음식점영업소를 단계적으로 확대하여 2015.1.1.부터 모든 영업소를 금연구역대상으로 정하였다.
> 甲은 2015.6.16. 영업장 넓이 약 78제곱미터인 일반음식점영업소를 개업하였다. 甲은 2015.8.4. 일반음식점영업소를 금연구역으로 지정하여 운영하도록 한 국민건강증진법과 그 시행규칙이 甲의 직업수행의 자유, 재산권, 행복추구권을 침해한다고 주장하면서, 그 위헌확인을 구하는 이 사건 헌법소원심판을 청구하였다.

① 심판대상조항은 음식점 시설과 그 내부 장비 등을 철거하거나 변경하도록 강제하는 내용이 아니므로, 이로 인하여 청구인의 음식점 시설 등에 대한 권리가 제한되어 재산권이 침해되는 것은 아니다.

② 국민의 생명·신체의 안전이 질병 등으로부터 위협받거나 받게 될 우려가 있는 경우 국가는 그 위험의 원인과 정도에 따라 사회·경제적인 여건 및 재정사정 등을 감안하여 국민의 생명·신체의 안전을 보호하기에 필요한 적절하고 효율적인 입법·행정상의 조치를 취하여 그 침해의 위험을 방지하고 이를 유지할 포괄적인 의무를 진다.

③ 오랜 기간에 걸쳐 확고하게 형성되거나 획득된 고객관계, 입지조건, 영업상 비결, 신용, 영업능력, 사업연락망 등을 포함하는 영업권을 제한하는 것은 사실이지만 영업권을 침해하는 정도는 아니다.

④ 음식점 시설 전체를 금연구역으로 지정함으로써 음식점 영업자가 입게 될 불이익보다 간접흡연을 차단하여 이로 인한 폐해를 예방하고 국민의 생명·신체를 보호하고자 하는 공익이 더욱 큰 이상, 심판대상조항은 직업수행의 자유를 침해한다고 할 수 없다.

문 2. 기본권에 관한 설명으로 가장 적절한 것은? (다툼이 있는 경우 판례에 의함)

① 청소년 성매수자에 대한 신상공개제도는 헌법상 일반적 인격권 및 사생활의 비밀과 자유를 침해한 것이다.

② 언론이 부당하게 사생활의 비밀과 자유를 침해하였다 하여도 민법상의 불법행위에 의한 손해배상책임은 물을 수 없다.

③ 국내에 귀환하여 등록절차를 거친 국군포로에게만 보수를 지급하도록 규정한 '국군포로의 송환 및 대우 등에 관한 법률' 제9조 제1항은 평등원칙에 위배된다.

④ 현금영수증 의무발행업종 사업자로 하여금 건당 10만원 이상의 현금거래시 현금영수증을 의무발급하도록 하고, 위반시 현금영수증 미발급 거래대금의 100분의 50에 상당하는 과태료를 부과하도록 하는 것은 직업수행의 자유를 침해하지 않는다.

문 3. 재판청구권에 대한 설명으로 적절한 것은? (다툼이 있는 경우 판례에 의함)

① 정식재판 청구기간을 약식명령의 고지를 받은 날로부터 7일 이내로 정하고 있는 형사소송법 조항은 합리적인 입법재량의 범위를 벗어나 약식명령 피고인의 재판청구권을 침해한다.

② 사실오인 또는 양형부담을 이유로 원심판결에 대한 상고를 할 수 있는 경우를 "사형, 무기 또는 10년 이상의 징역이나 금고가 선고된 사건"의 경우로만 제한한 형사소송법 조항은 재판청구권을 침해하지 아니한다.

③ 친생자관계 존부 확인의 소의 확정판결에 대해서도 재심의 사유를 안 날로부터 30일 이내에 재심을 제기하도록 하고 판결확정 후 5년이 지난 때에는 재심을 제기할 수 없도록 한 가사소송법 조항은 재판청구권을 침해한다.

④ 심리불속행 상고기각판결의 경우 판결이유를 생략할 수 있도록 규정한 상고심절차에 관한 특례법 조항은 재판의 본질에 반하여 당사자의 재판청구권을 침해한다.

문 4. 사생활의 비밀과 자유에 관한 설명 중 가장 적절하지 않은 것은? (다툼이 있는 경우 헌법재판소 결정 및 통설에 의함)

① 인터넷 회선 감청은, 인터넷 회선을 통하여 흐르는 전기신호 형태의 '패킷'을 중간에 확보한 다음 재조합 기술을 거쳐 그 내용을 파악하는 이른바 '패킷감청'의 방식으로 이루어지므로, 이는 사생활의 비밀과 자유가 제한되는 것이라고 할 수 있다.

② 변호사에게 전년도에 처리한 수임사건의 건수 및 수임액을 소속 지방변호사회에 보고하도록 규정하고 있는 구 변호사법 규정은 헌법상 필요한 부분을 넘어 사생활 비밀의 자유를 과도하게 침해한다.

③ 인터넷언론사의 공개된 게시판·대화방에서 스스로의 의사에 의하여 정당·후보자에 대한 지지·반대의 글을 게시하는 행위는 양심의 자유나 사생활 비밀의 자유에 의하여 보호되는 영역이라고 할 수 없다.

④ 공직선거에 후보자로 등록하고자 하는 자가 제출하여야 하는 금고 이상의 형의 범죄경력에 실효된 형을 포함시키고 있는 공직선거법 제49조 제4항 제5호가 과잉금지원칙에 위배하여 사생활의 비밀과 자유를 침해한다고 볼 수 없다.

문 5. 인격권에 대한 설명으로 적절하지 않은 것은? (다툼이 있는 경우 판례에 의함)

① 변호사에 대한 징계결정정보를 인터넷 홈페이지에 공개하도록 한 변호사법 조항과 징계결정정보의 공개범위와 시행방법을 정한 변호사법 시행령 조항은 청구인의 인격권을 침해하지 않는다.

② 이미 출국 수속 과정에서 일반적인 보안검색을 마친 승객을 상대로 촉수검색(patdown)과 같은 추가적인 보안검색 실시를 예정하고 있는 국가항공보안계획은 달성하고자 하는 공익에 비해 추가 보안검색으로 인해 대상자가 느낄 모욕감이나 수치심의 정도가 크다고 할 수 있으므로 과잉금지원칙에 위반되어 해당 승객의 인격권을 침해한다.

③ 성명(姓名)은 개인의 정체성과 개별성을 나타내는 인격의 상징으로서 개인이 사회 속에서 자신의 생활영역을 형성하고 발현하는 기초가 되는 것이므로 자유로운 성(姓)의 사용은 헌법상 인격권으로부터 보호된다.

④ 변호사 정보 제공 웹사이트 운영자가 변호사들의 개인신상정보를 기반으로 한 인맥지수를 공개하는 서비스를 제공하는 행위는 변호사들의 개인정보에 관한 인격권을 침해한다.

문 6. 다음의 알 권리와 관련된 설명으로 가장 적절하지 않은 것은? (다툼이 있는 경우 헌법재판소 결정에 의함)

① 알 권리는 표현의 자유와 표리일체의 관계에 있으며 자유권적 성질과 청구권적 성질을 공유하는 것이다.

② 알 권리의 청구권적 성질은 의사형성이나 여론형성에 필요한 정보를 적극적으로 수집하고 수집을 방해하는 방해제거를 청구할 수 있다는 것을 의미하는바, 이는 정보수집권 또는 정보공개청구권으로 나타난다.

③ 정치자금법상 회계보고된 자료의 열람기간을 3월간으로 정한 정치자금법 제42조 제2항 본문 중 '3월간' 부분은 청구인의 알 권리를 침해한다.

④ 변호사시험 성적을 공개하지 않는 것은 법학전문대학원과 학생들이 시험 준비 위주의 교육에서 벗어날 수 있고, 변호사 채용에 있어서도 다면적인 기준에 의한 평가를 할 수 있는 등 이를 통한 공익이 제한되는 사익보다 크므로 침해의 최소성원칙에 위배되지 않는다.

문 7. 진술거부권에 관한 설명 중 가장 적절하지 않은 것은? (다툼이 있는 경우 헌법재판소 결정에 의함)

① 헌법 제12조 제2항은 "모든 국민은 고문을 받지 아니하며, 형사상 자기에게 불리한 진술을 강요당하지 아니한다."고 규정하여 형사책임에 관하여 자신에게 불이익한 진술을 강요당하지 아니할 것을 국민의 기본권으로 보장하고 있다.

② 민사집행법상 재산명시의무를 위반한 채무자에 대하여 법원이 결정으로 20일 이내의 감치에 처하도록 규정한 민사집행법 제68조 제1항은 진술거부권을 침해하지 아니한다.

③ 진술거부권은 형사절차뿐만 아니라 행정절차나 국회에서의 조사절차 등에서도 보장되며, 현재 피의자나 피고인으로서 수사 또는 공판절차에 계속중인 자뿐만 아니라 장차 피의자나 피고인이 될 자에게도 보장된다.

④ 정치자금을 받고 지출하는 행위는 당사자가 직접 경험한 사실에 해당하지만, 이를 문자로 기재하도록 하는 것은 당사자가 자신의 경험을 말로 표출한 것의 등가물로 평가할 수는 없으므로, 이러한 기재행위가 '진술'의 범위에 포함된다고 볼 수 없다.

문 8. 직업의 자유에 대한 설명으로 적절한 것을 모두 고른 것은? (다툼이 있는 경우 헌법재판소 결정에 의함)

㉠ 상조회사에 선수금 보전의무를 부여하고 이를 보전하지 않고 영업할 경우 시정조치를 명할 수 있도록 규정한 할부거래법 조항은 청구인의 직업의 자유를 침해하지 않는다.

㉡ 유사군복(military look)의 판매목적 소지를 일반적으로 금지하고 형사처벌한다고 하여 과연 국방력 약화 방지, 군인 사칭행위 방지라는 공익 달성에 얼마나 기여하는지는 막연하고 불분명한 것에 비하여, 유사군복을 판매목적으로 소지하여 직업을 영위하는 자의 직업의 자유 및 일회적·단발적으로 판매하고자 유사군복을 소지하는 자의 일반적 행동의 자유는 중대하게 제한되므로 직업의 자유 내지 일반적 행동자유권을 침해하여 헌법에 위반된다.

㉢ 금고 이상의 형의 집행유예를 선고받은 경우를 변호사 결격사유로 정한 변호사법 제5조 제2호는 변호사의 직업수행의 자유를 침해한다.

㉣ 변호사가 변리사 업무를 수행하는 경우 변리사 연수교육을 받을 의무를 부과하는 조항은 변호사의 직업수행의 자유를 침해하지 않는다.

㉤ 의료기기 수입업자가 의료기관 개설자에게 리베이트를 제공하는 경우를 처벌하는 조항은 의료기기 수입업자의 직업의 자유를 침해한다.

㉥ 아동학대관련범죄로 벌금형이 확정된 날부터 10년이 지나지 아니한 사람은 어린이집을 설치·운영하거나 어린이집에 근무할 수 없도록 한 것은 직업의 자유를 침해한다.

① ㉠, ㉣, ㉤
② ㉠, ㉣, ㉥
③ ㉡, ㉢, ㉤
④ ㉡, ㉢, ㉥

문 9. 청원권에 관한 다음 설명 중 가장 적절하지 않은 것은?

① 청원권 행사를 위한 청원사항이나 청원방식, 청원절차 등에 관해서는 입법자가 그 내용을 자유롭게 형성할 재량권을 가지고 있으므로 공무원이 취급하는 사건 또는 사무에 관한 사항의 청탁에 관해 금품을 수수하는 등의 행위를 청원권의 내용으로서 보장할지 여부에 대해서도 입법자에게 폭넓은 재량권이 주어져 있다.

② 청원사항의 처리결과에 대하여 재결서에 준하는 이유를 명시할 의무는 있으나, 청원인이 청원한 내용대로의 결과를 통지할 의무는 없다.

③ 청원이 청원법상 처리기간 이내에 처리되지 아니하는 경우 청원인은 청원을 관장하는 기관에 이의신청을 할 수 있다.

④ 공무원이 취급하는 사건 또는 사무에 관하여 사건해결의 청탁 등을 명목으로 금품을 수수하는 행위를 규제하는 조항은 일반적 행동자유권뿐만 아니라 청원권을 제한한다.

문 10. 기본권에 대한 다음 설명 중 가장 적절한 것은? (다툼이 있는 경우 판례에 의함)

① 기본권의 제3자적 효력에 관한 미국 판례의 입장은 결국 국가의 관여가 있거나 사인의 행위를 국가의 행위로 볼 수 있는 일정한 경우에 기본권 보장이 직접 적용된다는 것이고, 그 밖에도 사법상의 조리(Common Sense)를 접점으로 하여 사인간의 생활영역 전반에 걸쳐 직접 적용된다는 것이다.

② 기본권의 본질적 내용에 대한 침해금지규정은 제3차 개정헌법에서 처음으로 규정되었으나, 제7차 개정헌법에서 삭제되었다가 제8차 개정헌법에서 다시 부활하였다.

③ 국가의 사경제적 활동에 의해 기본권을 침해받은 사인은 헌법소원을 제기하여 기본권 침해를 구제받을 수 있다.

④ 교사의 수업권과 학생의 수학권이 충돌하는 경우 두 기본권 모두 효력을 나타내는 규범조화적 해석에 따라 기본권 충돌은 해결되어야 한다.

문 11. 조약 및 국제질서에 관한 설명으로 가장 적절하지 않은 것은? (다툼이 있는 경우 판례에 의함)

① 국회의 동의를 요하지 않는 국제조약이 헌법에 위반되는지 여부가 재판의 전제가 된 경우에는 대법원이 최종적으로 심사한다.

② 외교관계에 관한 비엔나협약에 의하여 외국의 대사관저에 대하여 강제집행을 할 수 없다는 이유로 집행관이 강제집행 신청의 접수를 거부하여 강제집행이 불가능하게 되었다면 국가는 이러한 경우 손실을 보상하는 법률을 제정하여야 할 의무가 있다.

③ 헌법 제2조 제2항(재외국민의 보호)의 규정이 국가로 하여금 특정한 협약에 가입하거나 조약을 체결하여야 하는 입법위임을 한 것이라고 볼 수는 없다.

④ 헌법에 의하여 체결·공포된 조약과 일반적으로 승인된 국제법규(국제법 관습 포함)는 국내법과 같은 효력을 가진다.

문 12. 양심의 자유에 관한 설명 중 적절하지 않은 것은 모두 몇 개인가? (다툼이 있는 경우 판례에 의함)

> ㉠ 보안관찰법상의 보안관찰처분은 보안관찰처분대상자의 내심의 작용을 문제삼는 것이 아니라, 보안관찰처분대상자가 보안관찰해당범죄를 다시 저지를 위험성이 내심의 영역을 벗어나 외부에 표출되는 경우에 재범의 방지를 위하여 내려지는 특별예방적 목적의 처분이므로, 보안관찰처분 근거 규정에 의한 보안관찰처분이 양심의 자유를 침해한다고 할 수 없다.
> ㉡ 양심의 자유는 옳고 그른 것에 대한 판단을 추구하는 가치적·도덕적 마음가짐으로 인간의 윤리적 내심영역인바, 세무사가 행하는 성실신고확인은 확인대상사업자의 소득금액에 대하여 심판대상조항 및 관련 법령에 따라 확인하는 것으로 단순한 사실관계의 확인에 불과한 것이어서 헌법 제19조에 의하여 보장되는 양심의 영역에 포함되지 않는다.
> ㉢ 인터넷언론사의 공개된 게시판·대화방에서 스스로의 의사에 의하여 정당·후보자에 대한 지지·반대의 글을 게시하는 행위가 양심의 자유나 사생활 비밀의 자유에 의하여 보호되는 영역이라고 할 수 없다.
> ㉣ 누구라도 자신이 비행을 저질렀다고 믿지 않는 자에게 본심에 반하여 사죄 내지 사과를 강요한다면 이는 윤리적·도의적 판단을 강요하는 것으로서 양심의 자유를 침해하는 행위에 해당하므로, 사업자단체의 독점규제 및 공정거래에 관한 법률 위반행위가 있을 때 공정거래위원회가 당해 사업자단체에 대하여 '법위반사실의 공표'를 명할 수 있도록 하는 법률조항은 양심의 자유를 침해한다.

① 1개
② 2개
③ 3개
④ 4개

문 13. 공무담임권에 관한 다음 설명 중 가장 적절하지 않은 것은?

① 고용노동 및 직업상담 직류를 채용하는 경우 직업상담사 자격증 보유자에게 만점의 3% 또는 5%의 가산점을 부여하는 것은 공무담임권을 침해하지 않는다.
② 청구인이 당선된 당해선거에 관한 것인지를 묻지 않고, 선거에 관한 여론조사의 결과에 영향을 미치게 하기 위하여 둘 이상의 전화번호를 착신 전환 등의 조치를 하여 같은 사람이 두 차례 이상 응답하여 100만원 이상의 벌금형을 선고받은 자로 하여금 지방의회의원의 직에서 퇴직되도록 한 조항은 청구인의 공무담임권을 침해한다.
③ '승진시험의 응시제한'은 공직신분의 유지나 업무수행에는 영향을 주지 않는 단순한 내부 승진인사에 관한 문제에 불과하여 공무담임권의 보호영역에 포함된다고 보기는 어려우므로, 시험요구일 현재를 기준으로 승진임용이 제한된 자에 대하여 승진시험 응시를 제한하도록 한 공무원임용시험령이 공무담임권을 침해하였다고 볼 수 없다.
④ 미성년자에 대하여 성범죄를 범하여 형을 선고받아 확정된 자와 성인에 대한 성폭력범죄를 범하여 벌금 100만원 이상의 형을 선고받아 확정된 자는 초·중등교육법상의 교원에 임용될 수 없도록 한 교육공무원법 조항은 과잉금지원칙에 반하여 공무담임권을 침해한다고 볼 수 없다.

문 14. 통신의 자유에 대한 설명으로 적절하지 않은 것은? (단, 다툼이 있는 경우 판례에 의함)

① 신병교육기간 동안 신병들의 전화사용을 통제하는 것은 헌법 제18조가 보장하는 통신의 자유를 제한한다.

② 인터넷회선 감청은 인터넷회선을 통하여 흐르는 전기신호 형태의 패킷을 중간에 확보한 다음 재조합 기술을 거쳐 그 내용을 파악하는 패킷감청의 방식으로 이루어지는 것으로서 개인의 통신 및 사생활의 비밀과 자유를 제한한다.

③ 통신의 자유는 국가안전보장·질서유지 또는 공공복리를 위하여 필요한 경우에는 법률로 제한될 수 있다.

④ 국가기관이 정보통신부장관의 인가 없이 감청설비의 제조·수입 등의 방법으로 감청설비를 보유·사용할 수 있도록 하는 것은 통신의 자유를 침해한 것이다.

문 15. 신뢰보호원칙과 소급입법금지원칙에 대한 설명으로 가장 적절하지 않은 것은? (다툼이 있는 경우 판례에 의함)

① 부진정소급입법은 원칙적으로 허용되지 않고, 법치국가의 원리에 의하여 특단의 사정이 있는 경우에만 예외적으로 허용될 수 있다.

② 공무원의 퇴직연금 지급개시연령을 제한한 구 공무원연금법은 현재 공무원으로 재직 중인 자가 퇴직하는 경우 장차 받게 될 퇴직연금의 지급시기를 변경한 것으로서 입법목적으로 달성하고자 하는 연금재정 안정 등의 공익이 손상되는 신뢰에 비해 우월하다고 할 것이므로 신뢰보호원칙에 위배된다고 볼 수 없다.

③ 행정기관이 개발촉진지구 지역개발사업으로 실시계획을 승인하고 이를 고시하면 고급골프장 사업과 같이 공익성이 낮은 사업에 대해서까지도 시행자인 민간개발자에게 수용권한을 부여하는 규정은 헌법 제23조 제3항에 위반된다.

④ 개정된 신법이 피적용자에게 유리한 경우에 이른바 시혜적인 소급입법을 할 것인지의 여부는 입법재량의 문제로서 그 판단은 일차적으로 입법기관에 맡겨져 있는 것이므로 광범위한 입법형성의 자유가 인정된다.

문 16. 선거의 기본원칙에 대한 설명으로 가장 적절하지 않은 것은? (다툼이 있는 경우 헌법재판소 판례에 의함)

① 우리 헌법에 명시적으로 규정되어 있지 않지만 자유선거의 원칙은 민주국가의 선거제도에 내재하는 당연한 원리이다.

② 정당명부에 대한 별도의 투표가 없는 1인 1표제하에서의 비례대표제는 선거권자의 투표행위가 아니라 정당의 명부작성행위가 최종적·결정적인 의미를 갖게 되므로 직접선거의 원칙에 위배된다.

③ 비례대표제를 채택하는 한 직접선거의 원칙은 의원의 선출뿐만 아니라 정당의 비례적인 의석확보도 선거권자의 투표에 의하여 직접 결정될 것을 요구한다.

④ 당선소송은 선거의 일부 무효를 주장하는 것으로서 선거의 효력에 관하여 이의가 있는 자가 중앙선거관리위원장을 피고로 하여 대법원에 소를 제기하는 것이다.

문 17. 언론·출판의 자유와 관련된 설명 중 헌법재판소의 입장으로 적절하지 않은 것은 모두 몇 개인가?

> ⊙ 건강기능식품의 기능성 표시·광고의 사전심의는 건강기능식품협회가 담당하고 있지만 그 실질은 식약청장이 위탁이라는 방법으로 그 업무의 범위를 확장하고 있는 것에 지나지 않으므로, 건강기능식품협회가 행하는 사전심의절차는 헌법이 금지하는 행정기관에 의한 사전검열에 해당한다.
> ⊙ 음란표현도 헌법이 규정하는 언론·출판의 자유의 보호영역에 해당한다.
> ⊙ 상업광고 규제에 관한 비례의 원칙 심사에 있어서 '피해의 최소성'원칙은 입법목적을 달성하기 위하여 필요한 범위 내의 것인지를 심사하는 정도로 완화되는 것이 아니라, 같은 목적을 달성하기 위하여 달리 덜 제약적인 수단이 없을 것인지 혹은 입법목적을 달성하기 위하여 필요한 최소한의 제한인지를 심사하는 것이다.
> ⊙ 선거운동기간 중에 인터넷언론사 홈페이지 게시판 등 이용자로 하여금 실명확인조치를 강제하는 것이 익명표현의 자유와 언론의 자유를 침해하는 것은 아니다.
> ⊙ 국가가 개인의 표현행위를 규제하는 경우, 표현내용에 대한 규제는 원칙적으로 중대한 공익의 실현을 위하여 불가피한 경우에 한하여 엄격한 요건하에서 허용되는 반면, 표현내용과 무관하게 표현의 방법을 규제하는 것은 합리적인 공익상의 이유로 상대적으로 넓은 제한이 가능하다.

① 0개
② 1개
③ 2개
④ 3개

문 18. 생명권과 신체의 자유에 대한 설명으로 가장 적절하지 않은 것은? (다툼이 있는 경우 판례에 의함)

① 비록 연명치료 중단에 관한 결정 및 그 실행이 환자의 생명단축을 초래한다 하더라도 이를 생명에 대한 임의적 처분으로서 자살이라고 평가할 수 없고, 오히려 이는 생명권의 한 내용으로서 보장된다.

② 음주운전 금지규정 위반 또는 음주측정거부 전력이 있는 사람이 다시 음주운전 금지규정 위반행위를 한 경우 또는 음주운전 금지규정 위반 전력이 있는 사람이 다시 음주측정거부행위를 한 경우를 가중처벌하는 도로교통법은 책임과 형벌간의 비례원칙에 위반된다.

③ 교도소 내 엄중격리대상자에 대하여 이동시 계구를 사용하고 교도관이 동행계호하는 행위 및 1인 운동장을 사용하게 하는 처우가 신체의 자유를 과도하게 제한하여 헌법을 위반한 것이라고 볼 수 없다.

④ 헌법 제12조 제1항이 정하고 있는 법률주의에서 말하는 '법률'이라 함은 국회에서 제정하는 형식적 의미의 법률과 이와 동등한 효력을 가지는 긴급명령, 긴급재정·경제명령 등을 의미한다.

문 19. 거주·이전의 자유에 관한 다음 설명 중 가장 적절한 것은? (다툼이 있는 경우 판례에 의함)

① 국적을 가지고 이를 변경할 수 있는 권리는 그 본질상 인간의 존엄과 가치 및 행복추구권을 규정하고 있는 헌법 제10조에서 도출되는 것으로 보아야 하고, 따라서 복수국적자가 대한민국 국적을 버릴 수 있는 자유도 마찬가지로 헌법 제10조에서 나오는 것이지 거주·이전의 자유에 포함되어 있는 것이 아니다.

② 주거로 사용하던 건물이 수용될 경우 그 효과로 거주지도 이전하여야 하는 것은 사실이나 이는 토지 및 건물 등의 수용에 따른 부수적 효과로서 간접적·사실적 제약에 해당하므로, 정비사업조합에 수용권한을 부여하여 주택재개발사업에 반대하는 청구인의 토지 등을 강제로 취득할 수 있도록 한 도시 및 주거환경정비법 조항이 청구인의 재산권을 침해하였는지 여부를 판단하는 이상 거주·이전의 자유 침해 여부는 별도로 판단하지 않는다.

③ 거주·이전의 자유에는 국내에서의 거주·이전의 자유와 귀국의 자유가 포함되나 국외 이주의 자유와 해외여행의 자유는 포함되지 않는다.

④ 법인이 과밀억제권역 내에 본점의 사업용 부동산으로 건축물을 신축하여 이를 취득하는 경우, 취득세를 중과세하는 구 지방세법 조항은 법인의 영업의 자유를 제한하는 것으로서 법인의 거주·이전의 자유를 제한하는 것은 아니다.

문 20. 현행 국적법에 관한 설명 중 가장 적절하지 않은 것은? (다툼이 있는 경우 판례에 의함)

① 외국인인 부(父)와 대한민국 국민인 모(母) 사이의 혼인의 출생자는 출생과 동시에 대한민국 국적을 취득한다.

② 복수국적자로서 외국 국적을 선택하려는 자는 외국에 주소가 있는 경우에만 주소지 관할 재외공관의 장을 거쳐 법무부장관에게 대한민국 국적을 이탈한다는 뜻을 신고할 수 있다.

③ 대한민국의 국적을 취득한 사실이 없는 외국인은 법무부장관의 귀화허가를 받아 대한민국의 국적을 취득할 수 있는데, 이때 일반귀화의 경우 5년 이상 계속하여 대한민국에 주소가 있을 것, 대한민국의 민법상 성년일 것 등 법 제5조의 요건을 갖추어야 한다.

④ 대한민국 국민이 자진하여 미국의 시민권을 취득하면 복수국적자가 되어 국적법에 따라 법무부장관의 허가를 얻어 대한민국의 국적을 이탈하여야 대한민국의 국적을 상실한다.

소요시간: _____ / 15분   맞힌 답의 개수: _____ / 20

문 1. 다음 사례와 관련된 헌법재판소 결정으로 가장 적절하지 않은 것은?

> 흡연자로서 폐암 투병 중인 甲은 국가는 흡연의 폐해로부터 국민의 건강을 보호하여야 할 의무가 있음에도 불구하고 국가가 담배사업법을 통하여 담배의 제조 및 판매를 허용하고 보장하는 것이 甲의 보건권, 행복추구권, 생명권, 인간다운 생활을 할 권리 등을 침해한다고 주장하며 헌법소원심판을 청구하였다.

① 이 사건에서 제한되는 기본권은 국가의 보호의무에 상응하는 생명·신체의 안전에 관한 권리이며, 생명·신체의 안전에 관한 권리는 인간의 존엄과 가치의 근간을 이루는 기본권이다.

② 세계보건기구(WHO)의 '담배규제기본협약'은 비준국에게 준수일정에 따라 담배의 제조, 생산, 유통, 소비의 전 과정에서 각종 규제장치의 입법화를 요구하고 있는데, 권고적 의미일 뿐 이에 따를 국제법상의 의무는 없다.

③ 국가가 국민의 생명·신체의 안전에 대한 보호의무를 다하지 않았는지 여부를 헌법재판소가 심사할 때에는 국가가 이를 보호하기 위하여 적어도 적절하고 효율적인 최소한의 보호조치를 취하였는가 하는 이른바 '과소보호금지원칙'의 위반 여부를 기준으로 심사한다.

④ 인체에 유해한 물질이라 하더라도 그 유해성은 상대적인 경우가 많고, 해당 물질의 판매조건이나 사용 등에 대한 규제가 적절하다면 그 제조 및 판매를 허용한다는 것 자체만으로 바로 생명·신체의 안전에 관한 국가의 보호의무 위반이라고 단정할 수는 없다.

문 2. 영장주의 및 적법절차원칙에 대한 설명으로 적절하지 않은 것은? (다툼이 있는 경우 판례에 의함)

① 각급선거관리위원회 위원·직원의 선거범죄의 조사에 있어서 피조사자에게 자료제출의무를 부과하고 허위자료를 제출하는 경우 형사처벌하는 공직선거법 조항은 영장주의에 위반되거나 일반적 행동자유권을 침해한다고 볼 수 없다.

② 검사만 치료감호를 청구할 수 있고 법원은 검사에게 치료감호청구를 요구할 수 있다고만 규정한 '치료감호 등에 관한 법률' 조항은 재판청구권을 침해하거나 적법절차원칙에 반한다고 보기 어렵다.

③ 피의자를 긴급체포하여 조사한 결과 구금을 계속할 필요가 없다고 판단하여 48시간 이내에 석방하는 경우까지도 수사기관이 반드시 체포영장발부절차를 밟게 하는 것은 인권침해적 상황을 예방하는 적절한 방법이다.

④ 헌법 제12조 제3항의 영장주의는 법관이 발부한 영장에 의하지 아니하고는 수사에 필요한 강제처분을 하지 못한다는 원칙으로, 교도소장이 마약류 관련 수형자에게 소변을 받아 제출하도록 한 것은 교도소의 안전과 질서유지를 위한 것으로 수사에 필요한 처분이 아닐 뿐만 아니라 검사대상자들의 협력이 필수적이어서 강제처분이라고 할 수도 없어 영장주의의 원칙이 적용되지 않는다.

문 3. 참정권에 대한 설명으로 적절하지 않은 것은? (다툼이 있는 경우 판례에 의함)

① 헌법상 직접민주주의에 따른 참정권으로 헌법개정안에 대한 국민투표권과, 외교·국방·통일 기타 국가안위에 관한 중요정책에 대한 국민투표권이 규정되어 있는데 전자는 필수적이고 후자는 대통령의 재량으로 이뤄진다.

② 10개월의 징역형을 선고받고 그 집행이 종료되지 아니한 사람은 선거권이 없다.

③ 신체의 장애로 인하여 자신이 기표할 수 없는 선거인에 대해 투표보조인이 가족이 아닌 경우 반드시 2인을 동반하여서만 투표를 보조하게 할 수 있도록 정하고 있는 공직선거법 조항은 과잉금지원칙에 반하여 선거권을 침해하지 않는다.

④ 착신전환 등을 통한 중복 응답 등 범죄로 100만원 이상의 벌금형의 선고를 받은 사람은 지방의원직에서 퇴직하도록 한 것은 공무담임권을 침해하지 않는다.

문 4. 다음 중 헌법재판소 결정에 관한 내용으로 가장 적절하지 않은 것은?

① 공직선거법 제265조의2 제1항 전문 중 '제264조의 규정에 따라 당선이 무효로 된 사람은 제57조와 제122조의2에 따라 반환·보전받은 금액을 반환하여야 하는 부분'이 후보자의 재산권을 침해하는 것은 아니다.

② 문화예술계 블랙리스트의 작성 등과 지원사업 배제 지시는 청구인들의 정치적 견해를 기준으로 배제되도록 한 것이므로 자의적인 차별로서 청구인들의 평등권을 침해한다.

③ 형법상의 범죄와 똑같은 구성요건을 규정하면서 법정형만 상향 조정한 특정범죄 가중처벌 등에 관한 법률 제5조의4 제1항 중 형법 제329조에 관한 부분 등은 평등원칙에 위반된다.

④ 친생부인의 소의 제척기간을 '친생부인의 사유가 있음을 안 날부터 2년 내'로 제한한 민법 제847조 제1항이 친자관계를 부인하고자 하는 부(夫)의 가정생활과 신분관계에서 누려야 할 인격권 및 행복추구권을 침해한다.

문 5. 교육을 받을 권리에 대한 다음 설명 중 가장 적절하지 않은 것은? (다툼이 있는 경우 헌법재판소 및 대법원 판례와 통설에 의함)

① 최대 2점의 가산점을 부여하도록 한 서울대학교 '2022학년도 대학 신입학생 정시모집 안내' 부분은 법률유보원칙에 위배되지 않는다.

② 의무교육에 있어서 무상의 범위에는 의무교육이 실질적이고 균등하게 이루어지기 위한 본질적 항목으로, 수업료나 입학금의 면제, 학교와 교사 등 인적·물적 시설 및 그 시설을 유지하기 위한 인건비와 시설유지비, 신규시설투자비 등의 재원 부담으로부터의 면제가 포함된다 할 것이며, 그 외에도 의무교육을 받는 과정에 수반하는 비용으로서 의무교육의 실질적인 균등보장을 위해 필수불가결한 비용은 무상의 범위에 포함된다.

③ 2021학년도 대학입학전형기본사항 중 재외국민 특별전형 지원자격 가운데 학생의 부모의 해외체류요건 부분은 학생인 청구인을 불합리하게 차별하여 균등하게 교육받을 권리를 침해하지 않는다.

④ 검정고시로 고등학교 졸업학력을 취득한 사람들의 수시모집 지원을 제한하는 내용의 국립교육대학교의 2017학년도 신입생 수시모집 입시요강은, 일반 고등학교 졸업자와의 합리적인 차별에 해당하므로 검정고시 출신자의 교육을 받을 권리를 침해하지 아니한다.

문 6. 재판청구권에 관한 다음 설명 중 가장 적절하지 않은 것은? (다툼이 있는 경우 헌법재판소 결정의 다수의 견에 의함)

① 재판 당사자가 재판에 참석하는 것은 재판청구권 행사의 기본적 내용이라고 할 것이므로 수형자도 형의 집행과 도망의 방지라는 구금의 목적을 반하지 않는 범위에서는 재판청구권이 보장되어야 한다.

② 디엔에이감식시료채취영장 발부 과정에서 채취대상자에게 자신의 의견을 밝히거나 영장 발부 후 불복할 수 있는 절차 등에 관하여 규정하지 아니한 디엔에이신원확인정보의 이용 및 보호에 관한 법률 중 영장절차 조항은 재판청구권을 침해하는 조항이다.

③ 법무부 훈령 제756호 '민사재판 등 소송 수용자 출정비용 징수에 관한 지침'(이하 '이 사건 지침'이라 한다) 제4조 제3항에 의하면, 수형자가 출정비용을 납부하지 않고 출정을 희망하는 경우에는 소장은 수형자를 출정시키되, 사후적으로 출정비용 상환청구권을 자동채권으로, 영치금 반환채권을 수동채권으로 하여 상계함을 통지함으로써 상계하여야 한다고 규정되어 있으나, 이 사건 지침은 위임근거가 없는 행정기관 내부의 업무처리지침 내지 사무처리준칙에 해당하여 행정규칙에 불과할 뿐 법규적 효력을 가지는 것은 아니므로 교도소장이 이 사건 지침에 위반하여 업무를 처리하였다고 하더라도 국민의 기본권인 재판청구권이 침해되었다고 평가하기 어렵다.

④ 헌법이 대법원을 최고법원으로 규정하고 있다 하더라도 대법원이 곧바로 모든 사건을 상고심으로서 관할하여야 한다는 결론이 당연히 도출되는 것은 아니고, '헌법과 법률이 정하는 법관에 의하여 법률에 의한 재판을 받을 권리'가 사건의 경중을 가리지 않고 모든 사건에 대하여 대법원을 구성하는 법관에 의한 균등한 재판을 받을 권리를 의미한다거나 또는 상고심재판을 받을 권리를 의미하는 것이라고 할 수 없다.

문 7. 국민투표권에 대한 헌법재판소의 입장으로 가장 적절하지 않은 것은?

① 국민투표는 선거와 달리 국민이 직접 국가의 정치에 참여하는 절차이므로, 국민투표권은 대한민국 국민의 자격이 있는 사람에게 반드시 인정되어야 하는 권리이다.

② 헌법 제72조에 의한 중요정책에 관한 국민투표는 국가안위에 관계되는 사항에 관하여 대통령이 제시한 구체적인 정책에 대한 주권자인 국민의 승인절차이다.

③ 헌법 제130조 제2항에 의한 헌법개정에 관한 국민투표는 대통령 또는 국회가 제안하고 국회의 의결을 거쳐 확정된 헌법개정안에 대하여 주권자인 국민이 최종적으로 그 승인 여부를 결정하는 절차이다.

④ 대한민국과 미합중국간의 자유무역협정은 국가나 국민에게 중대한 재정적 부담을 지우는 조약이므로 국민투표를 하지 아니한 것은 헌법 제72조의 국민투표권이 침해된 것이다.

문 8. 다음 설명 중 가장 적절하지 않은 것은? (다툼이 있는 경우 판례에 의함)

① 어떠한 법령이 수범자의 직업의 자유와 행복추구권 양자를 제한하는 외관을 띠는 경우 두 기본권의 경합문제가 발생하는데, 보호영역으로서 직업이 문제되는 경우 직업의 자유와 행복추구권은 서로 특별관계에 있어 기본권의 내용상 특별성을 갖는 직업의 자유의 침해 여부가 우선하므로, 행복추구권 관련 위헌 여부의 심사는 배제된다고 보아야 한다.

② 법률사건의 수임에 관하여 알선의 대가로 금품을 제공하거나 이를 약속한 변호사를 형사처벌하는 구 변호사법 제109조 제2호 중 제34조 제2항 부분이 변호사의 직업수행의 자유를 침해하는 것은 아니다.

③ 기본권을 제한하는 규정은 기본권행사의 '방법'에 관한 규제로써 공익을 실현할 수 있는가를 시도하고 이러한 방법으로는 공익달성이 어렵다고 판단되는 경우에 비로소 그 다음 단계인 기본권행사의 '여부'에 관한 규제를 선택해야 한다.

④ 농협·축협 조합장이 금고 이상의 형을 선고받고 그 형이 확정되지 아니한 경우에도 이사가 그 직무를 대행하도록 규정한 농업협동조합법 제46조 제4항 제3호 중 '조합장'에 관한 부분은 조합장의 직무수행에 대한 조합원 내지 공공의 신뢰를 지키고 직무에 대한 전념성을 확보하여 조합의 원활한 운영에 대한 위험을 미연에 방지하기 위한 것이므로 과잉금지원칙에 반하여 조합장들의 직업수행의 자유를 침해하는 것이 아니다.

문 9. 적법절차의 원리에 대한 설명으로 가장 적절하지 않은 것은? (다툼이 있는 경우 헌법재판소 결정에 의함)

① 누구든지 법률에 의하지 아니하고는 체포·구속·압수·수색 또는 심문을 받지 아니하며, 법률과 적법한 절차에 의하지 아니하고는 처벌·보안처분 또는 강제노역을 받지 아니한다.

② 체포·구속·압수 또는 수색을 할 때에는 적법한 절차에 따라 검사의 신청에 의하여 법관이 발부한 영장을 제시하여야 한다.

③ 전기통신사업법 제83조 제3항 중 '검사 또는 수사관서의 장, 정보수사기관의 장의 수사, 형의 집행 또는 국가안전보장에 대한 위해 방지를 위한 정보수집을 위한 통신자료 제공요청'에 관한 부분에 대하여 사후통지절차를 마련하지 않은 것은 적법절차원칙에 위배된다.

④ 국가기관이 국민에 대하여 공권력을 행사할 때 준수하여야 하는 법원칙으로 형성된 적법절차의 원칙은 국가기관에 대하여 헌법을 수호하고자 하는 탄핵소추절차 또한 직접 적용할 수 있는 것이다.

문 10. 다음 중 직업선택의 자유에 대한 헌법재판소의 결정에 대한 설명으로 가장 적절하지 않은 것은?

① 외국의 의사·치과의사·한의사 자격을 가진 자에게 예비시험을 치도록 한 것은 사실상 외국에서 학위를 받은 사람이 국내에서 면허를 받는 길을 봉쇄하는 방향으로 악용될 소지가 있으므로 직업선택의 자유를 침해한다.

② 세무사 자격 보유 변호사로 하여금 세무조정업무를 할 수 없도록 규정한 법인세법 제60조 제9항 제3호 및 소득세법 제70조 제6항 제3호는 세무사 자격 보유 변호사의 직업선택의 자유를 침해한다.

③ 건전한 한약조제질서를 확립하여 국민의 건강을 보호·증진하고, 국민건강상의 위험을 미리 방지하고자 비교적 안전성과 유효성이 확보된 일정한 처방에 한하여 한의사의 처방전 없이도 조제할 수 있도록 허용하는 것은 정당한 목적달성을 위한 적절한 수단이다.

④ 유치원의 학교에 속하는 회계의 예산과목 구분을 정한 '사학기관 재무·회계 규칙'은 사립유치원 설립·경영자의 사립유치원 운영의 자유를 침해한다고 볼 수 없다.

문 11. 무죄추정원칙에 관한 설명으로 가장 적절하지 않은 것은? (다툼이 있는 경우 판례에 의함)

① 무죄추정원칙은 증거법에 국한된 원칙이 아니라 수사절차에서 공판절차에 이르기까지 형사절차의 전 과정을 지배하는 지도원리로서 인신의 구속 자체를 제한하는 원리로 작용한다.

② 미결수용자에게 시설 안에서 재소자용 의류를 입게 하는 것은 구금 목적의 달성, 시설의 규율과 안전유지를 위한 필요최소한의 제한으로서 정당성·합리성을 갖춘 재량 범위 내의 조치이다.

③ 교도소에 수용된 때에는 국민건강보험급여를 정지하도록 한 것은, 수용자의 의료보장체계를 일원화하고 수입원이 차단된 수용자의 건강보험료 납입부담을 면제하기 위한 입법 정책적 판단에 기인한 것이지, 유죄의 확정 판결이 있기 전에 재소자라는 이유로 어떤 불이익을 주기 위한 것이 아니므로 무죄추정원칙에 위반되지 않는다.

④ 판결선고 전 구금일수의 산입시 일부만을 산입할 수 있도록 하는 것은 무죄추정원칙에 위반되지 않는다.

문 12. 지방자치제도에 관한 다음 설명 중 가장 적절하지 않은 것은?

① 중앙행정기관이 지방자치단체의 자치사무에 대하여 포괄적·사전적 일반감사나 법령위반사항을 적발하기 위한 감사를 하는 것은 허용될 수 없다.

② 지방교육자치는 지방자치권행사의 일환으로서 보장되는 것이므로, 중앙권력에 대한 지방적 자치로서의 속성을 지니고 있지만, 동시에 그것은 헌법 제31조 제4항이 보장하고 있는 교육의 자주성·전문성·정치적 중립성을 구현하기 위한 것이므로, 정치권력에 대한 문화적 자치로서의 속성도 아울러 지니고 있다.

③ 헌법상 지방자치제도보장의 핵심영역 내지 본질적 부분이 지방자치단체에 의한 자치행정을 보장하는 것이므로, 현행법에 따른 지방자치단체의 중층구조를 계속하여 존속하도록 할지 여부는 입법자의 입법형성권의 범위에 포함되지 않는다.

④ 조례에 대한 법률의 위임은 반드시 구체적으로 범위를 정하여 할 필요가 없고 포괄적인 것으로 족하다.

문 13. 평등권 또는 평등원칙에 관한 설명으로 가장 적절하지 않은 것은? (다툼이 있는 경우 헌법재판소 결정에 의함)

① 평등권의 침해 여부에 대한 심사는 그 심사기준에 따라 자의금지원칙에 의한 심사와 비례의 원칙에 의한 심사로 크게 나누어 볼 수 있다. 자의심사의 경우에는 단순히 합리적인 이유의 존부문제가 아니라 차별을 정당화하는 이유와 차별간의 상관관계에 대한 심사, 즉 비교대상간의 사실상의 차이의 성질과 비중 또는 입법목적(차별목적)의 비중과 차별의 정도에 적정한 균형관계가 이루어져 있는가를 심사한다.

② 골프장 부가금 납부의무자에 대한 부가금이 부가금 징수대상 체육시설을 이용하지 않는 그 밖의 국민과 차별하는 것은 평등권을 침해한다.

③ 혼인한 남성 등록의무자와 달리 혼인한 여성 등록의무자의 경우에만 본인이 아닌 배우자의 직계존·비속의 재산을 등록하도록 하는 것은 평등원칙에 위배된다.

④ 군인이 군사기지·군사시설에서 군인을 폭행한 경우 반의사불벌죄(형법 제260조 제3항)의 적용을 배제하도록 한 군형법 제60조의6은 평등원칙에 위반되지 않는다.

문 14. 헌법상 일반적 인격권에 대한 설명으로 가장 적절하지 않은 것은? (다툼이 있는 경우 헌법재판소 판례에 의함)

① 변호사에 대한 징계결정정보를 인터넷 홈페이지에 공개하도록 한 변호사법 조항과 징계결정정보의 공개범위와 시행방법을 정한 변호사법 시행령 조항은 청구인의 인격권을 침해하지 않는다.

② 범죄행위 당시에 없었던 위치추적 전자장치 부착명령을 출소예정자에게 소급 적용할 수 있도록 한 특정 범죄자에 대한 위치추적 전자장치 부착 등에 관한 법률 부칙 경과조항은 과잉금지원칙에 위반되지 않아 피부착자의 인격권을 침해하지 않는다.

③ 공직선거 및 선거부정방지법(현행 공직선거법) 위반의 현행범으로 체포된 여자들에게 이미 유치장 수용 당시에 신체검사를 통해 위험물이 없음을 확인한 후에도 재차 옷을 전부 벗긴 상태에서 신체수색을 한 것은 모욕감과 수치심만을 안겨 주어서 인간의 존엄과 가치에서 나오는 인격권을 침해한 것이다.

④ 개인이 자연인으로서 향유하게 되는 기본권은 그 성질상 당연히 법인에게 적용될 수 없다. 따라서 인간의 존엄과 가치에서 유래하는 인격권은 그 성질상 법인에게는 적용될 수 없다.

문 15. 정당제도에 관한 설명 중 가장 적절하지 않은 것은? (다툼이 있는 경우 판례에 의함)

① 정당공천에서 탈락한 자가 그 공천과정의 비민주성을 이유로 정당공천의 효력을 다투고자 할 때에는 헌법소원을 청구할 수 있다.

② 헌법재판소의 해산결정에 의하여 해산된 정당의 잔여재산은 국고로 귀속된다.

③ 정당제도의 헌법적 기능을 고려하면 무소속 후보자와 정당소속 후보자간의 합리적이고 상대적인 차별은 가능하나 정당후보자에게 별도로 정당연설회를 할 수 있도록 하는 것은 위헌이다.

④ 정당에 대한 재정적 후원을 금지하고 위반시 형사처벌하는 구 정치자금법 조항은 정당이 스스로 재정을 충당하고자 하는 정당활동의 자유와 국민의 정치적 표현의 자유를 침해한다.

문 16. 변호인의 조력을 받을 권리에 대한 설명으로 가장 적절하지 않은 것은? (다툼이 있는 경우 판례에 의함)

① 변호인의 조력을 받을 권리는 형사절차에서 피의자 또는 피고인의 방어권 보장을 위한 것으로서 출입국관리법상 보호 또는 강제퇴거의 절차에도 적용되는 것은 아니다.

② 교정시설 내 수용자와 변호사 사이의 접견교통권의 보장은 헌법상 보장되는 재판청구권의 한 내용 또는 그로부터 파생되는 권리로 볼 수 있다.

③ 미결수용자의 변호인의 조력을 받을 권리는 국가안전보장·질서유지 또는 공공복리를 위해 필요한 경우에 법률로써 제한될 수 있다.

④ 형사절차가 종료되어 교정시설에 수용 중인 수형자나 미결수용자가 형사사건의 변호인이 아닌 민사재판, 행정재판, 헌법재판 등에서 변호사와 접견할 경우에는 원칙적으로 헌법상 변호인의 조력을 받을 권리의 주체가 될 수 없다.

문 17. 개인정보자기결정권에 대한 설명으로 가장 적절한 것은? (다툼이 있는 경우 판례에 의함)

① 검사 또는 사법경찰관이 수사를 위하여 필요한 경우에 전기통신사업자에게 위치정보추적자료의 열람이나 제출을 요청할 수 있도록 하는 규정은 수사기관에 수사대상자의 민감한 개인정보인 위치정보추적자료 제공을 허용하여 수사대상자의 기본권을 과도하게 제한하면서도 절차적 통제가 제대로 이루어지고 있지 않으므로 개인정보자기결정권을 침해한다.

② 건강에 관한 정보는 민감정보에 해당하지만, 국민건강보험공단 이사장이 경찰서장의 요청에 따라 질병명이 기재되지 않은 수사대상자의 요양급여내역만을 제공한 행위 자체만으로는 수사대상자의 개인정보자기결정권이 침해되었다고 볼 수는 없다.

③ 디엔에이감식시료 채취 대상자가 수형인인 경우 사망할 때까지 디엔에이신원확인정보를 데이터베이스에 수록, 관리할 수 있도록 규정한 법률조항은 개인정보자기결정권을 침해하여 위헌이다.

④ 개인정보자기결정권의 보호대상이 되는 개인정보는 개인의 신체, 신념, 사회적 지위, 신분 등과 같이 개인의 인격주체성을 특징짓는 사항으로서 그 개인의 동일성을 식별할 수 있게 하는 정보로서 개인의 내밀한 영역이나 사사(私事)의 영역에 속하는 정보에 국한하고, 공적 생활에서 형성되었거나 이미 공개된 개인정보까지 포함하는 것은 아니다.

문 18. 헌법의 적용범위에 대한 설명으로 적절한 것을 모두 고른 것은? (다툼이 있는 경우 헌법재판소 판례에 의함)

> ㉠ 헌법재판소는 독도 등을 중간수역으로 정한 대한 민국과 일본국간의 어업에 관한 협정은 배타적 경제수역을 직접 규정한 것이 아니고, 독도의 영유권 문제나 영해 문제와는 직접적인 관련을 가지지 아니하기 때문에 헌법상 영토조항에 위반되지 않는다고 하였다.
>
> ㉡ 북한이탈주민의 보호 및 정착 지원에 관한 법률에 따르면 북한을 벗어난 후 외국의 국적을 취득한 자는 '북한이탈주민'으로 보호된다.
>
> ㉢ 1948년 정부수립이전이주동포를 재외동포의 출입국과 법적 지위에 관한 법률의 적용대상에서 제외하는 것은 헌법 제11조의 평등원칙에 위배된다.
>
> ㉣ 헌법의 인적 적용범위와 관련하여 우리나라는 부모양계혈통주의에 기초한 속인주의를 원칙으로 하면서 속지주의를 보충적으로 채택하고 있다.
>
> ㉤ 남북교류협력에 관한 법률과 국가보안법의 상호관계에 대해서, 헌법재판소는 양 법률의 규제대상이 동일한 점을 들어 일반법과 특별법의 관계로 파악하고 있다.

① ㉠, ㉡
② ㉠, ㉢, ㉣
③ ㉢, ㉣, ㉤
④ ㉠, ㉢, ㉣, ㉤

문 19. 국가인권위원회에 관한 설명으로 가장 적절하지 않은 것은? (다툼이 있는 경우 판례에 의함)

① 국가인권위원회가 인권침해 및 차별행위에 대해 조사하거나 처리한 내용에 관하여 재판이 계속 중인 경우 국가인권위원회는 법원 또는 헌법재판소의 요청이 있거나 필요하다고 인정할 때에는 법원의 담당 재판부 또는 헌법재판소에 사실상 및 법률상의 사항에 관하여 의견을 제출할 수 있다.

② 국가인권위원회는 피해자의 진정이 없어도 인권침해나 차별행위가 있다고 믿을 만한 상당한 근거가 있고 그 내용이 중대하다고 인정할 때에는 직권으로 조사할 수 있다.

③ 국가인권위원회는 피해자의 명시한 의사에 반하여 피해자를 위한 법률구조 요청을 할 수 없다.

④ 국회의 입법 또는 법원·헌법재판소의 재판에 의하여 헌법 제10조 내지 제22조에 보장된 인권을 침해당하거나 차별행위를 당한 경우, 그 인권침해를 당한 사람이나 단체는 국가인권위원회에 그 내용을 진정할 수 있다.

문 20. 인간의 존엄과 가치 및 행복추구권(헌법 제10조)에 대한 다음 설명 중 가장 적절하지 않은 것은? (다툼이 있는 경우 판례에 의함)

① 지역방언을 자신의 언어로 선택하여 공적 또는 사적인 의사소통과 교육의 수단으로 사용하는 것은 행복추구권에서 파생되는 일반적 행동의 자유 내지 개성의 자유로운 발현의 내용이 된다.

② 대학교원을 제외한 교육공무원의 정년을 65세에서 62세로 단축하는 것이 위헌인지 여부에 대해서 행복추구권의 침해 여부를 독자적으로 판단할 필요는 없다.

③ 긴급자동차를 제외한 이륜자동차와 원동기장치자전거에 대하여 고속도로 또는 자동차전용도로의 통행을 금지하고 있는 법률 규정은 일반적 행동의 자유를 침해하는 것이라 할 수 없다.

④ 일반적 행동자유권은 가치 있는 행동만 보호영역으로 하는 것인바, 개인이 대마를 자유롭게 수수하고 흡연할 자유가 일반적 행동자유권의 보호영역에 속하지는 아니한다.

6회 실전동형모의고사

소요시간: _____ / 15분   맞힌 답의 개수: _____ / 20

문 1. 표현의 자유에 관한 설명으로 가장 적절하지 않은 것은? (다툼이 있는 경우 판례에 의함)

① 건강기능식품의 기능성 표시·광고에 대하여 식품의약품안전청장이 건강기능식품협회에 위탁하여 사전심의를 받도록 하는 것은 헌법이 금지하는 사전검열에 해당한다.

② 국가가 개인의 표현행위를 규제하는 경우, 표현내용에 대한 규제는 원칙적으로 중대한 공익의 실현을 위하여 불가피한 경우에 한하여 엄격한 요건하에서만 허용되는 반면, 표현내용과 무관한 표현방법에 대한 제한은 합리적인 공익상의 이유로 비례의 원칙의 준수하에서 가능하다.

③ '음란'이란 인간존엄 내지 인간성을 왜곡하는 노골적이고 적나라한 성표현으로서 오로지 성적 흥미에만 호소할 뿐 전체적으로 보아 하등의 문학적·예술적·과학적 또는 정치적 가치를 지니지 않은 것으로서, 사회의 건전한 성도덕을 크게 해칠 뿐만 아니라 사상의 경쟁메커니즘에 의해서도 그 해악이 해소되기 어려워, 음란한 표현은 언론·출판의 자유의 보호영역에 포함되지 아니한다.

④ 외교기관 인근의 옥외집회나 시위를 원칙적으로 금지하면서도, 해당 외교기관을 대상으로 하지 아니하는 경우, 대규모 집회 또는 시위로 확산될 우려가 없는 경우, 외교기관의 업무가 없는 휴일에 개최하는 경우를 예외로 하는 것은, 집회의 자유를 침해하지 않는다.

문 2. 신뢰보호의 원칙에 관하여 적절한 것을 모두 고른 것은? (다툼이 있는 경우 판례에 의함)

㉠ 택지소유상한에 관한 법률 시행 이전부터 택지를 소유하고 있는 개인에 대하여 택지를 소유하게 된 경위나 그 목적 여하에 관계없이 일률적으로 소유상한을 적용하도록 한 것은 신뢰보호의 원칙에 위배된다.

㉡ 전문과목을 표시한 치과의원은 그 표시한 전문과목에 해당하는 환자만을 진료하여야 한다고 규정한 의료법 제77조 제3항은 신뢰보호원칙에 위배되어 직업수행의 자유를 침해한다.

㉢ 공무원 임용 당시에는 연령정년에 관한 규정만 있었는데 사후에 계급정년규정을 신설하여 이를 소급적용하였더라도 헌법에 위배되지 않는다.

㉣ 의료기관시설의 일부를 변경하여 약국을 개설하는 것을 금지하는 조항을 신설하면서, 이에 해당하는 기존 약국 영업을 개정법 시행일로부터 1년까지만 허용하고 유예기간 경과 후에는 약국을 폐쇄하도록 한 약사법 부칙조항은 기존 약국개설 등록자의 직업행사의 자유를 침해하는 것이다.

㉤ 세무당국에 사업자등록을 하고 운전교습에 종사해 왔음에도 불구하고, 자동차운전학원으로 등록한 경우에만 자동차 운전교습을 영위할 수 있도록 법률을 개정하는 것은 관련자들의 정당한 신뢰를 침해하는 것이 아니다.

㉥ 공무원보수 인상률 방식에 의하여 공무원연금액을 조정하던 것을 전국 소비자 물가변동률을 기준으로 하여 연금액을 조정한 공무원연금법은 신뢰보호의 원칙에 위배된다.

① ㉠, ㉡, ㉢
② ㉠, ㉢, ㉤
③ ㉠, ㉣, ㉤
④ ㉡, ㉣, ㉥

문 3. 다음의 사례와 관련된 헌법재판소의 결정내용으로 가장 적절하지 않은 것은?

> 부정청탁 및 금품 등 수수의 금지에 관한 법률(이하 '청탁금지법'이라 한다)은 2015.3.27. 공포되었고 2016. 9.28.부터 시행될 예정이다.
> 청구인 사단법인 한국기자협회는 전국의 신문·방송·통신사 소속 기자 1만 여명을 회원으로 하는 언론단체이며, 청구인 강○업은 대한변호사협회의 공보이사, 청구인 박○연은 대한변협신문의 편집인이었다. 청구인들은 청탁금지법 법률안이 국회 본회의에서 가결되자, ⓐ 언론중재 및 피해구제에 관한 법률 제2조 제12호에 따른 언론사를 '공공기관'으로 정의한 청탁금지법안 제2조 제1호 마목, ⓑ 공직자 등에 대한 부정청탁을 금지하는 청탁금지법안 제5조, ⓒ 배우자가 공직자 등의 직무와 관련하여 제8조 제1항 또는 제2항에 따라 공직자 등이 받는 것이 금지되는 금품 등(이하 '금품 등'이라 한다)을 받은 사실을 안 경우 공직자 등에게 신고의무를 부과하고, 미신고시 형벌 또는 과태료를 부과하도록 규정한 청탁금지법안 제9조 제1항 제2호, 제22조 제1항 제2호, 제23조 제5항 제2호가 청구인들의 언론의 자유, 양심의 자유, 평등권 등 기본권을 침해한다고 주장하며 2015.3.5. 이 사건 헌법소원심판을 청구하였다.

① 사단법인 한국기자협회가 그 구성원인 기자들을 대신하여 헌법소원을 청구할 수도 없으므로, 위 청구인의 심판청구는 기본권 침해의 자기관련성을 인정할 수 없어 부적법하다.

② '청탁금지법'은 금지명령의 형태로 청구인들에게 특정 행위를 금지하거나 법적 의무를 부과하여 청구인들이 하고 싶지 않은 일을 강요하고 있으므로, 청구인들의 일반적 행동자유권을 제한하지만 과잉금지원칙에 위배되는 것은 아니다.

③ '청탁금지법'에 의해 언론의 자유가 직접 제한되는 것은 사실이지만 과잉금지원칙에 위배되는 것은 아니다.

④ '청탁금지법'의 신고조항과 제재조항은 배우자가 수수 금지 금품 등을 받거나 그 제공의 약속 또는 의사표시를 받았다는 객관적 사실, 즉 배우자를 통해 부적절한 청탁을 시도한 사람이 있다는 것을 고지할 의무를 부과할 뿐이므로, 청구인들의 양심의 자유를 직접 제한한다고 볼 수 없다.

문 4. 표현의 자유와 언론·출판의 자유에 대한 설명으로 가장 적절하지 않은 것은? (다툼이 있는 경우 판례에 의함)

① 인터넷에 제3자의 표현물을 게시한 행위가 전체적으로 보아 단순히 그 표현물을 인용하거나 소개하는 것에 불과한 경우에는 명예훼손의 책임이 부정되고, 제3자의 표현물을 실질적으로 이용·지배함으로써 제3자의 표현물과 동일한 내용을 직접 적시한 것과 다름없다고 평가되는 경우에는 명예훼손의 책임이 인정되어야 할 것이다.

② 저작자 아닌 자를 저작자로 하여 실명·이명을 표시하여 저작물을 공표한 자를 처벌하는 저작권법 규정은 표현의 자유를 침해하지 않는다.

③ 외국비디오물을 수입할 때 영상물등급위원회의 추천을 받도록 한 것은 헌법에 위반된다.

④ 정보통신망 이용촉진 및 정보보호 등에 관한 법률 조항 중 '공포심이나 불안감을 유발하는 문언을 반복적으로 상대방에게 도달하게 한 자' 부분은, 정보수신자가 불안감이나 공포심을 실제로 느꼈는지 여부와 상관없이 정보를 보낸 사람을 처벌 가능한 것으로 해석할 수 있어, 그 처벌대상이 무한히 확장될 가능성이 있으므로 명확성원칙에 위배되어 표현의 자유를 침해한다.

문 5. 다음 중 재판받을 권리를 침해하여 위헌인 것을 모두 고른 것은? (다툼이 있는 경우 헌법재판소 결정에 의함)

> ㉠ 기피신청에 대한 재판을 그 신청을 받은 법관의 소속 법원 합의부에서 하도록 한 민사소송법 조항
> ㉡ 형사보상의 청구에 대하여 한 보상의 결정에 대하여는 불복을 신청할 수 없도록 하여 형사보상의 결정을 단심재판으로 규정한 형사보상법 조항
> ㉢ 의견제출기한 내에 감경된 과태료를 자진납부한 경우, 해당 질서위반행위에 대한 과태료 부과 및 징수절차는 종료한다고 규정한 질서위반행위규제법 조항
> ㉣ 변호인과 증인 사이에 차폐시설을 설치하여 증인신문을 진행할 수 있도록 규정한 형사소송법 조항
> ㉤ 법관에 대한 징계처분 취소청구소송을 대법원의 단심재판에 의하도록 한 구 법관징계법 조항
> ㉥ 법무부징계위원회의 결정에 대하여 불복이 있는 경우 그 결정이 법령 위반을 이유로 한 경우에만 대법원에 즉시항고를 허용하는 변호사법 조항

① ㉠, ㉡
② ㉡, ㉥
③ ㉢, ㉣
④ ㉤, ㉥

문 6. 명확성 원칙에 관한 다음 설명 중 가장 적절하지 않은 것은?

① 선거운동 기간 외에는 중소기업중앙회 회장선거에 관한 선거운동을 제한하고, 이를 위반하면 형사처벌하는 중소기업협동조합법 제125조 전문 중 제53조 제1항을 준용하는 부분은 죄형법정주의의 명확성 원칙에 위반되지 않는다.

② 인터넷언론사는 선거운동기간 중 당해 홈페이지 게시판 등에 정당·후보자에 대한 지지·반대 등의 정보를 게시하는 경우 실명을 확인받는 기술적 조치를 하도록 하는 조항에서 '인터넷언론사' 부분 및 정당 후보자에 대한 '지지·반대' 부분은 명확성 원칙에 위배되지 않는다.

③ 폭행 또는 협박으로 사람에 대하여 추행을 한 자를 10년 이하의 징역 또는 1천 500만원 이하의 벌금에 처하도록 규정한 형법 조항은 죄형법정주의의 명확성원칙에 위반되지 않는다.

④ 상법 제635조 제1항에 규정된 자, 그 외의 회사의 회계업무를 담당하는 자, 감사인 등으로 하여금 감사보고서에 기재하여야 할 사항을 기재하지 아니하거나 허위의 기재를 한 때를 처벌하는 조항은 명확성의 원칙에 위배되지 않는다.

문 7. 평등원칙 또는 평등권에 관한 설명 중 가장 적절한 것은? (다툼이 있는 경우 헌법재판소 결정에 의함)

① 전문연구요원과 달리 공중보건의사의 군사교육소집 기간을 복무기간에 산입하지 않는 심판대상조항은 평등권을 침해하지 않는다.

② 지방자치단체장의 계속 재임을 3기로 제한한 것은 공무담임권에 중대한 제한을 초래하므로 엄격한 심사척도에 의해 심사되어야 하지만, 비례원칙에 어긋나지 않아 평등권을 침해하지 않는다.

③ 지역구국회의원선거에서 유효투표수의 100분의 10 이상을 득표한 후보자에게만 선거비용의 전액 혹은 반액을 보전해 주는 것은, 후보자의 난립을 막고 국가 예산을 효율적으로 집행하기 위한 것이지만 위 기준 미만의 후보자에 대한 불합리한 차별이기 때문에 평등권을 침해한다.

④ 대마를 수입한 자를 무기 또는 5년 이상의 징역에 처하도록 규정한 '마약류 관리에 관한 법률' 제58조 제1항 제5호 중 '대마를 수입한 자' 부분은 평등원칙에 위반된다.

문 8. 집회의 자유에 관한 설명 중 가장 적절한 것은? (다툼이 있는 경우 헌법재판소 결정에 의함)

① 옥외집회를 주최하려는 자는 옥외집회 신고서를 관할경찰서장에게 제출하여야 하며, 신고한 옥외집회를 하지 아니하게 된 경우에는 신고서에 적힌 집회 일시 24시간 전에 그 철회사유 등을 적은 철회신고서를 관할경찰서장에게 제출하여야 한다.

② 누구든지 국회의사당의 경계지점으로부터 100미터 이내의 장소에서는 옥외집회 또는 시위를 하여서는 아니 된다는 규정은 국회의 기능 보호 등을 위한 것으로서, 과잉금지의 원칙에 위배하여 집회의 자유를 침해한다고 볼 수 없다.

③ 집회 또는 시위의 주체자는 집회 및 시위에 관한 법률 제8조에 따른 금지 통고를 받았을 경우, 통고를 받은 날부터 7일 이내에 해당 경찰관서의 바로 위의 상급경찰관서의 장에게 이의를 신청할 수 있다.

④ 옥외집회의 신고는 수리를 요하지 아니하는 정보제공적 신고이므로, 경찰서장이 이미 접수된 옥외집회 신고서를 반려하는 행위는 공권력의 행사에 해당하지 아니한다.

문 9. 양심의 자유에 관한 서술으로 가장 적절하지 않은 것은? (다툼이 있는 경우 헌법재판소 결정에 의함)

① 양심의 자유에 의하여 보호될 양심에는 세계관·인생관·주의·신조 등은 물론, 이에 이르지 않아도 보다 널리 개인의 인격형성에 관계되는 내심에 있어서의 가치적·윤리적 판단도 포함될 수 있다.

② 법률해석에 관하여 여러 견해가 갈리는 경우처럼 다소의 가치관련성을 가진다고 하더라도 개인의 인격형성과는 관계없는 사사로운 사유나 의견 등은 그 보호대상이 아니다.

③ 공정거래위원회가 사업자단체의 금지행위를 위반한 사업자단체에게 법위반사실을 공표하도록 명하는 것은 단순히 사실 자체를 공표하는 것이 아니라 윤리적·도덕적 판단을 강요하는 것이기 때문에 양심의 자유를 침해하는 것이다.

④ 보안관찰처분은 그 대상자가 보안관찰해당범죄를 저지를 위험성이 내심의 영역을 벗어나 외부에 표출되는 경우에 재범의 방지를 위하여 내려지는 특별예방적 목적의 처분이므로 양심의 자유를 침해하지 않는다.

문 10. 언론·출판의 자유와 관련된 설명으로 가장 적절하지 않은 것은? (다툼이 있는 경우 헌법재판소 결정에 의함)

① 민사소송법 제714조 제2항에 의한 방영금지가처분은 행정권에 의한 사전심사나 금지처분이 아니라 개별 당사자간의 분쟁에 관하여 사법절차에 의하여 심리, 결정하는 것이므로 사전검열에 해당하지 않는다.

② 구 음반·비디오물 및 게임물에 관한 법률에서 정하고 있는 영상물등급위원회에 의한 비디오물 등급분류 보류제도는 행정기관에 의한 사전검열에 해당하여 헌법에 위반된다.

③ 옥외광고물 등의 종류·모양·크기 등을 규제하는 것은 광고물 등의 내용을 심사·선별하여 광고물을 사전에 통제하는 것이므로 사전허가·검열에 해당한다.

④ 일간신문과 뉴스통신을 상호 겸영할 수 없게 하는 것과 일간신문과 방송법에 의한 종합편성 또는 보도에 관한 전문편성을 행하는 방송사업을 겸영할 수 없게 하는 것은 신문의 자유를 침해하는 것이 아니다.

문 11. 신뢰보호의 원칙에 대한 설명으로 적절하지 않은 것은? (다툼이 있는 경우 판례에 의함)

① 입법자가 반복하여 음주운전을 하는 자를 총포소지 허가의 결격사유로 규제하지 않을 것이라는 데 대한 신뢰가 보호가치 있는 신뢰라고 보기 어렵다.

② 전부개정 법률 시행 당시 아직 공소시효가 완성되지 아니한 성폭력범죄에 대하여 공소시효의 정지·배제 조항을 적용하도록 부진정소급효를 규정한 것은 13세 미만의 사람에 대한 강제추행이 갖는 범죄의 중대성, 미성년자에 대한 성폭력 범죄의 특수성을 고려하였을 때 신뢰보호원칙에 위반되지 않는다.

③ 공기총의 소지허가를 받은 자는 그 공기총을 허가관청이 지정하는 곳에 보관하도록 하고 개정법 시행 당시 이미 공기총의 소지허가를 받은 자도 이 사건 법률조항에 따라 시행일부터 1개월 이내에 그 공기총을 허가관청이 지정하는 곳에 보관하도록 규정한 '총포·도검·화약류 등의 안전관리에 관한 법률'조항은 과잉금지원칙에 반하거나 신뢰보호원칙에 반하지 않는다.

④ 위법건축물에 대하여 이행강제금을 부과하도록 하면서 이행강제금제도 도입 전의 위법건축물에 대하여도 적용의 예외를 두지 아니한 건축법(2008.3.21. 법률 제8974호) 부칙 규정은 신뢰보호의 원칙에 위반된다.

문 12. 재판을 받을 권리에 관한 설명으로 가장 적절하지 않은 것은? (다툼이 있는 경우 헌법재판소 결정에 의함)

① 보상금 등의 지급결정에 동의한 때에는 특수임무수행으로 인하여 입은 피해에 대하여 재판상 화해가 성립된 것으로 보는 특수임무수행자 보상에 관한 법률 제17조의2는 재판청구권을 침해하지 않는다.

② 형사소송법 제405조가 즉시항고 제기기간을 민사재판의 즉시항고 제기기간보다 단기인 3일로 정하고 있는 것은 재판청구권을 침해하지 않는다.

③ 교원에 대한 징계처분에 관하여 재심청구를 거치지 아니하고는 행정소송을 제기할 수 없도록 한 구 국가공무원법 제16조 제2항은 재판청구권을 침해하지 않는다.

④ '민주화운동 관련자 명예회복 및 보상 심의 위원회'의 보상금 등 지급결정에 동의한 때 재판상 화해의 성립을 간주함으로써 법관에 의하여 법률에 의한 재판을 받을 권리를 제한하는 것은 재판청구권을 침해하지 아니한다.

문 13. 교육을 받을 권리에 대한 설명으로 적절하지 않은 것은? (다툼이 있는 경우 판례에 의함)

① 국가는 학교에서의 교육목표, 학습계획, 학습방법, 학교조직 등 교육제도를 정하는 데 포괄적 규율 권한과 폭넓은 입법형성권을 가진다.

② 학부모의 자녀교육권과 학생의 교육을 받을 권리에는 학교교육이라는 국가의 공교육 급부의 형성과정에 균등하게 참여할 권리로서의 참여권이 내포되어 있다.

③ 헌법 제31조 제3항에 규정된 의무교육 무상의 원칙에 있어서 무상의 범위는 헌법상 교육의 기회균등을 실현하기 위해 필수불가결한 비용, 즉 모든 학생이 의무교육을 받음에 있어서 경제적인 차별 없이 수학하는 데 반드시 필요한 비용에 한한다.

④ 의무교육 대상인 중학생의 학부모에게 급식 관련 비용 일부를 부담하도록 규정한 구 학교급식법의 조항은 헌법상 의무교육의 무상원칙에 반하지 않는다.

문 14. 재산권에 대한 헌법재판소의 결정내용으로 가장 적절하지 않은 것은?

① 유류분 반환청구는 피상속인이 생전에 한 유효한 증여도 그 효력을 잃게 하는 것이므로 민법 제1117조의 '반환하여야 할 증여를 한 사실을 안 때로부터 1년'의 단기소멸시효는 유류분권리자의 재산권을 침해하지 않는다.

② 구 문화재보호법이 건설공사 과정에서 매장문화재의 발굴로 인하여 문화재훼손 위험을 야기한 사업시행자에게 원칙적으로 발굴경비를 부담시키는 것은 사업시행자의 재산권을 침해한다.

③ 지방의회의원으로서 받게 되는 보수가 연금에 미치지 못하는 경우에도 연금 전액의 지급을 정지하는 것은 재산권을 과도하게 제한하여 헌법에 위반된다.

④ 임대차 목적물인 상가건물이 유통산업발전법 제2조에 따른 대규모점포의 일부인 경우 임차인의 권리금 회수기회 보호규정 적용을 하지 않도록 한 것은 청구인의 재산권을 침해하지 않는다.

문 15. 아동의 교육에 관한 국가와 부모 및 교사의 권리 등에 대한 설명으로 가장 적절하지 않은 것은? (다툼이 있는 경우 판례에 의함)

① 학교폭력과 관련하여 가해학생에 대한 조치 중 전학과 퇴학을 제외한 나머지 조치에 대해 재심을 제한하는 학교폭력예방법 조항은 가해학생 보호자의 자녀교육권을 침해하지 아니한다.

② 부모가 자녀의 이익을 가장 잘 보호할 수 있다는 점에 비추어 자녀가 의무교육을 받아야 할지 여부를 부모가 자유롭게 결정할 수 없도록 하는 것은 부모의 교육권에 대한 침해이다.

③ 학교교육에 있어서 교사의 가르치는 권리를 수업권이라고 한다면, 그것은 자연법적으로는 학부모에게 속하는 자녀에 대한 교육권을 신탁받은 것이고, 실정법상으로는 공교육에 책임이 있는 국가의 위임에 의한 것이다.

④ 헌법은 국가의 교육권과 부모의 교육권의 범주 내에서 학생에게도 자신의 교육에 관하여 스스로 결정할 권리를 부여하고 있으므로, 학생은 국가의 간섭을 받지 아니하고 자신의 능력과 개성, 적성에 맞는 학교를 자유롭게 선택할 권리를 가진다.

문 16. 헌법의 제정과 개정에 대한 설명으로 가장 적절하지 않은 것은?

① 헌법개정안은 국회가 의결한 후 30일 이내에 국민투표에 붙여 국회의원선거권자 과반수의 투표와 선거권자 과반수의 찬성을 얻어야 한다.

② 대통령의 임기연장 또는 중임변경을 위한 헌법개정은 그 헌법개정 제안 당시의 대통령에 대하여는 효력이 없다.

③ 헌법변천이란 헌법이 예정한 헌법개정절차와 방법에 의하지 아니하고 헌법규범을 달리 적용함으로써 헌법의 의미와 내용에 실질적인 변화를 초래하게 되는 것을 말한다.

④ 헌법개정한계설에 의하면 헌법제정규범(상위규범)과 헌법개정규범(하위규범)은 구별된다.

문 17. 형벌에 관한 책임주의원칙에 대한 설명으로 가장 적절하지 않은 것은? (다툼이 있는 경우 판례에 의함)

① 종업원이 고정조치의무를 위반하여 화물을 적재하고 운전한 경우 그를 고용한 법인을 면책사유 없이 형사처벌하도록 규정한 구 도로교통법 조항은 책임주의원칙에 위배되지 아니한다.

② 종업원의 위반행위에 대하여 양벌조항으로서 개인인 영업주에게도 동일하게 무기 또는 2년 이상의 징역형의 법정형으로 처벌하도록 규정하고 있는 보건범죄 단속에 관한 특별조치법 조항은 형사법상 책임원칙에 위반된다.

③ 단순히 법인이 고용한 종업원 등이 업무에 관하여 범죄행위를 하였다는 이유만으로 법인에 대하여 형사처벌을 과하는 것은 헌법상 법치국가원리 및 죄형법정주의로부터 도출되는 책임주의원칙에 반하여 헌법에 위배된다.

④ "책임 없는 자에게 형벌을 부과할 수 없다."는 형벌에 관한 책임주의는 형사법의 기본원리로서, 헌법상 법치국가의 원리에 내재하는 원리인 동시에 헌법 제10조의 취지로부터 도출되는 원리이고, 법인의 경우도 자연인과 마찬가지로 책임주의원칙이 적용된다.

문 18. 국제법의 국내법적 효력에 관한 설명으로 가장 적절하지 않은 것은? (다툼이 있는 경우 판례에 의함)

① 대한민국과 일본국간의 어업에 관한 협정은 헌법 제6조 제1항에 의하여 국내법과 같은 효력을 가진다.

② 국제연합교육과학문화기구와 국제노동기구가 채택한 교원의 지위에 관한 권고는 직접적으로 국내법적 효력을 가지는 것이라고 할 수 없다.

③ 전 세계적으로 양심적 병역거부권의 보장에 관한 국제관습법이 형성되었다고 할 수 없어 양심적 병역거부가 일반적으로 승인된 국제법규로서 우리나라에 수용될 수는 없다.

④ 마라케쉬협정은 적법하게 체결되어 공포된 조약이므로 국내법과 같은 효력을 가지나 그로 인하여 새로운 범죄를 구성하거나 가중처벌하는 것은 허용되지 않는다.

문 19. 범죄피해자구조청구권에 대한 설명으로 가장 적절하지
않은 것은?

① 대한민국의 주권이 미치는 영역에서 발생한 범죄행
위로 인한 피해자인 외국인은 원칙적으로 범죄피해
자구조청구권의 주체가 된다.

② 구조금을 받을 권리는 그 구조결정이 해당 신청인
에게 송달된 날부터 2년간 행사하지 아니하면 시효
로 인하여 소멸된다.

③ 자기 또는 타인의 형사사건의 수사 또는 재판에서
고소 · 고발 등 수사단서를 제공하거나 진술, 증언
또는 자료를 제출하다가 구조피해자가 된 경우에
범죄피해구조금을 지급한다.

④ 헌법재판소는 범죄피해자구조청구권의 대상이 되는
범죄피해에 해외에서 발생한 범죄피해의 경우를 포
함하고 있지 아니한 것이 현저하게 불합리한 자의
적인 차별이라고 볼 수 없어 평등원칙에 위배되지
아니한다고 결정하였다.

문 20. 지방자치제도에 관한 설명으로 가장 적절하지 않은
것은?

① 헌법이 지방자치단체에 포괄적인 자치권을 보장하
고 있는 취지로 볼 때 조례에 대한 법률의 위임은
법규명령에 대한 법률의 위임과 같이 반드시 구체
적으로 범위를 정할 필요가 없으며 포괄적인 것으
로 족하다.

② 지방의회의 조직 · 권한 · 의원선거와 지방자치단체
의 장의 선임방법 기타 지방자치단체의 조직과 운
영에 관한 사항은 법률로 정한다.

③ 지방자치단체의 장은 조례안의 일부에 이의가 있을
경우 그 일부에 대해서 지방의회에 재의를 요구할
수 있다.

④ 지방자치단체의 장은 지방의회에서 재의결된 사항
이 법령에 위반된다고 인정하는 때에는 대법원에
소를 제기할 수 있다.

MEMO

소요시간: _____ / 15분 　　　맞힌 답의 개수: _____ / 20

문 1. 국적에 대한 설명으로 적절하지 않은 것은? (다툼이 있는 경우 판례에 의함)

① 출생 당시에 모가 자녀에게 외국 국적을 취득하게 할 목적으로 외국에서 체류 중이었던 사실이 인정되는 자는 외국 국적을 포기한 경우에만 대한민국 국적을 선택한다는 뜻을 신고할 수 있다.

② 대한민국 국적을 취득한 사실이 없는 외국인은 법무부장관의 귀화허가를 받아 대한민국 국적을 취득할 수 있다.

③ 제1국민역에 편입된 날부터 3개월 이내에 대한민국 국적을 이탈하지 않으면 병역의무를 해소한 후에야 국적이탈이 가능하도록 한 것은, 복수국적자의 국적이탈의 자유를 침해하지 않는다.

④ 대한민국 국적을 상실한 자는 국적을 상실한 때부터 대한민국의 국민만이 누릴 수 있는 권리를 향유할 수 없으며, 이들 권리 중 대한민국의 국민이었을 때 취득한 것으로서 양도할 수 있는 것은 그 권리와 관련된 법령에서 따로 정한 바가 없으면 3년 내에 대한민국의 국민에게 양도하여야 한다.

문 2. 헌법의 기본원리에 관한 설명 중 가장 적절하지 않은 것은? (다툼이 있는 경우 판례에 의함)

① 사회국가원리에서 도출되는 사회연대의 원칙은 사회보험에의 강제가입의무를 정당화하며, 재정구조가 취약한 보험자와 재정구조가 건전한 보험자 사이의 재정조정을 가능하게 한다.

② 우리 헌법의 전문과 본문에 담겨 있는 최고이념은 국민주권주의와 자유민주주의에 입각한 입헌민주헌법의 본질적 기본원리에 기초하며, 이는 헌법전을 비롯한 모든 법령해석의 기준이 되고, 입법형성권 행사의 한계와 정책결정의 방향을 제시한다.

③ 부진정소급입법은 원칙적으로 허용되는 것이기 때문에 위헌여부심사에 있어서 진정소급입법과 달리 공익과 비교형량하여 판단할 필요가 없다는 것이 헌법재판소의 입장이다.

④ 우리나라는 건국헌법 이래 문화국가의 원리를 헌법의 기본원리로 채택하여 왔다. 문화국가원리는 국가의 문화국가실현에 관한 과제 또는 책임을 통하여 실현되는바, 국가의 문화정책과 밀접불가분의 관계를 맺고 있다.

문 3. 선거제도에 관한 설명 중 가장 적절하지 않은 것은?
(다툼이 있는 경우 판례에 의함)

① 선거운동기간을 제한하고 이를 위반한 사전선거운동을 형사처벌하도록 규정한 구 공직선거법 제59조 중 선거운동기간 전에 개별적으로 대면하여 말로 하는 선거운동에 관한 부분은 정치적 표현의 자유를 침해한다.

② 신체에 장애가 있는 선거인에 대해 투표보조인이 가족이 아닌 경우 반드시 2인을 동반하도록 한 공직선거법 제157조 제6항은 과잉금지원칙에 반하여 청구인의 선거권을 침해하지 않는다.

③ 선거일 전 180일부터 선거일까지 선거에 영향을 미치게 하기 위하여 인터넷 홈페이지 또는 그 게시판·대화방 등에 정당 또는 후보자를 지지·추천하거나 반대하는 내용이 포함되어 있는 글이나 동영상을 게시하지 못하도록 하는 것은 흑색선전을 막기 위한 것으로 선거운동의 자유를 침해하지 않는다.

④ 18세 이상인 외국인도 영주의 체류자격 취득일 후 3년이 경과하고 해당 지방자치단체의 외국인등록대장에 올라 있는 경우 지방자치단체장과 지방자치의원선거에서 선거권을 가지며, 선거운동도 할 수 있다.

문 4. 기본권의 주체에 관한 설명으로 가장 적절하지 않은 것은? (다툼이 있는 경우 판례에 의함)

① 공법상 재단법인이 최다출자자인 방송사업자에게도 기본권 주체성은 인정된다.

② 검사가 발부한 형집행장에 의하여 검거된 벌금미납자의 신병에 관한 업무는 경찰공무원이 국가기관의 일부 또는 그 구성원으로서 공법상의 권한을 행사하는 공권력행사의 주체로서 행하는 것이므로 경찰공무원은 헌법소원을 청구할 수 없다.

③ 대통령도 국민의 한사람으로서 제한적으로나마 기본권의 주체가 될 수 있는바, 중앙선거관리위원회가 선거중립의무를 준수해 줄 것을 요청한 것에 대해 대통령이 헌법소원심판을 청구한 것은 적법하다.

④ 개인이 자연인으로서 향유하게 되는 기본권은 그 성질상 당연히 법인에게 적용될 수 없다. 따라서 인간의 존엄과 가치에서 유래하는 인격권은 그 성질상 법인에게는 적용될 수 없다.

문 5. 직업의 자유에 대한 설명으로 적절한 것은? (다툼이 있는 경우 판례에 의함)

① 안경사 면허를 가진 자연인에게만 안경업소의 개설 등을 할 수 있도록 하고 위반시 처벌하도록 규정한 구 의료기사 등에 관한 법률 조항은 자연인 안경사와 법인의 직업의 자유를 침해한다.

② 특정인의 사생활 등을 조사하는 일을 업으로 하는 행위와 탐정 유사 명칭의 사용 금지를 규정한 '신용정보의 이용 및 보호에 관한 법률'은 직업선택의 자유를 침해한다.

③ '약사 또는 한약사가 아닌 자연인'의 약국 개설을 금지하고 위반시 형사처벌하는 약사법 조항은 과잉금지원칙에 반하여 직업의 자유를 침해하지 않는다.

④ 의료인이 아닌 사람도 문신시술을 업으로 행할 수 있도록 그 자격 및 요건을 법률로 정하지 아니한 입법부작위는 직업선택의 자유를 침해한다.

문 6. 적법절차의 원칙에 관한 설명으로 적절하지 않은 것을 모두 고른 것은? (다툼이 있는 경우 판례에 의함)

┌───┐
│ ㉠ 국가기관이 국민과의 관계에서 공권력을 행사함에 있어서 준수해야 할 법원칙으로서 형성된 적법절차의 원칙은 국가기관에 대하여 헌법을 수호하고자 하는 탄핵소추절차에는 직접 적용되지 않는다.
│ ㉡ 당사자에 대한 적절한 고지와 의견 및 자료 제출의 기회를 부여할 것이 적법절차원칙에서 도출할 수 있는 절차적 요청이라고 볼 수는 없다.
│ ㉢ 압수물에 대한 소유권포기가 있다면, 사법경찰관이 법에서 정한 압수물폐기의 요건과 상관없이 임의로 압수물을 폐기하였어도, 이것이 적법절차원칙을 위반한 것은 아니다.
│ ㉣ 범죄의 피의자로 입건된 사람이 경찰공무원이나 검사의 신문을 받으면서 자신의 신원을 밝히지 않고 지문채취에 불응하는 경우 그로 하여금 벌금, 과료, 구류의 형사처벌을 받도록 하고 있는 구 경범죄 처벌법의 조항은 적법절차원칙에 위배되지 않는다.
└───┘

① ㉠, ㉡
② ㉠, ㉢
③ ㉡, ㉢
④ ㉢, ㉣

문 7. 변호인의 조력을 받을 권리에 대한 설명으로 가장 적절하지 않은 것은? (다툼이 있는 경우 판례에 의함)

① 법원의 수사서류 열람·등사 허용 결정에도 불구하고 검사가 해당 수사서류의 등사를 거부한 것은 합리적인 이유가 있는 것으로 보아, 변호인의 조력을 받을 권리를 침해하지 아니한다.

② 교정시설 내 수용자와 변호사 사이의 접견교통권의 보장은 헌법상 보장되는 재판청구권의 한 내용 또는 그로부터 파생되는 권리로 볼 수 있다.

③ 구속 피고인의 변호인 면접·교섭권은 최대한 보장되어야 하지만, 국가형벌권의 적정한 행사와 피고인의 인권보호라는 형사소송절차의 목적을 구현하기 위하여 제한될 수 있다. 다만, 이 경우에도 그 제한은 엄격한 비례의 원칙에 따라야 하고, 시간·장소·방법 등 일반적 기준에 따라 중립적이어야 한다.

④ 변호인이 되려는 자의 피의자 접견신청을 불허한 검사의 접견불허행위는 헌법이나 법률의 근거 없이 이를 제한한 것이므로, 청구인의 접견교통권을 침해한다.

문 8. 종교의 자유에 관한 설명 중 가장 적절하지 않은 것은? (다툼이 있는 경우 판례에 의함)

① 공범이나 동일사건 관련자가 있는지 여부를 불문하고 미결수용자에 대하여만 일률적으로 종교행사 등에의 참석을 불허하는 것은 미결수용자의 종교의 자유를 나머지 수용자의 종교의 자유보다 더욱 엄격하게 제한하는 것으로서 미결수용자의 종교의 자유를 침해한다.

② 비과세소득조항이 종교인소득 중 과세대상이 아닌 부분을 법률로 정하지 않고 하위규범에 위임함으로써 종교인소득 중 과세대상이 되는 부분이 명확하지 않으므로, 종교인소득 과세조항은 조세법률주의에 위반되고, 이로 인해 종교인의 종교의 자유가 침해된다.

③ 특정 종교의 의식, 행사, 유형물이 우리 사회공동체 구성원들 사이에서 관습화된 문화요소로 인식되고 받아들여질 정도에 이르렀다면, 그에 대한 국가의 지원은 정교분리의 원칙에 위배되지 않는다.

④ 종교단체가 교육법상의 학교나 학원법상의 학원 형태가 아닌 교단 내부의 순수한 성직자 내지 교리자 양성기관을 운영하는 것은 종교의 자유에 비추어 방해받지 아니한다고 볼 것이나, 종교교육이 학교나 학원이라는 교육기관의 형태를 취할 경우에는 교육법이나 학원법상의 규정에 의한 규제를 받게 된다고 보아야 할 것이고, 종교교육이라고 해서 예외가 될 수 없다.

문 9. 직업의 자유에 관한 설명 중 가장 적절하지 않은 것은?
(다툼이 있는 경우 판례에 의함)

① 법률사건의 수임에 관하여 알선의 대가로 금품을 제
공하거나 이를 약속한 변호사를 형사처벌하는 구 변
호사법 제109조 제2호 중 제34조 제2항 부분이 변
호사의 직업수행의 자유를 침해하는 것은 아니다.

② 변호인 선임서 등을 공공기관에 제출할 때 소속 지
방변호사회를 경유하도록 하는 변호사법 제29조가
변호사의 직업수행의 자유를 침해하는 것은 아니다.

③ 형법 제243조 중 '음란한 물건을 판매한 자'를 처벌
하는 부분 및 제244조 중 '판매할 목적으로 음란한
물건을 소지한 자'를 처벌하는 부분은 성기구 판매
자의 직업수행의 자유 및 소비자의 사생활의 비밀
과 자유를 침해하는 것이 아니다.

④ 성인대상 성범죄로 형을 선고받아 확정된 자는 그
형의 집행을 종료한 날부터 10년 동안 아동·청소년
관련 기관을 운영하거나 위 기관에 취업할 수 없도록
한 구 아동·청소년의 성보호에 관한 법률 제44조
제1항이 직업의 자유를 침해하는 것은 아니다.

문 10. 기본권에 관한 다음 설명 중 가장 적절하지 않은 것은?
(다툼이 있는 경우 판례에 의함)

① 어떠한 법령이 수범자의 직업의 자유와 행복추구권
양자를 제한하는 외관을 띠는 경우 두 기본권의 경
합문제가 발생하는데, 보호영역으로서 직업이 문제
되는 경우 직업의 자유와 행복추구권은 서로 특별
관계에 있어 기본권의 내용상 특별성을 갖는 직업
의 자유의 침해 여부가 우선하므로, 행복추구권 관
련 위헌 여부의 심사는 배제된다고 보아야 한다.

② 아동·청소년대상 성범죄의 재범을 방지하고 재범
시 수사의 효율성을 제고하기 위하여 등록대상자로
하여금 1년마다 사진을 제출하도록 형사처벌로 강
제하는 것은 일반적 행동자유권을 과도하게 제한하
는 것이다.

③ 기본권을 제한하는 규정은 기본권행사의 '방법'에
관한 규제로써 공익을 실현할 수 있는가를 시도하
고 이러한 방법으로는 공익 달성이 어렵다고 판단
되는 경우에 비로소 그 다음 단계인 기본권행사의
'여부'에 관한 규제를 선택해야 한다.

④ 병에 대한 징계처분으로 일정기간 부대나 함정 내
의 영창, 그 밖의 구금장소에 감금하는 영창처분이
가능하도록 규정한 구 군인사법 제57조 제2항 중
'영창'에 관한 부분은 과잉금지원칙에 위배된다.

문 11. 영장주의에 관한 설명 중 가장 적절하지 않은 것은?
(다툼이 있는 경우 판례에 의함)

① 헌법상 영장주의는 신체에 대한 직접적이고 현실적
인 강제력이 행사되는 경우에만 적용되므로 특별검
사법상 참고인에 대한 동행명령조항과 같이 형벌에
의한 불이익을 통해 심리적·간접적으로 일정한 행
위를 강요하는 것에는 영장주의가 적용되지 않는다.

② 지방자치법에 근거한 조례에 의하여 지방의회에서
의 사무감사·조사를 위한 증인의 동행명령장을 지
방의회 의장이 발부하는 것은 영장주의원칙에 위배
된다.

③ 체포영장을 집행하는 경우 필요한 때에는 별도의
영장 없이 타인의 주거 등을 수색할 수 있도록 한
형사소송법 제216조 제1항 제1호 중 제200조의2는
영장주의원칙에 위배된다.

④ 수사단계가 아닌 공판단계에서 법관이 직권으로 영
장을 발부하여 구속하는 경우에는 검사의 영장신청
이 불필요하다.

문 12. 언론·출판의 자유에 대한 설명으로 적절하지 않은 것은? (다툼이 있는 경우 판례에 의함)

① 인터넷언론사는 선거운동기간 중 당해 홈페이지 게시판 등에 정당·후보자에 대한 지지·반대 등의 정보를 게시하는 경우 실명을 확인받는 기술적 조치를 하도록 정한 공직선거법상 '실명확인 조항'은 게시판 등 이용자의 익명표현의 자유 및 개인정보자기결정권과 인터넷언론사의 언론의 자유를 침해한다.

② 일간신문의 지배주주가 뉴스통신 법인의 주식 또는 지분의 2분의 1 이상을 취득 또는 소유하지 못하도록 함으로써 이종 미디어간의 결합을 규제하는 신문법 조항은 언론의 다양성을 보장하기 위한 필요한 한도 내의 제한이라고 할 것이어서 신문의 자유를 침해한다고 할 수 없다.

③ 인터넷신문의 언론으로서의 신뢰성을 제고하기 위해 5인 이상의 취재 및 편집 인력을 정식으로 고용하도록 강제하고, 이에 대한 확인을 위하여 국민연금 등 가입사실을 확인하는 것은 언론의 자유를 침해한다고 할 수 없다.

④ 인터넷게시판을 설치·운영하는 정보통신서비스 제공자에게 본인확인조치의무를 부과하여 게시판 이용자로 하여금 본인확인절차를 거쳐야만 게시판을 이용할 수 있도록 하는 정보통신망 이용촉진 및 정보보호 등에 관한 법률 조항은 과잉금지원칙에 위배하여 인터넷게시판 이용자의 표현의 자유 및 인터넷게시판을 운영하는 정보통신서비스 제공자의 언론의 자유를 침해한다.

문 13. 일반적 행동자유권에 대한 설명으로 가장 적절한 것은? (다툼이 있는 경우 헌법재판소 판례에 의함)

① 4·16세월호참사 피해구제 및 지원 등을 위한 특별법 시행령에 따른 세월호참사와 관련된 일체의 이의제기를 금지하는 서약은 세월호 승선 사망자들 부모의 일반적 행동의 자유를 침해한다.

② 비어업인이 잠수용 스쿠버장비를 사용하여 수산자원을 포획·채취하는 것을 금지하는 수산자원관리법 시행규칙 조항은 비어업인의 일반적 행동의 자유를 침해한다.

③ 도로교통법상 주취 중 운전금지규정을 3회 위반한 경우 운전면허를 필요적으로 취소하도록 규정한 것은 과잉금지원칙에 반하여 일반적 행동자유권을 침해하는 것이다.

④ 법인의 인격을 자유롭게 발현할 권리가 무엇을 뜻하는지 그 헌법적 근거가 무엇인지 분명하지 않으므로, 선거기사심의위원회가 불공정한 선거기사를 게재하였다고 판단한 언론사에 대하여 사과문 게재 명령을 하도록 한 공직선거법상의 사과문 게재 조항은 언론사인 법인의 인격권을 침해하는 것이 아니라 소극적 표현의 자유나 일반적 행동의 자유를 제한할 뿐이다.

문 14. 국민투표권에 관한 헌법재판소의 판시내용으로 가장 적절하지 않은 것은?

① 국민투표권이란 국민이 국가의 특정한 사안에 대해 직접 결정권을 행사하는 권리로서, 각종 선거에서의 선거권 및 피선거권과 더불어 국민의 참정권의 한 내용을 이루는 헌법상 기본권이다.

② 헌법 제72조에 의한 중요정책에 관한 국민투표는 국가안위에 관계되는 사항에 관하여 대통령이 제시한 구체적인 정책에 대한 주권자인 국민의 승인절차이다.

③ 특정의 국가정책에 대하여 다수의 국민들이 국민투표를 원하고 있음에도 불구하고 대통령이 이러한 희망과는 달리 국민투표에 회부하지 아니하는 것은, 헌법이 보장하는 국민의 국민투표권을 침해한 것으로 헌법에 위반된다.

④ 국회의원선거권자인 재외선거인에게 국민투표권을 인정하지 않은 것은 국회의원선거권자의 헌법개정안 국민투표 참여를 전제하고 있는 헌법 제130조 제2항의 취지에 부합하지 않는다.

문 15. 지방자치에 대한 설명으로 적절하지 않은 것은? (다툼이 있는 경우 판례에 의함)

① 헌법 제117조 제1항은 '지방자치단체는 주민의 복리에 관한 사무를 처리하고 재산을 관리하며, 법령의 범위 안에서 자치에 관한 규정을 제정할 수 있다'고 하여 지방자치제도의 보장과 지방자치단체의 자치권을 규정하고 있는데, 헌법 제117조 제1항에서 규정하는 '법령'에는 법규명령으로서 기능하는 행정규칙이 포함된다.

② 헌법 제118조 제2항에서 지방자치단체의 장의 '선임방법'에 관한 사항은 법률로 정한다고 규정하고 있으므로 지방자치단체의 장 선거권은 다른 공직선거권과 달리 헌법상 보장되는 기본권으로 볼 수 없다.

③ 매립 전 공유수면에 대한 관할권을 가졌던 지방자치단체는 새로이 형성된 공유수면 매립지와 관련하여 청구한 권한쟁의심판에서 자치권한이 침해되거나 침해될 현저한 위험이 있다고 보기는 어렵다.

④ 공유수면에 대한 지방자치단체의 관할구역 경계획정은 명시적인 법령상의 규정이 존재한다면 그에 따르고 명시적인 법령상의 규정이 존재하지 않는다면 불문법상 해상경계에 따라야 하며, 불문법상 해상경계마저 존재하지 않는다면 권한쟁의심판권을 가지고 있는 헌법재판소가 형평의 원칙에 따라 합리적이고 공평하게 해상경계선을 획정하여야 한다.

문 16. 재산권에 대한 설명으로 적절하지 않은 것을 모두 고른 것은? (다툼이 있는 경우 판례에 의함)

㉠ 민법에 따라 등기를 하지 아니한 경우라도 부동산을 사실상 취득한 경우 그 취득물건의 소유자 또는 양수인을 취득자로 보도록 한 구 지방세법은 재산권을 침해하지 않는다.

㉡ 배우자의 상속공제를 인정받기 위한 요건으로 배우자상속재산 분할기한까지 배우자의 상속재산을 분할하여 신고할 것을 요구하면서 위 기한이 경과하면 일률적으로 배우자의 상속공제를 부인하고 있는 구 상속세 및 증여세법 제19조 제2항은 배우자인 상속인의 재산권을 침해한다고 볼 수 없다.

㉢ 일본국에 의하여 광범위하게 자행된 반인도적 범죄행위에 대하여 일본군위안부 피해자들이 일본에 대하여 가지는 배상청구권은 헌법상 보장되는 재산권에 해당한다.

㉣ 매도인이 선의인 계약명의신탁의 경우에도 명의신탁자에게 과징금을 부과하도록 규정한 구 부동산 실권리자명의 등기에 관한 법률 조항은 명의신탁자의 재산권을 침해하는 위헌 규정이다.

① ㉠, ㉢
② ㉠, ㉣
③ ㉡, ㉢
④ ㉡, ㉣

문 17. 양심의 자유에 관한 설명 중 가장 적절한 것은? (다툼이 있는 경우 판례에 의함)

① 양심의 자유에서 현실적으로 문제가 되는 것은 법질서와 도덕에 부합하는 사고를 가진 사회적 다수의 양심을 의미한다.

② '양심적' 병역거부는 실상 당사자의 '양심에 따른' 혹은 '양심을 이유로 한' 병역거부를 가리키는 것일 뿐만 아니라 병역거부가 '도덕적이고 정당하다'는 의미를 내포한다.

③ 음주운전을 방지하기 위하여 경찰이 강제로 음주 여부를 측정하는 것은 선악에 대한 윤리적 결정을 강제하는 것이어서 양심의 자유를 침해한다.

④ 헌법이 보호하고자 하는 양심은 구체적인 양심을 말하며, 막연하고 추상적인 개념으로서의 양심이 아니다.

문 18. 국제질서와 관련된 다음 설명 중 가장 적절하지 않은 것은?

① 국회의 동의를 요하지 않는 국제조약이 헌법에 위반되는지 여부가 재판의 전제가 된 경우에는 대법원이 최종적으로 심사한다.

② 외국인은 국제법과 조약이 정하는 바에 의하여 그 지위가 보장된다.

③ 조약의 체결 권한은 대통령에게 있고, 비준권은 국회에 속한다.

④ 헌법에 의하여 체결·공포된 조약과 일반적으로 승인된 국제법규는 국내법과 동일한 효력을 가진다.

문 19. 표현의 자유에 대한 헌법재판소의 태도로 가장 적절하지 않은 것은?

① 공공의 안녕질서 또는 미풍양속은 그 모호성·추상성·포괄성 때문에 표현의 자유를 제한하는 기준으로 가장 적절하지 아니하다.

② 상업적 광고표현은 표현의 자유의 보호를 받는 대상이 된다.

③ 국가가 개인의 표현행위를 규제하는 경우, 표현내용에 대한 규제는 원칙적으로 중대한 공익의 실현을 위하여 불가피한 경우에 한하여 엄격한 요건하에서 허용되는 반면, 표현내용과 무관하게 표현의 방법을 규제하는 것은 합리적인 공익상의 이유로 상대적으로 넓은 제한이 가능하다.

④ 금치처분을 받은 미결수용자라 할지라도 금치처분 기간 중 집필을 금지하면서 예외적인 경우에만 교도소장이 집필을 허가할 수 있도록 한 형의 집행 및 수용자의 처우에 관한 법률상 규정은 미결수용자의 표현의 자유를 침해한다.

문 20. 다음 중 정당의 자유에 대한 설명으로 가장 적절하지 않은 것은? (다툼이 있는 경우 헌법재판소 판례에 의함)

① 오늘날 대의민주주의에서 차지하는 정당의 기능을 고려하여, 헌법 제8조 제1항은 국민 누구나가 원칙적으로 국가의 간섭을 받지 아니하고 정당을 설립할 권리를 기본권으로 보장함과 아울러 복수정당제를 제도적으로 보장하고 있다.

② 헌법 제8조 제1항 전단은 단지 정당설립의 자유만을 명시적으로 규정하고 있지만, 정당설립의 자유는 당연히 정당존속의 자유와 정당활동의 자유를 포함하는 것이다.

③ 정당은 국민의 정치적 의사형성에 참여하는 데 필요한 조직을 가져야 한다.

④ 정당의 목적이나 조직이 민주적 기본질서에 위배될 때에는 정부는 헌법재판소에 그 해산을 제소할 수 있고, 정당은 헌법재판소의 심판에 의하여 해산된다.

소요시간: _____ / 15분   맞힌 답의 개수: _____ / 20

문 1. 헌법 영토조항(제3조)과 통일조항(제4조)에 관한 설명으로 가장 적절하지 않은 것은? (다툼이 있는 경우 헌법재판소 결정에 의함)

① 헌법상 통일 관련 조항으로부터 국민 개개인의 통일에 대한 기본권, 특히 국가기관에 대하여 통일을 위한 일정한 행동을 요구할 수 있는 권리가 도출되는 것은 아니다.

② 외교통상부장관이 중국에 대해 간도협약의 무효를 주장하는 등 간도지역을 우리의 영토로 회복하기 위한 적극적인 행위를 하지 않고 있는 것은 국민의 영토권을 제한하는 것이어서 헌법소원의 대상이 되는 공권력 불행사에 해당된다.

③ 영토조항은 우리나라의 공간적인 존립기반을 선언하는 것인바, 영토변경은 우리나라의 공간적인 존립기반에 변동을 가져오고, 또한 국가적 법질서에도 변화를 가져옴으로써, 필연적으로 국민의 주관적 기본권에도 영향을 미치지 않을 수 없다.

④ 국가가 평화적 통일을 위해 힘써야 할 의무가 있음에도 불구하고 남북교류협력에 관한 법률에서 남한의 주민이 북한주민 등과 접촉하고자 할 때 통일부장관의 승인을 받도록 하는 것은 무절제한 경쟁적 접촉을 통한 남북관계의 저해를 예방하기 위한 것으로서 불가피한 것이기 때문에 헌법에 위반되지 않는다.

문 2. 관습헌법에 관한 설명으로 가장 적절하지 않은 것은? (다툼이 있는 경우 헌법재판소 결정에 의함)

① 우리나라는 성문헌법을 가진 나라로서 기본적으로 우리 헌법전(憲法典)이 헌법의 법원(法源)이 되나, 형식적 헌법전에는 기재되지 아니한 사항이라도 이를 관습헌법으로 인정할 소지가 있다.

② 관습헌법이 성립하기 위하여서는 기본적 헌법사항에 관한 어떠한 관행이 존재하고, 그 관행의 반복·계속성, 항상성, 명료성이 인정되어야 하며, 이러한 관행이 헌법관습으로서 국민들의 승인 내지 확신을 얻어 국민들이 강제력을 가진다고 믿고 있어야 한다.

③ 헌법재판소는 헌법기관의 소재지, 특히 국가를 대표하는 대통령과 민주주의적 통치원리에 핵심적 역할을 하는 의회의 소재지를 정하는 문제는 국가의 정체성을 표현하는 실질적 헌법사항의 하나라고 보았다.

④ 국무총리제도가 채택된 이래 줄곧 대통령과 국무총리가 서울이라는 하나의 도시에 소재하고 있었다는 사실을 통해 국무총리의 소재지는 헌법적으로 중요한 기본적 사항으로 간주될 수 있을 뿐만 아니라 이러한 규범이 존재한다는 국민적 의식이 형성되었다고 보아야 한다.

문 3. 다음 중 제헌헌법의 내용으로 가장 적절하지 않은 것은? (다툼이 있는 경우 통설에 의함)

① 대통령과 부통령의 임기는 4년으로 하고, 국회에서 무기명투표로써 각각 선거하며, 재선에 의하여 1차 중임할 수 있다.

② 위헌법률심사와 탄핵심판은 헌법위원회에서 담당한다.

③ 형사피고인으로서 구금되었던 자가 무죄판결을 받은 때에는 법률의 정하는 바에 의하여 국가에 대하여 보상을 청구할 수 있다.

④ 근로자의 단결, 단체교섭과 단체행동의 자유는 법률의 범위 내에서 보장된다. 영리를 목적으로 하는 사기업에 있어서는 근로자는 법률의 정하는 바에 의하여 이익의 분배에 균점할 권리가 있다.

문 4. 소급입법과 관련된 다음 설명 중 가장 적절하지 않은 것은? (다툼이 있는 경우 헌법재판소 결정에 의함)

① 과거의 사실관계 또는 법률관계를 규율하기 위한 소급입법의 태양에는 이미 과거에 완성된 사실·법률관계를 규율의 대상으로 하는 이른바 진정소급효의 입법과 이미 과거에 시작하였으나 아직 완성되지 아니하고 진행과정에 있는 사실·법률관계를 규율의 대상으로 하는 이른바 부진정소급효의 입법이 있다.

② 헌법 제13조 제2항이 금하고 있는 소급입법은 진정소급효를 가지는 법률만을 의미하는 것으로서, 진정소급입법은 개인의 신뢰보호와 법적 안정성을 내용으로 하는 법치국가원리에 의하여 헌법적으로 허용되지 아니하는 것이 원칙이다.

③ 부당 환급받은 세액을 징수하는 근거규정인 개정조항을 개정된 법 시행 후 최초로 환급세액을 징수하는 분부터 적용하도록 규정한 법인세법 부칙 조항은 헌법이 원칙적으로 금지하는 진정소급입법에 해당한다.

④ 시혜적 소급입법은 수익적인 것이어서 헌법상 보장된 기본권을 침해할 여지가 없어 위헌 여부가 문제되지 않는다.

문 5. 공무담임권에 대한 설명으로 적절한 것은? (다툼이 있는 경우 판례에 의함)

① 순경 공개경쟁채용시험의 응시연령 상한을 30세 이하로 규정한 경찰공무원임용령 조항은 공무담임권을 침해하지 않는다.

② 군의 특수성을 고려하여 부사관으로 최초로 임용되는 사람의 최고연령을 27세로 정한 군인사법 조항은 부사관임용을 원하는 사람들의 공무담임권을 침해한다.

③ 지역구국회의원선거 예비후보자의 선거비용을 보전 대상에서 제외하는 것은 선거 전에 예비후보자로 등록하는 것을 제한하여 공직취임의 기회를 제한하는 것은 아니므로, 해당 예비후자의 공무담임권을 제한하지 않는다.

④ 7급 세무직 공무원 공개경쟁채용시험에서 변호사·공인회계사·세무사와 같은 특정 자격증 소지자에게 가산점을 부여하는 공무원임용시험령은 과잉금지원칙에 반하여 공무담임권을 침해한다.

문 6. 주민소환제도에 대한 설명으로 가장 적절하지 않은 것은? (다툼이 있는 경우 판례에 의함)

① 주민소환투표가 발의되어 공고되었다는 이유만으로 곧바로 주민소환투표대상자의 권한행사가 정지되도록 한 것은 주민소환투표대상자의 공무담임권을 침해하는 것이 아니다.

② 주민소환투표의 청구시 주민소환의 청구사유를 명시하지 아니하고 주민소환 청구사유의 진위 여부에 대한 확인을 규정하지 아니하고 있는 '주민소환에 관한 법률' 중 '지역선거구자치구의회의원' 관련 조항은 주민투표 대표자의 공무담임권을 침해하지 아니한다.

③ 주민소환제 자체는 지방자치의 본질적인 내용이라고 할 수 있으므로 이를 보장하지 않는 것은 위헌이고, 어떤 특정한 내용의 주민소환제를 보장해야 한다는 헌법적인 요구가 있다고 볼 수 있다.

④ 주민소환제는 주민의 참여를 적극 보장하고, 이로써 주민자치를 실현하여 지방자치에도 부합하므로, 이 점에서는 위헌의 문제가 발생할 소지가 없고, 제도적인 형성에 있어서도 입법자에게 광범위한 입법재량이 인정된다.

문 7. 다음 평등권 등에 대한 내용으로 가장 적절하지 않은 것은? (다툼이 있는 경우 판례에 의함)

① 사회복무요원과 달리 산업기능요원의 경력을 공무원 초임호봉에 반영하지 않은 공무원 보수규정이 평등원칙에 위배되는 것은 아니다.

② 대통령선거경선후보자가 당내경선 과정에서 탈퇴함으로써 후원회를 둘 수 있는 자격을 상실한 때에 후원회로부터 후원받은 후원금 전액을 국고에 귀속하도록 하는 것은, 대통령선거경선후보자로서 선거 과정에 참여한 사람들이 중도에 포기할 자유를 중대하게 제약하므로 그들의 선거의 자유를 침해한다.

③ 변호사시험 성적 공개 청구기간을 개정 변호사시험법 시행일로부터 6개월로 제한하는 변호사시험법 부칙은 정보공개청구권을 침해하는 것이다.

④ 국회의원을 후원회지정권자로 정하면서 '지방의원'을 후원회지정권자에서 제외하고 있는 정치자금법 제6조 제2호는 지방의원의 평등권을 침해하지 않는다.

문 8. 인격권 등과 관련된 헌법재판소의 판례와 일치하지 않는 것은?

① 교정시설에 수용할 때마다 알몸 상태의 수용자를 전자영상검사기로 수용자의 항문 부위를 관찰하는 신체검사방식이 인격권을 침해하는 것은 아니다.

② 민사법정에 출석하는 수형자에게 운동화 착용을 불허하고 고무신을 신게 하였더라도 신발의 종류를 제한한 것에 불과하여 법익침해의 최소성 및 균형성을 충족한다.

③ 일제강점하 반민족행위 진상규명에 관한 특별법 제2조 제9호에서 조선총독부 중추원 참의활동을 친일반민족행위의 하나로 규정한 것은 과잉금지원칙에 위배되지 않는다.

④ 경찰관이 보도자료 배포 직후 기자들의 취재 요청에 응하여 경찰서 조사실에서 양손에 수갑을 찬 채 조사받는 피의자의 모습을 촬영할 수 있도록 허용한 행위는 업무상 정당한 행위이므로 당사자의 인격권을 침해하는 것은 아니다.

문 9. 양심의 자유와 관련한 다음 설명 중 가장 적절하지 않은 것은? (다툼이 있는 경우 헌법재판소 결정에 의함)

① 양심상의 결정이 양심의 자유에 의하여 보장되기 위해서는 어떠한 종교관·세계관 또는 그 외의 가치체계에 기초하고 있어야 한다.

② 양심의 자유에는 널리 사물의 시시비비나 선악과 같은 윤리적 판단에 국가가 개입해서는 안 되는 내심적 자유는 물론, 이와 같은 윤리적 판단을 국가권력에 의하여 외부에 표명하도록 강제받지 않는 자유, 즉 윤리적 판단사항에 관한 침묵의 자유까지 포괄한다.

③ 양심적 결정을 외부로 표현하고 실현할 수 있는 권리인 양심실현의 자유는 법률에 의하여 제한될 수 있는 상대적 자유다.

④ 헌법상 보호되는 양심은 어떤 일의 옳고 그름을 판단함에 있어서 그렇게 행동하지 아니하고는 자신의 인격적인 존재가치가 허물어지고 말 것이라는 강력하고 진지한 마음의 소리로서 절박하고 구체적인 양심을 말한다.

문 10. 근로의 권리 및 근로3권에 대한 설명으로 가장 적절하지 않은 것은? (다툼이 있는 경우 판례에 의함)

① 근로의 권리는 개인 근로자가 주체이며, 노동조합은 그 주체가 될 수 없다.

② 교육공무원에게 근로3권을 일체 허용하지 않고 전면적으로 부정하는 것은 입법형성권의 범위를 벗어난다.

③ '65세 이후 고용된 자'에게 실업급여에 관한 고용보험법의 적용을 배제하는 것은 근로의 의사와 능력의 존부에 대한 합리적인 판단을 결여한 것이다.

④ 4주간을 평균하여 1주간의 소정근로시간이 15시간 미만인 근로자, 즉 이른바 '초단시간근로자'를 퇴직급여제도의 적용대상에서 제외하고 있는 '근로자퇴직급여 보장법'은 헌법에 위반되지 않는다.

문 11. 집회의 자유에 대한 설명으로 적절하지 않은 것은? (다툼이 있는 경우 판례에 의함)

① 일반적으로 집회는 일정한 장소를 전제로 하여 특정 목적을 가진 다수인이 일시적으로 회합하는 것을 말하는 것으로 일컬어지고 있으나, 그 공동의 목적은 적어도 '내적인 유대 관계'를 넘어서 공공의 이익을 추구하는 것이어야 한다.

② 집회 현장에서 집회 참가자에 대한 사진촬영행위는 집회 참가자에게 심리적 부담으로 작용하여 집회의 자유를 전체적으로 위축시키는 결과를 가져올 수 있으므로 집회를 자유를 제한한다.

③ 헌법 제21조 제2항은 헌법 자체에서 언론·출판에 대한 허가나 검열의 금지와 더불어 집회에 대한 허가금지를 명시함으로써, 집회의 자유에 있어서는 다른 기본권 조항들과는 달리, '허가'의 방식에 의한 제한을 허용하지 않겠다는 헌법적 결단을 분명히 하고 있다.

④ 옥외집회에 대하여 사전신고의무를 부과한 구 집회 및 시위에 관한 법률 조항은 집회의 자유를 침해하지 않는다.

문 12. 다음 설명 중 가장 적절하지 않은 것은? (다툼이 있는 경우 판례에 의함)

① 누범을 가중처벌하는 것은 종전의 범죄에 대하여 형벌을 받았음에도 다시 범행을 하였다는 것 때문이므로 헌법이 규정한 일사부재리의 원칙에 위반되는 것은 아니다.

② 징계부가금을 행정처분의 형식으로 부과하는 것은 허용되나, 이에 대한 행정소송이 제기되어 판결이 확정되기 전에 징계부가금의 집행을 실시하는 것은 무죄추정원칙에 위배되므로 허용되지 아니한다.

③ 적법절차조항의 적용범위에 관하여 다수설 및 헌법 재판소 판례는 적법절차의 적용범위에 대해 형사절차 뿐만 아니라 행정절차와 입법작용 등 국가작용 전반으로 확장하여 해석하고 있다.

④ 법무부령이 정하는 금액 이상의 추징금을 납부하지 아니한 자에게 출국금지조치를 내릴 수 있도록 하는 것은 이중처벌금지의 원칙에 위배된다고 할 수 없다.

문 13. 사생활의 비밀과 자유 내지 개인정보자기결정권에 관한 설명 중 가장 적절한 것은? (다툼이 있는 경우 판례에 의함)

① 인터넷언론사의 공개된 게시판·대화방에서 스스로의 의사에 의하여 정당·후보자에 대한 지지·반대의 글을 게시하는 행위는 사생활 비밀의 자유에 의하여 보호되는 영역에 포함된다.

② 가정폭력 가해자인 전 배우자라도 직계혈족으로서 그 자녀의 가족관계증명서와 기본증명서를 사실상 자유롭게 발급받을 수 있게 하고 이에 대한 제한규정을 두지 않은 것은 개인정보자기결정권을 침해하여 헌법에 위배된다.

③ 선거운동과정에서 자신의 인격권이나 명예권을 보호하기 위하여 대외적으로 해명을 하는 행위도 사생활의 자유에 의하여 보호되는 범주에 속한다.

④ 구치소장이 미결수용자가 배우자와 접견하는 것을 녹음하는 행위는 미결수용자의 사생활의 비밀과 자유를 침해하는 것으로 헌법에 위반된다.

문 14. 법치국가원리에 대한 설명으로 적절하지 않은 것은? (다툼이 있는 경우 판례에 의함)

① 체계정당성의 원리는 비례의 원칙이나 평등의 원칙 등 일정한 헌법의 규정이나 원칙을 위반하여야만 비로소 그 위반이 인정된다.

② 죄형법정주의란 무엇이 범죄이며 그에 대한 형벌이 어떠한 것인가를 반드시 국민의 대표로 구성된 입법부가 제정한 법률로써 정하여야 한다는 원칙을 말하므로, 형사처벌요건을 입법부가 행정부에서 제정한 명령이나 규칙에 위임하는 것은 허용되지 않는다.

③ 법률이 구체적인 사항을 대통령령에 위임하고 있고, 그 대통령령에 규정되거나 제외된 부분의 위헌성이 문제되는 경우, 헌법의 근본원리인 권력분립주의와 의회주의 내지 법치주의의 원리상, 법률조항의 위임에 따라 대통령령으로 규정한 내용이 헌법에 위반될 경우라도 그로 인하여 정당하고 적법하게 입법권을 위임한 수권법률조항까지도 위헌으로 되는 것은 아니다.

④ 단순히 법인이 고용한 종업원 등이 업무에 관하여 범죄행위를 하였다는 이유만으로 법인에 대하여 형사처벌을 과하는 것은 헌법상 법치국가원리 및 죄형법정주의로부터 도출되는 책임주의원칙에 반하여 헌법에 위배된다.

문 15. 언론·출판의 자유에 관한 설명 중 가장 적절하지 않은 것은? (다툼이 있는 경우 판례에 의함)

① 신문의 편집인·발행인, 방송사의 편집책임자 등으로 하여금 아동보호사건에 관련된 '아동학대행위자'를 특정하여 파악할 수 있는 인적 사항이나 사진 등을 신문 등 출판물에 싣거나 방송매체를 통하여 방송할 수 없게 금지하는 것은 언론·출판의 자유를 침해하지 않는다.

② 공연윤리위원회는 검열기관에 해당하나, 한국공연예술진흥협의회는 검열기관으로 볼 수 없다.

③ 민사소송법(1990.1.13. 법률 제4201호로 개정된 것) 제714조 제2항에 규정된 방영금지가처분은 행정권에 의한 사전심사나 금지처분이 아니므로, 헌법에서 금지하는 사전검열에 해당하지 아니한다.

④ 신문보도의 명예훼손적 표현의 피해자가 공적 인물인지 아니면 사인인지, 그 표현이 공적인 관심 사안에 관한 것인지 순수한 사적인 영역에 속하는 사안인지의 여부에 따라 헌법적 심사기준에 차이가 있어야 한다.

문 16. 인간으로서의 존엄과 가치 및 행복추구권에 대한 설명으로 적절하지 않은 것은? (다툼이 있는 경우 판례에 의함)

① 성폭력범죄의 처벌 등에 관한 특례법에 규정된 카메라등이용촬영죄는 인격권에 포함된다고 볼 수 있는 '자신의 신체를 함부로 촬영 당하지 않을 자유'를 보호하기 위한 것이다.

② 자신이 속한 부분사회의 자치적 운영에 참여하는 것은 사회공동체의 유지, 발전을 위하여 필요한 행위로서 특정한 기본권의 보호범위에 들어가지 않는 경우에는 일반적 행동자유권의 보호대상이 될 수 있다.

③ 법무부 훈령인 법무시설 기준규칙은 수용동의 조도 기준을 취침 전 200룩스 이상, 취침 후 60룩스 이하로 규정하고 있는데, 수용자의 도주나 자해 등을 막기 위해서 취침시간에도 최소한의 조명을 유지하는 것은 수용자의 숙면방해로 인하여 인간의 존엄과 가치를 침해한다.

④ 행복추구권은 다른 기본권에 대한 보충적 기본권으로서의 성격을 지니므로, 공무담임권이라는 우선적으로 적용되는 기본권이 존재하여 그 침해 여부를 판단하는 이상, 행복추구권 침해 여부를 독자적으로 판단할 필요가 없다.

문 17. 선거권에 관한 설명 중 가장 적절하지 않은 것은? (다툼이 있는 경우 판례에 의함)

① 주민등록과 국내거소신고를 기준으로 지역구 국회의원 선거권을 인정하는 것은 해당 국민의 지역적 관련성을 확인하는 합리적인 방법으로, 주민등록이 되어 있지 않고 국내 거소신고도 하지 않은 재외국민의 임기만료 지역구 국회의원 선거권을 인정하지 않은 것은 선거권을 침해한다고 볼 수 없다.

② 지역농협은 사법인에서 볼 수 없는 공법인적 특성을 많이 가지고 있으므로, 지역농협의 조합장선거에서 조합장을 선출하거나 조합장으로 선출될 권리, 조합장선거에서 선거운동을 하는 것도 헌법에 의하여 보호되는 선거권의 범위에 포함된다.

③ 선거운동의 자유는 선거권 행사의 전제 내지 선거권의 중요한 내용을 이룬다고 할 수 있으므로, 선거운동의 제한은 후보자에 관한 정보에 자유롭게 접근할 수 있는 권리를 제한하는 것으로서 선거권, 곧 참정권의 제한으로 파악될 수도 있다.

④ 지방자치단체의 장 선거권은 헌법 제24조에 의해 보호되는 기본권으로 인정된다.

문 18. 헌법 제27조의 재판을 받을 권리에 대한 설명 중 가장 적절하지 않은 것은? (다툼이 있는 경우 판례에 의함)

① 재판청구권은 공권력이나 사인에 의해서 기본권이 침해당하거나 침해당할 위험에 처해 있을 경우 이에 대한 구제나 그 예방을 요청할 수 있는 권리라는 점에서 다른 기본권의 보장을 위한 기본권이라는 성격을 가지고 있다.

② 헌법 제27조 제3항은 "모든 국민은 신속한 재판을 받을 권리를 가진다."고 규정하고 있으므로 모든 국민은 법률에 의한 구체적 형성이 없어도 직접 신속한 재판을 청구할 수 있는 권리를 가진다.

③ 재판청구권은 당사자의 동의로 포기할 수 있다.

④ 교원의 신분과 관련되는 징계처분의 적법성 판단에 있어서는 교육의 자주성·전문성이 요구되는바, 교원 징계처분에 관하여 교원징계재심위원회의 재심을 거치지 않으면 행정소송을 제기할 수 없도록 한 법률조항은 헌법 제27조의 재판청구권을 침해하지 않는다.

문 19. 공무담임권에 대한 설명으로 가장 적절하지 않은 것은? (다툼이 있는 경우 헌법재판소의 판례에 의함)

① 비례대표국회의원선거의 경우 후보자 1명마다 1,500만 원이라는 기탁금액은 비례대표제의 취지를 실현하기 위해 필요한 최소한의 액수보다 지나치게 과다한 액수이다.

② 지방자치단체의 장이 금고 이상의 형을 선고받고 그 형이 확정되지 아니한 경우 부단체장이 그 권한을 대행하도록 규정한 지방자치법 조항은 해당 자치단체장의 공무담임권을 침해한다.

③ 정당의 내부경선에 참여할 권리는 헌법이 보장하는 공무담임권의 내용에 포함되지 아니하므로, 정당이 당내경선을 실시하지 않는 것이 공무담임권을 침해하는 것은 아니다.

④ 국·공립학교 채용시험의 동점자처리에서 국가유공자 등 및 그 유족 가족에게 우선권을 주도록 하고 있는 국가유공자 등 예우 및 지원에 관한 법률 등의 해당 조항들은 일반 응시자들이 국·공립학교 채용시험의 동점자처리에서 심각한 불이익을 당하기 때문에 일반 응시자들의 공무담임권을 침해한다.

문 20. 국민의 의무에 대한 설명으로 가장 적절하지 않은 것은? (다툼이 있는 경우 헌법재판소의 결정례에 의함)

① 모든 국민은 그 보호하는 자녀에게 적어도 초등교육과 법률이 정하는 교육을 받게 할 의무를 진다.

② 헌법 제38조의 납세의 의무에 관한 규정은 헌법 제59조와 함께 조세법률주의의 근거가 된다.

③ 학교운영지원비를 학교회계 세입항목에 포함시키도록 하는 것은 헌법 제31조 제3항에 규정되어 있는 의무교육의 무상원칙에 위반되지 않는다.

④ 국방의 의무는 병역법에 의하여 군복무에 임하는 등의 직접적인 병력형성의무만을 가리키는 것이 아니라, 향토예비군설치법, 민방위기본법 등에 의한 간접적인 병력형성의무도 포함하며, 병력형성 이후 군작전명령에 복종하고 협력하여야 할 의무도 포함한다.

실전동형모의고사

문 1. 표현의 자유에 대한 설명으로 적절하지 않은 것만을 보기에서 모두 고르면? (다툼이 있는 경우 헌법재판소 판례에 의함)

> ㉠ 방송사 외부에 있는 자가 방송편성에 관계된 자에게 방송편성에 관해 특정한 요구를 하는 등의 방법으로, 방송편성에 관한 자유롭고 독립적인 의사결정에 영향을 미칠 수 있는 행위 일체를 금지하고 이를 위반한 자를 처벌하는 것은 시청자의 건전한 방송 비판 내지 의견제시까지 처벌대상으로 삼는 것으로 시청자들의 표현의 자유를 침해한다.
>
> ㉡ 대한민국을 모욕할 목적으로 국기를 훼손하는 행위를 처벌하도록 한 것은 표현의 방법이 아닌 표현의 내용에 대한 규제이므로 표현의 자유를 침해한다.
>
> ㉢ 대통령의 지시로 대통령 비서실장, 정무수석비서관, 교육문화수석비서관, 문화체육관광부장관이 야당 소속 후보를 지지하였으나 정부에 비판적 활동을 한 문화예술인이나 단체를 정부의 문화예술 지원사업에서 배제할 목적으로, 한국문화예술위원회, 영화진흥위원회, 한국출판문화산업진흥원 소속 직원들로 하여금 특정 개인이나 단체를 문화예술인 지원사업에서 배제하도록 한 일련의 지시 행위는 표현의 자유를 침해한다.
>
> ㉣ 초·중등학교의 교육공무원이 정치단체의 결성에 관여하거나 이에 가입하는 행위를 금지한 국가공무원법 조항 중 '그 밖의 정치단체'에 관한 부분은 정치적 표현의 자유를 침해하지 않는다.
>
> ㉤ 선거운동기간 중 당해 홈페이지 게시판 등에 정당·후보자에 대한 지지·반대 등의 정보를 게시하는 경우 인터넷언론사로 하여금 실명을 확인받는 기술적 조치를 하도록 하는 것은 게시판 등 이용자의 익명표현의 자유를 침해한다.

① ㉠, ㉡, ㉣
② ㉠, ㉡, ㉤
③ ㉠, ㉢, ㉤
④ ㉡, ㉢, ㉣

문 2. 통신의 자유에 대한 설명으로 적절하지 않은 것은? (다툼이 있는 경우 판례에 의함)

① 수형자가 수발하는 서신에 대한 검열로 인하여 수형자의 통신의 비밀이 일부 제한되는 것은 국가안전보장·질서유지 또는 공공복리라는 정당한 목적을 위하여 부득이할 뿐만 아니라 유효적절한 방법에 의한 최소한의 제한이며 통신의 자유의 본질적 내용을 침해하는 것이 아니므로 헌법에 위반된다고 할 수 없다.

② 인터넷회선감청은 인터넷회선을 통하여 흐르는 전기신호 형태의 패킷을 중간에 확보한 다음 재조합 기술을 거쳐 그 내용을 파악하는 패킷감청의 방식으로 이루어지는 것으로서 개인의 통신 및 사생활의 비밀과 자유를 제한한다.

③ 수사기관이 전기통신사업자에게 통신사실 확인자료 제공을 요청함에 있어 관할 지방법원 또는 지원의 허가를 받도록 규정하고 있는 통신비밀보호법 규정은 영장주의에 위배되지 아니한다.

④ 수용자가 집필한 문서의 내용이 사생활의 비밀 또는 자유를 침해하는 등 우려가 있는 때 교정시설의 장이 문서의 외부반출을 금지하도록 규정한 법률 조항은, 집필문을 창작하거나 표현하는 것을 금지하거나 이에 대한 허가를 요구하는 조항이므로, 제한되는 기본권은 통신의 자유가 아니라 표현의 자유로 보아야 한다.

문 3. 명확성원칙에 대한 설명으로 적절한 것은? (다툼이 있는 경우 판례에 의함)

① "국내에 널리 인식된 타인의 성명, 상호, 표장(標章), 그 밖에 타인의 영업임을 표시하는 표지와 동일하거나 유사한 것을 사용하여 타인의 영업상의 시설 또는 활동과 혼동하게 하는 행위"를 부정경쟁행위로 정의하고 있는 '부정경쟁방지 및 영업비밀보호에 관한 법률' 제2조 제1호 나목은 명확성원칙에 위배된다.

② 변호사가 아닌 자가 금품 등 이익을 얻을 목적으로 법률사무를 취급하는 행위 등을 처벌하는 변호사법 제109조 제1호 다목 중 '중재사무를 취급한 자'에 관한 부분, 제109조 제1호 마목 중 '대리사무를 취급한 자'에 관한 부분 가운데 '대리', '중재', '일반의 법률사건' 부분은 죄형법정주의의 명확성원칙에 위반된다.

③ 혈액투석 정액수가에 포함되는 비용의 범위를 정한 '의료급여수가의 기준 및 일반기준' 제7조 제2항 본문의 정액범위조항에 사용된 '등'은 열거된 항목 외에 같은 종류의 것이 더 있음을 나타내는 의미로 해석할 수 있으나, 다른 조항과의 유기적·체계적 해석을 통해 그 적용범위를 합리적으로 파악할 수는 없으므로 명확성원칙에 위배된다.

④ 형의 선고와 함께 소송비용 부담의 재판을 받은 피고인이 '빈곤'을 이유로 해서만 집행면제를 신청할 수 있도록 한 형사소송법 규정에 따른 소송비용에 관한 부분 중 '빈곤'은 경제적 사정으로 소송비용을 납부할 수 없는 경우를 지칭하는 것으로 해석될 수 있으므로 명확성원칙에 위배되지 않는다.

문 4. 공무원제도에 관한 다음 설명 중 가장 적절한 것은? (다툼이 있는 경우 판례에 의함)

① 직업공무원제도에서 말하는 공무원은 국가 또는 공공단체와 근로관계를 맺고 이른바 공법상 특별권력관계 내지 특별행정법관계 아래 공무를 담당하는 것을 직업으로 하는 협의의 공무원뿐만 아니라 정치적 공무원과 임시적 공무원을 포함하는 것이다.

② 순경 공개경쟁채용 선발시험의 응시연령 상한을 30세 이하로 규정한 경찰공무원 임용령 규정은 헌법에 위반되지 않는다.

③ 공무원이 수뢰죄를 범하여 금고 이상 형의 선고유예 판결을 받은 경우에 당연퇴직사유로 한 것은 합헌이다.

④ 공무원의 범죄행위와 직무의 관련 유무를 묻지 않고 금고 이상의 형의 집행유예 판결을 받은 것을 공무원의 당연퇴직사유로 규정한 법률조항은 헌법에 위반된다.

문 5. 평등원칙에 관한 설명 중 가장 적절한 것은? (다툼이 있는 경우 판례에 의함)

① 비례의 원칙에 의한 평등심사는 문제의 차별적 취급으로 인하여 관련 기본권에 대한 중대한 제한이 초래되는 경우에 하는 심사방식으로서, 광범위한 입법형성권을 인정하는 심사방식이다.

② 국가공무원임용시험에서 가산점 혜택을 받는 국가유공자와 그렇지 않은 비국가유공자를 통합하여 시험을 실시하는 것은 비국가유공자의 기본권을 침해할 가능성이 있다.

③ 가사사용인에 대해서는 근로자퇴직급여 보장법을 적용하지 않도록 한 것은 평등원칙에 위배된다.

④ 국회의원을 후원회지정권자로 정하면서 지방의원을 후원회지정권자에서 제외하고 있는 정치자금법 제6조 제2호는 지방의원의 평등권을 침해한다.

문 6. 헌법 제72조의 국민투표권에 관한 다음 설명 중 가장 적절하지 않은 것은? (다툼이 있는 경우 헌법재판소 결정에 의함)

① 국민에게 특정의 국가정책에 관하여 국민투표에 회부할 것을 대통령에게 요구할 권리가 인정된다고 할 수 없다.

② 헌법은 대의민주주의를 기본으로 하고 있어 중요 정책에 관한 사항이라 하더라도 반드시 국민의 직접적인 의사를 확인하여 결정해야 하는 것은 아니다.

③ 특정의 국가정책에 대하여 다수의 국민들이 국민투표를 원할 경우 대통령이 국민투표에 회부하지 아니하더라도 이를 헌법에 위반된다고 할 수 없다.

④ 국민투표법 조항이 정치 참여 요구의 진지성·밀접성 등을 고려하여 주민등록이나 국내거소신고를 한 국민에게만 국민투표권을 인정한 것은 입법부의 합리적인 입법형성의 재량범위 내에 있다.

문 7. 변호인의 조력을 받을 권리에 관한 설명으로 가장 적절하지 않은 것은?

① 변호인의 조력을 받을 권리는 형사절차에서 피의자 또는 피고인의 방어권 보장을 위한 것으로서 출입국관리법상 보호 또는 강제퇴거의 절차에도 적용되는 것은 아니다.

② 변호인의 수사기록 열람·등사에 대한 지나친 제한은 피고인에게 보장된 변호인의 조력을 받을 권리를 침해하는 것이다.

③ '변호인으로 선임된 자'뿐 아니라 '변호인이 되려는 자'의 접견교통권도 헌법상 기본권이므로 '변호인이 되려는 자'의 접견교통권 침해를 이유로 한 헌법소원심판청구는 적법하다.

④ 헌법상 보장되는 '변호인의 조력을 받을 권리'는 변호인의 '충분한 조력'을 받을 권리를 의미하므로, 일정한 경우 피고인에게 국선변호인의 조력을 받을 권리를 보장하여야 할 국가의 의무에는 형사소송절차에서 단순히 국선변호인을 선정하여 주는 데 그치지 않고 한 걸음 더 나아가 피고인이 국선변호인의 실질적인 조력을 받을 수 있도록 필요한 업무감독과 절차적 조치를 취할 책무까지 포함된다고 할 것이다.

문 8. 헌법 제27조의 재판을 받을 권리에 대한 다음 설명 중 가장 적절하지 않은 것은? (다툼이 있는 경우 헌법재판소 결정에 의함)

① 소송을 대리한 변호사에게 당사자가 지급하였거나 지급할 보수는 대법원규칙이 정하는 금액의 범위 안에서 소송비용으로 인정한다고 규정한 민사소송법 제109조 제1항이 재판청구권을 침해하는 것은 아니다.

② 정의의 실현 및 재판의 적정성이라는 법치주의의 요청에 의해 재심제도의 규범적 형성에 있어서는 입법자의 형성적 자유가 축소된다.

③ 재판청구권에 상급심재판을 받을 권리나 사건의 경중을 가리지 않고 모든 사건에 대하여 반드시 대법원 또는 상급법원을 구성하는 법관에 의한 균등한 재판을 받을 권리가 포함되어 있다고 할 수는 없다.

④ 약식명령의 고지대상자 및 정식재판 청구권자에서 형사피해자를 제외한 형사소송법 조항은 청구인의 재판절차진술권을 침해하지 않는다.

문 9. 공무원의 근로의 권리에 관한 설명으로 가장 적절하지 않은 것은? (다툼이 있는 경우 판례에 의함)

① 공무원으로 조직된 근로자단체는 공무원의 노동조합 설립 및 운영 등에 관한 법률에 따라 설립된 공무원노동조합인 경우에 한하여만 노동기본권의 향유 주체가 될 수 있다.

② 국민과 국가이익을 실현하기 위한 공무에 종사한다는 점에서 일반 경제활동상 사용자와 근로자의 관계와는 다르게 볼 수 있다.

③ 공무원인 근로자의 노동3권을 인정할 것인가의 여부와 그 인정범위는 과잉금지의 원칙에 따라서 심사된다.

④ 헌법재판소는 단체행동권을 보장받는 '사실상 노무에 종사하는 공무원'의 범위를 조례에 위임할 수 있도록 한 지방공무원법 조항이 헌법에 위반되지 않는다고 결정하였다.

문 10. 인간다운 생활을 할 권리에 관한 설명으로 가장 적절하지 않은 것은?

① 헌법 제34조 제1항이 보장하는 인간다운 생활을 할 권리는 사회권적 기본권의 일종으로서 인간의 존엄에 상응하는 최소한의 물질적인 생활의 유지에 필요한 급부를 요구할 수 있는 권리를 의미한다.

② 인간다운 생활을 보장하기 위한 객관적인 내용의 최소한을 보장하고 있는지 여부는 특정한 법률에 의한 생계급여만을 가지고 판단하여서는 안 되고, 다른 법령에 의거하여 국가가 최저생활보장을 위하여 지급하는 각종 급여나 각종 부담의 감면 등을 총괄한 수준으로 판단하여야 한다.

③ 구치소·치료감호시설에 수용 중인 자에 대하여 국민기초생활 보장법에 의한 중복적인 보장을 피하기 위하여 개별가구에서 제외하기로 한 입법자의 판단이 헌법상 용인될 수 있는 재량의 범위를 일탈하여 인간다운 생활을 할 권리를 침해한다고 볼 수 없다.

④ 직장가입자가 소득월액보험료를 일정 기간 이상 체납한 경우 그 체납한 보험료를 완납할 때까지 국민건강보험공단이 그 가입자 및 피부양자에 대하여 보험급여를 실시하지 아니할 수 있도록 한 구 국민건강보험법 제53조 제3항 제1호는 해당 직장가입자의 인간다운 생활을 할 권리를 침해하는 것이다.

문 11. 직업의 자유에 대한 제한 중 헌법에 위반되는 것은? (다툼이 있는 경우 판례에 의함)

① PC방 전체를 2년의 유예기간이 지난 뒤 전면금연구역으로 운영하도록 규제하는 것

② 성인대상 성범죄로 형을 선고받아 확정된 자는 그 형의 집행을 종료한 날부터 10년 동안 학원을 개설하거나 위 기관에 취업할 수 없도록 하는 것

③ 외국인을 대상으로 하는 카지노 신규사업의 허가대상기관을 한국관광공사로 한정한 것

④ 청원경찰이 법원에서 자격정지의 형을 선고받은 경우 국가공무원법을 준용하여 당연퇴직하도록 한 것

문 12. 공무담임권에 대한 설명으로 가장 적절하지 않은 것은? (다툼이 있는 경우 판례에 의함)

① 특별시장·광역시장·특별자치시장·도지사·특별자치도지사 선거의 예비후보자를 후원회지정권자에서 제외하고 있는 정치자금법 제6조 제6호 부분이 청구인들의 공무담임권을 침해하는 것이다.

② 국립대학 총장후보자에 지원하려는 사람에게 접수 시 1,000만원의 기탁금을 납부하도록 하고, 지원서 접수시 기탁금 납입 영수증을 제출하도록 하는 것은 총장후보자에 지원하려는 자의 공무담임권을 침해한다.

③ 채용 예정 분야의 해당 직급에 근무한 실적이 있는 군인을 전역한 날부터 3년 이내에 군무원으로 채용하는 경우 특별채용시험으로 채용할 수 있도록 하는 것은 현역 군인으로 근무했던 전문성과 경험을 즉시 군무원업무에 활용하기 위한 것으로 청구인의 공무담임권을 침해하지 않는다.

④ 금고 이상의 형의 선고유예를 받고 그 기간 중에 있는 자를 임용결격사유로 삼고, 위 사유에 해당하는 자가 임용되더라도 이를 당연무효로 하는 것은 공직에 대한 국민의 신뢰를 보장하고 공무원의 원활한 직무수행을 도모하기 위한 것으로 청구인의 공무담임권을 침해하지 않는다.

문 13. 합헌적 법률해석에 대한 설명으로 가장 적절하지 않은 것은? (다툼이 있는 경우 판례에 의함)

① 어떤 법률의 개념이 다의적이고 그 어의의 테두리 안에서 여러 가지 해석이 가능할 때, 헌법을 최고법규로 하는 통일적인 법질서의 형성을 위하여 헌법에 합치되는 해석, 즉 합헌적인 해석을 택하여야 하며, 이에 의하여 위헌적인 결과가 될 해석은 배제하면서 합헌적이고 긍정적인 면은 살려야 한다는 것이 헌법의 일반법리이다.

② 헌법정신에 맞도록 법률의 내용을 해석·보충하거나 정정하는 '헌법합치적 법률해석' 역시 '유효한' 법률조항의 의미나 문구를 대상으로 하는 것이지, 이를 넘어 이미 실효된 법률조항을 대상으로 하여 헌법합치적인 법률해석을 할 수는 없는 것이어서, 유효하지 않은 법률조항을 유효한 것으로 해석하는 결과에 이르는 것은 '헌법합치적 법률해석'을 이유로도 정당화될 수 없다.

③ 군인사법 제48조 제4항 후단의 '무죄의 선고를 받은 때'의 의미와 관련하여, 형식상 무죄판결뿐 아니라 공소기각재판을 받았다 하더라도 그와 같은 공소기각의 사유가 없었더라면 무죄가 선고될 현저한 사유가 있는 이른바 내용상 무죄재판의 경우도 이에 포함된다고 해석하는 것은 법률의 문의적 한계를 벗어난 것으로서 합헌적 법률해석에 부합하지 아니한다.

④ 헌법재판소는 합헌적 법률해석의 일종인 한정합헌, 한정위헌결정도 위헌결정의 일종이고 이들은 모두 당연히 기속력을 가진다는 입장이다.

문 14. 다음 행위들 중 헌법재판소 및 대법원의 판례에 따를 때 양심의 자유의 문제로 보지 않은 것을 모두 고른 것은?

> ㉠ 사용자의 시말서 제출명령
> ㉡ 음주측정
> ㉢ 사죄광고의 강제
> ㉣ 주민등록법상의 지문날인
> ㉤ 법위반사실의 공표명령
> ㉥ 준법서약

① ㉠, ㉡, ㉢
② ㉠, ㉢, ㉣
③ ㉡, ㉣, ㉤, ㉥
④ ㉠, ㉢, ㉣, ㉤, ㉥

문 15. 다음 사례에 대한 설명으로 가장 적절하지 않은 것은? (다툼이 있은 경우 판례에 의함)

> 갑은 2018.6.13. 실시된 제7회 전국동시지방선거의 선거운동 과정에서 후보자들이 갑의 거주지 주변에서 확성장치 등을 사용하여 소음을 유발함으로써 정신적·육체적 고통을 받았다고 주장하면서, 공직선거법 제79조 제3항, 제216조 제1항이 전국동시지방선거의 선거운동시 확성장치의 최고출력, 사용시간 등 소음에 대한 규제기준 조항을 두지 아니하는 등 그 입법의 내용·범위 등이 불충분하여 갑의 환경권, 건강권 및 신체를 훼손당하지 않을 권리 등을 침해한다는 이유로, 2018.7.16. 헌법소원심판을 청구하였다.

① 공개장소에서의 연설·대담은 오후 10시부터 다음 날 오전 7시까지 이를 할 수 없으므로, 공개장소에서의 연설·대담에 사용되는 확성장치는 오전 7시부터 오후 10시까지 사용할 수 있다. 공개장소에서의 연설·대담에 휴대용 확성장치만을 사용하는 경우에는 오전 6시부터 오후 11시까지 사용할 수 있다.

② '건강하고 쾌적한 환경에서 생활할 권리'를 보장하는 환경권의 보호대상이 되는 환경에는 자연환경뿐만 아니라 인공적 환경과 같은 생활환경도 포함되므로, 일상생활에서 소음을 제거·방지하여 '정온한 환경에서 생활할 권리'는 환경권의 한 내용을 구성한다.

③ 선거운동에 대한 지나친 규제는 국민주권의 원리를 실현하는 공직선거에 있어서 후보자에 관한 정보를 선거인들에게 효율적으로 알리는 데 장애가 될 수 있는 점을 고려하면, 사용시간 및 사용지역에 따라 확성장치의 최고출력 내지 소음 규제기준에 관한 구체적인 규정을 두지 않았다고 하여 국가가 국민의 기본권 보호의무를 과소하게 이행한 것이라고 보기 어렵다.

④ 공직선거법 제79조 제1항 및 공직선거법 제101조 중 선거운동기간 중 공개장소에서 비례대표국회의원후보자의 연설·대담을 금지하는 부분은 과잉금지원칙에 반하여 비례대표국회의원후보자의 선거운동의 자유 및 정당활동의 자유를 제한한다.

문 16. 명확성원칙에 관한 설명으로 가장 적절하지 않은 것은? (다툼이 있는 경우 판례에 의함)

① 법률사건의 수임에 관하여 알선의 대가로 금품을 제공하거나 이를 약속한 변호사를 형사처벌하는 구 변호사법 조항은 '법률사건'이나 '알선' 등이 법률조항에 의하여 금지되고 처벌되는 행위의 의미가 문언상 불분명하다고 할 수 없으므로 명확성원칙에 위배되지 않는다.

② '사교', '의례', '선물'은 사전적으로 그 의미가 불분명할 뿐만 아니라 규율대상이 광범위하여, 건전한 상식과 통상적 법감정을 가진 사람이 통상의 해석방법에 의하여 보더라도 그 내용이 일의적으로 파악되지 않으므로 명확성원칙에 위배된다.

③ 친일반민족행위자 재산의 국가귀속에 관한 특별법 조항 중 '독립운동에 적극 참여한 자' 부분은 '일제강점하에서 우리민족의 독립을 쟁취하려는 운동에 의욕적이고 능동적으로 관여한 자'라는 뜻이므로 그 의미를 넉넉히 파악할 수 있어서 명확성원칙에 위배되지 않는다.

④ 대한민국을 모욕할 목적으로 국기를 손상, 제거, 오욕한 행위를 처벌하는 형법 제105조 중 '국기' 부분이 명확성원칙에 위배되지 않는다.

문 17. 집회의 자유에 대한 설명으로 가장 적절하지 않은 것은? (다툼이 있는 경우 판례에 의함)

① 집회참가자에 대한 검문의 방법으로 시간을 지연시킴으로써 집회장소에 접근하는 것을 방해하는 등의 조치는 집회의 자유를 침해한다.

② 국회의사당의 경계지점으로부터 100미터 이내의 장소에서 옥외집회를 금지하는 법률조항은 집회의 자유를 침해한다.

③ 집회의 자유에 의하여 보호되는 것은 오로지 평화적 또는 비폭력적 집회에 한정되므로 집회의 자유를 빙자한 폭력행위나 불법행위 등은 제재될 수 있다.

④ 24시 이후 시위를 금지하고 이에 위반한 시위 참가자를 형사처벌하는 법률조항은 집회의 자유를 침해한다.

문 18. 대한민국 헌정사에 대한 설명으로 가장 적절하지 않은 것은?

① 1954년 제2차 개정헌법은 민의원선거권자 50만명 이상의 찬성으로도 헌법개정을 제안할 수 있다고 규정하였다.

② 1962년 제5차 개정헌법은 국회의원 정수의 하한뿐 아니라 상한도 설정하였다.

③ 1969년 제6차 개정헌법은 대통령에 대한 탄핵소추 요건을 제5차 개정헌법과 다르게 규정하였다.

④ 1972년 제7차 개정헌법은 대통령선거 및 국회의원 선거에서 후보자가 필수적으로 정당의 추천을 받도록 하는 조항을 추가하였다.

문 19. 교육을 받을 권리에 대한 설명으로 가장 적절하지 않은 것은? (다툼이 있는 경우 판례에 의함)

① 대학수학능력시험의 문항 수 기준 70%를 한국교육방송공사 교재와 연계하여 출제하는 것은 대학수학능력시험을 준비하는 자들의 인격발현권을 제한하지만, 사교육비를 줄이고 학교교육을 정상화하려는 것으로 과잉금지원칙에 위배되지 않아 교육을 통한 자유로운 인격발현권을 침해한다고 볼 수 없다.

② 대학의 신입생 수시모집 입시요강이 검정고시로 고등학교 졸업학력을 취득한 사람들의 수시모집 지원을 제한하는 것은 검정고시 출신자들을 합리적인 이유 없이 차별하는 것으로 해당 대학에 지원하려는 검정고시 출신자들의 균등하게 교육을 받을 권리를 침해한다.

③ 저소득학생 특별전형의 모집인원을 모두 수능위주전형으로 선발하도록 정한 서울대학교 2023학년도 대학 신입학생 입학전형 시행계획은 균등하게 교육을 받을 권리를 침해하지 않는다.

④ 학교폭력예방 및 대책에 관한 법률 제17조 제1항 중 '수개의 조치를 병과하는 경우를 포함한다' 및 '출석정지'에 관한 부분 중 출석정지기간의 상한을 두지 아니한 '출석정지' 부분은 과잉금지원칙에 위반되어 청구인들의 자유롭게 교육을 받을 권리, 즉 학습의 자유를 침해한다.

문 20. 신뢰보호원칙에 대한 설명으로 가장 적절하지 않은 것은? (다툼이 있는 경우 판례에 의함)

① 조세에 관한 법규·제도는 신축적으로 변할 수밖에 없다는 점에서 납세의무자로서는 구법 질서에 의거한 신뢰를 바탕으로 적극적으로 새로운 법률관계를 형성하였다든지 하는 특별한 사정이 없는 한 원칙적으로 현재의 세법이 변함 없이 유지되리라고 기대하거나 신뢰할 수는 없다.

② 사회 환경이나 경제여건의 변화에 따른 필요성에 의하여 법률은 신축적으로 변할 수밖에 없고 변경된 새로운 법질서와 기존의 법질서 사이에는 이해관계의 상충이 불가피하므로, 국민이 가지는 모든 기대 내지 신뢰가 헌법상 권리로서 보호될 것은 아니다.

③ 택지소유상한에 관한 법률이 택지를 소유하게 된 경위나 그 목적 여하에 관계없이 법 시행 이전부터 택지를 소유하고 있는 개인에 대하여 일률적으로 소유상한을 적용하도록 한 것은, 법목적을 달성하기 위하여 필요한 정도를 넘어 과도하게 침해하는 것이자 신뢰보호의 원칙 및 평등원칙에 위반되는 것이다.

④ 친일재산을 그 취득·증여 등 원인행위시에 국가의 소유로 하도록 규정한 친일반민족행위자 재산의 국가귀속에 관한 특별법 제3조 제1항 본문은 진정소급입법에 해당하여 신뢰보호원칙에 위반된다.

MEMO

10회 실전동형모의고사

소요시간: _____ / 15분   맞힌 답의 개수: _____ / 20

문 1. 표현의 자유에 관한 설명으로 가장 적절하지 않은 것은?

① 사전심의를 받지 않은 건강기능식품의 기능성 광고를 금지하고 이를 어길 경우 심의를 받지 아니한 광고를 한 자를 형사처벌하도록 한 건강기능식품에 관한 법률은 표현의 자유 보호대상에 해당하지 아니한다.

② 인터넷 게시판을 설치·운영하는 정보통신서비스 제공자에게 본인확인조치의무를 부과하는 법률규정은 과잉금지원칙에 위배하여 인터넷 게시판 이용자의 표현의 자유를 침해한다.

③ 민주사회에서 표현의 자유가 수행하는 역할과 기능에 비추어 볼 때 불명확한 규범에 의한 규제는 헌법상 보호받는 표현에 대한 위축적 효과를 수반하므로 표현의 자유를 규제하는 법률은 표현에 위축적 효과가 미치지 않도록 규제되는 행위의 개념을 세밀하고 명확하게 규정할 것이 헌법적으로 요구된다.

④ 새마을금고의 임원선거와 관련하여 법률에서 정하고 있는 방법 외의 방법으로 선거운동을 할 수 없도록 하고 이를 위반한 경우 형사처벌하도록 정하고 있는 새마을금고법 규정은 표현의 자유를 침해하지 않는다.

문 2. 생명권과 사형제도에 대한 설명으로 가장 적절한 것은? (다툼이 있는 경우 판례에 의함)

① 사형제도 자체는 합헌이지만 직무상 사형제도의 운영에 관여하여야 하는 사람들로 하여금 그들의 양심과 무관하게 인간의 생명을 계획적으로 박탈하는 과정에 참여하게 함으로써, 그들의 인간으로서 가지는 존엄과 가치를 침해한다고 할 수 있다.

② 태아뿐만 아니라 초기배아에 대하여도 생명권의 주체성이 인정되며, 따라서 국가는 헌법 제10조에 따라 이들의 생명을 보호할 의무가 있다.

③ 생명권은 헌법에 명문으로 규정하고 있지 않지만 다른 어느 기본권보다 우월한 가치를 가지는 절대적 권리로서 헌법 제37조 제2항에 의한 일반적 법률유보의 대상이 될 수 없다.

④ 사형제도는 형벌의 경고기능을 무시하고 극악한 범죄를 저지른 자에 대하여 그 중한 불법 정도와 책임에 상응하는 형벌을 부과하는 것으로서 범죄자가 스스로 선택한 잔악무도한 범죄행위의 결과인바, 범죄자를 오로지 사회방위라는 공익 추구를 위한 객체로만 취급함으로써 범죄자의 인간으로서의 존엄과 가치를 침해한 것으로 볼 수 없다.

문 3. 다음 사례와 관련된 헌법재판소 결정 내용으로 가장 적절하지 않은 것은?

> 제청신청인 김ㅇ준은 인터넷신문 딴지일보의 발행인이고, 제청신청인 주ㅇ우는 일반주간신문 ㅁㅁ 사회팀장으로서 언론인은 선거에서 특정 정당 및 후보자를 당선되게 하거나 또는 당선되지 못하게 하기 위한 선거운동을 할 수 없음에도, 제청신청인들은 공모하거나 또는 단독으로 수차례에 걸쳐 제19대 국회의원 선거에 출마한 정ㅇ영, 김ㅇ민 등이 당선되게 하기 위하여 선거운동을 하였다는 이유로 기소되었다.
> 제청신청인들은 위 재판 계속 중 언론인의 선거운동을 금지하는 구 공직선거법 제60조 제1항 제5호 중 제53조 제1항 제8호 부분이 위헌이라고 주장하며 위헌법률심판제청신청을 하였고, 제청법원은 2012.12.13. 위 제청신청을 받아들여 이 사건 위헌법률심판을 제청하였다.

① 심판대상조항들은 일정 범위의 공무원 및 공적 기관의 구성원과 마찬가지로 언론인의 선거운동을 전면적으로 제한하고 있다. 그러나 언론인은 그 지위나 신분 등의 관점에서 공무원 및 공적 기관의 구성원과 서로 다르다고 보아야 한다.

② 선거운동의 자유는 널리 선거과정에서 자유로이 의사를 표현할 자유의 일환이므로 표현의 자유의 한 태양이기도 한데, 이러한 정치적 표현의 자유는 선거과정에서의 선거운동을 통하여 국민이 정치적 의견을 자유로이 발표, 교환함으로써 비로소 그 기능을 다하게 된다 할 것이므로 선거운동의 자유는 헌법이 정한 언론·출판·집회·결사의 자유의 보장 규정에 의한 보호를 받는다.

③ 선거운동은 국민주권 행사의 일환일 뿐 아니라 정치적 표현의 자유의 한 형태로서 민주사회를 구성하고 움직이게 하는 요소이므로 그 제한입법의 위헌 여부에 대하여는 엄격한 심사기준이 적용되어야 한다.

④ 언론인의 선거운동 금지조항에서 '대통령령으로 정하는 언론인' 부분은 방송, 신문 등과 같은 언론기관이나 이와 유사한 매체에서 경영·관리·편집·집필·보도 등 선거의 여론 형성과 관련 있는 업무에 종사하는지 여부가 일응의 기준이 되어 그 범위가 구체화될 것임을 충분히 예측할 수 있으므로 포괄위임금지원칙을 위반하지 아니한다.

문 4. 재산권에 대한 설명으로 가장 적절하지 않은 것은? (다툼이 있는 경우 판례에 의함)

① 가짜석유제품 제조 및 판매를 이유로 석유판매업 등록이 취소된 경우 2년 동안 같은 시설을 이용하여 석유판매업 등록을 할 수 없도록 규정한 구 석유 및 석유대체연료 사업법 제11조의2 제3호 가목 등 관련 조항이 청구인의 재산권을 침해하는 것은 아니다.

② 주택법상 사업주체가 공급질서 교란행위를 이유로 주택공급계약을 취소한 경우 선의의 제3자 보호규정을 두고 있지 않은 구 주택법 제39조 제2항은 재산권을 침해하지 않는다.

③ 지방자치단체의 장 선거의 예비후보자에 대한 기탁금 반환사유를 제한한 구 공직선거법 제57조 제1항 중 제1호 다목의 '지방자치단체의 장 선거'에 관한 부분은 재산권을 침해한다.

④ 공무원이 '직무와 관련 없는 과실로 인한 경우' 및 '소속상관의 정당한 직무상의 명령에 따르다가 과실로 인한 경우'를 제외하고 재직 중의 사유로 금고 이상의 형을 받은 경우, 퇴직급여 등을 감액하도록 규정한 구 공무원연금법 제64조 제1항 제1호는 재산권을 침해하는 것이다.

문 5. 대한민국의 정부형태에 대한 헌정사의 설명으로 적절하지 않은 것은?

① 제7차 개헌에서 국무회의는 대통령·국무총리와 15인 이상 25인 이하의 국무위원으로 구성하도록 하였다.

② 제2차 개헌으로 대통령과 부통령 직선제 및 양원제 도입, 국회의 국무원에 대한 불신임제도를 신설하였다.

③ 제3공화국의 대통령은 임기 4년의 직선제 선출기관이었음에도 부통령은 두지 않았으며, 잔임기간 2년 미만의 궐위시에는 국회에서 후임대통령을 선출하고 잔임기간만 재임하도록 하였다.

④ 제8차 개헌에 의한 정부형태에서는 대통령이 국회해산권을 갖는 대신 국회는 국무총리와 국무위원에 대한 개별적인 해임의결권을 가지되 국무총리에 대한 해임의결은 전체 국무위원의 연대책임을 초래하였다.

문 6. 남북관계에 대한 설명으로 가장 적절하지 않은 것은? (다툼이 있는 경우 판례에 의함)

① 남북관계 발전에 관한 법률에 따르면, 대통령은 정부와 북한당국간에 문서의 형식으로 체결된 합의(남북합의서)를 비준하기에 앞서 국무회의의 심의를 거쳐야 하고, 국회는 국가나 국민에게 중대한 재정적 부담을 지우는 남북합의서 또는 입법사항에 관한 남북합의서의 체결·비준에 대한 동의권을 가진다.

② 북한이탈주민의 보호 및 정착지원에 관한 법률상 북한이탈주민이란 군사분계선 이북지역에 주소, 직계가족, 배우자, 직장 등을 두고 있는 사람으로서 북한을 벗어난 후 외국 국적을 취득한 사람과 외국 국적을 취득하지 않은 사람을 모두 포함한다.

③ 남·북한이 유엔(UN)에 동시가입하였다고 하더라도, 이는 '유엔헌장'이라는 다변조약(多邊條約)에의 가입을 의미하는 것으로서 유엔헌장 제4조 제1항의 해석상 신규가맹국이 유엔이라는 국제기구에 의하여 국가로 승인받는 효과가 발생하는 것은 별론으로 하고, 그것만으로 곧 다른 가맹국과의 관계에 있어서도 당연히 상호간에 국가승인이 있었다고 볼 수 없다는 것이 현실 국제정치상의 관례이다.

④ 통일부장관이 북한주민 등과의 접촉을 원하는 자로부터 승인신청을 받아 구체적인 내용을 검토하여 승인 여부를 결정하는 절차를 규정한 남북교류협력에 관한 법률은 평화통일을 선언한 헌법전문과 헌법 제4조에 위배되지 않는다.

문 7. 혼인과 가족생활의 보호에 대한 설명으로 가장 적절하지 않은 것은? (다툼이 있는 경우 판례에 의함)

① 8촌 이내의 혈족 사이에서는 혼인할 수 없도록 하는 민법 제809조 제1항은 혼인의 자유를 침해하지 아니하여 헌법에 위반되지 아니한다.

② 육아휴직신청권은 헌법 제36조 제1항 등으로부터 개인에게 직접 주어지는 헌법적 차원의 권리라고 볼 수는 없다.

③ 배우자로부터 증여를 받은 때에 '300만원에 결혼년수를 곱하여 계산한 금액에 3천만원을 합한 금액'을 증여세과세가액에서 공제하도록 하는 것은 혼인과 가족생활 보장 및 양성의 평등에 위반되지 아니한다.

④ 독신자의 친양자 입양을 제한하는 것은 독신자의 가족생활의 자유를 침해하는 것이다.

문 8. 근로의 권리와 근로3권에 대한 설명으로 가장 적절하지 않은 것은? (다툼이 있는 경우 판례에 의함)

① 교섭창구단일화제도는 근로조건의 결정권이 있는 사업 또는 사업장 단위에서 복수 노동조합과 사용자 사이의 교섭절차를 일원화하고, 소속 노동조합과 관계없이 조합원들의 근로조건을 통일하기 위한 것이므로 교섭대표노동조합이 되지 못한 소수노동조합의 단체교섭권을 침해하는 것은 아니다.

② 고용 허가를 받아 국내에 입국한 외국인근로자의 출국만기보험금을 출국 후 14일 이내에 지급하도록 한 외국인근로자의 고용 등에 관한 법률 제13조 제3항 중 '피보험자 등이 출국한 때부터 14일 이내' 부분이 청구인들의 근로의 권리를 침해하는 것은 아니다.

③ 근로3권 중 근로자의 단결권은 결사의 자유가 근로의 영역에서 구체화된 것으로서, 근로자의 단결권도 국민의 결사의 자유에 포함되며, 사용자와의 관계에서 특별한 보호를 받아야 할 경우에는 헌법 제33조가 우선적으로 적용되지만, 그렇지 않은 통상의 결사 일반에 대한 문제일 경우에는 헌법 제21조 제2항의 결사에 대한 허가제금지원칙이 적용된다.

④ 노동조합의 규약 및 결의처분에 대한 행정관청의 시정명령이나 회계감사원의 회계감사 등이 있음에도 불구하고 노동조합이 결산결과와 운영상황에 대한 보고의무를 위반한 경우, 이에 대하여 과태료를 부과하는 것은 노동조합의 민주성을 보장하는 데 불필요한 것으로서 과잉금지원칙에 위반되어 단결권을 침해하는 것이다.

문 9. 적극적 평등실현조치에 관한 설명 중 가장 적절하지 않은 것은? (다툼이 있는 경우 헌법재판소 결정에 의함)

① 적극적 평등실현조치는 종래 사회로부터 차별을 받아 온 일정집단에 대해 그동안의 불이익을 보상하기 위한 우대적 조치이다.

② 적극적 평등실현조치는 개인의 자격이나 실적보다는 집단의 일원이라는 것을 근거로 하여 우대하는 조치이다.

③ 청년할당제는 장애인고용할당제도나 여성할당제도와 같이 적극적 평등실현조치의 일종이다.

④ 적극적 평등실현조치는 항구적 정책이 아니라 구제목적이 실현되면 종료하는 임시적 조치이다.

문 10. 기본권에 관한 설명 중 가장 적절하지 않은 것은? (다툼이 있는 경우 판례에 의함)

① 의료법 제89조 중 '소비자를 현혹할 우려가 있는 내용의 의료광고'를 규제하고 위반시에는 처벌하는 제56조 제2항 제2호 등 관련 조문이 명확성원칙이나 과잉금지원칙에 위배되지 않는다.

② 국가의 기본권 보호의무란 사인인 제3자에 의한 생명이나 신체에 대한 침해로부터 이를 보호하여야 할 국가의 의무를 말하는 것으로, 국가가 직접 주방용 오물분쇄기의 사용을 금지하여 개인의 기본권을 제한하는 경우에는 국가의 기본권 보호의무 위반 여부가 문제되지 않는다.

③ SK케미칼이 제조하고 애경산업이 판매하였던 가습기살균제 제품인 '홈클리닉 가습기메이트'의 표시·광고와 관련하여 공정거래위원회가 2016년에 행한 사건처리 중, 위 제품 관련 인터넷 신문기사 3건을 심사대상에서 제외한 행위는 청구인의 평등권을 침해한다.

④ 국가인권위원회의 공정한 조사를 받을 권리는 헌법상 기본권이므로 불법체류 외국인에 대한 보호조치와 강제퇴거는 불법체류 외국인의 노동3권 제한이다.

문 11. 직업의 자유에 대한 설명으로 적절하지 않은 것은? (다툼이 있는 경우 헌법재판소 판례에 의함)

① 유골 500구 이상을 안치할 수 있는 사설봉안시설을 설치·관리하려는 자는 민법에 따라 봉안시설의 설치·관리를 목적으로 하는 재단법인을 설립하도록 하는 구 '장사 등에 관한 법률' 제15조 제3항 본문 중 '설치·관리하려는 자' 부분은 과잉금지원칙에 위반되어 직업의 자유를 침해하지 않는다.

② 금지조항 및 정보통신시스템, 데이터 또는 프로그램 등의 운용을 방해할 수 있는 악성프로그램을 유포한 자를 형사처벌하도록 규정한 구 '정보통신망 이용촉진 및 정보보호 등에 관한 법률' 제71조 제9호는 과잉금지원칙에 반하여 직업의 자유 및 일반적 행동의 자유를 침해하는지 않는다.

③ 거짓이나 그 밖의 부정한 수단으로 운전면허를 받은 경우 모든 범위의 운전면허를 필요적으로 취소하도록 한 것은 과잉금지원칙에 반하여 직업의 자유를 침해한다.

④ 안경사 면허를 가진 자연인에게만 안경업소의 개설 등을 할 수 있도록 한 것은 안경사들로만 구성된 법인 형태의 안경업소 개설까지 허용하지 않으므로 과잉금지원칙에 반하여 자연인 안경사와 법인의 직업의 자유를 침해한다.

문 12. 변호인의 조력을 받을 권리에 관한 설명으로 가장 적절하지 않은 것은? (다툼이 있는 경우 판례에 의함)

① 필요적 변호사건에서 피고인이 재판거부의 의사표시 후 재판장의 허가 없이 퇴정하고 변호인마저 이에 동조하여 퇴정해 버린 경우 법원으로서는 피고인이나 변호인의 재정 없이도 심리판결할 수 있다.

② 변호인의 수사기록 열람·등록에 대한 지나친 제한은 결국 피고인에게 보장된 변호인의 조력을 받을 권리를 침해하게 되는 것이다.

③ '변호인이 되려는 자'의 접견교통권은 피의자 등을 조력하기 위한 핵심적인 부분으로서, 피의자 등이 가지는 헌법상의 기본권인 '변호인이 되려는 자'와의 접견교통권과 표리의 관계에 있으므로 '변호인이 되려는 자'의 접견교통권 역시 헌법상 기본권이다.

④ 변호인선임권은 변호인의 조력을 받을 권리의 출발점이기는 하나, 법률로써 제한할 수 있다.

문 13. 다음 직업의 자유의 제한에 관한 설명으로 가장 적절하지 않은 것은?

① 세무사 자격을 보유한 변호사로 하여금 세무사로서 세무사의 업무를 할 수 없도록 규정한 세무사법 제6조 제1항 등이 과잉금지원칙을 위반하여 세무사 자격 보유 변호사의 직업의 자유를 침해한다고 볼 수 없다.

② 어린이통학버스를 운영함에 있어서 반드시 보호자를 동승하도록 하는 보호자동승조항은 학원 등의 영업방식에 제한을 가하고 있으므로 학원 운영자들의 직업수행의 자유를 제한하는 것이다.

③ 소송사건의 대리인인 변호사가 수용자를 접견하고자 하는 경우 소송계속 사실을 소명할 수 있는 자료를 제출하도록 요구하는 것은 변호사의 직업수행의 자유를 침해하여 헌법에 위반된다.

④ 직업의 자유의 제한 중 가장 강도가 높은 것은 객관적 사유에 의한 직업선택의 자유의 제한이다.

문 14. 교육을 받을 권리와 관련된 다음 기술으로 가장 적절하지 않은 것은? (다툼이 있는 경우 판례에 의함)

① 교육을 받을 권리는 국가에 대해 교육을 받을 수 있도록 적극적으로 배려해 줄 것을 요구할 권리와 능력에 따라 균등하게 교육받는 것을 공권력에 의하여 침해받지 않을 권리를 포함한다.

② 능력에 따라 균등하게 교육을 받을 권리는 개인의 정신적 · 육체적 · 경제적 능력에 따른 차별만을 허용할 뿐 성별 · 종교 · 사회적 신분에 의한 차별은 허용하지 않는다.

③ 2021학년도 대학입학전형기본사항 중 재외국민 특별전형 지원자격 가운데 학생의 부모의 해외체류요건 부분이 해당 학생의 균등하게 교육받을 권리를 침해한다고 볼 수 없다.

④ 의무교육에서 무상의 범위에는 학교와 교사 등 인적 · 물적 시설 및 그 시설을 유지하기 위한 인건비와 시설유지비도 포함된다.

문 15. 평등원칙 내지 평등권에 관한 다음 설명으로 가장 적절하지 않은 것은? (다툼이 있는 경우 판례에 의함)

① 자기 또는 배우자의 직계존속을 고소하지 못하도록 하는 법률조항은 비속이 존속을 고소하는 행위의 반윤리성을 억제한다는 합리적 근거가 있는 차별로서 평등원칙에 위배되지 않는다.

② 중선거구제에서는 소선거구제에서보다 당선에 필요한 유효득표율이 필연적으로 낮아지므로 양자의 기탁금 반환기준을 동일하게 설정하는 것은 불합리한 차별로서 평등원칙에 위배된다.

③ 65세 미만 노인성 질병(치매 · 뇌혈관성질환 등)이 있는 사람의 장애인활동지원급여 신청을 제한하는 것은 평등원칙에 위배하여 헌법에 위반된다.

④ 정치자금법이 여러 차례 개정되어 후원회지정권자의 범위가 지속적으로 확대되어 왔음에도 불구하고, 국회의원선거의 예비후보자 및 그 예비후보자에게 후원금을 기부하고자 하는 자와 광역자치단체장선거의 예비후보자 및 이들 예비후보자에게 후원금을 기부하고자 하는 자를 계속하여 달리 취급하는 것은, 불합리한 차별에 해당하고 입법재량을 현저히 남용하거나 한계를 일탈한 것이다.

문 16. 공무담임권에 대한 설명으로 가장 적절하지 않은 것은? (다툼이 있는 경우 판례에 의함)

① 순경 공채시험 응시연령의 상한을 '30세 이하'로 규정하고 있는 것은 합리적이라고 볼 수 없으므로 침해의 최소성원칙에 위배되어 공무담임권을 침해한다.

② 정당의 내부경선에 참여할 권리는 헌법이 보장하는 공무담임권의 내용에 포함되지 아니하므로, 정당이 당내경선을 실시하지 않는 것이 공무담임권을 침해하는 것은 아니다.

③ 후보자의 직계존비속이 공직선거법을 위반하여 300만원 이상의 벌금형의 선고를 받은 때에는 그 후보자의 당선을 무효로 한다.

④ 노동직류와 직업상담직류를 선발할 때 직업상담사 자격증 소지자에게 각 과목 만점의 최대 5% 이내에서 점수를 가산하도록 한 공무원임용시험령 제31조 제2항 등은 공무담임권을 침해한다.

문 17. 정당제도에 관한 다음 기술으로 가장 적절하지 않은 것은?

① 정당이 그 소속 국회의원을 제명하기 위해서는 당헌이 정하는 절차를 거치는 외에 그 소속 국회의원 전원의 2분의 1 이상의 찬성이 있어야 한다.

② 비례대표국회의원이 소속정당의 합당·해산 또는 제명 외의 사유로 당적을 이탈·변경하거나 2 이상의 당적을 가지고 있는 때에는 의원직을 상실하도록 한 것은 그 해당 비례대표국회의원에 대한 정당기속을 실현하기 위한 제도적 장치라고 볼 수 있다.

③ 정당의 등록신청을 받은 관할 선거관리위원회는 형식적 요건을 구비하는 한 이를 거부하지 못한다. 다만, 형식적 요건을 구비하지 못한 때에는 상당한 기간을 정하여 그 보완을 명하고, 2회 이상 보완을 명하여도 응하지 아니할 때에는 그 신청을 각하할 수 있다.

④ 현행법상 헌법재판소에 의하여 해산된 정당소속의 국회의원은 의원직을 상실하도록 하고 있다.

문 18. 신체의 자유와 관련된 다음 기술으로 가장 적절하지 않은 것은? (다툼이 있는 경우 판례에 의함)

① 후보자의 배우자가 공직선거법 소정의 범죄를 범함으로 인하여 징역형 또는 300만원 이상의 벌금형의 선고를 받은 때에는 그 후보자의 당선을 무효로 하는 것은 헌법 제13조 제3항에서 금지하고 있는 연좌제에 해당한다.

② 특수절도미수죄에 대한 법정형을 단순절도죄보다 더 무겁게 정하였다고 하여, 특수절도미수조항이 형벌 본래의 기능과 목적을 달성함에 있어 필요한 정도를 현저하게 일탈하여 비례원칙과 책임주의원칙에 위배되었거나 신체의 자유나 법관의 양형재량을 침해한 것이라 할 수 없다.

③ 음주운항 전력이 있는 사람이 다시 음주운항을 한 경우 2년 이상 5년 이하의 징역이나 2천만원 이상 3천만원 이하의 벌금에 처하도록 규정한 해사안전법 제104조의2 제2항 중 '제41조 제1항을 위반하여 2회 이상 술에 취한 상태에서 선박의 조타기를 조작한 운항자'에 관한 부분은 책임과 형벌간의 비례원칙에 위반된다.

④ 미결구금은 실질적으로 자유형의 집행과 다를 바 없으므로 인권보호 및 공평의 원칙상 형기에 전부 산입되어야 한다.

문 19. 형벌법규에서 명확성원칙에 대한 설명으로 가장 적절하지 않은 것은?

① 죄형법정주의에서 파생된 원칙이다.

② 범죄구성요건에 법관의 보충적 해석을 통해서 비로소 그 내용이 확정될 수 있는 개념을 사용하였다면 죄형법정주의에 위반된다.

③ 경범죄 처벌법 제3조 제1항 제33호(과다노출) '여러 사람의 눈에 뜨이는 곳에서 공공연하게 알몸을 지나치게 내놓거나 가려야 할 곳을 내놓아 다른 사람에게 부끄러운 느낌이나 불쾌감을 준 사람'의 부분은 죄형법정주의의 명확성원칙에 위배된다.

④ 누구든지 응급의료종사자의 응급환자에 대한 진료를 폭행, 협박, 위계, 위력, 그 밖의 방법으로 방해하는 행위를 금지하는 '응급의료에 관한 법률' 제12조는 죄형법정주의의 명확성원칙에 위반되지 않는다.

문 20. 사생활의 비밀과 자유에 대한 설명으로 가장 적절하지 않은 것은? (다툼이 있는 경우 헌법재판소 결정에 의함)

① 금융감독원 4급 이상 직원에 대한 재산등록제도 및 취업제한제도는 사생활의 비밀과 자유를 침해하지 않는다.

② 성폭력범죄를 2회 이상 범하여 그 습벽이 인정된 때에 해당하고 성폭력범죄를 다시 범할 위험성이 인정되는 자에 대해 전자장치 부착을 명할 수 있도록 한 것은 사생활의 비밀과 자유를 침해하는 것이 아니다.

③ 간통죄를 처벌하는 것은 사생활의 비밀과 자유를 침해하는 것으로 헌법에 위배된다.

④ 변호사시험은 '법학전문대학원을 졸업하였거나 졸업할 예정인 사람'으로 응시대상자가 한정되어 있는 바, 타인이 합격자 명단을 열람하여 특정 응시자의 변호사시험 합격 여부 및 시기 등을 추정할 수 있으므로, 이는 응시자의 사생활의 비밀과 자유를 중대하게 제한하는 것이지만 변호사로부터 법률서비스를 받을 국민의 편의, 변호사 자격의 공공성, 변호사시험 관리의 공정성 확보 등을 위한 정당한 제한이다.

소요시간: _____ / 15분　　　　맞힌 답의 개수: _____ / 20

문 1. 재판청구권에 관한 설명으로 가장 적절하지 않은 것은? (다툼이 있는 경우 헌법재판소 결정에 의함)

　① 헌법에 '공정한 재판'에 관한 명문의 규정은 없지만 재판청구권이 국민에게 효율적인 권리보호를 제공하기 위해서는, 법원에 의한 재판이 공정하여야만 할 것은 당연한 전제이므로 '공정한 재판을 받을 권리'는 헌법 제27조의 재판청구권에 의하여 함께 보장된다.

　② 헌법 제27조 제1항에서 명시적으로 규정하고 있는 바와 같이, 헌법상 재판을 받을 권리라 함은 '법관에 의하여' 재판을 받을 권리를 의미한다.

　③ 국민이 재판을 통하여 권리보호를 받기 위해서는 그 전에 최소한 법원조직법에 의하여 법원이 설립되고 민사소송법 등 절차법에 의하여 재판관할이 확정되는 등 입법자에 의한 재판청구권의 구체적 형성이 불가피하므로, 재판청구권에 대해서는 입법자의 입법재량이 인정된다.

　④ 헌법 제27조 제1항이 규정하는 '법률에 의한' 재판을 받을 권리는 '절차법이 정한 절차에 따라 실체법이 정한 내용대로 재판을 받을 권리'로서 이를 보장하기 위해서는 입법자에 의한 재판청구권의 구체적 형성이 불가피하므로, 이러한 입법이 상당한 정도로 '권리구제의 실효성'을 보장하는 것이어야 한다고 요구할 수는 없다.

문 2. 집회의 자유에 대한 설명으로 가장 적절하지 않은 것은? (다툼이 있는 경우 판례에 의함)

　① 최루액을 물에 혼합한 용액을 살수차를 이용하여 집회 시민들에게 살수한 행위는 법률유보원칙에 위배되어 집회의 자유를 침해한다.

　② 법관의 독립과 재판의 공정성 확보를 위하여 각급 법원의 경계 지점으로부터 100미터 이내의 장소에서 옥외집회와 시위를 전면적으로 금지하는 것은 집회의 자유를 침해한다.

　③ 집회 현장에서 집회 참가자에 대한 사진촬영행위는 집회 참가자에게 심리적 부담으로 작용하여 집회의 자유를 전체적으로 위축시키는 결과를 가져올 수 있으므로 집회의 자유를 제한한다.

　④ 집회 또는 시위의 주최자는 집회 및 시위에 관한 법률 제8조에 따른 금지 통고를 받았을 경우, 통고를 받은 날부터 7일 이내에 해당 경찰관서의 바로 위의 상급경찰관서의 장에게 이의를 신청할 수 있다.

문 3. 국가인권위원회에 관한 설명으로 적절하지 않은 것을 모두 고른 것은? (다툼이 있는 경우 헌법재판소 결정에 의함)

> ㉠ 국가인권위원회는 피해자의 진정이 없다면 인권 침해나 차별행위에 대해 이를 직권으로 조사할 수 없다.
> ㉡ 국가인권위원회는 위원장 1명과 상임위원 3명을 포함한 11명의 인권위원으로 구성한다.
> ㉢ 국가인권위원회는 법률에 설치근거를 둔 국가기관이고, 헌법에 의하여 설치되고 헌법과 법률에 의하여 독자적인 권한을 부여받은 국가기관이라고 할 수는 없으므로, 독립성이 보장된 기관이기는 하더라도 그 기관이 갖는 권한의 침해 여부에 대해 국가를 상대로 권한쟁의심판을 청구할 당사자능력은 없다.
> ㉣ 국가인권위원회가 진정에 대해 각하 또는 기각결정을 하면 이 결정은 헌법소원의 대상이 되고 헌법소원의 보충성 요건을 충족한다.

① ㉠, ㉡
② ㉠, ㉣
③ ㉢, ㉣
④ ㉠, ㉡, ㉣

문 4. 청구권적 기본권에 대한 설명으로 적절하지 않은 것은? (다툼이 있는 경우 헌법재판소 판례에 의함)

① 재판청구권과 같은 절차적 기본권은 원칙적으로 제도적 보장의 성격이 강하기 때문에, 자유권적 기본권 등 다른 기본권의 경우와 비교하여 볼 때 상대적으로 광범위한 입법형성권이 인정되므로, 관련 법률에 대한 위헌심사기준은 과잉금지원칙이 적용된다.

② 지방공무원의 면직처분에 대해 불복할 경우 소청심사청구기간을 처분사유 설명서 교부일로부터 30일 이내로 정한 것은 일반행정심판 청구기간 또는 행정소송 제기기간인 처분이 있음을 안 날부터 90일보다 짧기는 하나, 지방공무원의 권리구제를 위한 재판청구권의 행사를 불가능하게 하거나 형해화한다고 볼 수는 없다.

③ 재정신청절차의 신속하고 원활한 진행을 위하여 구두변론의 실시여부를 법관의 재량에 맡기는 것은 재판청구권을 침해하지 않는다.

④ 형사재판에서 사실·법리·양형과 관련하여 피고인이 자신에게 유리한 주장과 자료를 제출할 기회를 보장하는 것은 헌법이 보장한 '공정한 재판을 받을 권리'의 보호영역에 포함된다.

문 5. 국적에 관한 다음 설명 중 가장 적절하지 않은 것은?
(다툼이 있는 경우 판례에 의함)

① 법무부장관은 귀화신청인이 귀화 요건을 갖추었다
하더라도 귀화를 허가할 것인지 여부에 관하여 재
량권을 가진다.

② 대한민국의 국민이 아닌 자로서 대한민국의 국민인
부 또는 모에 의하여 인지(認知)된 자가 '대한민국
의 민법상 미성년이고, 출생 당시에 부 또는 모가
대한민국의 국민이었던 경우'에는 법무부장관에게
신고함으로써 대한민국 국적을 취득할 수 있다.

③ 국적법상 일반귀화 요건은 '5년 이상 계속하여 대한
민국에 주소가 있을 것, 대한민국에서 영주할 수 있
는 체류자격을 가지고 있을 것, 대한민국의 민법상
성년일 것, 품행이 단정할 것, 자신의 자산(資産)이
나 기능(技能)에 의거나 생계를 같이하는 가족에
의존하여 생계를 유지할 능력이 있을 것, 국어능력
과 대한민국의 풍습에 대한 이해 등 대한민국 국민
으로서의 기본 소양(素養)을 갖추고 있을 것'이다.

④ 대한민국의 국민으로서 외국인과의 혼인으로 그 배
우자의 국적을 취득하게 된 자는 그 외국 국적을
취득한 때부터 1년 내에 법무부장관에게 대한민국
국적을 보유할 의사가 있다는 뜻을 신고하지 아니
하면 그 외국 국적을 취득한 때로 소급(遡及)하여
대한민국 국적을 상실한 것으로 본다.

문 6. 양심의 자유에 대한 설명으로 가장 적절하지 않은 것은?
(다툼이 있는 경우 판례에 의함)

① 양심적 병역거부를 이유로 유죄판결을 받은 사람들
의 개인통보에 대하여, 자유권규약위원회가 채택한
견해에 따라 전과기록 말소 및 충분한 보상을 포함
한 사람들에 대한 효과적인 구제조치를 이행하는
법률을 제정하지 아니한 입법부작위의 위헌확인을
구하는 헌법소원심판은 적법하다.

② 양심은 그 대상이나 내용 또는 동기에 의하여 판단
될 수 없으며, 특히 양심상의 결정이 이성적·합리
적인가, 타당한가 또는 법질서나 사회규범·도덕률
과 일치하는가 하는 관점은 양심의 존재를 판단하
는 기준이 될 수 없다.

③ 양심적 병역거부자에 대한 대체복무제를 규정하지
아니한 병역종류조항은 과잉금지원칙에 위배하여
양심적 병역거부자의 양심의 자유를 침해한다.

④ 병역종류조항에 대체복무제가 마련되지 아니한 상
황에서, 양심상의 결정에 따라 입영을 거부하거나
소집에 불응하는 국민이 기존 대법원 판례에 따라
처벌조항에 의하여 형벌을 부과받음으로써 양심에
반하는 행동을 강요받게 되는 것은 '양심에 반하는
행동을 강요당하지 아니할 자유', 즉 '부작위에 의
한 양심실현의 자유'를 제한하는 것이다.

문 7. 기본권 주체에 관한 다음 설명 중 가장 적절하지 않은
것은? (다툼이 있는 경우 헌법재판소 결정에 의함)

① 직업의 자유 중 직장선택의 자유는 인간의 권리이
기 때문에 외국인도 이러한 기본권의 주체가 될 수
있다.

② 모체에 착상되거나 원시선이 나타나기 전까지의 초
기배아에게는 기본권 주체성을 인정할 수 없다.

③ 정당은 생명·신체의 안전에 관한 권리의 향유주체
가 될 수 없다.

④ 범죄피해자인 외국인은 인간으로서의 존엄성을 보
장받을 권리가 있기 때문에 해당 국가의 상호보증
여부와 관계없이 범죄피해자구조를 청구할 수 있다.

문 8. 공무원의 신분보장 및 정치적 중립성에 관한 헌법재판소의 결정으로 가장 적절하지 않은 것은?

① 공무원의 신분보장은 법률로 그 내용을 정할 수 있는 것이고, 공무원은 직무의 내용인 공무수행 그 자체가 공공의 이익을 위한 활동이라는 근무관계의 특수성 때문에 국가의 공적 사무를 수행할 권리와 이에 따른 신분상·재산상의 부수적 권리를 향유함과 동시에 이에 상응하는 고도의 윤리·도덕적 의무를 부담한다. 따라서 금고 이상의 형의 선고유예를 받은 공무원을 당연퇴직하게 하는 것은 공무담임권을 침해한다고 볼 수 없다.

② 헌법재판소는 공무원의 지위를 이용하여 선거에 영향을 미치는 행위에 대하여 1년 이상 10년 이하의 징역 또는 1천만원 이상 5천만원 이하의 벌금에 처하도록 규정한 공직선거법 제255조 제5항 중 제85조 제1항의 '공무원이 지위를 이용하여 선거에 영향을 미치는 행위' 부분이 형벌체계상의 균형에 어긋난다고 판시하였다.

③ 선거관리위원회 공무원에 대하여 특정 정당이나 후보자를 지지·반대하는 단체에의 가입·활동 등을 금지하는 것은, 선거관리위원회 공무원이 특정한 정치적 성향을 표방하는 단체에 가입·활동한다는 사실 자체만으로 그 정치적 중립성과 직무의 공정성·객관성이 의심될 수 있으므로 선거관리위원회 공무원의 정치적 표현의 자유 등을 침해한다고 할 수 없다.

④ 국가공무원이 피성년후견인이 된 경우 당연퇴직되도록 한 국가공무원법 제69조 제1호 중 제33조 제1호 가운데 '피성년후견인'에 관한 부분은 공무담임권을 침해한다.

문 9. 표현의 자유에 관한 다음 설명 중 가장 적절하지 않은 것은? (다툼이 있는 경우 헌법재판소 결정에 의함)

① 헌법 제21조의 표현의 자유는 전통적으로는 사상 또는 의견의 자유로운 표명과 그것을 전파할 자유를 의미하는 것으로서, 개인이 인간으로서의 존엄과 가치를 유지하고 행복을 추구하며 국민주권을 실현하는 데 필수불가결한 것으로 오늘날 민주국가에서 국민이 갖는 가장 중요한 기본권 중의 하나이다.

② 의사표현·전파의 자유에 있어서 의사표현 또는 전파의 매개체는 어떠한 형태이건 가능하며 그 제한이 없다.

③ 인터넷언론사에 대하여 선거일 전 90일부터 선거일까지 후보자 명의의 칼럼이나 저술을 게재하는 보도를 제한하는 구 '인터넷선거보도 심의기준 등에 관한 규정' 제8조 제2항 본문과 '인터넷선거보도 심의기준 등에 관한 규정' 제8조 제2항(이 두 조항을 합하여 '시기제한조항'이라 한다)은 법률유보원칙에 반하여 표현의 자유를 침해한다.

④ 누구든지 단체와 관련된 자금으로 정치자금을 기부할 수 없도록 하는 것은 정치활동의 자유 내지 정치적 의사표현의 자유에 대한 제한이 될 수 있다.

문 10. 개인정보자기결정권에 대한 설명으로 적절하지 않은 것은? (다툼이 있는 경우 헌법재판소 판례에 의함)

① 대통령의 지시로 대통령 비서실장, 정무수석비서관, 교육문화수석비서관, 문화체육관광부장관이 야당 소속 후보를 지지하였으나 정부에 비판적 활동을 한 문화예술인이나 단체를 정부의 문화예술 지원사업에서 배제할 목적으로 개인의 정치적 견해에 관한 정보를 수집·보유·이용한 행위는 개인정보자기결정권을 침해한다.

② 법무부장관은 변호사시험 합격자가 결정되면 즉시 명단을 공고하여야 한다고 규정한 것은 과잉금지원칙에 위배되어 변호사시험 응시자의 개인정보자기결정권을 침해한다고 볼 수 없다.

③ 보안관찰처분대상자가 교도소 등에서 출소한 후 기존에 신고한 거주예정지 등 정보에 변동이 생길 때마다 7일 이내에 이를 신고하도록 정한 법률조항은, 대상자에게 보안관찰처분의 개시 여부를 결정하기 위함이라는 공익을 위하여 지나치게 장기간 형사처벌의 부담이 있는 신고의무를 지도록 하므로, 이는 과잉금지원칙을 위반하여 대상자의 개인정보자기결정권을 침해한다.

④ 법무부장관으로 하여금 합격자가 결정되면 즉시 명단을 공고하고 합격자에게 합격증서를 발급하도록 한 변호사시험법 조항은 전체 합격자의 응시번호만을 공고하는 등의 방법으로도 입법목적을 달성할 수 있음에도 변호사시험 응시 및 합격 여부에 관한 사실을 널리 공개되게 함으로써 과잉금지원칙에 위배되어 변호사시험 응시자의 개인정보자기결정권을 침해한다.

문 11. 무죄추정의 원칙과 관련한 다음 설명 중 가장 적절하지 않은 것은? (다툼이 있는 경우 헌법재판소 결정에 의함)

① '형의 집행 및 수용자의 처우에 관한 법률' 제88조가 형사재판의 피고인으로 출석하는 수형자에 대하여, 사복착용을 허용하는 형 집행법 제82조를 준용하지 아니한 것은 무죄추정의 원칙에 반한다.

② 무죄추정의 원칙상 금지되는 '불이익'이란 '범죄사실의 인정 또는 유죄를 전제로 그에 대하여 법률적·사실적 측면에서 유형·무형의 차별취급을 가하는 유죄인정의 효과로서의 불이익'을 뜻한다.

③ 무죄추정의 원칙은 형사절차 내에서 원칙으로 형사절차 이외의 기타 일반 법생활 영역에서의 기본권 제한과 같은 경우에는 적용되지 않는다.

④ 사업자단체의 독점규제 및 공정거래에 관한 법률 위반행위가 있을 때 공정거래위원회가 당해 사업자단체에 대하여 법위반사실의 공표를 명할 수 있도록 한 것은 무죄추정의 원칙에 반한다.

문 12. 개인정보자기결정권에 대한 설명 중 가장 적절하지 않은 것은? (다툼이 있는 경우 헌법재판소 결정에 의함)

① 법무부장관은 변호사시험 합격자가 결정되면 즉시 명단을 공고하여야 한다고 규정한 변호사시험법 제11조 중 '명단 공고' 부분은 개인정보자기결정권을 침해하지 않는다.

② 법무부장관이 등록대상자의 재범 위험성이 상존하는 20년 동안 그의 신상정보를 보존·관리하는 것은 정당한 목적을 위한 적합한 수단이므로, 모든 등록대상 성범죄자에 대하여 일률적으로 20년의 등록기간을 적용하고 있더라도 개인정보자기결정권을 침해한다고 볼 수 없다.

③ 디엔에이감식시료 채취대상자가 사망할 때까지 디엔에이신원확인정보를 데이터베이스에 수록, 관리할 수 있도록 규정한 이 사건 법률 제13조 제3항 중 수형인 등에 관한 부분은 개인정보자기결정권을 침해하지 아니한다.

④ 인터넷게시판을 설치·운영하는 정보통신서비스 제공자에게 본인확인조치의무를 부과하여 게시판 이용자로 하여금 본인확인절차를 거쳐야만 게시판을 이용할 수 있도록 하는 본인확인제를 규정한 정보통신망 이용촉진 및 정보보호 등에 관한 법률(2008.6. 13. 법률 제9119호로 개정된 것) 제44조의5 제1항 제2호는 과잉금지원칙에 위배하여 인터넷게시판 이용자의 표현의 자유, 개인정보자기결정권을 침해한다.

문 13. 근로3권에 관한 설명 중 가장 적절하지 않은 것은?
(다툼이 있는 경우 대법원 판례 및 헌법재판소 결정에
의함)

① 교원의 노동조합 설립 및 운영 등에 관한 법률의
적용대상을 초·중등교육법 제19조 제1항의 교원이
라고 규정함으로써, 고등교육법에서 규율하는 대학
교원들의 단결권을 인정하지 않는 '교원의 노동조합
설립 및 운영 등에 관한 법률' 제2조 본문은 헌법에
위배된다.

② 취업활동을 할 수 있는 체류자격이 없는 외국인도
노동조합을 결성하거나 노동조합에 가입할 수 있다.

③ 헌법은 사립학교 교원의 단체행동권을 제한하는 명
문 규정을 두고 있지 않다.

④ 노동조합을 설립할 때 행정관청에 설립신고서를 제
출하게 하고 그 요건을 충족하지 못하는 경우 행정
관청이 설립신고서를 반려하도록 규정한 구 노동조
합 및 노동관계조정법 조항은 단체결성에 대한 허
가제를 금지하는 헌법 제21조 제2항에 위배되지는
아니하나, 근로자의 단결권에 대한 과도한 침해로
서 헌법 제33조 제1항에 위배된다.

문 14. 근로의 권리에 대한 설명으로 적절하지 않은 것은?
(다툼이 있는 경우 헌법재판소 판례에 의함)

① 근로자 4명 이하 사용 사업장에 적용될 근로기준법
조항을 정하고 있는 근로기준법 시행령이 정당한
이유 없는 해고를 금지하는 '부당해고제한조항'과
노동위원회 구제절차에 관한 '노동위원회 구제절차'
를 나열하지 않은 것은 근로의 권리를 침해한다.

② 해고예고제도는 근로관계 종료 전 사용자에게 근로
자에 대한 해고예고를 하게 하는 것이어서, 근로조
건을 이루는 중요한 사항에 해당하고 근로의 권리
의 내용에 포함된다.

③ 계속근로기간 1년 이상인 근로자가 근로연도 중도
에 퇴직한 경우 중도퇴직 전 1년 미만의 근로에 대
하여 유급휴가를 보장하지 않는 것은 근로의 권리
를 침해하지 않는다.

④ 정직처분을 받은 공무원에 대하여 정직일수를 연차
유급휴가인 연가일수에서 공제하도록 하는 것은 근
로의 권리를 침해하지 않는다.

문 15. 헌법상 기본원리에 대한 설명으로 가장 적절한 것은?
(다툼이 있는 경우 판례에 의함)

① 헌법의 기본원리는 헌법의 이념적 기초인 동시에
헌법을 지배하는 지도원리로서 구체적 기본권을 도
출하는 근거가 될 뿐만 아니라 기본권의 해석 및
기본권제한입법의 합헌성 심사에 있어 해석기준의
하나로서 작용한다.

② 주민소환제 자체는 지방자치의 본질적인 내용이라
고 할 수 있으므로 이를 보장하지 않는 것은 헌법
에 위반된다.

③ 헌법 전문에서 대한민국임시정부의 법통을 계승한
다고 선언하고 있다고 하더라도 국가가 독립유공자
와 그 유족에 대하여 응분의 예우를 하여야 할 헌
법적 의무를 지는 것은 아니다.

④ 우리 헌법에서 말하는 '전통', '전통문화'란 오늘날
의 의미로 재해석되어야 하므로, 전래의 어떤 가족
제도가 헌법 제36조 제1항이 요구하는 개인의 존엄
과 양성평등에 반한다면 헌법 제9조를 근거로 그
헌법적 정당성을 주장할 수는 없다.

문 16. 혼인과 가족생활의 보호에 대한 설명으로 옳은 것(○)과 옳지 않은 것(×)을 올바르게 조합하면? (다툼이 있는 경우 헌법재판소 판례에 의함)

> ㉠ 수형자의 배우자에 대해 인터넷화상접견과 스마트접견을 할 수 있도록 하고 미결수용자의 배우자에 대해서는 이를 허용하지 않는 것이 미결수용자의 배우자의 평등권을 침해하는지 여부는 헌법상 혼인과 가족생활에 대한 특별한 헌법적 보호에 비추어 볼 때, 엄격한 비례성심사를 하여야 한다.
>
> ㉡ 8촌 이내의 혈족 사이에서는 혼인할 수 없도록 하는 민법 제809조 제1항은 혼인의 자유를 침해하여 헌법에 위반된다.
>
> ㉢ 중혼을 혼인취소의 사유로 정하면서 후혼의 취소가 가혹한 결과를 발생시키는 경우에도 취소청구권의 제척기간 또는 소멸사유를 규정하지 않은 것은 후혼배우자의 혼인과 가족생활에 관한 기본권을 침해한다.
>
> ㉣ 육아휴직신청권은 헌법 제36조 제1항 등으로부터 개인에게 직접 주어지는 헌법적 차원의 권리라고 볼 수 없다.
>
> ㉤ 1세대 3주택 이상에 해당하는 주택에 대하여 양도소득세 중과세를 규정하고 있는 구 소득세법 조항은 헌법 제36조 제1항이 정하고 있는 혼인에 따른 차별금지원칙에 위배되고, 혼인의 자유를 침해한다.

	㉠	㉡	㉢	㉣	㉤
①	○	○	○	×	×
②	○	×	×	○	○
③	×	○	○	×	×
④	×	×	×	○	○

문 17. 인간다운 생활을 할 권리에 대한 설명으로 가장 적절하지 않은 것은? (다툼이 있는 경우 판례에 의함)

① 국가에게 헌법 제34조에 의하여 장애인의 복지를 위하여 노력을 해야 할 의무가 있다는 것은, 장애인도 인간다운 생활을 누릴 수 있는 정의로운 사회질서를 형성해야 할 국가의 일반적인 의무를 뜻하는 것이지, 장애인을 위하여 저상버스를 도입해야 한다는 구체적 내용의 의무가 헌법으로부터 나오는 것은 아니다.

② 연금보험료를 낸 기간이 그 연금보험료를 낸 기간과 연금보험료를 내지 아니한 기간을 합산한 기간의 3분의 2보다 짧은 경우 유족연금 지급을 제한한 국민연금법은 인간다운 생활할 권리를 침해하지 않는다.

③ 보건복지부장관이 고시한 생계보호기준에 따른 생계보호의 수준이 일반 최저생계비에 못미친다면, 인간다운 생활을 보장하기 위하여 국가가 실현해야 할 객관적 내용의 최소한도의 보장에도 이르지 못한 것이므로 청구인들의 행복추구권과 인간다운 생활을 할 권리를 침해한 것이다.

④ 재혼을 유족연금수급권 상실사유로 규정한 구 공무원연금법 제59조 제1항 제2호 중 '유족연금'에 관한 부분은 재혼한 배우자의 인간다운 생활을 할 권리를 침해하지 않는다.

문 18. 형사보상청구권에 대한 설명으로 가장 적절하지 않은 것은? (다툼이 있는 경우 판례에 의함)

① 형사피의자로 구금되었다가 법률이 정하는 불기소처분을 받은 자도 형사보상청구권을 행사할 수 있다.

② 형사보상의 청구에 대하여 한 보상의 결정에 대하여는 불복을 신청할 수 없도록 하여 형사보상의 결정을 단심재판으로 규정한 형사보상법 조항은 형사보상청구권 및 재판청구권을 침해한다.

③ 형사보상은 형사피고인 등의 신체의 자유를 제한한 것에 대하여 사후적으로 그 손해를 보상하는 것인바, 구금으로 인하여 침해되는 가치는 객관적으로 평가하기 어려운 것이므로, 그에 대한 보상을 어떻게 할 것인지는 국가의 경제적·사회적·정책적 사정들을 참작하여 입법재량으로 결정할 수 있는 사항이고, 이러한 점에서 헌법 제28조에서 규정하는 '정당한 보상'은 헌법 제23조 제3항에서 재산권의 침해에 대하여 규정하는 '정당한 보상'과 동일한 의미를 가진다.

④ 법률이 형사보상의 청구를 무죄재판이 확정된 때로부터 1년 이내에 하도록 하는 것은 피고인의 형사보상청구권을 침해한 것이다.

문 19. 남북관계에 관한 설명으로 가장 적절하지 않은 것은? (다툼이 있는 경우 판례에 의함)

① 북한은 조국의 평화적 통일을 위한 대화와 협력의 동반자임과 동시에, 대남적화노선을 고수하며 우리의 자유민주체제 전복을 획책하는 반국가단체라는 이중적 성격을 함께 가진다.

② 우리 헌법에서 지향하는 통일은 대한민국의 존립과 안전을 부정하는 것이 아니고, 자유민주적 기본질서에 바탕을 둔 정치체제적 의미뿐만 아니라 사유재산과 시장경제를 골간으로 한 경제질서까지도 포함된 것이다.

③ 통일부장관이 북한주민 등과의 접촉을 원하는 자로부터 승인신청을 받아 구체적인 내용을 검토하여 승인 여부를 결정하는 절차를 규정한 남북교류협력에 관한 법률은 평화통일을 선언한 헌법전문과 헌법 제4조에 위배되지 않는다.

④ 헌법상 통일 관련 조항들로부터 국민 개개인의 통일에 대한 기본권이 직접 인정되지는 않지만, 국가기관에 대하여 통일에 관련된 일정한 행동을 요구할 수 있는 권리는 도출된다.

문 20. 기본권의 주체에 관한 설명으로 가장 적절하지 않은 것은? (다툼이 있는 경우 판례에 의함)

① 초기배아는 수정이 된 배아라는 점에서 형성 중인 생명의 첫걸음을 떼었다고 볼 여지가 있으나, 이에 대한 국가의 보호필요성이 있음은 별론으로 하고, 아직 모체에 착상되거나 원시선이 나타나지 않은 이상, 그 기본권 주체성이 인정되기는 어렵다.

② 헌법상의 근로의 권리는 근로자를 개인의 차원에서 보호하기 위한 권리로서 개인인 근로자가 그 주체가 되는 것이고 노동조합은 그 주체가 될 수 없다.

③ 국가, 지방자치단체나 그 기관 또는 국가조직의 일부나 공법인은 원칙적으로 기본권의 수범자이자 동시에 기본권의 주체가 되는 이중적 지위에 있다.

④ 외국인이 국내에서 누리는 직업의 자유는 법률 이전에 헌법에 의해서 부여된 기본권이라고 할 수 없고, 법률에 따른 정부의 허가에 의해 비로소 발생하는 권리이다.

소요시간: _____ / 15분   맞힌 답의 개수: _____ / 20

문 1. 수용자의 기본권에 관한 설명으로 적절하지 않은 것을 모두 고른 것은? (다툼이 있는 경우 헌법재판소 결정에 의함)

> ㉠ 미결수용자가 민사재판, 행정재판, 헌법재판과 관련하여 변호사와 접견하는 것도 원칙적으로 변호인의 조력을 받을 권리에 의해 보호된다.
>
> ㉡ 변호사와 접견하는 경우에도 수용자의 접견은 원칙적으로 접촉차단시설이 설치된 장소에서 하도록 규정하고 있는 형의 집행 및 수용자의 처우에 관한 법률 시행령 제58조 제4항은 변호인의 조력을 받을 권리를 침해한다.
>
> ㉢ 미결수용자의 변호인 접견권 역시 국가안전보장·질서유지 또는 공공복리를 위해 필요한 경우 법률로써 제한될 수 있다.
>
> ㉣ 출정비용을 예납하지 않았거나 영치금과의 상계에 동의하지 않았다는 이유로 수형자의 행정소송 변론기일에 수형자를 출정시키지 아니한 교도소장의 행위는 수형자의 재판청구권을 침해한다.
>
> ㉤ 징벌대상자로서 조사를 받고 있는 수형자가 변호인 아닌 자와 접견할 때 교도관이 참여하여 대화 내용을 기록하게 한 교도소장의 행위는 수형자의 사생활의 비밀과 자유를 침해하지 않는다.

① ㉠, ㉡
② ㉠, ㉢
③ ㉡, ㉣
④ ㉡, ㉤

문 2. 부담금에 관한 설명으로 가장 적절하지 않은 것은? (다툼이 있는 경우 판례에 의함)

① 어떤 공과금이 조세인지 아니면 부담금인지는 단순히 법률에서 그것을 무엇으로 성격 규정하고 있느냐를 기준으로 할 것이 아니라, 그 실질적인 내용을 결정적인 기준으로 삼아야 한다.

② 영화상영관 입장권 부과금제도는 과잉금지원칙에 반하여 영화관 관람객의 재산권과 영화관 경영자의 직업수행의 자유를 침해하였다고 볼 수 없다.

③ 골프장 부가금은 그 부과 자체로써 골프장 부가금 납부의무자의 행위를 특정한 방향으로 유도하거나 골프장 부가금 납부의무자 이외의 다른 집단과의 형평성 문제를 조정하고자 하는 등의 목적이 있으므로 정책실현목적 부담금에 해당한다.

④ 골프장 부가금 납부의무자에 대한 부가금은 부가금 징수대상 체육시설을 이용하지 않는 그 밖의 국민과 차별하는 것이므로 평등권을 침해하는 것이다.

문 3. 표현의 자유 및 통신의 자유에 관한 설명으로 적절하지 않은 것을 모두 고른 것은? (다툼이 있는 경우 헌법재판소 판례에 의함)

> ㉠ 수용자가 내보내려는 모든 서신을 봉함하지 않은 상태로 교정시설에 제출하도록 한 규정은 교정시설의 안전과 질서유지, 수용자의 교화 및 사회복귀를 원활하게 하기 위한 것이므로 수용자의 통신의 자유를 침해하지 않는다.
> ㉡ 사전심의를 받지 아니한 의료광고를 금지하고 이를 위반한 경우 처벌하는 의료법상의 규정은 사전검열금지원칙에 위반되지 않는다.
> ㉢ 통신제한조치의 기간은 2개월을 초과하지 못하고, 그 기간 중 통신제한조치의 목적이 달성되었을 경우에는 즉시 종료하여야 한다. 허가요건이 존속하는 경우 2개월의 범위에서 통신제한조치기간의 연장을 청구할 수 있으나, 통신제한조치의 총 연장기간은 1년을 초과할 수 없다.
> ㉣ 금치처분을 받은 미결수용자에 대하여 그 기간 중 집필을 금지하면서 예외적인 경우에만 교도소장이 집필을 허가할 수 있도록 한 형의 집행 및 수용자의 처우에 관한 법률상의 규정은 미결수용자의 표현의 자유를 침해하지 않는다.
> ㉤ 긴급조치 제1호는 유신헌법을 부정하거나 반대하고 폐지를 주장하는 행위 중 실제로 국가의 안전보장과 공공의 안녕질서에 대한 심각하고 중대한 위협이 명백하고 현존하는 경우 이외에도, 국가긴급권의 발동이 필요한 상황과는 전혀 무관하게 헌법과 관련하여 자신의 견해를 단순하게 표명하는 행위까지 모두 처벌하고 처벌의 대상이 되는 행위를 구체적으로 특정할 수 없으므로 표현의 자유를 침해한다.

① ㉠, ㉡
② ㉠, ㉣
③ ㉢, ㉤
④ ㉠, ㉢, ㉣

문 4. 사립학교 운영의 자유에 대한 설명으로 적절하지 않은 것은? (다툼이 있는 경우 헌법재판소 판례에 의함)

① 사립학교는 그 설립자의 특별한 설립이념을 구현하거나 독자적인 교육방침에 따라 개성 있는 교육을 실시할 수 있을 뿐만 아니라 공공의 이익을 위한 재산출연을 통하여 정부의 공교육 실시를 위한 재정적 투자능력의 한계를 자발적으로 보완해 주는 역할을 담당하므로, 사립학교 설립의 자유와 운영의 독자성을 보장할 필요가 있다.

② 유치원의 학교에 속하는 회계의 예산과목 구분을 정한 '사학기관 재무ㆍ회계 규칙'은 사립유치원 설립ㆍ경영자의 사립유치원 운영의 자유를 침해한다고 볼 수 없다.

③ 사립학교 법인이 의무의 부담을 하고자 할 때에는 관할청의 허가를 받도록 하는 것은 사립학교 운영의 자유를 침해하지 않는다.

④ 사립유치원의 공통적인 세입ㆍ세출 자료가 없는 경우 관할청의 지도ㆍ감독에는 한계가 존재할 수밖에 없다는 이유로 사립유치원의 회계를 국가가 관리하는 공통된 회계시스템을 이용하여 처리하도록 하는 것은 개인사업자인 사립유치원의 자유로운 회계처리 방법 선택권을 과도하게 침해한다.

문 5. 대한민국 헌정사에 대한 설명으로 가장 적절하지 않은 것은?

① 1960년 제3차 헌법개정에서 선거의 공정한 관리를 위하여 독립된 헌법기관인 중앙선거관리위원회를 도입했고, 1962년 제5차 헌법개정에서 각급 선거관리위원회를 처음 규정하였다.

② 1962년 헌법은 인간의 존엄성에 관한 규정을, 1980년 헌법은 국가가 근로자의 적정임금의 보장에 노력하여야 할 의무와 환경권을, 1987년 헌법은 국가가 최저임금제를 시행할 의무를 처음으로 규정하였다.

③ 1980년 제8차 개정헌법에서 대통령은 대통령선거인단에서 무기명투표로 선거하였으며, 대통령의 임기는 7년 단임제 방식이었다.

④ 1980년 헌법 전문에서 대한민국 임시정부의 법통을 계승하도록 처음으로 규정하였다.

문 6. 선거의 기본원칙에 관한 설명으로 가장 적절하지 않은 것은? (다툼이 있는 경우 판례에 의함)

① 직접선거는 의원의 선출뿐만 아니라 정당의 의석획득도 선거권자의 의사에 따라 직접 이루어져야 함을 의미한다.

② 누구든지 일정 기간 동안 선거에 영향을 미치게 하기 위한 광고물 설치·진열·게시, 표시물 착용을 할 수 없도록 하고, 이에 위반한 경우 처벌하도록 한 공직선거법은 위헌이다.

③ 공무원 지위이용 선거운동죄 조항이 선거에서의 정치적 중립의무를 지지 않는 지방의회의원의 지위를 이용한 선거운동을 금지하고 위반시 형사처벌하면서 5년 이하의 징역형만을 법정형으로 규정한 것이 정치적 표현의 자유를 침해하는 것은 아니다.

④ 선원들이 모사전송 시스템을 활용하여 투표하는 경우, 선원들로서는 자신의 투표결과에 대한 비밀이 노출될 위험성이 있으므로, 이는 비밀선거원칙에 위반된다 할 수 있다.

문 7. 지방자치에 관한 설명으로 가장 적절하지 않은 것은? (다툼이 있는 경우 판례에 의함)

① 조례가 규율하는 특정사항에 관하여 그것을 규율하는 국가의 법령이 이미 존재하는 경우에도, 조례가 법령과 별도의 목적에 기하여 규율함을 의도하는 것이고 그 적용에 의하여 법령의 규정이 의도하는 목적과 효과를 전혀 저해하는 바가 없는 때에는 그 조례가 국가의 법령에 위반되는 것은 아니다.

② 헌법 제117조 제1항은 지방자치단체가 법령의 범위 안에서 자치에 관한 규정을 제정할 수 있다고 규정하고 있으므로, 고시·훈령·예규와 같은 행정규칙은 상위법령의 위임한계를 벗어나지 아니하고 상위법령과 결합하여 대외적인 구속력을 갖는 것이라 하더라도 위의 '법령'에 포함될 수 없다.

③ 교육감 소속 교육장 등에 대한 징계의결요구 내지 그 신청사무는 징계사무의 일부로서 대통령, 교육부장관으로부터 교육감에게 위임된 국가위임사무이다.

④ 주민투표권은 그 성질상 선거권, 공무담임권, 국민투표권과 전혀 다른 것이어서 이를 법률이 보장하는 참정권이라고 할 수 있을지언정 헌법이 보장하는 참정권이라고 할 수는 없다.

문 8. 국적에 대한 설명으로 가장 적절하지 않은 것은? (다툼이 있는 경우 판례에 의함)

① 국적법에 규정된 신청이나 신고와 관련하여 그 신청이나 신고를 하려는 자가 15세 미만이면 법정대리인이 대신하여 이를 행한다.

② 만 20세가 되기 전에 대한민국의 국적과 외국 국적을 함께 가지게 된 자는 만 22세가 되기 전까지, 만 20세가 된 후에 복수국적자가 된 자는 그때부터 2년 내에 하나의 국적을 선택하여야 한다.

③ 대한민국의 민법상 성년이 되기 전에 외국인에게 입양된 후 외국 국적을 취득하고 외국에서 계속 거주하다가 국적회복허가를 받은 자는 대한민국 국적을 취득한 날부터 1년 내에 외국 국적을 포기하거나 법무부장관이 정하는 바에 따라 대한민국에서 외국 국적을 행사하지 아니하겠다는 뜻을 법무부장관에게 서약하여야 한다.

④ 행복추구권은 외국인도 그 주체가 될 수 있으며 외국인이 복수국적을 누릴 자유는 행복추구권에 의해 보호되는 기본권이다.

문 9. 인격권 내지 일반적 행동자유권에 관한 설명으로 가장 적절하지 않은 것은? (다툼이 있는 경우 헌법재판소 결정에 의함)

① 전동킥보드의 최고속도는 25km/h를 넘지 않아야 한다고 규정한 구 '안전확인대상생활용품의 안전기준'(국가기술표준원 고시 제2017-20호) 부속서 관련 규정은 전동킥보드를 구입하고자 하는 소비자의 자기결정권 및 일반적 행동자유권을 침해한다.

② 정보통신망을 통하여 공중이 게임물을 이용할 수 있도록 서비스하는 게임물 관련 사업자로 하여금 게임물 이용자의 회원가입시 본인인증을 할 수 있는 절차를 마련하도록 한 조항은 인터넷게임 이용자의 일반적 행동자유권을 침해하지 않는다.

③ 16세 미만 청소년에게 오전 0시부터 오전 6시까지 인터넷게임의 제공을 금지하는 '강제적 셧다운제'를 규정한 것은 여가와 오락 활동에 관한 청소년의 일반적 행동자유권을 침해하지 않는다.

④ 헌법 제10조로부터 도출되는 일반적 인격권에는 개인의 명예에 관한 권리도 포함될 수 있는바, '명예'란 사람이나 그 인격에 대한 사회적 평가, 즉 객관적·외부적 가치평가를 말하는 것이지 단순히 주관적·내면적인 명예감정은 이에 포함되지 않는다.

문 10. 다음 설명 중 가장 적절하지 않은 것은? (다툼이 있는 경우 판례에 의함)

① 4·16세월호 참사 피해구제 및 지원 등을 위한 특별법 시행령에 따른 세월호 참사와 관련된 일체의 이의제기를 금지하는 서약은 세월호 승선 사망자들 부모의 일반적 행동의 자유를 침해한다.

② 5·18민주화운동과 관련하여 재판상 화해 간주 사유를 규정하고 있는 구 '광주민주화운동 관련자 보상 등에 관한 법률' 제16조 제2항 가운데 '광주민주화운동과 관련하여 입은 피해' 중 '정신적 손해'에 관한 부분은 헌법에 위반된다.

③ 형의 집행을 유예하면서 사회봉사를 명할 수 있도록 한 형법 제62조의2는 일반적 행동의 자유를 과도하게 제한하여 과잉금지원칙에 반한다.

④ 다양하고 광범위한 사회적·경제적 사유를 이유로 낙태갈등 상황을 겪고 있는 경우까지도 예외 없이 전면적·일률적으로 임신의 유지 및 출산을 강제하고, 이를 위반한 임신한 여성의 자기낙태를 처벌하는 형법 제269조 제1항 등은 자기결정권을 침해하는 것이다.

문 11. 재판청구권에 관한 다음 설명 중 가장 적절하지 않은 것은?

① 군인이 상관의 지시나 명령에 대하여 재판청구권을 행사하는 경우에 그것이 위법·위헌인 지시와 명령을 시정하려는 데 목적이 있을 뿐, 군 내부의 상명하복관계를 파괴하고 명령불복종 수단으로서 재판청구권의 외형만을 빌리거나 그 밖에 다른 불순한 의도가 있지 않다면, 정당한 기본권의 행사이므로 군인의 복종의무를 위반하였다고 볼 수 없다.

② 특허법이 규정하고 있는 30일의 제소기간은 90일의 제소기간을 규정하고 있는 행정소송법에 비하여 지나치게 짧아 특허무효심결에 대하여 소송으로 다투고자 하는 당사자의 재판청구권 행사를 불가능하게 하거나 현저히 곤란하게 하여 헌법에 위반된다.

③ 피고인 스스로 치료감호를 청구할 수 있는 권리나, 법원으로부터 직권으로 치료감호를 선고받을 수 있는 권리는 헌법상 재판청구권의 보호범위에 포함되지 않는다.

④ 매각허가결정에 대한 즉시항고시 보증으로 매각대금의 10분의 1에 해당하는 금전 또는 유가증권을 공탁하도록 하고, 이를 증명하는 서류를 제출하지 않은 경우 결정으로 각하하도록 규정한 민사집행법은 과잉금지원칙에 반하여 항고인의 재판청구권을 침해하지 아니한다.

문 12. 통신의 자유에 대한 설명으로 적절하지 않은 것은? (다툼이 있는 경우 헌법재판소 판례에 의함)

① 전기통신역무제공에 관한 계약을 체결하는 경우 전기통신사업자로 하여금 가입자에게 본인임을 확인할 수 있는 증서 등을 제시하도록 하는 휴대전화 가입 본인확인제는 익명으로 통신하고자 하는 자의 통신의 자유를 제한하는 것은 물론, 통신의 비밀까지도 제한한다.

② 교도소장이 법원, 검찰청 등이 청구인에게 보낸 문서를 열람한 행위는 청구인의 통신의 자유를 침해한다고 볼 수 없다.

③ 통신의 중요한 수단인 서신의 당사자나 내용은 본인의 의사에 반하여 공개될 수 없으므로 서신의 검열은 원칙적으로 금지되나, 수형자가 수발하는 서신에 대한 검열로 인하여 수형자의 통신의 비밀이 일부 제한되는 것은 국가안전보장·질서유지 또는 공공복리라는 정당한 목적을 위하여 부득이할 뿐만 아니라 유효적절한 방법에 의한 최소한의 제한이며 통신의 자유의 본질적 내용을 침해하는 것이 아니므로 헌법에 위반된다고 할 수 없다.

④ 수용자가 집필한 문서의 내용이 타인의 사생활의 비밀 또는 자유를 침해하는 등 우려가 있는 때 교정시설의 장이 문서의 외부반출을 금지할 수 있도록 한 것은 이미 표현된 집필문을 외부의 특정한 상대방에게 발송할 수 있는지 여부에 대해 규율하는 것이므로, 이에 의해 제한되는 기본권은 통신의 자유로 보아야 한다.

문 13. 기본권의 경합과 충돌에 관한 설명으로 가장 적절한 것은? (다툼이 있는 경우 헌법재판소 판례에 따름)

① 학교정화구역 내 극장영업금지를 규정한 학교보건법 제6조는 극장영업자의 직업의 자유와 예술의 자유를 제한하나, 예술의 자유는 간접적으로 제약되고 입법자의 객관적 동기를 참작하여 볼 때 사안과 가장 밀접한 관계에 있고 또 침해의 정도가 가장 큰 주된 기본권은 직업의 자유이므로 직업의 자유 침해만을 판단하는 것으로 족하므로 예술의 자유 침해 여부를 판단할 필요는 없다.

② 병역거부자에 대한 병역의무를 부과하고 이를 위반 시 처벌하는 병역법 제88조는 병역거부자의 양심의 자유와 종교의 자유를 함께 제한한다. 양심의 자유는 종교적 신념에 기초한 양심뿐만 아니라 비종교적 양심도 포괄하는 기본권이고 종교의 자유는 종교적 신념만을 보호하여 종교의 자유가 특별한 기본권이므로 종교의 자유를 중심으로 위헌 여부를 판단한다.

③ 헌법재판소가 채권자취소권을 합헌으로 본 것은 채권자의 재산권과 채무자의 일반적 행동의 자유권 중에서 채권자의 재산권이 상위의 기본권이라고 보았기 때문이다.

④ 어떠한 법령이 수범자의 직업의 자유와 행복추구권 양자를 제한하는 외관을 띠는 경우 두 기본권의 경합문제가 발생하는데, 보호영역으로서 직업이 문제되는 경우 직업의 자유와 행복추구권은 서로 특별관계에 있어 기본권의 내용상 특별성을 갖는 직업의 자유의 침해 여부가 우선하므로, 행복추구권 관련 위헌 여부의 심사는 배제된다고 보아야 한다.

문 14. 다음 설명 중 가장 적절하지 않은 것은? (다툼이 있는 경우 판례에 의함)

① 수뢰죄를 범하여 금고 이상의 형의 선고유예를 받은 국가공무원은 별도의 징계절차를 거치지 아니하고 당연퇴직하도록 규정한 국가공무원법 제69조 단서 중 '형법 제129조 제1항'에 관한 부분이 적법절차원칙에 위배되는 것은 아니다.

② 기피신청에 대한 재판을 그 신청을 받은 법관의 소속 법원 합의부에서 하도록 한 민사소송법 제46조 제1항 중 '기피신청에 대한 재판의 관할'에 관한 부분이 공정한 재판을 받을 권리를 침해하는 것은 아니다.

③ 배당기일에 이의한 사람이 배당이의의 소(訴)의 첫 변론기일에 출석하지 아니한 때에는 소(訴)를 취하한 것으로 보도록 한 민사집행법 제158조는 이의한 사람의 재판청구권을 침해한다.

④ 교통사고로 사망한 사람의 부모는 헌법상 재판절차 진술권이 보장되는 형사피해자의 범주에 속한다.

문 15. 헌법상 경제질서에 대한 설명으로 가장 적절하지 않은 것은? (다툼이 있는 경우 판례에 의함)

① 국방상 또는 국민경제상 긴절한 필요로 인하여 법률이 정하는 경우에는, 사영기업을 국유 또는 공유로 이전하거나 그 경영을 통제 또는 관리할 수 있다.

② 농업생산성의 제고와 농지의 합리적인 이용을 위하거나 불가피한 사정으로 발생하는 농지의 임대차와 위탁경영은 법률이 정하는 바에 의하여 인정된다.

③ 헌법 제119조 제2항은 국가가 경제영역에서 실현하여야 할 목표의 하나로서 '적정한 소득의 분배'를 들고 있지만, 이로부터 반드시 소득에 대하여 누진세율에 따른 종합과세를 시행하여야 할 구체적인 헌법적 의무가 조세입법자에게 부과되는 것이라고 할 수 없다.

④ 전통시장 등의 보호라는 명분으로 대형마트 등의 영업 자체를 규제하는 유통산업발전법 규정은, 시대의 흐름과 소매시장구조의 재편에 역행할 뿐만 아니라 소비자의 자기결정권을 과도하게 침해하는 과잉규제입법이다.

문 16. 법치국가원리에 대한 설명으로 가장 적절한 것은? (다툼이 있는 경우 판례에 의함)

① 검사에 대한 징계사유 중 하나인 '검사로서의 체면이나 위신을 손상하는 행위를 하였을 때'의 의미는 그 포섭범위가 지나치게 광범위하므로 명확성의 원칙에 반하여 헌법에 위배된다.

② 법적 안정성의 객관적 측면은 한번 제정된 법규범은 원칙적으로 존속력을 갖고 자신의 행위기준으로 작용하리라는 개인의 신뢰를 보호하는 것이다.

③ 시혜적 소급입법은 수익적인 것이어서 헌법상 보장된 기본권을 침해할 여지가 없어 위헌 여부가 문제되지 않는다.

④ 법인에 대해 무과실의 형사책임을 정한 구 수질환경보전법 양벌규정조항은 책임주의원칙에 위배된다.

문 17. 재산권에 관한 설명 중 가장 적절하지 않은 것은? (다툼이 있는 경우 판례에 의함)

① 환매권의 발생기간을 '토지의 협의취득일 또는 수용의 개시일부터 10년 이내'로 제한한 공익사업을 위한 토지 등의 취득 및 보상에 관한 법률 제91조 제1항 부분은 청구인의 재산권을 침해한다고 볼 수 있다.

② 전기통신금융사기의 사기이용계좌에 대한 지급정지 및 전자금융거래 제한은 재산권을 침해하지 않는다.

③ 개발사업시행자에게 학교용지 조성·개발의무를 부과하고 이를 시·도에 공급하도록 하면서도, 이러한 학교용지를 시·도가 매입하는 시기와 절차 등에 관하여 규정하고 있지 아니한 학교용지 확보 등에 관한 특례법(2007.12.14. 법률 제8679호로 개정된 것) 제4조 제2항이 재산권을 침해하는 규정이라 할 수 없다.

④ 상호신용금고의 예금채권자에게 예탁금의 한도 안에서 상호신용금고의 총재산에 대하여 다른 채권자에 우선하여 변제받을 권리를 부여하는 것은 공적자금 등의 보호필요성에 근거하므로 다른 일반 채권자의 재산권을 침해하지 않는다.

문 18. 직업선택의 자유에 관한 설명 중 가장 적절하지 않은 것은? (다툼이 있는 경우 판례에 의함)

① 자신이 원하는 직업을 자유롭게 선택하는 좁은 의미의 '직업선택의 자유'에 대한 제한은 반드시 법률로써 하여야 할 뿐 아니라 국가안전보장, 질서유지 또는 공공복리 등 정당하고 중요한 공공의 목적을 달성하기 위하여 필요하고 적정한 수단·방법에 의하여서만 가능하다.

② 변호사 광고의 내용, 방법 등을 규제하는 대한변호사협회의 '변호사 광고에 관한 규정'은 표현의 자유와 직업의 자유를 침해한다.

③ 형법 제243조 중 '음란한 물건을 판매한 자'를 처벌하는 부분 및 제244조 중 '판매할 목적으로 음란한 물건을 소지한 자'를 처벌하는 부분은 성기구 판매자의 직업수행의 자유 및 소비자의 사생활의 비밀과 자유를 침해하는 것이 아니다.

④ 택시운전자격을 취득한 자가 친족관계인 사람을 강제추행하여 금고 이상의 실형을 선고받은 경우 그 택시운전자격을 취소하도록 규정한 '여객자동차 운수사업법' 제87조 제1항 단서 제3호 중 해당 부분은 직업선택의 자유에 대한 과도한 제한에 해당된다.

문 19. 사회적 기본권에 관한 설명 중 가장 적절한 것은? (다툼이 있는 경우 판례에 의함)

① 개인과외교습이나 인터넷 통신강좌와 같은 사교육의 교습시간을 제한하지 않으면서, 학원 및 교습소의 교습시간만 제한하는 것은 합리적 이유가 없는 차별이다.

② 혼인으로 세대를 합침으로써 1세대 3주택을 보유한 자에 대해 1세대 3주택에 해당한다는 사유만으로 양도소득세를 중과하는 것은 혼인과 가족생활 보장을 규정한 헌법 제36조 제1항에 위배되지 않는다.

③ 사립학교교직원 연금법상 퇴직급여 및 퇴직수당을 받을 권리는 사회적 기본권의 하나인 사회보장수급권에는 해당하지만, 헌법 제23조에 의하여 보장되는 재산권에는 해당하지 아니한다.

④ 친생부인의 소의 제척기간을 규정한 민법 제847조 제1항 중 '부가 그 사유가 있음을 안 날로부터 2년 내' 부분은 친생부인의 소의 제척기간에 관한 입법재량의 한계를 일탈하지 않은 것으로서 헌법에 위반되지 아니한다.

문 20. 양심의 자유와 종교의 자유에 대한 설명으로 가장 적절하지 않은 것을 모두 고른 것은? (다툼이 있는 경우 판례에 의함)

㉠ 양심의 자유가 보장하고자 하는 '양심'은 민주적 다수의 사고나 가치관과 일치하는 것이 아니라, 개인적 현상으로서 지극히 주관적인 것이고, 그 대상이나 내용 또는 동기에 의하여 판단될 수 없으며, 양심상의 결정이 이성적·합리적인지, 타당한지 또는 법질서나 사회규범, 도덕률과 일치하는지 여부는 양심의 존재를 판단하는 기준이 될 수 없다.

㉡ 종교단체가 운영하는 학교 형태 혹은 학원형태의 교육기관도 예외 없이 학교설립 인가 혹은 학원설립 등록을 받도록 규정한 것은 종교의 자유를 침해하여 헌법에 위반된다.

㉢ 양심의 자유는 윤리적 판단을 국가권력에 의하여 외부에 표명하도록 강제받지 아니할 자유를 포함하지 않는다.

㉣ 법학전문대학원 입학을 위한 법학적성시험의 시행일을 일요일로 정한 것이 종교의 자유 및 평등권을 침해한 것이라 할 수 없다.

① ㉠, ㉡
② ㉠, ㉣
③ ㉡, ㉢
④ ㉢, ㉣

MEMO

해커스경찰
police.Hackers.com

2023 해커스경찰 신동욱 경찰헌법 실전동형모의고사 1

실전동형모의고사
정답 및 해설

정답
p.8

01	④	02	①	03	④	04	①	05	③
06	④	07	①	08	③	09	④	10	③
11	③	12	④	13	①	14	③	15	④
16	③	17	④	18	②	19	③	20	①

01
답 ④

① [O] 범죄 전력이 있음에도 다시 범행한 경우 재범인 후범에 대하여 가중된 행위책임을 인정할 수 있다고 하더라도, 전범을 이유로 아무런 시간적 제한 없이 무제한 후범을 가중처벌하는 예는 찾기 어렵고, 공소시효나 형의 실효를 인정하는 취지에도 부합하지 않으므로, 심판대상조항은 예컨대 10년 이상의 세월이 지난 과거 위반행위를 근거로 재범으로 분류되는 음주운전 행위자에 대해서는 책임에 비해 과도한 형벌을 규정하고 있다고 하지 않을 수 없다. 심판대상조항은 음주치료나 음주운전 방지장치 도입과 같은 비형벌적 수단에 대한 충분한 고려 없이 과거 위반 전력 등과 관련하여 아무런 제한도 두지 않고 죄질이 비교적 가벼운 유형의 재범 음주운전행위에 대해서까지 일률적으로 가중처벌하도록 하고 있으므로 형벌 본래의 기능에 필요한 정도를 현저히 일탈하는 과도한 법정형을 정한 것이다. 그러므로 심판대상조항은 책임과 형벌간의 비례원칙에 위반된다[헌재 2021.11.25, 2019헌바446 · 2020헌가17 · 2021헌바77(병합)].

② [O] 심판대상조항이 달성하고자 하는 적정한 치과 의료전달체계의 정립 및 치과전문의의 특정 전문과목에의 편중 방지라는 공익은 중요하나, 심판대상조항으로 그러한 공익이 얼마나 달성될 수 있을 것인지 의문인 반면, 치과의원의 치과전문의가 표시한 전문과목 이외의 영역에서 치과일반의로서의 진료도 전혀 하지 못하는 데서 오는 사적인 불이익은 매우 크므로, 심판대상조항은 과잉금지원칙에 위배되어 청구인들의 직업수행의 자유를 침해한다(헌재 2015.5.28, 2013헌마799).

③ [O] 병역준비역에 편입된 복수국적자의 국적선택기간이 지났다고 하더라도, 그 기간 내에 국적이탈 신고를 하지 못한 데 대하여 사회통념상 그에게 책임을 묻기 어려운 사정, 즉 정당한 사유가 존재하고, 병역의무 이행의 공평성 확보라는 입법목적을 훼손하지 않음이 객관적으로 인정되는 경우라면, 병역준비역에 편입된 복수국적자에게 국적선택기간이 경과하였다고 하여 일률적으로 국적이탈을 할 수 없다고 할 것이 아니라, 예외적으로 국적이탈을 허가하는 방안을 마련할 여지가 있다. 심판대상 법률조항의 존재로 인하여 복수국적을 유지하게 됨으로써 대상자가 겪어야 하는 실질적 불이익은 구체적 사정에

따라 상당히 클 수 있다. 따라서 심판대상 법률조항은 과잉금지원칙에 위배되어 청구인의 국적이탈의 자유를 침해한다(헌재 2020.9.24, 2016헌마889).

④ [X] 국가는 흡연의 폐해로부터 국민의 건강을 보호하여야 할 의무가 있음에도 불구하고 국가가 담배사업법을 통하여 담배의 제조 및 판매를 허용하고 보장하는 것이 국가의 기본권 보호의무를 위반하여 청구인의 생명 · 신체의 안전에 관한 권리를 침해하는 것이다.

⇨ 담배사업법은 담배의 제조 및 판매 자체는 금지하고 있지 않지만, 현재로서는 흡연과 폐암 등의 질병 사이에 필연적인 관계가 있다거나 흡연자 스스로 흡연 여부를 결정할 수 없을 정도로 의존성이 높아서 국가가 개입하여 담배의 제조 및 판매 자체를 금지하여야만 한다고 보기는 어렵다. 또한, 담배사업법은 담배성분의 표시나 경고문구의 표시, 담배광고의 제한 등 여러 규제들을 통하여 직접흡연으로부터 국민의 생명 · 신체의 안전을 보호하려고 노력하고 있다. 따라서 담배사업법이 **국가의 보호의무에 관한 과소보호금지원칙을 위반하여 청구인의 생명 · 신체의 안전에 관한 권리를 침해하였다고 볼 수 없다**(헌재 2015.4.30, 2012헌마38).

02
답 ①

❶ [X] 옥외집회를 개최하겠다고 신고하였으나 그 신고 내용과 달리 처음부터 옥외집회 없이 옥내집회만 개최한 경우 등과 같이 신고된 옥외집회와 현실로 개최된 옥내집회의 동일성이 인정되지 아니하는 경우에는 그 옥내집회는 신고된 옥외집회의 범위를 벗어난 행위에 해당한다는 것을 이유로 해산을 명할 수 있다.

⇨ 옥외집회를 개최하겠다고 신고하였으나 그 신고 내용과 달리 처음부터 옥외집회 없이 옥내집회만 개최한 경우 등과 같이 신고된 옥외집회와 현실로 개최된 옥내집회의 동일성이 인정되지 아니하는 경우에는 그 옥내집회는 사전신고를 요하지 아니 한 **별개의 집회이므로 신고된 옥외집회의 범위를 벗어난 행위에 해당한다는 것을 이유로 해산을 명할 수 없다**(대판 2013.7.26, 2011도2327).

② [O] 헌법은 집회의 자유를 언론·출판의 자유와 함께 표현의 자유의 하나로서 국민의 기본권으로 보장하고 있다(헌법 제21조 제1항). 집회의 자유는 집회를 통하여 형성된 의사를 집단적으로 표현하고 이를 통하여 불특정 다수의 의사에 영향을 줄 자유, 즉 시위의 자유를 포함한다(대판 2017.12.22, 2015도17738).

③ [O] 국민이 집회를 통해 대통령에게 의견을 표명하고자 하는 경우, 대통령 관저 인근은 그 의견이 가장 효과적으로 전달될 수 있는 장소이다. 따라서 대통령 관저 인근에서의 집회를 전면적·일률적으로 금지하는 것은 집회의 자유의 핵심적인 부분을 제한한다. 심판대상조항을 통한 대통령의 헌법적 기능 보호라는 목적과 집회의 자유에 대한 제약 정도를 비교할 때, 심판대상조항은 법익의 균형성에도 어긋난다. 따라서 심판대상조항은 과잉금지원칙에 위배되어 집회의 자유를 침해한다(헌재 2022.12.22, 2018헌바48).

④ [O] 집회의 자유는 집회의 시간, 장소, 방법과 목적을 스스로 결정할 권리를 보장한다. 집회의 자유에 의하여 구체적으로 보호되는 주요행위는 집회의 준비 및 조직, 지휘, 참가, 집회장소·시간의 선택이다. 그러나 집회를 방해할 의도로 집회에 참가하는 것은 보호되지 않는다(헌재 2003.10.30, 2000헌바67).

03
답 ④

① [O] 자동차 등을 이용한 범죄를 근절하기 위하여 그에 대한 행정적 제재를 강화할 필요가 있다 하더라도 구 도로교통법 제65조 제5호나 현행 도로교통법 제93조 제1항과 같이 임의적 운전면허 취소 또는 정지사유로 규정함으로써 불법의 정도에 상응하는 제재수단을 선택할 수 있도록 하여도 충분히 그 목적을 달성하는 것이 가능함에도, 심판대상조항은 이에 그치지 아니하고 필요적으로 운전면허를 취소하도록 하여 구체적 사안의 개별성과 특수성을 고려할 수 있는 여지를 일체 배제하고 있다. 나아가 심판대상조항 중 '자동차 등을 이용하여' 부분은 포섭될 수 있는 행위 태양이 지나치게 넓을 뿐만 아니라, 하위 법령에서 규정될 대상범죄를 국민의 생명과 재산에 큰 위협을 초래할 수 있는 중대한 범죄로 그 위임의 범위를 한정하고 있으나 심판대상조항의 입법목적을 달성하기 위해 반드시 규제할 필요가 있는 범죄행위가 아닌 경우까지 이에 포함될 우려가 있어 침해의 최소성원칙에 위배된다. 심판대상조항은 운전을 생업으로 하는 자에 대하여는 생계에 지장을 초래할 만큼 중대한 직업의 자유의 제약을 초래하고, 운전을 업으로 하지 않는 자에 대하여도 일상생활에 심대한 불편을 초래하여 일반적 행동의 자유를 제약하므로 법익의 균형성원칙에도 위배된다. 따라서 심판대상조항은 직업의 자유 및 일반적 행동의 자유를 침해하여 헌법에 위반된다(헌재 2015.5.28, 2013헌가6).

② [O] 공직선거법 위반 혐의에 대한 고소권자로서 고소를 한 사람은 형사소송법 제260조 제1항에 따라 재정신청을 할 수 있고, 구 공직선거법 제273조 제1항은 특히 중요한 선거범죄에 대하여 고발을 한 후보자와 정당(중앙당에 한한다) 및 해당 선거관리위원회까지 재정신청권을 확대하고 있다. 다만, 후보자가 아닌 고발인에게까지 재정신청권을 인정할 경우 재정신청권의 범위가 매우 넓어져 재정신청제도가 남용될 우려가 있으므로 후보자가 아닌 고발인에게는 재정신청권을 주지 아니한 것이다(헌재 2015.2.26, 2014헌바181).

③ [O] 심판대상조항은 별도의 가중적 구성요건표지를 규정하지 않은 채 형법 조항과 똑같은 구성요건을 규정하면서 법정형만 상향 조정하여 어느 조항으로 기소하는지에 따라 벌금형의 선고 여부가 결정되고, 선고형에 있어서도 심각한 형의 불균형을 초래하게 함으로써 형사특별법으로서 갖추어야 할 형벌체계상의 정당성과 균형을 잃어 인간의 존엄성과 가치를 보장하는 헌법의 기본원리에 위배될 뿐만 아니라 그 내용에 있어서도 평등원칙에 위반되어 위헌이다(헌재 2015.2.26, 2014헌가16 등).

❹ [×] 혼인 종료 후 300일 이내에 출생한 자를 전남편의 친생자로 추정하는 민법 제844조 제2항 중 '혼인관계종료의 날로부터 300일 내에 출생한 자'에 관한 부분이 모가 가정생활과 신분관계에서 누려야 할 인격권을 침해하는 것은 아니다.

⇨ 오늘날 이혼 및 재혼이 크게 증가하였고, 여성의 재혼금지기간이 2005년 민법 개정으로 삭제되었으며, 이혼숙려기간 및 조정전치주의가 도입됨에 따라 혼인 파탄으로부터 법률상 이혼까지의 시간간격이 크게 늘어나게 됨에 따라, 여성이 전남편 아닌 생부의 자를 포태하여 혼인 종료일로부터 300일 이내에 그 자를 출산할 가능성이 과거에 비하여 크게 증가하게 되었으며, 유전자검사 기술의 발달로 부자관계를 의학적으로 확인하는 것이 쉽게 되었다. 그런데 심판대상조항에 따르면, 혼인 종료 후 300일 내에 출생한 자녀가 전남편의 친생자가 아님이 명백하고, 전남편이 친생 추정을 원하지도 않으며, 생부가 그 자를 인지하려는 경우에도, 그 자녀는 전남편의 친생자로 추정되어 가족관계등록부에 전남편의 친생자로 등록되고, 이는 엄격한 친생부인의 소를 통해서만 번복될 수 있다. 그 결과 심판대상조항은 이혼한 모와 전남편이 새로운 가정을 꾸리는 데 부담이 되고, 자녀와 생부가 진실한 혈연관계를 회복하는 데 장애가 되고 있다. 이와 같이 **민법 제정 이후의 사회적·법률적·의학적 사정변경을 전혀 반영하지 아니한 채, 이미 혼인관계가 해소된 이후에 자가 출생하고 생부가 출생한 자를 인지하려는 경우마저도, 아무런 예외 없이 그 자를 전남편의 친생자로 추정함으로써 친생부인의 소를 거치도록 하는 심판대상조항은 입법형성의 한계를 벗어나 모가 가정생활과 신분관계에서 누려야 할 인격권, 혼인과 가족생활에 관한 기본권을 침해한다**(헌재 2015.4.30, 2013헌마623).

04
답 ①

❶ [×] 불공정한 선거기사를 게재한 언론사에 대하여 사과문 게재를 명하는 것 자체는 언론사의 인격권에 대한 과도한 제한으로 볼 수 없다.

⇨ 공직선거법에 따르면, 언론사가 사실에 어긋나거나 불공정한 선거기사를 보도하는 경우 선거기사심의위원회는 사과문 게재 명령 외에도 정정보도문의 게재 명령을 할 수 있다. 또한, 해당 언론사가 '공정보도의무를 위반하였다는 결정을 선거기사심의위원회로부터 받았다는 사실을 공표'하도록 하는 방안, 사과의 의사표시가 필요한 경우에도 사과의 '권고'를 하는 방법을 상정할 수 있다. 나아가, 이 사건 법률조항들이 추구하는 목적, 즉 선거기사를 보도하는 언론사의 공적인 책임의식을 높임으로써 민주적이고 공정한 여론 형성 등에 이바지한다는 공익이 중요하다는 점에는 이론의 여지가 없다. 그러나 이는

객관성이나 공정성을 저버린 기사를 보도했음을 스스로 인정하지 않는 언론사로 하여금 자신의 잘못을 인정하고 용서까지 구하는 의사표시를 하도록 강제하고, 형사처벌을 통하여 그 실효성을 담보함으로써, 언론에 대한 신뢰가 무엇보다 중요한 언론사에 대하여 그 사회적 신용이나 명예를 저하시키고 인격의 자유로운 발현을 저해하고 있다. 언론사에 대한 이와 같은 인격권 침해의 정도는 이 사건 법률조항들이 달성하려는 공익에 비해 결코 작다고 할 수 없다. 결국 이 사건 법률조항들은 **과잉금지원칙에 위배되어 언론사의 인격권을 침해하므로 헌법에 위반된다**(헌재 2015.7.30, 2013헌가8).

② [O] 민사재판에서 법관이 당사자의 복장에 따라 불리한 심증을 갖거나 불공정한 재판진행을 하게 될 우려가 있다고 볼 수는 없으므로, 심판대상조항이 민사재판에 당사자로 출석하는 수형자의 사복착용을 불허하는 것으로 공정한 재판을 받을 권리가 침해되는 것은 아니다. 수형자가 민사법정에 출석하기까지 교도관이 반드시 동행하므로 수용자의 신분이 드러나게 되어 재소자용 의류로 인해 인격권과 행복추구권이 제한되는 정도는 제한적이고, 형사법정 이외의 법정 출입 방식은 미결수용자와 교도관 전용 통로 및 시설이 존재하는 형사재판과 다르며, 계호의 방식과 정도도 확연히 다르다. 따라서 심판대상조항이 민사재판에 당사자로 출석하는 수형자에 대해 사복착용을 불허하는 것은 청구인의 인격권과 행복추구권을 침해하지 아니한다(헌재 2015.12.23, 2013헌마712).

　🖊 주의할 것은 '형사재판'의 피고인으로 출석하는 수형자에 대하여 사복착용을 불허하는 것은 침해의 최소성 및 법익의 균형성에 위배되어, 청구인의 공정한 재판을 받을 권리, 인격권, 행복추구권을 침해한다.

③ [O] 중추원은 친일세력의 집합소 내지 친일세력이 나아갈 수 있는 최종 귀속기관으로서의 성격을 지닌 것이고, 제헌국회 당시 제정된 구 반민족행위처벌법(1948.9.22. 법률 제3호로 제정된 것)에서도 중추원 부의장, 고문 또는 참의였던 자는 10년 이하의 징역이나 15년 이하의 공민권 정지에 처하고 그 재산의 전부 또는 일부를 몰수할 수 있다는 규정을 두고 있었던 점과 우리 헌법의 정신 등을 감안하면, 중추원 참의를 지낸 행위를 친일반민족행위로 규정한 이 사건 법률조항은 과잉금지원칙에 위반되지 않는다(헌재 2010.10.28, 2007헌가23).

④ [O] 피청구인은 기자들에게 청구인이 경찰서 내에서 수갑을 차고 얼굴을 드러낸 상태에서 조사받는 모습을 촬영할 수 있도록 허용하였는데, 청구인에 대한 이러한 수사 장면을 공개 및 촬영하게 할 어떠한 공익 목적도 인정하기 어려우므로 촬영허용행위는 목적의 정당성이 인정되지 아니한다. 피의자의 얼굴을 공개하더라도 그로 인한 피해의 심각성을 고려하여 모자, 마스크 등으로 피의자의 얼굴을 가리는 등 피의자의 신원이 노출되지 않도록 침해를 최소화하기 위한 조치를 취하여야 하는데, 피청구인은 그러한 조치를 전혀 취하지 아니하였으므로 침해의 최소성원칙도 충족하였다고 볼 수 없다. 또한, 촬영허용행위는 언론 보도를 보다 실감나게 하기 위한 목적 외에 어떠한 공익도 인정할 수 없는 반면, 청구인은 피의자로서 얼굴이 공개되어 초상권을 비롯한 인격권에 대한 중대한 제한을 받았고, 촬영한 것이 언론에 보도될 경우 범인으로서의 낙인 효과와 그 파급효는 매우 가혹하여 법익균형성도 인정되지 아니하므로, 촬영허용행위는 과잉금지원칙에 위반되어 청구인의 인격권을 침해하였다(헌재 2014.3.27, 2012헌마652).

① [✕] 헌법상 근로의 권리는 '일할 자리에 관한 권리'만이 아니라 '일할 환경에 관한 권리'도 의미하는데, '일할 환경에 관한 권리'는 인간의 존엄성에 대한 침해를 방어하기 위한 권리로서 외국인에게도 인정되며, 건강한 작업환경, 일에 대한 정당한 보수, 합리적인 근로조건의 보장 등을 요구할 수 있는 권리 등을 포함한다. 여기서의 근로조건은 임금과 그 지불방법, 취업시간과 휴식시간 등 근로계약에 의하여 근로자가 근로를 제공하고 임금을 수령하는 데 관한 조건들이고, 이 사건 출국만기보험금은 퇴직금의 성질을 가지고 있어서 그 지급시기에 관한 것은 근로조건의 문제이므로 외국인인 청구인들에게도 기본권 주체성이 인정된다(헌재 2016.3.31, 2014헌마367).

② [✕] '국가인권위원회의 공정한 조사를 받을 권리'는 헌법상 인정되는 기본권이라고 하기 어렵고, 이 사건 보호 및 강제퇴거가 청구인들의 노동3권을 직접 제한하거나 침해한 바 없음이 명백하므로, 위 기본권들에 대하여는 본안판단에 나아가지 아니한다(헌재 2012.8.23, 2008헌마430).

❸ [O] 불법체류 중인 외국인이라도 신체의 자유, 주거의 자유, 변호인의 조력을 받을 권리, 재판청구권 등은 성질상 인간의 권리에 해당하기 때문에 기본권 주체가 될 수 있다.

　⇨ 청구인들이 침해받았다고 주장하고 있는 신체의 자유, 주거의 자유, 변호인의 조력을 받을 권리, 재판청구권 등은 성질상 인간의 권리에 해당한다고 볼 수 있으므로, 위 기본권들에 관하여는 청구인들의 기본권 주체성이 인정된다(헌재 2012.8.23, 2008헌마430).

④ [✕] 체류기간이 만료되면 출국을 해야만 하는 지위에 있는 외국인근로자에게 출국만기보험금의 지급과 출국을 연계시키는 것은 불가피하다고 볼 수 있다. 퇴직금 지급 요건이 퇴직이고, 외국인근로자의 경우는 체류기간 만료 즈음이 퇴직일이 될 것이므로 퇴직금에 상응하는 출국만기보험금을 출국 후 14일 이내로 정한 것은 불합리하다고 볼 수 없으며, 사업장을 변경한 경우에도 그 출국을 담보하기 위해서는 불가피하다 할 것이므로 심판대상조항이 퇴직금 지급에 있어 **외국인근로자와 내국인근로자를 불합리하게 차별하는 것이라고 볼 수 없다**(헌재 2016.3.31, 2014헌마367).

① [✕] 이 사건 법률조항은 본인이 스스로 증명서를 발급받기 어려운 경우 형제자매를 통해 증명서를 간편하게 발급받게 하고, 친족·상속 등과 관련된 자료를 수집하려는 형제자매가 본인에 대한 증명서를 편리하게 발급받을 수 있도록 하기 위한 것으로, 목적의 정당성 및 수단의 적합성이 인정된다. 그러나 가족관계등록법상 각종 증명서에 기재된 개인정보가 유출되거나 오남용될 경우 정보의 주체에게 가해지는 타격은 크므로 증명서 교부청구권자의 범위는 가능한 한 축소하여야 하는데, 형제자매는 언제나 이해관계를 같이 하는 것은 아니므로 형제자매가 본인에 대한 개인정보를 오남용 또는 유출할 가능성은 얼마든지 있다. 그런데 이 사건 법률조항은 증명서 발급에 있어 형제자매에게 정보주체인 본인과 거의 같은 지위를 부여하고 있으므로, 이는 증명서 교부청구권자의 범위를

필요한 최소한도로 한정한 것이라고 볼 수 없다. 본인은 인터넷을 이용하거나 위임을 통해 각종 증명서를 발급받을 수 있으며, 가족관계등록법 제14조 제1항 단서 각 호에서 일정한 경우에는 제3자도 각종 증명서의 교부를 청구할 수 있으므로 형제자매는 이를 통해 각종 증명서를 발급받을 수 있다. 따라서 이 사건 법률조항은 침해의 최소성에 위배된다. 또한, 이 사건 법률조항을 통해 달성하려는 공익에 비해 초래되는 기본권 제한의 정도가 중대하므로 법익의 균형성도 인정하기 어려워, 이 사건 법률조항은 청구인의 개인정보자기결정권을 침해한다(헌재 2016.6.30, 2015헌마924).

② [×] 통신의 일방 또는 쌍방당사자가 내국인인 때에는 고등법원 수석부장판사의 허가를 받아야 한다. 대한민국에 적대하는 국가, 반국가활동의 혐의가 있는 외국의 기관·단체와 외국인, 대한민국의 통치권이 사실상 미치지 아니하는 한반도 내의 집단이나 외국에 소재하는 그 산하단체의 구성원의 통신인 때에는 서면으로 대통령의 승인을 얻어야 한다. 통신제한조치의 기간은 4월을 초과하지 못하고, 그 기간 중 통신제한조치의 목적이 달성되었을 경우에는 즉시 종료하여야 하되, 위의 요건이 존속하는 경우에는 소명자료를 첨부하여 고등법원 수석부장판사의 허가 또는 대통령의 승인을 얻어 4월의 범위 이내에서 통신제한조치의 기간을 연장할 수 있다(통신비밀보호법 제7조 제1항·제2항).

③ [×] 통신제한조치기간의 연장을 허가함에 있어 총연장 또는 총연장 횟수의 제한이 없을 경우 수사와 전혀 관계없는 개인의 내밀한 사생활의 비밀이 침해당할 우려도 심히 크기 때문에 기본권 제한의 법익균형성 요건도 갖추지 못하였다. 따라서 이 사건 법률조항은 헌법에 위반된다 할 것이다(헌재 2010.12.28, 2009헌가30).

❹ [O] 디엔에이감식시료 채취대상자가 사망할 때까지 디엔에이신원확인정보를 데이터베이스에 수록, 관리할 수 있도록 규정한 디엔에이신원확인정보의 이용 및 보호에 관한 법률 제13조 제3항 중 수형인 등에 관한 부분은 개인정보자기결정권에 대한 정당한 제한이다.
⇨ 재범의 위험성이 높은 범죄를 범한 수형인 등은 생존하는 동안 재범의 가능성이 있으므로, 디엔에이신원확인정보를 수형인 등이 사망할 때까지 관리하여 범죄 수사 및 예방에 이바지하고자 하는 이 사건 삭제조항은 입법목적의 정당성과 수단의 적절성이 인정된다. 디엔에이신원확인정보는 개인식별을 위한 최소한의 정보인 단순한 숫자에 불과하여 이로부터 개인의 유전정보를 확인할 수 없는 것이어서 개인의 존엄과 인격권에 심대한 영향을 미칠 수 있는 민감한 정보라고 보기 어렵고, 디엔에이신원확인정보의 수록 후 디엔에이감식시료와 디엔에이의 즉시 폐기, 무죄 등의 판결이 확정된 경우 디엔에이신원확인정보의 삭제, 디엔에이인적관리자와 디엔에이신원확인정보담당자의 분리, 디엔에이신원확인정보데이터베이스관리위원회의 설치, 업무목적 외 디엔에이신원확인정보의 사용·제공·누설 금지 및 위반시 처벌, 데이터베이스 보안장치 등 개인정보보호에 관한 규정을 두고 있으므로 이 사건 삭제조항은 침해최소성원칙에 위배되지 않는다. 디엔에이신원확인정보를 범죄수사 등에 이용함으로써 달성할 수 있는 공익의 중요성에 비하여 청구인의 불이익이 크다고 보기 어려워 법익균형성도 갖추었다. 따라서 이 사건 삭제조항이 과도하게 개인정보자기결정권을 침해한다고 볼 수 없다(헌재 2014.8.28, 2011헌마28 등).

❶ [×] 외국에서 형의 전부 또는 일부의 집행을 받은 자에 대하여 형을 감경 또는 면제할 수 있도록 규정한 형법 제7조가 신체의 자유를 침해하는 것은 아니다.
⇨ 입법자는 외국에서 형의 집행을 받은 자에게 어떠한 요건 아래, 어느 정도의 혜택을 줄 것인지에 대하여 일정 부분 재량권을 가지고 있으나, 신체의 자유는 정신적 자유와 더불어 헌법이념의 핵심인 인간의 존엄과 가치를 구현하기 위한 가장 기본적인 자유로서 모든 기본권 보장의 전제조건이므로 최대한 보장되어야 하는바, 외국에서 실제로 형의 집행을 받았음에도 불구하고 우리 형법에 의한 처벌시 이를 전혀 고려하지 않는다면 신체의 자유에 대한 과도한 제한이 될 수 있으므로 그와 같은 사정은 어느 범위에서든 반드시 반영되어야 하고, 이러한 점에서 입법형성권의 범위는 다소 축소될 수 있다. 입법자는 국가형벌권의 실현과 국민의 기본권 보장의 요구를 조화시키기 위하여 형을 필요적으로 감면하거나 외국에서 집행된 형의 전부 또는 일부를 필요적으로 산입하는 등의 방법을 선택하여 청구인의 신체의 자유를 덜 침해할 수 있음에도, 이 사건 법률조항과 같이 우리 형법에 의한 처벌시 외국에서 받은 형의 집행을 전혀 반영하지 아니할 수도 있도록 한 것은 과잉금지원칙에 위배되어 신체의 자유를 침해한다(헌재 2015. 5.28, 2013헌바129).

② [O] 헌법 제12조 제3항의 영장주의는 법관이 발부한 영장에 의하지 아니하고는 수사에 필요한 강제처분을 하지 못한다는 원칙으로 소변을 받아 제출하도록 한 것은 교도소의 안전과 질서유지를 위한 것으로 수사에 필요한 처분이 아닐 뿐만 아니라 검사대상자들의 협력이 필수적이어서 강제처분이라고 할 수도 없어 영장주의의 원칙이 적용되지 않는다(헌재 2006.7. 27, 2005헌마277).

③ [O] 참고인에 대한 동행명령제도는 참고인의 신체의 자유를 사실상 억압하여 일정 장소로 인치하는 것과 실질적으로 같으므로 헌법 제12조 제3항이 정한 영장주의원칙이 적용되어야 한다. 그럼에도 불구하고 법관이 아닌 특별검사가 동행명령장을 발부하도록 하고 정당한 사유 없이 이를 거부한 경우 벌금형에 처하도록 함으로써, 실질적으로는 참고인의 신체의 자유를 침해하여 지정된 장소에 인치하는 것과 마찬가지의 결과가 나타나도록 규정한 이 사건 동행명령조항은 영장주의원칙을 규정한 헌법 제12조 제3항에 위반되거나 적어도 위 헌법상 원칙을 잠탈하는 것이다(헌재 2008.1.10, 2007헌마1468).

④ [O] 이 사건 법률조항은 수사기관이 직접 물리적 강제력을 행사하여 피의자에게 강제로 지문을 찍도록 하는 것을 허용하는 규정이 아니며 형벌에 의한 불이익을 부과함으로써 심리적·간접적으로 지문채취를 강요하고 있으므로 피의자가 본인의 판단에 따라 수용 여부를 결정한다는 점에서 궁극적으로 당사자의 자발적 협조가 필수적임을 전제로 하므로 물리력을 동원하여 강제로 이루어지는 경우와는 질적으로 차이가 있다. 따라서 이 사건 법률조항에 의한 지문채취의 강요는 영장주의에 의하여야 할 강제처분이라 할 수 없다. 또한, 수사상 필요에 의하여 수사기관이 직접강제에 의하여 지문을 채취하려 하는 경우에는 반드시 법관이 발부한 영장에 의하여야 하므로 영장주의원칙은 여전히 유지되고 있다고 할 수 있다(헌재 2004.9.23, 2002헌가17).

08 답 ③

① [O] 심판대상조항은 정보위원회의 회의 일체를 비공개하도록 정함으로써 정보위원회 활동에 대한 국민의 감시와 견제를 사실상 불가능하게 하고 있다. 또한 헌법 제50조 제1항 단서에서 정하고 있는 비공개사유는 각 회의마다 충족되어야 하는 요건으로 입법과정에서 재적의원 과반수의 출석과 출석의원 과반수의 찬성으로 의결되었다는 사실만으로 헌법 제50조 제1항 단서의 '출석위원 과반수의 찬성'이라는 요건이 충족되었다고 볼 수도 없다. 따라서 심판대상조항은 헌법 제50조 제1항에 위배되는 것으로 청구인들의 알 권리를 침해한다(헌재 2022.1.27. 2018헌마1162).

② [O] 헌법재판소는 공공기관의 정보공개에 관한 법률이 제정되기 이전에 이미, 정부가 보유하고 있는 정보에 대하여 정당한 이해관계가 있는 자가 그 공개를 요구할 수 있는 권리를 알 권리로 인정하면서 이러한 알 권리는 표현의 자유에 당연히 포함되는 기본권임을 선언하였다(헌재 1989.9.4. 88헌마22). 어떤 문제가 있을 때 그에 관련된 정보에 접근하지 못하면 문제의 내용을 제대로 알기 어렵고, 제대로 내용을 알지 못하면 자기의 의견을 제대로 표현하기 어렵기 때문에 알 권리는 표현의 자유와 표리일체의 관계에 있고 정보의 공개청구권은 알 권리의 당연한 내용이 되는 것이다. 그리하여 알 권리는 헌법 제21조에 의하여 직접 보장되고 그 밖에도 국민주권주의(헌법 제1조), 인간의 존엄과 가치(헌법 제10조), 인간다운 생활을 할 권리(헌법 제34조 제1항)와도 관련이 있다(헌재 2010.12.28. 2009헌바258).

❸ [×] 변호사시험 성적 공개를 금지한 변호사시험법 제18조 제1항 본문이 알 권리(정보공개청구권)를 침해하는 것은 아니다.
　⇨ 법학교육의 정상화나 교육 등을 통한 우수 인재 배출, 대학원 간의 과다경쟁 및 서열화 방지라는 입법목적은 법학전문대학원 내의 충실하고 다양한 교과과정 및 엄정한 학사관리 등과 같이 알 권리를 제한하지 않는 수단을 통해서 달성될 수 있음에도, 변호사시험 성적을 공개하지 않는 것은 침해의 최소성 원칙에도 위배된다. 심판대상조항이 추구하는 공익은 변호사시험성적을 비공개함으로써 실현되는 것이 아니고 성적을 공개한다고 하여 이러한 공익의 달성이 어려워지는 것도 아닌 반면, **변호사시험 응시자들은 시험 성적의 비공개로 인하여 알 권리를 제한받게 되므로, 심판대상조항은 법익의 균형성 요건도 갖추지 못하였다**(헌재 2015.6.25. 2011헌마769 등).

④ [O] 시험위원의 신원과 채점기준 등의 정보들은 평가과정에 관한 정보로서 이를 일률적으로 공개할 경우 공정하고 정확한 시험 관리에 부정적 영향을 줄 수 있다. 또한, 공공기관에서 시행하는 대부분의 시험은 각 시험의 평가대상이 되는 지식의 범위가 한정되어 있고 그 시행도 주기적으로 반복되므로, 기출 시험문제와 그에 대한 정답 등을 일률적으로 공개할 경우 기출문제와 동일한 문제는 물론 이와 유사하거나 변형된 문제도 다시 출제할 수 없다. 이 경우 매년 많은 비용을 들여 종전 형태와 다른 새로운 문제를 개발하여야 하고 시험 출제의 범위가 점차 축소되어 평가가 반드시 필요한 영역의 출제가 어려워지는 문제도 발생한다. 또한, 시험문제와 정답을 열람 등의 방법으로 공개할 경우에는 해당 시험문제를 열람하거나, 그들과 접촉할 기회가 있었던 일부 한정된 집단의 사람들에게 다음 시험에서 특별히 유리한 지위를 부여할 가능성이

있으며 이와 같은 결과가 시험의 공정성에 나쁜 영향을 미칠 수 있다. 한편, 정보공개법에 따르면 청구인이 공공기관의 비공개에 불복이 있는 때에는 당해 공공기관에 이의신청을 하거나 행정심판을 청구할 수 있고, 공공기관의 비공개 결정에 불복하는 때에는 행정소송법이 정하는 바에 따라 행정소송을 제기할 수 있으므로 이 사건 법률조항에 따른 비공개로 인하여 법률상 이익을 침해받은 자를 위한 구제절차도 마련되어 있다. 따라서 이 사건 법률조항은 과잉금지원칙에 위반하여 정보공개청구권 및 알 권리를 침해한다고 볼 수 없다(헌재 2009.9.24. 2007헌바107).

09 답 ④

① [O] 국가가 개인의 표현행위를 규제하는 경우, 표현내용에 대한 규제는 원칙적으로 중대한 공익의 실현을 위하여 불가피한 경우에 한하여 엄격한 요건하에서 허용되는 반면, 표현내용과 무관하게 표현의 방법을 규제하는 것은 합리적인 공익상의 이유로 폭넓은 제한이 가능하다. 헌법상 표현의 자유가 보호하고자 하는 가장 핵심적인 것이 바로 "표현행위가 어떠한 내용을 대상으로 한 것이든 보호를 받아야 한다."는 것이며, "국가가 표현행위를 그 내용에 따라 차별함으로써 특정한 견해나 입장을 선호하거나 억압해서는 안 된다."는 것이다(헌재 2002.12.18. 2000헌마764).

② [O] 단체와 그 구성원을 서로 별개의 독립된 권리주체로 인정하고 있는 현행의 우리나라 법제 아래에서는 원칙적으로 헌법상 기본권을 직접 침해당한 권리주체만이 헌법소원심판절차에 따라 권리구제를 청구할 수 있는 것이고, 비록 단체의 구성원이 기본권의 침해를 당했다고 하더라도 단체가 구성원의 권리구제를 위하여 그를 대신하여 헌법소원심판을 청구하는 것은 허용될 수 없다(헌재 1994.2.24. 93헌마33).

③ [O] 상업광고에 대한 규제에 의한 표현의 자유 내지 직업수행의 자유의 제한은 헌법 제37조 제2항에서 도출되는 비례의 원칙(과잉금지원칙)을 준수하여야 하지만, 상업광고는 사상이나 지식에 관한 정치적·시민적 표현행위와는 차이가 있고, 인격발현과 개성신장에 미치는 효과가 중대한 것은 아니므로, 비례의 원칙 심사에 있어서 '피해의 최소성'원칙은 '입법목적을 달성하기 위하여 필요한 범위 내의 것인지'를 심사하는 정도로 완화되는 것이 상당하다(헌재 2005.10.27. 2003헌가3).

❹ [×] 선거운동기간 중 인터넷언론사 게시판 등에 정당·후보자에 대한 지지·반대의 정보를 게시하려고 할 경우 실명확인을 받도록 한 구 공직선거법 제82조의6 제1항 등은 게시판 이용자의 정치적 익명표현의 자유를 침해하지 않는다.
　⇨ 심판대상조항은 정치적 의사표현이 가장 긴요한 선거운동기간 중에 인터넷언론사 홈페이지 게시판 등 이용자로 하여금 실명확인을 하도록 강제함으로써 익명표현의 자유와 언론의 자유를 제한하고, 모든 익명표현을 규제함으로써 대다수 국민의 개인정보자기결정권도 광범위하게 제한하고 있다는 점에서 이와 같은 불이익은 선거의 공정성 유지라는 공익보다 결코 과소평가될 수 없다. 그러므로 **심판대상조항은 과잉금지원칙에 반하여 인터넷언론사 홈페이지 게시판 등 이용자의 익명표현의 자유와 개인정보자기결정권, 인터넷언론사의 언론의 자유를 침해한다**(헌재 2021.1.28. 2018헌마456).

10 답 ③

① [O] 심판대상조항과 관련하여 파견법이 제공하고 있는 정보는 파견사업주가 '공중도덕상 유해한 업무'에 취업시킬 목적으로 근로자를 파견한 경우 불법파견에 해당하여 처벌된다는 것뿐이다. 파견법 전반에 걸쳐 심판대상조항과 유의미한 상호관계에 있는 다른 조항을 발견할 수 없고, 파견법 제5조, 제16조 등 일부 관련성이 인정되는 규정은 심판대상조항 해석기준으로 활용하기 어렵다. 결국, 심판대상조항의 입법목적, 파견법의 체계, 관련 조항 등을 모두 종합하여 보더라도 '공중도덕상 유해한 업무'의 내용을 명확히 알 수 없다. 아울러 심판대상조항에 관한 이해관계기관의 확립된 해석기준이 마련되어 있다거나, 법관의 보충적 가치판단을 통한 법문 해석으로 심판대상조항의 의미내용을 확인할 수 있다는 사정을 발견하기도 어렵다. 심판대상조항은 건전한 상식과 통상적 법감정을 가진 사람으로 하여금 자신의 행위를 결정해 나가기에 충분한 기준이 될 정도의 의미내용을 가지고 있다고 볼 수 없으므로 죄형법정주의의 명확성원칙에 위배된다(헌재 2016.11.24, 2015헌가23).

② [O] '개설'의 사전적 의미, 약국 개설과 관련된 법률조항의 내용 등을 종합하면, 약국 개설이란 '약국의 시설, 인력의 충원과 관리, 필요한 자금의 조달과 운영성과의 귀속 등을 주도적인 입장에서 처리하는 것'을 의미한다고 예측할 수 있다. 심판대상조항의 입법취지는 의약품 오남용 및 국민 건강상의 위험을 예방하는 한편 건전한 의약품 유통체계 및 판매질서를 확립하려는 것에 있으므로, 비약사가 의약품 조제·판매를 하지 않고 약국의 운영을 주도하는 것만으로도 '비약사의 약국 개설'에는 해당할 수 있음이 명확하다. 심판대상조항은 죄형법정주의의 명확성원칙에 반하지 않는다(헌재 2020.10.29, 2019헌바249).

❸ [X] 아동·청소년의 성보호에 관한 법률 제8조 제2항 및 제4항 중 '아동·청소년으로 인식될 수 있는 사람이나 표현물이 등장하여 그 밖의 성적 행위를 하는 내용을 표현하는 것' 부분, 즉 가상의 아동·청소년이용음란물 배포 등을 처벌하는 부분이 죄형법정주의의 명확성원칙에 위반된다.

⇨ 아동청소년성보호법의 입법 목적, 가상의 아동·청소년이용음란물 규제 배경, 법정형의 수준 등을 고려할 때, '아동·청소년으로 인식될 수 있는 사람'은 일반인의 입장에서 외모, 신원, 제작 동기와 경위 등을 종합하여 볼 때, 실제 아동·청소년으로 오인하기에 충분할 정도의 사람이 등장하는 경우를 의미함을 알 수 있고, '아동·청소년으로 인식될 수 있는 표현물' 부분도 전체적으로 표현물을 등장시켜 각종 성적 행위를 표현한 매체물의 제작 동기와 경위, 표현된 성적 행위의 수준, 전체적인 배경이나 줄거리, 음란성 등을 종합하여 판단할 때 아동·청소년을 상대로 한 비정상적 성적 충동을 일으키기에 충분한 행위를 담고 있어 아동·청소년을 대상으로 한 성범죄를 유발할 우려가 있는 수준의 것에 한정된다고 볼 수 있으며, **기타 법관의 양식이나 조리에 따른 보충적인 해석에 의하여 판단기준이 구체화되어 해결될 수 있으므로, 명확성원칙에 위반된다고 할 수 없다**(헌재 2015.6.25, 2013헌가17 등).

④ [O] 이 사건 법률조항은 가입 등이 금지되는 대상을 '정당이나 그 밖의 정치단체'로 규정하고 있으므로, 문언상 '정당'에 준하는 정치단체만을 의미하는 것이라고 해석하기도 어렵다. 단체의 목적이나 활동에 관한 어떠한 제한도 없는 상태에서는 '정치단체'와 '비정치단체'를 구별할 수 있는 기준을 도출할 수 없다.

이 사건 법률조항은 '정치적 목적을 지닌 행위'의 의미를 개별화·유형화하지 않으며, 앞서 보았듯 '그 밖의 정치단체'의 의미가 불명확하므로 이를 예시로 규정하여도 '정치적 목적을 지닌 행위'의 불명확성은 해소되지 않는다. 그렇다면 이 부분은 명확성원칙에 위배된다(헌재 2021.11.25, 2019헌마534).

11 답 ③

① [O] 학교급식은 학생들에게 한 끼 식사를 제공하는 영양공급 차원을 넘어 교육적인 성격을 가지고 있지만, 이러한 교육적 측면은 기본적이고 필수적인 학교 교육 이외에 부가적으로 이루어지는 식생활 및 인성교육으로서의 보충적 성격을 가지므로 의무교육의 실질적인 균등보장을 위한 본질적이고 핵심적인 부분이라고까지는 할 수 없다. 이 사건 법률조항들은 비록 중학생의 학부모들에게 급식 관련 비용의 일부를 부담하도록 하고 있지만, 학부모에게 급식에 필요한 경비의 일부를 부담시키는 경우에 있어서도 학교급식 실시의 기본적 인프라가 되는 부분은 배제하고 있으며, 국가나 지방자치단체의 지원으로 학부모의 급식비 부담을 경감하는 조항이 마련되어 있고, 특히 저소득층 학생들을 위한 지원방안이 마련되어 있다는 점 등을 고려해 보면, 이 사건 법률조항들이 입법형성권의 범위를 넘어 헌법상 의무교육의 무상원칙에 반하는 것으로 보기는 어렵다(헌재 2012.4.24, 2010헌바164).

② [O] 일반적으로 기본권침해 관련 영역에서는 급부행정영역에서보다 위임의 구체성의 요구가 강화된다는 점, 이 사건 응시제한이 검정고시 응시자에게 미치는 영향은 응시자격의 영구적인 박탈인 만큼 중대하다고 할 수 있는 점 등에 비추어 보다 엄격한 기준으로 법률유보원칙의 준수 여부를 심사하여야 할 것인바, 고졸검정고시규칙과 고입검정고시규칙은 이미 응시자격이 제한되는 자를 특정적으로 열거하고 있으면서 달리 일반적인 제한 사유를 두지 않고 또 그 제한에 관하여 명시적으로 위임한 바가 없으며, 단지 '고시의 기일·장소·원서접수 기타 고시시행에 관한 사항' 또는 '고시 일시와 장소, 원서접수기간과 그 접수처 기타 고시시행에 관하여 필요한 사항'과 같이 고시시행에 관한 기술적·절차적인 사항만을 위임하였을 뿐, 특히 '검정고시에 합격한 자'에 대하여만 응시자격 제한을 공고에 위임했다고 볼 근거도 없으므로, 이 사건 응시제한은 위임받은 바 없는 응시자격의 제한을 새로이 설정한 것으로서 기본권 제한의 법률유보원칙에 위배하여 청구인의 교육을 받을 권리 등을 침해한다(헌재 2012.5.31, 2010헌마139 등).

❸ [X] 학부모들이 부담하는 학교운영지원비를 학교회계 세입항목에 포함시켜 의무교육과정의 비용으로 사용하는 것이 의무교육의 무상원칙에 위배되는 것은 아니다.

⇨ 학교운영지원비는 그 운영상 교원연구비와 같은 교사의 인건비 일부와 학교회계직원의 인건비 일부 등 의무교육과정의 인적 기반을 유지하기 위한 비용을 충당하는 데 사용되고 있다는 점, 학교회계의 세입상 현재 의무교육기관에서는 국고지원을 받고 있는 입학금, 수업료와 함께 같은 항에 속하여 분류되고 있음에도 불구하고 학교운영지원비에 대해서만 학생과 학부모의 부담으로 남아 있다는 점, 학교운영지원비는 기본적으로 학부모의 자율적 협찬금의 성격을 갖고 있음에도 그 조성이나 징수의 자율성이 완전히 보장되지 않아 기본적이고 필수적인 학교 교육에 필요한 비용에 가깝게 운영되고

있다는 점 등을 고려해보면 이 사건 세입조항은 헌법 제31조 제3항에 규정되어 있는 의무교육의 무상원칙에 위배되어 헌법에 위반된다(헌재 2012.8.23. 2010헌바220).

④ [O] 교과이수 가산점은 2015 개정 교육과정의 내실 있는 운영이라는 공익을 추구하면서도, 국가교육과정 외 교육과정을 운영하는 고교에 대해서는 교육과정 편성을 바탕으로 별도 기준을 적용하고, 2015 개정 교육과정을 이수할 수 없는 2020년 2월 이전 고등학교 졸업자, 검정고시 출신자, 외국 소재 고등학교 졸업자 등의 경우에는 '모집단위별 지원자의 가산점 분포를 고려하여 모집단위 내 수능점수 순위에 상응하는 가산점'을 부여하며, 국내 고교 졸업(예정)자 중 6개 학기 미만을 이수한 자의 경우 유형 [II] 기준 충족 여부를 우선 반영하고 이를 충족하지 못할 경우 검정고시 출신자 등과 같이 '모집단위별 지원자의 가산점 분포를 고려하여 모집단위 내 수능점수 순위에 상응하는 가산점'을 부여하고 있다. 이는 2015 개정 교육과정을 따를 수 없는 지원자의 유형별로 동등한 기회를 제공하는 취지로 이해된다. 결국 이 사건 가산점 사항은 청구인을 불합리하게 차별하여 균등하게 교육받을 권리를 침해하는 것이라고 볼 수 없다(헌재 2022.3.31. 2021헌마230).

12 답 ④

① [O] 심판대상조항은 노사관계의 형성에 있어 사회적 균형을 이루기 위해 필요한 범위를 넘는 사용자의 영업의 자유에 대한 침해를 방지하고 개인과 기업의 경제상의 자유와 거래질서를 보장하며, 경우에 따라 국민의 일상생활이나 국가의 경제적 기능에 부정적인 영향을 미치는 행위를 억제하기 위한 것이므로, 입법목적의 정당성 및 수단의 적합성이 인정된다. … 심판대상조항에 의하여 처벌되는 쟁의행위는 단체행동권의 목적에 부합한다고 보기 어렵거나 사용자의 재산권, 직업의 자유 등에 중대한 제한을 초래하는 행위로 한정되므로, 심판대상조항은 침해의 최소성 및 법익균형성 요건을 갖추었다. 따라서 심판대상조항은 단체행동권을 침해하지 않는다(헌재 2022.5.26. 2012헌바66).

─ 참고 판례 ✎ ─────────────
업무방해죄 사건[대판 2011.3.17. 2007도482(전합)]
근로자는 원칙적으로 헌법상 보장된 기본권으로서 근로조건 향상을 위한 자주적인 단결권·단체교섭권 및 단체행동권을 가지므로(헌법 제33조 제1항), 쟁의행위로서 파업이 언제나 업무방해죄에 해당하는 것으로 볼 것은 아니고, 전후 사정과 경위 등에 비추어 사용자가 예측할 수 없는 시기에 전격적으로 이루어져 사용자의 사업운영에 심대한 혼란 내지 막대한 손해를 초래하는 등으로 사용자의 사업계속에 관한 자유의사가 제압·혼란될 수 있다고 평가할 수 있는 경우에 비로소 집단적 노무제공의 거부가 위력에 해당하여 업무방해죄가 성립한다고 보는 것이 타당하다.
이와 달리, 근로자들이 집단적으로 근로의 제공을 거부하여 사용자의 정상적인 업무운영을 저해하고 손해를 발생하게 한 행위가 당연히 위력에 해당하는 것을 전제로 노동관계 법령에 따른 정당한 쟁의행위로서 위법성이 조각되는 경우가 아닌 한 업무방해를 구성한다는 취지로 판시한 대판 1991.4.23. 90도2771, 대판 1991.11.8. 91도326, 대판 2004.5.27. 2004도689, 대판 2006.5.12. 2002도3450, 대판 2006.5.25. 2002도5577 판결 등은 이 판결의 견해에 배치되는 범위 내에서 변경한다.
─────────────────────────

② [O] 쟁의단 같은 일시적인 단체에도 단결권이 인정된다.

③ [O] 출입국관리법령에서 외국인고용제한규정을 두고 있는 것은 취업활동을 할 수 있는 체류자격(이하 '취업자격'이라고 한다) 없는 외국인의 고용이라는 사실적 행위 자체를 금지하고자 하는 것뿐이지, 나아가 취업자격 없는 외국인이 사실상 제공한 근로에 따른 권리나 이미 형성된 근로관계에서 근로자로서의 신분에 따른 노동관계법상의 제반 권리 등의 법률효과까지 금지하려는 것으로 보기는 어렵다. 따라서 타인과의 사용종속관계하에서 근로를 제공하고 그 대가로 임금 등을 받아 생활하는 사람은 노동조합법상 근로자에 해당하고, 노동조합법상의 근로자성이 인정되는 한, 그러한 근로자가 외국인인지 여부나 취업자격의 유무에 따라 노동조합법상 근로자의 범위에 포함되지 아니한다고 볼 수는 없다(대판 2015.6.25. 2007두4995).

❹ [×] 교원의 노동조합 설립 및 운영 등에 관한 법률의 적용을 받는 교원의 범위를 초·중등학교에 재직 중인 교원으로 한정하고 있는 교원의 노동조합 설립 및 운영 등에 관한 법률 제2조는 전국교직원노동조합 및 해직 교원들의 단결권을 침해하는 것이다.
⇨ 이 사건 법률조항 단서는 교원의 노동조합 활동이 임면권자에 의하여 부당하게 제한되는 것을 방지함으로써 교원의 노동조합 활동을 보호하기 위한 것이고, 해직 교원에게도 교원노조의 조합원 자격을 유지하도록 할 경우 개인적인 해고의 부당성을 다투는 데 교원노조의 활동을 이용할 우려가 있으므로, 해고된 사람의 교원노조 조합원 자격을 제한하는 데에는 합리적 이유가 인정된다. … 이 사건 법률조항으로 인하여 교원 노조 및 해직 교원의 단결권 자체가 박탈된다고 할 수는 없는 반면, 교원이 아닌 자가 교원노조의 조합원 자격을 가질 경우 교원노조의 자주성에 대한 침해는 중대할 것이어서 법익의 균형성도 갖추었으므로, 이 사건 법률조항은 청구인들의 단결권을 침해하지 아니한다(헌재 2015.5.28. 2013헌마671 등).

13 답 ①

❶ [×] 근로자가 사업주의 지배관리 아래 출퇴근하던 중 발생한 사고로 부상 등이 발생한 경우에만 업무상 재해로 인정하는 산업재해보상보험법 조항은 평등원칙에 위배되지 아니한다.
⇨ 도보나 자기 소유 교통수단 또는 대중교통수단 등을 이용하여 출퇴근하는 산업재해보상보험(이하 '산재보험'이라 한다) 가입 근로자(이하 '비혜택근로자'라 한다)는 사업주가 제공하거나 그에 준하는 교통수단을 이용하여 출퇴근하는 산재보험 가입 근로자(이하 '혜택근로자'라 한다)와 같은 근로자인데도 사업주의 지배관리 아래 있다고 볼 수 없는 통상적 경로와 방법으로 출퇴근하던 중에 발생한 재해(이하 '통상의 출퇴근 재해'라 한다)를 업무상 재해로 인정받지 못한다는 점에서 차별 취급이 존재한다. 사업장 규모나 재정여건의 부족 또는 사업주의 일방적 의사나 개인 사정 등으로 출퇴근용 차량을 제공받지 못하거나 그에 준하는 교통수단을 지원받지 못하는 비혜택근로자는 비록 산재보험에 가입되어 있다 하더라도 출퇴근 재해에 대하여 보상을 받을 수 없는데, 이러한 차별을 정당화할 수 있는 합리적 근거를 찾을 수 없다. 통상의 출퇴근 재해를 산재보험법상 업무상 재해로 인정할 경우 산재보험

재정상황이 악화되거나 사업주 부담 보험료가 인상될 수 있다는 문제점은 보상대상을 제한하거나 근로자에게도 해당 보험료의 일정 부분을 부담시키는 방법 등으로 어느 정도 해결할 수 있다. 반면에 통상의 출퇴근 중 재해를 입은 비혜택근로자는 가해자를 상대로 불법행위 책임을 물어도 충분한 구제를 받지 못하는 것이 현실이고, 심판대상조항으로 초래되는 비혜택근로자와 그 가족의 정신적·신체적 혹은 경제적 불이익은 매우 중대하다. 따라서 심판대상조항은 합리적 이유 없이 비혜택근로자를 자의적으로 차별하는 것이므로, 헌법상 평등원칙에 위배된다(헌재 2016.9.29, 2014헌바254).

② [O] 소득월액보험료 체납에 따른 건강보험급여의 제한을 규정한 심판대상조항은 청구인의 인간다운 생활을 할 권리를 제한한다. … 빈곤 등 경제적 어려움으로 인하여 보험료를 체납하는 가입자에 대하여 보험급여를 제한하는 것은 경우에 따라 가혹한 처사가 될 수도 있다. 그러나 소득월액보험료는 근로소득을 제외한 보수외소득이 상당한 수준(이 사건 청구 당시인 2017년을 기준으로 연간 7,200만원 초과)에 이르는 경우에만 부과된다는 점을 감안하면, 심판대상조항으로 인하여 저소득 체납자가 보험급여 제한의 불이익을 받을 가능성은 매우 낮다고 볼 수 있다. 심판대상조항은 소득월액보험료를 체납한 기간이 1개월 미만이거나, 월별 보험료의 총체납횟수가 6회 미만인 경우에는 보험급여를 제한할 수 없도록 하고 있다(심판대상조항 및 구법 시행령 제26조 제1항·제2항 참조). 또한, 보험료를 3회 이상 체납한 사람은 국민건강보험공단에 분할납부를 신청할 수 있는데(구법 제82조 제1항), 분할납부 승인을 받고 그 승인된 보험료를 1회 이상 납부한 경우에는 국민건강보험공단이 보험급여를 지급할 수 있다(구법 제53조 제5항). 심판대상조항에 따라 보험급여를 하지 아니하는 기간(급여제한기간)에 받은 보험급여의 경우에도, 국민건강보험공단이 위 기간에 보험급여를 받은 사실이 있음을 가입자에게 통지한 날부터 2개월이 지난 날이 속한 달의 납부기한 이내에 체납된 보험료를 완납하거나, 분할납부 승인을 받은 체납 보험료를 1회 이상 낸 경우에는 보험급여로 인정하는 등(구법 제53조 제6항), 국민건강보험법은 심판대상조항으로 인하여 가입자가 과도한 불이익을 입지 않도록 배려하고 있다. 이상의 내용을 종합하면, 심판대상조항은 청구인의 인간다운 생활을 할 권리나 재산권을 침해하지 아니한다(헌재 2020.4.23, 2017헌바244).

③ [O] 의료사고가 발생하였음에도 조정절차가 개시조차 되지 않는다면, 환자로서는 상당한 시간과 비용을 들여 소를 제기하지 않고서는 의료행위 등을 둘러싼 과실 유무나 인과관계의 규명, 후유장애 발생 여부 등에 관한 감정 결과 등을 확인할 방법이 없다. 사망과 같은 중대한 결과가 발생한 경우 일단 조정절차가 개시되도록 하고 그 후 이의신청이나 소 제기 등을 통해 조정절차에 따르지 않을 수 있도록 규정한 것이 청구인의 일반적 행동의 자유를 중대하게 제한한다고 보기 어렵다(헌재 2021.5.27, 2019헌마321).

④ [O] 청원경찰의 복무에 관하여 국가공무원법 제66조 제1항을 준용함으로써 노동운동을 금지하는 청원경찰법 제5조 제4항 중 국가공무원법 제66조 제1항 가운데 '노동운동' 부분을 준용하는 부분이 국가기관이나 지방자치단체 이외의 곳에서 근무하는 청원경찰인 청구인들의 근로3권을 침해한다(헌재 2017.9.28, 2015헌마653).

14 답 ③

① [O] 민사소송법은 패소한 당사자에게 소송비용을 부담시키는 것에 대한 일정한 예외 규정을 두고 있으며, 이에 따라 구체적인 사정을 고려하여 소송비용의 부담 여부나 그 부담 액수가 달라질 가능성도 존재하는 점을 고려하면, 권리남용으로 인한 패소의 경우에 소송비용 부담에 관한 별도의 예외 규정을 두지 않았다는 점을 이유로 민사소송법 제98조가 재판청구권을 침해한다고 볼 수 없다(헌재 2013.5.30, 2012헌바335).

② [O] 수형자가 소송수행을 목적으로 출정하는 경우 교도소에서 법원까지의 차량운행비 등 비용이 소요되는데, 이는 재판청구권을 행사하는 데 불가피한 비용이므로 수익자부담의 원칙에 따라 당사자 본인이 부담하여야 한다(헌재 2012.3.29, 2010헌마475).

❸ [X] 인신보호법 제15조 중 '피수용자인 구제청구자'의 즉시항고 제기기간을 '3일'로 정한 부분이 피수용자의 재판청구권을 침해하는 것은 아니다.

⇨ 인신보호법상 피수용자인 구제청구자는 자기 의사에 반하여 수용시설에 수용되어 인신의 자유가 제한된 상태에 있으므로 그 자신이 직접 법원에 가서 즉시항고장을 접수할 수 없고, 외부인의 도움을 받아서 즉시항고장을 접수하는 방법은 외부인의 호의와 협조가 필수적이어서 이를 기대하기 어려운 때에는 그리 효과적이지 않으며, 우편으로 즉시항고장을 접수하는 방법도 즉시항고장을 작성하는 시간과 우편물을 발송하고 도달하는 데 소요되는 시간을 고려하면 3일의 기간이 충분하다고 보기 어렵다. 인신보호법상으로는 국선변호인이 선임될 수 있지만, 변호인의 대리권에 상소권까지 포함되어 있다고 단정하기 어렵고, 그의 대리권에 상소권이 포함되어 있다고 하더라도 법정기간의 연장 등 형사소송법 제345조 등과 같은 특칙이 적용될 여지가 없으므로 3일의 즉시항고기간은 여전히 과도하게 짧은 기간이다. 즉시항고 대신 재청구를 할 수도 있으나, 즉시항고와 재청구는 개념적으로 구분되는 것이므로 재청구가 가능하다는 사실만으로 즉시항고 기간의 과도한 제약을 정당화할 수는 없다. 나아가 즉시항고 제기기간을 3일보다 조금 더 긴 기간으로 정한다고 해도 피수용자의 신병에 관한 법률관계를 조속히 확정하려는 이 사건 법률조항의 입법목적이 달성되는 데 큰 장애가 생긴다고 볼 수 없으므로, 이 사건 법률조항은 피수용자의 재판청구권을 침해한다(헌재 2015.9.24, 2013헌가21).

④ [O] 한국과학기술원 또는 광주과학기술원의 설립목적의 특수성과 그 목적을 달성하기 위한 국가의 관리·감독 및 재정 지원, 사무의 공공성 내지 공익성 등을 고려할 때, 한국과학기술원 또는 광주과학기술원 교원의 신분을 국·공립학교의 교원의 그것과 동등한 정도로 보장하면서 한국과학기술원 교원의 임면권자이자 교원소청심사절차의 당사자인 한국과학기술원 총장이나 공공단체인 광주과학기술원이 교원소청심사결정에 대해 행정소송을 제기할 수 없도록 한 것을 두고 입법형성의 범위를 벗어났다고 보기 어렵다. 그렇다면 이 사건 구법 조항 또는 이 사건 신법 조항은 청구인의 재판청구권을 침해하여 헌법에 위반된다고 할 수 없다(헌재 2022.10.27, 2019헌바117).

15
답 ④

① [O] 공무담임권은 선거직 공무원을 포함한 모든 공직에 취임할 수 있는 권리로서 공직선거에 입후보하여 당선될 수 있는 피선거권을 포괄하고 있다(헌재 1999.5.27, 98헌마214).

② [O] 두 사안 모두 공무담임권 제한 문제와 관련되지만 공무담임권을 침해하지는 않는다.

③ [O] 세무직 국가공무원의 업무상 전문성 강화라는 공익과 함께, 심판대상조항이 정하는 바와 같은 가산점 제도가 1993.12.31. 이후 유지되어 왔고 자격증 없는 자들의 응시기회 자체가 박탈되거나 제한되는 것이 아니며 가산점 부여를 위해서는 일정한 요건을 갖추도록 하고 있는 점 등을 고려하면 법익균형성이 인정된다. 그러므로 이 사건 처벌조항은 과잉금지원칙에 반하여 청구인의 공무담임권을 침해하지 아니한다(헌재 2020. 6.25, 2017헌마1178).

❹ [×] 총장후보자 지원자에게 기탁금 1,000만원을 납부하도록 한 '전북대학교 총장임용후보자 선정에 관한 규정' 제15조 제3항 등이 공무담임권을 침해하는 것은 아니다.

⇨ 이 사건 기탁금조항의 1,000만원 액수는 교원 등 학내 인사뿐만 아니라 일반 국민들 입장에서도 적은 금액이 아니다. 여기에, 추천위원회의 최초 투표만을 기준으로 기탁금 반환 여부가 결정되는 점, 일정한 경우 기탁자 의사와 관계없이 기탁금을 발전기금으로 귀속시키는 점 등을 종합하면, 이 사건 기탁금조항의 1,000만원이라는 액수는 자력이 부족한 교원 등 학내 인사와 일반 국민으로 하여금 총장후보자 지원 의사를 단념토록 하는 정도에 해당한다. 이러한 사정들을 종합하면, 이 사건 기탁금조항은 침해의 최소성에 반한다. 현행 총장후보자 선정 규정에 따른 간선제 방식에서는 이 사건 기탁금조항으로 달성하려는 공익은 제한적이다. 반면, 이 사건 기탁금조항으로 인하여 기탁금을 납입할 자력이 없는 교원 등 학내 인사 및 일반 국민들은 총장후보자에 지원하는 것 자체를 단념하게 되므로, 이 사건 기탁금조항으로 제약되는 공무담임권의 정도는 결코 과소평가될 수 없다. 이 사건 **기탁금조항으로 달성하려는 공익이 제한되는 공무담임권 정도보다 크다고 단정할 수 없으므로**, 이 사건 기탁금조항은 법익의 균형성에도 반한다. 이 사건 기탁금조항은 **과잉금지원칙에 반하여 청구인의 공무담임권을 침해한다**(헌재 2018.4.26, 2014헌마274).

16
답 ③

① [O] 공직선거법 제6조의2 제3항에 대한 옳은 내용이다.

> **공직선거법(2021.9.27, 법률 제17981호로 일부개정된 것)**
> 제6조의2 【다른 자에게 고용된 사람의 투표시간 보장】 ① 다른 자에게 고용된 사람이 사전투표기간 및 선거일에 모두 근무를 하는 경우에는 투표하기 위하여 필요한 시간을 고용주에게 청구할 수 있다.
> ② 고용주는 제1항에 따른 청구가 있으면 고용된 사람이 투표하기 위하여 필요한 시간을 보장하여 주어야 한다.
> ③ 고용주는 고용된 사람이 투표하기 위하여 필요한 시간을 청구할 수 있다는 사실을 선거일 전 7일부터 선거일 전 3일까지 인터넷 홈페이지, 사보, 사내게시판 등을 통하여 알려야 한다.

② [O] 공직선거법 제6조 제5항에 대한 옳은 내용이다.

> **공직선거법(2021.9.27, 법률 제17981호로 일부개정된 것)**
> 제6조 【선거권행사의 보장】 ⑤ 선거의 중요성과 의미를 되새기고 주권의식을 높이기 위하여 매년 5월 10일을 유권자의 날로, 유권자의 날부터 1주간을 유권자 주간으로 하고, 각급선거관리위원회(읍·면·동선거관리위원회는 제외한다)는 공명선거 추진활동을 하는 기관 또는 단체 등과 함께 유권자의 날 의식과 그에 부수되는 행사를 개최할 수 있다.

❸ [×] 선거기사심의위원회는 언론사에 게재된 선거기사의 조사결과 선거기사의 내용이 공정하지 아니하다고 인정되는 경우에는 해당 기사의 내용에 대하여 사과문 또는 정정보도문에 해당하는 제재조치를 결정하여 언론중재위원회에 통보하여야 한다.

⇨ 사과문에 해당하는 제재조치는 결정할 수 없다. 이 사건 **사과문 게재 조항**은 정기간행물 등을 발행하는 언론사가 보도한 선거기사의 내용이 공정하지 아니하다고 인정되는 경우 선거기사심의위원회의 사과문 게재 결정을 통하여 해당 언론사로 하여금 그 잘못을 인정하고 용서를 구하게 하고 있다. 이는 언론사 스스로 인정하거나 형성하지 아니한 윤리적·도의적 판단의 표시를 강제하는 것으로서 언론사가 가지는 인격권을 제한하는 정도가 매우 크다. 더욱이 이 사건 처벌 조항은 형사처벌을 통하여 그 실효성을 담보하고 있다. 그런데 공직선거법에 따르면, 언론사가 불공정한 선거기사를 보도하는 경우 선거기사심의위원회는 사과문 게재 명령 외에도 정정보도문의 게재 명령을 할 수 있다. 또한, 해당 언론사가 '공정보도의무를 위반하였다는 결정을 선거기사심의위원회로부터 받았다는 사실을 공표'하도록 하는 방안, 사과의 의사표시가 필요한 경우에도 사과의 '권고'를 하는 방법을 상정할 수 있다. 나아가, 이 사건 법률조항들이 추구하는 목적, 즉 선거기사를 보도하는 언론사의 공적인 책임의식을 높임으로써 민주적이고 공정한 여론 형성 등에 이바지한다는 공익이 중요하다는 점에는 이론의 여지가 없으나, 언론에 대한 신뢰가 무엇보다 중요한 언론사에 대하여 그 사회적 신용이나 명예를 저하시키고 인격의 자유로운 발현을 저해함에 따라 발생하는 인격권 침해의 정도는 이 사건 법률조항들이 달성하려는 공익에 비해 결코 작다고 할 수 없다. 결국 이 사건 법률조항들은 **언론사의 인격권을 침해하여 헌법에 위반된다**(헌재 2015.7.30, 2013헌가8).

> **공직선거법(2021.9.27, 법률 제17981호로 일부개정된 것)**
> 제8조의3 【선거기사심의위원회】 ③ 선거기사심의위원회는 신문 등의 진흥에 관한 법률 제2조 제1호에 따른 신문, 잡지 등 정기간행물의 진흥에 관한 법률 제2조 제1호에 따른 잡지·정보간행물·전자간행물·기타간행물 및 뉴스통신진흥에 관한 법률 제2조 제1호에 따른 뉴스통신(이하 이 조 및 제8조의4에서 '정기간행물 등'이라 한다)에 게재된 선거기사의 공정 여부를 조사하여야 하고, 조사결과 선거기사의 내용이 공정하지 아니하다고 인정되는 경우에는 해당 기사의 내용에 대하여 다음 각 호의 어느 하나에 해당하는 제재조치를 결정하여 이를 언론중재위원회에 통보하여야 하며, 언론중재위원회는 불공정한 선거기사를 게재한 정기간행물 등을 발행한 자(이하 이 조 및 제8조의4에서 '언론사'라 한다)에 대하여 통보받은 제재조치를 지체 없이 명하여야 한다.

1. 정정보도문 또는 반론보도문 게재
2. 경고결정문 게재
3. 주의사실 게재
4. 경고, 주의 또는 권고

④ 〔O〕 공직선거법 제113조에 대한 옳은 내용이다.

> 공직선거법(2021.9.27, 법률 제17981호로 일부개정된 것)
> 제113조 【후보자 등의 기부행위제한】 ① 국회의원 · 지방의회의원 · 지방자치단체의 장 · 정당의 대표자 · 후보자(후보자가 되고자 하는 자를 포함한다)와 그 배우자는 당해 선거구 안에 있는 자나 기관 · 단체 · 시설 또는 당해 선거구의 밖에 있더라도 그 선거구민과 연고가 있는 자나 기관 · 단체 · 시설에 기부행위(결혼식에서의 주례행위를 포함한다)를 할 수 없다.
> ② 누구든지 제1항의 행위를 약속 · 지시 · 권유 · 알선 또는 요구할 수 없다.

17
답 ④

① 〔O〕 입법자는 새로운 인식을 수용하고 변화한 현실에 적절하게 대처해야 하기 때문에, 국민은 현재의 법적 상태가 항상 지속되리라는 것을 원칙적으로 신뢰할 수 없다. 법률의 존속에 대한 개인의 신뢰는 법적 상태의 변화를 예측할 수 있는 정도에 따라서 달라지므로, 신뢰보호가치의 정도는 개인이 어느 정도로 법률개정을 예측할 수 있었는가에 따라서 결정된다(헌재 2003.10.30, 2001헌마700 등).

② 〔O〕 사회환경이나 경제여건의 변화에 따른 필요성에 의하여 법률은 신축적으로 변할 수밖에 없고, 변경된 새로운 법질서와 기존의 법질서 사이에는 이해관계의 상충이 불가피하다. 따라서 국민이 가지는 모든 기대 내지 신뢰가 헌법상 권리로서 보호될 것은 아니고, 개정된 법규 · 제도의 존속에 대한 개인의 신뢰가 합리적이어서 권리로서 보호할 필요성이 인정되어야 한다(헌재 2017.7.27, 2015헌마1052).

③ 〔O〕 새로운 입법으로 이미 종료된 사실관계에 작용케 하는 진정소급입법은 헌법적으로 허용되지 않는 것이 원칙이며 특단의 사정이 있는 경우에만 예외적으로 허용될 수 있는 반면, 현재 진행 중인 사실관계에 작용케 하는 부진정소급입법은 원칙적으로 허용되지만 소급효를 요구하는 공익상의 사유와 신뢰보호의 요청 사이의 교량 과정에서 신뢰보호의 관점이 입법자의 형성권에 제한을 가하게 된다[헌재 1998.11.26, 97헌바58(전원) 참조].

❹ 〔×〕 세무당국에 사업자등록을 하고 운전교습에 종사해 왔음에도 불구하고, 자동차운전학원으로 등록한 경우에만 자동차운전교습업을 영위할 수 있도록 법률을 개정하는 것은 신뢰보호의 원칙에 반하여 헌법에 위배된다.

⇨ 비록 세무당국에 사업자등록을 하고, 운전교육업에 종사하였다고 하더라도, 사업자등록은 과세행정상의 편의를 위하여 납세자의 인적사항 등을 공부에 등재하는 행위에 불과하고, 허가 또는 면허제도와는 달리 이로 인하여 그 사업의 적법성이 보장되는 것 또한 아니라고 할 것이므로 사업자등록 여부가 운전교습업의 계속에 대하여 국가가 신뢰를 부여한 어떠한 조치라고 보기도 어렵다. 따라서 신뢰보호의 전제가 되는 선

행하는 법적 상태에 대한 신뢰 자체를 인정할 수 없는 이 사건에 있어 **신뢰보호원칙에 위배하여 청구인들의 재산권과 직업의 자유를 침해하였다는 청구인들의 주장 역시, 더 나아가 살필 필요도 없이 이유 없다**(헌재 2003.9.25, 2001헌마447).

18
답 ②

① 〔O〕 우리 헌법은 간접적인 참정권으로 선거권과 공무담임권을, 직접적인 참정권으로 국민투표권을 규정하고 있을 뿐 주민투표권을 기본권으로 규정한 바가 없고, 지방자치를 제도적으로 보장하고 있으나 그 보장내용은 자치단체의 설치와 존속, 그 자치기능 및 자치사무로서 지방자치단체의 자치권의 본질적 사항에 관한 것이므로, 자치사무의 처리에 주민들이 직접 참여하는 것을 의미하는 주민투표권을 헌법상 보장되는 기본권이라고 하거나 헌법 제37조 제1항의 '헌법에 열거되지 아니한 권리'의 하나로 보기는 어렵다(헌재 2007.6.28, 2004헌마643).

❷ 〔×〕 지방자치단체 주민으로서의 자치권 또는 주민권은 헌법상 간접 보장된 개인의 주관적 공권으로서, 지방자치단체 주민은 그 침해를 이유로 자신이 거주하는 자치단체의 관할구역에 세워진 고속철도역의 명칭 결정의 취소를 구하는 헌법소원심판을 청구할 수 있다.

⇨ 고속철도의 건설이나 그 역의 명칭 결정과 같은 일은 국가의 사무임이 명백하고, 국가의 사무에 대하여는 지방자치단체의 주민들이 자치권 또는 주민권을 내세워 다툴 수 없다고 할 것이다. 즉, 청구인들이 주장하는 지방자치단체 주민으로서의 자치권 또는 주민권은 '헌법에 의하여 직접 보장된 개인의 주관적 공권'이 아니어서, 그 침해를 이유로 헌법소원심판을 청구할 수 없다. 또한, 고속철도 역의 명칭은 단순히 고속철도 역의 명칭에 불과할 뿐이고 역 소재지 주민들의 권리관계나 법적 지위에 영향을 주는 것이 아니므로, 구체적으로 아산시의 관할구역에 세워진 이 사건 역의 명칭을 '천안아산역(온양온천)'으로 결정하였다고 하여 아산시에 거주하는 청구인들에 대하여 어떠한 기본권 기타 법률상 지위를 변동시키거나 지역 자긍심을 저하시키거나 기타 불이익한 영향을 준다고 볼 수 없다. 그렇다면 이 사건 결정은 청구인들의 기본권을 침해할 여지가 없으므로 이 사건 심판청구는 부적법하다(헌재 2006.3.30, 2003헌마837).

③ 〔O〕 항고소송의 경우도 지방자치단체(국가 포함)는 기관위임사무에 대해서는 제기할 수 없고 건축사무와 같은 자치사무에 대해서는 가능하다.

④ 〔O〕 지방자치법 제2조 제3항에 대한 옳은 내용이다.

> 제2조 【지방자치단체의 종류】 ③ 제1항의 지방자치단체 외에 특정한 목적을 수행하기 위하여 필요하면 따로 특별지방자치단체를 설치할 수 있다. 이 경우 특별지방자치단체의 설치 등에 관하여는 제12장에서 정하는 바에 따른다.

19 　　　　　　　　　　　　　　　　　　　　　　　　　답 ③

① [O] 1948년 제헌헌법에서 국회의원의 임기와 국회에서 선거되는 대통령의 임기는 모두 4년으로 규정되었는데, 제헌 국회의원의 임기는 2년으로 하는 특별규정을 별도로 두었다.

② [O] 대통령에게 헌법개정제안권이 인정되지 않은 헌법은 제5차·제6차 개정헌법(제3공화국)이다.

❸ [×] 기본권의 본질적 내용의 침해금지규정을 처음으로 둔 것은 1962년 제3공화국헌법이다.

　　⇨ 본질적 내용의 침해금지규정은 제2공화국 제3차 개정헌법(1960년)에서 신설되었다. 이는 제7차 개정헌법에서 삭제되었다가 제8차 개정헌법에서 다시 규정되었다.

④ [O] 제8차 개정헌법은 대통령선거인단에 의한 7년 단임제로 하는 대통령을 선출하도록 하였고, 해당 선거는 무기명투표로 진행되었다.

20 　　　　　　　　　　　　　　　　　　　　　　　　　답 ①

❶ [×] 공법상 재단법인인 방송문화진흥회가 최다출자자인 방송사업자는 관련 규정에 의하여 공법상의 의무를 부담하고 있기 때문에 기본권 주체가 될 수 없다.

　　⇨ 청구인의 경우 공법상 재단법인인 방송문화진흥회가 최다출자자인 방송사업자로서 방송법 등 관련 규정에 의하여 공법상의 의무를 부담하고 있지만, 상법에 의하여 설립된 주식회사로 설립목적은 언론의 자유의 핵심 영역인 방송사업이므로 이러한 업무 수행과 관련하여 당연히 기본권 주체가 될 수 있고, 그 운영을 광고수익에 전적으로 의존하고 있는 만큼 이를 위해 사경제 주체로서 활동하는 경우에도 기본권 주체가 될 수 있는바, 이 사건 심판청구는 청구인이 그 운영을 위한 영업활동의 일환으로 방송광고를 판매하는 지위에서 그 제한과 관련하여 이루어진 것이므로 그 기본권 주체성을 인정할 수 있다(헌재 2013.9.26. 2012헌마271).

② [O] 부모는 아직 성숙하지 못하고 인격을 닦고 있는 미성년 자녀를 교육시킬 교육권을 가지지만, 자녀가 성년에 이르면 자녀 스스로 자신의 기본권 침해를 다툴 수 있으므로 이와 별도로 부모에게 자녀교육권 침해를 다툴 수 있도록 허용할 필요가 없다. 따라서 심판대상계획이 청구인 이ㅇ경의 자녀교육권을 제한한다고 볼 수 없으므로, 청구인 이ㅇ경에 대한 기본권 침해 가능성도 인정할 수 없다(헌재 2018.2.22. 2017헌마691).

③ [O] 대학자치의 주체는 원칙적으로 교수 기타 연구자 조직이나 학생과 학생회도 학습활동과 직접 관련된 학생회 활동 기타 자치활동의 범위 내에서 그 주체가 될 수 있다고 보아야 한다.

④ [O] 헌법은 국가의 교육권한과 부모의 교육권의 범주 내에서 아동 및 청소년에게도 자신의 교육에 관하여 스스로 결정할 권리, 즉 자유롭게 교육을 받을 권리를 부여한다. 이에 따라 학생들은 학교교육 외에 학원교습을 받을지 여부와 언제, 어떠한 방식으로 학원교습을 받을 것인지 등에 관하여 국가의 간섭을 받지 아니하고 자유롭게 결정할 권리를 가진다(헌재 2016.5.26. 2014헌마).

정답

p.16

01	④	02	①	03	④	04	②	05	④
06	④	07	④	08	①	09	④	10	③
11	③	12	②	13	③	14	③	15	④
16	①	17	①	18	④	19	②	20	④

01

답 ④

① [×] 대통령은 헌법상 국민에게 자신에 대한 신임을 국민투표의 형식으로 물을 수 없을 뿐만 아니라, 특정 정책을 국민투표에 부치면서 이에 자신의 신임을 결부시키는 대통령의 행위도 위헌적인 행위로서 헌법적으로 허용되지 않는다. 물론, 대통령이 특정 정책을 국민투표에 부친 결과 그 정책의 실시가 국민의 동의를 얻지 못한 경우, 이를 자신에 대한 불신임으로 간주하여 스스로 물러나는 것은 어쩔 수 없는 일이나, 정책을 국민투표에 부치면서 "이를 신임투표로 간주하고자 한다."는 선언은 국민의 결정행위에 부당한 압력을 가하고 국민투표를 통하여 간접적으로 자신에 대한 신임을 묻는 행위로서, 대통령의 헌법상 권한을 넘어서는 것이다. 헌법은 대통령에게 국민투표를 통하여 직접적이든 간접적이든 자신의 신임 여부를 확인할 수 있는 권한을 부여하지 않는다(헌재 2004.5.14, 2004헌나1).

② [×] 헌법 제72조의 중요정책 국민투표와 헌법 제130조의 헌법개정안 국민투표는 대의기관인 국회와 대통령의 의사결정에 대한 국민의 승인절차에 해당한다. 대의기관의 선출주체가 곧 대의기관의 의사결정에 대한 승인주체가 되는 것은 당연한 논리적 귀결이다. 재외선거인은 대의기관을 선출할 권리가 있는 국민으로서 대의기관의 의사결정에 대해 승인할 권리가 있으므로, 국민투표권자에는 재외선거인이 포함된다고 보아야 한다. 또한, 국민투표는 선거와 달리 국민이 직접 국가의 정치에 참여하는 절차이므로, 국민투표권은 대한민국 국민의 자격이 있는 사람에게 반드시 인정되어야 하는 권리이다. 이처럼 국민의 본질적 지위에서 도출되는 국민투표권을 추상적 위험 내지 선거기술상의 사유로 배제하는 것은 헌법이 부여한 참정권을 사실상 박탈한 것과 다름없다. 따라서 국민투표법조항은 재외선거인의 국민투표권을 침해한다(헌재 2014.7.24, 2009헌마256 등).

③ [×] 헌법은 명시적으로 규정된 국민투표 외에 다른 형태의 재신임 국민투표를 허용하지 않는다. 이는 주권자인 국민이 원하거나 또는 국민의 이름으로 실시하더라도 마찬가지이다. 국민은 선거와 국민투표를 통하여 국가권력을 직접 행사하게 되며, 국민투표는 국민에 의한 국가권력의 행사방법의 하나로서 명시적인 헌법적 근거를 필요로 한다. 따라서 국민투표의 가능성은 국민주권주의나 민주주의원칙과 같은 일반적인 헌법

원칙에 근거하여 인정될 수 없으며, 헌법에 명문으로 규정되지 않는 한 허용되지 않는다(헌재 2004.5.14, 2004헌나1).

❹ [○] 헌법 제72조는 대통령에게 국민투표의 실시 여부, 시기, 구체적 부의사항, 설문내용 등을 결정할 수 있는 임의적인 국민투표발의권을 독점적으로 부여하고 있다.

⇨ 헌법 제72조는 대통령에게 국민투표의 실시 여부, 시기, 구체적 부의사항, 설문내용 등을 결정할 수 있는 임의적인 국민투표발의권을 독점적으로 부여한 것이다(헌재 2004.5.14, 2004헌나1). 따라서 특정의 국가정책에 대하여 다수의 국민들이 국민투표를 원하고 있음에도 불구하고 대통령이 이러한 희망과는 달리 국민투표에 회부하지 아니한다고 하여도 이를 헌법에 위반된다고 할 수 없고, 국민에게 특정의 국가정책에 관하여 국민투표에 회부할 것을 요구할 권리가 인정된다고 할 수도 없다. 결국 헌법 제72조의 국민투표권은 대통령이 어떠한 정책을 국민투표에 부의한 경우에 비로소 행사가 가능한 기본권이라 할 수 있다(헌재 2005.11.24, 2005헌마579 등).

02

답 ①

❶ [×] 헌법의 기본원리는 헌법의 이념적 기초인 동시에 헌법을 지배하는 지도원리로서 입법이나 정책결정의 방향을 제시하고 공무원을 비롯한 모든 국민·국가기관이 헌법을 존중하고 수호하도록 하는 지침이 되며, 구체적 기본권을 도출하는 근거가 될 수도 있다.

⇨ 헌법의 기본원리는 헌법의 이념적 기초인 동시에 헌법을 지배하는 지도원리로서 입법이나 정책결정의 방향을 제시하며 공무원을 비롯한 모든 국민·국가기관이 헌법을 존중하고 수호하도록 하는 지침이 되며, 구체적 기본권을 도출하는 근거로 될 수는 없으나 기본권의 해석 및 기본권제한입법의 합헌성 심사에 있어 해석기준의 하나로서 작용한다(헌재 1996.4.25, 92헌바47).

② [○] 구 국가보안법 제7조 제1항의 규정은 그 행위가 국가의 존립과 안전을 위태롭게 하거나 자유민주적 기본질서에 실질적으로 위해를 줄 명백한 위험이 있을 경우에만 축소적용되는 규정으로서, 국가의 존립과 안전을 위태롭게 한다 함은 대한민국의

독립을 위협, 침해하고 영토를 침략하며 헌법과 법률의 기능 및 헌법기관을 파괴, 마비시키는 것으로 외형적인 적화공작 등을 일컫고, 자유민주적 기본질서에 위해를 준다 함은 모든 폭력적 지배와 자의적 지배, 즉 반국가단체의 일인독재 내지 일당독재를 배제하고 다수의 의사에 의한 국민의 자치, 자유·평등의 기본원칙에 의한 법치주의적 통치질서의 유지를 어렵게 만드는 것으로서 구체적으로는 기본적 인권의 존중, 권력분립, 의회제도, 복수정당제도, 선거제도, 사유재산과 시장경제를 골간으로 한 경제질서 및 사법권의 독립 등 우리의 내부체제를 파괴·변혁시키려는 것을 일컫는다 할 것이므로, 그 행위가 이에 이르지 못하거나 그 여부가 불분명한 때에는 그 적용이 배제되어야 한다(헌재 1990.4.2, 89헌가113).

③ [O] 우리나라 헌법상의 경제질서는 사유재산제를 바탕으로 하고 자유경쟁을 존중하는 자유시장경제질서를 기본으로 하면서도 이에 수반되는 갖가지 모순을 제거하고 사회복지·사회정의를 실현하기 위하여 국가적 규제와 조정을 용인하는 사회적 시장경제질서로서의 성격을 띠고 있다. 즉, 절대적 개인주의·자유주의를 근간으로 하는 자본주의사회에 있어서는 계약자유의 미명 아래 '있는 자, 가진 자'의 착취에 의하여 경제적인 지배종속관계가 성립하고 경쟁이 왜곡되게 되어 결국에는 빈부의 격차가 현격해지고, 사회계층간의 분화와 대립갈등이 첨예화하는 사태에 이르게 됨에 따라 이를 대폭 수정하여 실질적인 자유와 공정을 확보함으로써 인간의 존엄과 가치를 보장하도록 하였다(헌재 1989.12.22, 88헌가13).

④ [O] 이 사건 제3호 부분은 6.25 전쟁 및 4.19 혁명 이후 남북한의 군사적 긴장 상태와 사회적 혼란이 계속되던 상황에서 우리 헌법의 지배원리인 민주적 기본질서를 수호하기 위한 방어적 장치로서 도입된 것으로 정당한 목적 달성을 위한 적합한 수단이 된다. 그러나 이 사건 제3호 부분은 규제대상인 집회·시위의 목적이나 내용을 구체적으로 적시하지 않은 채 헌법의 지배원리인 '민주적 기본질서'를 구성요건으로 규정하였을 뿐 기본권 제한의 한계를 설정할 수 있는 구체적 기준을 전혀 제시한 바 없다. 이와 같은 규율의 광범성으로 인하여 헌법이 규정한 민주주의의 세부적 내용과 상이한 주장을 하거나 집회·시위 과정에서 우발적으로 발생한 일이 민주적 기본질서에 조금이라도 위배되는 경우 처벌이 가능할 뿐 아니라 사실상 사회현실이나 정부정책에 비판적인 사람들의 집단적 의견표명 일체를 봉쇄하는 결과를 초래함으로써 침해의 최소성 및 법익의 균형성을 상실하였으므로, 이 사건 제3호 부분은 과잉금지원칙에 위배되어 집회의 자유를 침해한다(헌재 2016.9.29, 2014헌가3).

03
답 ④

① [O] 배심원으로서의 권한을 수행하고 의무를 부담할 능력과 민법상 행위능력, 선거권 행사능력, 군 복무능력, 연소자 보호와 연계된 취업능력 등이 동일한 연령기준에 따라 판단될 수 없고, 각 법률들의 입법취지와 해당 영역에서 고려하여야 할 제반사정, 대립되는 관련 이익들을 교량하여 입법자가 각 영역마다 그에 상응하는 연령기준을 달리 정할 수 있다. 따라서 심판대상조항이 우리나라 국민참여재판제도의 취지와 배심원의 권한 및 의무 등 여러 사정을 종합적으로 고려하여 만 20세에

이르기까지 교육 및 경험을 쌓은 자로 하여금 배심원의 책무를 담당하도록 정한 것은 입법형성권의 한계 내의 것으로 자의적인 차별이라고 볼 수 없다(헌재 2021.5.27, 2019헌가19).

② [O] 심판대상조항이 원판결의 근거가 된 가중처벌규정에 대하여 헌법재판소의 위헌결정이 있었음을 이유로 개시된 재심절차에서, 공소장 변경을 통해 위헌결정된 가중처벌규정보다 법정형이 가벼운 처벌규정으로 적용법조가 변경되어 피고인이 무죄재판을 받지는 않았으나 원판결보다 가벼운 형으로 유죄판결이 확정된 경우, 재심판결에서 선고된 형을 초과하여 집행된 구금에 대하여 보상요건을 전혀 규정하지 아니한 것은 현저히 자의적인 차별로서 평등원칙을 위반하여 청구인들의 평등권을 침해하므로 헌법에 위반된다(헌재 2022.2.24, 2018헌마998).

③ [O] 가족 중에 순직자가 있는 경우 적용되는 병역감경제도는, 국가를 위하여 희생한 자와 그 가족을 예우하고, 남은 가족의 생계유지 등 생활안정을 위하여, 그리고 순직자의 가족에게 똑같은 위험성 있는 국방의 의무를 예외 없이 부과하는 것은 그 가족에게 거듭된 희생을 요구하는 것이어서 가혹하다는 입법적 고려에 따른 것이다. 따라서 심판대상조항은 청구인의 평등권을 침해하지 않는다(헌재 2019.7.25, 2017헌마323).

❹ [✕] 금고 이상의 실형을 선고받고 그 집행이 끝나거나 집행이 면제된 날로부터 3년이 지나지 아니한 사람은 행정사가 될 수 없다고 규정한 것은 그 결격사유를 공인중개사나 다른 국가자격 직역에 비해 합리적인 이유 없이 엄격하게 규정한 것으로 평등권을 침해하는 것이다.

⇨ **이 사건 법률조항이 행정사의 업무 특성을 고려하여, 그 결격사유를 금고 이상의 실형을 선고받더라도 자격취득은 가능하지만 사무소 개설등록만 할 수 없는 공인중개사나, 업무와 관련한 불법행위로 등록취소가 되지 않는 한 자격 취득 자체에는 특별한 제한을 두지 않는 국가기술자격 소지자와 같이 상대적으로 낮은 수준의 공정성 및 신뢰성을 요구하는 다른 국가자격 직역에 비해 다소 엄격하게 규정하고 있는 것은 합리적인 이유가 있는 것이므로, 청구인의 평등권을 침해하지 아니한다**(헌재 2015.3.26, 2013헌마131).

04
답 ②

① [O] 헌법 제12조 제3항 본문은 동조 제1항과 함께 적법절차원리의 일반조항에 해당하는 것으로서, 형사절차상의 영역에 한정되지 않고 입법, 행정 등 국가의 모든 공권력의 작용에는 절차상의 적법성뿐만 아니라 법률의 구체적 내용도 합리성과 정당성을 갖춘 실체적인 적법성이 있어야 한다는 적법절차의 원칙을 헌법의 기본원리로 명시하고 있다(헌재 1992.12.24, 92헌가8).

❷ [✕] 적법절차의 원칙은 기본권 제한이 있음을 전제로 하여 적용된다.

⇨ 적법절차의 원칙은 헌법조항에 규정된 형사절차상의 제한된 범위 내에서만 적용되는 것이 아니라 국가작용으로서 **기본권 제한과 관련되든 관련되지 않은 모든 입법작용 및 행정작용에도 광범위하게 적용된다고 해석하여야 할 것이다**(헌재 1992.12.24, 92헌가8).

③ [O] 형법 제57조 제1항 중 '또는 일부' 부분이 상소제기 후 미결구금일수의 일부가 산입되지 않을 수 있도록 하여 피고인의 상소의사를 위축시킴으로써 남상소를 방지하려 하는 것은 입법목적 달성을 위한 적절한 수단이라고 할 수 없고, 남상소를 방지한다는 명목으로 오히려 구속 피고인의 재판청구권이나 상소권의 적정한 행사를 저해한다. 더욱이 구속 피고인이 고의로 재판을 지연하거나 부당한 소송행위를 하였다고 하더라도 이를 이유로 미결구금기간 중 일부를 형기에 산입하지 않는 것은 처벌되지 않는 소송상의 태도에 대하여 형벌적 요소를 도입하여 제재를 가하는 것으로서 적법절차의 원칙 및 무죄추정의 원칙에 반한다(헌재 2009.6.25, 2007헌바25).

④ [O] 심판대상조항에 따른 추징판결의 집행은 그 성질상 신속성과 밀행성을 요구하는데, 제3자에게 추징판결의 집행사실을 사전에 통지하거나 의견 제출의 기회를 주게 되면 제3자가 또다시 불법재산 등을 처분하는 등으로 인하여 집행의 목적을 달성할 수 없게 될 가능성이 높다. 따라서 심판대상조항이 제3자에 대하여 특정공무원범죄를 범한 범인에 대한 추징판결을 집행하기에 앞서 제3자에게 통지하거나 의견을 진술할 기회를 부여하지 않은 데에는 합리적인 이유가 있다. 따라서 심판대상조항은 적법절차원칙에 위배된다고 볼 수 없다(헌재 2020.2.27, 2015헌가4).

---

05 답 ④

① [O] 무죄추정의 원칙이 적용되는 미결수용자들에 대한 기본권 제한은 징역형 등의 선고를 받아 그 형이 확정된 수형자의 경우보다는 더 완화되어야 할 것임에도, 피청구인이 수용자 중 미결수용자에 대하여만 일률적으로 종교행사 등에의 참석을 불허한 것은 미결수용자의 종교의 자유를 나머지 수용자의 종교의 자유보다 더욱 엄격하게 제한한 것이다. 나아가 공범 등이 없는 경우 내지 공범 등이 있는 경우라도 공범이나 동일사건 관련자를 분리하여 종교행사 등에의 참석을 허용하는 등의 방법으로 미결수용자의 기본권을 덜 침해하는 수단이 존재함에도 불구하고 이를 전혀 고려하지 아니하였으므로 이 사건 종교행사 등 참석불허 처우는 침해의 최소성 요건을 충족하였다고 보기 어렵다. 그리고 이 사건 종교행사 등 참석불허 처우로 얻어질 공익의 정도가 무죄추정의 원칙이 적용되는 미결수용자들이 종교행사 등에 참석을 하지 못함으로써 입게 되는 종교의 자유의 제한이라는 불이익에 비하여 결코 크다고 단정하기 어려우므로 법익의 균형성 요건 또한 충족하였다고 할 수 없다. 따라서 이 사건 종교행사 등 참석불허 처우는 과잉금지원칙을 위반하여 청구인의 종교의 자유를 침해하였다(헌재 2011.12.29, 2009헌마527).

② [O] 형집행법 제112조 제3항 본문 중 제108조 제4호에 관한 부분은 금치의 징벌을 받은 사람에 대해 금치기간 동안 공동행사 참가 정지라는 불이익을 가함으로써, 규율의 준수를 강제하여 수용시설 내의 안전과 질서를 유지하기 위한 것으로서, 목적의 정당성 및 수단의 적합성이 인정된다. 금치처분을 받은 사람은 최장 30일 이내의 기간 동안 공동행사에 참가할 수 없으나, 서신수수, 접견을 통해 외부와 통신할 수 있고, 종교상담을 통해 종교활동을 할 수 있다. 또한, 위와 같은 불이익은 규율 준수를 통하여 수용질서를 유지한다는 공익에 비하여 크다고

할 수 없다. 따라서 위 조항은 청구인의 통신의 자유, 종교의 자유를 침해하지 아니한다(헌재 2016.5.26, 2014헌마45).

③ [O] 이 사건 종교행사 참석조치는 군에서 필요한 정신전력을 강화하는 데 기여하기보다 오히려 해당 종교와 군 생활에 대한 반감이나 불쾌감을 유발하여 역효과를 일으킬 소지가 크고, 훈련병들의 정신전력을 강화할 수 있는 방법으로 종교적 수단 이외에 일반적인 윤리교육 등 다른 대안도 택할 수 있으며, 종교는 개인의 인격을 형성하는 가장 핵심적인 신념일 수 있는 만큼 종교에 대한 국가의 강제는 심각한 기본권 침해에 해당하는 점을 고려할 때, 이 사건 종교행사 참석조치는 과잉금지원칙을 위반하여 청구인들의 종교의 자유를 침해한다(헌재 2022.11.24, 2019헌마941).

❹ [×] 종교단체가 운영하는 학교 형태 혹은 학원 형태의 교육기관도 예외 없이 학교설립인가 혹은 학원설립등록을 받도록 규정한 것은 종교의 자유를 침해하여 헌법에 위반된다.

⇨ 헌법 제31조 제6항이 교육제도에 관한 기본사항을 법률로 입법자가 정하도록 한 취지, **종교교육기관이 자체 내부의 순수한 성직자 양성기관이 아니라 학교 혹은 학원의 형태로 운영될 경우 일반국민들이 받을 수 있는 부실한 교육의 피해의 방지, 현행 법률상 학교 내지 학원의 설립절차가 지나치게 엄격하다고 볼 수 없는 점 등을 고려할 때, 위 조항들이 청구인의 종교의 자유 등을 침해하였다고 볼 수 없고,** 또한 위 조항들로 인하여 종교교단의 재정적 능력에 따라 학교 내지 학원의 설립상 차별을 초래한다고 해도 거기에는 위와 같은 합리적 이유가 있으므로 평등원칙에 위배된다고 할 수 없다(헌재 2000.3.30, 99헌바14).

---

06 답 ④

① [O] 인터넷 회선 감청은, 인터넷 회선을 통하여 흐르는 전기신호 형태의 '패킷'을 중간에 확보한 다음 재조합 기술을 거쳐 그 내용을 파악하는 이른바 '패킷감청'의 방식으로 이루어진다. 따라서 이를 통해 개인의 통신뿐만 아니라 사생활의 비밀과 자유가 제한된다(헌재 2018.8.30, 2016헌마263).

② [O] 헌법 제17조는 "모든 국민은 사생활의 비밀과 자유를 침해받지 아니한다."라고 규정하고 있는바, 이들 헌법 규정은 개인의 사생활 활동이 타인으로부터 침해되거나 사생활이 함부로 공개되지 아니할 소극적인 권리는 물론, 오늘날 고도로 정보화된 현대사회에서 자신에 대한 정보를 자율적으로 통제할 수 있는 적극적인 권리까지도 보장하려는 데에 그 취지가 있는 것으로 해석된다(대판 1998.7.24, 96다42789).

③ [O] 헌법 제17조는 "모든 국민은 사생활의 비밀과 자유를 침해받지 아니한다."고 규정하여 사생활의 비밀과 자유를 국민의 기본권의 하나로 보장하고 있다. 사생활의 비밀은 국가가 사생활 영역을 들여다보는 것에 대한 보호를 제공하는 기본권이며, 사생활의 자유는 국가가 사생활의 자유로운 형성을 방해하거나 금지하는 것에 대한 보호를 의미한다. 구체적으로 사생활의 비밀과 자유가 보호하는 것은 개인의 내밀한 내용의 비밀을 유지할 권리, 개인이 자신의 사생활의 불가침을 보장받을 수 있는 권리, 개인의 양심영역이나 성적 영역과 같은 내밀한 영역에 대한 보호, 인격적인 감정세계의 존중의 권리와 정신적인 내면생활이 침해받지 아니할 권리 등이다. 요컨대 헌법 제17조가

보호하고자 하는 기본권은 사생활영역의 자유로운 형성과 비밀유지라고 할 것이다(헌재 2003.10.30, 2002헌마518).

❹ [×] 구치소장이 미결수용자가 배우자와 접견하는 것을 녹음하는 행위는 미결수용자의 사생활의 비밀과 자유를 침해하는 것으로 헌법에 위반된다.

⇨ 이 사건 녹음행위는 교정시설 내의 안전과 질서유지에 기여하기 위한 것으로서 그 목적이 정당할 뿐 아니라 수단이 적절하다. 또한, 소장은 미리 접견내용의 녹음 사실 등을 고지하며, 접견기록물의 엄격한 관리를 위한 제도적 장치도 마련되어 있는 점 등을 고려할 때 침해의 최소성 요건도 갖추었고, 이 사건 녹음행위는 미리 고지되어 청구인의 접견내용은 사생활의 비밀로서의 보호가치가 그리 크지 않다고 할 것이므로 법익의 불균형을 인정하기도 어려워, 과잉금지원칙에 위반하여 청구인의 사생활의 비밀과 자유를 침해하였다고 볼 수 없다(헌재 2012.12.27, 2010헌마153).

07 답 ④

㉠ [×] 자율형 사립고등학교(이하 '자사고'라 한다)는 초·중등교육법 제61조에 따른 학교인데, 위 조항은 신입생 선발시기에 관하여 자사고에 특별한 신뢰를 부여하였다고 볼 수 없다. 또한, 입학전형에 관한 사항은 고등학교 교육에 대한 수요 및 공급의 상황과 각종 고등학교별 특성 등을 고려하여 정할 필요성이 있고, 전기학교로 규정할 것인지 여부는 특정 분야에 재능이나 소질을 가진 학생을 후기학교보다 먼저 선발할 필요성이 인정되는지에 따라 달라질 수 있는 가변적인 성격을 가지고 있다. 자사고가 당초 도입취지와 달리 운영되고 있음은 앞서 본 바와 같고 자사고가 전기학교로 유지되리라는 기대 내지 신뢰는 자사고의 교육과정을 도입취지에 충실하게 운영할 것을 전제로 한 것이므로 그 전제가 충족되지 않은 이상 청구인 학교법인의 신뢰를 보호하여야 할 가치나 필요성은 그만큼 약하다. 고교서열화 및 입시경쟁 완화라는 공익은 매우 중대하고, 자사고를 전기학교로 유지할 경우 우수학생 선점 문제를 해결하기 곤란하여 고교서열화 현상을 완화시키기 어렵다는 점, 청구인 학교법인의 신뢰의 보호가치가 작다는 점을 고려하면 이 사건 동시선발 조항은 신뢰보호원칙에 위배되지 아니한다(헌재 2019.4.11, 2018헌마221).

㉡ [○] 일본인들이 불법적인 한일병합조약을 통하여 조선 내에서 축적한 재산을 1945.8.9. 상태 그대로 일괄 동결시키고 그 산일과 훼손을 방지하여 향후 수립될 대한민국에 이양한다는 공익은, 한반도 내의 사유재산을 자유롭게 처분하고 일본 본토로 철수하고자 하였던 일본인이나, 일본의 패망 직후 일본인으로부터 재산을 매수한 한국인들에 대한 신뢰보호의 요청보다 훨씬 더 중대하다. 따라서 심판대상조항은 소급입법금지원칙에 대한 예외로서 헌법 제13조 제2항에 위반되지 아니한다(헌재 2021.1.28, 2018헌바88).

㉢ [×] 부진정소급입법은 원칙적으로 허용되지만 소급효를 요구하는 공익상의 사유와 신뢰보호의 요청 사이의 교량과정에서 신뢰보호의 관점이 입법자의 형성권에 제한을 가하게 되는데 반하여, 기존의 법에 의하여 형성되어 이미 굳어진 개인의 법적 지위를 사후입법을 통하여 박탈하는 것 등을 내용으로 하는 진정소급입법은 개인의 신뢰보호와 법적 안정성을 내용으로

하는 법치국가원리에 의하여 특단의 사정이 없는 한 헌법적으로 허용되지 아니하는 것이 원칙이고, 다만 일반적으로 국민이 소급입법을 예상할 수 있었거나 법적 상태가 불확실하고 혼란스러워 보호할 만한 신뢰이익이 적은 경우와 소급입법에 의한 당사자의 손실이 없거나 아주 경미한 경우 그리고 신뢰보호의 요청에 우선하는 심히 중대한 공익상의 사유가 소급입법을 정당화하는 경우 등에는 예외적으로 진정소급입법이 허용된다(헌재 1999.7.22, 97헌바76 등).

㉣ [○] 기존의 법에 의하여 형성되어 이미 굳어진 개인의 법적 지위를 사후입법을 통하여 박탈하는 것 등을 내용으로 하는 진정소급입법은 개인의 신뢰보호와 법적 안정성을 내용으로 하는 법치국가원리에 의하여 특단의 사정이 없는 한 헌법적으로 허용되지 아니하는 것이 원칙이고, 다만 일반적으로 국민이 소급입법을 예상할 수 있었거나 법적 상태가 불확실하고 혼란스러워 보호할 만한 신뢰이익이 적은 경우와 소급입법에 의한 당사자의 손실이 없거나 아주 경미한 경우 그리고 신뢰보호의 요청에 우선하는 심히 중대한 공익상의 사유가 소급입법을 정당화하는 경우 등에는 예외적으로 진정소급입법이 허용된다(헌재 1999.7.22, 97헌바76 등).

08 답 ①

❶ [×] 수형자의 선거권을 제한하는 것은 공동체구성원으로서의 의무를 저버리고 공동체의 유지에 해를 가한 사람들에게는 다른 공동체구성원들과 똑같은 권리를 모두 부여할 수는 없다는 이념에 기초하고 있는 것이므로 보통선거원칙에 위반하는 것이 아니다.

⇨ 범죄자의 선거권을 제한할 필요가 있다 하더라도 그가 저지른 범죄의 경중을 전혀 고려하지 않고 수형자와 집행유예자 모두의 선거권을 제한하는 것은 침해의 최소성원칙에 어긋난다. … 심판대상조항 중 수형자에 관한 부분의 위헌성은 지나치게 전면적·획일적으로 수형자의 선거권을 제한한다는 데 있다. 그런데 그 위헌성을 제거하고 수형자에게 헌법합치적으로 선거권을 부여하는 것은 입법자의 형성재량에 속한다. 입법자는 범죄의 중대성과 선고형의 관계, 선거의 주기 등을 종합적으로 고려하여 선거권제한의 기준이 되는 선고형을 정하고, 일정한 형기 이상의 실형을 선고받아 그 형의 집행 중에 있는 수형자의 경우에만 선거권을 제한하는 방식으로 입법하는 것이 바람직할 것이다. 그러므로 심판대상조항 중 수형자에 관한 부분에 대하여 헌법불합치 결정을 선고하되, 다만 입법자의 개선입법이 있을 때까지 계속적용을 명하기로 한다. 입법자는 늦어도 2015.12.31.까지 개선입법을 하여야 하며, 그때까지 개선입법이 이루어지지 않으면 심판대상조항 중 수형자에 관한 부분은 2016.1.1.부터 그 효력을 상실한다(헌재 2014.1.28, 2012헌마409).

❷ [○] 병은 군인의 다수를 차지하므로, 만약 병이 선거운동을 통하여 선거에서 특정 후보나 정당을 지지하는 경향을 드러내는 경우, 그것이 국군 전체의 의사로 오도될 가능성이 있고 국군의 정치적 중립성이 크게 흔들릴 수 있다. 또한, 병은 원칙적으로 다른 병과 함께 집단생활을 하므로 생활 전반에 걸쳐 병 사이의 밀착 정도가 매우 높아, 어느 병의 선거운동은 다른 병의 선거와 관련한 의사 형성이나 고유의 직무 수행에 부당한

영향을 미칠 수 있다. ··· 위와 같은 사정을 고려하면 병이 국 토방위라는 본연의 업무에 전념할 수 있도록 하고, 헌법이 요 구하는 공무원과 국군의 정치적 중립성을 확보하며, 선거의 공 정성과 형평성을 확보하기 위하여 반드시 필요한 제한이라 할 수 있다. 따라서 심판대상조항은 과잉금지원칙에 위배되어 청 구인의 선거운동의 자유를 침해하지 않는다(헌재 2018.4.26. 2016헌마611).

③ [O] 단원제하에서 인구편차 상하 50%의 기준을 따를 경우 인구 가 적은 지역구에서 당선된 국회의원이 획득한 투표수보다 인구가 많은 지역구에서 낙선된 후보자가 획득한 투표수가 많은 경우가 발생할 수 있는 등 지나친 투표가치의 불평등이 발생한다. ··· 현재의 시점에서 헌법이 허용하는 인구편차의 기준을 인구편차 상하 33⅓%, 인구비례 2 : 1을 넘어서지 않 는 것으로 변경하는 것이 타당하다(헌재 2014.10.30. 2014헌 마53 등).

④ [O] 심판대상조항을 통해 달성하고자 하는 선거의 공정성은 매우 중요한 가치이다. 그러나 선거의 공정성도 결국에는 선거인의 선거권이 실질적으로 보장될 때 비로소 의미를 가진다. 심판 대상조항의 불충분·불완전한 입법으로 인한 청구인의 선거 권 제한을 결코 가볍다고 볼 수 없으며, 이는 심판대상조항으 로 인해 달성되는 공익에 비해 작지 않다. 따라서 심판대상조 항은 법익의 균형성 원칙에 위배된다. 심판대상조항이 재외투 표기간 개시일에 임박하여 또는 재외투표기간 중에 재외선거 사무 중지결정이 있었고 그에 대한 재개결정이 없었던 예외 적인 상황에서 재외투표기간 개시일 이후에 귀국한 재외선거 인 등이 국내에서 선거일에 투표할 수 있도록 하는 절차를 마 련하지 아니한 것은 과잉금지원칙을 위반하여 청구인의 선거 권을 침해한다(헌재 2022.1.27. 2020헌마895).

09

답 ④

① [X] 변호인의 조력을 받을 권리를 보장하는 목적은 피의자 또는 피고인의 방어권 행사를 보장하기 위한 것이므로, **미결수용자 또는 변호인이 원하는 특정한 시점에 접견이 이루어지지 못 하였다 하더라도 그것만으로 곧바로 변호인의 조력을 받을 권리가 침해되었다고 단정할 수는 없는 것이고**, 변호인의 조 력을 받을 권리가 침해되었다고 하기 위해서는 접견이 불허 된 특정한 시점을 전후한 수사 또는 재판의 진행 경과에 비추 어 보아, 그 시점에 접견이 불허됨으로써 피의자 또는 피고인 의 방어권 행사에 어느 정도는 불이익이 초래되었다고 인정 할 수 있어야만 하며, 그 시점을 전후한 변호인 접견의 상황 이나 수사 또는 재판의 진행 과정에 비추어 미결수용자가 방 어권을 행사하기 위해 변호인의 조력을 받을 기회가 충분히 보장되었다고 인정될 수 있는 경우에는, 비록 미결수용자 또 는 그 상대방인 변호인이 원하는 특정 시점에는 접견이 이루 어지지 못하였다 하더라도 변호인의 조력을 받을 권리가 침 해되었다고 할 수 없다(헌재 2011.5.26. 2009헌마341).

② [X] 변호인의 조력을 받을 권리란 **국가권력의 일방적인 형벌권행 사에 대항하여 자신에게 부여된 헌법상, 소송법상의 권리를 효율적이고 독립적으로 행사하기 위하여 변호인의 도움을 얻 을 피의자·피고인의 권리를 의미한다**(헌재 2004.9.23. 2000 헌마138).

③ [X] 형사절차가 종료되어 교정시설에 수용 중인 수형자는 **원칙적 으로 변호인의 조력을 받을 권리의 주체가 될 수 없다**(헌재 1998.8.27. 96헌마398).

❹ [O] 행정절차에서 이루어진 구속을 당한 사람에 대해, 변호인의 접견신청을 거부한 것은 변호인의 조력을 받을 권리를 침해 한 것이다.
⇨ 헌법 제12조 제4항 본문의 문언 및 헌법 제12조의 조문 체계, 변호인 조력권의 속성, 헌법이 신체의 자유를 보장하는 취지 를 종합하여 보면 헌법 제12조 제4항 본문에 규정된 '구속'은 사법절차에서 이루어진 구속뿐 아니라, 행정절차에서 이루어 진 구속까지 포함하는 개념이다. 따라서 헌법 제12조 제4항 본문에 규정된 변호인의 조력을 받을 권리는 행정절차에서 구속을 당한 사람에게도 즉시 보장된다. ··· 이 사건 변호인 접견신청 거부는 현행법상 아무런 법률상 근거가 없이 청구 인의 변호인의 조력을 받을 권리를 제한한 것이므로, 청구인 의 변호인의 조력을 받을 권리를 침해한 것이다(헌재 2018.5. 31. 2014헌마346).

답 ③

① [O] 국민이 공무원으로 임용된 경우에 있어서 그가 정년까지 근 무할 수 있는 권리는 헌법의 공무원신분보장 규정에 의하여 보호되는 기득권으로서 그 침해 내지 제한은 신뢰보호의 원 칙에 위배되지 않는 범위 내에서만 가능하다고 할 것이다(헌재 1994.4.28. 91헌바15).

② [O] 지방자치단체의 직제가 폐지된 경우에 해당 공무원을 직권면직 할 수 있도록 규정하고 있는 지방공무원법 제62조 제1항 제3호 가 직업공무원제도를 위반하지 않는다(헌재 2004.11.25. 2002 헌바8).

❸ [X] 직업공무원제도에서 말하는 공무원은 국가 또는 공공단체와 근로관계를 맺고 이른바 공법상 특별권력관계 내지 특별행정 법관계 아래 공무를 담당하는 것을 직업으로 하는 협의의 공 무원뿐만 아니라 정치적 공무원과 임시적 공무원을 포함하는 것이다.
⇨ 우리나라는 직업공무원제도를 채택하고 있는데, 이는 공무원 이 집권세력의 논공행상의 제물이 되는 엽관제도(獵官制度) 를 지양하고 정권교체에 따른 국가작용의 중단과 혼란을 예 방하고 일관성 있는 공무수행의 독자성을 유지하기 위하여 헌법과 법률에 의하여 공무원의 신분이 보장되는 공직구조에 관한 제도이다. 여기서 말하는 공무원은 **국가 또는 공공단체 와 근로관계를 맺고 이른바 공법상 특별권력관계 내지 특별 행정법관계 아래 공무를 담당하는 것을 직업으로 하는 협의 의 공무원을 말하며 정치적 공무원이라든가 임시적 공무원은 포함되지 않는 것이다**(헌재 1989.12.18. 89헌마32).

④ [O] 공무원이 정년까지 근무할 수 있는 권리는 헌법의 공무원신 분보장 규정에 의하여 보호되는 기득권으로서 그 침해 내지 제한은 신뢰보호의 원칙에 위배되지 않는 범위 내에서만 가 능하다고 할 것인 즉, 기존의 정년규정을 변경하여 임용 당시 의 공무원법상의 정년까지 근무할 수 있다는 기대 내지 신뢰 를 합리적 이유 없이 박탈하는 것은 위 공무원신분 보장규정 에 위배된다 할 것이나, 임용 당시의 공무원법상의 정년까지 근무할 수 있다는 기대와 신뢰는 절대적인 권리로서 보호

되어야만 하는 것은 아니고 행정조직, 직제의 변경 또는 예산의 감소 등 강한 공익상의 정당한 근거에 의하여 좌우될 수 있는 상대적이고 가변적인 것이라 할 것이므로 입법자에게는 제반사정을 고려하여 합리적인 범위 내에서 정년을 조정할 입법형성권이 인정된다(헌재 2000.12.14, 99헌마112 등).

11 답 ③

① [X] 헌법 제33조 제1항은 "근로자는 근로조건의 향상을 위하여 자주적인 단결권·단체교섭권 및 단체행동권을 가진다."고 규정하고 있다. 여기서 **헌법상 보장된 근로자의 단결권은 단결할 자유만을 가리킬 뿐이고, 단결하지 아니할 자유 이른바 소극적 단결권은 이에 포함되지 않는다고 보는 것이 우리 재판소의 선례라고 할 것이다.** 그렇다면 근로자가 노동조합을 결성하지 아니할 자유나 노동조합에 가입을 강제당하지 아니할 자유, 그리고 가입한 노동조합을 탈퇴할 자유는 근로자에게 보장된 단결권의 내용에 포섭되는 권리로서가 아니라 헌법 제10조의 행복추구권에서 파생되는 일반적 행동의 자유 또는 제21조 제1항의 결사의 자유에서 그 근거를 찾을 수 있다(헌재 2005.11.24, 2002헌바95).

② [X] 헌법 제33조 제1항이 "근로자는 근로조건의 향상을 위하여 자주적인 단결권, 단체교섭권, 단체행동권을 가진다."고 규정하여 근로자에게 '단결권, 단체교섭권, 단체행동권'을 기본권으로 보장하는 뜻은 근로자가 사용자와 대등한 지위에서 단체교섭을 통하여 자율적으로 임금 등 근로조건에 관한 단체협약을 체결할 수 있도록 하기 위한 것이다. **비록 헌법이 위 조항에서 '단체협약체결권'을 명시하여 규정하고 있지 않다고 하더라도 근로조건의 향상을 위한 근로자 및 그 단체의 본질적인 활동의 자유인 '단체교섭권'에는 단체협약체결권이 포함되어 있다고 보아야 한다**(헌재 1998.2.27, 95헌바44).

❸ [O] 출입국관리법령에 따라 취업활동을 할 수 있는 체류자격을 받지 아니한 외국인근로자도 노동조합을 설립하거나 노동조합에 가입할 수 있다.
  ⇨ 출입국관리법령에서 외국인고용제한 규정을 두고 있는 것은 취업자격 없는 외국인의 고용이라는 사실적 행위 자체를 금지하고자 하는 것뿐이지, 나아가 취업자격 없는 외국인이 사실상 제공한 근로에 따른 권리나 이미 형성된 근로관계에 있어서 근로자로서의 신분에 따른 노동관계법상의 제반 권리 등의 법률효과까지 금지하려는 것으로 보기는 어렵다. 따라서 타인과의 사용종속관계하에서 근로를 제공하고 그 대가로 임금 등을 받아 생활하는 사람은 노동조합법상 근로자에 해당하고, 노동조합법상의 근로자성이 인정되는 한, 그러한 근로자가 외국인인지 여부나 취업자격의 유무에 따라 노동조합법상 근로자의 범위에 포함되지 아니한다고 볼 수는 없다(대판 2015.6.25, 2007두4995).

④ [X] 사용자는 노동조합 및 노동관계조정법에 의한 단체교섭 또는 **쟁의행위로 인하여 손해를 입은 경우에 노동조합 또는 근로자에 대하여 그 배상을 청구할 수 없다**(노동조합 및 노동관계조정법 제3조).

12 답 ②

① [X] 법관의 직무상 독립을 보호하여 사법작용의 공정성과 독립성을 확보하기 위한 것으로 입법목적의 정당성은 인정되나, **국가의 사법권한 역시 국민의 의사에 정당성의 기초를 두고 행사되어야 한다는 점과 재판에 대한 정당한 비판은 오히려 사법작용의 공정성 제고에 기여할 수도 있는 점을 고려하면 사법의 독립성을 확보하기 위한 적합한 수단이라 보기 어렵다.** … 과잉금지원칙에 위배되어 집회의 자유를 침해한다(헌재 2016.9.29, 2014헌가3 등).

❷ [O] 국회의 헌법적 기능을 무력화시키거나 저해할 우려가 있는 집회의 금지
  ⇨ 심판대상조항은 국회의 헌법적 기능을 무력화시키거나 저해할 우려가 있는 집회를 금지하는데 머무르지 않고, 그 밖의 평화적이고 정당한 집회까지 전면적으로 제한함으로써 구체적인 상황을 고려하여 상충하는 법익간의 조화를 이루려는 노력을 전혀 기울이지 않고 있다. 심판대상조항으로 달성하려는 공익이 제한되는 집회의 자유 정도보다 크다고 단정할 수는 없다고 할 것이므로 심판대상조항은 법익의 균형성원칙에도 위배된다. 심판대상조항은 과잉금지원칙을 위반하여 집회의 자유를 침해한다(헌재 2018.5.31, 2013헌바322 등).

③ [X] 우리 헌법은 모든 국민에게 집회의 자유를 보장하고 있고, 집회에 대한 사전허가제를 금지하고 있는바, 옥외집회를 주최하고자 하는 자는 집회 및 시위에 관한 법률이 정한 시간 전에 관할경찰관서장에게 집회신고서를 제출하여 접수시키기만 하면 원칙적으로 옥외집회를 할 수 있다. 그리고 이러한 집회의 자유에 대한 제한은 법률에 의해서만 가능하므로 법률에 정하여지지 않은 방법으로 이를 제한할 경우에는 그것이 과잉금지원칙에 위배되었는지 여부를 판단할 필요 없이 헌법에 위반된다. 그런데 이 사건 피청구인은 청구인 ○○합섬HK지회와 ○○생명인사지원실이 제출한 옥외집회신고서를 폭력사태 발생이 우려된다는 이유로 동시에 접수하였고, 이후 상호 충돌을 피한다는 이유로 두 개의 집회신고를 모두 반려하였는바, … **이 사건 반려행위는 법률의 근거 없이 청구인들의 집회의 자유를 침해한 것으로서 헌법상 법률유보원칙에 위반된다고 할 것이다**(헌재 2008.5.29, 2007헌마712).

④ [X] 야간시위를 금지하는 집회 및 시위에 관한 법률 제10조 본문에는 위헌적인 부분과 합헌적인 부분이 공존하고 있으며, 위 조항 전부의 적용이 중지될 경우 공공의 질서 내지 법적 평화에 대한 침해의 위험이 높아, 일반적인 옥외집회나 시위에 비하여 높은 수준의 규제가 불가피한 경우에도 대응하기 어려운 문제가 발생할 수 있으므로, 현행 집시법의 체계 내에서 시간을 기준으로 한 규율의 측면에서 볼 때 규제가 불가피하다고 보기 어려움에도 시위를 절대적으로 금지하여 위헌성이 명백한 부분에 한하여 위헌 결정을 한다. 심판대상조항들은, **이미 보편화된 야간의 일상적인 생활의 범주에 속하는 '해가 진 후부터 같은 날 24시까지의 시위'에 적용하는 한 헌법에 위반된다**(헌재 2014.3.27, 2010헌가2 등).

13
답 ③

① [O] 헌법 제22조 제1항에서 규정한 학문의 자유 등의 보호는 개인의 인권으로서의 학문의 자유뿐만 아니라 특히 대학에서 학문연구의 자유·연구활동의 자유·교수의 자유 등도 보장하는 취지이다. 이와 같은 대학에서의 학문의 자유에 대한 보장을 담보하기 위하여는 대학의 자율성이 보장되어야 한다(헌재 1998.7.16, 96헌바33).

② [O] 이 사건 조항은 국립대학 교원의 연구의욕 고취 및 교육의 수월성 제고를 통한 대학경쟁력 강화를 위한 것으로서 목적의 정당성 및 수단의 적합성이 인정된다. 또한, 이 사건 조항은 교원의 학문연구나 교육 등의 활동을 제약하거나 이를 일정한 방향으로 강요하고, 낮은 등급을 받은 교원에 대하여 직접적으로 어떤 제재를 가하는 것이 아니라, 평가결과에 따라 연봉에 상대적인 차등을 둠으로써 교원들의 자발적인 분발을 촉구할 뿐이고, 구체적인 평가기준이나 평가방법 등은 각 대학에서 합리적으로 설정하여 운영할 수 있으므로 침해의 최소성도 인정된다. 그리고 이 사건 조항으로 인하여 달성되는 공익이 그로 인하여 받게되는 불이익보다 크므로 법익의 균형성도 인정된다. 따라서 이 사건 조항은 과잉금지원칙에 반하여 청구인들의 학문의 자유를 침해한다고 볼 수 없다(헌재 2013.11.28, 2011헌마282).

❸ [X] 헌법 제31조 제4항의 교육의 자주성이나 대학의 자율성은 헌법 제22조 제1항이 보장하고 있는 학문의 자유의 확실한 보장수단으로 꼭 필요하지만 이는 대학에게 부여된 헌법상의 기본권은 아니다.
　⇨ 대학의 자율성은 헌법 제22조 제1항이 보장하고 있는 학문의 자유의 확실한 보장수단으로 꼭 필요한 것으로서 이는 대학에게 부여된 헌법상의 기본권이다. 여기서 대학의 자율은 대학시설의 관리·운영만이 아니라 전반적인 것이라야 하므로 연구와 교육의 내용, 그 방법과 대상, 교과과정의 편성, 학생의 선발과 전형 및 특히 교원의 임면에 관한 사항도 자율의 범위에 속한다(헌재 2006.4.27, 2005헌마1119).

④ [O] 경찰대학에 연령제한을 둔 목적은 젊고 유능한 인재를 확보하고 이들에게 필요한 교육 훈련을 일관적이고 체계적으로 실시하여 국민에게 전문적이고 질 높은 행정 서비스를 제공하기 위한 것이므로, 이를 위하여 경찰대학 입학에 일정한 상한연령을 규정하는 것은 정당한 목적에 대한 적절한 수단이다. … 경찰대학의 입학 연령을 21세 미만으로 제한하고 있는 것이 경찰대학에 진학하여서 연구할 자유를 침해하고 있거나 병역의무이행 그 자체를 이유로 불이익을 부과하고 있는 것이 아니므로 청구인의 학문의 자유와 병역의무이행으로 인한 불이익 처우 금지 등을 침해하였다고 볼 수 없다(헌재 2009.7.30, 2007헌마991).

14
답 ③

① [X] 택시를 이용하는 국민을 성범죄 등으로부터 보호하고, 여객운송서비스 이용에 대한 불안감을 해소하며, 도로교통에 관한 공공의 안전을 확보하려는 심판대상조항의 입법목적은 정당하고, 또한 해당 범죄를 범한 택시운송사업자의 운전자격의 필요적 취소라는 수단의 적합성도 인정된다. … 운전자격이

취소되더라도 집행유예기간이 경과하면 다시 운전자격을 취득할 수 있으므로 운수종사자가 받는 불이익은 제한적인 반면, 심판대상조항으로 달성되는 입법목적은 매우 중요하므로, 법익의 균형성 요건도 충족한다. 따라서 심판대상조항은 과잉금지원칙에 위배되지 않는다(헌재 2018.5.31, 2016헌바14 등).

② [X] 소송대리인이 되려는 변호사의 경우 접촉차단시설이 설치된 장소에서 수용자와 접견하도록 되어 있어 다소 불편을 겪을 가능성이 있다 하더라도 선임 여부의 의사를 확인하는 데 지장을 초래할 정도라 할 수 없고, 접견 외 여러 방법을 통하여 수용자의 의사를 확인할 길이 있으므로 심판대상조항으로 인한 불이익의 정도가 크지 않은 반면, 심판대상조항이 달성하고자 하는 교정시설의 안전과 질서 유지라는 공익은 청구인이 입게 되는 불이익에 비하여 중대하다. 따라서 심판대상조항은 청구인에 대한 기본권 제한과 공익목적의 달성 사이에 법익의 균형성을 갖추었다. 따라서 **심판대상조항은 변호사인 청구인의 업무를 원하는 방식으로 자유롭게 수행할 수 있는 자유를 침해한다고 할 수 없다**(헌재 2022.2.24, 2018헌마1010).

❸ [O] 의사가 임신한 여성의 촉탁 또는 승낙을 받아 낙태하게 한 경우를 처벌하는 의사낙태죄 조항은 의사의 직업의 자유를 침해한다.
　⇨ 일반인에 의한 낙태는 의사에 의한 낙태보다 더 위험하고 불법성이 큼에도 불구하고, 동의낙태죄 조항(형법 제269조 제2항)과 달리 징역형 외에 벌금형을 규정하지 아니한 의사낙태죄 조항은 평등원칙에 위반되고, 의사의 직업의 자유를 침해한다(헌재 2019.4.11, 2017헌바127).

④ [X] 심판대상조항은 교통사고로 타인의 생명 또는 신체를 침해하고도 이에 따른 피해자의 구호조치와 신고의무를 위반한 사람이 계속하여 교통에 관여하는 것을 금지함으로써, 국민의 생명·신체를 보호하고 도로교통에 관련된 공공의 안전을 확보함과 동시에 4년의 운전면허 결격기간이라는 엄격한 제재를 통하여 교통사고 발생시 구호조치의무 및 신고의무를 이행하도록 하는 예방적 효과를 달성하고자 하는 데 그 입법목적을 가지고 있다. 이러한 **입법목적은 정당하고, 그 수단의 적합성 또한 인정된다. … 따라서 심판대상조항은 직업의 자유 및 일반적 행동의 자유를 침해하지 않는다**(헌재 2017.12.28, 2016헌바254).

15
답 ④

① [X] 대법원의 소수의견이다. 다수의견은 "현대 입헌 자유민주주의 국가의 헌법이론상 자연법에서 우러나온 자연권으로서의 소위 저항권이 헌법 기타 실정법에 규정되어 있든 없든 간에 엄존하는 권리로 인정되어야 한다는 논지가 시인된다 하더라도 그 저항권이 실정법에 근거를 두지 못하고 오직 자연법에만 근거하고 있는 한 법관은 이를 재판규범으로 원용할 수 없다고 할 것인바, 헌법 및 법률에 저항권에 관하여 아무런 규정 없는 우리나라의 현 단계에서는 저항권이론을 재판의 근거규범으로 채용·적용할 수 없다."라는 입장이다(대판 1980.5.20, 80도306).

② [X] 쿠데타는 국민적 정당성을 확보한다고 볼 수 없다.

③ [X] 대법원은 시민단체의 특정 후보자에 대한 낙선운동이 시민불복종운동으로서 정당행위 또는 긴급피난에 해당한다고 볼 수 없다는 원심을 수긍하였다(대판 2004.11.12, 2003다52227).

❹ [O] 방어적 민주주의를 위한 장치로 위헌정당해산제도와 기본권
실효제도를 들 수 있는데 이 중 우리는 독일과 달리 위헌정당
해산제도만을 도입하고 있다.
➡ 방어적 민주주의의 실현수단으로 위헌정당해산제도는 1960년
제3차 개정헌법에 최초로 규정되었으나, **기본권실효제도는
채택되지 않았다.**

16 답 ①

❶ [×] 죽음에 임박한 환자에게 '연명치료 중단에 관한 자기결정권'
은 헌법상 보장된 기본권이므로, 헌법해석상 '연명치료중단
등에 관한 법률'을 제정할 국가의 입법의무가 명백하다고 볼
수 있다.
➡ 환자가 장차 죽음에 임박한 상태에 이를 경우에 대비하여 미
리 의료인 등에게 연명치료 거부 또는 중단에 관한 의사를 밝
히는 등의 방법으로 죽음에 임박한 상태에서 인간으로서의 존
엄과 가치를 지키기 위하여 연명치료의 거부 또는 중단을 결
정할 수 있다 할 것이고, 위 결정은 헌법상 기본권인 자기결정
권의 한 내용으로서 보장된다 할 것이다. … '연명치료 중단에
관한 자기결정권'을 보장하는 방법으로서 '법원의 재판을 통한
규범의 제시'와 '입법' 중 어느 것이 바람직한가는 입법정책의
문제로서 국회의 재량에 속한다 할 것이다. 그렇다면 **헌법해석
상 '연명치료 중단 등에 관한 법률'을 제정할 국가의 입법의무
가 명백하다고 볼 수 없다**(헌재 2009.11.26, 2008헌마385).
② [O] 헌법 제10조로부터 도출되는 일반적 인격권에는 각 개인이 그
삶을 사적으로 형성할 수 있는 자율영역에 대한 보장이 포함
되어 있음을 감안할 때, 장래 가족의 구성원이 될 태아의 성별
정보에 대한 접근을 국가로부터 방해받지 않을 부모의 권리는
이와 같은 일반적 인격권에 의하여 보호된다고 보아야 할 것
인바, 이 사건 규정은 일반적 인격권으로부터 나오는 부모의
태아 성별 정보에 대한 접근을 방해받지 않을 권리를 제한하
고 있다고 할 것이다(헌재 2008.7.31, 2004헌마1010 등).
③ [O] 타인이나 단체에 대한 기부행위는 공동체의 결속을 도모하고
사회생활에서 개인의 타인과의 연대를 확대하는 기능을 하므
로 자본주의와 시장경제의 흠결을 보완하는 의미에서 국가ㆍ
사회적으로 장려되어야 할 행위이다. 또한, 기부행위자 본인
은 자신의 재산을 사회적 약자나 소외 계층을 위하여 출연함
으로써 자기가 속한 사회에 공헌하였다는 행복감과 만족감을
실현할 수 있으므로, 이는 헌법상 인격의 자유로운 발현을 위
하여 필요한 행동을 할 수 있어야 한다는 의미의 행복추구권
과 그로부터 파생되는 일반적 행동자유권의 행사로서 당연히
보호되어야 한다(헌재 2010.9.30, 2009헌바201).
④ [O] 주방용오물분쇄기를 사용하고자 하는 청구인들은 심판대상조
항이 주방용오물분쇄기의 사용을 금지하고 있어 이를 이용하
여 자유롭게 음식물 찌꺼기 등을 처리할 수 없으므로, 행복추
구권으로부터 도출되는 일반적 행동자유권을 제한받는다(헌
재 2018.6.28, 2016헌마151).

17 답 ①

❶ [O] 북한 고위직 출신 탈북인사인 여권발급신청인의 신변에 대한
위해 우려가 있다는 이유로 미국 방문을 위한 여권발급을 거
부하는 것
➡ 여권발급신청인이 북한 고위직 출신의 탈북 인사로서 신변에
대한 위해 우려가 있다는 이유로 신청인의 미국 방문을 위한
여권발급을 거부한 것은 여권법 제8조 제1항 제5호에 정한 사
유에 해당한다고 볼 수 없고 거주ㆍ이전의 자유를 과도하게
제한하는 것으로서 위법하다(대판 2008.1.24, 2007두10846).
② [×] 누구든지 주민등록 여부와 무관하게 거주지를 자유롭게 이전
할 수 있으므로 주민등록 여부가 거주ㆍ이전의 자유와 직접
적인 관계가 있다고 보기 어려우며, 영내 기거하는 현역병은
병역법으로 인해 거주ㆍ이전의 자유를 제한받게 되므로 **이
사건 법률조항은 영내 기거 현역병의 거주ㆍ이전의 자유를
제한하지 않는다**(헌재 2011.6.30, 2009헌마59).
③ [×] 출국금지의 대상이 되는 추징금은 2,000만원 이상으로 규정
하여 비교적 고액의 추징금 미납자에 대하여서만 출국의 자
유를 제한할 수 있도록 하고 있으며 실무상 추징금 미납을 이
유로 출국금지처분을 함에 있어서는 재산의 해외도피 우려를
중요한 기준으로 삼고 있다. 출입국관리법 제4조 제1항 제4호
는 출입국관리법 시행령과 출국금지업무처리규칙의 관련 조
항들과 유기적으로 결합하여 살피면 일정한 액수의 추징금
미납사실 외에 '재산의 해외도피 우려'라는 국가형벌권 실현
의 목적에 부합하는 요건을 추가적으로 요구함으로써 출국과
관련된 기본권의 제한을 최소한에 그치도록 배려하고 있다.
또한, 간접강제제도나 재산명시명령의 불이행에 대한 감치처
분, 강제집행면탈죄로 처벌하는 규정과, 사기파산죄 등과 대
비하여 볼 때 **재산의 해외도피 우려가 있는 추징금 미납자에
대하여 하는 출국금지처분이 결코 과중한 조치가 아닌 최소
한의 기본권 제한조치라고 아니할 수 없다**(헌재 2004.10.28,
2003헌가18).
④ [×] 지방세법 제138조 제1항 제3호가 법인의 대도시 내의 부동산
등기에 대하여 통상세율의 5배를 규정하고 있다 하더라도 그
것이 대도시 내에서 업무용 부동산을 취득할 정도의 재정능
력을 갖춘 법인의 담세능력을 일반적으로 또는 절대적으로
초과하는 것이어서 그 때문에 법인이 대도시 내에서 향유하
여야 할 직업수행의 자유나 거주ㆍ이전의 자유의 자유가 형
해화할 정도에 이르러 그 기본적인 내용이 침해되었다고 볼
수 없다(헌재 1998.2.27, 97헌바79).

18 답 ④

㉠ [×] 제안된 헌법개정안은 대통령이 **20일 이상의** 기간 동안 이를
공고하여야 한다(헌법 제129조).
㉡ [×] 헌법개정안은 **국회가 의결한 후** 30일 이내에 국민투표에 붙
여 국회의원선거권자 과반수의 투표와 투표자 과반수의 찬성
을 얻어야 한다(헌법 제130조 제2항).
㉢ [×] 국회는 **헌법개정안이 공고된 날로부터** 60일 이내에 의결하여
야 하며, 국회의 의결은 재적의원 3분의 2 이상의 찬성을 얻
어야 한다(헌법 제130조 제1항).

ⓔ [×] 대법원장과 대법관이 아닌 법관의 임기는 10년으로 헌법에 규정되어 있다.

19 답 ②

① [×] 청원의 처리내용이 **청원인이 기대한 바에 미치지 않는다고 하더라도 헌법소원의 대상이 되는 공권력의 불행사가 있다고 볼 수 없다**(헌재 2004.5.27, 2003헌마851).

❷ [○] 청원권의 보호범위에는 청원사항의 처리결과에 심판서나 재결서에 준하여 이유를 명시할 것까지를 요구하는 것을 포함하는 것은 아니다.

⇨ 청원권의 보호범위에는 청원사항의 처리결과에 심판서나 재결서에 준하여 이유를 명시할 것까지를 요구하는 것은 포함되지 아니한다고 할 것이다(헌재 1994.2.24, 93헌마213).

③ [×] 청원권의 구체적 내용은 입법활동에 의하여 형성되며, 입법형성에는 폭넓은 재량권이 있으므로 입법자는 청원의 내용과 절차는 물론 청원의 심사·처리를 공정하고 효율적으로 행할 수 있게 하는 합리적인 수단을 선택할 수 있는 바, 의회에 대한 청원에 국회의원의 소개를 얻도록 한 것은 청원 심사의 효율성을 확보하기 위한 적절한 수단이다. 또한, 청원은 일반의 안과 같이 처리되므로 청원서 제출단계부터 의원의 관여가 필요하고, 의원의 소개가 없는 민원의 경우에는 진정으로 접수하여 처리하고 있으며, 청원의 소개의원은 1인으로 족한 점 등을 감안할 때 이 사건 법률조항이 **국회에 청원을 하려는 자의 청원권을 침해한다고 볼 수 없다**(헌재 2006.6.29, 2005헌마604).

④ [×] **반복청원, 이중청원, 국가기관권한사항청원은 불수리사항이 아니다**(청원법 제5조 참조).

20 답 ④

① [○] 심판대상조항은 예외 없이 복수 당적 보유를 금지하고 있으나, 정당법상 당원의 입당, 탈당 또는 재입당이 제한되지 아니하는 점, 복수 당적 보유를 허용하면서도 예상되는 부작용을 실효적으로 방지할 수 있는 대안을 상정하기 어려운 점, 어느 정당의 당원이라 하더라도 일반에 개방되는 다른 정당의 경선에 참여하는 등 다양한 방법으로 정치적 의사를 표현할 수 있다는 점 등을 고려하면, 심판대상조항이 침해의 최소성에 반한다고 보기 어렵다. 나아가, 당원인 청구인들로 하여금 다른 정당의 당원이 될 수 없도록 하는 정당 가입·활동 자유 제한의 정도가 정당정치를 보호·육성하고자 하는 공익에 비하여 중하다고 볼 수 없다. 따라서 심판대상조항이 정당의 당원인 나머지 청구인들의 정당 가입·활동의 자유를 침해한다고 할 수 없다(헌재 2022.3.31, 2020헌마1729).

② [○] 헌법 제8조 제2항은 헌법 제8조 제1항에 의하여 정당의 자유가 보장됨을 전제로 하여, 그러한 자유를 누리는 정당의 목적·조직·활동이 민주적이어야 한다는 요청, 그리고 그 조직이 국민의 정치적 의사형성에 참여하는데 필요한 조직이어야 한다는 요청을 내용으로 하는 것으로서, 정당에 대하여 정당의 자유의 한계를 부과하는 것임과 동시에 입법자에 대하여 그에 필요한 입법을 해야 할 의무를 부과하고 있다. 그러나

이에 나아가 정당의 자유의 헌법적 근거를 제공하는 근거규범으로서 기능한다고는 할 수 없다(헌재 2004.12.16, 2004헌마456).

③ [○] 민주적 기본질서를 부정하는 정당이라도 헌법재판소가 그 위헌성을 확인하여 해산결정을 할 때까지는 존속한다.

❹ [×] 일사부재리의 원칙은 형벌간에 적용되므로 정부는 동일한 정당에 대하여 동일한 사유로 다시 위헌정당의 해산을 제소할 수 있다.

⇨ 헌법재판소는 이미 심판을 거친 동일한 사건에 대하여는 다시 심판할 수 없다(헌법재판소법 제39조). **정당해산제소에도 일사부재리의 원칙이 적용**된다.

정답

p.22

01	①	02	①	03	③	04	①	05	③
06	②	07	②	08	④	09	③	10	①
11	③	12	③	13	③	14	④	15	④
16	①	17	③	18	②	19	①	20	④

01
답 ①

❶ [×] 법무부장관은 복수국적자로서 대한민국에서 외국 국적을 행사하지 아니하겠다는 뜻을 서약한 자가 그 뜻에 현저히 반하는 행위를 한 경우에는 1년 내에 하나의 국적을 선택할 것을 명할 수 있다.
  ⇨ 6개월 내에 하나의 국적을 선택할 것을 명할 수 있다.

> **국적법(2020.1.1, 법률 제16851호로 타법개정된 것)**
> 제14조의3 【복수국적자에 대한 국적선택명령】 ① 법무부장관은 복수국적자로서 제12조 제1항 또는 제2항에서 정한 기간 내에 국적을 선택하지 아니한 자에게 1년 내에 하나의 국적을 선택할 것을 명하여야 한다.
> ② 법무부장관은 복수국적자로서 제10조 제2항, 제13조 제1항 또는 같은 조 제2항 단서에 따라 대한민국에서 외국 국적을 행사하지 아니하겠다는 뜻을 서약한 자가 그 뜻에 현저히 반하는 행위를 한 경우에는 6개월 내에 하나의 국적을 선택할 것을 명할 수 있다.

② [O] 만 20세가 되기 전에 복수국적자가 된 자는 만 22세가 되기 전까지, 만 20세가 된 후에 복수국적자가 된 자는 그 때부터 2년 내에 제13조와 제14조에 따라 하나의 국적을 선택하여야 한다. 다만, 제10조 제2항에 따라 법무부장관에게 대한민국에서 외국 국적을 행사하지 아니하겠다는 뜻을 서약한 복수국적자는 제외한다(국적법 제12조 제1항).

③ [O] 국적법 제10조 제1항·제2항에 대한 옳은 내용이다.

> **국적법(2020.1.1, 법률 제16851호로 타법개정된 것)**
> 제10조 【국적 취득자의 외국 국적 포기 의무】 ① 대한민국 국적을 취득한 외국인으로서 외국 국적을 가지고 있는 자는 대한민국 국적을 취득한 날부터 1년 내에 그 외국 국적을 포기하여야 한다.
> ② 제1항에도 불구하고 다음 각 호의 어느 하나에 해당하는 자는 대한민국 국적을 취득한 날부터 1년 내에 외국 국적을 포기하거나 법무부장관이 정하는 바에 따라 대한민국에서 외국 국적을 행사하지 아니하겠다는 뜻을 법무부장관에게 서약하여야 한다.

④ [O] 출생 당시에 모가 자녀에게 외국 국적을 취득하게 할 목적으로 외국에서 체류 중이었던 사실이 인정되는 자는 외국 국적을 포기한 경우에만 대한민국 국적을 선택한다는 뜻을 신고할 수 있다(국적법 제13조 제3항).

02
답 ①

❶ [×] 乙이 甲에게 변호인 후방에 착석을 요구한 행위는 청구인에 대한 구속력이 없는 비권력적 사실행위에 불과하여 헌법소원의 대상이 되는 공권력의 행사에 해당한다고 보기 어렵다.
  ⇨ 이 사건 후방착석요구행위는 수사기관의 신문실이라는 밀폐된 공간에서 이루어진 만큼, 변호인의 역할을 통제하려는 의도가 있었다고 보이는 점, 청구인이 이 사건 후방착석요구행위에 대하여 시정을 요구할 경우 신문을 방해하였다는 구실로 청구인의 퇴실을 명할 가능성도 배제할 수 없는 점 등을 고려하여 보면, 이 사건 후방착석요구행위는 피청구인이 자신의 우월한 지위를 이용하여 청구인에게 일방적으로 강제한 것으로서 권력적 사실행위에 해당한다. 따라서 이 사건 후방착석요구행위는 헌법소원의 대상이 되는 공권력의 행사에 해당한다(헌재 2017.11.30, 2016헌마503).

② [O] 이 사건 후방착석요구행위는 2016.4.21. 종료되었으므로, 이에 대한 심판청구가 인용된다고 하더라도 청구인의 권리구제에는 도움이 되지 아니한다. 그러나 기본권 침해행위가 장차 반복될 위험이 있거나 당해 분쟁의 해결이 헌법질서의 유지·수호를 위하여 긴요한 사항이어서 헌법적으로 그 해명이 중대한 의미를 지니고 있는 때에는 예외적으로 심판이익을 인정할 수 있다(헌재 2017.11.30, 2016헌마503).

③ [O] 청구인은 이 사건 참여신청서 요구행위에 따라 수사관이 출력해 준 신청서에 인적사항을 기재하여 제출하였는데, 이는 청구인이 피의자의 변호인임을 밝혀 피의자신문에 참여할 수 있도록 하기 위한 검찰 내부절차를 수행하는 과정에서 이루어진 비권력적 사실행위에 불과하므로, 헌법소원의 대상이 되는 공권력의 행사에 해당하지 않는다(헌재 2017.11.30, 2016헌마503).

④ [O] 이 사건 지침은 피의자신문시 변호인 참여와 관련된 제반절차를 규정한 검찰청 내부의 업무처리지침 내지 사무처리준칙으로서 대외적인 구속력이 없으므로, 헌법소원의 대상이 되는 공권력의 행사에 해당하지 않는다(헌재 2017.11.30, 2016헌마503).

03 답 ③

① [O] 옥외집회를 시작하기 720시간 전부터 48시간 전에 관할경찰서장에게 제출하도록 하고 있다. 이러한 사전신고는 당해 집회·시위가 방해받지 않고 개최될 수 있도록 개최 전 단계에서 집회·시위 개최자와 제3자, 일반 공중 사이의 이익을 조정하여 상호간의 이익충돌을 사전에 예방하고, 집회·시위에 대한 사전신고를 통하여 행정관청과 주최자가 상호 정보를 교환하고 협력함으로써 집회·시위가 평화롭게 구현되도록 하는 한편, 옥외집회·시위로 인하여 침해될 수 있는 공공의 안녕질서를 보호하고 그 위험을 최소화하고자 하는 것이다(헌재 2009.5.28, 2007헌바22).

② [O] 각급 법원의 경계지점으로부터 100미터 이내의 장소에서 옥외집회 또는 시위를 할 경우 형사처벌한다고 규정한 집회 및 시위에 관한 법률 제11조 제1호 중 '각급 법원' 부분 등은 집회의 자유를 침해한다(헌재 2018.7.26, 2018헌바137)[헌법불합치].

❸ [×] 24시 이후의 시위를 금지하고 이에 위반한 시위 참가자를 형사처벌하는 법률 조항은 집회의 자유를 침해한다.
  ⇨ 야간시위를 금지하는 집회 및 시위에 관한 법률(이하 '집시법'이라 한다) 제10조 본문에는 위헌적인 부분과 합헌적인 부분이 공존하고 있으며, 위 조항 전부의 적용이 중지될 경우 공공의 질서 내지 법적 평화에 대한 침해의 위험이 높아, 일반적인 옥외집회나 시위에 비하여 높은 수준의 규제가 불가피한 경우에도 대응하기 어려운 문제가 발생할 수 있으므로, 현행 집시법의 체계 내에서 시간을 기준으로 한 규율의 측면에서 볼 때 규제가 불가피하다고 보기 어려움에도 시위를 절대적으로 금지하여 위헌성이 명백한 부분에 한하여 위헌 결정을 한다. 심판대상조항들은, 이미 **보편화된 야간의 일상적인 생활의 범주에 속하는 '해가 진 후부터 같은 날 24시까지의 시위'에 적용하는 한 헌법에 위반된다**(헌재 2014.3.27, 2010헌가2 등).

④ [O] 집회의 자유는 집회의 시간, 장소, 방법과 목적을 스스로 결정할 권리를 보장한다. 집회의 자유에 의하여 구체적으로 보호되는 주요행위는 집회의 준비 및 조직, 지휘, 참가, 집회장소·시간의 선택이다. 따라서 집회의 자유는 개인이 집회에 참가하는 것을 방해하거나 또는 집회에 참가할 것을 강요하는 국가행위를 금지할 뿐만 아니라, 예컨대 집회장소로의 여행을 방해하거나, 집회장소로부터 귀가하는 것을 방해하거나, 집회참가자에 대한 검문의 방법으로 시간을 지연시킴으로써 집회장소에 접근하는 것을 방해하는 등 집회의 자유행사에 영향을 미치는 모든 조치를 금지한다(헌재 2003.10.30, 2000헌바67).

04 답 ①

❶ [×] 공무담임권은 공직취임의 기회 균등만을 요구할 뿐, 취임한 뒤 승진할 때에도 균등한 기회 제공을 요구하는 것은 아니다.
  ⇨ 공무담임권은 공직취임의 기회 균등뿐만 아니라 **취임한 뒤 승진할 때에도 균등한 기회 제공을 요구한다**(헌재 2018.7.26, 2017헌마183).

② [O] 헌법 제25조가 보장하는 공무담임권은 입법부, 행정부, 사법부는 물론 지방자치단체 등 국가, 공공단체의 구성원으로서 그 직무를 담당할 수 있는 권리를 말한다. 그런데 정당은 정치적 주장이나 정책을 추진하고 공직선거의 후보자를 추천 또는 지지함으로써 국민의 정치적 의사형성에 참여함을 목적으로 하는 국민의 자발적 조직으로서, 정당의 공직선거 후보자 선출은 자발적 조직 내부의 의사결정에 지나지 아니한다. 따라서 청구인이 정당의 내부경선에 참여할 권리는 헌법이 보장하는 공무담임권의 내용에 포함된다고 보기 어렵고, 청구인의 소속 정당이 당내경선을 실시하지 않는다고 하여 청구인이 공직선거의 후보자로 출마할 수 없는 것이 아니므로, 심판대상조항으로 인하여 청구인의 공무담임권이 침해될 여지는 없다(헌재 2014.11.27, 2013헌마814).

③ [O] 획일적으로 30세까지는 순경과 소방사·지방소방사 및 소방간부후보생의 직무수행에 필요한 최소한도의 자격요건을 갖추고, 30세가 넘으면 그러한 자격요건을 상실한다고 보기 어렵고, 이 점은 순경을 특별 채용하는 경우 응시연령을 40세 이하로 제한하고, 소방사·지방소방사와 마찬가지로 화재현장업무 등을 담당하는 소방교·지방소방교의 경우 특채시험의 응시연령을 35세 이하로 제한하고 있는 점만 보아도 분명하다. 따라서 이 사건 심판대상조항들이 순경 공채시험, 소방사 등 채용시험, 그리고 소방간부 선발시험의 응시연령의 상한을 '30세 이하'로 규정하고 있는 것은 합리적이라고 볼 수 없으므로 침해의 최소성원칙에 위배되어 청구인들의 공무담임권을 침해한다(헌재 2012.5.31, 2010헌마278).

④ [O] 학교가 정치의 장으로 변질되는 것을 막고 학생들의 수학권을 충실히 보장하기 위해 공직선거나 교육감선거 입후보시 교직을 그만두도록 하는 것은 교원의 직무전념성을 담보하기 위한 것이므로 불가피한 측면이 있다. 종합적으로 고려할 때 선거일 전 90일을 사직 시점으로 둔 것이 불합리하다고 볼 수 없는 점, 학생들의 수학권이 침해될 우려가 있다는 점에서 교육감선거 역시 공직선거와 달리 볼 수 없는 점 등에 비추어 보면, 침해의 최소성에 반하지 않는다. 교원의 직을 그만두어야 하는 사익 제한의 정도는 교원의 직무전념성 확보라는 공익에 비하여 현저히 크다고 볼 수 없으므로 법익의 균형성도 갖추었으므로 과잉금지원칙에 위배하여 공무담임권을 침해한다고 볼 수 없다(헌재 2019.11.28, 2018헌마222).

05 답 ③

① [O] 법률조항의 범죄가 교통과 시민의 안전에 미치는 위험성과 그 보호법익의 중대성에 비추어 볼 때, 이 사건 법률조항이 운행 중인 자동차의 종류나 다른 승객 탑승 여부, 여객의 승·하차 등을 위한 일시 정차의 경우를 구분하지 않고 동일한 법정형으로 규정하는 것이 현저히 자의적인 입법이라거나 그 법정형이

형벌 본래의 목적과 기능을 달성함에 있어 필요한 정도를 넘는 지나치게 과중한 것이라고 보기 어렵다. 결국, 이 사건 법률조항이 책임과 형벌간의 비례원칙에 위배된다거나 형벌체계상의 균형을 상실하여 평등원칙에 위배된다는 청구인의 주장은 이유 없다(헌재 2020.11.26. 2020헌바281).

② [O] 이 사건 중단조치는 남북관계, 북미관계, 국제관계가 복잡하게 얽혀 있는 상황에서 단계적 중단만으로는 일괄 중단의 경우와 동일한 정도로 경제제재 조치를 통해 달성하고자 하는 목적을 달성하기 어렵다는 정치적 판단하에 채택된 것이고, 그러한 판단이 현저히 비합리적이라고는 보이지 않는다. 따라서 이 사건 중단조치는 피해의 최소성 원칙에도 부합한다. … 이 사건 중단조치로 투자기업인 청구인들이 입은 피해가 적지 않지만, 그럼에도 불구하고 북한의 핵개발에 맞서 개성공단의 운영 중단이라는 경제적 제재조치를 통해, 대한민국의 존립과 안전 및 계속성을 보장할 필요가 있다는 피청구인 대통령의 판단이 명백히 잘못된 것이라 보기도 어려운바, 이는 헌법이 대통령에게 부여한 권한 범위 내에서 정치적 책임을 지고 한 판단과 선택으로 존중되어야 한다. 따라서 이 사건 중단조치는 법익의 균형성 요건도 충족하는 것으로 보아야 한다. 따라서 이 사건 중단조치는 과잉금지원칙에 위반되어 투자기업인 청구인들의 영업의 자유와 재산권을 침해하지 아니한다(헌재 2022.1.27. 2016헌마364).

❸ [×] 혼인 종료 후 300일 이내에 출생한 자를 전남편의 친생자로 추정하는 민법 제844조 제2항 중 '혼인관계종료의 날로부터 300일 내에 출생한 자'에 관한 부분이 모가 가정생활과 신분관계에서 누려야 할 인격권을 침해하는 것은 아니다.

⇨ 오늘날 이혼 및 재혼이 크게 증가하였고, 여성의 재혼금지기간이 2005년 민법 개정으로 삭제되었으며, 이혼숙려기간 및 조정전치주의가 도입됨에 따라 혼인 파탄으로부터 법률상 이혼까지의 시간간격이 크게 늘어나게 됨에 따라, 여성이 전남편 아닌 생부의 자를 포태하여 혼인 종료일로부터 300일 이내에 그 자를 출산할 가능성이 과거에 비하여 크게 증가하게 되었으며, 유전자 검사 기술의 발달로 부자관계를 의학적으로 확인하는 것이 쉽게 되었다. 그런데 심판대상조항에 따르면, 혼인 종료 후 300일 내에 출생한 자녀가 전남편의 친생자가 아님이 명백하고, 전남편이 친생 추정을 원하지도 않으며, 생부가 그 자를 인지하려는 경우에도, 그 자녀는 전남편의 친생자로 추정되어 가족관계등록부에 전남편의 친생자로 등록되고, 이는 엄격한 친생부인의 소를 통해서만 번복될 수 있다. 그 결과 심판대상조항은 이혼한 모와 전남편이 새로운 가정을 꾸리는 데 부담이 되고, 자녀와 생부가 진실한 혈연관계를 회복하는 데 장애가 되고 있다. 이와 같이 **민법 제정 이후의 사회적 · 법률적 · 의학적 사정변경을 전혀 반영하지 아니한 채, 이미 혼인관계가 해소된 이후에 자가 출생하고 생부가 출생한 자를 인지하려는 경우마저도, 아무런 예외 없이 그 자를 전남편의 친생자로 추정함으로써 친생부인의 소를 거치도록 하는 심판대상조항은 입법형성의 한계를 벗어나 모가 가정생활과 신분관계에서 누려야 할 인격권, 혼인과 가족 생활에 관한 기본권을 침해한다**(헌재 2015.4.30. 2013헌마623)[헌법불합치].

④ [O] 예비행위란 아직 실행의 착수조차 이르지 아니한 준비단계로서, 실질적인 법익에 대한 침해 또는 위험한 상태의 초래라는 결과가 발생한 기수와는 그 행위태양이 다르고, 법익침해가능성과

위험성도 다르므로, 이에 따른 불법성과 책임의 정도 역시 다르게 평가되어야 한다. 그럼에도 예비행위를 본죄에 준하여 처벌하도록 하고 있는 심판대상조항은 그 불법성과 책임의 정도에 비추어 지나치게 과중한 형벌을 규정하고 있는 것이다. 따라서 심판대상조항은 구체적 행위의 개별성과 고유성을 고려한 양형판단의 가능성을 배제하는 가혹한 형벌로서 책임과 형벌 사이의 비례성의 원칙에 위배된다(헌재 2019.2.28. 2016헌가13).

① [O] 도로교통법은 제1종 운전면허와 제2종 운전면허에 대하여 운전할 수 있는 차량의 범위, 운전면허시험의 합격기준, 운전에 필요한 적성의 기준을 달리 정하고 있다. 이는 제2종 운전면허 소지자에 비해 제1종 운전면허 소지자가 운전할 수 있는 차량의 종류가 다양하여 고도의 조작능력이 요구되며, 사고의 위험성 및 사고로 인한 인적 · 물적 피해에 중대한 차이가 있다는 점을 고려하여, 1종 운전면허 소지자에게 보다 큰 주의의무를 요구하면서 운전면허 취득 이후 일정한 기간마다 정기적성검사를 받도록 규정한 것이다. 이러한 사정을 고려하면 제1종 운전면허를 받은 사람이 정기적성검사를 받지 아니한 경우를 제2종 운전면허를 받은 사람과 달리 취급하는 것에는 합리적인 이유가 있다고 할 수 있으므로, 심판대상조항은 평등원칙에 위반되지 아니한다(헌재 2015.2.26. 2012헌바268).

❷ [×] 국가를 상대로 한 당사자소송에는 가집행선고를 할 수 없도록 규정하고 있는 행정소송법 제43조는 평등원칙에 위반되지 않는다.

⇨ 심판대상조항은 재산권의 청구에 관한 당사자소송 중에서도 피고가 공공단체 그 밖의 권리주체인 경우와 국가인 경우를 다르게 취급하고 있다. 재산권의 청구가 공법상 법률관계를 전제로 한다는 점만으로 국가를 상대로 하는 당사자소송에서 국가를 우대할 합리적인 이유가 있다고 할 수 없고, 집행가능성 여부에 있어서도 국가와 지방자치단체 등이 실질적인 차이가 있다고 보기 어렵다. 심판대상조항은 **국가가 당사자소송의 피고인 경우 가집행의 선고를 제한하여, 국가가 아닌 공공단체 그 밖의 권리주체가 피고인 경우에 비하여 합리적인 이유 없이 차별하고 있으므로 평등원칙에 반한다**(헌재 2022.2.24. 2020헌가12).

③ [O] 특정한 조세 법률조항이 혼인이나 가족생활을 근거로 부부 등 가족이 있는 자를 혼인하지 아니한 자 등에 비하여 차별 취급하는 것이라면 비례의 원칙에 의한 심사에 의하여 정당화되지 않는 한 헌법 제36조 제1항에 위반된다 할 것인데, 이 사건 세대별 합산규정은 생활실태에 부합하는 과세를 실현하고 조세회피를 방지하고자 하는 것으로 그 입법목적의 정당성은 수긍할 수 있으나, 가족간의 증여를 통하여 재산의 소유형태를 형성하였다고 하여 모두 조세회피의 의도가 있었다고 단정할 수 없고 … 이 사건 세대별 합산규정으로 인한 조세부담의 증가라는 불이익은 이를 통하여 달성하고자 하는 조세회피의 방지 등 공익에 비하여 훨씬 크고, 조세회피의 방지와 경제생활 단위별 과세의 실현 및 부동산 가격의 안정이라는 공익은 입법정책상의 법익인데 반해 혼인과 가족생활의 보호는 헌법적 가치라는 것을 고려할 때 법익균형성도 인정하기 어렵다. 따라서 이 사건 세대별 합산규정은 혼인한 자

또는 가족과 함께 세대를 구성한 자를 비례의 원칙에 반하여 개인별로 과세되는 독신자, 사실혼 관계의 부부, 세대원이 아닌 주택 등의 소유자 등에 비하여 불리하게 차별하여 취급하고 있으므로, 헌법 제36조 제1항에 위반된다(헌재 2008.11.13, 2006헌바112 등).

④ [O] 입법자는 위와 같은 사정과 함께, 공소권 행사로 얻을 수 있는 이익과 피해자의 의사에 따라 공소권 행사를 제한함으로써 얻을 수 있는 이익의 조화 등을 종합적으로 형량하여 그 친고죄·반의사불벌죄 여부를 달리 정한 것이므로, 정보통신망법상 명예훼손죄를 반의사불벌죄로 정한 심판대상조항이 형벌체계상 균형을 상실하여 평등원칙에 위반된다고 보기 어렵다. 따라서 심판대상조항은 헌법에 위반되지 아니한다(헌재 2021.4.29, 2018헌바113).

07 답 ②

① [O] 지방자치단체는 법령에 위반되지 아니하는 범위 내에서 그 사무에 관하여 조례를 제정할 수 있는 것이고, 조례가 규율하는 특정사항에 관하여 그것을 규율하는 국가의 법령이 이미 존재하는 경우에도 조례가 법령과 별도의 목적에 기하여 규율함을 의도하는 것으로서 그 적용에 의하여 법령의 규정이 의도하는 목적과 효과를 전혀 저해하는 바가 없는 때, 또는 양자가 동일한 목적에서 출발한 것이라고 할지라도 국가의 법령이 반드시 그 규정에 의하여 전국에 걸쳐 일률적으로 동일한 내용을 규율하려는 취지가 아니고 각 지방자치단체가 그 지방의 실정에 맞게 별도로 규율하는 것을 용인하는 취지라고 해석되는 때에는 그 조례가 국가의 법령에 위반되는 것은 아니다(대판 2006.10.12, 2006추38).

❷ [×] 지방의회 의장의 추천권이 적극적이고 실질적으로 발휘되더라도 지방의회 사무직원의 임용권이 지방자치단체의 장에게 있다고 하면, 그것은 지방의회와 집행기관 사이의 상호견제와 균형의 원리를 침해하는 것이다.
⇨ 지방자치단체의 장에게 지방의회 사무직원의 임용권을 부여하고 있는 심판대상조항은 지방자치법 제101조, 제105조 등에서 규정하고 있는 지방자치단체의 장의 일반적 권한의 구체화로서 우리 지방자치의 현황과 실상에 근거하여 지방의회 사무직원의 인력수급 및 운영방법을 최대한 효율적으로 규율하고 있다고 할 것이다. 심판대상조항에 따른 **지방의회 의장의 추천권이 적극적이고 실질적으로 발휘된다면 지방의회 사무직원의 임용권이 지방자치단체의 장에게 있다고 하더라도 그것이 곧바로 지방의회와 집행기관 사이의 상호견제와 균형의 원리를 침해할 우려로 확대된다거나 또는 지방자치제도의 본질적 내용을 침해한다고 볼 수는 없다**(헌재 2014.1.28, 2012헌바216).

③ [O] 국가공무원법 등 관계 법령에 의하면 교육감 소속 교육장 등은 모두 국가공무원이고, 그 임용권자는 대통령 내지 교육부장관인 점, 국가공무원의 임용 등 신분에 관한 사항이 해당 지방자치단체의 특성을 반영하여 각기 다르게 처리된다면 국가공무원이라는 본래의 신분적 의미는 상당 부분 몰각될 수 있는 점 등에 비추어 보면, 국가공무원인 교육장 등에 대한 징계사무는 국가사무라고 보아야 한다. 또한, 구 교육공무원법 등에 따라 교육감 소속 장학관 등의 임용권은 대통령 내지 교육부장관으로부터 교육감에게 위임되어 있고, 교육공무원법상

'임용'은 직위해제, 정직, 해임, 파면까지 포함하고 있는 점 등에 비추어 보면, 교육감 소속 교육장 등에 대한 징계의결요구 내지 그 신청사무 또한 징계사무의 일부로서 대통령, 교육부장관으로부터 교육감에게 위임된 국가위임사무이다. 그렇다면 국가사무인 교육장 등에 대한 징계사무에 관하여 지방자치단체가 청구한 이 사건 권한쟁의심판청구는, 지방자치단체의 권한에 속하지 아니하는 사무에 관한 심판청구로서 청구인들의 권한이 침해되거나 침해될 현저한 위험이 있다고 볼 수 없으므로 부적법하다(헌재 2013.12.26, 2012헌라3).

④ [O] 공유수면에 대한 지방자치단체의 관할구역 경계획정은 이에 관한 명시적인 법령상의 규정이 존재한다면 그에 따르고, 명시적인 법령상의 규정이 존재하지 않는다면 불문법상 해상경계에 따라야 한다. 그리고 이에 관한 불문법상 해상경계마저 존재하지 않는다면, 주민·구역·자치권을 구성요소로 하는 지방자치단체의 본질에 비추어 지방자치단체의 관할구역에 경계가 없는 부분이 있다는 것은 상정할 수 없으므로, 권한쟁의심판권을 가지고 있는 헌법재판소가 형평의 원칙에 따라 합리적이고 공평하게 해상경계선을 획정할 수밖에 없다(헌재 2019.4.11, 2016헌라8).

08 답 ④

① [O] 형사재판 중 결정절차에서는 그 결정 일자가 미리 당사자에게 고지되는 것이 아니기 때문에 결정에 대한 불복 여부를 결정하고 즉시항고절차를 준비하는 데 있어 상당한 기간을 부여할 필요가 있다. … 형사재판절차의 당사자가 직접 또는 다른 사람의 도움을 받아 인편으로 법원에 즉시항고장을 제출하기 어려운 상황은 얼마든지 발생할 수 있고, 교도소 또는 구치소에 있는 피고인에게 적용되는 형사소송법 제344조의 재소자 특칙 규정은 개별적으로 준용 규정이 있는 경우에만 그 적용을 받게 되며, 형사소송법상의 법정기간 연장 조항이나 상소권회복청구 조항들만으로는 3일이라는 지나치게 짧은 즉시항고 제기기간의 도과를 보완하기에 미흡하다. 나아가 민사소송, 민사집행, 행정소송, 형사보상절차 등의 즉시항고기간 1주나, 외국의 입법례와 비교하더라도 3일이라는 제기기간은 지나치게 짧다. 즉시항고 자체가 형사소송법상 명문의 규정이 있는 경우에만 허용되므로 기간 연장으로 인한 폐해가 크다고 볼 수도 없는 점 등을 고려하면, 심판대상조항은 즉시항고제도를 단지 형식적이고 이론적인 권리로서만 기능하게 함으로써 헌법상 재판청구권을 공허하게 하므로 입법재량의 한계를 일탈하여 재판청구권을 침해하는 규정이다(헌재 2018.12.27, 2015헌바77).

② [O] 어떤 사유를 재심사유로 하여 재심을 허용할 것인가 하는 것은 입법자가 확정된 판결에 대한 법적 안정성, 재판의 신속, 적정성, 법원의 업무부담 등을 고려하여 결정하여야 할 입법정책의 문제이며(헌재 1996.3.28, 93헌바27), 재심청구권도 입법형성권의 행사에 의하여 비로소 창설되는 법률상의 권리일 뿐, 청구인의 주장과 같이 헌법 제27조 제1항, 제37조 제1항에 의하여 직접 발생되는 기본적 인권은 아니다(헌재 2000.6.29, 99헌바66).

③ [O] 헌법 제107조 제3항은 "재판의 전심절차로서 행정심판을 할 수 있다. 행정심판의 절차는 법률로 정하되, 사법절차가 준용되어야 한다."고 규정하고 있다. 이 조항은 행정심판의 근거를

제공하면서 그 한계를 설정하고 있다 할 것인데, 그 한계란 행정심판은 어디까지나 재판의 전심절차로서만 기능하여야 함과 동시에 사법절차가 준용되어야 한다는 것이다. 따라서 입법자가 행정심판을 전심절차가 아니라 종심절차로 규정함으로써 정식재판의 기회를 배제하거나, 어떤 행정심판을 필요적 전심절차로 규정하면서도 그 절차에 사법절차가 준용되지 않는다면 이는 헌법 제107조 제3항은 물론, 재판청구권을 보장하고 있는 헌법 제27조에도 위반된다 할 것이다. 하지만 불복절차에서 행정심판을 임의적 전치제도로 규정하고 있다면 불복신청인에게 이를 거치지 아니하고 곧바로 행정소송을 제기할 수 있는 선택권이 보장되어 있기 때문에, 설사 그 행정심판에 사법절차가 준용되지 않는다 하더라도 위 헌법조항에 위반된다 할 수 없다(헌재 2001.6.28, 2000헌바30).

❹ [×] '국민참여재판을 받을 권리'는 헌법 제27조 제1항에서 규정한 재판을 받을 권리의 보호범위에 속한다.

⇨ **우리 헌법상 헌법과 법률이 정한 법관에 의한 재판을 받을 권리는 직업법관에 의한 재판을 주된 내용으로 하는 것이므로 국민참여재판을 받을 권리가 헌법 제27조 제1항에서 규정한 재판을 받을 권리의 보호범위에 속한다고 볼 수 없다**(헌재 2009.11.26, 2008헌바12).

09 답 ③

① [○] 다른 나라의 입법례를 보더라도, 심판대상조항들과 같이 언론인의 선거운동을 전면적으로 제한하고 위반시 처벌하는 제도는 찾아보기 어렵다. 언론기관의 공정보도의무를 부과하고, 언론매체를 통한 활동의 측면에서 선거의 공정성을 해할 수 있는 행위에 대하여는 언론매체를 이용한 보도·논평, 언론 내부 구성원에 대한 행위, 외부의 특정후보에 대한 행위 등 다양한 관점에서 이미 충분히 규제하고 있으므로 침해의 최소성원칙에 위반된다. 심판대상조항들은 개인의 기본권을 중대하게 제한하는 것이고, 공익의 확보에 추가적으로 기여하는 바는 미미하다는 점에서 법익의 균형성을 충족하지 못한다. 심판대상조항들은 선거운동의 자유를 침해한다(헌재 2016.6.30, 2013헌가1).

② [○] 이 사건 사과문 게재 조항은 정기간행물 등을 발행하는 언론사가 보도한 선거기사의 내용이 공정하지 아니하다고 인정되는 경우 선거기사심의위원회의 사과문 게재 결정을 통하여 해당 언론사로 하여금 그 잘못을 인정하고 용서를 구하게 하고 있다. 이는 언론사 스스로 인정하거나 형성하지 아니한 윤리적·도의적 판단의 표시를 강제하는 것으로서 언론사가 가지는 인격권을 제한하는 정도가 매우 크다. 더욱이 이 사건 처벌 조항은 형사처벌을 통하여 그 실효성을 담보하고 있다. 그런데 공직선거법에 따르면, 언론사가 불공정한 선거기사를 보도하는 경우 선거기사심의위원회는 사과문 게재 명령 외에도 정정보도문의 게재 명령을 할 수 있다. 또한, 해당 언론사가 '공정보도의무를 위반하였다는 결정'을 선거기사심의위원회로부터 받았다는 사실을 공표'하도록 하는 방안, 사과의 의사표시가 필요한 경우에도 사과의 '권고'를 하는 방법을 상정할 수 있다. 나아가, 이 사건 법률조항들이 추구하는 목적, 즉 선거기사를 보도하는 언론사의 공적인 책임의식을 높임으로써 민주적이고 공정한 여론 형성 등에 이바지한다는 공익이 중요하다는 점에는 이론의 여지가 없으나, 언론에 대한 신뢰가 무엇보다 중요한 언론사에 대하여 그 사회적 신용이나 명예를 저하시키고 인격의 자유로운 발현을 저해함에 따라 발생하는 인격권 침해의 정도는 이 사건 법률조항들이 달성하려는 공익에 비해 결코 작다고 할 수 없다. 결국 이 사건 법률조항들은 언론사의 인격권을 침해하여 헌법에 위반된다(헌재 2015.7.30, 2013헌가8).

❸ [×] 중증장애인 후보자의 경우에도 비장애인 후보자들과 동일하게 선거사무원의 수를 제한하는 것은 중증장애인 후보자의 평등권 등 기본권을 침해한다.

⇨ 이 사건 중증장애인 후보자는 일상생활에서와 같이 선거운동에 있어서도 활동보조인의 도움이 필수적이고, 이러한 활동보조인은 거동이 불편한 중증장애인 후보자의 손발이 되어 비장애인 후보자라면 직접 할 수 있는 행위, 즉 중증장애인 후보자의 물리적인 활동의 보조에 그 역할이 국한된다 할 것이므로, 활동보조인과 선거사무원은 그 역할과 기능이 본질적으로 달라서 공직선거법 제62조 제2항 제4호 및 제7호상의 **선거사무원에 활동보조인이 포함될 수 없음이 명백하고, 따라서 위 법률조항이 중증장애인 후보자의 경우에도 비장애인 후보자들과 동일하게 선거사무원의 수를 제한한다고 하여 이 사건 중증장애인 후보자인 청구인들의 평등권 등 기본권을 침해할 가능성이 없다**(헌재 2009.2.26, 2006헌마626).

④ [○] 사전선거운동금지조항에서 말하는 '선거운동'이라 함은 특정 후보자의 당선 내지 이를 위한 득표에 필요한 모든 행위 또는 특정 후보자의 낙선에 필요한 모든 행위 중 당선 또는 낙선을 위한 것이라는 목적의사가 객관적으로 인정될 수 있는 능동적·계획적 행위를 말하는 것으로서, 건전한 상식과 통상적인 법감정을 가진 사람이면 누구나 이러한 표지를 갖춘 선거운동과 단순한 의견개진을 구분할 수 있을 것이므로, 사전선거운동금지조항 중 '선거운동' 부분은 헌법 제12조 제1항이 요구하는 죄형법정주의의 명확성원칙에 위반된다고 할 수 없다. 사전선거운동금지조항은 후보자간의 지나친 경쟁, 후보자 간의 경제력 차이에 따른 불공평 등의 폐해를 막기 위하여 선거운동기간 전에 공직선거법에 규정된 방법을 제외하고 각종 인쇄물에 의한 선거운동을 한 자를 형사처벌하는 조항으로서, 사전선거운동금지조항의 이러한 입법목적, 제한의 내용, 우리나라에서의 선거의 태양과 현실적 필요성, 선거운동기간 전이라도 예비후보자로 등록하면 대통령 선거의 경우 선거일 전 240일부터 예비후보자의 명함을 배부할 수 있고 예비후보자 홍보물을 우편발송할 수 있는 등의 선거운동이 가능한 점 등을 고려할 때 이는 필요하고도 합리적인 제한이며, 선거운동의 자유를 과도하게 제한하는 것으로 볼 수는 없다. 따라서 사전선거운동금지조항은 선거운동 등 정치적 표현의 자유를 침해하지 아니한다(헌재 2016.6.30, 2014헌바253).

10 답 ①

❶ [×] 헌법 제119조 제2항에 규정된 '경제주체간의 조화를 통한 경제민주화'의 이념은 경제영역에서 정의로운 사회질서를 형성하기 위하여 추구할 수 있는 국가목표일 뿐, 개인의 기본권을 제한하는 국가행위를 정당화하는 헌법규범이 아니다.

⇨ 헌법 제119조 제2항에 규정된 '경제주체간의 조화를 통한 경제민주화'의 이념도 경제영역에서 정의로운 사회질서를 형성하기 위하여 추구할 수 있는 국가목표로서 **개인의 기본권을 제한하는 국가행위를 정당화하는 헌법규범이다**(헌재 2003.11. 27, 2001헌바35).

② [O] 헌법 제119조 제2항은 독과점규제라는 경제정책적 목표를 개인의 경제적 자유를 제한할 수 있는 정당한 공익의 하나로 명문화하고 있다. 독과점규제의 목적이 경쟁의 회복에 있다면 이 목적을 실현하는 수단 또한 자유롭고 공정한 경쟁을 가능하게 하는 방법이어야 한다(헌재 1996.12.26, 96헌가18).

③ [O] 현대에 있어서의 조세의 기능은 국가재정 수요의 충당이라는 고전적이고도 소극적인 목표에서 한걸음 더 나아가, 국민이 공동의 목표로 삼고 있는 일정한 방향으로 국가사회를 유도하고 그러한 상태를 형성한다는 보다 적극적인 목적을 가지고 부과되는 것이 오히려 일반적인 경향이 되고 있다. 이러한 조세의 유도적 · 형성적 기능은 우리 헌법상 '국민생활의 균등한 향상'을 기하도록 한 헌법 전문(前文), 모든 국민으로 하여금 '인간다운 생활을 할 권리'를 보장한 제34조 제1항, '균형 있는 국민경제의 성장 및 안정과 적정한 소득의 분배를 유지하고, 시장의 지배와 경제력의 남용을 방지하며, 경제주체간의 조화를 통한 경제의 민주화를 위하여' 국가로 하여금 경제에 관한 규제와 조정을 할 수 있도록 한 제119조 제2항, '국토의 효율적이고 균형 있는 이용 · 개발과 보전을 위하여' 국가로 하여금 필요한 제한과 의무를 과할 수 있도록 한 제122조 등에 의하여 그 헌법적 정당성이 뒷받침되고 있다(헌재 1994.7.29, 92헌바49).

④ [O] 헌법은 제119조에서 개인의 경제적 자유를 보장하면서 사회정의를 실현하기 위한 경제질서를 선언하고 있다. 이 규정은 헌법상 경제질서에 관한 일반 조항으로서 국가의 경제정책에 대한 하나의 헌법적 지침이고, 동 조항이 언급하는 '경제적 자유와 창의'는 직업의 자유, 재산권의 보장, 근로3권과 같은 경제에 관한 기본권 및 비례의 원칙과 같은 법치국가원리에 의하여 비로소 헌법적으로 구체화된다. 따라서 이 사건에서 청구인들이 헌법 제119조 제1항과 관련하여 주장하는 내용은 구체화된 헌법적 표현인 경제적 기본권을 기준으로 심사되어야 한다(헌재 2002.10.31, 99헌바76).

11   답 ③

① [O] 범죄피해자 구조청구권을 인정하는 이유는 크게 국가의 범죄방지책임 또는 범죄로부터 국민을 보호할 국가의 보호의무를 다하지 못하였다는 것과 그 범죄피해자들에 대한 최소한의 구제가 필요하다는 데 있다. 그런데 국가의 주권이 미치지 못하고 국가의 경찰력 등을 행사할 수 없거나 행사하기 어려운 해외에서 발생한 범죄에 대하여는 국가에 그 방지책임이 있다고 보기 어렵고, 상호보증이 있는 외국에서 발생한 범죄피해에 대하여는 국민이 그 외국에서 피해구조를 받을 수 있으며, 국가의 재정에 기반을 두고 있는 구조금에 대한 청구권 행사대상을 우선적으로 대한민국의 영역 안의 범죄피해에 한정하고, 향후 해외에서 발생한 범죄피해의 경우에도 구조를 하는 방향으로 운영하는 것은 입법형성의 재량의 범위 내라고 할 것이다(헌재 2011.12.29, 2009헌마354).

② [O] 헌법 제30조 타인의 범죄행위로 인하여 생명 · 신체에 대한 피해를 받은 국민은 법률이 정하는 바에 의하여 국가로부터 구조를 받을 수 있다.

❸ [X] 범죄피해자 보호법에 의할 때 외국인이 구조피해자이거나 유족인 경우에는 구조를 청구할 수 없다.

⇨ 이 법은 외국인이 구조피해자이거나 유족인 경우에는 **해당 국가의 상호보증이 있는 경우에만 적용한다**(범죄피해자 보호법 제23조).

④ [O] '구조대상 범죄피해'란 대한민국의 영역 안에서 또는 대한민국의 영역 밖에 있는 대한민국의 선박이나 항공기 안에서 행하여진 사람의 생명 또는 신체를 해치는 죄에 해당하는 행위(형법 제9조, 제10조 제1항, 제12조, 제22조 제1항에 따라 처벌되지 아니하는 행위를 포함하며, 같은 법 제20조 또는 제21조 제1항에 따라 처벌되지 아니하는 행위 및 과실에 의한 행위는 제외한다)로 인하여 사망하거나 장해 또는 중상해를 입은 것을 말한다(범죄피해자 보호법 제3조 제1항 제4호).

12   답 ③

① [X] 김포시장은 이 사건 정보제공조항에 따라 범죄의 수사를 위하여 필요한 경우 정보주체 또는 제3자의 이익을 부당하게 침해할 우려가 있을 때를 제외하고 개인정보를 수사기관에게 제공할 수 있다. ⋯ **이름, 생년월일, 주소는 수사의 초기 단계에서 범죄의 피의자를 특정하기 위하여 필요한 가장 기초적인 정보이고, 전화번호는 피의자 등에게 연락을 하기 위하여 필요한 정보이다.** 또한, 활동지원급여가 제공된 시간을 확인하기 위해서 수급자에 대하여도 조사를 할 필요성을 인정할 수 있다. ⋯ 이와 같은 점에 더하여, 활동보조인의 부정 수급 관련 범죄의 수사를 가능하게 함으로써 실체적 진실 발견과 국가형벌권의 적정한 행사에 기여하고자 하는 공익은 매우 중대한 것인 점을 고려하면, 이 사건 정보제공행위는 과잉금지원칙에 위배되어 청구인들의 개인정보자기결정권을 침해하였다고 볼 수 없다(헌재 2018.8.30, 2016헌마483).

② [X] 후보자의 실효된 형까지 포함한 금고 이상의 형의 범죄경력을 공개함으로써 국민의 알 권리를 충족하고 공정하고 정당한 선거권 행사를 보장하고자 하는 이 사건 법률조항의 **입법목적은 정당**하며, 이러한 입법목적을 달성하기 위하여는 선거권자가 후보자의 모든 범죄경력을 인지한 후 그 공직적합성을 판단하는 것이 효과적이다. ⋯ 따라서 이 사건 법률조항은 청구인들의 사생활의 비밀과 자유를 침해한다고 볼 수 없다(헌재 2008.4.24, 2006헌마402 등).

❸ [O] 구 국군보안사령부가 군과 관련된 첩보 수집, 특정한 군사법원 관할 범죄의 수사 등 법령에 규정된 직무 범위를 벗어나 민간인들을 대상으로 평소의 동향을 감시 파악할 목적으로 지속적으로 개인의 집회 · 결사에 관한 활동이나 사생활에 관한 정보를 미행, 망원활용, 탐문채집 등의 방법으로 비밀리에 수집 · 관리하는 행위

⇨ 구 국군보안사령부가 군과 관련된 첩보 수집, 특정한 군사법원 관할 범죄의 수사 등 법령에 규정된 직무 범위를 벗어나 민간인들을 대상으로 평소의 동향을 감시 · 파악할 목적으로 지속적으로 개인의 집회 · 결사에 관한 활동이나 사생활에 관한 정보를 미행, 망원활용, 탐문채집 등의 방법으로 비밀리에

수집·관리한 경우, 이는 헌법에 의하여 보장된 기본권을 침해한 것으로서 불법행위를 구성한다(대판 1998.7.24, 96다42789).

④ [×] 일반적으로 경제적 내지 직업적 활동은 복합적인 사회적 관계를 전제로 하여 다수 주체간의 상호작용을 통하여 이루어지는 것이고, 특히 변호사의 업무는 다른 어느 직업적 활동보다도 강한 공공성을 내포한다는 점 등을 감안하여 볼 때, **변호사의 업무와 관련된 수임사건의 건수 및 수임액이 변호사의 내밀한 개인적 영역에 속하는 것이라고 보기 어렵고**, 따라서 이 사건 법률조항이 청구인들의 사생활의 비밀과 자유를 침해하는 것이라 할 수 없다(헌재 2009.10.29, 2007헌마667).

13
답 ③

① [O] 이 사건 법률조항의 환매권 발생기간 '10년'을 예외 없이 유지하게 되면 토지수용 등의 원인이 된 공익사업의 폐지 등으로 공공필요가 소멸하였음에도 단지 10년이 경과하였다는 사정만으로 환매권이 배제되는 결과가 초래될 수 있다. 다른 나라의 입법례에 비추어 보아도 발생기간을 제한하지 않거나 더 길게 규정하면서 행사기간 제한 또는 토지에 현저한 변경이 있을 때 환매거절권을 부여하는 등 보다 덜 침해적인 방법으로 입법목적을 달성하고 있다. 이 사건 법률조항은 침해의 최소성 원칙에 어긋난다. … 결국 이 사건 법률조항은 헌법 제37조 제2항에 반하여 재산권을 침해한다(헌재 2020.11.26, 2019헌바131).

② [O] 정당의 추천을 받고자 공천신청을 하였음에도 정당의 후보자로 추천받지 못한 예비후보자는 소속 정당에 대한 신뢰·소속감 또는 당선가능성 때문에 본선거의 후보자로 등록을 하지 아니할 수 있다. 이를 두고 예비후보자가 처음부터 진정성이 없이 예비후보자 등록을 하였다거나 예비후보자로서 선거운동에서 불성실하다고 단정할 수 없다. … 따라서 이러한 사정이 있는 예비후보자가 납부한 기탁금은 반환되어야 함에도 불구하고, 심판대상조항이 이에 관한 규정을 두지 아니한 것은 입법 형성권의 범위를 벗어난 과도한 제한이라고 할 수 있다. … 그러므로 심판대상조항은 과잉금지원칙에 반하여 청구인의 재산권을 침해한다(헌재 2018.1.25, 2016헌마541).

❸ [×] 공무원연금법상 퇴직연금 수급자가 유족연금을 함께 받게 된 경우 그 유족연금액 2분의 1을 빼고 지급하도록 하는 것은 재산권을 침해한다.
⇨ 심판대상조항은 퇴직연금 수급자의 유족연금 수급권을 구체화함에 있어 급여의 적절성을 확보할 필요성, 한정된 공무원연금 재정의 안정적 운영, 우리 국민 전체의 소득 및 생활수준, 공무원 퇴직연금의 급여 수준, 유족연금의 특성, 사회보장의 기본원리 등을 종합적으로 고려하여 유족연금액의 2분의 1을 감액하여 지급하도록 한 것이므로, 입법형성의 한계를 벗어나 청구인의 인간다운 생활을 할 권리 및 재산권을 침해하였다고 볼 수 없다(헌재 2020.6.25, 2018헌마865).

④ [O] 심판대상조항은 조세의 징수를 확보하고 실질적인 조세평등을 이루기 위한 것으로 목적의 정당성 및 수단의 적합성이 인정된다. 심판대상조항은 실제로 출자액에 관한 권리를 행사할 수 있는 지위에 있지 아니한 과점주주에 대해서는 제2차 납세의무를 부과하지 아니하는 등 과점주주의 범위를 한정하고, 과점주주의 책임범위도 '그 부족한 금액을 법인의 출자총액으로 나눈 금액에 해당 과점주주가 실질적으로 권리를 행사하는 출자액을 곱하여 산출한 금액'으로 제한하는 등 과점주주의 재산권에 대한 제한을 최소화하고 있으므로 침해의 최소성도 인정된다. … 따라서 심판대상조항은 과잉금지원칙에 위배되어 유한회사의 과점주주의 재산권을 침해하지 아니한다(헌재 2021.8.31, 2020헌바181).

14
답 ④

① [O] 근로의 권리가 '일할 자리에 관한 권리'만이 아니라 '일할 환경에 관한 권리'도 함께 내포하고 있는바, 후자는 인간의 존엄성에 대한 침해를 방어하기 위한 자유권적 기본권의 성격도 갖고 있어 건강한 작업환경, 일에 대한 정당한 보수, 합리적인 근로조건의 보장 등을 요구할 수 있는 권리 등을 포함한다고 할 것이므로 외국인근로자라고 하여 이 부분에까지 기본권 주체성을 부인할 수는 없다. 즉, 근로의 권리의 구체적인 내용에 따라, 국가에 대하여 고용증진을 위한 사회적·경제적 정책을 요구할 수 있는 권리는 사회권적 기본권으로서 국민에 대하여만 인정해야 하지만, 자본주의 경제질서하에서 근로자가 기본적 생활수단을 확보하고 인간의 존엄성을 보장받기 위하여 최소한의 근로조건을 요구할 수 있는 권리는 자유권적 기본권의 성격도 아울러 가지므로 이러한 경우 외국인근로자에게도 그 기본권 주체성을 인정함이 타당하다(헌재 2007.8.30, 2004헌마670).

② [O] 헌법 제15조의 직업의 자유 또는 헌법 제32조의 근로의 권리, 사회국가원리 등에 근거하여 실업방지 및 부당한 해고로부터 근로자를 보호하여야 할 국가의 의무를 도출할 수는 있을 것이나, 국가에 대한 직접적인 직장존속보장청구권을 근로자에게 인정할 헌법상의 근거는 없다(헌재 2002.11.28, 2001헌바50).

③ [O] 근로의 권리는 사회적 기본권으로서 국가에 대하여 직접 일자리를 청구하거나 일자리에 갈음하는 생계비의 지급청구권을 의미하는 것이 아니라 고용증진을 위한 사회적·경제적 정책을 요구할 수 있는 권리에 그치며, 근로의 권리로부터 국가에 대한 직접적인 직장존속청구권이 도출되는 것도 아니다(헌재 2011.7.28, 2009헌마408).

❹ [×] '65세 이후 고용된 자'에게 실업급여에 관한 고용보험법의 적용을 배제하는 것은 근로의 의사와 능력의 존부에 대한 합리적인 판단은 결여한 것이다.
⇨ 이상에서 본 바와 같이, 심판대상조항이 '65세 이후 고용' 여부를 기준으로 실업급여 적용 여부를 달리한 것은 **합리적 이유가 있다고 할 것이므로**, 이로 인해 **청구인의 평등권이 침해되었다고 보기 어렵다**(헌재 2018.6.28, 2017헌마238).

15
답 ④

① [O] 제2차 개정헌법(1954년)·제3차 개정헌법(1960년 6월)·제4차 개정헌법(1960년 11월)

> 제98조 ⑥ 제1조, 제2조와 제7조의2의 규정은 개폐할 수 없다.

✎ 제2차 개정헌법, 제3차 개정헌법, 제4차 개정헌법에는 일부 조항의 개정을 금지하는 규정을 둔 바 있다.

② [O]
> 건국헌법(1948년) 제46조 대통령, 부통령, 국무총리, 국무위원, 심계원장, 법관 기타 법률이 정하는 공무원의 그 직무수행에 관하여 헌법 또는 법률에 위배한 때에는 국회는 탄핵의 소추를 결의할 수 있다.

③ [O]
> 제5차 개정헌법(1962년) 제8조 모든 국민은 인간으로서의 존엄과 가치를 가지며, 이를 위하여 국가는 국민의 기본적 인권을 최대한으로 보장할 의무를 진다.
>
> 제102조 ① 법률이 헌법에 위반되는 여부가 재판의 전제가 된 때에는 대법원은 이를 최종적으로 심사할 권한을 가진다.

❹ [×] 1987년 제9차 개정헌법에서 환경권을 최초로 규정하였다.
⇨ **1980년 제8차 개정헌법**에서 환경권을 최초로 규정하였다.

16 답 ①

❶ [×] 공정거래위원회의 명령으로 독점규제 및 공정거래에 관한 법률 위반의 혐의자에게 스스로 법위반사실을 인정하여 공표하도록 강제하고 있는 '법위반사실공표명령' 부분은 헌법상 일반적 행동의 자유, 명예권, 무죄추정권 및 양심의 자유를 침해한다.
⇨ 이 사건의 경우와 같이 경제규제법적 성격을 가진 공정거래법에 위반하였는지 여부에 있어서도 각 개인의 소신에 따라 어느 정도의 가치판단이 개입될 수 있는 소지가 있고 그 한도에서 다소의 윤리적 · 도덕적 관련성을 가질 수도 있겠으나, 이러한 법률판단의 문제는 **개인의 인격형성과는 무관**하며, 대화와 토론을 통하여 가장 합리적인 것으로 그 내용이 동화되거나 수렴될 수 있는 포용성을 가지는 분야에 속한다고 할 것이므로 헌법 제19조에 의하여 보장되는 **양심의 영역에 포함되지 아니한다**(헌재 2002.1.31, 2001헌바43).

② [O] 명의인의 동의를 받을 수 없는 상황에서 타인의 금융거래정보가 필요하여 금융기관 종사자에게 그 제공을 요구하는 경우가 있을 수 있는 등 금융거래정보 제공요구행위는 구체적인 사안에 따라 죄질과 책임을 달리한다. 그럼에도 심판대상조항은 정보제공요구의 사유나 경위, 행위 태양, 요구한 거래정보의 내용 등을 전혀 고려하지 아니하고 일률적으로 금지하고, 그 위반시 형사처벌을 하도록 하고 있다. 이는 입법목적을 달성하기 위하여 필요한 범위를 넘어선 것으로 최소침해성의 원칙에 위반된다. 금융거래의 비밀보장이 중요한 공익이라는 점은 인정할 수 있으나, 심판대상조항이 정보제공요구를 하게 된 사유나 행위의 태양, 요구한 거래정보의 내용을 고려하지 아니하고 일률적으로 일반 국민들이 거래정보의 제공을 요구하는 것을 금지하고 그 위반시 형사처벌을 하는 것은 그 공익에 비하여 지나치게 일반 국민의 일반적 행동자유권을 제한하는 것으로 법익의 균형성을 갖추지 못하였다. 심판대상조항은 과잉금지원칙에 반하여 일반적 행동자유권을 침해하므로 헌법에 위반된다(헌재 2022.2.24, 2020헌가5).

③ [O] 자기낙태죄 조항은 모자보건법에서 정한 사유에 해당하지 않는다면 결정가능기간 중에 다양하고 광범위한 사회적 · 경제적 사유를 이유로 낙태갈등 상황을 겪고 있는 경우까지도 예외 없이 전면적 · 일률적으로 임신의 유지 및 출산을 강제하고, 이를 위반한 경우 형사처벌하고 있다. 따라서, 자기낙태죄 조항은 입법목적을 달성하기 위하여 필요한 최소한의 정도를

넘어 임신한 여성의 자기결정권을 제한하고 있어 침해의 최소성을 갖추지 못하였고, 태아의 생명 보호라는 공익에 대하여만 일방적이고 절대적인 우위를 부여함으로써 법익균형성의 원칙도 위반하였으므로, 과잉금지원칙을 위반하여 임신한 여성의 자기결정권을 침해한다(헌재 2019.4.11, 2017헌바127).

④ [O] 이 사건 고시 부분은 초등학생의 전인적 성장을 도모하고, 영어 사교육 시장의 과열을 방지하기 위한 것으로, 그 목적의 정당성이 인정되고, 이 사건 고시 부분으로 영어교육의 편제와 시간배당을 통제하는 것은 위 목적을 달성하기 위한 적절한 수단이다. 초등학교 시기는 인격 형성의 토대를 마련하는 중요한 시기이므로, 한정된 시간에 교육과정을 고르게 구성하여 초등학생의 전인적 성장을 도모하기 위해서는 초등학생의 영어교육이 일정한 범위로 제한되는 것이 불가피하다. … 따라서 이 사건 고시 부분은 청구인들의 인격의 자유로운 발현권과 자녀교육권을 침해하지 않는다(헌재 2016.2.25, 2013헌마838).

17 답 ③

① [O] 이 사건 시기제한조항은 선거일 전 90일부터 선거일까지 후보자 명의의 칼럼 등을 게재하는 인터넷 선거보도가 불공정하다고 볼 수 있는지에 대해 구체적으로 판단하지 않고 이를 불공정한 선거보도로 간주하여 선거의 공정성을 해치지 않는 보도까지 광범위하게 제한한다. … 이 사건 시기제한조항의 입법목적을 달성할 수 있는 덜 제약적인 다른 방법들이 이 사건 심의기준 규정과 공직선거법에 이미 충분히 존재한다. 따라서 이 사건 시기제한조항은 과잉금지원칙에 반하여 청구인의 표현의 자유를 침해한다(헌재 2019.11.28, 2016헌마90).

② [O] 전화 · 컴퓨터통신은 누구나 손쉽게 저렴하게 이용할 수 있는 매체인 점, 농업협동조합법에서 흑색선전 등을 처벌하는 조항을 두고 있는 점을 고려하면 입법목적 달성을 위하여 위 매체를 이용한 지지 호소까지 금지할 필요성은 인정되지 아니한다. 이 사건 법률조항들이 달성하려는 공익이 결사의 자유 및 표현의 자유 제한을 정당화할 정도로 크다고 보기는 어려우므로, 법익의 균형성도 인정되지 아니한다. 따라서 이 사건 법률조항들은 과잉금지원칙을 위반하여 결사의 자유, 표현의 자유를 침해하여 헌법에 위반된다(헌재 2016.11.24, 2015헌바62).

❸ [×] 지방공단 상근직원이 당내경선에서 경선운동을 할 수 없도록 금지 · 처벌하는 공직선거법은 헌법에 위반되지 않는다.
⇨ 심판대상조항이 당원이 아닌 자에게도 투표권을 부여하여 실시하는 당내경선에서 이 사건 공단의 상근직원 모두에 대하여 일률적으로 경선운동을 금지하는 것은 정치적 표현의 자유를 중대하게 제한하는 것인 반면, 이 사건 공단의 상근직원이 당내경선에서 공무원에 준하는 영향력이 있다고 볼 수 없는 점 등을 고려하면 심판대상조항이 **당내경선의 형평성과 공정성의 확보라는 공익에 기여하는 바가 크다고 보기 어렵다.** 따라서 심판대상조항은 법익의 균형성을 충족하지 못하였다. 심판대상조항은 **과잉금지원칙에 반하여 정치적 표현의 자유를 침해하므로 헌법에 위반된다**(헌재 2021.4.29, 2019헌가11).

④ [O] 집회 · 시위장소는 집회 · 시위의 목적을 달성하는 데 있어서 매우 중요한 역할을 수행하는 경우가 많기 때문에 집회 · 시위장소를 자유롭게 선택할 수 있어야만 집회 · 시위의 자유가 비로소 효과적으로 보장되므로 장소선택의 자유는 집회 · 시위의 자유의 한 실질을 형성한다(헌재 2005.11.24, 2004헌가17).

㉠ [O] 심판대상조항은 청원경찰이 저지른 범죄의 종류나 내용을 불문하고 금고 이상의 형의 선고유예를 받게 되면 당연히 퇴직되도록 규정함으로써 청원경찰에게 공무원보다 더 가혹한 제재를 가하고 있으므로, 침해의 최소성원칙에 위배된다. 심판대상조항은 청원경찰이 저지른 범죄의 종류나 내용을 불문하고 범죄행위로 금고 이상의 형의 선고유예를 받게 되면 당연히 퇴직되도록 규정함으로써 그것이 달성하려는 공익의 비중에도 불구하고 청원경찰의 직업의 자유를 과도하게 제한하고 있어 법익의 균형성원칙에도 위배된다. 따라서, 심판대상조항은 과잉금지원칙에 반하여 직업의 자유를 침해한다(헌재 2018.1.25, 2017헌가26).

㉡ [X] 이 사건 법률조항은 자격정지의 형을 선고받은 자를 청원경찰직에서 당연퇴직시킴으로써 청원경찰의 사회적 책임 및 청원경찰직에 대한 국민의 신뢰를 제고하고, 청원경찰로서의 성실하고 공정한 직무수행을 담보하기 위한 법적 조치이므로, 그 **입법목적의 정당성이 인정**되고, 범죄행위로 인하여 형사처벌을 받은 청원경찰은 청원경찰로서의 자질에 심각한 흠결이 생겼다고 볼 수 있고, 그 자질에 심각한 흠결이 생긴 청원경찰에 대하여 경비 및 공안업무 수행의 위임을 거두어들여 그에 상응하는 신분상의 불이익을 과하는 것은 국민 전체의 이익을 위해 적절한 수단이 될 수 있으므로, 이 사건 법률조항이 범죄행위로 자격정지의 형을 선고받은 자를 청원경찰직에서 배제하도록 한 것은 위와 같은 입법목적을 달성하기 위해 효과적이고 적절한 수단이 될 수 있다. 또한, 이 사건 법률조항이 정한 바와 같이 자격정지의 형을 선고받은 자를 청원경찰직에서 당연퇴직시키는 것은 위와 같은 입법목적을 달성하면서도 기본권 침해를 최소화하는 수단이라고 할 것이어서 **기본권 침해의 최소성원칙을 준수**하였고, 자격정지의 형을 선고받은 청원경찰이 이 사건 법률조항에 따라 당연퇴직되어 입게 되는 직업의 자유에 대한 제한이라는 불이익이 자격정지의 형을 선고받은 자를 청원경찰직에서 당연퇴직시킴으로써 청원경찰에 대한 국민의 신뢰를 제고하고 청원경찰로서의 성실하고 공정한 직무수행을 담보하려는 공익에 비하여 더 중하다고 볼 수는 없으므로, **법익균형성도 지켜지고 있다.** 따라서 이 사건 법률조항은 **과잉금지원칙을 위반하여 청구인의 직업의 자유를 침해하지 아니한다**(헌재 2011.10.25, 2011헌마85).

㉢ [X] 변호사 업무와 변리사 업무는 그 내용이 다르고, 대한변호사협회와 변리사회는 그 설립목적, 제공하는 서비스의 내용, 사회적 기능 및 공적 역할이 다르므로, 변호사이더라도 변리사 업무를 수행하는 이상 변리사회에 가입할 필요가 있다. 따라서 가입조항은 **침해의 최소성** 요건도 갖추었다. 가입조항으로 인하여 변리사들이 받는 불이익은 변리사회에 가입할 의무가 발생하는 것에 불과한 반면, 가입조항이 달성하고자 하는 공익은 중대하므로 가입조항은 **법익의 균형성** 요건도 갖추었다. 따라서 가입조항은 **청구인의 소극적 결사의 자유 및 직업수행의 자유를 침해하지 않는다**(헌재 2017.12.28, 2015헌마1000).

㉣ [O] 심판대상조항이 '부정 취득한 운전면허'를 필요적으로 취소하도록 한 것은, 피해의 최소성과 법익의 균형성원칙에 위배되지 않는다. 반면, 심판대상조항이 '부정 취득하지 않은 운전면허'까지 필요적으로 취소하도록 한 것은 피해의 최소성원칙에 위배된다. 심판대상조항은 부정 취득하지 않은 운전면허라고 하더라도, 위법의 정도나 비난의 정도가 미약한 사안 등을

포함한 모든 경우에 필요적으로 취소하도록 하고, 이로 인해 취소된 날부터 2년 동안은 해당 운전면허도 다시 받을 수 없게 되는바, 이는 달성하려는 공익의 중대성을 감안하더라도 지나치게 운전면허 소지자의 기본권을 제한하는 것이다. 따라서 법익의 균형성원칙에도 위배된다. 심판대상조항 중 부정 취득하지 않은 운전면허를 필요적으로 취소하도록 한 부분은, 과잉금지원칙에 반하여 일반적 행동의 자유 또는 직업의 자유를 침해한다(헌재 2020.6.25, 2019헌가9).

㉤ [X] 시험제도란 본질적으로 응시자의 자질과 능력을 측정하는 것이며, 합격자의 결정을 상대평가(정원제)와 절대평가 중 어느 것에 의할 것인지는 측정방법의 선택의 문제일 뿐이고, 이 사건 법률조항이 사법시험의 합격자를 결정하는 방법으로 정원제를 취한 이유는 상대평가라는 방식을 통하여 응시자의 자질과 능력을 검정하려는 것이므로 이는 **객관적 사유가 아닌 주관적 사유에 의한 직업선택의 자유의 제한이다**(헌재 2010.5.27, 2008헌바110).

㉥ [O] 문신시술은 바늘을 이용하여 피부의 완전성을 침해하는 방식으로 색소를 주입하는 것으로, 감염과 염료 주입으로 인한 부작용 등 위험을 수반한다. 이러한 시술 방식으로 인한 잠재적 위험성은 피시술자뿐 아니라 공중위생에 영향을 미칠 우려가 있고, 문신시술을 이용한 반영구화장의 경우라고 하여 반드시 감소된다고 볼 수도 없다. 심판대상조항은 의료인만이 문신시술을 할 수 있도록 하여 그 안전성을 담보하고 있다. 국민건강과 보건위생을 위하여 의료인만이 문신시술을 하도록 허용하였다고 하여 헌법에 위반된다고 볼 수 없다. 따라서 심판대상조항은 과잉금지원칙을 위반하여 청구인들의 직업선택의 자유를 침해하지 않는다(헌재 2022.3.31, 2017헌마1343).

---

❶ [X] 사회국가란 사회정의의 이념을 헌법에 수용한 국가로 경제·사회·문화의 모든 영역에서 사회현상에 관여하고 간섭하고 분배하고 조정하는 국가를 말하지만 국가에게 국민 각자가 실제로 자유를 행사할 수 있는 그 실질적 조건을 마련해 줄 의무까지 부여하는 것은 아니다.

⇨ 사회국가란 사회정의의 이념을 헌법에 수용한 국가, 사회현상에 대하여 방관적인 국가가 아니라 경제·사회·문화의 모든 영역에서 정의로운 사회질서의 형성을 위하여 사회현상에 관여하고 간섭하고 분배하고 조정하는 국가이며, **궁극적으로는 국민 각자가 실제로 자유를 행사할 수 있는 그 실질적 조건을 마련해 줄 의무가 있는 국가를 의미한다**(헌재 2004.10.28, 2002헌마328).

❷ [O] 국민건강보험법 제63조 제2항이 휴직자도 직장가입자의 자격을 유지함을 전제로 기존의 보험료 부담을 그대로 지우고 있는 것은 일시적·잠정적 근로관계의 중단에 불과한 휴직제도의 본질, 휴직자에 대한 보험급여의 필요성, 별도의 직장가입자인 배우자 등이 있는 휴직자와 그렇지 않은 휴직자간의 형평성, 보험공단의 재정부담 등 여러 가지 사정을 고려한 것으로서, 입법형성의 범위 내에서 합리적으로 결정한 것이라 볼 수 있으므로 사회국가원리에 어긋난다거나 휴직자의 사회적 기본권 내지 평등권 등을 침해한다고 볼 수 없다(헌재 2003.6.26, 2001헌마699).

③ [O] 입법자는 경제현실의 역사와 미래에 대한 전망, 목적달성에 소요되는 경제적·사회적 비용, 당해 경제문제에 관한 국민 내지 이해관계인의 인식 등 제반 사정을 두루 감안하여 시장의 지배와 경제력의 남용 방지, 경제의 민주화 달성 등의 경제영역에서의 국가목표를 이루기 위하여 가능한 여러 정책 중 필요하다고 판단되는 경제정책을 선택할 수 있고, 입법자의 그러한 정책판단과 선택은 그것이 현저히 합리성을 결여한 것이라고 볼 수 없는 한 경제에 관한 국가적 규제·조정권한의 행사로서 존중되어야 한다(헌재 2018.6.28, 2016헌바77).

④ [O] 직장가입자에 비하여, 지역가입자에는 노인, 실업자, 퇴직자 등 소득이 없거나 저소득의 주민이 다수 포함되어 있고, 이러한 저소득층 지역가입자에 대하여 국가가 국고지원을 통하여 보험료를 보조하는 것은, 경제적·사회적 약자에게도 의료보험의 혜택을 제공해야 할 사회국가적 의무를 이행하기 위한 것으로서, 국고지원에 있어서의 지역가입자와 직장가입자의 차별취급은 사회국가원리의 관점에서 합리적인 차별에 해당하는 것으로서 평등원칙에 위반되지 아니한다(헌재 2000.6.29, 99헌마289).

20 답 ④

① [O] 제도적 보장은 객관적 법규범이라는 점에서 기본권과 구별되며, 헌법에 의하여 일정한 제도가 보장되면 입법자는 그 제도를 설정하고 유지할 입법의무를 갖는다.

② [O] 제도적 보장은 객관적 제도를 헌법에 규정하여 당해 제도의 본질을 유지하려는 것으로서 헌법제정권자가 특히 중요하고도 가치가 있다고 인정되고 헌법적으로도 보장할 필요가 있다고 생각하는 국가제도를 헌법에 규정함으로써 장래의 법발전, 법형성의 방침과 범주를 미리 규율하려는 데 있다. 이러한 제도적 보장은 주관적 권리가 아닌 객관적 범규범이라는 점에서 기본권과 구별되기는 하지만 헌법에 의하여 일정한 제도가 보장되면 입법자는 그 제도를 설정하고 유지할 입법의무를 지게될 뿐만 아니라 헌법에 규정되어 있기 때문에 법률로써 이를 폐지할 수 없고, 비록 내용을 제한하더라도 그 본질적 내용을 침해할 수 없다(헌재 1997.4.24, 95헌바48).

③ [O] 제도적 보장도 재판규범으로서의 성질을 갖는다.

❹ [×] 제도적 보장은 기본권 보장의 경우와 마찬가지로 그 본질적 내용을 침해하지 않는 범위 안에서 '최대한 보장의 원칙'이 적용된다.

⇨ 제도적 보장은 기본권 보장의 경우와는 달리 그 본질적 내용을 침해하지 아니하는 범위 안에서 **입법자에게 제도의 구체적인 내용과 형태의 형성권을 폭넓게 인정한다는 의미에서 '최소한 보장의 원칙'이 적용된다**(헌재 2006.2.23, 2005헌마403).

정답

p.28

01	③	02	④	03	②	04	②	05	②
06	④	07	④	08	②	09	②	10	②
11	②	12	①	13	②	14	④	15	①
16	④	17	③	18	①	19	②	20	④

01

답 ③

① [O] 청구인은 심판대상조항에 따라 음식점 시설 전체를 금연구역으로 지정하여 운영하여야 할 의무를 부담하게 되었으나, 음식점의 개설·영업행위 자체가 금지되는 것은 아니다. 심판대상조항은 청구인이 선택한 직업을 영위하는 방식과 조건을 규율하고 있으므로 청구인의 직업수행의 자유를 제한한다. 한편, 심판대상조항은 청구인으로 하여금 음식점 시설과 그 내부 장비 등을 철거하거나 변경하도록 강제하는 내용이 아니므로, 이로 인하여 청구인의 음식점 시설 등에 대한 권리가 제한되어 재산권이 침해되는 것은 아니다(헌재 2013.6.27, 2011헌마315).

② [O] 헌법 제10조는 "모든 국민은 인간으로서의 존엄과 가치를 가지며, 행복을 추구할 권리를 가진다. 국가는 개인이 가지는 불가침의 기본적 인권을 확인하고 이를 보장할 의무를 진다."고 규정하여, 모든 국민이 인간으로서의 존엄과 가치를 지닌 주체임을 천명하고, 국가권력이 국민의 기본권을 침해하는 것을 금지함은 물론 이에서 더 나아가 적극적으로 국민의 기본권을 보호하고 이를 실현할 의무가 있음을 선언하고 있다. 또한, 생명·신체의 안전에 관한 권리는 인간의 존엄과 가치의 근간을 이루는 기본권일 뿐만 아니라, 헌법은 제36조 제3항에서 국민의 보건에 관한 국가의 보호의무를 특별히 강조하고 있다. 따라서 국민의 생명·신체의 안전이 질병 등으로부터 위협받거나 받게 될 우려가 있는 경우 국가는 그 위험의 원인과 정도에 따라 사회·경제적인 여건 및 재정사정 등을 감안하여 국민의 생명·신체의 안전을 보호하기에 필요한 적절하고 효율적인 입법·행정상의 조치를 취하여 그 침해의 위험을 방지하고 이를 유지할 포괄적인 의무를 진다(헌재 2008.12.26, 2008헌마419 등).

❸ [X] 오랜 기간에 걸쳐 확고하게 형성되거나 획득된 고객관계, 입지조건, 영업상 비결, 신용, 영업능력, 사업연락망 등을 포함하는 영업권을 제한하는 것은 사실이지만 영업권을 침해하는 정도는 아니다.

⇨ 일반적으로 영업권이란 오랜 기간에 걸쳐 확고하게 형성되거나 획득된 고객관계, 입지조건, 영업상 비결, 신용, 영업능력, 사업연락망 등을 포함하는 영업재산이나 영업조직으로서 경제적으로 유용하면서 처분에 의한 환가가 가능한 재산적 가치를 말한다. 그런데 심판대상조항으로 인하여 **개업 시점부터** 현재까지 음식점을 흡연 가능 시설로 운영하지 못하고 있는 청구인에게는 영업권이 문제될 여지가 없다(헌재 2016.6.30, 2015헌마813).

④ [O] 심판대상조항의 입법목적을 가장 효과적으로 달성하기 위해서는 음식점 공간 전체를 금연구역으로 지정하여 비흡연자를 흡연으로부터 완전히 차단하는 것이 필요하다. 주류를 주로 판매하는 업종에 한해서 음식점 영업자의 손실을 최소화할 수 있는 대안들을 고려해 보아도, 그러한 대안들이 음식점 전체를 금연구역으로 지정하는 방법에 대한 적절한 대체수단이 되기 어렵다. 음식점 시설 전체를 금연구역으로 지정함으로써 음식점 영업자가 입게 될 불이익보다 간접흡연을 차단하여 이로 인한 폐해를 예방하고 국민의 생명·신체를 보호하고자 하는 공익이 더욱 중대하므로, 심판대상조항이 과잉금지원칙을 위반하여 청구인의 직업수행의 자유를 침해한다고 할 수 없다(헌재 2016.6.30, 2015헌마813).

02

답 ④

① [X] 청소년 성매수자의 일반적 인격권과 사생활의 비밀의 자유가 제한되는 정도가 청소년 성보호라는 공익적 요청에 비해 크다고 할 수 없으므로 결국 법 제20조 제2항 제1호의 **신상공개는 해당 범죄인들의 일반적 인격권, 사생활의 비밀의 자유를 과잉금지의 원칙에 위배하여 침해한 것이라 할 수 없다**(헌재 2003.6.26, 2002헌가14).

② [X] 부당한 보도에 의하여 피해를 입은 사람이 민법과 민사소송법에 정한 전통적인 일반원칙과 절차에 따라 명예훼손 등을 원인으로 하여 소로써 **손해배상에 갈음하거나 또는 손해배상과 함께 명예회복에 적당한 처분을 구할 수는 있다**(헌재 1991.9.16, 89헌마165).

③ [X] 보수 지급 대상자의 신원, 귀환동기, 억류기간 중의 행적을 확인하여 등록 및 등급을 부여하는 것은, 국군포로가 국가를 위하여 겪은 희생을 위로하고 국민의 애국정신을 함양한다는 국군포로송환법의 취지에 비추어 볼 때, 보수를 지급하기 전에 선행되어야 할 필수적인 절차이다. 귀환하지 못한 국군포로의 경우 등록을 할 수가 없고, 억류지출신 포로가족이 대신

등록을 신청하는 경우 억류기간 중의 행적 파악에 한계가 있고, 대우와 지원을 받을 대상자가 현재 대한민국에 존재하지 않아 보수를 지급하는 것의 실효성이 인정되기 어렵다. 따라서 **귀환하여 등록절차를 거친 등록포로에게만 보수를 지급한다고 규정한 심판대상조항은 평등원칙에 위배되지 않는다**(헌재 2022.12.22. 2020헌바39).

❹ [○] 현금영수증 의무발행업종 사업자로 하여금 건당 10만원 이상의 현금거래시 현금영수증을 의무발급하도록 하고, 위반시 현금영수증 미발급 거래대금의 100분의 50에 상당하는 과태료를 부과하도록 하는 것은 직업수행의 자유를 침해하지 않는다.

⇨ 심판대상조항은 현금거래가 많은 업종의 사업자에 대하여 과세표준을 양성화하여 세금탈루를 방지하고 공정한 거래질서를 확립하기 위한 것으로 입법목적의 정당성과 수단의 적합성이 인정된다. 투명하고 공정한 거래질서를 확립하고 과세표준을 양성화하려는 공익은 현금영수증 의무발행업종 사업자가 입게 되는 불이익보다 훨씬 커 법익균형성도 충족하므로 심판대상조항은 과잉금지원칙에 반하여 직업수행의 자유를 침해하지 않는다(헌재 2019.8.29. 2018헌바265).

03
답 ②

① [×] 약식명령에 대하여 단기의 불복기간을 설정한 것은, 경미하고 간이한 사건들을 신속하게 처리하게 함으로써 사법자원의 효율적인 배분을 통하여 국민의 재판청구권을 충실하게 보장하고자 하는 것으로서 그 합리성이 인정된다. 형사 입건된 피의자로서는 수사 및 재판에 관한 서류를 정확하게 송달받을 수 있도록 스스로 조치하여야 하므로, 입법자가 그러한 전제 하에 불복기간을 정하였더라도 입법재량을 현저하게 일탈하였다고 할 수 없다. … 따라서 이 사건 법률조항이 합리적인 입법재량의 범위를 벗어나 약식명령 피고인의 재판청구권을 침해한다고 볼 수 없다(헌재 2013.10.24. 2012헌바428).

❷ [○] 사실오인 또는 양형부당을 이유로 원심판결에 대한 상고를 할 수 있는 경우를 "사형, 무기 또는 10년 이상의 징역이나 금고가 선고된 사건"의 경우로만 제한한 형사소송법 조항은 재판청구권을 침해하지 아니한다.

⇨ 형사소송법 조항은 하급심 법원과 상고심 법원간에 사법자원을 적절하게 분배하고, 불필요한 상고제기를 방지하며, 소송경제를 도모하기 위한 것이다. 이를 통해 상고심 재판의 법률심 기능을 제고할 필요성이 있고, **당사자는 제1심과 제2심에서 사실오인이나 양형부당을 다툴 충분한 기회를 부여받고 있으므로, 형사소송법 조항은 입법형성권의 범위 내에 있어 재판청구권을 침해하지 아니한다**(헌재 2018.1.25. 2016헌바272).

③ [×] 심판대상조항은 가사소송 절차에 관하여 가사소송법에 특별한 규정이 있는 경우를 제외하고는 다른 법령을 준용하도록 하여 불충분한 절차진행 규정을 보완하고 원활한 재판절차진행을 도모함으로써 신속하고 적정한 재판실현을 가능하게 하여 재판청구권을 보장하는 기능을 하고 있다. 나아가 재심제기의 기간을 두는 것은 당사자 사이에 일어나는 법적 불안상태를 막기 위한 것이고, 친생자관계 존부 확인의 소는 특별민사소송절차인 가사소송의 한 종류로서 다른 민사소송 및 가사소송과 달리 친생자관계 존부 확인의 소에 대하여만 특별히 친생자관계를 기초로 하여 형성된 법적 불안상태를 막을

필요성이 없거나 적다고 볼 수 없다. 따라서 친생자관계 존부 확인의 소의 확정판결에 대한 재심을 민사소송법에서 정한 재심제기 기간 안에 제기하도록 하도록 한 심판대상조항은 청구인의 재판청구권을 침해하지 아니한다(헌재 2018.12.27. 2017헌바472).

④ [×] 심리불속행 상고기각판결에 이유를 기재한다고 해도, 당사자의 상고이유가 법률상의 상고이유를 실질적으로 포함하고 있는지 여부만을 심리하는 심리불속행 재판의 성격 등에 비추어 현실적으로 특례법 제4조의 심리속행사유에 해당하지 않는다는 정도의 이유기재에 그칠 수밖에 없고, 나아가 그 이상의 이유기재를 하게 하더라도 이는 법령해석의 통일을 주된 임무로 하는 상고심에게 불필요한 부담만 가중시키는 것으로서 심리불속행제도의 입법취지에 반하는 결과를 초래할 수 있으므로, 특례법 제5조 제1항은 재판청구권 등을 침해하여 위헌이라고 볼 수 없다(헌재 2012.5.31. 2010헌마625 등).

04
답 ②

① [○] 인터넷 회선 감청은, 인터넷 회선을 통하여 흐르는 전기신호 형태의 '패킷'을 중간에 확보한 다음 재조합 기술을 거쳐 그 내용을 파악하는 이른바 '패킷감청'의 방식으로 이루어진다. 따라서 이를 통해 개인의 통신뿐만 아니라 사생활의 비밀과 자유가 제한된다. … 인터넷회선 감청으로 수사기관은 타인 간 통신 및 개인의 내밀한 사생활의 영역에 해당하는 통신자료까지 취득할 수 있게 된다. 따라서 통신제한조치에 대한 법원의 허가 단계에서는 물론이고, 집행이나 집행 이후 단계에서도 수사기관의 권한 남용을 방지하고 관련 기본권 제한이 최소화될 수 있도록 입법적 조치가 제대로 마련되어 있어야 한다(헌재 2018.8.30. 2016헌마263).

❷ [×] 변호사에게 전년도에 처리한 수임사건의 건수 및 수임액을 소속 지방변호사회에 보고하도록 규정하고 있는 구 변호사법 규정은 헌법상 필요한 부분을 넘어 사생활 비밀의 자유를 과도하게 침해한다.

⇨ 일반적으로 경제적 내지 직업적 활동은 복합적인 사회적 관계를 전제로 하여 다수 주체간의 상호작용을 통하여 이루어지는 것이고, 특히 변호사의 업무는 다른 어느 직업적 활동보다도 강한 공공성을 내포한다는 점 등을 감안하여 볼 때, **변호사의 업무와 관련된 수임사건의 건수 및 수임액이 변호사의 내밀한 개인적 영역에 속하는 것이라고 보기 어렵고, 따라서 이 사건 법률조항이 청구인들의 사생활의 비밀과 자유를 침해하는 것이라 할 수 없다**(헌재 2009.10.29. 2007헌마667).

③ [○] 인터넷언론사의 공개된 게시판·대화방에서 스스로의 의사에 의하여 정당·후보자에 대한 지지·반대의 글을 게시하는 행위가 양심의 자유나 사생활 비밀의 자유에 의하여 보호되는 영역이라고 할 수 없다(헌재 2010.2.25. 2008헌마324).

④ [○] 후보자의 실효된 형까지 포함한 금고 이상의 형의 범죄경력을 공개함으로써 국민의 알 권리를 충족하고 공정하고 정당한 선거권 행사를 보장하고자 하는 이 사건 법률조항의 입법목적은 정당하며, 이러한 입법목적을 달성하기 위하여는 선거권자가 후보자의 모든 범죄경력을 인지한 후 그 공직적합성을 판단하는 것이 효과적이다. 또한, 금고 이상의 범죄경력에 실효된 형을 포함시키는 이유는 선거권자가 공직후보자의

자질과 적격성을 판단할 수 있도록 하기 위한 점, 전과기록은 통상 공개재판에서 이루어진 국가의 사법작용의 결과라는 점, 전과기록의 범위와 공개시기 등이 한정되어 있는 점 등을 종합하면, 이 사건 법률조항은 피해최소성의 원칙에 반한다고 볼 수 없고, 공익적 목적을 위하여 공직선거 후보자의 사생활의 비밀과 자유를 한정적으로 제한하는 것이어서 법익균형성의 원칙도 충족한다. 따라서 이 사건 법률조항은 청구인들의 사생활의 비밀과 자유를 침해한다고 볼 수 없다(헌재 2008.4. 24, 2006헌마402).

05 　　　　　　　　　　　　　　　　　　　　　답 ②

① [O] 징계결정 공개조항은 전문적인 법률지식, 윤리적 소양, 공정성 및 신뢰성을 갖추어야 할 변호사가 징계를 받은 경우 국민이 이러한 사정을 쉽게 알 수 있도록 하여 변호사를 선택할 권리를 보장하고, 변호사의 윤리의식을 고취시킴으로써 법률사무에 대한 전문성, 공정성 및 신뢰성을 확보하여 국민의 기본권을 보호하며 사회정의를 실현하기 위한 것으로서 입법목적의 정당성이 인정된다. … 따라서 징계결정 공개조항은 과잉금지원칙에 위배되지 아니하므로 청구인의 인격권을 침해하지 아니한다(헌재 2018.7.26, 2016헌마1029).

❷ [×] 이미 출국 수속 과정에서 일반적인 보안검색을 마친 승객을 상대로 촉수검색(patdown)과 같은 추가적인 보안검색 실시를 예정하고 있는 국가항공보안계획은 달성하고자 하는 공익에 비해 추가 보안검색으로 인해 대상자가 느낄 모욕감이나 수치심의 정도가 크다고 할 수 있으므로 과잉금지원칙에 위반되어 해당 승객의 인격권을 침해한다.

⇨ 항공기 이용이 보편화됨에 따라 국내외적으로 항공기 안전사고나 항공기에 대한 또는 항공기를 이용한 테러 위협이 계속 커지고 있는바, 항공기 사고는 한번 발생하면 그로 인한 인명피해가 심각하므로 항공기 내에서의 불법행위 방지 및 민간항공의 보안 확보라는 공익은 매우 중대하다. 이에 반해 체약국의 요구가 있는 경우 승객을 상대로 실시되는 추가 보안검색은 그 방법 및 절차를 고려할 때 그로 인해 대상자가 느낄 모욕감이나 수치심, 신체의 자유의 제한 정도가 그리 크다고 보기 어렵다. 따라서 이 사건 국가항공보안계획은 법익의 균형성도 인정된다. 그러므로 **이 사건 국가항공보안계획은 과잉금지원칙에 위반하여 청구인의 인격권 등 기본권을 침해하지 아니한다**(헌재 2018.2.22, 2016헌마780).

③ [O] 성명은 개인의 동일성을 식별하는 기호로서 개인의 정체성과 개별성을 상징한다. 사회 속에서 개인이 어떠한 성명으로 상징되고 인식되는가는 누구보다도 그 성명을 사용하는 개인에게 중요한 문제라고 할 것이므로 개인은 원칙적으로 자신이 원하는 내용으로 성명을 결정하여 사용할 수 있어야 한다. 따라서 성명의 구성요소인 성(姓)도 개인의 의사에 따라 자유롭게 결정하고 사용할 수 있다고 할 것이다(헌재 2005.12.22, 2003헌가6).

④ [O] 변호사 정보 제공 웹사이트 운영자가 변호사들의 개인신상정보를 기반으로 변호사들의 인맥지수를 산출하여 공개하는 서비스를 제공한 사안에서, 인맥지수의 사적·인격적 성격, 산출과정에서 왜곡 가능성, 인맥지수 이용으로 인한 변호사들의 이익 침해와 공적 폐해의 우려, 그에 반하여 이용으로 달성될

공적인 가치의 보호 필요성 정도 등을 종합적으로 고려하면, 운영자가 변호사들의 개인신상정보를 기반으로 한 인맥지수를 공개하는 표현행위에 의하여 얻을 수 있는 법적 이익이 이를 공개하지 않음으로써 보호받을 수 있는 변호사들의 인격적 법익에 비하여 우월하다고 볼 수 없어, 결국 운영자의 인맥지수 서비스 제공행위는 변호사들의 개인정보에 관한 인격권을 침해하는 위법한 것이다(대판 2011.9.2, 2008다42430).

06 　　　　　　　　　　　　　　　　　　　　　답 ④

① [O] '알 권리'는 표현의 자유와 표리일체의 관계에 있으며 자유권적 성질과 청구권적 성질을 공유하는 것이다. 나아가 현대 사회가 고도의 정보화사회로 이행해감에 따라 '알 권리'는 한편으로 생활권적 성질까지도 획득해 나가고 있다. 이러한 '알 권리'는 표현의 자유에 당연히 포함되는 것으로 보아야 하며 인권에 관한 세계선언 제19조도 '알 권리'를 명시적으로 보장하고 있다(헌재 1991.5.13, 90헌마133).

② [O] 자유권적 성질은 일반적으로 정보에 접근하고 수집·처리함에 있어서 국가권력의 방해를 받지 아니한다는 것을 말하며, 청구권적 성질을 의사형성이나 여론 형성에 필요한 정보를 적극적으로 수집하고 수집을 방해하는 방해제거를 청구할 수 있다는 것을 의미하는 바 이는 정보수집권 또는 정보공개청구권으로 나타난다(헌재 1991.5.13, 90헌마133).

③ [O] 국민의 정치자금 자료에 대한 접근 제한은 필요 최소한으로 이루어져야 한다. 영수증, 예금통장은 현행법령하에서 사본교부가 되지 않아 열람을 통해 확인할 수밖에 없음에도 열람 중 필사가 허용되지 않고 열람기간마저 3월간으로 짧아 그 내용을 파악하고 분석하기 쉽지 않다. 또한, 열람기간이 공직선거법상의 단기 공소시효조차 완성되지 아니한, 공고일부터 3개월 후에 만료된다는 점에서도 지나치게 짧게 설정되어 있다. 이를 종합하면 정치자금을 둘러싼 분쟁 등의 장기화 방지 및 행정부담의 경감을 위해 열람기간의 제한 자체는 둘 수 있다고 하더라도, 현행 기간이 지나치게 짧다는 점은 명확하다. 그렇다면 이 사건 열람기간제한 조항은 과잉금지원칙에 위배되어 청구인의 알 권리를 침해한다(헌재 2021.5.27, 2018헌마1168).

❹ [×] 변호사시험 성적을 공개하지 않는 것은 법학전문대학원과 학생들이 시험 준비 위주의 교육에서 벗어날 수 있고, 변호사 채용에 있어서도 다면적인 기준에 의한 평가를 할 수 있는 등 이를 통한 공익이 제한되는 사익보다 크므로 침해의 최소성 원칙에 위배되지 않는다.

⇨ 시험 성적이 공개될 경우 변호사시험 대비에 치중하게 된다는 우려가 있으나, 좋은 성적을 얻기 위해 노력하는 것은 당연하고 시험성적을 공개하지 않는다고 하여 변호사시험 준비를 소홀히 하는 것도 아니다. 오히려 시험성적을 공개하는 경우 경쟁력 있는 법률가를 양성할 수 있고, 각종 법조직역에 채용과 선발의 객관적 기준을 제공할 수 있다. 따라서 변호사시험 성적의 비공개는 기존 대학의 서열화를 고착시키는 등의 부작용을 낳고 있으므로 수단의 적절성이 인정되지 않는다. 또한, 법학교육의 정상화나 교육 등을 통한 우수 인재 배출, 대학원간의 과다경쟁 및 서열화 방지라는 입법목적은 법학전문대학원 내의 충실하고 다양한 교과과정 및 엄정한

학사관리 등과 같이 알 권리를 제한하지 않는 수단을 통해서 달성될 수 있고, **변호사시험 응시자들은 자신의 변호사시험 성적을 알 수 없게 되므로, 심판대상조항은 침해의 최소성 및 법익의 균형성 요건도 갖추지 못하였다. 따라서 심판대상조항은 과잉금지원칙에 위배하여 청구인들의 알 권리를 침해한다**(헌재 2015.6.25, 2011헌마769 등).

07 답 ④

① [O] 헌법 제12조 제2항은 "모든 국민은 고문을 받지 아니하며, 형사상 자기에게 불리한 진술을 강요당하지 아니한다."고 규정하여 형사책임에 관하여 자신에게 불이익한 진술을 강요당하지 아니할 것을 국민의 기본권으로 보장하고 있다(헌재 2005.12.23, 2004헌바25).

② [O] 심판대상조항은 민사집행법상 재산명시의무를 위반한 채무자에 대하여 법원이 결정으로 20일 이내의 감치에 처하도록 규정한 것으로서, 구 민사소송법에서 형사처벌하던 것을 재산명시의무를 간접강제하기 위한 민사적 제재로 전환하였고, 금전지급을 목적으로 하는 집행권원에 기초한 경우에만 인정되며, 채무자로서는 재산명시기일에 출석하여 재산목록을 제출하고 선서를 하기만 하면 감치의 제재를 받지 않으며, 감치를 명하더라도 최대 20일을 초과할 수 없고, 감치의 집행 중이라도 채무자가 재산명시의무를 이행하거나 채무를 변제하면 즉시 석방되는 점에 비추어, … 재산목록을 제출하고 그 진실함을 법관 앞에서 선서하는 것은 개인의 인격형성에 관계되는 내심의 가치적·윤리적 판단에 해당하지 않아 양심의 자유의 보호대상이 아니고, 감치의 제재를 통해 이를 강제하는 것이 형사상 불이익한 진술을 강요하는 것이라고 할 수 없으므로, 심판대상조항은 청구인의 양심의 자유 및 진술거부권을 침해하지 아니한다(헌재 2014.9.25, 2013헌마11).

③ [O] 진술거부권은 형사절차뿐만 아니라 행정절차나 국회에서의 조사절차 등에서도 보장되며, 현재 피의자나 피고인으로서 수사 또는 공판절차에 계속중인 자뿐만 아니라 장차 피의자나 피고인이 될 자에게도 보장된다. 또한, 진술거부권은 고문 등 폭행에 의한 강요는 물론 법률로써도 진술을 강요당하지 아니함을 의미한다(헌재 2005.12.22, 2004헌바25).

❹ [X] 정치자금을 받고 지출하는 행위는 당사자가 직접 경험한 사실에 해당하지만, 이를 문자로 기재하도록 하는 것은 당사자가 자신의 경험을 말로 표출한 것의 등가물로 평가할 수는 없으므로, 이러한 기재행위가 '진술'의 범위에 포함된다고 볼 수 없다.

⇨ **헌법상 진술거부권의 보호대상이 되는 '진술'이라 함은 언어적 표출, 즉 개인의 생각이나 지식, 경험사실을 정신작용의 일환인 언어를 통하여 표출하는 것을 의미하는바, 정치자금을 받고 지출하는 행위는 당사자가 직접 경험한 사실로서 이를 문자로 기재하도록 하는 것은 당사자가 자신의 경험을 말로 표출한 것의 등가물로 평가할 수 있으므로, 위 조항들이 정하고 있는 기재행위 역시 '진술'의 범위에 포함된다고 할 것이다.** … 위 조항들을 통하여 달성하고자 하는 정치자금의 투명한 공개라는 공익은 불법 정치자금을 수수한 사실을 회계장부에 기재하고 신고해야 할 의무를 지키지 않은 채 진술거부권을 주장하는 사익보다 우월하다. 결국, 정당의 회계책임자가

불법 정치자금이라도 그 수수 내역을 회계장부에 기재하고 이를 신고할 의무가 있다고 규정하고 있는 위 조항들은 헌법 제12조 제2항이 보장하는 진술거부권을 침해한다고 할 수 없다(헌재 2005.12.22, 2004헌바25).

08 답 ②

㉠ [O] 선불식 할부거래업자가 지급받은 선수금이 제대로 보전되지 아니하여 소비자 피해가 급증했던 과거의 현실과 날로 늘어가는 상조업의 규모 및 상조업체 이용자의 수 등을 감안하면, 선불식 할부거래업자의 건전한 경영과 가입자의 피해 방지 및 신뢰 확보라는 공익은 매우 중대하다고 볼 수 있다. 따라서 이 사건 법률조항은 과잉금지원칙에 위배되어 선불식 할부거래업자의 직업수행의 자유를 침해하지 아니한다(헌재 2020.12.23, 2018헌바382).

㉡ [X] 유사군복이 모방하고 있는 대상인 전투복은 군인의 전투용도로 세심하게 고안되어 제작된 특수한 재화라는 특성이 있으므로, 입법자는 이를 모방한 물품이 이윤추구의 수단과 매매행위의 대상이 되는 것을 부정적으로 평가하여 이를 일반적으로 금지하고, 예외적인 경우에만 판매목적 소지를 허용하였다. 심판대상조항으로 인하여 다양한 군복 중 '전투복, 전투화, 전투모, 계급장, 장성급 장교표지, 야전상의, 방한복, 비행복, 특전복'에 한하여 그 형태·색상·구조 등이 유사하여 외관상으로는 식별이 '극히' 곤란한 유사군복의 경우에만 판매목적 소지가 금지되고 그 이외의 일반적인 밀리터리 룩 의복에 대해서는 판매목적 소지가 허용된다. 그로 인하여 **유사군복 판매업자 등의 직업의 자유나 일반적 행동의 자유가 위와 같은 범위에서 제한된다 하더라도, 그 제한의 정도가 외관상 식별이 극히 곤란한 유사군복의 유통을 금지함으로써 이를 통해 군인을 사칭하고 군사시설에 잠입하는 등의 행위가 일어날 가능성을 방지하여 국가안전보장과 질서를 유지하려는 공익에 비하여 결코 중하다고 볼 수 없다. 심판대상조항은 과잉금지원칙을 위반하여 직업의 자유 내지 일반적 행동의 자유를 침해하지 아니한다**(헌재 2019.4.11, 2018헌가14).

㉢ [X] 법원이 범죄의 모든 정황을 고려하여 금고 이상의 형을 선고하였다면 그 사실만으로 사회적 비난가능성이 높다. 입법자는 **변호사가 형사 제재를 받은 경우 국민이 당해 변호사뿐만 아니라 변호사 단체에 대한 신뢰를 회복하기에 충분한 기간을 형법과는 별도의 기준으로 설정할 수 있고, 이에 따라 집행유예기간에 2년을 더한 기간 동안 변호사 활동을 금지하는 것이 직업선택의 자유에 대한 과도한 제한이라 할 수 없다.** … 심판대상조항이 금고 이상의 형의 집행유예를 선고받은 경우를 결격사유로 정한 것은 국민의 기본적 인권을 옹호하고 사회정의를 실현함을 사명으로 하는 변호사제도에 대한 국민의 신뢰 및 공공의 이익을 보호하기 위함이며 이는 변호사 수의 많고 적음과는 무관하다(헌재 2019.5.30, 2018헌마267).

㉣ [O] 연수조항으로 인하여 청구인은 연수교육을 받는 시간만큼 영업활동을 할 수 없게 되는 불이익을 받게 되나, 이와 같은 불이익이 연수조항이 달성하고자 하는 공익에 비하여 크다고 볼 수 없으므로 연수조항은 법익의 균형성 요건도 갖추었다. 따라서 연수조항은 청구인의 직업수행의 자유를 침해하지 않는다(헌재 2017.12.28, 2015헌마1000).

ⓜ [×] 의료기기법 금지조항과 의료기기법 처벌조항, 의료법 금지조항과 의료법 처벌조항은 국민건강보험의 재정건전성 확보와 국민건강의 증진이라는 정당한 입법목적을 달성하기 위하여 형벌이라는 적절한 수단을 사용하고 있으며, 형벌을 대체할 규제수단의 존재 여부와 위 처벌조항들의 법정형 수준을 종합하여 보면 침해의 최소성원칙에 위배된다고 할 수 없고, **의료기기 수입업자나 의료인이 직업수행의 자유를 부분적으로 제한받아 입게 되는 불이익이 위 조항들이 추구하는 공익에 비해 결코 크다고 하기 어려워 법익의 균형성도 인정되므로 직업의 자유를 침해하지 아니한다**(헌재 2018.1.25, 2016헌바 201 등).

ⓗ [O] 아동학대관련범죄전력자에 대해 범죄전력만으로 장래에 동일한 유형의 범죄를 다시 저지를 것이라고 단정하기는 어려움에도 불구하고, 심판대상조항은 오직 아동학대관련범죄전력에 기초해 10년이라는 기간 동안 일률적으로 취업제한의 제재를 부과하는 점, 이 기간 내에는 취업제한 대상자가 그러한 제재로부터 벗어날 수 있는 어떠한 기회도 존재하지 않는 점, 재범의 위험성에 대한 사회적 차원의 대처가 필요하다 해도 개별 범죄행위의 태양을 고려한 위험의 경중에 대한 판단이 있어야 하는 점 등에 비추어 볼 때, 심판대상조항은 침해의 최소성 요건을 충족했다고 보기 어렵다. 심판대상조항은 일률적으로 10년의 취업제한을 부과한다는 점에서 죄질이 가볍고 재범의 위험성이 낮은 범죄전력자들에게 지나치게 가혹한 제한이 될 수 있어, 그것이 달성하려는 공익의 무게에도 불구하고 법익의 균형성 요건을 충족하지 못한다. 따라서 심판대상조항은 과잉금지원칙에 위배되어 직업선택의 자유를 침해한다(헌재 2022.9.29, 2019헌마813).

09
답 ②

① [O] 청원권 행사를 위한 청원사항이나 청원방식, 청원절차 등에 관해서는 입법자가 그 내용을 자유롭게 형성할 재량권을 가지고 있으므로 공무원이 취급하는 사건 또는 사무에 관한 사항의 청탁에 관해 금품을 수수하는 등의 행위를 청원권의 내용으로서 보장할지 여부에 대해서도 입법자에게 폭넓은 재량권이 주어져 있다. 또한 금전적 대가를 받는 청탁 등 로비활동을 합법적으로 보장할 것인지 여부도 그 시대 국민의 법 감정이나 사회적 상황에 따라 입법자가 판단할 사항이므로 위 제도의 도입 여부나 시기에 대한 판단 역시 입법자의 재량이 폭넓게 인정되는 분야이다(헌재 2012.4.24, 2011헌바40).

❷ [×] 청원사항의 처리결과에 대하여 재결서에 준하는 이유를 명시할 의무는 있으나, 청원인이 청원한 내용대로의 결과를 통지할 의무는 없다.
⇨ 헌법 제26조와 청원법규정에 의할 때 헌법상 보장된 청원권은 공권력과의 관계에서 일어나는 여러 가지 이해관계, 의견, 희망 등에 관하여 적법한 청원을 한 모든 국민에게, **국가기관이(그 주관관서가) 청원을 수리할 뿐만 아니라, 이를 심사하여, 청원자에게 적어도 그 처리결과를 통지할 것을 요구할 수 있는 권리를 말한다.** 그러나 청원권의 보호범위에는 청원사항의 처리결과에 심판서나 재결서에 준하여 이유를 명시할 것까지를 요구하는 것은 포함되지 아니한다고 할 것이다(헌재 1997.7.16, 93헌마239).

③ [O]
> **청원법**
> 제9조의2【이의신청】청원이 제9조(청원의 심사)에 따른 처리기간 이내에 처리되지 아니하는 경우 청원인은 청원을 관장하는 기관에 이의신청을 할 수 있다.

④ [O] 이 사건 법률조항은 공무원의 직무에 속하는 사항에 관하여 금품을 대가로 다른 사람을 중개하거나 대신하여 그 이해관계나 의견 또는 희망을 해당 기관에 진술할 수 없게 하므로, 일반적 행동자유권 및 청원권을 제한한다. … 이 사건 법률조항은 일반적 행동의 자유 내지 청원권을 침해하지 아니한다(헌재 2012.4.24, 2011헌바40).

10
답 ②

① [×] 미국에서는 기본권의 대사인적 효력을 인정하지 않았으나 사인에 의한 인종차별의 문제를 중심으로 판례와 이론이 변화되면서 연방대법원이 '국가행위의제이론' 또는 '국가유사설'이라 불려지는 이론을 구성하여 기본권의 대사인적효력을 제한적으로 인정하고 있다. 국가행위의제이론은 사인에게도 기본권의 효력을 미치게 하려면 사인의 행위를 국가의 행위와 동일시하거나 적어도 국가작용인 것처럼 의제하지 않으면 아니 된다고 한다. 사인의 행위를 국가의 행위로 의제할 수 있으면 기본권규정이 사인간에도 직접 적용되고, 사인의 행위를 국가행위로 의제할 수 없다면 기본권규정이 적용되지 않는다고 본다. 따라서 **사법상의 일반조항(공서양속조항 · 신의성실조항 등)을 통하여 직접 적용되지도 않는다. 사법상의 일반조항을 통하여 간접적용되는 이론은 독일이나 우리나라의 다수설의 입장이다.**

❷ [O] 기본권의 본질적 내용에 대한 침해금지규정은 제3차 개정헌법에서 처음으로 규정되었으나, 제7차 개정헌법에서 삭제되었다가 제8차 개정헌법에서 다시 부활하였다.
⇨ 기본권의 본질적 내용 침해금지규정은 제3차 개정헌법(1960년)에서 처음 규정되었으나, 제7차 개정헌법(1972년)에서 삭제되었다가 제8차 개정헌법(1980년)에서 다시 부활하였다.

③ [×] 피청구인이 공공용지의 취득 및 손실보상에 관한 특례법에 의거하여 공공사업에 필요한 토지 등을 협의취득하고 그 협의취득에 따르는 보상금을 지급하는 행위는 토지 등 권리이전에 대한 반대급부의 교부행위에 불과하므로 공법상의 행정처분이 아니라 **사경제주체로서 행하는 사법상의 법률행위이므로 헌법소원의 대상이 되는 공권력의 행사라고 볼 수 없다**(헌재 1992.12.24, 90헌마182).

④ [×] 국민의 수학권(헌법 제31조 제1항의 교육을 받을 권리)과 교사의 수업의 자유는 다같이 보호되어야 하겠지만 그 중에서도 **국민의 수학권이 더 우선적으로 보호되어야 한다**(헌재 1992.11.12, 89헌마88).

11 답 ②

① [O] 국회의 동의를 요하지 않는 조약은 명령의 효력을 갖는다.

❷ [×] 외교관계에 관한 비엔나협약에 의하여 외국의 대사관저에 대하여 강제집행을 할 수 없다는 이유로 집행관이 강제집행 신청의 접수를 거부하여 강제집행이 불가능하게 되었다면 국가는 이러한 경우 손실을 보상하는 법률을 제정하여야 할 의무가 있다.

⇨ 외국의 대사관저에 대하여 강제집행을 할 수 없다는 이유로 집달관이 청구인들의 강제집행의 신청의 접수를 거부하여 강제집행이 불가능하게 된 경우 **국가가 청구인들에게 손실을 보상하는 법률을 제정하여야 할 헌법상의 명시적인 입법위임은 인정되지 아니하고**, 헌법의 해석으로도 그러한 법률을 제정함으로써 청구인들의 기본권을 보호하여야 할 **입법자의 행위의무 내지 보호의무가 발생하였다고 볼 수 없다**(헌재 1998. 5.28, 96헌마44).

③ [O] 헌법 제2조 제2항은 중국동포의 국적선택절차에 관한 법률의 제정 또는 조약의 체결을 명시적으로 위임하고 있지 않다. 한편, 입법자는 헌법의 위임을 받아 대한민국의 국적이 되는 요건을 규정한 '국적법'을, 재외국민의 보호와 관련하여 '재외동포의 출입국과 법적 지위에 관한 법률' 등을 제정하였으며, 위 법률에서의 중국동포의 국적취득과 관련된 입법상의 불비는 별론으로 하더라도, 헌법 제2조 제2항을 근거로 중국동포의 국적을 선택할 수 있는 절차에 관한 법률을 제정하거나 또는 조약을 체결할 명시적인 입법위임이 있다는 것을 이유로 헌법소원을 제기함은 부적법하다(헌재 2006.3.30, 2003헌마806).

④ [O] 헌법에 의하여 체결·공포된 조약과 일반적으로 승인된 국제법규는 국내법과 같은 효력을 가진다(헌법 제6조 제1항).

12 답 ①

㉠ [O] 보안관찰처분은 보안관찰처분대상자의 내심의 작용을 문제삼는 것이 아니라, 보안관찰처분대상자가 보안관찰해당범죄를 다시 저지를 위험성이 내심의 영역을 벗어나 외부에 표출되는 경우에 재범의 방지를 위하여 내려지는 특별예방적 목적의 처분이므로, 보안관찰처분 근거 규정은 양심의 자유를 침해하지 아니한다(헌재 2015.11.26, 2014헌바475).

㉡ [O] 헌법 제19조의 양심의 자유는 옳고 그른 것에 대한 판단을 추구하는 가치적·도덕적 마음가짐으로 인간의 윤리적 내심영역인바, 세무사가 행하는 성실신고확인은 확인대상사업자의 소득금액에 대하여 심판대상조항 및 관련 법령에 따라 확인하는 것으로 단순한 사실관계의 확인에 불과한 것이어서 헌법 제19조에 의하여 보장되는 양심의 영역에 포함되지 않는다(헌재 2019.7.25, 2016헌바392).

㉢ [O] 인터넷언론사의 공개된 게시판·대화방에서 스스로의 의사에 의하여 정당·후보자에 대한 지지·반대의 글을 게시하는 행위가 양심의 자유나 사생활 비밀의 자유에 의하여 보호되는 영역이라고 할 수 없다(헌재 2010.2.25, 2008헌마324 등).

㉣ [×] 단순한 사실관계의 확인과 같이 가치적·윤리적 판단이 개입될 여지가 없는 경우는 물론, 법률해석에 관하여 여러 견해가 갈리는 경우처럼 다소의 가치관련성을 가진다고 하더라도 개인의 인격형성과는 관계가 없는 사사로운 사유나 의견 등은 그 보호대상이 아니다. 이 사건의 경우와 같이 경제규제법적 성격을 가진 공정거래법에 위반하였는지 여부에 있어서도 각 개인의 소신에 따라 어느 정도의 가치판단이 개입될 수 있는 소지가 있고 그 한도에서 다소의 윤리적 도덕적 관련성을 가질 수도 있겠으나, 이러한 **법률판단의 문제는 개인의 인격형성과는 무관하며**, 대화와 토론을 통하여 가장 합리적인 것으로 그 내용이 동화되거나 수렴될 수 있는 포용성을 가지는 분야에 속한다고 할 것이므로 **헌법 제19조에 의하여 보장되는 양심의 영역에 포함되지 아니한다**(헌재 2002.1.31, 2001헌바43).

13 답 ②

① [O] 노동·직업상담 직류의 업무와 직업상담사의 업무는 밀접한 관련이 있고 해당 직류의 업무수행 시 상당한 전문적 상담기술, 법령이해도 등을 전제되어야 하므로 7·9급 고용노동·직업상담 직렬 공무원을 채용하면서 노동시장론과 노동관계법규, 직업상담학과 직업심리학 등에 대한 전문성에 대한 검증을 거친 직업상담사 자격증 소지자에게 3% 또는 5%의 가산점을 부여하는 것은 그 목적의 정당성, 수단의 적합성이 인정된다. … 따라서 심판대상조항이 과잉금지원칙에 반하여 청구인들의 공무담임권과 평등권을 침해한다고 보기 어렵다(헌재 2018.8.30, 2018헌마46).

❷ [×] 청구인이 당선된 당해선거에 관한 것인지를 묻지 않고, 선거에 관한 여론조사의 결과에 영향을 미치게 하기 위하여 둘 이상의 전화번호를 착신 전환 등의 조치를 하여 같은 사람이 두 차례 이상 응답하여 100만원 이상의 벌금형을 선고받은 자로 하여금 지방의회의원의 직에서 퇴직되도록 한 조항은 청구인의 공무담임권을 침해한다.

⇨ 퇴직조항은 선거에 관한 여론조사의 결과에 부당한 영향을 미치는 행위를 방지하고 선거의 공정성을 담보하며 공직에 대한 국민 또는 주민의 신뢰를 제고한다는 목적을 달성하는 데 적합한 수단이다. 지방의회의원이 선거의 공정성을 해하는 범죄로 유죄판결이 확정되었다면 지방자치행정을 민주적이고 공정하게 수행할 것이라고 기대하기 어렵다. … **퇴직조항으로 인하여 지방의회의원의 직에서 퇴직하게 되는 사익의 침해에 비하여 선거에 관한 여론조사의 결과에 부당한 영향을 미치는 행위를 방지하고 선거의 공정성을 담보하며 공직에 대한 국민 또는 주민의 신뢰를 제고한다는 공익이 더욱 중대하다. 퇴직조항은 청구인들의 공무담임권을 침해하지 아니한다**(헌재 2022.3.31, 2019헌마986).

③ [O] 공무담임권의 보호영역에는 일반적으로 공직취임의 기회보장, 신분박탈, 직무의 정지가 포함될 뿐이고 청구인이 주장하는 '승진시험의 응시제한'이나 이를 통한 승진기회의 보장 문제는 공직신분의 유지나 업무수행에는 영향을 주지 않는 단순한 내부 승진인사에 관한 문제에 불과하여 공무담임권의 보호영역에 포함된다고 보기는 어려우므로 결국 이 사건 심판대상 규정은 청구인의 공무담임권을 침해한다고 볼 수 없다(헌재 2007.6.28, 2005헌마1179).

④ [O] 아동·청소년과 상시적으로 접촉하고 밀접한 생활관계를 형성하여 이를 바탕으로 교육과 상담이 이루어지고 인성발달의 기초를 형성하는 데 지대한 영향을 미치는 초·중등학교 교원의

업무적인 특수성과 중요성을 고려해 본다면, 최소한 초·중등학교 교육현장에서 성범죄를 범한 자를 배제할 필요성은 어느 공직에서보다 높다고 할 것이고, … 이 사건 결격사유조항은 성범죄를 범하는 대상과 확정된 형의 정도에 따라 성범죄에 관한 교원으로서의 최소한의 자격기준을 설정하였다고 할 것이고, 같은 정도의 입법목적을 달성하면서도 기본권을 덜 제한하는 수단이 명백히 존재한다고 볼 수도 없으므로, 이 사건 결격사유조항은 과잉금지원칙에 반하여 청구인의 공무담임권을 침해하지 아니한다(헌재 2019.7.25, 2016헌마754).

14 　　　　　　　　　　　　　　　　　　　답 ④

① [O] 이 사건 지침은 신병교육훈련을 받고 있는 군인의 통신의 자유를 제한하고 있으나, 신병들을 군인으로 육성하고 교육훈련과 병영생활에 조속히 적응시키기 위하여 신병교육기간에 한하여 신병의 외부 전화통화를 통제한 것이다. 또한, 신병훈련기간이 5주의 기간으로서 상대적으로 단기의 기간이라는 점, 긴급한 전화통화의 경우는 지휘관의 통제하에 허용될 수 있다는 점, 신병들이 부모 및 가족에 대한 편지를 작성하여 우편으로 송부하도록 하고 있는 점 등을 종합하여 고려하여 보면, 이 사건 지침에서 신병교육훈련기간 동안 전화사용을 하지 못하도록 정하고 있는 규율이 청구인을 포함한 신병교육훈련생들의 통신의 자유 등 기본권을 필요한 정도를 넘어 과도하게 제한하는 것이라고 보기 어렵다(헌재 1994.6.30, 92헌마18).

② [O] 인터넷회선 감청은 인터넷회선을 통하여 흐르는 전기신호 형태의 '패킷'을 중간에 확보한 다음 재조합 기술을 거쳐 그 내용을 파악하는 이른바 '패킷감청'의 방식으로 이루어진다. 따라서 이를 통해 개인의 통신뿐만 아니라 사생활의 비밀과 자유가 제한된다. … 이 사건 법률조항은 인터넷회선 감청의 특성을 고려하여 그 집행 단계나 집행 이후에 수사기관의 권한 남용을 통제하고 관련 기본권의 침해를 최소화하기 위한 제도적 조치가 제대로 마련되어 있지 않은 상태에서, 범죄수사 목적을 이유로 인터넷회선 감청을 통신제한조치 허가대상 중 하나로 정하고 있으므로 침해의 최소성 요건을 충족한다고 할 수 없다. 이러한 여건하에서 인터넷회선의 감청을 허용하는 것은 개인의 통신 및 사생활의 비밀과 자유에 심각한 위협을 초래하게 되므로 이 사건 법률조항으로 인하여 달성하려는 공익과 제한되는 사익 사이의 법익 균형성도 인정되지 아니한다. 그러므로 이 사건 법률조항은 과잉금지원칙에 위반하는 것으로 청구인의 기본권을 침해한다(헌재 2018.8.30, 2016헌마263).

③ [O] 국민의 모든 자유와 권리는 국가안전보장·질서유지 또는 공공복리를 위하여 필요한 경우에 한하여 법률로써 제한할 수 있으며, 제한하는 경우에도 자유와 권리의 본질적인 내용을 침해할 수 없다(헌법 제37조 제2항).

❹ [×] 국가기관이 정보통신부장관의 인가 없이 감청설비의 제조·수입 등의 방법으로 감청설비를 보유·사용할 수 있도록 하는 것은 통신의 자유를 침해한 것이다.
　⇨ 감청설비 제조·수입 등의 경우 정보통신부장관의 인가를 받도록 하되, 국가기관은 예외로 규정한 통신비밀보호법 제10조 제1항이 **통신의 자유를 침해하지 않는다**(헌재 2001.3.21, 2000헌바25).

15 　　　　　　　　　　　　　　　　　　　답 ①

❶ [×] 부진정소급입법은 원칙적으로 허용되지 않고, 법치국가의 원리에 의하여 특단의 사정이 있는 경우에만 예외적으로 허용될 수 있다.
　⇨ **부진정소급입법은 원칙적으로 허용**되지만 소급효를 요구하는 공익상의 사유와 신뢰보호의 요청 사이의 교량과정에서 신뢰보호의 원칙이 입법자의 형성권에 제한을 가하게 되는데 반하여, 진정소급입법은 특단의 사정이 없는 한 개인의 신뢰보호와 법적 안정성을 내용으로 하는 법치국가원리에 의하여 헌법적으로 허용되지 아니하는 것이 원칙이다(헌재 2001.5.31, 99헌가18).

② [O] 공무원의 퇴직연금 지급개시연령을 제한한 구 공무원연금법은 현재 공무원으로 재직 중인 자가 퇴직하는 경우 장차 받게 될 퇴직연금의 지급시기를 변경한 것으로, 아직 완성되지 아니한 사실 또는 법률관계를 규율대상으로 하는 부진정소급입법에 해당되는 것이어서 원칙적으로 허용되고, 입법목적으로 달성하고자 하는 연금재정 안정 등의 공익이 손상되는 신뢰에 비하여 우월하다고 할 것이어서 신뢰보호원칙에 위배된다고 볼 수 없다(헌재 2015.12.23, 2013헌바259).

③ [O] 헌법 제23조 제3항에서 규정하고 있는 '공공필요'는 '국민의 재산권을 그 의사에 반하여 강제적으로라도 취득해야 할 공익적 필요성'으로서, '공공필요'의 개념은 '공익성'과 '필요성'이라는 요소로 구성되어 있는바, '공익성'의 정도를 판단함에 있어서는 공용수용을 허용하고 있는 개별법의 입법목적, 사업내용, 사업이 입법목적에 이바지하는 정도는 물론, 특히 그 사업이 대중을 상대로 하는 영업인 경우에는 그 사업 시설에 대한 대중의 이용·접근가능성도 아울러 고려하여야 한다. 그리고 '필요성'이 인정되기 위해서는 공용수용을 통하여 달성하려는 공익과 그로 인하여 재산권을 침해당하는 사인의 이익 사이의 형량에서 사인의 재산권침해를 정당화할 정도의 공익의 우월성이 인정되어야 하며, 사업시행자가 사인인 경우에는 그 사업시행으로 획득할 수 있는 공익이 현저히 해태되지 않도록 보장하는 제도적 규율도 갖추어져 있어야 한다. 그런데 이 사건에서 문제된 지구개발사업의 하나인 '관광휴양지 조성사업' 중에는 고급골프장, 고급리조트 등(이하 '고급골프장 등'이라 한다)의 사업과 같이 입법목적에 대한 기여도가 낮을 뿐만 아니라, 대중의 이용·접근가능성이 작아 공익성이 낮은 사업도 있다. 또한, 고급골프장 등 사업은 그 특성상 사업 운영 과정에서 발생하는 지방세수 확보와 지역경제 활성화는 부수적인 공익일 뿐이고, 이 정도의 공익이 그 사업으로 인하여 강제수용당하는 주민들의 기본권침해를 정당화할 정도로 우월하다고 볼 수는 없다. 따라서 이 사건 법률조항은 공익적 필요성이 인정되기 어려운 민간개발자의 지구개발사업을 위해서까지 공공수용이 허용될 수 있는 가능성을 열어두고 있어 헌법 제23조 제3항에 위반된다(헌재 2014.10.30, 2011헌바172 등).

④ [O] 신법이 피적용자에게 유리한 경우에는 이른바 시혜적인 소급입법이 가능하지만 이를 입법자의 의무라고는 할 수 없고, 그러한 소급입법을 할 것인지의 여부는 입법재량의 문제로서 그 판단은 일차적으로 입법기관에 맡겨져 있으며, 이와 같은 시혜적 조치를 할 것인가 하는 문제는 국민의 권리를 제한하거나 새로운 의무를 부과하는 경우와는 달리 입법자에게 보다 광범위한 입법형성의 자유가 인정된다(헌재 1995.12.28, 95헌마196).

16 답 ④

① [O] 자유선거의 원칙은 비록 우리 헌법에 명시되지는 아니하였지만 민주국가의 선거제도에 내재하는 법원리인 것으로서 국민주권의 원리, 의회민주주의의 원리 및 참정권에 관한 규정에서 그 근거를 찾을 수 있다. 이러한 자유선거의 원칙은 선거의 전 과정에 요구되는 선거권자의 의사형성의 자유와 의사실현의 자유를 말하고, 구체적으로는 투표의 자유, 입후보의 자유 나아가 선거운동의 자유를 뜻한다(헌재 1995.4.20, 92헌바29).

② [O] 비례대표제를 채택하는 경우 직접선거의 원칙은 의원의 선출뿐만 아니라 정당의 비례적인 의석확보도 선거권자의 투표에 의하여 직접 결정될 것을 요구하는바, 비례대표의원의 선거는 지역구의원의 선거와는 별도의 선거이므로 이에 관한 유권자의 별도의 의사표시, 즉 정당명부에 대한 별도의 투표가 있어야 함에도 현행제도는 정당명부에 대한 투표가 따로 없으므로 결국 비례대표의원의 선출에 있어서는 정당의 명부작성행위가 최종적·결정적인 의의를 지니게 되고, 선거권자들의 투표행위로써 비례대표의원의 선출을 직접·결정적으로 좌우할 수 없으므로 직접선거의 원칙에 위배된다(헌재 2001.7.19, 2000헌마91).

③ [O] 비례대표제를 채택하는 경우 직접선거의 원칙은 의원의 선출뿐만 아니라 정당의 비례적인 의석확보도 선거권자의 투표에 의하여 직접 결정될 것을 요구하는바, 비례대표의원의 선거는 지역구의원의 선거와는 별도의 선거이므로 이에 관한 유권자의 별도의 의사표시, 즉 정당명부에 대한 별도의 투표가 있어야 함에도 현행 제도는 정당명부에 대한 투표가 따로 없으므로 결국 비례대표의원의 선출에 있어서는 정당의 명부작성행위가 최종적·결정적인 의의를 지니게 되고, 선거권자들의 투표행위로써 비례대표의원의 선출을 직접·결정적으로 좌우할 수 없으므로 직접선거의 원칙에 위배된다(헌재 2001.7.19, 2000헌마91).

❹ [X] 당선소송은 선거의 일부 무효를 주장하는 것으로서 선거의 효력에 관하여 이의가 있는 자가 중앙선거관리위원장을 피고로 하여 대법원에 소를 제기하는 것이다.

⇨ 당선소송은 선거가 유효임을 전제로 하여 당선인결정에 위법이 있음을 이유로 그 효력을 다투는 소송이다.

17 답 ③

㉠ [O] 헌법상 사전검열은 표현의 자유 보호대상이면 예외 없이 금지된다. 건강기능식품의 기능성 광고는 인체의 구조 및 기능에 대하여 보건용도에 유용한 효과를 준다는 기능성 등에 관한 정보를 널리 알려 해당 건강기능식품의 소비를 촉진시키기 위한 상업광고이지만, 헌법 제21조 제1항의 표현의 자유의 보호대상이 됨과 동시에 같은 조 제2항의 사전검열금지대상도 된다(헌재 2019.5.30, 2019헌가4).

㉡ [O] 음란표현은 헌법 제21조가 규정하는 언론·출판의 자유의 보호영역 내에 있다고 볼 것인바, 종전에 이와 견해를 달리하여 음란표현은 헌법 제21조가 규정하는 언론·출판의 자유의 보호영역에 해당하지 아니한다는 취지로 판시한 우리 재판소의 의견은 변경한다(헌재 2009.5.28, 2006헌바109)[판례변경].

㉢ [X] 상업광고는 표현의 자유의 보호영역에 속하지만 사상이나 지식에 관한 정치적·시민적 표현행위와는 차이가 있고, 한편

직업수행의 자유의 보호영역에 속하지만 인격발현과 개성신장에 미치는 효과가 중대한 것은 아니다. 그러므로 상업광고 규제에 관한 비례의 원칙 심사에 있어서 '피해의 최소성'원칙은 같은 목적을 달성하기 위하여 달리 덜 제약적인 수단이 없을 것인지 혹은 입법목적을 달성하기 위하여 필요한 최소한의 제한인지를 심사하기 보다는 '입법목적을 달성하기 위하여 필요한 범위 내의 것인지'를 심사하는 정도로 완화되는 것이 상당하다(헌재 2005.10.27, 2003헌가3).

㉣ [X] 인터넷언론사는 선거운동기간 중 당해 홈페이지 게시판 등에 정당·후보자에 대한 지지·반대 등의 정보를 게시하는 경우 실명을 확인받는 기술적 조치를 해야 하고, 행정안전부장관 및 신용정보업자는 실명인증자료를 관리하고 중앙선거관리위원회가 요구하는 경우 지체 없이 그 자료를 제출해야 하며, 실명확인을 위한 기술적 조치를 하지 아니하거나 실명인증의 표시가 없는 정보를 삭제하지 않는 경우 과태료를 부과하도록 정한 공직선거법 조항은 모두 헌법에 위반된다(헌재 2021.1.28, 2018헌마456 등).

㉤ [O] 국가가 개인의 표현행위를 규제하는 경우, 표현'내용'에 대한 규제는 원칙적으로 중대한 공익의 실현을 위하여 불가피한 경우에 한하여 엄격한 요건하에서 허용되는 반면, 표현내용과 무관하게 표현의 '방법'을 규제하는 것은 합리적인 공익상의 이유로 폭넓은 제한이 가능하다(헌재 2002.12.18, 2000헌마764).

18 답 ①

❶ [X] 비록 연명치료 중단에 관한 결정 및 그 실행이 환자의 생명단축을 초래한다 하더라도 이를 생명에 대한 임의적 처분으로서 자살이라고 평가할 수 없고, 오히려 이는 생명권의 한 내용으로서 보장된다.

⇨ 환자가 장차 죽음에 임박한 상태에 이를 경우에 대비하여 미리 의료인 등에게 연명치료 거부 또는 중단에 관한 의사를 밝히는 등의 방법으로 죽음에 임박한 상태에서 인간으로서의 존엄과 가치를 지키기 위하여 연명치료의 거부 또는 중단을 결정할 수 있다 할 것이고, 위 결정은 헌법상 기본권인 자기결정권의 한 내용으로서 보장된다 할 것이다(헌재 2009.11.26, 2008헌마385).

② [O] 반복적인 음주운전 금지규정 위반행위 또는 음주측정거부행위에 대한 강한 처벌이 국민일반의 법감정에 부합할 수는 있으나, 결국에는 중한 형벌에 대한 면역성과 무감각이 생기게 되어 범죄예방과 법질서 수호에 실질적인 기여를 하지 못하는 상황이 발생할 수 있으므로, 반복적인 위반행위를 예방하기 위한 조치로서 형벌의 강화는 최후의 수단이 되어야 한다. 심판대상조항은 음주치료나 음주운전 방지장치 도입과 같은 비형벌적 수단에 대한 충분한 고려 없이 과거 위반 전력 등과 관련하여 아무런 제한도 두지 않고 죄질이 비교적 가벼운 유형의 음주운전 또는 음주측정거부 재범행위에 대해서까지 일률적으로 가중처벌하도록 하고 있으므로 형벌 본래의 기능에 필요한 정도를 현저히 일탈하는 과도한 법정형을 정한 것이다. 그러므로 심판대상조항은 책임과 형벌간의 비례원칙에 위반된다(헌재 2022.5.26, 2021헌가30).

③ [O] 교도소 내 엄중격리대상자에 대하여 이동시 계구를 사용하고 교도관이 동행계호하는 행위 및 1인 운동장을 사용하게 하는

처우가 신체의 자유를 과도하게 제한하지 않는다(헌재 2008. 5.29, 2005헌마137).

④ [○] 헌법 제12조 제1항이 정하고 있는 법률주의에서 말하는 '법률'이라 함은 국회에서 제정하는 형식적 의미의 법률과 이와 동등한 효력을 가지는 긴급명령, 긴급재정·경제명령 등을 의미한다.

19 답 ②

① [×] 국적을 이탈하거나 변경하는 것은 헌법 제14조가 보장하는 거주·이전의 자유에 포함되고, 이 사건 법률조항들은 복수국적자인 남성이 제1국민역에 편입된 때에는 그때부터 3개월 이내에 외국 국적을 선택하지 않으면 국적법 제12조 제3항 각 호에 해당하는 때, 즉 현역·상근예비역 또는 보충역으로 복무를 마치거나, 제2국민역에 편입되거나, 또는 병역면제처분을 받은 때(이하 '병역의무의 해소'라 한다)에야 외국 국적의 선택 및 대한민국 국적의 이탈(이하 이를 묶어 '대한민국 국적이탈'이라고만 한다)을 할 수 있도록 하고 있으므로, 이 사건 법률조항들은 복수국적자인 청구인의 국적이탈의 자유를 제한한다(헌재 2015.11.26, 2013헌마805 등).

❷ [○] 주거로 사용하던 건물이 수용될 경우 그 효과로 거주지도 이전하여야 하는 것은 사실이나 이는 토지 및 건물 등의 수용에 따른 부수적 효과로서 간접적·사실적 제약에 해당하므로, 정비사업조합에 수용권한을 부여하여 주택재개발사업에 반대하는 청구인의 토지 등을 강제로 취득할 수 있도록 한 도시 및 주거환경정비법 조항이 청구인의 재산권을 침해하였는지 여부를 판단하는 이상 거주·이전의 자유 침해 여부는 별도로 판단하지 않는다.

⇨ 이 사건 수용조항은, 정비사업조합에 수용권한을 부여하여 주택재개발사업에 반대하는 청구인의 토지 등을 강제로 취득할 수 있도록 하고 있다. 따라서 이 사건 수용조항이 토지 등 소유자의 재산권을 침해하는지 여부가 문제된다. 청구인은 이 사건 수용조항으로 인하여 거주이전의 자유도 제한된다고 주장하고 있다. 주거로 사용하던 건물이 수용될 경우 그 효과로 거주지도 이전하여야 하는 것은 사실이나, 이는 토지 및 건물 등의 수용에 따른 부수적 효과로서 간접적·사실적 제약에 해당하므로 거주이전의 자유 침해 여부는 별도로 판단하지 않는다(헌재 2019.11.28, 2017헌바241).

③ [×] 우리 헌법 제14조 제1항은 "모든 국민은 거주·이전의 자유를 가진다."고 규정하고 있고, 이러한 **거주·이전의 자유에는 국내에서의 거주·이전의 자유뿐 아니라 국외 이주의 자유, 해외여행의 자유 및 귀국의 자유가 포함되는바**, 아프가니스탄 등 일정한 국가로의 이주, 해외여행 등을 제한하는 이 사건 고시로 인하여 청구인들의 거주·이전의 자유가 일부 제한된 점은 인정된다(헌재 2008.6.26, 2007헌마1366).

④ [×] 이 사건 법률조항은 수도권 내의 과밀억제권역 안에서 법인의 본점의 사업용 부동산, 특히 본점용 건축물을 신축 또는 증축하는 경우에 취득세를 중과세하는 조항이므로, 이 사건 법률조항에 의하여 **청구인의 거주·이전의 자유와 영업의 자유가 침해되는지 여부가 문제된다**(헌재 2014.7.24, 2012헌바408).

20 답 ④

① [○] 출생 당시에 부(父) 또는 모(母)가 대한민국의 국민인 자는 출생과 동시에 대한민국 국적(國籍)을 취득한다(국적법 제2조 제1항 제1호).

② [○] 복수국적자로서 외국 국적을 선택하려는 자는 외국에 주소가 있는 경우에만 주소지 관할 재외공관의 장을 거쳐 법무부장관에게 대한민국 국적을 이탈한다는 뜻을 신고할 수 있다(동법 제14조 제1항).

③ [○] 국적법 제4조 제1항, 제5조에 대한 옳은 내용이다.

> **국적법**
> 제4조 ① 대한민국 국적을 취득한 사실이 없는 외국인은 법무부장관의 귀화허가(歸化許可)를 받아 대한민국 국적을 취득할 수 있다.
> 제5조 외국인이 귀화허가를 받기 위해서는 제6조나 제7조에 해당하는 경우 외에는 다음 각 호의 요건을 갖추어야 한다.
> 　1. 5년 이상 계속하여 대한민국에 주소가 있을 것
> 　1의2. 대한민국에서 영주할 수 있는 체류자격을 가지고 있을 것
> 　2. 대한민국의 민법상 성년일 것

❹ [×] 대한민국 국민이 자진하여 미국의 시민권을 취득하면 복수국적자가 되어 국적법에 따라 법무부장관의 허가를 얻어 대한민국의 국적을 이탈하여야 대한민국의 국적을 상실한다.

⇨ 대한민국의 국민으로서 자진하여 외국 국적을 취득한 자는 **그 외국 국적을 취득한 때에 대한민국 국적을 상실한다**(국적법 제15조 제1항).

정답

p.36

01	②	02	③	03	②	04	④	05	④
06	③	07	④	08	④	09	④	10	①
11	④	12	③	13	①	14	④	15	①
16	①	17	①	18	②	19	④	20	④

01

답 ②

① [O] 헌법 제10조는 "모든 국민은 인간으로서의 존엄과 가치를 가지며, 행복을 추구할 권리를 가진다. 국가는 개인이 가지는 불가침의 기본적 인권을 확인하고 이를 보장할 의무를 진다."고 규정하여, 모든 국민이 인간으로서의 존엄과 가치를 지닌 주체임을 천명하고, 국가권력이 국민의 기본권을 침해하는 것을 금지함은 물론 이에서 더 나아가 적극적으로 국민의 기본권을 보호하고 이를 실현할 의무가 있음을 선언하고 있다. 또한, 생명·신체의 안전에 관한 권리는 인간의 존엄과 가치의 근간을 이루는 기본권일 뿐만 아니라, 헌법은 제36조 제3항에서 국민의 보건에 관한 국가의 보호의무를 특별히 강조하고 있다. 따라서 국민의 생명·신체의 안전이 질병 등으로부터 위협받거나 받게 될 우려가 있는 경우 국가는 그 위험의 원인과 정도에 따라 사회·경제적인 여건 및 재정사정 등을 감안하여 국민의 생명·신체의 안전을 보호하기에 필요한 적절하고 효율적인 입법·행정상의 조치를 취하여 그 침해의 위험을 방지하고 이를 유지할 포괄적인 의무를 진다(헌재 2008.12.26, 2008헌마 419 등).

❷ [×] 세계보건기구(WHO)의 '담배규제기본협약'은 비준국에게 준수 일정에 따라 담배의 제조, 생산, 유통, 소비의 전 과정에서 각종 규제장치의 입법화를 요구하고 있는데, 권고적 의미일 뿐 이에 따를 국제법상의 의무는 없다.

⇨ 세계보건기구(WHO)의 '담배규제기본협약'은 비준국에게 준수 일정에 따라 담배의 제조, 생산, 유통, 소비의 전 과정에서 각종 규제장치의 입법화를 요구하고 있는데, **우리나라도 비준국으로서 이에 따를 국제법상의 의무가 있다**(헌재 2015.4.30, 2012헌마38).

③ [O] 국가가 국민의 생명·신체의 안전을 보호할 의무를 진다 하더라도 국가의 보호의무를 입법자 또는 그로부터 위임받은 집행자가 어떻게 실현하여야 할 것인가 하는 문제는 원칙적으로 권력분립과 민주주의의 원칙에 따라 국민에 의하여 직접 민주적 정당성을 부여받고 자신의 결정에 대하여 정치적 책임을 지는 입법자의 책임범위에 속하므로, 헌법재판소는 단지 제한적으로만 입법자 또는 그로부터 위임받은 집행자에 의한 보호의무의 이행을 심사할 수 있다. 따라서 국가가 국민의

생명·신체의 안전에 대한 보호의무를 다하지 않았는지 여부를 헌법재판소가 심사할 때에는 국가가 이를 보호하기 위하여 적어도 적절하고 효율적인 최소한의 보호조치를 취하였는가 하는 이른바 '과소보호금지원칙'의 위반 여부를 기준으로 삼아, 국민의 생명·신체의 안전을 보호하기 위한 조치가 필요한 상황인데도 국가가 아무런 보호조치를 취하지 않았든지 아니면 취한 조치가 법익을 보호하기에 전적으로 부적합하거나 매우 불충분한 것임이 명백한 경우에 한하여 국가의 보호의무의 위반을 확인하여야 한다(헌재 2008.12.26, 2008헌마 419 등).

④ [O] 담배 연기 중 필터를 통해 체내로 흡입되는 주류연(main-stream) 속에는 약 4,000여 종의 화학물질이 포함되어 있는 것으로 추정되고 있다. 담배연기의 성분 중 인체에 유해하다고 알려진 것은 타르와 니코틴이다. 타르에는 여러 종류의 발암물질이 함유되어 있는 것으로 알려져 있고, 연구 결과에 따르면 직접흡연과 폐암은 역학적으로 상관관계가 인정된다. 그러나 흡연과 폐암 사이에 역학적으로 상관관계가 있음이 인정된다 하더라도, 폐암은 그 외에 여러 가지 선천적 요인과 후천적 요인이 복합적으로 작용하여 발생할 수 있기 때문에 아직까지는 흡연과 폐암이 필연적인 관계가 있다고 단정하기 어렵다. 니코틴은 중추신경계에 작용하여 의존성과 관계 있으나, 상당 부분이 심리적인 것이고 신체적 의존의 정도가 약하다. 담배의 의존성은 직접흡연자로 하여금 구체적인 상황에서 흡연을 할지 여부 또는 흡연행위를 지속할지 여부를 '자유의사'에 따라 선택하는 데에 일정 정도 영향을 미치지만, 마약류와 달리 이를 불가능하게 하거나 현저히 어렵게 할 정도라고 보기는 어렵다. … 담배사업법은 담배 1개비의 연기 중에 포함된 주요 성분과 그 함유량을 담배의 갑포장지 등에 표시하도록 규정하면서(담배사업법 제25조의2 제1항), 그 위반에 대하여는 형사처벌(담배사업법 제27조의2 제5호) 또는 일정한 행정명령(담배사업법 제25조의2 제4항, 제25조 제3항)을 할 수 있도록 규정하고 있다. 담배사업법이 담배연기의 구성 물질에 대한 정보를 제공하도록 하는 조치는 담배규제기본협약 제9조 및 제10조에도 부합한다. 담배사업법은 담배의 갑포장지, 소매인 영업소에 부착하는 스티커 또는 포스터에 의한 광고 및 잡지광고 등에 "흡연은 건강에 해롭다."는 내용의 경고

문구를 표시하도록 하면서(담배사업법 제25조 제1항, 담배사업법 시행령 제8조), 그 경고문구의 크기, 색상, 위치 등의 표시방법에 관하여는 법 시행규칙에서 자세히 규정하고 있고(담배사업법 시행규칙 제15조 제1항), 이를 위반한 제조업자 또는 수입업자에 대하여는 형사처벌 또는 시정조치를 할 수 있도록 규정하고 있다(담배사업법 제27조의2 제3호, 제25조 제3항). 담배의 갑포장지 등에 경고문구를 표시하도록 한 것은 흡연자로 하여금 흡연 여부를 결정할 때 흡연으로 인하여 건강 침해의 우려가 있음을 진지하게 고려하도록 하는 기능을 하고, 이는 담배규제기본협약 제11조의 권고에도 부합한다. 담배사업법은 담배에 관한 광고를 금지 또는 제한할 수 있고(담배사업법 제25조 제2항), 담배판매 촉진을 위한 금품제공 등의 금지에 대해서도 규정하고 있는바(담배사업법 제25조의4, 담배사업법 시행령 제10조), 이는 담배 구매동기를 유발하는 광고나 판촉 등을 제한함으로써 담배 수요를 억제하고자 하는 노력으로 보인다. 위와 같은 규율내용은 담배에 대한 광고·판촉·후원의 포괄적 금지 또는 제한과 이에 필요한 법적·행정적 조치를 실시하도록 명시하고 있는 담배규제기본협약 제13조에도 부합한다(헌재 2015.4.30, 2012헌마38).

---

02 답 ③

① [O] (1) 또한 심판대상조항에 의한 자료제출요구는 그 성질상 대상자의 자발적 협조를 전제로 할 뿐이고 물리적 강제력을 수반하지 아니한다. 심판대상조항은 피조사자로 하여금 자료제출요구에 응할 의무를 부과하고, 허위 자료를 제출한 경우 형사처벌하고 있으나, 이는 형벌에 의한 불이익이라는 심리적, 간접적 강제수단을 통하여 진실한 자료를 제출하도록 함으로써 조사권 행사의 실효성을 확보하기 위한 것이다. 이와 같이 심판대상조항에 의한 자료제출요구는 행정조사의 성격을 가지는 것으로 수사기관의 수사와 근본적으로 그 성격을 달리하며, 청구인에 대하여 직접적으로 어떠한 물리적 강제력을 행사하는 강제처분을 수반하는 것이 아니므로 영장주의의 적용대상이 아니다.
(2) 선거범죄에 관하여 전문성을 가지고 있는 선거관리위원회 위원·직원으로 하여금 단속활동의 신속성, 효율성, 실효성을 확보하기 위한 것으로 입법 목적이 정당하고, 피조사자가 허위자료를 제출하는 경우 형사처벌하는 것은 조사권 행사의 실효성을 확보하기 위한 것으로서 목적 달성을 위한 적합한 수단이다. … 그러므로 심판대상조항은 과잉금지원칙에 위배되어 피조사자의 일반적 행동자유권을 침해한다고 볼 수 없다(헌재 2019.9.26, 2016헌바381).
② [O] 피고인 스스로 치료감호를 청구할 수 있는 권리나, 법원으로부터 직권으로 치료감호를 선고받을 수 있는 권리는 헌법상 재판청구권의 보호범위에 포함되지 않는다. 공익의 대표자로서 준사법기관적 성격을 가지고 있는 검사에게만 치료감호 청구권한을 부여한 것은, 본질적으로 자유박탈적이고 침익적 처분인 치료감호와 관련하여 재판의 적정성 및 합리성을 기하기 위한 것이므로 적법절차원칙에 반하지 않는다. 그렇다면 이 사건 법률조항들은 재판청구권을 침해하거나 적법절차원칙에 반한다고 보기 어렵다(헌재 2021.1.28, 2019헌가24).

❸ [×] 피의자를 긴급체포하여 조사한 결과 구금을 계속할 필요가 없다고 판단하여 48시간 이내에 석방하는 경우까지도 수사기관이 반드시 체포영장발부절차를 밟게 하는 것은 인권침해적 상황을 예방하는 적절한 방법이다.
⇨ 이 사건 영장청구조항은 수사기관이 긴급체포한 피의자를 사후 영장청구 없이 석방할 수 있도록 규정하고 있다. **피의자를 긴급체포하여 조사한 결과 구금을 계속할 필요가 없다고 판단하여 48시간 이내에 석방하는 경우까지도 수사기관이 반드시 체포영장발부절차를 밟게 한다면**, 이는 피의자, 수사기관 및 법원 모두에게 비효율을 초래할 가능성이 있고, 경우에 따라서는 **오히려 인권침해적인 상황을 발생시킬 우려도 있다.** 형사소송법은 긴급체포를 예외적으로만 허용하고 있고 피의자 석방 시 석방의 사유 등을 법원에 통지하도록 하고 있으며 긴급체포된 피의자도 체포적부심사를 청구할 수 있어 긴급체포제도의 남용을 예방하고 있다. … 따라서 이 사건 영장청구조항은 헌법상 영장주의에 위반되지 아니한다(헌재 2021.3.25, 2018헌바212).
④ [O] 헌법 제12조 제3항의 영장주의는 법관이 발부한 영장에 의하지 아니하고는 수사에 필요한 강제처분을 하지 못한다는 원칙으로 소변을 받아 제출하도록 한 것은 교도소의 안전과 질서유지를 위한 것으로 수사에 필요한 처분이 아닐 뿐만 아니라 검사대상자들의 협력이 필수적이어서 강제처분이라고 할 수도 없어 영장주의의 원칙이 적용되지 않는다. … 이 사건 소변채취를 법관의 영장을 필요로 하는 강제처분이라고 할 수 없어 구치소 등 교정시설 내에서 위와 같은 방법에 의한 소변채취가 법관의 영장이 없이 실시되었다고 하여 헌법 제12조 제3항의 영장주의에 위배하였다고 할 수는 없다(헌재 2006.7.27, 2005헌마277).

---

03 답 ②

① [O] 헌법 제72조의 중요정책에 대한 국민투표 부의제는 대통령의 임의적 국민투표제이지만, 헌법 제130조의 헌법개정안에 대한 국민투표제는 필요적 국민투표제이다.
❷ [×] 10개월의 징역형을 선고받고 그 집행이 종료되지 아니한 사람은 선거권이 없다.
⇨ **공직선거법은 1년 이상 수형자에 대해 선거권이 없다고 규정**하고 있으므로 10개월의 징역형을 선고받고 그 집행이 종료되지 않은 사람은 선거권이 있다.

> **공직선거법**
> 제18조 【선거권이 없는 자】① 선거일 현재 다음 각 호의 어느 하나에 해당하는 사람은 선거권이 없다.
> 2. 1년 이상의 징역 또는 금고의 형의 선고를 받고 그 집행이 종료되지 아니하거나 그 집행을 받지 아니하기로 확정되지 아니한 사람. 다만, 그 형의 집행유예를 선고받고 유예기간 중에 있는 사람은 제외한다.

③ [O] 심판대상조항은 신체의 장애로 인하여 자신이 기표할 수 없는 선거인의 선거권을 실질적으로 보장하고, 투표보조인이 장애인의 선거권 행사에 부당한 영향력을 미치는 것을 방지하여 선거의 공정성을 확보하기 위한 것이므로, 입법목적의 정당성이 인정된다. 또한 심판대상조항이 투표보조인이 가족이

아닌 경우 반드시 2인을 동반하도록 한 것은 위와 같은 목적을 달성하기 위한 적절한 수단이므로, 수단의 적합성도 인정된다. … 심판대상조항이 달성하고자 하는 공익은 중증장애인의 실질적인 선거권 보장과 선거의 공정성 확보로서 매우 중요한 반면, 심판대상조항으로 인해 청구인이 받는 불이익은 투표보조인이 가족이 아닌 경우 2인을 동반해야 하므로, 투표보조인이 1인인 경우에 비하여 투표의 비밀이 더 유지되기 어렵고, 투표보조인을 추가로 섭외해야 한다는 불편에 불과하므로, 심판대상조항은 법익의 균형성원칙에 반하지 않는다. 그러므로 심판대상조항은 비밀선거의 원칙에 대한 예외를 두고 있지만 필요하고 불가피한 예외적인 경우에 한하고 있으므로, 과잉금지원칙에 반하여 청구인의 선거를 침해하지 않는다(헌재 2020.5.27, 2017헌마867).

④ [O] 대상 범죄인 착신전환 등을 통한 중복 응답 등 범죄는 선거의 공정성을 직접 해하는 범죄로, 위 범죄로 형사처벌을 받은 사람이라면 지방자치행정을 민주적이고 공정하게 수행할 것이라 볼 수 없다. 입법자는 100만원 이상의 벌금형 요건으로 하여 위 범죄로 지방의회의원의 직에서 퇴직할 수 있도록 하는 강력한 제재를 선택한 동시에 퇴직 여부에 대하여 법원으로 하여금 구체적 사정을 고려하여 판단하게 하였다. 당선무효, 기탁금 등 반환, 피선거권 박탈만으로는 퇴직조항, 당선무효, 기탁금 등 반환, 피선거권 박탈이 동시에 적용되는 현 상황과 동일한 정도로 공직에 대한 신뢰를 제고하기 어렵다. 퇴직조항으로 인하여 지방자치의원의 직에서 퇴직하게 되는 사익의 침해에 비하여 선거에 관한 여론조사의 결과에 부당한 영향을 미치는 행위를 방지하고 선거의 공정성을 담보하며 공직에 대한 국민 또는 주민의 신뢰를 제고한다는 공익이 더욱 중대하다. 퇴직조항은 청구인들의 공무담임권을 침해하지 아니한다(헌재 2022.3.31, 2019헌마986).

04 답 ④

① [O] 비용반환조항은 선거범죄를 억제하고 공정한 선거문화를 확립하고자 하는 목적으로 선거범에 대한 제재를 규정한 것인 점, 선거범죄를 범하여 형사처벌을 받은 자에게 어느 정도의 불이익을 가할 것인가는 기본적으로 입법자가 결정할 문제인 점, 비용반환조항이 선고형에 따라 제재대상을 정함으로써 사소하고 경미한 선거범과 구체적인 양형사유가 있는 선거범을 제외하고 있는 점, 선거범죄가 당선인의 득표율에 실제로 미친 영향을 계산할 방법이 없는 점 등을 종합하면, 비용반환조항이 청구인의 재산권을 침해한다고 볼 수 없다(헌재 2015.2.26, 2012헌마581).

② [O] 이 사건 지원배제 지시는 특정한 정치적 견해를 표현한 청구인들을, 그러한 정치적 견해를 표현하지 않은 다른 신청자들과 구분하여 정부 지원사업에서 배제하여 차별적으로 취급한 것이다. 헌법상 문화국가원리에 따라, 정부는 문화의 다양성·자율성·창조성이 조화롭게 실현될 수 있도록 중립성을 지키면서 문화를 육성하여야 함에도, 청구인들의 정치적 견해를 기준으로 이들을 문화예술계 지원사업에서 배제되도록 한 것은 자의적인 차별행위로서 청구인들의 평등권을 침해한다(헌재 2020.12.23, 2017헌마416).

③ [O] 심판대상조항은 별도의 가중적 구성요건표지를 규정하지 않은 채 형법 조항과 똑같은 구성요건을 규정하면서 법정형만 상향 조정하여 어느 조항으로 기소하는지에 따라 벌금형의 선고 여부가 결정되고, 선고형에 있어서도 심각한 형의 불균형을 초래하게 함으로써 형사특별법으로서 갖추어야 할 형벌체계상의 정당성과 균형을 잃어 인간의 존엄성과 가치를 보장하는 헌법의 기본원리에 위배될 뿐만 아니라 그 내용에 있어서도 평등원칙에 위반되어 위헌이다(헌재 2015.2.26, 2014헌가16 등).

❹ [X] 친생부인의 소의 제척기간을 '친생부인의 사유가 있음을 안 날부터 2년 내'로 제한한 민법 제847조 제1항이 친자관계를 부인하고자 하는 부(夫)의 가정생활과 신분관계에서 누려야 할 인격권 및 행복추구권을 침해한다.

⇨ 헌법재판소 1997.3.27, 95헌가14 등 결정의 취지에 따라 2005. 3.31. 법률 제7427호로 개정된 민법 제847조 제1항은 '친생부인의 사유가 있음을 안 날'을 제척기간의 기산점으로 삼음으로써 부(夫)가 혈연관계의 진실을 인식할 때까지 기간의 진행을 유보하고, '그로부터 2년'을 제척기간으로 삼음으로써 부(夫)의 친생부인의 기회를 실질적으로 보장하고 있다. 또한, 2년이란 기간은 자녀의 불안정한 지위를 장기간 방치하지 않기 위한 것으로서 지나치게 짧다고 볼 수 없다. 따라서 민법 제847조 제1항 중 '부(夫)가 그 사유가 있음을 안 날부터 2년 내' 부분은 **친생부인의 소의 제척기간에 관한 입법재량의 한계를 일탈하지 않은 것으로서 헌법에 위반되지 아니한다**(헌재 2015.3.26, 2012헌바357).

05 답 ④

① [O] 고등교육법은, 대학의 장은 입학자격이 있는 사람 중에서 일반전형이나 특별전형(이하 "입학전형"이라 한다)에 의하여 입학을 허가할 학생을 선발하고, 입학전형의 방법과 학생선발일정 및 그 운영에 필요한 사항은 대통령령으로 정하도록 규정한다(제34조 제1항·제2항). 이 사건 가산점 사항은 고등교육법 및 동법 시행령 등에 근거하고 한국대학교육협의회의 대학입학전형기본사항 등을 준수한 것이므로 법률유보원칙에 위반되어 청구인의 교육받을 권리를 침해하지 아니한다(헌재 2022.3.31, 2021헌마1230).

② [O] 헌법 제31조 제3항에 규정된 의무교육이 무상원칙에 있어서 의무교육 무상의 범위는 원칙적으로 헌법상 교육의 기회균등을 실현하기 위해 필수불가결한 비용, 즉 모든 학생이 의무교육을 받음에 있어서 경제적인 차별 없이 수학하는 데 반드시 필요한 비용에 한한다. 따라서 의무교육에 있어서 무상의 범위에는 의무교육이 실질적이고 균등하게 이루어지기 위한 본질적 항목으로, 수업료나 입학금의 면제, 학교와 교사 등 인적·물적 시설 및 그 시설을 유지하기 위한 인건비와 시설유지비 등의 부담제외가 포함되고, 그 외에도 의무교육을 받는 과정에 수반하는 비용으로서 의무교육의 실질적인 균등보장을 위해 필수불가결한 비용은 무상의 범위에 포함된다(헌재 2012.4.24, 2010헌바164).

③ [O] 이 사건 전형사항은 일반전형을 통한 진학기회를 전혀 축소하지 않고, 국내 교육과정 수학 결손이 불가피하여 대학교육의 균등한 기회를 갖기 어려운 때로 지원자격을 한정하고자 한 것으로서 그 문언상 해외근무자의 배우자가 없는 한부모

가족에는 적용이 없는 점을 고려할 때, 청구인 학생을 불합리하게 차별하여 균등하게 교육을 받을 권리를 침해하는 것이라고 볼 수 없다(헌재 2020.3.26, 2019헌마212).

❹ [×] 검정고시로 고등학교 졸업학력을 취득한 사람들의 수시모집 지원을 제한하는 내용의 국립교육대학교의 2017학년도 신입생 수시모집 입시요강은, 일반 고등학교 졸업자와의 합리적인 차별에 해당하므로 검정고시 출신자의 교육을 받을 권리를 침해하지 아니한다.

⇨ 현행 대입입시제도 중 수시모집은 대학수학능력시험 점수를 기준으로 획일적으로 학생을 선발하는 것을 지양하고, 각 대학별로 다양한 전형방법을 통하여 대학의 독자적 특성이나 목표 등에 맞추어 다양한 경력과 소질 등이 있는 자를 선발하고자 하는 것이다. 수시모집은 과거 정시모집의 예외로서 그 비중이 그리 크지 않았으나 점차 그 비중이 확대되어, 정시모집과 같거나 오히려 더 큰 비중을 차지하는 입시전형의 형태로 자리 잡고 있다. 이러한 상황에서는 수시모집의 경우라 하더라도 응시자들에게 동등한 입학 기회가 주어질 필요가 있다. … 따라서 **수시모집에서 검정고시 출신자에게 수학능력이 있는지 여부를 평가받을 기회를 부여하지 아니하고 이를 박탈한다는 것은 수학능력에 따른 합리적인 차별이라고 보기 어렵다.** 피청구인들은 정규 고등학교 학교생활기록부가 있는지 여부, 공교육 정상화, 비교내신 문제 등을 차별의 이유로 제시하고 있으나 이러한 사유가 차별취급에 대한 합리적인 이유가 된다고 보기 어렵다. 그렇다면 이 사건 수시모집요강은 검정고시 출신자인 청구인들을 합리적인 이유 없이 차별함으로써 **청구인들의 균등하게 교육을 받을 권리를 침해한다**(헌재 2017.12.28, 2016헌마649).

06   답 ③

① [○] 재판 당사자가 재판에 참석하는 것은 재판청구권 행사의 기본적 내용이라고 할 것이므로 수형자도 형의 집행과 도망의 방지라는 구금의 목적을 반하지 않는 범위에서는 재판청구권이 보장되어야 한다(헌재 2012.3.29, 2010헌마475).

② [○] 이 사건 영장절차 조항은 과잉금지원칙을 위반하여 청구인들의 재판청구권을 침해한다.

┌─ 참고 판례 ✏
│ 이 사건 영장절차 조항은 이와 같이 신체의 자유를 제한하
│ 는 디엔에이감식시료 채취 과정에서 중립적인 법관이 구체
│ 적 판단을 거쳐 발부한 영장에 의하도록 함으로써 법관의
│ 사법적 통제가 가능하도록 한 것이므로, 그 목적의 정당성
│ 및 수단의 적합성은 인정된다.
│ 디엔에이감식시료채취영장 발부 여부는 채취대상자에게 자
│ 신의 디엔에이감식시료가 강제로 채취당하고 그 정보가 영
│ 구히 보관·관리됨으로써 자신의 신체의 자유, 개인정보자
│ 기결정권 등의 기본권이 제한될 것인지 여부가 결정되는 중
│ 대한 문제이다. 그럼에도 불구하고 이 사건 영장절차 조항
│ 은 채취대상자에게 디엔에이감식시료채취영장 발부 과정에
│ 서 자신의 의견을 진술할 수 있는 기회를 절차적으로 보장
│ 하고 있지 않을 뿐만 아니라, 발부 후 그 영장 발부에 대하
│ 여 불복할 수 있는 기회를 주거나 채취행위의 위법성 확인
│ 을 청구할 수 있도록 하는 구제절차마저 마련하고 있지 않
│ 다. 위와 같은 입법상의 불비가 있는 이 사건 영장절차

조항은 채취대상자인 청구인들의 재판청구권을 과도하게 제한하므로, 침해의 최소성원칙에 위반된다.
이 사건 영장절차 조항에 따라 발부된 영장에 의하여 디엔에이신원확인정보를 확보할 수 있고, 이로써 장래 범죄수사 및 범죄예방 등에 기여하는 공익적 측면이 있으나, 이 사건 영장절차 조항의 불완전·불충분한 입법으로 인하여 채취대상자의 재판청구권이 형해화되고 채취대상자가 범죄수사 및 범죄예방의 객체로만 취급받게 된다는 점에서, 양자 사이에 법익의 균형성이 인정된다고 볼 수도 없다. 따라서 이 사건 영장절차 조항은 과잉금지원칙을 위반하여 청구인들의 재판청구권을 침해한다(헌재 2018.8.30, 2016헌마344).

❸ [×] 법무부 훈령 제756호 '민사재판 등 소송 수용자 출정비용 징수에 관한 지침'(이하 '이 사건 지침'이라 한다) 제4조 제3항에 의하면, 수형자가 출정비용을 납부하지 않고 출정을 희망하는 경우에는 소장은 수형자를 출정시키되, 사후적으로 출정비용 상환청구권을 자동채권으로, 영치금 반환채권을 수동채권으로 하여 상계함을 통지함으로써 상계하여야 한다고 규정되어 있으나, 이 사건 지침은 위임근거가 없는 행정기관 내부의 업무처리지침 내지 사무처리준칙에 해당하여 행정규칙에 불과할 뿐 법규적 효력을 가지는 것은 아니므로 교도소장이 이 사건 지침에 위반하여 업무를 처리하였다고 하더라도 국민의 기본권인 재판청구권이 침해되었다고 평가하기 어렵다.

⇨ '민사재판 등 소송 수용자 출정비용 징수에 관한 지침'(이하 '이 사건 지침'이라 한다) 제4조 제3항에 의하면, 수형자가 출정비용을 납부하지 않고 출정을 희망하는 경우에는 소장은 수형자를 출정시키되, 사후적으로 출정비용 상환청구권을 자동채권으로, 영치금 반환채권을 수동채권으로 하여 상계함을 통지함으로써 상계하여야 한다고 규정되어 있으므로, 교도소장은 수형자가 출정비용을 예납하지 않았거나 영치금과의 상계에 동의하지 않았다고 하더라도, 우선 수형자를 출정시키고 사후에 출정비용을 받거나 영치금과의 상계를 통하여 출정비용을 회수하여야 하는 것이지, 이러한 이유로 수형자의 출정을 제한할 수 있는 것은 아니다. 그러므로 피청구인이, 청구인이 출정하기 이전에 여비를 납부하지 않았거나 출정비용과 영치금과의 상계에 미리 동의하지 않았다는 이유로 이 사건 출정제한행위를 한 것은, **피청구인에 대한 업무처리지침 내지 사무처리준칙인 이 사건 지침을 위반하여 청구인이 직접 재판에 출석하여 변론할 권리를 침해함으로써, 형벌의 집행을 위하여 필요한 한도를 벗어나서 청구인의 재판청구권을 과도하게 침해하였다고 할 것이다**(헌재 2012.3.29, 2010헌마475).

④ [○] 헌법이 대법원을 최고법원으로 규정하였다고 하여 대법원이 곧바로 모든 사건을 상고심으로서 관할하여야 한다는 결론이 당연히 도출되는 것은 아니며, '헌법과 법률이 정하는 법관에 의하여 법률에 의한 재판을 받을 권리'가 사건의 경중을 가리지 않고 모든 사건에 대하여 대법원을 구성하는 법관에 의한 균등한 재판을 받을 권리를 의미한다거나 또는 상고심재판을 받을 권리를 의미하는 것이라고 할 수는 없다(헌재 1997.10.30, 97헌바37).

07 답 ④

① [○] 선거권이 국가기관의 형성에 간접적으로 참여할 수 있는 간접적인 참정권이라면, 국민투표권은 국민이 국가의 의사형성에 직접 참여하는 헌법에 의해 보장되는 직접적인 참정권이다. 선거는 대의제를 가능하게 하기 위한 전제조건으로서 국민의 대표자를 선출하는 '인물에 관한 결정'이며, 이에 대하여 국민투표는 직접민주주의를 실현하기 위한 수단으로서 특정한 국가정책이나 법안을 대상으로 하는 '사안에 대한 결정'이다. 즉, 국민투표는 선거와 달리 국민이 직접 국가의 정치에 참여하는 절차이므로, 국민투표권은 대한민국 국민의 자격이 있는 사람에게 반드시 인정되어야 하는 권리이다. 대한민국 국민인 재외선거인의 의사는 국민투표에 반영되어야 하고, 재외선거인의 국민투표권을 배제할 이유가 없다(헌재 2014.7.24, 2009헌마256 등).

② [○] 헌법 제72조에 의한 중요정책에 관한 국민투표는 국가안위에 관계되는 사항에 관하여 대통령이 제시한 구체적인 정책에 대한 주권자인 국민의 승인절차라 할 수 있다(헌재 2014.7.24, 2009헌마256 등).

③ [○] 헌법 제130조 제2항에 의한 헌법개정에 관한 국민투표는 대통령 또는 국회가 제안하고 국회의 의결을 거쳐 확정된 헌법개정안에 대하여 주권자인 국민이 최종적으로 그 승인 여부를 결정하는 절차이다(헌재 2014.7.24, 2009헌마256 등).

❹ [✕] 대한민국과 미합중국간의 자유무역협정은 국가나 국민에게 중대한 재정적 부담을 지우는 조약이므로 국민투표를 하지 아니한 것은 헌법 제72조의 국민투표권이 침해된 것이다.
   ⇨ 헌법 제72조의 국민투표권은 대통령이 어떠한 정책을 국민투표에 부의한 경우에 비로소 행사가 가능한 기본권이다. 한미무역협정에 대한 대통령의 국민투표 부의가 행해지지 않은 이상 헌법 제72조의 국민투표권의 **침해 가능성은 인정되지 않는다**(헌재 2013.11.28, 2012헌마166).

08 답 ④

① [○] 사업장 변경허가기간을 제한하는 것은 청구인의 근로의 권리를 제한하는 것이 아니라 직업의 자유 중 직장 선택의 자유를 제한하는 것이며, 보호영역으로서 '직업'이 문제되는 경우 행복추구권과 직업의 자유는 서로 일반특별관계에 있어 기본권의 내용상 특별성을 갖는 직업의 자유 침해 여부가 우선하여 행복추구권 관련 위헌 여부의 심사는 배제되어야 하므로(헌재 2007.5.31, 2007헌바3), 근로의 권리 및 행복추구권(일반적 행동의 자유)의 침해 여부에 대하여는 판단하지 아니한다(헌재 2011.9.29, 2009헌마351).

② [○] 이 사건 법률조항은 사건 브로커 등의 알선행위를 조장할 우려가 큰 변호사의 행위를 금지하고, 이에 위반한 경우 형사처벌하는 것으로서 변호사제도의 특성상 변호사에게 요구되는 윤리성을 담보하고, 비변호사의 법률사무 취급행위를 방지하며, 법률사무 취급의 전문성·공정성·신뢰성 등을 확보하고자 하는 것인바, 정당한 목적 달성을 위한 적합한 수단에 해당하고, 불필요한 제한을 규정한 것이라 볼 수 없다. 나아가 이 사건 법률조항으로 인하여 수범자인 변호사가 받는 불이익이란 결국 수임 기회의 제한에 불과하고, 이는 현재의 변호사제도가 변호사에게 법률사무 전반을 독점시키고 있음에

따라 필연적으로 발생하는 규제로서 변호사를 직업으로 선택한 이로서는 당연히 감수하여야 할 부분이다. 따라서 이 사건 법률조항이 과잉금지원칙에 위반하여 변호사의 직업수행의 자유를 침해한다고 볼 수 없다(헌재 2013.2.28, 2012헌바62).

③ [○] 입법자는 공익실현을 위하여 기본권을 제한하는 경우에도 입법목적을 실현하기에 적합한 여러 수단 중에서 되도록 국민의 기본권을 가장 존중하고 기본권을 최소로 침해하는 수단을 선택해야 한다. 기본권을 제한하는 규정은 기본권행사의 '방법'에 관한 규정과 기본권행사의 '여부'에 관한 규정으로 구분할 수 있다. 침해의 최소성의 관점에서, 입법자는 그가 의도하는 공익을 달성하기 위하여 우선 기본권을 보다 적게 제한하는 단계인 기본권행사의 '방법'에 관한 규제로써 공익을 실현할 수 있는가를 시도하고 이러한 방법으로는 공익달성이 어렵다고 판단되는 경우에 비로소 그 다음 단계인 기본권행사의 '여부'에 관한 규제를 선택해야 한다(헌재 1998.5.28, 96헌가5).

❹ [✕] 농협·축협 조합장이 금고 이상의 형을 선고받고 그 형이 확정되지 아니한 경우에도 이사가 그 직무를 대행하도록 규정한 농업협동조합법 제46조 제4항 제3호 중 '조합장'에 관한 부분은 조합장의 직무수행에 대한 조합원 내지 공공의 신뢰를 지키고 직무에 대한 전념성을 확보하여 조합의 원활한 운영에 대한 위험을 미연에 방지하기 위한 것이므로 과잉금지원칙에 반하여 조합장들의 직업수행의 자유를 침해하는 것이 아니다.
   ⇨ 이 사건 법률조항들의 입법목적을 달성하기 위하여 직무정지라는 불이익을 가한다고 하더라도 그 사유는 형이 확정될 때까지 기다릴 수 없을 정도로 조합장 직무의 원활한 운영에 대한 '구체적인' 위험을 야기할 것이 명백히 예상되는 범죄 등으로 한정되어야 한다. 그런데 이 사건 법률조항들은 조합장이 범한 범죄가 조합장에 선출되는 과정에서 또는 선출된 이후 직무와 관련하여 발생하였는지 여부, 고의범인지 과실범인지 여부, 범죄의 유형과 죄질이 조합장의 직무를 수행할 수 없을 정도로 공공의 신뢰를 중차대하게 훼손하는지 여부 등을 고려하지 아니하고, 단순히 금고 이상의 형을 선고받은 모든 범죄로 그 적용대상을 무한정 확대함으로써 기본권의 최소 침해성 원칙을 위반하였다. 또한, 이 사건 법률조항들에 의하여 달성하려는 공익은 모호한 반면에, **금고 이상의 형이 선고되었다는 이유만으로 형의 확정이라는 불확정한 시기까지 직무수행을 정지 당하는 조합장의 불이익은 실질적이고 현존하는 기본권 침해로서 위와 같은 공익보다 결코 작다고 할 수 없으므로 이 사건 법률조항들은 법익균형성 요건도 충족하지 못하였다. 따라서 이 사건 법률조항들은 과잉금지원칙에 위반하여 청구인들의 직업수행의 자유를 침해한다**(헌재 2013.8.29, 2010헌마562 등).

09 답 ④

① [○] 모든 국민은 신체의 자유를 가진다. 누구든지 법률에 의하지 아니하고는 체포·구속·압수·수색 또는 심문을 받지 아니하며, 법률과 적법한 절차에 의하지 아니하고는 처벌·보안처분 또는 강제노역을 받지 아니한다(헌법 제12조 제1항).

② [○] 현행범인 경우와 장기 3년 이상의 형에 해당하는 죄를 범하고 도피 또는 증거인멸의 염려가 있을 때에는 사후에 영장을 청구할 수 있다(헌법 제12조 제3항).

헌법 제12조 ③ 체포·구속·압수 또는 수색을 할 때에는 적법한 절차에 따라 검사의 신청에 의하여 법관이 발부한 영장을 제시하여야 한다. 다만, 현행범인인 경우와 장기 3년 이상의 형에 해당하는 죄를 범하고 도피 또는 증거인 멸의 염려가 있을 때에는 사후에 영장을 청구할 수 있다.

③ [O] 이 사건 법률조항에 의한 통신자료 제공요청이 있는 경우 통신자료의 정보주체인 이용자에게는 통신자료 제공요청이 있었다는 점이 사전에 고지되지 아니하며, 전기통신사업자가 수사기관 등에게 통신자료를 제공한 경우에도 이러한 사실이 이용자에게 별도로 통지되지 않는다. 그런데 당사자에 대한 통지는 당사자가 기본권 제한 사실을 확인하고 그 정당성 여부를 다툴 수 있는 전제조건이 된다는 점에서 매우 중요하다. 효율적인 수사와 정보수집의 신속성, 밀행성 등의 필요성을 고려하여 사전에 정보주체인 이용자에게 그 내역을 통지하도록 하는 것이 적절하지 않다면 수사기관 등이 통신자료를 취득한 이후에 수사 등 정보수집의 목적에 방해가 되지 않는 범위 내에서 통신자료의 취득사실을 이용자에게 통지하는 것이 얼마든지 가능하다. 그럼에도 이 사건 법률조항은 통신자료 취득에 대한 사후통지절차를 두지 않아 적법절차원칙에 위배되어 개인정보자기결정권을 침해한다(헌재 2022.7.21, 2016헌마388).

❹ [×] 국가기관이 국민에 대하여 공권력을 행사할 때 준수하여야 하는 법원칙으로 형성된 적법절차의 원칙은 국가기관에 대하여 헌법을 수호하고자 하는 탄핵소추절차 또한 직접 적용할 수 있는 것이다.

➡ 탄핵소추절차는 국회와 대통령이라는 헌법기관 사이의 문제이고, 국회의 탄핵소추의결에 따라 사인으로서 대통령 개인의 기본권이 침해되는 것이 아니다. 국가기관이 국민에 대하여 공권력을 행사할 때 준수하여야 하는 법원칙으로 형성된 적법절차의 원칙을 국가기관에 대하여 헌법을 수호하고자 하는 **탄핵소추절차에 직접 적용할 수 없다**(헌재 2017.3.10, 2016헌나1).

10 답 ①

❶ [×] 외국의 의사·치과의사·한의사 자격을 가진 자에게 예비시험을 치르도록 한 것은 사실상 외국에서 학위를 받은 사람이 국내에서 면허를 받는 길을 봉쇄하는 방향으로 악용될 소지가 있으므로 직업선택의 자유를 침해한다.

➡ 예비시험 조항은 외국 의과대학 졸업생에 대해 우리나라 의료계에서 활동할 수 있는 정도의 능력과 자질이 있음을 검증한 후 의사면허 국가시험에 응시하도록 함으로써 외국에서 수학한 보건의료인력의 질적 수준을 담보하려는 것을 주된 입법목적으로 하는 것이므로 그 정당성을 인정할 수 있다. 또한, 예비시험제도는 학제나 교육내용이 다른 외국에서 수학한 예비의료인들의 자질과 능력을 좀더 구체적으로 평가하는 데 기여할 것임이 인정되므로 수단의 적정성을 갖춘 것이라 볼 것이며 예비시험제도를 통한 자격검증보다도 덜 제약적이면서도 입법목적을 달성할 수 있는 다른 입법수단도 상정하기 어렵다. 또한, 현재로서는 장차 시행될 예비시험이 외국 의과대학 졸업생에게 과도한 부담을 주게 될 것이라고 단언하기 어려운 반면, **외국 의과대학의 교과 내지 임상교육 수준이 국**

내와 차이가 있을 수 있으므로 국민의 보건을 위하여 기존의 면허시험만으로 검증이 부족한 측면을 보완할 공익적 필요성이 있다. 그러므로 예비시험 조항은 청구인들의 직업선택의 자유를 침해하지 않는다(헌재 2003.4.24, 2002헌마611).

② [O] 세무조정업무의 전문성을 확보하고 부실 세무조정을 방지함으로써 납세자의 권익을 보호하고 세무행정의 원활한 수행 및 납세의무의 적정한 이행을 도모하려는 심판대상조항의 입법목적은 일응 수긍할 수 있다. 그러나 세무조정업무를 수행하기 위해서는 세법 및 관련 법령에 대한 전문 지식과 법률에 대한 해석·적용능력이 필수적으로 요구된다. 세법 및 관련 법령에 대한 해석·적용에 있어서는 세무사나 공인회계사보다 변호사에게 오히려 전문성과 능력이 인정됨에도 불구하고, 심판대상조항은 세무사 자격 보유 변호사를 세무조정업무에서 전면적으로 배제시키고 있으므로, 수단의 적합성을 인정할 수 없다. … 그렇다면, 심판대상조항은 과잉금지원칙을 위반하여 청구인의 직업선택의 자유를 침해하므로 헌법에 위반된다(헌재 2018.4.26, 2016헌마116).

③ [O] 이 사건 조제규정은 한약사라는 직업의 선택 자체를 제한하는 것이 아니라 한약사가 한의사의 처방전 없이 조제할 수 있는 한약처방의 범위를 제한하는 것으로서 직업결정의 자유에 비하여 상대적으로 넓은 규제가 가능하고, 또한 한약사라는 전문분야에 관한 자격제도의 내용을 구성하는 것으로서 입법부의 입법형성의 자유가 인정되는 영역인바, 이 사건 조제규정은 건전한 한약조제질서를 확립하여 국민의 건강을 보호·증진하고, 한약사에게 한의사의 진단과 처방이 수반되지 아니한 한약 임의조제를 무한정 허용할 경우에 발생할 수 있는 국민건강상의 위험을 미리 방지하고자 하는 것으로서 입법목적의 정당이 인정되고, 이러한 입법목적의 달성을 위하여 한의사의 처방전이 없는 경우에는 한약사의 한약 조제를 원칙적으로 금지하고, 비교적 안전성과 유효성이 확보된 일정한 처방에 한하여 한의사의 처방전 없이도 조제할 수 있도록 허용하는 것은 적절한 수단이므로 입법자의 입법형성권의 한계를 일탈하였다고 볼 수 없어 청구인들의 직업의 자유를 침해하지 아니한다(헌재 2008.7.31, 2005헌마667).

④ [O] 심판대상조항의 사립유치원 세입·세출예산 과목에 청구인들이 주장하는 바와 같은 항목들(유치원 설립을 위한 차입금 및 상환금, 유치원 설립자에 대한 수익배당, 통학 및 업무용 차량 이외의 설립자 개인 차량의 유류대 등)을 두지 않았다고 하더라도, 그러한 사정만으로는 심판대상조항이 현저히 불합리하거나 자의적이라고 볼 수 없다. 따라서 심판대상조항이 입법형성의 한계를 일탈하여 사립유치원 설립·경영자의 사립유치원 운영의 자유를 침해한다고 볼 수 없다(헌재 2019.7.25, 2017헌마1038).

11 답 ④

① [O] 헌법상 무죄추정의 원칙은 형사재판에 있어서 유죄의 판결이 확정될 때까지 피의자나 피고인은 원칙적으로 죄가 없는 자로 다루어져야 하고, 그 불이익은 필요최소한에 그쳐야 한다는 것을 의미한다. 이러한 무죄추정의 원칙은 증거법에 국한된 원칙이 아니라 수사절차에서 공판절차에 이르기까지 형사절차의 전 과정을 지배하는 지도 원리로서 인신의 구속 자체를 제한하는 원리로 작용한다(헌재 2003.11.27, 2002헌마193).

② [O] 구치소 등 수용시설 안에서는 재소자용 의류를 입더라도 일반인의 눈에 띄지 않고, 수사 또는 재판에서 변해(辯解)·방어권을 행사하는 데 지장을 주는 것도 아닌 반면에, 미결수용자에게 사복을 입도록 하면 의복의 수선이나 세탁 및 계절에 따라 의복을 바꾸는 과정에서 증거인멸 또는 도주를 기도하거나 흉기, 담배, 약품 등 소지금지품이 반입될 염려 등이 있으므로 미결수용자에게 시설 안에서 재소자용 의류를 입게 하는 것은 구금 목적의 달성, 시설의 규율과 안전유지를 위한 필요최소한의 제한으로서 정당성·합리성을 갖춘 재량의 범위 내의 조치이다(헌재 1999.5.27, 97헌마137).

③ [O] 교도소에 수용된 때에는 국민건강보험급여를 정지하도록 한 국민건강보험법 제54조 제4호는 수용자에게 불이익을 주기 위한 것이 아니라, 국가의 보호, 감독을 받는 수용자의 질병치료를 국가가 부담하는 것을 전제로 수용자에 대한 의료보장제도를 합리적으로 운영하기 위한 것이므로 입법목적의 정당성을 갖고 있다. … 이 사건 규정이 무죄추정의 원칙에 위배되는지 보건대, 헌법 제27조 제4항의 무죄추정이란 유죄의 확정판결 전에 죄 있는 자에 준하여 취급하는 불이익을 금하는 것을 말하고, 여기서의 불이익이란 죄 있는 자에 준하는 취급을 함으로써 법률적·사실적 측면에서 사회생활에 유형·무형의 불이익과 불편을 주는 것을 말한다. 그런데 위에서 본 바와 같이 이 사건 규정은 수용자의 의료보장체계를 일원화하고 수입원이 차단된 수용자의 건강보험료 납입부담을 면제하기 위한 입법 정책적 판단에 기인한 것이지 유죄의 확정 판결이 있기 전에 재소자라는 이유로 어떤 불이익을 주기 위한 것이 아님이 분명하다. 따라서 이 사건 규정은 무죄추정의 원칙에 위반된다고 할 수 없다(헌재 2005.2.24, 2003헌마31).

❹ [X] 판결선고 전 구금일수의 산입시 일부만을 산입할 수 있도록 하는 것은 무죄추정원칙에 위반되지 않는다.
⇨ 헌법상 무죄추정의 원칙에 따라, 유죄판결이 확정되기 전에 피의자 또는 피고인을 죄 있는 자에 준하여 취급함으로써 법률적·사실적 측면에서 유형·무형의 불이익을 주어서는 아니 된다. 특히 미결구금은 신체의 자유를 침해받는 피의자 또는 피고인의 입장에서 보면 실질적으로 자유형의 집행과 다를 바 없으므로, 인권보호 및 공평의 원칙상 형기에 전부 산입되어야 한다. 그러나 형법 제57조 제1항 중 '또는 일부' 부분은 미결구금의 이러한 본질을 충실히 고려하지 못하고 법관으로 하여금 미결구금일수 중 일부를 형기에 산입하지 않을 수 있게 허용하였는바, 이는 헌법상 무죄추정의 원칙 및 적법절차의 원칙 등을 위배하여 합리성과 정당성 없이 신체의 자유를 지나치게 제한함으로써 헌법에 위반된다고 할 것이다(헌재 2009.6.25, 2007헌바25).

12 　　　　　　　　　　　　　　　　　　 답 ③

① [O] 중앙행정기관이 구 지방자치법 제158조 단서 규정상의 감사에 착수하기 위해서는 자치사무에 관하여 특정한 법령위반행위가 확인되었거나 위법행위가 있었으리라는 합리적 의심이 가능한 경우이어야 하고, 또한 그 감사대상을 특정해야 한다. 따라서 전반기 또는 후반기 감사와 같은 포괄적·사전적 일반감사나 위법사항을 특정하지 않고 개시하는 감사 또는 법령위반사항을 적발하기 위한 감사는 모두 허용될 수 없다(헌재

2009.5.28, 2006헌라6).

② [O] 지방교육자치도 지방자치권행사의 일환으로서 보장되는 것이므로, 중앙권력에 대한 지방적 자치로서의 속성을 지니고 있지만, 동시에 그것은 헌법 제31조 제4항이 보장하고 있는 교육의 자주성·전문성·정치적 중립성을 구현하기 위한 것이므로, 정치권력에 대한 문화적 자치로서의 속성도 아울러 지니고 있다(헌재 2000.3.30, 99헌바113).

❸ [X] 헌법상 지방자치제도보장의 핵심영역 내지 본질적 부분이 지방자치단체에 의한 자치행정을 보장하는 것이므로, 현행법에 따른 지방자치단체의 중층구조를 계속하여 존속하도록 할지 여부는 입법자의 입법형성권의 범위에 포함되지 않는다.
⇨ 현행법에 따른 **지방자치단체의 중층구조 또는 지방자치단체로서 특별시·광역시 및 도와 함께 시·군 및 구를 계속하여 존속하도록 할지 여부는 결국 입법자의 입법형성권의 범위에 들어가는 것으로 보아야 한다.** 같은 이유로 일정구역에 한하여 당해 지역 내의 지방자치단체인 시·군을 모두 폐지하여 중층구조를 단층화하는 것 역시 입법자의 선택범위에 들어가는 것이다(헌재 2006.4.27, 2005헌마190).

④ [O] 조례의 제정권자인 지방의회는 지역적인 민주적 정당성을 지니고 있으며, 헌법이 지방자치단체에 대해 포괄적인 자치권을 보장하고 있는 취지에 비추어, 조례에 대한 법률의 위임은 반드시 구체적으로 범위를 정하여 할 필요가 없으며 포괄적인 것으로 족하다(헌재 2019.11.28, 2017헌마356).

13 　　　　　　　　　　　　　　　　　　 답 ①

❶ [X] 평등권의 침해 여부에 대한 심사는 그 심사기준에 따라 자의금지원칙에 의한 심사와 비례의 원칙에 의한 심사로 크게 나누어 볼 수 있다. 자의심사의 경우에는 단순히 합리적인 이유의 존부문제가 아니라 차별을 정당화하는 이유와 차별간의 상관관계에 대한 심사, 즉 비교대상간의 사실상의 차이의 성질과 비중 또는 입법목적(차별목적)의 비중과 차별의 정도에 적정한 균형관계가 이루어져 있는가를 심사한다.
⇨ 자의심사의 경우에는 차별을 정당화하는 합리적인 이유가 있는지만을 심사하기 때문에 그에 해당하는 비교대상간의 사실상의 차이나 입법목적(차별목적)의 발견, 확인에 그치는 반면에, 비례심사의 경우에는 단순히 합리적인 이유의 존부 문제가 아니라 **차별을 정당화하는 이유와 차별간의 상관관계에 대한 심사, 즉 비교대상간의 사실상의 차이의 성질과 비중 또는 입법목적(차별목적)의 비중과 차별의 정도에 적정한 균형관계가 이루어져 있는가를 심사한다**(헌재 2007.2.22, 2005헌마548).

② [O] 수많은 체육시설 중 유독 골프장 부가금 징수대상 시설의 이용자만을 국민체육진흥계정 조성에 관한 조세 외적 부담을 져야 할 책임이 있는 집단으로 선정한 것에는 합리성이 결여되어 있다. 심판대상조항이 규정하고 있는 골프장 부가금은 일반국민에 비해 특별히 객관적으로 밀접한 관련성을 가진다고 볼 수 없는 골프장 부가금 징수대상 시설 이용자들을 대상으로 하는 것으로서 합리적 이유가 없는 차별을 초래하므로, 헌법상 평등원칙에 위배된다(헌재 2019.12.27, 2017헌가21).

③ [O] 혼인한 남성 등록의무자와 달리 혼인한 여성 등록의무자의 경우에만 본인이 아닌 배우자의 직계존·비속의 재산을 등록하도록 하는 것은 여성의 사회적 지위에 대한 그릇된 인식을

양산하고, 가족관계에 있어 시가와 친정이라는 이분법적 차별 구조를 정착시킬 수 있으며, 이것이 사회적 관계로 확장될 경우에는 남성우위·여성비하의 사회적 풍토를 조성하게 될 우려가 있다. 이는 성별에 의한 차별금지 및 혼인과 가족생활에서의 양성의 평등을 천명하고 있는 헌법에 정면으로 위배되는 것으로 그 목적의 정당성을 인정할 수 없다. 따라서 이 사건 부칙조항은 평등원칙에 위배된다(헌재 2021.9.30, 2019헌가3).

④ [O] 엄격한 위계질서와 집단생활을 하는 군 조직의 특수성으로 인하여 피해자가 가해자에 대한 처벌을 희망할 경우 다른 구성원에 의해 피해를 당할 우려가 있고, 상급자가 가해자·피해자 사이의 합의에 관여할 경우 피해자가 처벌불원의사를 거부하기 어려운 경우가 발생할 수 있다. 특히 병역의무자는 헌법상 국방의 의무의 일환으로서 병역의무를 이행하는 대신, 국가는 병영생활을 하는 병역의무자의 신체·안전을 보호할 책임이 있음을 고려할 때, 궁극적으로는 군사기지·군사시설에서의 폭행으로부터 병역의무자를 보호해야 한다는 입법자의 판단이 헌법이 부여한 광범위한 형성의 자유를 일탈한다고 보기 어렵다. 따라서 심판대상조항이 형벌체계상 균형을 상실하였다고 보기 어려우므로 평등원칙에 위반되지 아니한다(헌재 2022.3.31, 2021헌바62).

14 답 ④

① [O] 징계결정 공개조항은 위와 같이 전문적인 법률지식과 윤리적 소양 및 공정성과 신뢰성을 갖추어야 할 변호사가 변론불성실, 비밀누설 등 직무상 의무 또는 직업윤리를 위반하여 징계를 받은 경우, 국민이 이러한 사정을 쉽게 알 수 있도록 하여 법률사무를 맡길 변호사를 선택할 권리를 보장하고 변호사의 윤리의식을 고취시킴으로써 법률사무에 대한 전문성·공정성 및 신뢰성을 확보하여 국민의 기본권을 보호하고 사회정의를 실현하기 위한 것이다. 따라서 징계결정 공개조항의 입법목적은 정당하다. … 따라서 징계결정 공개조항은 과잉금지원칙에 위배되지 아니하므로 청구인의 인격권을 침해하지 아니한다(헌재 2018.7.26, 2016헌마1029).

② [O] 이 사건 부칙조항은 개정 전 법률로는 전자장치 부착명령의 대상자에 포함되지 아니한 성폭력범죄자의 재범에 효과적으로 대처할 만한 수단이 없다는 우려 아래 대상자의 범위를 징역형 등의 집행 중인 사람 내지 징역형 등의 집행이 종료된 뒤 3년이 경과되지 아니한 사람에게까지 확대한 것으로서, 성폭력범죄의 재범을 방지하고 성폭력범죄로부터 국민을 보호하고자 하는 목적의 정당성이 인정된다. … 그렇다면 이 사건 부칙조항은 침해받은 신뢰이익의 보호가치, 침해의 중한 정도 및 방법, 위 조항을 통하여 실현하고자 하는 공익적 목적을 종합적으로 비교형량할 때, 법익 균형성원칙에 위배된다고 할 수 없다. 따라서 이 사건 부칙조항은 과잉금지원칙에 위배되지 아니한다(헌재 2012.12.27, 2010헌가82 등).

③ [O] 특히 청구인들의 옷을 전부 벗긴 상태에서 청구인들에 대하여 실시한 이 사건 신체수색은 그 수단과 방법에 있어서 필요 최소한의 범위를 명백하게 벗어난 조치로서 이로 말미암아 청구인들에게 심한 모욕감과 수치심만을 안겨주었다고 인정하기에 충분하다. 따라서 피청구인의 청구인들에 대한 이러한 과도한 이 사건 신체수색은 그 수단과 방법에 있어서 필요한

최소한도의 범위를 벗어났을 뿐만 아니라, 이로 인하여 청구인들로 하여금 인간으로서의 기본적 품위를 유지할 수 없도록 하는 것으로서 수인하기 어려운 정도라고 보여지므로 헌법 제10조의 인간의 존엄과 가치로부터 유래하는 인격권 및 제12조의 신체의 자유를 침해하는 정도에 이르렀다고 판단된다(헌재 202.7.18, 2000헌마327).

❹ [×] 개인이 자연인으로서 향유하게 되는 기본권은 그 성질상 당연히 법인에게 적용될 수 없다. 따라서 인간의 존엄과 가치에서 유래하는 인격권은 그 성질상 법인에게는 적용될 수 없다.

⇨ 법인도 법인의 목적과 사회적 기능에 비추어 볼 때 그 **성질에 반하지 않는 범위 내에서 인격권의 한 내용인 사회적 신용이나 명예 등의 주체가 될 수 있다**(헌재 2012.8.23, 2009헌가27).

15 답 ①

❶ [×] 정당공천에서 탈락한 자가 그 공천과정의 비민주성을 이유로 정당공천의 효력을 다투고자 할 때에는 헌법소원을 청구할 수 있다.

⇨ 정당은 국민의 이익을 위하여 책임 있는 정치적 주장이나 정책을 추진하고 공직선거의 후보자를 추천 또는 지지함으로써 국민의 정치적 의사형성에 참여함을 목적으로 하는 국민의 자발적 조직으로, 그 법적 성격은 일반적으로 사적·정치적 결사 내지는 법인격 없는 사단으로 파악되고 있고, 이러한 정당의 법률관계에 대하여는 정당법의 관계 조문 이외에 일반 사법 규정이 적용되므로, **정당은 공권력 행사의 주체가 될 수 없다**. 정당이 공권력 행사의 주체가 아니고, 정당의 대통령선거 후보선출은 자발적 조직 내부의 의사결정에 지나지 아니하므로, 청구인들 주장과 같이 한나라당이 대통령선거 후보경선과정에서 여론조사 결과를 반영한 것을 일컬어 헌법소원심판의 대상이 되는 공권력의 행사에 해당한다 할 수 없다(헌재 2007.10.30, 2007헌마1128).

② [O] 헌법재판소의 해산결정에 의하여 해산된 정당의 잔여재산은 국고에 귀속한다(정당법 제48조 제2항).

③ [O] 정당후보자에게 별도로 정당연설회를 할 수 있도록 하는 것은 합리적 이유가 없는 차별로서 평등원칙 위반이다.

④ [O] 이 사건 법률조항은 정당 후원회를 금지함으로써 불법 정치자금 수수로 인한 정경유착을 막고 정당의 정치자금 조달의 투명성을 확보하여 정당 운영의 투명성과 도덕성을 제고하기 위한 것으로, 입법목적의 정당성은 인정된다. 그러나 정경유착의 문제는 일부 재벌기업과 부패한 정치세력에 국한된 것이고 대다수 유권자들과는 직접적인 관련이 없으므로 일반 국민의 정당에 대한 정치자금 기부를 원천적으로 봉쇄할 필요는 없고, 기부 및 모금한도액의 제한, 기부내역 공개 등의 방법으로 정치자금의 투명성을 충분히 확보할 수 있다(헌재 2015.12.23, 2013헌바168).

❶ [×] 변호인의 조력을 받을 권리는 형사절차에서 피의자 또는 피고인의 방어권 보장을 위한 것으로서 출입국관리법상 보호 또는 강제퇴거의 절차에도 적용되는 것은 아니다.

⇒ 헌법 제12조 제4항 본문의 문언 및 헌법 제12조의 조문 체계, 변호인 조력권의 속성, 헌법이 신체의 자유를 보장하는 취지를 종합하여 보면 헌법 제12조 제4항 본문에 규정된 '구속'은 사법절차에서 이루어진 구속뿐 아니라, 행정절차에서 이루어진 구속까지 포함하는 개념이다. 따라서 헌법 제12조 제4항 본문에 규정된 **변호인의 조력을 받을 권리는 행정절차에서 구속을 당한 사람에게도 즉시 보장된다.** 종래 이와 견해를 달리하여 헌법 제12조 제4항 본문에 규정된 변호인의 조력을 받을 권리는 형사절차에서 피의자 또는 피고인의 방어권을 보장하기 위한 것으로서 **출입국관리법상 보호 또는 강제퇴거의 절차에도 적용된다고 보기 어렵다고 판시한 우리 재판소 결정**(헌재 2012.8.23, 2008헌마430)은, 이 **결정 취지와 저촉되는 범위 안에서 변경한다**(헌재 2018.5.31, 2014헌마346).

② [O] 변호인의 조력을 받을 권리에 대한 헌법과 법률의 규정 및 취지에 비추어 보면, '형사사건에서 변호인의 조력을 받을 권리'를 의미한다고 보아야 할 것이므로 형사절차가 종료되어 교정시설에 수용 중인 수형자나 미결수용자가 형사사건의 변호인이 아닌 민사재판, 행정재판, 헌법재판 등에서 변호사와 접견할 경우에는 원칙적으로 헌법상 변호인의 조력을 받을 권리의 주체가 될 수 없다. … 교정시설 내 수용자와 변호사 사이의 접견교통권의 보장은 헌법상 보장되는 재판청구권의 한 내용 또는 그로부터 파생되는 권리로 볼 수 있다(헌재 2013.8.29, 2011헌마122).

③ [O] 미결수용자의 변호인 접견권 역시 국가안전보장·질서유지 또는 공공복리를 위해 필요한 경우에는 법률로써 제한될 수 있음은 당연하다(헌재 2011.5.26, 2009헌마341).

④ [O] 변호인의 조력을 받을 권리에 대한 헌법과 법률의 규정 및 취지에 비추어 보면, '형사사건에서 변호인의 조력을 받을 권리'를 의미한다고 보아야 할 것이므로 형사절차가 종료되어 교정시설에 수용 중인 수형자나 미결수용자가 형사사건의 변호인이 아닌 민사재판, 행정재판, 헌법재판 등에서 변호사와 접견할 경우에는 원칙적으로 헌법상 변호인의 조력을 받을 권리의 주체가 될 수 없다. … 교정시설 내 수용자와 변호사 사이의 접견교통권의 보장은 헌법상 보장되는 재판청구권의 한 내용 또는 그로부터 파생되는 권리로 볼 수 있다(헌재 2013.8.29, 2011헌마122).

❶ [O] 검사 또는 사법경찰관이 수사를 위하여 필요한 경우에 전기통신사업자에게 위치정보추적자료의 열람이나 제출을 요청할 수 있도록 하는 규정은 수사기관에 수사대상자의 민감한 개인정보인 위치정보추적자료 제공을 허용하여 수사대상자의 기본권을 과도하게 제한하면서도 절차적 통제가 제대로 이루어지고 있지 않으므로 개인정보자기결정권을 침해한다.

⇒ 수사기관은 위치정보 추적자료를 통해 특정 시간대 정보주체의 위치 및 이동상황에 대한 정보를 취득할 수 있으므로 위치

정보추적자료는 충분한 보호가 필요한 민감한 정보에 해당되는 점, 그럼에도 이 사건 요청조항은 수사기관의 광범위한 위치정보 추적자료 제공요청을 허용하여 정보주체의 기본권을 과도하게 제한하는 점, … 수사기관의 위치정보 추적자료 제공요청에 대해 법원의 허가를 거치도록 규정하고 있으나 수사의 필요성만을 그 요건으로 하고 있어 절차적 통제마저도 제대로 이루어지기 어려운 현실인 점 등을 고려할 때, 이 사건 요청조항은 과잉금지원칙에 반하여 청구인들의 개인정보자기결정권과 통신의 자유를 침해한다(헌재 2018.6.28, 2012헌마191 등).

② [×] 이 사건 정보제공행위에 의하여 제공된 청구인 김○환의 약 2년 동안의 총 44회 요양급여내역 및 청구인 박○만의 약 3년 동안의 총 38회 요양급여내역은 건강에 관한 정보로서 '개인정보 보호법' 제23조 제1항이 규정한 민감정보에 해당한다. … 급여일자와 요양기관명은 피의자의 현재 위치를 곧바로 파악할 수 있는 정보는 아니므로, 이 사건 정보제공행위로 얻을 수 있는 수사상의 이익은 없었거나 미약한 정도였다. … 이 사건 정보제공행위로 인한 청구인들의 개인정보자기결정권에 대한 침해는 매우 중대하다. 그렇다면 이 사건 정보제공행위는 이 사건 정보제공조항 등이 정한 요건을 충족한 것으로 볼 수 없고, 침해의 최소성 및 법익의 균형성에 위배되어 청구인들의 개인정보자기결정권을 침해하였다(헌재 2018.8.30, 2014헌마368).

③ [×] 재범의 위험성이 높은 범죄를 범한 수형인 등은 생존하는 동안 재범의 가능성이 있으므로, 디엔에이신원확인정보를 수형인등이 사망할 때까지 관리하여 범죄 수사 및 예방에 이바지하고자 하는 이 사건 삭제조항은 **입법목적의 정당성과 수단의 적절성이 인정된다.** … 디엔에이신원확인정보를 범죄수사 등에 이용함으로써 달성할 수 있는 공익의 중요성에 비하여 청구인의 불이익이 크다고 보기 어려워 **법익균형성도 갖추었다.** 따라서 이 사건 삭제조항이 **과도하게 개인정보자기결정권을 침해한다고 볼 수 없다**(헌재 2014.8.28, 2011헌마28 등).

④ [×] 개인정보자기결정권의 보호대상이 되는 개인정보는 개인의 신체, 신념, 사회적 지위, 신분 등과 같이 개인의 인격주체성을 특징짓는 사항으로서 그 개인의 동일성을 식별할 수 있게 하는 일체의 정보라고 할 수 있고, 반드시 **개인의 내밀한 영역이나 사사(私事)의 영역에 속하는 정보에 국한되지 않고 공적 생활에서 형성되었거나 이미 공개된 개인정보까지 포함한다.** 또한, 그러한 개인정보를 대상으로 한 조사·수집·보관·처리·이용 등의 행위는 모두 원칙적으로 개인정보자기결정권에 대한 제한에 해당한다[헌재 2005.7.21, 2003헌마282·425(병합)].

㉠ [O] 대한민국과 일본국간의 어업에 관한 협정은 배타적 경제수역을 직접 규정한 것이 아닐 뿐만 아니라 배타적 경제수역이 설정된다 하더라도 영해를 제외한 수역을 의미하며, 이러한 점들은 이 사건 협정에서의 이른바 중간수역에 대해서도 동일하다고 할 것이므로 독도가 중간수역에 속해 있다 할지라도 독도의 영유권 문제나 영해 문제와는 직접적인 관련을 가지지 아니한 것임은 명백하다 할 것이다(헌재 2001.3.21, 99헌마139).

ⓒ [×] '북한이탈주민'이란 군사분계선 이북지역(이하 '북한'이라 한다)에 주소, 직계가족, 배우자, 직장 등을 두고 있는 사람으로서 **북한을 벗어난 후 외국 국적을 취득하지 아니한 사람을 말한다**(북한이탈주민의 보호 및 정착지원에 관한 법률 제2조 제1호).

ⓒ [○] 정부수립이후이주동포와 정부수립이전이주동포는 이미 대한민국을 떠나 그들이 거주하고 있는 외국의 국적을 취득한 우리의 동포라는 점에서 같고, 국외로 이주한 시기가 대한민국 정부수립 이전인가 이후인가는 결정적인 기준이 될 수 없는데도 … 이 사건 심판대상규정이 청구인들과 같은 정부수립이전이주동포를 재외동포법의 적용대상에서 제외한 것은 합리적 이유 없이 정부수립이전이주동포를 차별하는 자의적인 입법이어서 헌법 제11조의 평등원칙에 위배된다(헌재 2001.11.29, 99헌마494).

ⓔ [○] 국적법 제2조에 대한 옳은 내용이다.

> **국적법**
> 제2조【출생에 의한 국적 취득】① 다음 각 호의 어느 하나에 해당하는 자는 출생과 동시에 대한민국 국적(國籍)을 취득한다.
> 1. 출생 당시에 부(父) 또는 모(母)가 대한민국의 국민인 자
> 2. 출생하기 전에 부가 사망한 경우에는 그 사망 당시에 부가 대한민국의 국민이었던 자
> 3. 부모가 모두 분명하지 아니한 경우나 국적이 없는 경우에는 대한민국에서 출생한 자
> ② 대한민국에서 발견된 기아(棄兒)는 대한민국에서 출생한 것으로 추정한다.

ⓜ [×] 남북교류협력에 관한 법률은 앞서 본 바와 같이 기본적으로 북한을 평화적 통일을 위한 대화와 협력의 동반자로 인정하면서 남북대결을 지양하고, 자유왕래를 위한 문호개방의 단계로 나아가기 위하여 종전에 원칙적으로 금지되었던 대북한 접촉을 허용하며, 이를 법률적으로 지원하기 위하여 제정된 것으로서, 그 입법목적은 평화적 통일을 지향하는 헌법의 제반규정에 부합하는 것이다. 이 법이 없다면 남북한 간의 교류, 협력행위는 국가보안법에 의하여 처벌될 수 있으나, 이 법에서 **남북관계에 관한 기본적 용어정리, 통신·왕래·교역·협력사업 등에 관한 포괄적 규정(제9조 내지 제23조)과 타법률에 대한 우선적용(제3조) 등을 규정하고 있는 관계로 그 적용범위 내에서 국가보안법의 적용이 배제된다는 점에서**, 이 법은 평화적 통일을 지향하기 위한 기본법으로서의 성격을 갖고 있다고 할 수 있다(헌재 2000.7.20, 98헌바63).

19 답 ④

① [○] 위원회는 인권의 보호와 향상에 중대한 영향을 미치는 재판이 계속 중인 경우 법원 또는 헌법재판소의 요청이 있거나 필요하다고 인정하는 때에는 법원의 담당 재판부 또는 헌법재판소에 법률상의 사항에 관하여 의견을 제출할 수 있다(국가인권위원회법 제28조).

② [○] 위원회는 제1항의 진정이 없는 경우에도 인권침해나 차별행위가 있다고 믿을 만한 상당한 근거가 있고 그 내용이 중대하다고 인정할 때에는 직권으로 조사할 수 있다(국가인권위원회법 제30조 제3항).

③ [○] 제1항에 따른 법률구조 요청은 피해자의 명시한 의사에 반하여 할 수 없다(국가인권위원회법 제47조 제2항).

④ [×] 회의 입법 또는 법원·헌법재판소의 재판에 의하여 헌법 제10조 내지 제22조에 보장된 인권을 침해당하거나 차별행위를 당한 경우, 그 인권침해를 당한 사람이나 단체는 국가인권위원회에 그 내용을 진정할 수 있다.
⇨ **국회의 입법 및 법원·헌법재판소의 재판은 인권위원회에 진정할 수 있는 대상이 아니다**(국가인권위원회법 제30조 제1항).

20 답 ④

① [○] 언어는 의사소통 수단으로서 다른 동물과 인간을 구별하는 하나의 주요한 특징으로 인식되고, 모든 언어는 지역, 세대, 계층에 따라 각기 상이한 방언을 가지고 있는바, 이들 방언은 이를 공유하는 사람들의 의사소통에 중요한 역할을 담당하며, 방언 가운데 특히 지역 방언은 각 지방의 고유한 역사와 문화 등 정서적 요소를 그 배경으로 하기 때문에 같은 지역주민들 간의 원활한 의사소통 및 정서교류의 기초가 되므로, 이와 같은 지역 방언을 자신의 언어로 선택하여 공적 또는 사적인 의사소통과 교육의 수단으로 사용하는 것은 행복추구권에서 파생되는 일반적 행동의 자유 내지 개성의 자유로운 발현의 한 내용이 된다 할 것이다(헌재 2009.5.28, 2006헌마618).

② [○] 행복추구권은 보충적 기본권이므로 공무담임권을 판단하면 충분하고 별도로 행복추구권을 판단할 필요는 없다.

③ [○] 긴급자동차를 제외한 이륜자동차와 원동기장치자전거에 대하여 고속도로 또는 자동차전용도로의 통행을 금지하고 있는 것은 고속도로 등 통행의 자유(일반적 행동의 자유)를 헌법 제37조 제2항에 반하여 과도하게 제한한다고 볼 수 없다(헌재 2007.1.17, 2005헌마1111).

④ [×] 일반적 행동자유권은 가치 있는 행동만 보호영역으로 하는 것인바, 개인이 대마를 자유롭게 수수하고 흡연할 자유가 일반적 행동자유권의 보호영역에 속하지는 아니한다.
⇨ 헌법 제10조 전문은 "모든 국민은 인간으로서의 존엄과 가치를 지니며, 행복을 추구할 권리를 가진다."고 규정하여 행복추구권을 보장하고 있는바, 인간으로서의 존엄과 가치를 실현하고 행복을 추구하기 위하여서는 누구나 자유로이 의사를 결정하고 그에 기하여 자율적인 생활을 형성할 수 있어야 하므로, 행복추구권은 그의 구체적인 표현으로서 일반적인 행동자유권을 포함한다. **일반적 행동자유권은 적극적으로 자유롭게 행동을 하는 것은 물론 소극적으로 행동을 하지 않을 자유도 포함되고, 가치 있는 행동만 보호영역으로 하는 것은 아닌 것인바, 개인이 대마를 자유롭게 수수하고 흡연할 자유도 헌법 제10조의 행복추구권에서 나오는 일반적 행동자유권의 보호영역에 속한다.** 이 사건 법률조항은 대마의 흡연과 수수를 금지하고 그 위반행위에 대하여 형벌을 가함으로써 청구인의 행복추구권을 제한하고 있다. … 이 사건 법률조항은 대마의 사용으로 인해 국민 건강에 미치는 악영향을 방지함으로써 국민보건 향상과 아울러 대마 흡연행위와 관련된 사회적 위험발생의 예방을 도모하고 있고, 이러한 공익은 이 사건 법률조항으로 인하여 제한되는 개인의 대마초 흡연 및 수수의 자유에 비하여 크다고 할 것이어서 법익의 균형성도 갖추었다. 그렇다면, 이 사건 법률조항은 과잉금지원칙에 위반하여 행복추구권을 침해하는 것이 아니다(헌재 2010.11.25, 2009헌바246).

정답

p.44

01	③	02	②	03	③	04	④	05	②
06	④	07	①	08	①	09	③	10	③
11	④	12	②	13	②	14	②	15	②
16	①	17	①	18	④	19	①	20	③

01

답 ③

① [O] 종전에는 검열이 아니었는데, 판례변경으로 검열에 해당한다. 한국건강기능식품협회가 행하는 이 사건 건강기능식품 기능성 광고 사전심의는 헌법이 금지하는 사전검열에 해당하므로 헌법에 위반된다. 종래 이와 견해를 달리하여 건강기능식품 기능성광고의 사전심의절차를 규정한 구 건강기능식품법 관련 조항이 헌법상 사전검열금지원칙에 위반되지 않는다고 판단한 우리 재판소 결정(헌재 2010.7.29, 2006헌바75)은, 이 결정 취지와 저촉되는 범위 안에서 변경하기로 한다[헌재 2018.6.28, 2016헌가8 · 2017헌바476(병합)].

② [O] 일반적으로 국가가 개인의 표현행위를 규제하는 경우, 표현내용에 대한 규제는 원칙적으로 중대한 공익의 실현을 위하여 불가피한 경우에 한하여 엄격한 요건하에서 허용되는 반면, 표현내용과 무관하게 표현의 방법을 규제하는 것은 합리적인 공익상의 이유로 폭넓은 제한이 가능하다(헌재 2002.12.18, 2000헌마764). 뿐만 아니라, 서명요청활동은 주민소환청구권 행사의 전제 내지 실현수단의 의미를 가지므로 주민소환제도에 대한 경우와 마찬가지로 그 내용과 방법에 관하여 입법자의 형성의 자유가 인정되는 영역이라고도 할 수 있다. 따라서 이 사건 법률조항에 대한 과잉금지원칙 위반 여부를 심사함에 있어서는, 일반적인 표현의 자유에 대한 제한에 적용되는 엄격한 의미의 과잉금지원칙 위반 여부의 심사가 아닌 실질적으로 완화된 심사를 함이 상당하고, 특히 '피해의 최소성' 요건은 입법목적을 달성하기 위한 덜 제약적인 수단은 없는지 혹은 필요한 최소한의 제한인지를 심사하기 보다는 '입법목적을 달성하기 위하여 필요한 범위 내의 것인지'를 심사하는 정도로 완화시켜 판단하여야 할 것이다(헌재 2011.12.29, 2010헌바368).

❸ [X] '음란'이란 인간존엄 내지 인간성을 왜곡하는 노골적이고 적나라한 성표현으로서 오로지 성적 흥미에만 호소할 뿐 전체적으로 보아 하등의 문학적 · 예술적 · 과학적 또는 정치적 가치를 지니지 않은 것으로서, 사회의 건전한 성도덕을 크게 해칠 뿐만 아니라 사상의 경쟁메커니즘에 의해서도 그 해악이 해소되기 어려워, 음란한 표현은 언론 · 출판의 자유의 보호영역에 포함되지 아니한다.

⇨ 음란표현은 헌법 제21조가 규정하는 언론 · 출판의 자유의 보호영역 내에 있다고 볼 것인바, 종전에 이와 견해를 달리하여 음란표현은 헌법 제21조가 규정하는 언론 · 출판의 자유의 보호영역에 해당하지 아니한다는 취지로 판시한 우리 재판소의 의견은 변경한다(헌재 2009.5.28, 2006헌바109)[판례변경].

④ [O] 이 사건 법률조항은 외교기관의 경계지점으로부터 반경 100미터 이내 지점에서의 집회 및 시위를 원칙적으로 금지하되, 그 가운데에서도 외교기관의 기능이나 안녕을 침해할 우려가 없다고 인정되는 세 가지의 예외적인 경우에는 이러한 집회 및 시위를 허용하고 있는바, 이는 입법기술상 가능한 최대한의 예외적 허용 규정이며, 그 예외적 허용범위는 적절하다고 보이므로 이보다 더 넓은 범위의 예외를 인정하지 않는 것을 두고 침해의 최소성원칙에 반한다고 할 수 없다. 그리고 이 사건 법률조항으로 달성하고자 하는 공익은 외교기관의 기능과 안전의 보호라는 국가적 이익이며, 이 사건 법률조항은 법익충돌의 위험성이 없는 경우에는 외교기관 인근에서의 집회나 시위도 허용함으로써 구체적인 상황에 따라 상충하는 법익간의 조화를 이루고 있다. 따라서 이 사건 법률조항이 청구인의 집회의 자유를 침해한다고 할 수 없다(헌재 2010.10.28, 2010헌마111).

02

답 ②

㉠ [O] 재산권은 개인이 각자의 인생관과 능력에 따라 자신의 생활을 형성하도록 물질적 · 경제적 조건을 보장해 주는 기능을 하는 것으로서, 재산권의 보장은 자유실현의 물질적 바탕을 의미하고, 특히 택지는 인간의 존엄과 가치를 가진 개인의 주거로서, 그의 행복을 추구할 권리와 쾌적한 주거생활을 할 권리를 실현하는 장소로 사용되는 것이라는 점을 고려할 때, 소유상한을 지나치게 낮게 책정하는 것은 개인의 자유실현의 범위를 지나치게 제한하는 것이라고 할 것인데, 소유목적이나 택지의 기능에 따른 예외를 전혀 인정하지 아니한 채 일률적으로 200평으로 소유상한을 제한함으로써, 어떠한 경우에도, 어느 누구라도, 200평을 초과하는 택지를 취득할 수 없게 한 것은, 적정한 택지공급이라고 하는 입법목적을 달성하기 위하여

필요한 정도를 넘는 과도한 제한으로서, 헌법상의 재산권을 과도하게 침해하는 위헌적인 규정이다(헌재 1999.4.29, 94헌바37 등).

ⓛ [×] 청구인들은 2014.1.1.부터 치과의원에서 전문과목을 표시할 수 있게 되면 모든 전문과목의 진료를 할 수 있을 것이라고 신뢰하였다고 주장하나, 이와 같은 신뢰는 장래의 법적 상황을 청구인들이 미리 일정한 방향으로 예측 내지 기대한 것에 불과하므로 심판대상조항은 **신뢰보호원칙에 위배되어 직업수행의 자유를 침해한다고 볼 수 없다**(헌재 2015.5.28, 2013헌마799).

ⓒ [○] 공무원이 임용 당시의 공무원법상의 정년규정까지 근무할 수 있다는 기대와 신뢰는 행정조직, 직제의 변경 또는 예산의 감소 등 강한 공익상의 정당한 근거에 의하여 좌우될 수 있는 상대적이고 가변적인 것에 지나지 않는다고 할 것이므로 정년규정을 변경하는 입법은 구법질서에 대하여 기대했던 당사자의 신뢰보호 내지 신분관계의 안정이라는 이익을 지나치게 침해하지 않는 한 공익목적 달성을 위하여 필요한 범위 내에서 입법권자의 입법형성의 재량을 인정하여야 할 것이다. … 공무원의 계급정년제도를 둔 것은 직업공무원제의 요소인 공무원의 신분보장을 무한으로 관철할 때 파생되는 공직사회의 무사안일을 방지하고 인사적체를 해소하며 새로운 인재들의 공직참여 기회를 확대, 관료제의 민주화를 추구하여 직업공무원제를 합리적으로 보완·운용하기 위한 것으로서 그 목적의 정당성이 인정되고 만일 계급정년규정은 그 시행일 이후에 임용되는 직원에 대하여만 적용될 수밖에 없다면 조직 내에서 다른 직원과 달리 연령정년까지 신분보장이 확보된 특수계층이 존재하게 됨에 따라 계급정년제 본래의 목적달성이 불가능하게 될 것이다(헌재 1994.4.28, 91헌바5 등).

ⓔ [×] 의료기관의 시설의 일부를 분할·변경한 장소에서만 약국을 개설하지 못하도록 할 뿐 다른 장소에서는 얼마든지 약국을 개설하여 영업을 할 수 있도록 하고 있으므로 청구인들의 직업행사의 자유의 제한의 정도가 그다지 크지 않은 반면에, 이 사건 법률조항들이 의료기관과 약국의 담합행위를 방지하는 입법목적의 달성을 통해서 얻게 되는 국민보건의 향상이라는 공적 이익은 상당히 크다고 할 것이므로, **이 사건 법률조항들이 이 법 시행 후 의료기관 시설을 분할·변경한 장소에서 약국을 개설하는 행위를 금지한 것은 법익균형성원칙에 위배되지 아니하여, 결국 비례의 원칙에 위배되지 아니하므로 청구인들의 직업행사의 자유를 침해하지 않는다**(헌재 2003.10.30, 2001헌마700 등).

ⓜ [○] 이 사건 법률조항은 일정한 직업과 행위를 금지하거나 제한하는 것일 뿐, 이러한 직업활동의 수행이나 행위로 인하여 얻은 구체적인 재산에 대한 사용·수익 및 처분권한을 제한하는 것은 결코 아니라고 할 것이고, 청구인들이 비록 세무당국에 사업자등록을 하고 운전교습업에 종사하였다고 하더라도, 사업자등록은 과세행정상의 편의를 위하여 납세자의 인적사항 등을 공부에 등재하는 행위에 불과하므로 운전교습업의 계속에 대하여 국가가 신뢰를 부여하였다고 보기도 어렵다(헌재 2003.9.25, 2001헌마447).

ⓗ [×] 이 사건 조정규정 및 경과규정은 개정법이 발효된 이후의 법률관계, 즉 장래 이행기가 도래하는 퇴직연금수급권의 내용을 변경함에 불과하므로 이를 헌법 제13조 제2항이 금하고 있는, 진정소급효를 가지는 법률에 해당한다고 할 수 없다. 종전의 퇴직연금수급자들은 보수연동제의 방식에 의한 연금액조정을

통하여 물가상승률에 비하여 상대적으로 높게 인상된 연금을 지급받아 왔고 그러한 연금액의 조정이 상당기간 지속됨으로써 앞으로도 공무원의 보수인상률에 맞추어 연금액도 같은 비율로 조정되리라는 기대가 형성되어 있던 것은 부인할 수 없으나, 그렇다 하더라도 보호해야 할 퇴직연금수급자의 신뢰의 가치는 크지 않고 신뢰의 손상 또한 연금액의 상대적인 감소로서 그 정도가 심하지 않은 반면, **연금재정의 파탄을 막고 공무원연금제도를 건실하게 유지하는 것은 긴급하고도 대단히 중요한 공익이므로 이 사건 경과규정이 헌법상 신뢰보호의 원칙에 위배된다고는 볼 수 없다**(헌재 2005.6.30, 2004헌바42).

---

03 답 ③

① [○] 청구인 사단법인 한국기자협회는 전국의 신문·방송·통신사 소속 현직 기자들 1만 여명을 회원으로 두고 있는 민법상 비영리 사단법인으로서, '언론중재 및 피해구제에 관한 법률' 제2조 제12호에 따른 언론사에는 해당한다. 그런데 심판대상조항은 언론인 등 자연인을 수범자로 하고 있을 뿐이어서 청구인 사단법인 한국기자협회는 심판대상조항으로 인하여 자신의 기본권을 직접 침해당할 가능성이 없다. 또 사단법인 한국기자협회가 그 구성원인 기자들을 대신하여 헌법소원을 청구할 수도 없으므로, 위 청구인의 심판청구는 기본권 침해의 자기관련성을 인정할 수 없어 부적법하다(헌재 2016.7.28, 2015헌마236 등).

② [○] 부정청탁금지조항은 부패가 빈발하는 직무영역에서 금지되는 행위를 구체적으로 열거하여 부정청탁의 유형을 제한하고 있고, 부정청탁의 행위 유형에 해당하더라도 법질서 전체와의 관계에서 정당시되는 행위는 예외를 인정하여 제재대상에서 제외하고 있으며, 언론인이나 사립학교 관계자가 부정청탁을 받고 그에 따라 직무를 수행한 경우에만 처벌하고 있다. 한편, 대가관계 증명이 어려운 부정청탁행위나 금품 등 수수행위는 배임수재죄로 처벌할 수 없어 형법상 배임수재죄로 처벌하는 것만으로는 충분하지 않고, 교육계와 언론계에 부정청탁이나 금품 등 수수 관행이 오랫동안 만연해 왔고 크게 개선되고 있지 않다는 각종 여론조사결과와 국민 인식 등에 비추어 볼 때, 교육계와 언론계의 자정노력에만 맡길 수 없다는 입법자의 결단이 잘못된 것이라고 단정하기도 어렵다. 금품수수금지조항은 직무관련성이나 대가성이 없더라도 동일인으로부터 1회 100만원 또는 매 회계연도 300만원을 초과하는 금품 등을 수수한 경우 처벌하도록 하고 있다. 이는 사립학교 관계자나 언론인에게 적지 않은 금품을 주는 행위가 순수한 동기에서 비롯될 수 없고 일정한 대가관계를 추정할 수 있다는 데 근거한 것으로 볼 수 있다. 우리 사회에서 경제적 약자가 아닌 사립학교 관계자와 언론인에게 아무런 이유 없이 1회 100만원 또는 매 회계연도에 300만원을 초과하는 금품 등을 준다는 것은 건전한 상식으로는 이해할 수 없는 일이다. 또 사립학교 관계자와 언론인이 직무와 관련하여 아무리 적은 금액이라도 정당한 이유 없이 금품 등을 받는 것을 금지하는 것이 부당하다고 할 수 없다. 시행되기 전 법률의 위헌 여부를 심판하면서 국가가 당해 법률의 입법목적을 무시하고 권력을 남용하여 법률을 부당하게 집행할 것을 예상하고 이를 전제로 당해 법률의 위헌성을 심사할 수는 없다. 이런 사정을 모두 종합하여 보면 부정

청탁금지조항과 금품수수금지조항이 침해의 최소성원칙에 반한다고 보기도 어렵다. 사립학교 관계자나 언론인은 금품수수금지조항에 따라 종래 받아오던 일정한 금액 이상의 금품이나 향응 등을 받지 못하게 되는 불이익이 발생할 수 있으나 이런 불이익이 법적으로 보호받아야 하는 권익의 침해라 보기 어렵다. 국가권력이 '청탁금지법'을 남용할 것을 두려워하여 사학의 자유나 언론의 자유가 위축될 우려도 있으나, 이러한 염려나 제약에 따라 침해되는 사익이 부정청탁금지조항이 추구하는 공익보다 크다고 볼 수는 없다. 우리 사회의 청렴도를 높이고 부패를 줄이는 과정에서 일시적으로 어려움을 겪는 분야가 있을 수 있다는 이유로 부패의 원인이 되는 부정청탁 및 금품수수 관행을 방치할 수도 없다. 부정청탁금지조항과 금품수수금지조항이 추구하는 공익이 매우 중대하므로 법익의 균형성도 충족한다. 부정청탁금지조항과 금품수수금지조항이 과잉금지원칙을 위반하여 청구인들의 일반적 행동자유권을 침해한다고 보기 어렵다(헌재 2016.7.28, 2015헌마236 등).

❸ [✕] '청탁금지법'에 의해 언론의 자유가 직접 제한되는 것은 사실이지만 과잉금지원칙에 위배되는 것은 아니다.
⇨ 심판대상조항은 언론인과 취재원의 통상적 접촉 등 정보의 획득은 물론 보도와 논평 등 의견의 전파에 이르기까지 자유로운 여론 형성과정에서 언론인의 법적 권리에 어떤 제한도 하고 있지 않다. 또 사립학교 관계자의 교육의 자유나 사립학교 운영의 법적 주체인 학교법인만이 향유할 수 있는 사학의 자유를 제한하고 있지도 아니하다. **청구인들 주장과 같이 국가권력에 의해 '청탁금지법'이 남용될 경우 언론의 자유나 사학의 자유가 일시적으로 위축될 소지는 있다. 하지만 이 문제는 취재 관행과 접대 문화의 개선, 그리고 의식 개혁이 뒤따라가지 못함에 따른 과도기적인 사실상의 우려에 불과하며, 심판대상조항에 의하여 직접적으로 언론의 자유와 사학의 자유가 제한된다고 할 수는 없다**(헌재 2016.7.28, 2015헌마236 등).
④ [O] 청구인들은 신고조항과 제재조항이 청구인들의 양심의 자유를 침해한다는 주장도 한다. 그러나 신고조항과 제재조항은 배우자가 수수 금지 금품 등을 받거나 그 제공의 약속 또는 의사표시를 받았다는 객관적 사실, 즉 배우자를 통해 부적절한 청탁을 시도한 사람이 있다는 것을 고지할 의무를 부과할 뿐이다. 신고조항이 개인의 세계관 · 인생관 · 주의 · 신조 등이나 내심에서의 윤리적 판단을 고지대상으로 하는 것은 아니다. 따라서 신고조항과 제재조항이 청구인들의 양심의 자유를 직접 제한한다고 볼 수 없다(헌재 2016.7.28, 2015헌마236 등).

04   답 ④

① [O] 제3자의 표현물을 인터넷에 게시한 행위에 대해 명예훼손의 책임을 인정하기 위해서는 헌법상 자기책임의 원리에 따라 게시자 자신의 행위에 대한 법적 평가가 있어야 할 것이다. 인터넷에 제3자의 표현물을 게시한 행위가 전체적으로 보아 단순히 그 표현물을 인용하거나 소개하는 것에 불과한 경우에는 명예훼손의 책임이 부정되고, 제3자의 표현물을 실질적으로 이용 · 지배함으로써 제3자의 표현물과 동일한 내용을 직접 적시한 것과 다름없다고 평가되는 경우에는 명예훼손의 책임이 인정되어야 할 것이다(헌재 2013.12.26, 2009헌마747).

② [O] 심판대상조항은 저작자 및 자신의 의사에 반하여 저작자로 표시된 사람의 권리를 보호하고, 저작자 명의에 관한 사회 일반의 신뢰를 보호하기 위한 것으로 입법목적이 정당하고, 저작자 아닌 사람을 저작자로 표시하는 행위를 금지하는 것은 적합한 수단이다. 저작자 아닌 사람을 저작자로 표기하는 데 관련된 사람들의 이해관계가 일치하는 경우가 있고, 저작권법은 여러 사람이 창작에 관여하고 이에 따라 저작자 표시를 하는 것을 금지하는 것도 아니며, 저작자 표시를 사실과 달리하는 행위를 금지하지 않으면 저작자 명의에 관한 사회일반의 신뢰라는 공익을 위 조항과 같은 정도로 달성하기 어려우므로 침해의 최소성도 충족된다. 저작물이 가지는 학문적 · 문화적 중요성과 이용자에게 미치는 영향 등을 고려할 때 저작자의 표시에 관한 사회적 신뢰를 유지한다는 공익이 중요한 반면, 위 조항으로 인한 불이익은 저작자 표시를 사실과 달리하여 얻을 수 있는 이익을 얻지 못하는 것에 불과하여, 위 조항은 법익의 균형성도 갖추었다. 심판대상조항은 표현의 자유 또는 일반적 행동의 자유를 침해하지 아니한다(헌재 2018.8.30, 2017헌바158).

③ [O] 외국비디오물을 수입할 경우에 반드시 영상물 등급위원회로부터 수입추천을 받도록 규정하고 있는 구 음반 · 비디오물 및 게임물에 관한 법률(1999.2.8. 법률 제5925호로 제정되고, 2001.5.24. 법률 제6473호로 전면개정되기 전의 것) 제16조 제1항 등에 의한 외국비디오물 수입추천제도는 외국비디오물의 수입 · 배포라는 의사표현행위 전에 표현물을 행정기관의 성격을 가진 영상물등급위원회에 제출토록 하여 표현행위의 허용 여부를 행정기관의 결정에 좌우되게 하고, 이를 준수하지 않는 자들에 대하여 형사처벌 등의 강제조치를 규정하고 있는바, 허가를 받기 위한 표현물의 제출의무, 행정권이 주체가 된 사전심사절차, 허가를 받지 아니한 의사표현의 금지, 심사절차를 관철할 수 있는 강제수단이라는 요소를 모두 갖추고 있으므로, 우리나라 헌법이 절대적으로 금지하고 있는 사전검열에 해당한다(헌재 2005.2.3, 2004헌가8).

❹ [✕] 정보통신망 이용촉진 및 정보보호 등에 관한 법률 조항 중 '공포심이나 불안감을 유발하는 문언을 반복적으로 상대방에게 도달하게 한 자' 부분은, 정보 수신자가 불안감이나 공포심을 실제로 느꼈는지 여부와 상관없이 정보를 보낸 사람을 처벌 가능한 것으로 해석할 수 있어, 그 처벌대상이 무한히 확장될 가능성이 있으므로 명확성원칙에 위배되어 표현의 자유를 침해한다.
⇨ 심판대상조항의 문언 및 입법목적, 법원의 해석 등을 종합하여 보면, '공포심이나 불안감을 유발하는 문언을 반복적으로 도달하게 한 행위'란 '사회통념상 일반인에게 두려워하고 무서워하는 마음, 마음이 편하지 아니하고 조마조마한 느낌을 일으킬 수 있는 내용의 문언을 되풀이하여 전송하는 일련의 행위'를 의미하는 것으로 풀이할 수 있다. **건전한 상식과 통상적인 법감정을 가진 수범자는 심판대상조항에 의하여 금지되는 행위가 어떠한 것인지 충분히 알 수 있고, 법관의 보충적인 해석을 통하여 그 의미가 확정될 수 있으므로, 심판대상조항은 명확성원칙에 위배되지 않는다.** … 한편, 심판대상조항은 일정 행위의 반복을 구성요건요소로 하고 있어서 적용범위를 제한하고 있고, 법정형도 1년 이하의 징역 또는 1,000만원 이하의 벌금으로 형벌규정 중 상대적으로 가볍다. 이러한 사정을 종합하면 심판대상조항은 침해의 최소성에 반한다고

할 수 없다. 심판대상조항으로 인하여 개인은 정보통신망을 통한 표현에 일정한 제약을 받게 되나, 수신인인 피해자의 사생활의 평온 보호 및 정보의 건전한 이용풍토 조성이라고 하는 공익이 침해되는 사익보다 크다고 할 것이어서 심판대상조항은 법익균형성의 요건도 충족하였다. 따라서 심판대상조항은 표현의 자유를 침해하지 아니한다(헌재 2016.12.29, 2014헌바434).

05 답 ②

㉠ [위헌 ×] 기피재판은 일반적인 재판절차보다 신속성이 더욱 강하게 요구된다. 만약 기피신청을 당한 법관의 소속이 아닌 법원에서 기피재판을 담당하도록 한다면, 소송기록 등의 송부절차에 시일이 걸려 상대방 당사자의 신속한 재판을 받을 권리를 저해할 수도 있다. 이 사건 법률조항은 기피를 신청하는 당사자의 공정한 재판을 받을 권리를 보장함과 동시에 상대방 당사자의 신속한 재판을 받을 권리도 조화롭게 보장하기 위하여 기피재판을 당해 법관 소속 법원의 합의부에서 하도록 하고 있다(헌재 2013.3.2, 2011헌바219).

㉡ [위헌 ○] 보상액의 산정에 기초되는 사실인정이나 보상액에 관한 판단에서 오류나 불합리성이 발견되는 경우에도 그 시정을 구하는 불복신청을 할 수 없도록 하는 것은 형사보상청구권 및 그 실현을 위한 기본권으로서의 재판청구권의 본질적 내용을 침해하는 것이라 할 것이고, 나아가 법적 안정성만을 지나치게 강조함으로써 재판의 적정성과 정의를 추구하는 사법제도의 본질에 부합하지 아니하는 것이다. 또한, 불복을 허용하더라도 즉시항고는 절차가 신속히 진행될 수 있고 사건 수도 과다하지 아니한데다 그 재판내용도 비교적 단순하므로 불복을 허용한다고 하여 상급심에 과도한 부담을 줄 가능성은 별로 없다고 할 것이어서, 이 사건 불복금지조항은 형사보상청구권 및 재판청구권을 침해한다고 할 것이다(헌재 2010.10.28, 2008헌마514 등).

㉢ [위헌 ×] 행정청이 과태료를 부과하기 전에 미리 당사자에게 사전통지를 하면서 의견제출기한을 부여하고, 그 기한 내에 과태료를 자진납부한 당사자에게 과태료 감경의 혜택을 부여하는 주된 목적은 과태료를 신속하고 효율적으로 징수하려는 것인 점, 당사자는 의견제출기간 내에 과태료를 자진납부하여 과태료의 감경을 받을 것인지, 아니면 과태료의 부과 여부나 그 액수를 다투어 법원을 통한 과태료 재판을 받을 것인지를 선택할 수 있는 점 등을 고려하면, 의견제출기한 내에 감경된 과태료를 자진납부하는 경우 해당 질서위반행위에 대한 과태료 부과 및 징수절차가 종료되도록 함으로써 당사자가 질서위반행위규제법에 따라 의견을 제출하거나 이의를 제기할 수 없도록 하였다고 하더라도, 이것이 입법형성의 한계를 일탈하여 재판청구권을 침해하였다고 보기 어렵다(헌재 2019.12.27, 2017헌바413).

㉣ [위헌 ×] 강력범죄 또는 조직폭력범죄의 수사와 재판에서 범죄입증을 위해 증언한 자의 안전을 효과적으로 보장해 줄 수 있는 조치가 마련되어야 할 필요성은 매우 크고, 경우에 따라서는 증인이 피고인의 변호인과 대면하여 진술하는 것으로부터 보호할 필요성이 있을 수 있다. 피고인 등과 증인 사이에 차폐시설을 설치한 경우에도 피고인 및 변호인에게는 여전히 반대신문권이 보장되고, 증인신문과정에서 증언의 신빙성에 대한 최종 판단 권한을 가진 재판부가 증인의 진술태도를 충분히 관찰할 수 있으며, 형사소송법은 차폐시설을 설치하고 증인신문절차를 진행할 경우 피고인으로부터 의견을 듣도록 하는 등 피고인이 받을 수 있는 불이익을 최소화하기 위한 장치를 마련하고 있다. 따라서 심판대상조항은 과잉금지원칙에 위배되어 청구인의 공정한 재판을 받을 권리 및 변호인의 조력을 받을 권리를 침해한다고 할 수 없다(헌재 2016.12.29, 2015헌바221).

㉤ [위헌 ×] 구 법관징계법 제27조는 법관에 대한 대법원장의 징계처분 취소청구소송을 대법원에 의한 단심재판에 의하도록 규정하고 있는바, 이는 독립적으로 사법권을 행사하는 법관이라는 지위의 특수성과 법관에 대한 징계절차의 특수성을 감안하여 재판의 신속을 도모하기 위한 것으로 그 합리성을 인정할 수 있고, 대법원이 법관에 대한 징계처분 취소청구소송을 단심으로 재판하는 경우에는 사실확정도 대법원의 권한에 속하여 법관에 의한 사실확정의 기회가 박탈되었다고 볼 수 없으므로, 헌법 제27조 제1항의 재판청구권을 침해하지 아니한다(헌재 2012.2.23, 2009헌바34).

㉥ [위헌 ○] 대한변호사협회변호사징계위원회나 법무부변호사징계위원회의 징계에 관한 결정은 비록 그 징계위원 중 일부로 법관이 참여한다고 하더라도 이를 헌법과 법률이 정한 법관에 의한 재판이라고 볼 수 없으므로, **법무부변호사징계위원회의 결정이 법률에 위반된 것을 이유로 하는 경우에 한하여 법률심인 대법원에 즉시항고할 수 있도록 한 변호사법 제81조 제4항 내지 제6항은, 법관에 의한 사실확정 및 법률적용의 기회를 박탈한 것으로서 헌법상 국민에게 보장된 '법관에 의한' 재판을 받을 권리를 침해하는 위헌규정이다**(헌재 2000.6.29, 99헌가9).

06 답 ④

① [○] 선거운동의 의미, 심판대상조항의 입법취지, 관련 법률의 규정 등에 비추어, 심판대상조항에서의 '선거운동'은 '특정 후보자의 당선 내지 득표나 낙선을 위하여 필요하고도 유리한 모든 행위로서 당선 또는 낙선을 도모한다는 목적의사가 객관적으로 인정될 수 있는 능동적·계획적인 행위를 말하는 것'으로 풀이할 수 있다. 심판대상조항은 '선거운동 기간'의 의미에 관하여 "후보자등록마감일의 다음날부터 선거일 전일까지"라고 명확하게 규정하고 있고, 다의적인 해석가능성이 있다고 볼 수 없다. 나아가, 심판대상조항의 입법목적이나 입법취지, 입법연혁, 관련 법률의 규정 등을 종합하여 보면, 건전한 상식과 통상적인 법감정을 가진 사람이라면 선거운동이 금지되는 선거운동 기간이 언제인지 합리적으로 파악할 수 있으며, 아울러 법집행기관의 자의적인 법해석이나 법집행의 가능성도 배제되어 있다. 그러므로 심판대상조항은 죄형법정주의의 명확성원칙에 위반되지 아니한다(헌재 2021.7.15, 2020헌가9).

② [○] 공직선거법 및 관련 법령이 구체적으로 '인터넷언론사'의 범위를 정하고 있고, 중앙선거관리위원회가 설치·운영하는 인터넷선거보도심의위원회가 심의대상인 인터넷언론사를 결정하여 공개하는 점 등을 종합하면 '인터넷언론사'는 불명확하다고 볼 수 없으며, '지지·반대'의 사전적 의미와 심판대상

조항의 입법목적, 공직선거법 관련 조항의 규율내용을 종합하면, 건전한 상식과 통상적인 법 감정을 가진 사람이면 자신의 글이 정당·후보자에 대한 '지지·반대'의 정보를 게시하는 행위인지 충분히 알 수 있으므로, 실명확인 조항 중 "인터넷 언론사" 및 "지지·반대" 부분은 명확성 원칙에 반하지 않는다(헌재 2021.1.28, 2018헌마456 등).

③ [O] 심판대상조항의 문언이 가진 뜻, 입법목적이나 취지, 성범죄와 관련한 법규범의 체계 등을 종합하여 보았을 때, 건전한 상식과 통상적 법감정을 가진 사람이라면 어떠한 행위가 강제추행죄 구성요건에 해당하는지 합리적으로 파악할 수 있다. 또한 심판대상조항이 지닌 약간의 불명확성은 법관의 통상적인 해석작용으로써 충분히 보완될 수 있다. 그러므로 심판대상조항은 죄형법정주의의 명확성원칙에 위반되지 아니한다(헌재 2017.11.30, 2015헌바300).

❹ [X] 상법 제635조 제1항에 규정된 자, 그 외의 회사의 회계업무를 담당하는 자, 감사인 등으로 하여금 감사보고서에 기재하여야 할 사항을 기재하지 아니하거나 허위의 기재를 한 때를 처벌하는 조항은 명확성의 원칙에 위배되지 않는다.

⇨ (1) 이 사건 법률조항 중 '감사보고서에 기재하여야 할 사항' 부분은 그 의미가 법률로서 확정되어 있지 아니하고, 법률 문언의 전체적, 유기적인 구조와 구성요건의 특수성, 규제의 여건 등을 종합하여 고려하여 보더라도 수범자가 자신의 행위를 충분히 결정할 수 있을 정도로 내용이 명확하지 아니하여 동 조항부분은 **죄형법정주의에서 요구하는 명확성의 원칙에 위배된다**(헌재 2004.1.29, 2002헌가20 등).
(2) 이 사건 법률조항 중 '감사보고서에 허위의 기재를 한 때'라고 한 부분은 그것이 형사처벌의 구성요건을 이루는 개념으로서 수범자가 법률의 규정만으로 충분히 그 내용의 대강을 파악할 만큼 명확한 것이라고 할 것이므로 죄형법정주의의 한 내용인 형벌법규의 명확성의 원칙에 반한다고 할 수 없다(헌재 2004.1.29, 2002헌가20 등).

✏ '감사보고서에 기재하여야 할 사항' 부분은 명확성원칙에 위배되나, '감사보고서에 허위의 기재를 한 때' 부분은 명확성원칙에 위배되지 않는다.

07 답 ①

❶ [O] 전문연구요원과 달리 공중보건의사의 군사교육소집기간을 복무기간에 산입하지 않는 심판대상조항은 평등권을 침해하지 않는다.

⇨ 같은 병역 유형인 보충역에 속한다고 하더라도 개별 보충역마다 제도 도입 취지, 복무형태, 복무내용, 신분 등이 상이하므로 군사교육소집기간 산입 여부와 같은 병역의무이행의 세부적인 내용이 모두 동일하게 적용되어야 한다고 볼 수는 없다. 군사교육소집기간의 복무기간 산입 여부와 같은 정책적인 사항에 대하여 전문연구요원과 달리 규정한다고 해서 이를 부당한 차별취급이라고 단정하기는 어렵다. 따라서 심판대상조항이 전문연구요원과 달리 공중보건의사의 군사교육소집기간을 복무기간에 산입하지 않은 데에는 합리적 이유가 있으므로, 청구인들의 평등권을 침해하지 않는다(헌재 2020.9.24, 2019헌마472).

② [X] 지방자치단체장의 계속 재임을 3기로 제한한 것은 공무담임권을 제한하고 있는바, 이는 헌법이 차별을 특히 금지하고 있는 영역이거나 차별적 취급으로 인하여 관련 기본권에 대한 중대한 제한을 초래하고 있다고 볼 수 없다. 그리고 공무담임권의 제한의 경우는 그 직무가 가지는 공익실현이라는 특수성으로 인하여 그 직무의 본질에 반하지 아니하고 결과적으로 다른 기본권의 침해를 야기하지 아니하는 한 상대적으로 강한 합헌성이 추정될 것이므로, 주로 평등의 원칙이나 목적과 수단의 합리적인 연관성 여부가 심사대상이 될 것이며, **법익형량에 있어서도 상대적으로 다소 완화된 심사를 하게 된다.** 따라서 이 사건 법률조항에 대한 평등권 심사는 합리성 심사로 족하다. … 같은 선출직공무원인 지방의회의원 등과 비교해볼 때, 지방자치의 민주성과 능률성, 지방의 균형적 발전의 저해요인이 될 가능성이 상대적으로 큰 지방자치단체장의 장기 재임만을 규제대상으로 삼아 달리 취급하는 데에는 합리적인 이유가 있다고 할 것이므로, 평등권을 침해하지 않는다(헌재 2006.2.23, 2005헌마403).

③ [X] 지역구국회의원선거에서 유효투표수의 100분의 10 이상을 득표한 후보자에게만 선거비용의 전액 혹은 반액을 보전해 주는 것과 관련, **국가예산의 효율적 집행을 도모하고 후보자 난립 등으로 인한 부작용을 방지**하기 위하여 일정 득표율을 기준으로 일정 선거비용만을 보전하여 주도록 하는 것은 그 목적이 정당하고 수단 역시 적정하다고 할 것이다. 또한, 득표율을 기준으로 보전 여부를 결정하는 것이 가장 합리적이고, **득표율이 10% 미만인 자는 당선가능성이 거의 없는 자**이며, 지난 18대 지역구국회의원 선거에서 절반에 이르는 후보자가 선거비용을 보전받았을 뿐 아니라 국가가 후보자들이 개인적으로 부담하는 선거비용 외에도 상당한 부분의 선거비용을 부담하고 있는 점 등을 고려하면, 이 사건 법률조항이 입법재량권의 한계를 일탈하여 자의적으로 청구인의 **평등권을 침해한다고 할 수 없다**(헌재 2010.5.27, 2008헌마491).

④ [X] '대마를 구입하여 국내로 반입'한 경우에는 수입죄 외에 매수죄가 별도로 성립하므로 '대마의 구입 없이 국내로 반입'만한 경우와 동일하게 처벌되는 것은 아니다. 또한 구입이 수반되지 않은 경우라도 대마 수입행위는 대마의 국내 공급 및 유통가능성을 증가시켰다는 점에서 불법성이 다르다고 볼 수 없으므로 대마를 국외에서 구매한 것인지 여부에 따라 비난가능성이나 죄질이 달라진다고 볼 수 없다. 이상의 점을 종합하면, **심판대상조항은 형벌 체계상의 균형을 현저히 잃어 평등원칙에 위반된다고 보기 어렵다**(헌재 2022.3.31, 2019헌바242).

08 답 ①

❶ [O] 옥외집회를 주최하려는 자는 옥외집회 신고서를 관할경찰서장에게 제출하여야 하며, 신고한 옥외집회를 하지 아니하게 된 경우에는 신고서에 적힌 집회 일시 24시간 전에 그 철회사유 등을 적은 철회신고서를 관할경찰서장에게 제출하여야 한다.

⇨ 주최자는 신고한 옥외집회 또는 시위를 하지 아니하게 된 경우에는 신고서에 적힌 집회 일시 24시간 전에 그 철회사유 등을 적은 철회신고서를 관할경찰관서장에게 제출하여야 한다(집회 및 시위에 관한 법률 제6조 제3항).

② [×] 국회의사당 경계지점으로부터 100미터 이내의 장소에서 옥외집회 또는 시위를 전면금지하는 것은 **집회의 자유를 침해한다**(헌재 2018.5.31, 2013헌바322)[헌법불합치].

③ [×] 금지 통고를 받은 날부터 **10일** 이내에 해당 경찰관서의 바로 위의 상급경찰관서의 장에게 이의를 신청할 수 있다.

> **집회 및 시위에 관한 법률**
> 제9조【집회 및 시위의 금지 통고에 대한 이의 신청 등】① 집회 또는 시위의 주최자는 제8조에 따른 금지 통고를 받은 날부터 10일 이내에 해당 경찰관서의 바로 위의 상급 경찰관서의 장에게 이의를 신청할 수 있다.

④ [×] 서울남대문경찰서장은 옥외집회의 관리 책임을 맡고 있는 행정기관으로서 이미 접수된 청구인들의 옥외집회신고서에 대하여 법률상 근거 없이 이를 반려하였는바, 청구인들의 입장에서는 이 반려행위를 옥외집회신고에 대한 접수거부 또는 집회의 금지통고로 보지 않을 수 없었고, 그 결과 형사적 처벌이나 집회의 해산을 받지 않기 위하여 집회의 개최를 포기할 수밖에 없었다고 할 것이므로 서울남대문경찰서장의 **이 사건 반려행위는 주무 행정기관에 의한 행위로서 기본권침해 가능성이 있는 공권력의 행사에 해당한다**(헌재 2008.5.29, 2007헌마712).

09 답 ③

① [O] 헌법 제19조는 모든 국민은 양심의 자유를 가진다고 규정하여 양심의 자유를 기본권의 하나로 보장하고 있는바, 여기서 말하는 양심이란 세계관·인생관·주의·신조 등은 물론 이에 이르지 아니하여도 보다 널리 개인의 인격형성에 관계되는 내심에 있어서의 가치적·윤리적 판단도 포함된다. 그러므로 양심의 자유에는 널리 사물의 시시비비나 선악과 같은 윤리적 판단에 국가가 개입해서는 아니 되는 내심적 자유는 물론, 이와 같은 윤리적 판단을 국가권력에 의하여 외부에 표명하도록 강제받지 아니할 자유까지 포괄한다(헌재 1998.7.16, 96헌바35).

② [O] 단순한 사실관계의 확인과 같이 가치적·윤리적 판단이 개입될 여지가 없는 경우는 물론, 법률해석에 관하여 여러 견해가 갈리는 경우처럼 다소의 가치관련성을 가진다고 하더라도 개인의 인격형성과는 관계가 없는 사사로운 사유나 의견 등은 그 보호대상이 아니다. 이 사건의 경우와 같이 경제규제법적 성격을 가진 공정거래법에 위반하였는지 여부에 있어서도 각 개인의 소신에 따라 어느 정도의 가치판단이 개입될 수 있는 소지가 있고 그 한도에서 다소의 윤리적·도덕적 관련성을 가질 수도 있겠으나, 이러한 법률판단의 문제는 개인의 인격형성과는 무관하며, 대화와 토론을 통하여 가장 합리적인 것으로 그 내용이 동화되거나 수렴될 수 있는 포용성을 가지는 분야에 속한다고 할 것이므로 헌법 제19조에 의하여 보장되는 양심의 영역에 포함되지 아니한다(헌재 2002.1.31, 2001헌바43).

❸ [×] 공정거래위원회가 사업자단체의 금지행위를 위반한 사업자단체에게 법위반사실을 공표하도록 명하는 것은 단순히 사실 자체를 공표하는 것이 아니라 윤리적·도덕적 판단을 강요하는 것이기 때문에 양심의 자유를 침해하는 것이다.

⇨ 헌법 제19조에서 보호하는 양심은 옳고 그른 것에 대한 판단을 추구하는 가치적·도덕적 마음가짐으로, 개인의 소신에 따른 다양성이 보장되어야 하고 그 형성과 변경에 외부적 개입과 억압에 의한 강요가 있어서는 아니 되는 인간의 윤리적 내심영역이다. 따라서 단순한 사실관계의 확인과 같이 가치적·윤리적 판단이 개입될 여지가 없는 경우는 물론, 법률해석에 관하여 여러 견해가 갈리는 경우처럼 다소의 가치관련성을 가진다고 하더라도 개인의 인격형성과는 관계가 없는 사사로운 사유나 의견 등은 그 보호대상이 아니다. 이 사건의 경우와 같이 경제규제법적 성격을 가진 공정거래법에 위반하였는지 여부에 있어서도 각 개인의 소신에 따라 어느 정도의 가치판단이 개입될 수 있는 소지가 있고 그 한도에서 다소의 윤리적·도덕적 관련성을 가질 수도 있겠으나, 이러한 **법률판단의 문제는 개인의 인격형성과는 무관하며, 대화와 토론을 통하여 가장 합리적인 것으로 그 내용이 동화되거나 수렴될 수 있는 포용성을 가지는 분야에 속한다고 할 것이므로 헌법 제19조에 의하여 보장되는 양심의 영역에 포함되지 아니한다**(헌재 2002.1.31, 2001헌바43).

④ [O] 보안관찰처분은 보안관찰처분대상자의 내심의 작용을 문제 삼는 것이 아니라, 보안관찰처분대상자가 보안관찰해당범죄를 다시 저지를 위험성이 내심의 영역을 벗어나 외부에 표출되는 경우에 재범의 방지를 위하여 내려지는 특별예방적 목적의 처분이므로, 보안관찰처분 근거규정은 양심의 자유를 침해하지 아니한다(헌재 2015.11.26, 2014헌바475).

10 답 ③

① [O] 헌법 제21조 제2항이 금지하는 언론에 대한 사전검열이란, 행정권이 주체가 되어 사상이나 의견 등이 발표되기 이전에 예방적 조치로서 그 내용을 심사, 선별하여 발표를 사전에 억제하는, 즉 허가받지 아니한 것의 발표를 금지하는 제도를 뜻하고, 이 사건 법률조항에 의한 방영금지가처분은, 개별적 분쟁에 관하여 사법부가 당사자의 신청에 의하여 방영금지청구권 등 사법상 피보전권리의 존부와 보전의 필요성 유무를 심리하여 결정하는 것이므로 위 '검열'에 해당되지 아니할 뿐만 아니라, 이 사건 법률조항이 방영금지가처분을 허용한다 하여 언론 자유의 본질적 내용을 침해하거나 기본권제한의 한계를 규정한 헌법 제37조 제2항에 반한다고 볼 수 없다(헌재 2001. 8.30, 2000헌바36).

② [O] 영상물등급위원회에 의한 등급분류 보류는 비디오물 등급분류의 일환으로 유통 전에 비디오물을 제출받아 그 내용을 심사하여 이루어질 뿐 아니라, 영상물등급위원회는 그 위원을 대통령이 위촉하고, 위원회의 운영에 필요한 경비를 국고에서 보조할 수 있으며, 국고 예산 등이 수반되는 사업계획 등은 미리 문화관광부장관과 협의하도록 규정하고 있고, 등급을 분류받지 아니한 비디오물은 유통이 금지되어 등급분류가 보류된 비디오물이나 등급분류를 받지 아니한 비디오물에 대하여 문화관광부장관 등은 관계공무원으로 하여금 이를 수거하여 폐기하게 할 수도 있고 이를 유통 또는 시청에 제공한 자에게는 형벌까지 부과될 수 있으며, 등급분류 보류의 횟수제한이 설정되어 있지 않아 무한정 등급분류가 보류될 수 있다. 따라서, 영상물등급위원회는 실질적으로 행정기관인 검열기관에 해당하고, 이에

의한 등급분류 보류는 비디오물 유통 이전에 그 내용을 심사하여 허가받지 아니한 것의 발표를 금지하는 제도, 즉 검열에 해당되므로 헌법에 위반된다(헌재 2008.10.30, 2004헌가18).

❸ [×] 옥외광고물 등의 종류·모양·크기 등을 규제하는 것은 광고물 등의 내용을 심사·선별하여 광고물을 사전에 통제하는 것이므로 사전허가·검열에 해당한다.

⇨ 옥외광고물 등 관리법 제3조는 일정한 지역·장소 및 물건에 광고물 또는 게시시설을 표시하거나 설치하는 경우에 그 광고물 등의 종류·모양·크기·색깔, 표시 또는 설치의 방법 및 기간 등을 규제하고 있을 뿐, **광고물 등의 내용을 심사·선별하여 광고물을 사전에 통제하려는 제도가 아님은 명백하므로,** 헌법 제21조 제2항이 정하는 **사전허가·검열에 해당되지 아니한다**(헌재 1998.2.27, 96헌바2).

④ [O] 신문 등의 자유와 기능보장에 관한 법률(이하 '신문법'이라 한다) 제15조 제2항은 일간신문이 뉴스통신이나 일정한 방송사업을 겸영하는 것을 금지하고 있다. 그런데 일간신문이 뉴스통신이나 방송사업과 같은 이종 미디어를 겸영하는 것을 어떻게 규율할 것인가 하는 것은 고도의 정책적 접근과 판단이 필요한 분야로서, 겸영금지의 규제정책을 지속할 것인지, 지속한다면 어느 정도로 규제할 것인지의 문제는 입법자의 미디어정책적 판단에 맡겨져 있다. 신문법 제15조 제2항은 신문의 다양성을 보장하기 위하여 필요한 한도 내에서 그 규제의 대상과 정도를 선별하여 제한적으로 규제하고 있다고 볼 수 있다. 규제대상을 일간신문으로 한정하고 있고, 겸영에 해당하지 않는 행위, 즉 하나의 일간신문법인이 복수의 일간신문을 발행하는 것 등은 허용되며, 종합편성이나 보도전문편성이 아니어서 신문의 기능과 중복될 염려가 없는 방송채널사용사업이나 종합유선방송사업, 위성방송사업 등을 겸영하는 것도 가능하다. 그러므로 신문법 제15조 제2항은 헌법에 위반되지 아니한다[헌재 2006.6.29, 2005헌마165·314·555·807(병합)].

① [O] 총포의 소지는 원칙적으로 금지되고 예외적으로 허가되는 것이므로, 그 결격사유 또한 새로이 규정, 시행될 수 있다. 따라서 이에 대한 청구인의 신뢰는 보호가치 있는 신뢰라고 보기 어려운 반면, 총기 안전사고를 예방하여 공공의 안전을 확보하는 것은 가능한 조속히 달성해야 하는 것으로서 그 공익적 가치가 중대하다. 심판대상조항은 신뢰보호원칙에 반하여 직업의 자유 및 일반적 행동의 자유를 침해한다고 할 수 없다(헌재 2018.4.26, 2017헌바341).

② [O] 형사소송법의 공소시효에 관한 조항이 적용된다는 신뢰는, 제2심판대상조항을 통해 전부개정 법률 시행 전에 행하여졌으나 아직 공소시효가 완성되지 아니한 성폭력범죄에 대해서도 공소시효의 정지·배제 조항을 적용하여 범죄자를 처벌할 수 있도록 함으로써 훼손된 법질서를 회복하고 실체적 정의를 구현하고자 하는 공익에 우선하여 특별히 헌법적으로 보호할 만한 필요성이 있다고 보기 어려우므로, 제2심판대상조항은 신뢰보호원칙에 반한다고 할 수 없다(헌재 2021.6.24, 2018헌바457).

③ [O] 총포소지허가를 받은 사람이 해당 공기총을 직접 보관할 수 있을 것이라는 데에 대한 신뢰는 헌법상 보호가치 있는 신뢰라고 보기 어렵다. 설령 헌법상 보호가치 있는 신뢰라고 하더라도

총포 보관방법을 비롯하여 총포의 안전관리에 관한 사항들은 사회환경이나 정책의 변화에 따라 구법질서가 더 이상 적절하지 아니하다는 입법자의 판단 아래 언제든지 새로이 규정될 수 있으므로, 그 보호가치가 크다고 할 수 없는 반면에 총포의 직접보관을 제한하여 공공의 안전을 보호해야 할 공익적 가치는 중대하다. 따라서 이 사건 부칙조항은 신뢰보호원칙에 반하지 않는다(헌재 2019.6.28, 2018헌바400).

❹ [×] 위법건축물에 대하여 이행강제금을 부과하도록 하면서 이행강제금제도 도입 전의 위법건축물에 대하여도 적용의 예외를 두지 아니한 건축법(2008.3.21. 법률 제8974호) 부칙 규정은 신뢰보호의 원칙에 위반된다.

⇨ 위법건축물에 대하여 종전처럼 과태료만이 부과될 것이라고 기대한 신뢰는 제도상의 공백에 따른 반사적인 이익에 불과하여 그 보호가치가 그리 크지 않은데다가, 이미 이행강제금 도입으로 인한 국민의 혼란이나 부담도 많이 줄어든 상태인 반면, 이행강제금제도 도입 전의 위법건축물이라 하더라도 이행강제금을 부과함으로써 위법상태를 치유하여 건축물의 안전, 기능, 미관을 증진하여야 한다는 공익적 필요는 중대하다 할 것이다. 따라서 이 사건 부칙조항은 신뢰보호원칙에 위배된다고 볼 수 없다(헌재 2015.10.21, 2013헌바248).

① [O] 보상금 수급권에 관한 구체적인 사항을 정하는 것은 광범위한 입법재량의 영역에 속한다. 보상법상의 위원회는 국무총리 소속으로 관련 분야의 전문가들로 구성되고, 임기가 보장되며 제3자성 및 독립성이 보장되어 있는 점, 위원회 심의절차의 공정성·신중성이 충분히 갖추어져 있는 점, 보상금은 보상법 및 시행령에서 정하는 기준에 따라 그 금액이 확정되는 것으로서 위원회에서 결정되는 보상액과 법원의 그것 사이에 별 다른 차이가 없게 되는 점, 청구인이 보상금 지급결정에 대한 동의 여부를 자유롭게 선택할 수 있는 상황에서 보상금 지급결정에 동의한 다음 보상금까지 수령한 점까지 감안하여 볼 때, 이 사건 법률조항으로 인하여 재심절차 이외에는 더 이상 재판을 청구할 수 있는 길이 막히게 된다고 하더라도, 위 법률조항이 입법재량을 벗어나 청구인의 재판청구권을 과도하게 제한하였다고 보기는 어렵다(헌재 2011.2.24, 2010헌바199).

❷ [×] 형사소송법 제405조가 즉시항고 제기기간을 민사재판의 즉시항고 제기기간보다 단기인 3일로 정하고 있는 것은 재판청구권을 침해하지 않는다.

⇨ 3일이라는 즉시항고 제기기간은 민사소송, 민사집행, 행정소송, 형사보상절차 등의 즉시항고기간 1주일이나, 미국, 독일, 프랑스 등의 즉시항고기간과 비교하더라도 지나치게 짧다. 형사재판의 특수성을 고려할 때 신속하게 법률관계를 확정할 필요성이 인정되지만, 형사재판에 대한 당사자의 불복권을 실질적으로 보장하여 방어권 행사에 지장이 없도록 하는 것도 중요하므로, 형사재판이라는 이유만으로 민사소송 등의 절반에도 못 미치는 즉시항고 제기기간을 둔 것이 형사절차의 특수성을 제대로 반영하였다고 보기 어렵다. 즉시항고 자체가 형사소송법상 명문의 규정이 있는 경우에만 허용되므로 기간연장으로 인한 폐해가 크다고 볼 수도 없다. 따라서 **심판대상조항은 즉시항고 제기기간을 지나치게 짧게 정함으로써 실질**

적으로 즉시항고 제기를 어렵게 하고, 즉시항고제도를 단지 형식적이고 이론적인 권리로서만 기능하게 하므로, **입법재량의 한계를 일탈하여 재판청구권을 침해한다.** 종전 심판대상조항에 대한 합헌 선례(헌재 2011.5.26, 2010헌마499 ; 헌재 2012.10.25, 2011헌마789)는 이 결정 취지와 저촉되는 범위 안에서 변경한다(헌재 2108.12.27, 2015헌바77 등).

③ [O] 재심청구는 불복절차로 행정소송을 제기할 수 있으므로 재판의 전심절차로서의 한계를 준수하고 있고, 판단기관인 재심위원회의 구성과 운영에 있어서 심사·결정의 독립성과 공정성을 객관적으로 신뢰할 수 있으며, 교원지위법과 교원 징계처분 등의 재심에 관한 규정이 규정하고 있는 재심청구의 절차와 보완적으로 적용되는 행정심판법의 심리절차를 고려하여 보면 심리절차에 사법절차를 준용하고 있으므로, 헌법 제107조 제3항에 위반된다고 할 수 없다(헌재 2007.1.17, 2005헌바86).

④ [O] 구 '민주화운동 관련자 명예회복 및 보상 등에 관한 법률'은 관련 규정을 통하여 보상금 등을 심의·결정하는 위원회의 중립성과 독립성을 보장하고 있고, 심의절차의 전문성과 공정성을 제고하기 위한 장치를 마련하고 있으며, 신청인으로 하여금 위원회의 지급결정에 대한 동의 여부를 자유롭게 선택하도록 정하고 있다. 따라서 심판대상조항은 관련자 및 유족의 재판청구권을 침해하지 아니한다(헌재 2018.8.30, 2014헌바180).

13 답 ②

① [O] 국가는 학교에서의 교육목표, 학습계획, 학습방법, 학교조직 등 교육제도를 정하는 데 포괄적 규율권한과 폭넓은 입법형성권을 갖는다(헌재 2018.2.22, 2017헌마691).

❷ [×] 학부모의 자녀교육권과 학생의 교육을 받을 권리에는 학교교육이라는 국가의 공교육 급부의 형성과정에 균등하게 참여할 권리로서의 참여권이 내포되어 있다.
⇨ 교육받을 권리에 기초하여 교육기회 보장을 위한 국가의 적극적 행위를 요구할 수 있다고 하더라도, 이는 학교교육을 받을 권리로서 그에 필요한 교육시설 및 제도 마련을 요구할 권리이지 특정한 교육제도나 교육과정을 요구할 권리는 아니며, **학교교육이라는 국가의 공교육 급부의 형성과정에 균등하게 참여할 권리로서의 참여권이 내포되어 있다고 할 수 없다**(헌재 2019.11.28, 2018헌마1153).

③ [O] 헌법 제31조 제3항에 규정된 의무교육의 무상원칙에 있어서 의무교육 무상의 범위는 원칙적으로 헌법상 교육의 기회균등을 실현하기 위해 필수불가결한 비용, 즉 모든 학생이 의무교육을 받음에 있어서 경제적인 차별 없이 수학하는 데 반드시 필요한 비용에 한한다(헌재 2012.4.24, 2010헌바164).

④ [O] 학교급식은 학생들에게 한 끼 식사를 제공하는 영양공급 차원을 넘어 교육적인 성격을 가지고 있지만, 이러한 교육적 측면은 기본적이고 필수적인 학교교육 이외에 부가적으로 이루어지는 식생활 및 인성교육으로서의 보충적 성격을 가지므로 의무교육의 실질적인 균등보장을 위한 본질적이고 핵심적인 부분이라고까지는 할 수 없다. 이 사건 법률조항들은 비록 중학생의 학부모들에게 급식관련 비용의 일부를 부담하도록 하고 있지만, … 이 사건 법률조항들이 입법형성권의 범위를 넘어 헌법상 의무교육의 무상원칙에 반하는 것으로 보기는 어렵다(헌재 2012.4.24, 2010헌바164).

14 답 ②

① [O] 유류분 반환청구는 피상속인이 생전에 한 유효한 증여라도 그 효력을 잃게 하는 것이어서 권리관계의 조속한 안정과 거래안전을 도모할 필요가 있고 이 사건 법률조항이 1년의 단기 소멸시효를 정한 것은 이러한 필요에 따른 것으로 그 목적의 정당성이 인정되며 유류분 권리자가 상속이 개시되었다는 사실과 증여가 있었다는 사실 및 그것이 반환하여야 할 것임을 안 때로부터 위 기간이 기산되므로 그 기산점이 불합리하게 책정되었다고 할 수 없는 점, 유류분 반환청구는 반드시 재판상 행사해야 하는 것이 아니고 그 목적물을 구체적으로 특정해야 하는 것도 아니어서 행사의 방법도 용이한 점 등에 비추어 보면 수단의 적정성, 피해의 최소성 및 법익의 균형성을 모두 갖추고 있으므로 위 법률조항은 유류분 권리자의 재산권을 침해하지 않는다(헌재 2010.12.28, 2009헌바20).

❷ [×] 구 문화재보호법이 건설공사 과정에서 매장문화재의 발굴로 인하여 문화재훼손 위험을 야기한 사업시행자에게 원칙적으로 발굴경비를 부담시키는 것은 사업시행자의 재산권을 침해한다.
⇨ 구 문화재보호법 제44조 제4항 제2문은 건설공사 과정에서 매장문화재의 발굴로 인하여 문화재훼손 위험을 야기한 사업시행자에게 원칙적으로 발굴경비를 부담시킴으로써 **각종 개발행위로 인한 무분별한 문화재 발굴로부터 매장문화재를 보호하는 것이어서 입법목적의 정당성, 방법의 적절성이 인정되고**, 발굴조사비용 확대에 따른 위험은 사업계획단계나 사업자금의 조달 과정에서 기업적 판단에 의해 위험요인의 하나로서 충분히 고려될 수 있는 것이고, 사업시행자가 발굴조사비용을 감당하기 어렵다고 판단하는 경우에는 더 이상 사업시행에 나아가지 아니할 선택권 또한 유보되어 있으며, 대통령령으로 정하는 경우에는 예외적으로 국가 등이 발굴조사비용을 부담할 수 있는 완화규정을 두고 있어 최소침해성원칙, 법익균형성원칙에도 반하지 아니하므로 **과잉금지원칙에 위배되어 위헌이라고 볼 수 없다**(헌재 2010.10.28, 2008헌바74).

③ [O] 퇴직연금수급자인 지방의회의원 중 약 4분의 3에 해당하는 의원이 퇴직연금보다 적은 액수의 월정수당을 받고, 2020년 기준 월정수당이 정지된 연금월액보다 100만원 이상 적은 지방의회의원도 상당 수 있다. 월정수당은 지방자치단체에 따라 편차가 크고 안정성이 낮다. 이 사건 구법 조항과 같이 소득 수준을 고려하지 않으면 재취업 유인을 제공하지 못하여 정책목적 달성에 실패할 가능성도 크다. 다른 나라의 경우 연금과 보수 중 일부를 감액하는 방식으로 선출직에 취임하여 보수를 받는 것이 생활보장에 더 유리하도록 제도를 설계하고 있다. 따라서 기본권을 덜 제한하면서 입법목적을 달성할 수 있는 다양한 방법이 있으므로 이 사건 구법 조항은 침해의 최소성 요건을 충족하지 못하고, 법익의 균형성도 충족하지 못한다. 따라서 이 사건 구법 조항은 과잉금지원칙에 위배되어 청구인들의 재산권을 침해하므로 헌법에 위반된다(헌재 2022.1.27, 2019헌바161).

④ [O] 권리금 회수기회 보호 규정을 대규모점포에 적용함에 있어서는 대규모점포의 특성을 고려하여 임대인의 계약 상대방 선택의 자유를 보다 넓게 인정하는 등 임대인의 지위와의 조화를 도모할 필요가 있다. 대규모점포의 경우에도 부속물매수청구권 또는 비용상환청구권을 행사하여 투하자본을 회수할 가능성이

있으며, 상가임대차법에서 임차인에게 보장하는 계약갱신요구권이나 대항력 규정의 적용을 받아 권리금 회수를 간접적으로 보호받고 있다. 이상과 같은 점을 종합할 때, 심판대상조항이 입법형성권의 한계를 일탈하여 청구인들의 재산권을 침해한다고 보기 어렵다(헌재 2020.7.16, 2018헌바242).

15 답 ②

① [○] 학교폭력예방법이 가해학생 측에 전학과 퇴학처럼 중한 조치에 대해서만 재심을 허용하는 것은 이에 대해 보다 신중한 판단을 할 수 있도록 하기 위함이고, 전학과 퇴학 이외의 조치들에 대해 재심을 불허하는 것은 학교폭력으로 인한 갈등 상황을 신속히 종결하여 관련 학생들의 보호와 치료·선도·교육을 조속히 시행함으로써 해당 학생 모두가 빨리 정상적인 학교생활에 복귀할 수 있도록 하기 위함인바, 재심에 보통 45일의 시간이 소요되는 것을 감안하면, 신중한 판단이 필요한 전학과 퇴학 이외의 가벼운 조치들에 대해서까지 모두 재심을 허용해서는 신속한 피해 구제와 빠른 학교생활로의 복귀를 어렵게 할 것이므로, 재심규정은 학부모의 자녀교육권을 지나치게 제한한다고 볼 수 없다(헌재 2013.10.24, 2012헌마832).

❷ [×] 부모가 자녀의 이익을 가장 잘 보호할 수 있다는 점에 비추어 자녀가 의무교육을 받아야 할지 여부를 부모가 자유롭게 결정할 수 없도록 하는 것은 부모의 교육권에 대한 침해이다.
⇨ 학교교육에 관한 한, 국가는 헌법 제31조에 의하여 부모의 교육권으로부터 원칙적으로 독립된 독자적인 교육권한을 부여받았고, 따라서 학교교육에 관한 광범위한 형성권을 가지고 있다. 그러므로 국가에 의한 의무교육의 도입이나 취학연령의 결정은 헌법적으로 하자가 없다. 학교제도에 관한 국가의 규율권한과 부모의 교육권이 서로 충돌하는 경우, 어떠한 법익이 우선하는가의 문제는 구체적인 경우마다 법익형량을 통하여 판단해야 하는데, **자녀가 의무교육을 받아야 할지의 여부와 그의 취학연령을 부모가 자유롭게 결정할 수 없다는 것은 부모의 교육권에 대한 과도한 제한이 아니다.** 마찬가지로 국가는 교육목표, 학습계획, 학습방법, 학교제도의 조직 등을 통하여 학교교육의 내용과 목표를 정할 수 있는 포괄적인 규율권한을 가지고 있다(헌재 2000.4.27, 98헌가16 등).

③ [○] 학교교육에 있어서 교사의 가르치는 권리를 수업권이라고 한다면 그것은 자연법적으로는 학부모에게 속하는 자녀에 대한 교육권을 신탁받은 것이고, 실정법상으로는 공교육의 책임이 있는 국가의 위임에 의한 것이다. 그것은 교사의 지위에서 생기는 학생에 대한 일차적인 교육상의 직무권한(직권)이지만, 학생의 수학권의 실현을 위하여 인정되는 것으로서 양자는 상호협력관계에 있다고 하겠으나, 수학권은 헌법상 보장된 기본권의 하나로서 보다 존중되어야 하며, 그것이 왜곡되지 않고 올바로 행사될 수 있게 하기 위한 범위 내에서는 수업권도 어느 정도의 범위 내에서 제약을 받지 않으면 안 될 것이다. 왜냐하면 초·중·고교의 학생은 대학생이나 사회의 일반 성인과는 달리 다양한 가치와 지식에 대하여 비판적으로 취사선택할 수 있는 독자적 능력이 부족하므로 지식과 사상·가치의 자유시장에서 주체적인 판단에 따라 스스로 책임지고 이를 선택하도록 만연히 방치해 둘 수가 없기 때문이다. 그러므로

보통교육의 단계에서 학교교재 내지 교과용 도서에 대하여 국가가 어떠한 형태로 간여하여 영향력을 행사하는 것은 부득이한 것이며 각급 학교·학년과 학과에 따라 국정 또는 검·인정제도의 제약을 가하거나 자유발행제를 허용하거나 할 수 있는 재량권을 갖는다고 할 것이다(헌재 1992.11.12, 89헌마88).

④ [○] 헌법 제10조에 의하여 보장되는 행복추구권은 일반적인 행동의 자유와 인격의 자유로운 발현권을 포함하는바, 학생은 교육을 받음에 있어서 자신의 인격, 특히 성향이나 능력을 자유롭게 발현할 수 있는 권리가 있다. 학생은 인격의 발전을 위하여 어느 정도는 부모와 학교의 교사 등 타인에 의한 결정을 필요로 하는 아직 성숙하지 못한 인격체이지만, 부모와 국가에 의한 교육의 단순한 대상이 아닌 독자적인 인격체이며, 그의 인격은 성인과 마찬가지로 보호되어야 하기 때문이다. 따라서 헌법은 국가의 교육권한과 부모의 교육권의 범주 내에서 학생에게도 자신의 교육에 관하여 스스로 결정할 권리, 즉 자유롭게 교육을 받을 권리를 부여하고, 학생은 국가의 간섭을 받지 아니하고 자신의 능력과 개성, 적성에 맞는 학교를 자유롭게 선택할 권리를 가진다(헌재 2012.11.29, 2011헌마827).

16 답 ①

❶ [×] 헌법개정안은 국회가 의결한 후 30일 이내에 국민투표에 붙여 국회의원선거권자 과반수의 투표와 선거권자 과반수의 찬성을 얻어야 한다.
⇨ 헌법개정안은 국회가 의결한 후 30일 이내에 국민투표에 붙여 국회의원선거권자 과반수의 투표와 **투표자** 과반수의 찬성을 얻어야 한다(헌법 제130조 제2항).

② [○] 대통령의 임기연장 또는 중임변경을 위한 헌법개정은 그 헌법개정 제안 당시의 대통령에 대하여는 효력이 없다(헌법 제128조 제2항).

> 헌법 제128조 ① 헌법개정은 국회재적의원 과반수 또는 대통령의 발의로 제안된다.
> ② 대통령의 임기연장 또는 중임변경을 위한 헌법개정은 그 헌법개정 제안 당시의 대통령에 대하여는 효력이 없다.
> 제129조 제안된 헌법개정안은 대통령이 20일 이상의 기간 이를 공고하여야 한다.
> 제130조 ① 국회는 헌법개정안이 공고된 날로부터 60일 이내에 의결하여야 하며, 국회의 의결은 재적의원 3분의 2 이상의 찬성을 얻어야 한다.
> ② 헌법개정안은 국회가 의결한 후 30일 이내에 국민투표에 붙여 국회의원선거권자 과반수의 투표와 투표자 과반수의 찬성을 얻어야 한다.
> ③ 헌법개정안이 제2항의 찬성을 얻은 때에는 헌법개정은 확정되며, 대통령은 즉시 이를 공포하여야 한다.

③ [○] 헌법변천은 조문은 그대로 있으면서 그 의미가 내용이 실질적(의식적·무의식적)으로 변경되는 것을 의미하지만 헌법개정은 헌법이 정한 절차에 따라 의식적으로 변경된다는 점에서 헌법변천과 구별된다.

④ [○] 헌법개정한계설은 헌법제정규범(상위규범)과 헌법개정규범(하위규범)을 구별하며 헌법제정규범은 헌법에 의해 개정될 수 없다.

17
답 ①

❶ [×] 종업원이 고정조치의무를 위반하여 화물을 적재하고 운전한 경우 그를 고용한 법인을 면책사유 없이 형사처벌하도록 규정한 구 도로교통법 조항은 책임주의원칙에 위배되지 아니한다.
⇨ 종업원이 고정조치의무를 위반하여 화물을 적재하고 운전한 경우 그를 고용한 법인을 면책사유 없이 형사처벌하도록 규정한 구 도로교통법은, 종업원이 법인의 업무에 관하여 운전 중 실은 화물이 떨어지지 아니하도록 덮개를 씌우거나 묶는 등 확실하게 고정될 수 있도록 필요한 조치를 하지 아니한 채 운전한 사실이 인정되면, 곧바로 법인에 대해서도 형벌을 부과하도록 정하고 있다. 그 결과 **종업원의 고정조치의무 위반행위와 관련하여 선임·감독상 주의의무를 다하여 아무런 잘못이 없는 법인도 형사처벌되게 되었는바, 이는 다른 사람의 범죄에 대하여 그 책임 유무를 묻지 않고 형사처벌하는 것이므로 헌법상 법치국가원리 및 죄형법정주의로부터 도출되는 책임주의원칙에 위배된다**(헌재 2016.10.27, 2016헌가10).

② [○] 종업원의 위반행위에 대하여 양벌조항으로서 개인인 영업주에게도 동일하게 무기 또는 2년 이상의 징역형의 법정형으로 처벌하도록 규정하고 있는 '보건범죄 단속에 관한 특별조치법' 제6조 중 제5조에 의한 처벌 부분이 형사법상 책임원칙에 반한다(헌재 2007.11.29, 2005헌가10).

③ [○] 종업원 등이 저지른 행위의 결과에 대한 법인의 독자적인 책임에 관하여 전혀 규정하지 않은 채, 단순히 법인이 고용한 종업원 등이 범죄행위를 하였다는 이유만으로 법인에 대하여 형사처벌을 과하고 있는바, 이는 아무런 비난받을 만한 행위를 하지 않은 자에 대하여 다른 사람의 범죄행위를 이유로 처벌하는 것으로서 형벌에 관한 책임주의에 반한다고 하지 않을 수 없다(헌재 2009.7.30, 2008헌가16).

④ [○] "책임 없는 자에게 형벌을 부과할 수 없다."는 형벌에 관한 책임주의는 형사법의 기본원리로서, 헌법상 법치국가의 원리에 내재하는 원리인 동시에 헌법 제10조의 취지로부터 도출되는 원리이고, 법인의 경우도 자연인과 마찬가지로 책임주의원칙이 적용된다(헌재 2012.10.25, 2012헌가18).

18
답 ④

① [○] 이 사건 협정은 우리나라 정부가 일본 정부와의 사이에서 어업에 관해 체결·공포한 조약(조약 제1477호)으로서 헌법 제6조 제1항에 의하여 국내법과 같은 효력을 가지므로, 그 체결행위는 고권적 행위로서 '공권력의 행사'에 해당한다(헌재 2001. 3.21, 99헌마139).

② [○] 국제연합교육과학문화기구와 국제노동기구가 채택한 교원의 지위에 관한 권고는 직접적으로 국내법적 효력을 가지는 것이 아니다.

③ [○] 양심적 병역거부권을 명문으로 인정한 국제인권조약은 아직까지 존재하지 않으며, 유럽 등의 일부국가에서 양심적 병역거부권이 보장된다고 하더라도 전 세계적으로 양심적 병역거부권의 보장에 관한 국제관습법이 형성되었다고 할 수 없어 양심적 병역거부가 일반적으로 승인된 국제법규로서 우리나라에 수용될 수는 없다(헌재 2011.8.30, 2008헌가22 등).

④ [×] 마라케쉬협정은 적법하게 체결되어 공포된 조약이므로 국내법과 같은 효력을 가지나 그로 인하여 새로운 범죄를 구성하거나 가중처벌하는 것은 허용되지 않는다.
⇨ 마라케쉬협정도 적법하게 체결되어 공포된 조약이므로 국내법과 같은 효력을 갖는 것이어서 그로 인하여 새로운 범죄를 구성하거나 범죄자에 대한 처벌이 가중된다고 하더라도 이것은 **국내법에 의하여 형사처벌을 가중한 것과 같은 효력을 갖게 되는 것이다**(헌재 1998.11.26, 97헌바65).

19
답 ①

❶ [×] 대한민국의 주권이 미치는 영역에서 발생한 범죄행위로 인한 피해자인 외국인은 원칙적으로 범죄피해자구조청구권의 주체가 된다.
⇨ 외국인은 해당 **국가의 상호보증이 있는 경우에 한하여** 주체가 될 수 있다(범죄피해자 보호법 제23조).

② [○] 구조금을 받을 권리는 그 구조결정이 해당 신청인에게 송달된 날부터 2년간 행사하지 아니하면 시효로 인하여 소멸된다(범죄피해자 보호법 제31조).

③ [○] 국가는 구조대상 범죄피해를 받은 사람이 자기 또는 타인의 형사사건의 수사 또는 재판에서 고소·고발 등 수사단서를 제공하거나 진술, 증언 또는 자료제출을 하다가 구조피해자가 된 경우에 해당하면 구조피해자 또는 그 유족에게 범죄피해구조금을 지급한다(범죄피해자 보호법 제16조).

④ [○] 국가의 주권이 미치지 못하고 국가의 경찰력 등을 행사할 수 없거나 행사하기 어려운 해외에서 발생한 범죄에 대하여는 국가에 그 방지책임이 있다고 보기 어렵고, 상호보증이 있는 외국에서 발생한 범죄피해에 대하여는 국민이 그 외국에서 피해구조를 받을 수 있으며, 국가의 재정에 기반을 두고 있는 구조금에 대한 청구권 행사대상을 우선적으로 대한민국의 영역 안의 범죄피해에 한정하고, 향후 해외에서 발생한 범죄피해의 경우에도 구조를 하는 방향으로 운영하는 것은 입법형성의 재량의 범위 내라고 할 것이다. 따라서 범죄피해자구조청구권의 대상이 되는 범죄피해에 해외에서 발생한 범죄피해의 경우를 포함하고 있지 아니한 것이 현저하게 불합리한 자의적인 차별이라고 볼 수 없어 평등원칙에 위배되지 아니한다(헌재 2011.12.29, 2009헌마354).

20
답 ③

① [○] 헌법 제117조 제1항은 지방자치단체에 포괄적인 자치권을 보장하고 있다. 따라서 조례에 대한 법률의 위임은 법규명령에 대한 법률의 위임과 같이 반드시 구체적으로 범위를 정하여 할 필요가 없다. 법률이 주민의 권리의무에 관한 사항에 관하여 구체적으로 범위를 정하지 않은 채 조례로 정하도록 포괄적으로 위임한 경우에도 지방자치단체는 법령에 위반되지 않는 범위 내에서 주민의 권리의무에 관한 사항을 조례로 제정할 수 있다(대판 2017.12.5, 2016추5162).

② [○] 지방의회의 조직·권한·의원선거와 지방자치단체의 장의 선임방법 기타 지방자치단체의 조직과 운영에 관한 사항은 법률로 정한다(헌법 제118조 제2항).

❸ [×] 지방자치단체의 장은 조례안의 일부에 이의가 있을 경우 그 일부에 대해서 지방의회에 재의를 요구할 수 있다.

⇨ **지방자치단체의 장은 조례안의 일부에 대하여 또는 조례안을 수정하여 재의를 요구할 수 없다**(지방자치법 제32조 제3항).

④ [○] 지방자치단체의 장은 제2항에 따라 재의결된 사항이 법령에 위반된다고 인정되면 대법원에 소(訴)를 제기할 수 있다. 이 경우에는 제192조 제4항을 준용한다(지방자치법 제120조 제3항).

정답
p.52

01	③	02	③	03	③	04	④	05	③
06	③	07	①	08	②	09	④	10	②
11	①	12	③	13	①	14	③	15	②
16	④	17	④	18	③	19	④	20	④

01
답 ③

① [O]
> **국적법**
> 제13조【대한민국 국적의 선택 절차】③ 제1항 및 제2항 단서에도 불구하고 출생 당시에 모가 자녀에게 외국 국적을 취득하게 할 목적으로 외국에서 체류 중이었던 사실이 인정되는 자는 외국 국적을 포기한 경우에만 대한민국 국적을 선택한다는 뜻을 신고할 수 있다.

② [O]
> **국적법**
> 제4조【귀화에 의한 국적 취득】① 대한민국 국적을 취득한 사실이 없는 외국인은 법무부장관의 귀화허가(歸化許可)를 받아 대한민국 국적을 취득할 수 있다.

❸ [×] 제1국민역에 편입된 날부터 3개월 이내에 대한민국 국적을 이탈하지 않으면 병역의무를 해소한 후에야 국적이탈이 가능하도록 한 것은, 복수국적자의 국적이탈의 자유를 침해하지 않는다.
⇨ '병역의무의 공평성 확보'라는 입법목적을 훼손하지 않으면서도 기본권을 덜 침해하는 방법이 있는데도 심판대상 법률조항은 그러한 예외를 전혀 두지 않고 일률적으로 병역의무 해소 전에는 국적이탈을 할 수 없도록 하는바, 이는 피해의 최소성 원칙에 위배된다. … **복수국적자는 제1국민역에 편입된 날부터 3개월 이내에 대한민국 국적을 이탈하지 않으면 병역의무를 해소한 후에야 국적이탈이 가능하도록 한 것은 과잉금지원칙에 위반하여 복수국적자의 국적이탈의 자유를 침해한다**(헌재 2020.9.24, 2016헌마889).

④ [O]
> **국적법**
> 제18조【국적상실자의 권리 변동】① 대한민국 국적을 상실한 자는 국적을 상실한 때부터 대한민국의 국민만이 누릴 수 있는 권리를 누릴 수 없다.
> ② 제1항에 해당하는 권리 중 대한민국의 국민이었을 때 취득한 것으로서 양도(讓渡)할 수 있는 것은 그 권리와 관련된 법령에서따로 정한 바가 없으면 3년 내에 대한민국의 국민에게 양도하여야 한다.

02
답 ③

① [O] 사회보험은 사회국가원리를 실현하기 위한 중요한 수단이라는 점에서, 사회연대의 원칙은 국민들에게 최소한의 인간다운 생활을 보장해야 할 국가의 의무를 부과하는 사회국가원리에서 나온다. 보험료의 형성에 있어서 사회연대의 원칙은 보험료와 보험급여 사이의 개별적 등가성의 원칙에 수정을 가하는 원리일 뿐만 아니라, 사회보험체계 내에서의 소득의 재분배를 정당화하는 근거이며, 보험의 급여 수혜자가 아닌 제3자인 사용자의 보험료 납부의무(소위 '이질부담')를 정당화하는 근거이기도 하다. 또한, 사회연대의 원칙은 사회보험에의 강제가입의무를 정당화하며, 재정구조가 취약한 보험자와 재정구조가 건전한 보험자 사이의 재정조정을 가능하게 한다(헌재 2000.6.29, 99헌마289).

② [O] 국민주권과 국민대표제 우리 헌법의 전문과 본문의 전체에 담겨 있는 최고 이념은 국민주권주의와 자유민주주에 입각한 입헌민주헌법의 본질적 기본원리에 기초하고 있다. 기타 헌법상의 제원칙도 여기에서 연유되는 것이므로 이는 헌법전을 비롯한 모든 법령해석의 기준이 되고, 입법형성권 행사의 한계와 정책결정의 방향을 제시하며, 나아가 모든 국가기관과 국민이 존중하고 지켜가야 하는 최고의 가치규범이다(헌재 1989.9.8, 88헌가6).

❸ [×] 부진정소급입법은 원칙적으로 허용되는 것이기 때문에 위헌 여부심사에 있어서 진정소급입법과 달리 공익과 비교형량하여 판단할 필요가 없다는 것이 헌법재판소의 입장이다.
⇨ 소급입법은, 신법이 이미 종료된 사실관계에 작용하는지(과거에 완성된 사실 또는 법률관계를 규율대상으로 하는지), 아니면 과거에 시작되었으나 아직 완성되지 아니하고 현재 진행 중에 있는 사실관계에 작용하는지에 따라 이른바 '진정소급입법'과 '부진정소급입법'으로 구분되는바, 전자는 헌법적으로 허용되지 않는 것이 원칙인 반면, 후자는 원칙적으로 허용되지만 소급효를 요구하는 **공익상의 사유와 신뢰보호의 요청 사이의 교량과정에서 신뢰보호의 관점이 입법자의 형성권에 제한을 가하게 된다**(헌재 2011.7.28, 2009헌바311).

④ [O] 문화국가원리의 실현과 문화정책문화국가원리는 국가의 문화국가실현에 관한 과제 또는 책임을 통하여 실현되는바, 국가의

문화정책과 밀접 불가분의 관계를 맺고 있다. 과거 국가절대주의사상의 국가관이 지배하던 시대에는 국가의 적극적인 문화간섭정책이 당연한 것으로 여겨졌다. 그러나 오늘날에 와서는 국가가 어떤 문화현상에 대하여도 이를 선호하거나, 우대하는 경향을 보이지 않는 불편부당의 원칙이 가장 바람직한 정책으로 평가받고 있다. 오늘날 문화국가에서의 문화정책은 그 초점이 문화 그 자체에 있는 것이 아니라 문화가 생겨날 수 있는 문화풍토를 조성하는 데 두어야 한다(헌재 2004.5.27, 2003헌가1).

03 답 ③

① [O] 이 사건 선거운동기간조항은 그 입법목적을 달성하는 데 지장이 없는 선거운동방법, 즉 돈이 들지 않는 방법으로서 후보자간 경제력 차이에 따른 불균형 문제나 사회·경제적 손실을 초래할 위험성이 낮은 개별적으로 대면하여 말로 지지를 호소하는 선거운동까지 포괄적으로 금지함으로써 선거운동 등 정치적 표현의 자유를 과도하게 제한하고 있고, 기본권 제한과 공익목적 달성 사이에 법익의 균형성도 갖추지 못하였다. 결국 이 사건 선거운동기간조항 중 각 선거운동기간 전에 개별적으로 대면하여 말로 하는 선거운동에 관한 부분은 과잉금지원칙에 반하여 선거운동 등 정치적 표현의 자유를 침해한다(헌재 2022.2.24, 2018헌바146).

② [O] 심판대상조항은 선거인이 투표보조제도를 쉽게 활용하면서 투표의 비밀이 보다 유지되도록 투표보조인을 상호 견제가 가능한 최소한의 인원인 2인으로 한정하고 있다. 또한, 공직선거법의 처벌규정을 통해 투표보조인이 비밀유지의무를 준수하도록 강제하고 있다. 중증장애인의 실질적인 선거권 보장과 선거의 공정성 확보는 매우 중요한 공익인 반면, 심판대상조항으로 인한 불이익은 투표보조인이 1인인 경우에 비하여 투표의 비밀이 더 유지되기 어렵고, 투표보조인을 추가로 섭외해야 한다는 불편에 불과하다. 따라서 심판대상조항은 과잉금지원칙에 반하여 청구인의 선거권을 침해하지 않는다(헌재 2020.5.27, 2017헌마867).

❸ [×] 선거일 전 180일부터 선거일까지 선거에 영향을 미치게 하기 위하여 인터넷 홈페이지 또는 그 게시판·대화방 등에 정당 또는 후보자를 지지·추천하거나 반대하는 내용이 포함되어 있는 글이나 동영상을 게시하지 못하도록 하는 것은 흑색선전을 막기 위한 것으로 선거운동의 자유를 침해하지 않는다.

⇨ 이 사건 법률조항에서 선거일 전 180일부터 선거일까지 인터넷상 선거와 관련한 정치적 표현 및 선거운동을 금지하고 처벌하는 것은 후보자간 경제력 차이에 따른 불균형 및 흑색선전을 통한 부당한 경쟁을 막고, 선거의 평온과 공정을 해하는 결과를 방지한다는 입법목적 달성을 위하여 적합한 수단이라고 할 수 없다. 또한, 대통령 선거, 국회의원 선거, 지방선거가 순차적으로 맞물려 돌아가는 현실에 비추어 보면, 기본권 제한의 기간이 지나치게 길고, 그 기간 '통상적 정당활동'은 선거운동에서 제외됨으로써 정당의 정보제공 및 홍보는 계속되는 가운데, 정당의 정강·정책 등에 대한 지지, 반대 등 의사표현을 금지하는 것은 일반국민의 정당이나 정부의 정책에 대한 비판을 봉쇄하여 정당정치나 책임정치의 구현이라는 대의제도의 이념적 기반을 약화시킬 우려가 있다는 점, 사이버선거부정감시단의 상시적 운영, 선거관리위원회의 공직선거법 위반 정보

삭제요청 등 인터넷상에서 선거운동을 할 수 없는 자의 선거운동, 비방이나 허위사실 공표의 확산을 막기 위한 사전적 조치는 이미 별도로 입법화되어 있고, 선거관리의 주체인 중앙선거관리위원회도 인터넷상 선거운동의 상시화 방안을 지속적으로 제시해오고 있는 점, 일정한 정치적 표현 내지 선거운동 속에 비방·흑색선전 등의 부정적 요소가 개입될 여지가 있다 하여 일정한 기간 이를 일률적·전면적으로 금지하고 처벌하는 것은 과도하다고 볼 수 밖에 없는 점 등을 감안하면, 최소침해성의 요건도 충족하지 못한다. 한편, 이 사건 법률조항에 대한 법익균형성 판단에는 국민의 선거참여를 통한 민주주의의 발전 및 민주적 정당성의 제고라는 공익 또한 감안하여야 할 것인데, 인터넷상 정치적 표현 내지 선거운동을 금지함으로써 얻어지는 선거의 공정성은 명백하거나 구체적이지 못한 반면, 인터넷을 이용한 의사소통이 보편화되고 각종 선거가 빈번한 현실에서 선거일 전 180일부터 선거일까지 장기간 동안 인터넷상 정치적 표현의 자유 내지 선거운동의 자유를 전면적으로 제한함으로써 생기는 불이익 내지 피해는 매우 크다 할 것이므로, 이 사건 법률조항은 법익균형성의 요건도 갖추지 못하였다고 할 것이다(헌재 2011.12.29, 2007헌마1001 등).

④ [O] 공직선거법 제15조 제2항 제3호 선거권, 제60조 제1항 제1호 선거운동을 할 수 없는 자에 대한 옳은 내용이다.

> **공직선거법**
>
> 제15조 【선거권】 ② 18세 이상으로서 제37조 제1항에 따른 선거인명부작성기준일 현재 다음 각 호의 어느 하나에 해당하는 사람은 그 구역에서 선거하는 지방자치단체의 의회의원 및 장의 선거권이 있다.
>
> 3. 출입국관리법 제10조에 따른 영주의 체류자격 취득일 후 3년이 경과한 외국인으로서 같은 법 제34조에 따라 해당 지방자치단체의 외국인등록대장에 올라 있는 사람
>
> 제60조 【선거운동을 할 수 없는 자】 ① 다음 각 호의 어느 하나에 해당하는 사람은 선거운동을 할 수 없다. 다만, 제1호에 해당하는 사람이 예비후보자·후보자의 배우자인 경우와 제4호부터 제8호까지의 규정에 해당하는 사람이 예비후보자·후보자의 배우자이거나 후보자의 직계존비속인 경우에는 그러하지 아니하다.
>
> 1. 대한민국 국민이 아닌 자. 다만, 제15조 제2항 제3호에 따른 외국인이 해당 선거에서 선거운동을 하는 경우에는 그러하지 아니하다.

04 답 ④

① [O] 청구인은 공법상 재단법인인 방송문화진흥회가 최다출자자인 방송사업자로서 방송법 등 관련 규정에 의하여 공법상의 의무를 부담하고 있지만, 그 설립목적이 언론의 자유의 핵심 영역인 방송사업이므로 이러한 업무 수행과 관련해서는 기본권 주체가 될 수 있고, 그 운영을 광고수익에 전적으로 의존하고 있는 만큼 이를 위해 사경제 주체로서 활동하는 경우에도 기본권 주체가 될 수 있다. 이 사건 심판청구는 청구인이 그 운영을 위한 영업활동의 일환으로 방송광고를 판매하는 지위에서 그 제한과 관련하여 이루어진 것이므로 그 기본권 주체성이 인정된다(헌재 2013.9.26, 2012헌마271).

② [○] 일반적으로 청구인과 같은 경찰공무원은 기본권의 주체가 아니라 국민 모두에 대한 봉사자로서 공공의 안전 및 질서유지라는 공익을 실현할 의무가 인정되는 기본권의 수범자라 할 것인바, 검사가 발부한 형집행장에 의하여 검거된 벌금미납자의 신병에 관한 업무는 국가 조직영역 내에서 수행되는 공적 과제 내지 직무영역에 대한 것으로 이와 관련해서 청구인은 국가기관의 일부 또는 그 구성원으로서 공법상의 권한을 행사하는 공권력행사의 주체일 뿐, 기본권의 주체라 할 수 없으므로 이 사건에서 청구인에게 헌법소원을 제기할 청구인적격을 인정할 수 없다(헌재 2009.3.24, 2009헌마118).

③ [○] 개인의 지위를 겸하는 국가기관이 기본권의 주체로서 헌법소원의 청구적격을 가지는지 여부는, 심판대상조항이 규율하는 기본권의 성격, 국가기관으로서의 직무와 제한되는 기본권 간의 밀접성과 관련성, 직무상 행위와 사적인 행위간의 구별가능성 등을 종합적으로 고려하여 결정되어야 할 것이다. 그러므로 대통령도 국민의 한사람으로서 제한적으로나마 기본권의 주체가 될 수 있는바, 대통령은 소속 정당을 위하여 정당활동을 할 수 있는 사인으로서의 지위와 국민 모두에 대한 봉사자로서 공익실현의 의무가 있는 헌법기관으로서의 지위를 동시에 갖는데 최소한 전자의 지위와 관련하여는 기본권 주체성을 갖는다고 할 수 있다(헌재 2008.1.17, 2007헌마700).

❹ [×] 개인이 자연인으로서 향유하게 되는 기본권은 그 성질상 당연히 법인에게 적용될 수 없다. 따라서 인간의 존엄과 가치에서 유래하는 인격권은 그 성질상 법인에게는 적용될 수 없다.

⇨ 법인도 법인의 목적과 사회적 기능에 비추어 볼 때 그 성질에 반하지 않는 범위 내에서 인격권의 한 내용인 사회적 신용이나 명예 등의 주체가 될 수 있고 법인이 이러한 사회적 신용이나 명예 유지 내지 법인격의 자유로운 발현을 위하여 의사결정이나 행동을 어떻게 할 것인지를 자율적으로 결정하는 것도 **법인의 인격권의 한 내용을 이룬다고 할 것이다**(헌재 2012.8.23, 2009헌가27).

---

05 답 ③

① [×] 국민의 눈 건강과 관련된 국민보건의 중요성, 안경사 업무의 전문성, 안경사로 하여금 자신의 책임하에 고객과의 신뢰를 쌓으면서 안경사 업무를 수행하게 할 필요성 등을 고려할 때, 안경업소 개설은 그 업무를 담당할 자연인 안경사로 한정할 것이 요청된다. 법인 안경업소가 허용되면 영리추구 극대화를 위해 무면허자로 하여금 안경 조제·판매를 하게 하는 등의 문제가 발생할 가능성이 높아지고, 안경 조제·판매 서비스의 질이 하락할 우려가 있다. … 따라서 **심판대상조항은 과잉금지원칙에 반하지 아니하여 자연인 안경사와 법인의 직업의 자유를 침해하지 아니한다**(헌재 2021.6.24, 2017헌가31).

② [×] 이 사건 금지조항 중 제4호 본문에 관한 부분은 '특정인의 소재 및 연락처를 알아내거나 금융거래 등 상거래관계 외의 사생활 등을 조사하는 일'을 업으로 하는 행위를 금지하고(이하 '사생활 등 조사업 금지조항'이라 한다) 있다. 이는 특정인의 소재·연락처 및 사생활 등 조사의 과정에서 자행되는 불법행위를 막고 개인정보 등의 오용으로부터 개인의 사생활의 비밀과 평온을 보호하기 위하여 마련되었다. … 따라서 **'사생활 등 조사업 금지조항'은 과잉금지원칙을 위반하여 청구인의 직업선택의 자유를**

침해한다고 할 수 없다(헌재 2018.6.28, 2016헌마473).

❸ [○] '약사 또는 한약사가 아닌 자연인'의 약국 개설을 금지하고 위반시 형사처벌하는 약사법 조항은 과잉금지원칙에 반하여 직업의 자유를 침해하지 않는다.

⇨ 비약사의 약국 개설이 허용되면, 영리 위주의 의약품 판매로 인해 **의약품 오남용 및 국민 건강상의 위험이 증대**할 가능성이 높고, 대규모 자본이 약국시장에 유입되어 의약품 유통체계 및 판매질서를 위협할 우려가 있다. 또한 비약사의 약국 개설은, 개설등록 취소나 약사의 자격정지, 부당이득 보험급여 징수 등 행정제재만으로는 예방하기에 미흡하고, 그에 가담한 약사를 형사처벌 대상에서 제외할 특별한 사정이 있다고도 할 수 없다. 약국 개설은 전 국민의 건강과 보건, 나아가 생명과도 직결된다는 점에서, 달성되는 공익보다 제한되는 사익이 더 중하다고 볼 수 없다. 심판대상조항은 과잉금지원칙에 반하여 직업의 자유를 침해하지 않는다(헌재 2020.10.29, 2019헌바249).

④ [×] 의료인이 아닌 사람도 문신시술을 업으로 행할 수 있도록 그 자격 및 요건을 법률로 제정하도록 하는 내용의, 명시적인 입법위임은 헌법에 존재하지 않으며, **문신시술을 위한 별도의 자격제도를 마련할지 여부는 여러 가지 사회적·경제적 사정을 참작하여 입법부가 결정할 사항으로, 그에 관한 입법의무가 헌법해석상 도출된다고 보기는 어렵다.** 따라서 이 사건 입법부작위에 대한 심판청구는 입법자의 작위의무를 인정할 수 없어 부적법하다(헌재 2022.3.31, 2017헌마1343).

---

06 답 ③

㉠ [○] 적법절차의 원칙이란, 국가공권력이 국민에 대하여 불이익한 결정을 하기에 앞서 국민은 자신의 견해를 진술할 기회를 가짐으로써 절차의 진행과 그 결과에 영향을 미칠 수 있어야 한다는 법원리를 말한다. 그런데 이 사건의 경우, 국회의 탄핵소추절차는 국회와 대통령이라는 헌법기관 사이의 문제이고, 국회의 탄핵소추의결에 의하여 사인으로서의 대통령의 기본권이 침해되는 것이 아니라, 국가기관으로서의 대통령의 권한 행사가 정지되는 것이다. 따라서 국가기관이 국민과의 관계에서 공권력을 행사함에 있어서 준수해야 할 법원칙으로서 형성된 적법절차의 원칙을 국가기관에 대하여 헌법을 수호하고자 하는 탄핵소추절차에는 직접 적용할 수 없다(헌재 2004.5.14, 2004헌나1).

㉡ [×] 적법절차원칙에서 도출할 수 있는 가장 중요한 절차적 요청 중의 하나로, **당사자에게 적절한 고지를 행할 것, 당사자에게 의견 및 자료제출의 기회를 부여할 것을 들 수 있다**(헌재 2013.7.25, 2011헌바274).

㉢ [×] 압수물은 검사의 이익을 위해서 뿐만 아니라 이에 대한 증거신청을 통하여 무죄를 입증하고자 하는 피고인의 이익을 위해서도 존재하므로 사건종결시까지 이를 그대로 보존할 필요성이 있다. 따라서 사건종결 전 일반적 압수물의 폐기를 규정하고 있는 형사소송법 제130조 제2항은 엄격히 해석할 필요가 있으므로, 위 법률조항에서 말하는 '위험발생의 염려가 있는 압수물'이란 사람의 생명, 신체, 건강, 재산에 위해를 줄 수 있는 물건으로서 보관 자체가 대단히 위험하여 종국판결이 선고될 때까지 보관하기 매우 곤란한 압수물을 의미하는

것으로 보아야 하고, 이러한 사유에 해당하지 아니하는 압수물에 대하여는 설사 피압수자의 소유권포기가 있다 하더라도 폐기가 허용되지 아니한다고 해석하여야 한다. 피청구인은 이 사건 압수물을 보관하는 것 자체가 위험하다고 볼 수 없을 뿐만 아니라 이를 보관하는 데 아무런 불편이 없는 물건임이 명백함에도 **압수물에 대하여 소유권포기가 있다는 이유로 이를 사건종결 전에 폐기하였는바, 위와 같은 피청구인의 행위는 적법절차의 원칙을 위반**하고, 청구인의 공정한 재판을 받을 권리를 침해한 것이다(헌재 2012.12.27, 2011헌마351).

ⓔ [O] 이 사건 법률조항은 형벌에 의한 불이익을 부과함으로써 심리적·간접적으로 지문채취를 강제하고 그것도 보충적으로만 적용하도록 하고 있어 피의자에 대한 피해를 최소화하기 위한 고려를 하고 있으며, 지문채취 그 자체가 피의자에게 주는 피해는 그리 크지 않은 반면, 일단 채취된 지문은 피의자의 신원을 확인하는 효과적인 수단이 될 뿐 아니라 수사절차에서 범인을 검거하는 데에 중요한 역할을 한다. 한편, 이 사건 법률조항에 규정되어 있는 법정형은 형법상의 제재로서는 최소한에 해당하므로 지나치게 가혹하여 범죄에 대한 형벌 본래의 목적과 기능을 달성함에 필요한 정도를 일탈하였다고 볼 수도 없다[헌재 2004.9.23, 2002헌가17·18(병합)].

07 답 ①

❶ [X] 법원의 수사서류 열람·등사 허용 결정에도 불구하고 검사가 해당 수사서류의 등사를 거부한 것은 합리적인 이유가 있는 것으로 보아, 변호인의 조력을 받을 권리를 침해하지 아니한다.

➡ 피청구인은 법원의 수사서류 열람·등사 허용 결정 이후 해당 수사서류에 대한 열람은 허용하고 등사만을 거부하였는데, **변호인이 수사서류를 열람은 하였지만 등사가 허용되지 않는다면**, 변호인은 형사소송절차에서 청구인들에게 유리한 수사서류의 내용을 법원에 현출할 수 있는 방법이 없어 불리한 지위에 놓이게 되고, 그 결과 청구인들을 충분히 조력할 수 없음이 명백하므로, 피청구인이 수사서류에 대한 등사만을 거부하였다 하더라도 청구인들의 신속·공정한 재판을 받을 권리 및 **변호인의 조력을 받을 권리가 침해되었다고 보아야 한다**(헌재 2017.12.28, 2015헌마632).

② [O] 변호인의 조력을 받을 권리에 대한 헌법과 법률의 규정 및 취지에 비추어 보면, '형사사건에서 변호인의 조력을 받을 권리'를 의미한다고 보아야 할 것이므로 형사절차가 종료되어 교정시설에 수용 중인 수형자나 미결수용자가 형사사건의 변호인이 아닌 민사재판, 행정재판, 헌법재판 등에서 변호사와 접견할 경우에는 원칙적으로 헌법상 변호인의 조력을 받을 권리의 주체가 될 수 없다. … 교정시설 내 수용자와 변호사 사이의 접견교통권의 보장은 헌법상 보장되는 재판청구권의 한 내용 또는 그로부터 파생되는 권리로 볼 수 있다(헌재 2013.8.29, 2011헌마122).

③ [O] 구속 피고인 변호인 면접·교섭권은 독자적으로 존재하는 것이 아니라 국가형벌권의 적정한 행사와 피고인의 인권보호라는 형사소송절차의 전체적인 체계 안에서 의미를 갖고 있는 것이다. 따라서 구속 피고인의 변호인 면접·교섭권은 최대한 보장되어야 하지만, 형사소송절차의 위와 같은 목적을 구현하기 위하여 제한될 수 있다. 다만, 이 경우에도 그 제한은 엄격한 비례의

원칙에 따라야 하고, 시간·장소·방법 등 일반적 기준에 따라 중립적이어야 한다(헌재 2009.10.29, 2007헌마992).

④ [O] '변호인이 되려는 자'의 접견교통권은 피의자 등을 조력하기 위한 핵심적인 부분으로서 헌법상의 기본권인 '변호인이 되려는 자'와의 접견교통권과 표리의 관계에 있으므로, 피의자 등이 가지는 '변호인이 되려는 자'의 조력을 받을 권리가 실질적으로 확보되기 위해서는 '변호인이 되려는 자'의 접견교통권 역시 헌법상 기본권으로서 보장되어야 한다. 청구인의 접견신청은 '변호인이 되려는 자'에게 보장된 접견교통권의 행사 범위 내에서 이루어진 것이고, 또한 이 사건 검사의 접견불허행위는 헌법이나 법률의 근거 없이 이를 제한한 것이므로, 청구인의 접견교통권을 침해하였다고 할 것이다(헌재 2019.2.28, 2015헌마1204).

08 답 ②

① [O] 무죄추정의 원칙이 적용되는 미결수용자들에 대한 기본권 제한은 징역형 등의 선고를 받아 그 형이 확정된 수형자의 경우보다는 더 완화되어야 할 것임에도, 피청구인이 수용자 중 미결수용자에 대하여만 일률적으로 종교행사 등에의 참석을 불허한 것은 미결수용자의 종교의 자유를 나머지 수용자의 종교의 자유보다 더욱 엄격하게 제한한 것이다. 나아가 공범 등이 없는 경우 내지 공범 등이 있는 경우라도 공범이나 동일사건 관련자를 분리하여 종교행사 등에의 참석을 허용하는 등의 방법으로 미결수용자의 기본권을 덜 침해하는 수단이 존재함에도 불구하고 이를 전혀 고려하지 아니하였으므로 이 사건 종교행사 등 참석불허 처우는 침해의 최소성 요건을 충족하였다고 보기 어렵다. 그리고, 이 사건 종교행사 등 참석불허 처우로 얻어질 공익의 정도가 무죄추정의 원칙이 적용되는 미결수용자들이 종교행사 등에 참석을 하지 못함으로써 입게 되는 종교의 자유의 제한이라는 불이익에 비하여 결코 크다고 단정하기 어려우므로 법익의 균형성 요건 또한 충족하였다고 할 수 없다. 따라서, 이 사건 종교행사 등 참석불허 처우는 과잉금지원칙을 위반하여 청구인의 종교의 자유를 침해하였다(헌재 2011.12.29, 2009헌마527).

❷ [X] 비과세소득조항이 종교인소득 중 과세대상이 아닌 부분을 법률로 정하지 않고 하위규범에 위임함으로써 종교인소득 중 과세대상이 되는 부분이 명확하지 않으므로, 종교인소득 과세조항은 조세법률주의에 위반되고, 이로 인해 종교인의 종교의 자유가 침해된다.

➡ 이 사건 종교인소득 과세조항들 청구인들은, 이 사건 비과세소득조항이 종교인소득 중 과세대상이 아닌 부분을 법률로 정하지 않고 하위규범에 위임함으로써 종교인소득 중 과세대상이 되는 부분이 명확하지 않으므로, 이 사건 종교인소득 과세조항들이 조세법률주의에 위반되고, 이로 인해 종교의 자유 등 기본권을 침해한다고 주장한다. … **과세관청의 부과처분에 의하여 조세채무가 확정되거나 납세의무자 스스로 조세채무 성립요건의 충족을 확정시키는 방식의 조세법령의 경우에는, 과세처분 또는 경정청구거부처분 등의 구체적인 집행행위를 통하여 비로소 기본권의 침해가 현실화되므로, 기본권침해의 직접성이 없다**(헌재 2019.4.2, 2019헌마269).

③ [O] 오늘날 종교적인 의식 또는 행사가 하나의 사회공동체의 문화적인 현상으로 자리잡고 있으므로, 어떤 의식, 행사, 유형물 등이 비록 종교적인 의식, 행사 또는 상징에서 유래되었다고 하더라도 그것이 이미 우리 사회공동체 구성원들 사이에서 관습화된 문화요소로 인식되고 받아들여질 정도에 이르렀다면, 이는 정교분리의 원칙이 적용되는 종교의 영역이 아니라 헌법적 보호가치를 지닌 문화의 의미를 갖게 된다. 그러므로 이와 같이 이미 문화적 가치로 성숙한 종교적인 의식, 행사, 유형물에 대한 국가 등의 지원은 일정 범위 내에서 전통문화의 계승·발전이라는 문화국가원리에 부합하며 정교분리의 원칙에 위배되지 않는다(대판 2009.5.28, 2008두16933).

④ [O] 국민의 교육을 받을 권리를 적극적으로 보호하고, 능력에 따라 균등한 교육기회를 제공하고, 지속성과 안전을 확보하고, 수업료 등에 있어서 적정한 교육운영을 유지하게 하기 위하여, 종교교육이 학교나 학원 형태로 시행될 때 필요한 시설기준과 교육과정 등에 대한 최소한의 기준을 국가가 마련하여 학교설립인가 등을 받게 하는 것은 헌법 제31조 제6항의 입법자의 입법재량의 범위 안에 포함된다고 할 것이다. 따라서 종교교육이라 하더라도 그것이 학교나 학원이라는 교육기관의 형태를 취할 경우에는 교육법이나 학원법상의 규정에 의한 규제를 받게 된다고 보아야 할 것이고, 종교교육이라고 해서 예외가 될 수 없다 할 것이다. 그러나 그러한 종교단체가 교육법상의 학교나 학원법상의 학원 형태가 아닌 교단 내부의 순수한 성직자 내지 교리자 양성기관을 운영하는 것은 방해받지 아니한다고 볼 것이다(헌재 2000.3.30, 99헌바14).

09　　　　　　　　　　　　　　　　　　답 ④

① [O] 이 사건 법률조항은 사건 브로커 등의 알선행위를 조장할 우려가 큰 변호사의 행위를 금지하고, 이에 위반한 경우 형사처벌하는 것으로서 변호사제도의 특성상 변호사에게 요구되는 윤리성을 담보하고, 비변호사의 법률사무 취급행위를 방지하며, 법률사무 취급의 전문성, 공정성, 신뢰성 등을 확보하고자 하는 것인바, 정당한 목적 달성을 위한 적합한 수단에 해당하고, 불필요한 제한을 규정한 것이라 볼 수 없다. 나아가 이 사건 법률조항으로 인하여 수범자인 변호사가 받는 불이익이란 결국 수임 기회의 제한에 불과하고, 이는 현재의 변호사제도가 변호사에게 법률사무 전반을 독점시키고 있음에 따라 필연적으로 발생하는 규제로서 변호사를 직업으로 선택한 이로서는 당연히 감수하여야 할 부분이다. 따라서 이 사건 법률조항이 과잉금지원칙에 위반하여 변호사의 직업수행의 자유를 침해한다고 볼 수 없다(헌재 2013.2.28, 2012헌바62).

② [O] 변호인 선임서 등의 지방변호사회 경유제도는 사건 브로커 등 수임 관련 비리의 근절 및 사건수임 투명성을 위하여 도입된 것으로서 그 입법목적이 정당하고 그 수단도 적절하다. 변호인 선임서의 경유시에 사건수임에 관한 기본적인 사항만을 작성하도록 하고 있는 점, 상당수의 지방변호사회에서 '인터넷 경유업무시스템'을 도입하여 직접 경유로 인한 불편함을 최소화하고 있는 점, 급박한 사정이 있는 경우에는 변호사법 제29조 단서에서 예외를 규정하고 있는 점을 고려할 때 입법목적 달성에 필요한 범위를 넘지 아니하였으며, 그로 인한 사익 제한은 크지 않은 반면, 사건수임 투명화라는 공익은 더

크므로, 변호사법 제29조는 변호사의 직업수행의 자유를 침해하지 아니한다(헌재 2013.5.30, 2011헌마131).

③ [O] '영리'를 위한 음란한 물건 판매 행위 및 판매 목적 소지행위만을 규율하고 있을 뿐 판매 목적이 없는 음란한 물건의 단순 소지 등의 행위까지 금지하는 것이 아니다. 성기구라고 하여 무차별적으로 판매 등이 금지되는 것이 아니라 그 형상이나 색깔, 재질 등을 살펴 형상 자체의 자극과 표현의 노골성을 이유로 사람의 존엄성과 가치를 심각하게 훼손·왜곡함으로써 음란한 물건으로 인정되는 예외적인 경우에만 판매 등이 금지되고, 그러한 성기구를 소비자가 구입하지 못하게 될 뿐 음란성이 인정되지 아니하는 성기구 일반의 판매 또는 소지가 금지되는 것은 아닌 점, 이처럼 예외적으로 판매 등이 금지되는 성기구를 일반적으로 유형화하기 어려워 개별 사안에서 판단할 수밖에 없는 점 등에 비추어 보면, 이 사건 법률조항이 성기구 판매자의 직업수행의 자유 및 성기구 사용자의 사생활의 비밀과 자유를 과도하게 제한하여 침해최소성원칙에 위반된다고 보기는 어렵고, 법익의 균형성도 인정되므로 이 사건 법률조항은 과잉금지원칙에 위배되지 아니한다(헌재 2013.8.29, 2011헌바176).

❹ [X] 성인대상 성범죄로 형을 선고받아 확정된 자는 그 형의 집행을 종료한 날부터 10년 동안 아동·청소년 관련 기관을 운영하거나 위 기관에 취업할 수 없도록 한 구 아동·청소년의 성보호에 관한 법률 제44조 제1항이 직업의 자유를 침해하는 것은 아니다.
⇨ 심판대상조항은 성인대상 성범죄 전력에 기초하여 어떠한 예외도 없이 그 대상자가 재범의 위험성이 있다고 간주하여 일률적으로 아동·청소년 관련 기관의 취업 등을 10년간 금지하고 있는 점, 심판대상조항이 범죄행위의 유형이나 구체적 태양 등을 고려하지 않은 채 범행의 정도가 가볍고 재범의 위험성이 상대적으로 크지 않은 자에게까지 10년 동안 일률적인 취업제한을 부과하고 있는 점 등을 종합하면, 심판대상조항은 침해의 최소성원칙에 위배된다. 또한, 심판대상조항이 달성하고자 하는 공익이 우리 사회의 중요한 공익이지만 심판대상조항에 의하여 청구인의 직업선택의 자유가 과도하게 제한되므로, 심판대상조항은 법익의 균형성원칙에도 위배된다. 따라서 **심판대상조항은 청구인의 직업선택의 자유를 침해한다**(헌재 2016.7.28, 2013헌마436).

10　　　　　　　　　　　　　　　　　　답 ②

① [O] 행복추구권은 다른 기본권에 대한 보충적 기본권으로서의 성격을 지니고(헌재 2000.12.14, 99헌마112), 특히 어떠한 법령이 수범자의 직업의 자유와 행복추구권 양자를 제한하는 외관을 띠는 경우 두 기본권의 경합 문제가 발생하는데, 보호영역으로서 '직업'이 문제되는 경우에 행복추구권과 직업의 자유는 특별관계에 있고, 기본권의 내용상 특별성을 갖는 직업의 자유의 침해 여부가 우선하므로 행복추구권 관련 위헌 여부의 심사는 불필요한바(헌재 2003.9.25, 2002헌마519), 이 사건에 있어서 청구인이 게임 결과물의 환전업을 영위하는 행위가 직업의 자유의 보호영역에 포함된다고 보아 아래에서 그 침해 여부를 판단할 것이므로, 행복추구권의 침해 여부는 독자적으로 판단할 필요가 없다(헌재 2010.2.25, 2009헌바38).

❷ [×] 아동·청소년대상 성범죄의 재범을 방지하고 재범시 수사의 효율성을 제고하기 위하여 등록대상자로 하여금 1년마다 사진을 제출하도록 형사처벌로 강제하는 것은 일반적 행동자유권을 과도하게 제한하는 것이다.

⇨ 아동·청소년대상 성범죄의 재범을 방지하고 재범시 수사의 효율성을 제고하기 위하여 등록대상자로 하여금 1년마다 사진을 제출하도록 **형사처벌로 강제하는 것은 정당한 목적을 위한 적합한 수단이고**, 입법자가 등록대상자의 사진제출의무 위반행위에 대해 형벌을 부과하는 것은 원칙적으로 입법재량의 범위 내이며, 구법 조항들은 '정당한 사유 없이' 사진제출의무를 위반한 경우에만 적용되고 법정형은 1년 이하의 징역 또는 500만원 이하의 벌금으로 경미하므로 법관은 등록대상자의 구체적 사정을 심리하여 책임에 부합하는 양형을 할 수 있다. 따라서 구법 조항들은 **일반적 행동의 자유를 침해하지 아니한다**(헌재 2016.7.28, 2016헌마109).

③ [O] 입법자는 공익실현을 위하여 기본권을 제한하는 경우에도 입법목적을 실현하기에 적합한 여러 수단 중에서 되도록 국민의 기본권을 가장 존중하고 기본권을 최소로 침해하는 수단을 선택해야 한다. 기본권을 제한하는 규정은 기본권행사의 '방법'에 관한 규정과 기본권행사의 '여부'에 관한 규정으로 구분할 수 있다. 침해의 최소성의 관점에서, 입법자는 그가 의도하는 공익을 달성하기 위하여 우선 기본권을 보다 적게 제한하는 단계인 기본권행사의 '방법'에 관한 규제로써 공익을 실현할 수 있는가를 시도하고 이러한 방법으로는 공익달성이 어렵다고 판단되는 경우에 비로소 그 다음 단계인 기본권행사의 '여부'에 관한 규제를 선택해야 한다(헌재 1998.5.28, 96헌가5).

④ [O] 심판대상조항에 의한 영창처분은 그 실질이 구류형의 집행과 유사하게 운영되므로 극히 제한된 범위에서 형사상 절차에 준하는 방식으로 이루어져야 한다. 그러나 영창처분이 가능한 징계사유는 지나치게 포괄적이고, 그 기준이 불명확하여 영창처분의 보충성이 담보되고 있지 아니한바, 이를 두고 최소한의 범위에서 제한적으로만 활용되는 제도라고 볼 수 없어 침해의 최소성의 원칙에 위배된다. 또한, 군대 내 지휘명령체계를 확립하고 전투력을 제고한다는 공익은 매우 중요한 공익이나, 심판대상조항으로 과도하게 제한되는 병의 신체의 자유가 위 공익에 비하여 결코 가볍다고 볼 수 없어, 심판대상조항은 법익의 균형성 요건도 충족하지 못한다. 이와 같은 점을 종합할 때, 심판대상조항은 과잉금지원칙에 위배된다(헌재 2020. 9.24, 2017헌바157).

11
답 ①

❶ [×] 헌법상 영장주의는 신체에 대한 직접적이고 현실적인 강제력이 행사되는 경우에만 적용되므로 특별검사법상 참고인에 대한 동행명령조항과 같이 형벌에 의한 불이익을 통해 심리적·간접적으로 일정한 행위를 강요하는 것에는 영장주의가 적용되지 않는다.

⇨ **참고인에 대한 동행명령제도는** 참고인의 신체의 자유를 사실상 억압하여 일정 장소로 인치하는 것과 실질적으로 같으므로 **헌법 제12조 제3항이 정한 영장주의원칙이 적용되어야 한다.** 그럼에도 불구하고 법관이 아닌 특별검사가 동행명령장을 발부하도록 하고 정당한 사유 없이 이를 거부한 경우 벌금형에

처하도록 함으로써, 실질적으로는 참고인의 신체의 자유를 침해하여 지정된 장소에 인치하는 것과 마찬가지의 결과가 나타나도록 규정한 이 사건 동행명령조항은 영장주의원칙을 규정한 헌법 제12조 제3항에 위반되거나 적어도 위 헌법상 원칙을 잠탈하는 것이다(헌재 2008.1.10, 2007헌마1468).

② [O] 지방의회에서의 사무감사·조사를 위한 증인의 동행명령장제도도 증인의 신체의 자유를 억압하여 일정 장소로 인치하는 것으로서 헌법 제12조 제3항의 '체포 또는 구속'에 준하는 사태로 보아야 하고, 거기에 현행범 체포와 같이 사후에 영장을 발부받지 아니하면 목적을 달성할 수 없는 긴박성이 있다고 인정할 수는 없으므로, 헌법 제12조 제3항에 의하여 법관이 발부한 영장의제시가 있어야 함에도 불구하고 동행명령장을 법관이 아닌 지방의회 의장이 발부하고 이에 기하여 증인의 신체의 자유를 침해하여 증인을 일정 장소에 인치하도록 규정된 조례안은 영장주의원칙을 규정한 헌법 제12조 제3항에 위반된 것이다(대판 1995.6.30, 93추83).

③ [O] 헌법 제12조 제3항과는 달리 헌법 제16조 후문은 "주거에 대한 압수나 수색을 할 때에는 검사의 신청에 의하여 법관이 발부한 영장을 제시하여야 한다."라고 규정하고 있을 뿐 영장주의에 대한 예외를 명문화하고 있지 않으나, 헌법 제12조 제3항과 헌법 제16조의 관계, 주거 공간에 대한 긴급한 압수·수색의 필요성, 주거의 자유와 관련하여 영장주의를 선언하고 있는 헌법 제16조의 취지 등에 비추어 그 장소에 범죄혐의 등을 입증할 자료나 피의자가 존재할 개연성이 있고, 사전에 영장을 발부받기 어려운 긴급한 사정이 있는 경우에는 제한적으로 영장주의의 예외를 허용할 수 있다고 보는 것이 타당하다. 심판대상조항은 체포영장을 발부받아 피의자를 체포하는 경우에 '필요한 때'에는 영장 없이 타인의 주거 등 내에서 피의자 수사를 할 수 있다고 규정함으로써, 별도로 영장을 발부받기 어려운 긴급한 사정이 있는지 여부를 구별하지 아니하고 피의자가 소재할 개연성이 있으면 영장 없이 타인의 주거 등을 수색할 수 있도록 허용하고 있다. 이는 체포영장이 발부된 피의자가 타인의 주거 등에 소재할 개연성은 인정되나, 수색에 앞서 영장을 발부받기 어려운 긴급한 사정이 인정되지 않는 경우에도 영장 없이 피의자 수색을 할 수 있다는 것이므로, 위에서 본 헌법 제16조의 영장주의 예외 요건을 벗어난다(헌재 2018.4.26, 2015헌바370).

④ [O] 헌법 제12조 제3항이 영장의 발부에 관하여 '검사의 신청'에 의할 것을 규정한 취지는 모든 영장의 발부에 검사의 신청이 필요하다는 데에 있는 것이 아니라 수사단계에서 영장의 발부를 신청할 수 있는 자를 검사로 한정함으로써 검사 아닌 다른 수사기관의 영장신청에서 오는 인권유린의 폐해를 방지하고자 함에 있으므로, 공판단계에서 법원이 직권에 의하여 구속영장을 발부할 수 있음을 규정한 형사소송법 제70조 제1항 및 제73조 중 "피고인을 … 구인 또는 구금함에는 구속영장을 발부하여야 한다." 부분은 헌법 제12조 제3항에 위반되지 아니한다(헌재 1997.3.27, 96헌바28).

✎ 법관의 직권(명령장)과 검사의 신청(허가장)에 의한 구속 영장 발부 모두 가능하다.

12
답 ③

① [O] 심판대상조항은 정치적 의사표현이 가장 긴요한 선거운동기간 중에 인터넷언론사 홈페이지 게시판 등 이용자로 하여금 실명확인을 하도록 강제함으로써 익명표현의 긍정적 효과까지도 사전적·포괄적으로 차단하므로 익명표현의 자유와 언론의 자유에 대한 지나친 제약에 해당한다. 더군다나 심판대상조항이 익명표현의 부정적 효과를 방지하기 위하여 모든 익명표현을 규제함으로써 대다수 국민의 개인정보자기결정권도 광범위하게 제한하고 있다는 점에서 이와 같은 불이익은 선거의 공정성 유지라는 공익보다 결코 과소평가될 수는 없다. 그러므로 심판대상조항은 과잉금지원칙에 반하여 인터넷언론사 홈페이지 게시판 등 이용자의 익명표현의 자유와 개인정보자기결정권, 인터넷언론사의 언론의 자유를 침해한다(헌재 2021.1.28, 2018헌마456).

② [O] 신문법 제15조 제3항에서 일간신문의 지배주주가 뉴스통신법인의 주식 또는 지분의 2분의 1 이상을 취득 또는 소유하지 못하도록 함으로써 이종 미디어간의 결합을 규제하는 부분은 언론의 다양성을 보장하기 위한 필요한 한도 내의 제한이라고 할 것이어서 신문의 자유를 침해한다고 할 수 없다(헌재 2006.6.29, 2005헌마165)

❸ [✕] 인터넷신문의 언론으로서의 신뢰성을 제고하기 위해 5인 이상의 취재 및 편집 인력을 정식으로 고용하도록 강제하고, 이에 대한 확인을 위하여 국민연금 등 가입사실을 확인하는 것은 언론의 자유를 침해한다고 할 수 없다.
➡ 고용조항 및 확인조항은 소규모 인터넷신문이 언론으로서 활동할 수 있는 기회 자체를 원천적으로 봉쇄할 수 있음에 비하여, 인터넷신문의 신뢰도 제고라는 입법목적의 효과는 불확실하다는 점에서 법익의 균형성도 잃고 있다. 따라서 **고용조항 및 확인조항은 과잉금지원칙에 위배되어 청구인들의 언론의 자유를 침해한다**(헌재 2016.10.27, 2015헌마1206 등).

④ [O] 인터넷게시판을 설치·운영하는 정보통신서비스 제공자에게 본인확인조치의무를 부과하여 게시판 이용자로 하여금 본인확인절차를 거쳐야만 게시판을 이용할 수 있도록 하는 본인확인제를 규정한 '정보통신망 이용촉진 및 정보보호 등에 관한 법률' 제44조의5 제1항 제2호, 같은 법 시행령 제29조, 제30조 제1항이 과잉금지원칙에 위배하여 인터넷게시판 이용자의 표현의 자유, 개인정보자기결정권 및 인터넷게시판을 운영하는 정보통신서비스 제공자의 언론의 자유를 침해한다(헌재 2012.8.23, 2010헌마47).

13
답 ①

❶ [O] 4·16세월호참사 피해구제 및 지원 등을 위한 특별법 시행령에 따른 세월호참사와 관련된 일체의 이의제기를 금지하는 서약은 세월호 승선 사망자들 부모의 일반적 행동의 자유를 침해한다.
➡ 세월호피해지원법은 배상금 등의 지급 이후 효과나 의무에 관한 일반규정을 두거나 이에 관하여 범위를 정하여 하위 법규에 위임한 바가 전혀 없다. 따라서 세월호피해지원법 제15조 제2항의 위임에 따라 시행령으로 규정할 수 있는 사항은 지급신청이나 지급에 관한 기술적이고 절차적인 사항일 뿐이다.

신청인에게 지급결정에 대한 동의의 의사표시 전에 숙고의 기회를 보장하고, 그 법적 의미와 효력에 관하여 안내해 줄 필요성이 인정된다 하더라도, 세월호피해지원법 제16조에서 규정하는 동의의 효력 범위를 초과하여 세월호 참사 전반에 관한 일체의 이의제기를 금지시킬 수 있는 권한을 부여받았다고 볼 수는 없다. 따라서 이의제기금지조항은 법률유보원칙을 위반하여 법률의 근거 없이 대통령령으로 청구인들에게 세월호 참사와 관련된 일체의 이의제기금지의무를 부담시킴으로써 일반적 행동의 자유를 침해한다(헌재 2017.6.29, 2015헌마654).

② [✕] 여가생활 또는 오락으로 잠수용 스쿠버다이빙을 즐기면서 수산자원을 포획하거나 채취하지 못함으로 인하여 청구인이 입는 불이익에 비해 수산자원을 보호해야 할 공익은 현저히 크다고 할 것이므로, 이 사건 규칙조항은 **침해의 최소성과 법익의 균형성도 갖추었다.** 따라서 이 사건 규칙조항은 **청구인의 일반적 행동의 자유를 침해하지 아니한다**(헌재 2016.10.27, 2013헌바450).

③ [✕] 주취 중 운전 금지규정을 2회 이상 위반한 사람이 다시 이를 위반한 때에는 운전면허를 필요적으로 취소하도록 규정하고 있는 이 사건 법률조항은 **이중처벌금지원칙에 위반되지 아니한다**(헌재 2010.3.25, 2009헌바83).

④ [✕] 이 사건 사과문 게재 조항은 정기간행물 등을 발행하는 언론사가 보도한 선거기사의 내용이 공정하지 아니하다고 인정되는 경우 선거기사심의위원회의 사과문 게재 결정을 통하여 해당 언론사로 하여금 그 잘못을 인정하고 용서를 구하게 하고 있다. 이는 언론사 스스로 인정하거나 형성하지 아니한 윤리적·도의적 판단의 표시를 강제하는 것으로서 **언론사가 가지는 인격권을 제한하는 정도가 매우 크다.** 더욱이 이 사건 처벌 조항은 형사처벌을 통하여 그 실효성을 담보하고 있다. 그런데 공직선거법에 따르면, 언론사가 불공정한 선거기사를 보도하는 경우 선거기사심의위원회는 사과문 게재 명령 외에도 정정보도문의 게재 명령을 할 수 있다. 또한, 해당 언론사가 '공정보도의무를 위반하였다는 결정을 선거기사심의위원회로부터 받았다는 사실을 공표'하도록 하는 방안, 사과의 의사표시가 필요한 경우에도 사과의 '권고'를 하는 방법을 상정할 수 있다. 나아가, 이 사건 법률조항들이 추구하는 목적, 즉 선거기사를 보도하는 언론사의 공적인 책임의식을 높임으로써 민주적이고 공정한 여론 형성 등에 이바지한다는 공익이 중요하다는 점에는 이론의 여지가 없으나, **언론에 대한 신뢰가 무엇보다 중요한 언론사에 대하여 그 사회적 신용이나 명예를 저하시키고 인격의 자유로운 발현을 저해함에 따라 발생하는 인격권 침해의 정도는 이 사건 법률조항들이 달성하려는 공익에 비해 결코 작다고 할 수 없다.** 결국 이 사건 법률조항들은 **언론사의 인격권을 침해하여 헌법에 위반된다**(헌재 2015.7.30, 2013헌가8).

14
답 ③

① [O] 국민투표권이란 국민이 국가의 특정 사안에 대해 직접 결정권을 행사하는 권리로서, 각종 선거에서의 선거권 및 피선거권과 더불어 국민의 참정권의 한 내용을 이루는 헌법상 기본권이다(헌재 2014.7.24, 2010헌마394).

② [〇] 헌법 제72조에 의한 중요정책에 관한 국민투표는 국가안위에 관계되는 사항에 관하여 대통령이 제시한 구체적인 정책에 대한 주권자인 국민의 승인절차라 할 수 있다(헌재 2014.7.24, 2010헌마394).

❸ [✕] 특정의 국가정책에 대하여 다수의 국민들이 국민투표를 원하고 있음에도 불구하고 대통령이 이러한 희망과는 달리 국민투표에 회부하지 아니하는 것은, 헌법이 보장하는 국민의 국민투표권을 침해한 것으로 헌법에 위반된다.
⇨ 헌법 제72조는 국민투표에 부쳐질 중요정책인지 여부를 대통령이 재량에 의하여 결정하도록 명문으로 규정하고 있고 헌법재판소 역시 위 규정은 대통령에게 국민투표의 실시 여부, 시기, 구체적 부의사항, 설문내용 등을 결정할 수 있는 임의적인 국민투표발의권을 독점적으로 부여하였다고 하여 이를 확인하고 있다. 따라서 특정의 국가정책에 대하여 다수의 국민들이 국민투표를 원하고 있음에도 불구하고 대통령이 이러한 희망과는 달리 국민투표에 회부하지 아니한다고 하여도 **이를 헌법에 위반된다고 할 수 없고 국민에게 특정의 국가정책에 관하여 국민투표에 회부할 것을 요구할 권리가 인정된다고 할 수도 없다**(헌재 2005.11.24, 2005헌마579).

④ [〇] 헌법 제72조의 중요정책 국민투표와 헌법 제130조의 헌법개정안 국민투표는 대의기관인 국회와 대통령의 의사결정에 대한 국민의 승인절차에 해당한다. 대의기관의 선출주체가 곧 대의기관의 의사결정에 대한 승인주체가 되는 것은 당연한 논리적 귀결이다. 재외선거인은 대의기관을 선출할 권리가 있는 국민으로서 대의기관의 의사결정에 대해 승인할 권리가 있으므로, 국민투표권자에는 재외선거인이 포함된다고 보아야 한다. 또한, 국민투표는 선거와 달리 국민이 직접 국가의 정치에 참여하는 절차이므로, 국민투표권은 대한민국 국민의 자격이 있는 사람에게 반드시 인정되어야 하는 권리이다. 이처럼 국민의 본질적 지위에서 도출되는 국민투표권을 추상적 위험 내지 선거기술상의 사유로 배제하는 것은 헌법이 부여한 참정권을 사실상 박탈한 것과 다름없다. 따라서 국민투표법조항은 재외선거인의 국민투표권을 침해한다[헌재 2014.7.24, 2009헌마256·2010헌마394(병합)].

15   답 ②

① [〇] 헌법 제117조 제1항은 "지방자치단체는 주민의 복리에 관한 사무를 처리하고 재산을 관리하며, 법령의 범위 안에서 자치에 관한 규정을 제정할 수 있다"고 규정하여 지방자치제도의 보장과 지방자치단체의 자치권을 규정하고 있다. … 헌법 제117조 제1항에서 규정하고 있는 '법령'에 법률 이외에 헌법 제75조 및 제95조 등에 의거한 '대통령령', '총리령' 및 '부령'과 같은 법규명령이 포함되는 것은 물론이지만, 헌법재판소의 "법령의 직접적인 위임에 따라 수임행정기관이 그 법령을 시행하는데 필요한 구체적 사항을 정한 것이면, 그 제정형식은 비록 법규명령이 아닌 고시, 훈령, 예규 등과 같은 행정규칙이더라도, 그것이 상위법령의 위임한계를 벗어나지 아니하는 한, 상위법령과 결합하여 대외적인 구속력을 갖는 법규명령으로서 기능하게 된다고 보아야 한다"고 판시 한 바에 따라, 헌법 제117조 제1항에서 규정하는 '법령'에는 법규명령으로서 기능하는 행정규칙이 포함된다(헌재 2002.10.31, 2001헌라1).

❷ [✕] 헌법 제118조 제2항에서 지방자치단체의 장의 '선임방법'에 관한 사항은 법률로 정한다고 규정하고 있으므로 지방자치단체의 장 선거권은 다른 공직선거권과 달리 헌법상 보장되는 기본권으로 볼 수 없다.
⇨ 지방자치단체의 대표인 단체장은 지방의회의원과 마찬가지로 주민의 자발적 지지에 기초를 둔 선거를 통해 선출되어야 한다. … 주민자치제를 본질로 하는 민주적 지방자치제도가 안정적으로 뿌리내린 현 시점에서 지방자치단체의 장 선거권을 지방의회의원 선거권, 나아가 국회의원 선거권 및 대통령 선거권과 구별하여 하나는 법률상의 권리로, 나머지는 헌법상의 권리로 이원화하는 것은 허용될 수 없다. 그러므로 **지방자치단체의 장 선거권 역시 다른 선거권과 마찬가지로 헌법 제24조에 의해 보호되는 기본권으로 인정하여야 한다**(헌재 2016.10.27, 2014헌마797).

③ [〇] 이와 같이 개정 지방자치법의 취지와 공유수면과 매립지의 성질상 차이 등을 종합하여 볼 때, 신생 매립지는 개정 지방자치법 제4조 제3항에 따라 같은 조 제1항이 처음부터 배제되어 종전의 관할구역과의 연관성이 단절되고, 행정안전부장관의 결정이 확정됨으로써 비로소 관할 지방자치단체가 정해지며, 그 전까지 해당 매립지는 어느 지방자치단체에도 속하지 않는다 할 것이다. 그렇다면 이 사건 매립지의 매립 전 공유수면에 대한 관할권을 가졌을 뿐인 청구인들이, 그 후 새로이 형성된 이 사건 매립지에 대해서까지 어떠한 권한을 보유하고 있다고 볼 수 없으므로, 이 사건에서 청구인들의 자치권한이 침해되거나 침해될 현저한 위험이 있다고 보기는 어렵다(헌재 2020.7.16, 2015헌라3).

④ [〇] 공유수면에 대한 지방자치단체의 관할구역 경계획정은 명시적인 법령상의 규정이 존재한다면 그에 따르고, 명시적인 법령상의 규정이 존재하지 않는다면 불문법상 해상경계에 따라야 한다. 불문법상 해상경계마저 존재하지 않는다면, 주민·구역·자치권을 구성요소로 하는 지방자치단체의 본질에 비추어 지방자치단체의 관할구역에 경계가 없는 부분이 있다는 것은 상정할 수 없으므로, 권한쟁의심판권을 가지고 있는 헌법재판소가 형평의 원칙에 따라 합리적이고 공평하게 해상경계선을 획정하여야 한다(헌재 2021.2.25, 2015헌라7).

16   답 ④

① [〇] 등기와 같은 소유권 취득의 형식적 요건을 갖추지는 못하였으나 대금의 지급과 같은 소유권 취득의 실질적 요건을 갖춘 경우, 형식적 요건을 갖추지 않았다는 이유로 취득세를 부과하지 않는다면 소유권을 사실상 취득하고도 소유권 이전 등기와 같은 형식적 요건을 갖추지 않음으로써 취득세 납부시기를 무한정 늦추거나 그 사이 다른 사람에게 전매하여 취득세를 면탈하는 등으로 국민의 납세의무를 잠탈할 가능성이 높다. 따라서 사실상 취득의 경우 그에 상응하는 납세의무를 부담하도록 하는 것은 과도하다고 보기 어렵다. 심판대상조항이 사실상 소유권을 취득한 양수인에게 취득세를 부과하는 것은 조세공평과 조세정의를 실현하기 위한 것으로서, 비록 소유권 취득의 형식적 요건을 갖추기 전에 취득세를 납부하게 된다고 하더라도 이로 인한 재산권의 제한은 위 공익만큼 크다고 보기 어렵다. 따라서 심판대상조항은 법익의 균형성도 갖추었다. 심판대상

조항은 과잉금지원칙에 반하여 청구인의 재산권을 침해한다고 볼 수 없다(헌재 2022.3.31, 2019헌바107).

ⓛ [×] 배우자 상속공제를 인정받기 위한 요건으로 배우자상속재산기한 등까지 배우자의 상속재산을 분할하여 신고할 것을 요하고 있는 구 상속세 및 증여세법 제19조 제2항이 **상속인들의 재산권과 평등권을 침해한다**(헌재 2012.5.31, 2009헌바190).

ⓒ [○] 일본국에 의하여 광범위하게 자행된 반인도적 범죄행위에 대하여 일본군위안부 피해자들이 일본에 대하여 가지는 배상청구권은 헌법상 보장되는 재산권이다(헌재 2011.8.30, 2006헌마788).

ⓔ [×] 매도인이 선의인 계약명의신탁의 경우에도 명의신탁이 조세포탈, 법적 규제의 회피 등 불법 목적에 이용되거나 적어도 재산 은닉 등 실권리자의 편의에 따라 이용될 수 있다는 점에서 **그 법률적 기능이나 사회적 작용이 다른 유형의 명의신탁과 다를 것이 없으므로**, 위 선례는 **이 사건에서도 그대로 타당하고**, 이를 변경해야 할 만한 특별한 사정도 없다(헌재 2013.2. 28, 2010헌바421).

17   답 ④

① [×] 일반적으로 민주적 다수는 법질서와 사회질서를 그의 정치적 의사와 도덕적 기준에 따라 형성하기 때문에, 그들이 국가의 법질서나 사회의 도덕률과 양심상의 갈등을 일으키는 것은 예외에 속한다. **양심의 자유에서 현실적으로 문제가 되는 것은 국가의 법질서나 사회의 도덕률에서 벗어나려는 소수의 양심이다**(헌재 2004.8.26, 2002헌가1).

② [×] '양심적' 병역거부는 실상 당사자의 '양심에 따른' 혹은 '양심을 이유로 한' 병역거부를 가리키는 것일 뿐이지 병역거부가 **'도덕적이고 정당하다'는 의미는 아닌 것이다.** 따라서 '양심적' 병역거부라는 용어를 사용한다고 하여 병역의무이행은 '비양심적'이 된다거나, 병역을 이행하는 거의 대부분의 병역의무자들과 병역의무이행이 국민의 숭고한 의무라고 생각하는 대다수 국민들이 '비양심적'인 사람들이 되는 것은 결코 아니다(헌재 2018.6.28, 2011헌바379 등).

③ [×] 음주측정요구에 처하여 이에 응하여야 할 것인지 거부해야 할 것인지 고민에 빠질 수는 있겠으나 그러한 고민은 **선과 악의 범주에 관한 진지한 윤리적 결정을 위한 고민이라 할 수 없으므로** 그 고민 끝에 어쩔 수 없이 음주측정에 응하였다 하여 내면적으로 구축된 인간양심이 왜곡·굴절된다고 할 수 없다. 따라서 이 사건 법률조항을 두고 헌법 제19조에서 보장하는 **양심의 자유를 침해하는 것이라고 할 수 없다**(헌재 1997.3.27, 96헌가11).

❹ [○] 헌법이 보호하고자 하는 양심은 구체적인 양심을 말하며, 막연하고 추상적인 개념으로서의 양심이 아니다.
　⇨ 헌법이 보호하려는 양심은 '어떤 일의 옳고 그름을 판단하고 그에 따라 행동하지 않고서는 자신의 인격적 존재가치가 허물어지고 말 것이라는 강력하고 진지한 마음의 소리'로서, 진지하고 절박한 구체적인 양심이지 막연하고 추상적인 개념으로서의 양심이 아님은 물론, 그 가치 판단의 일관성 내지 보편성을 충족시키는 양심이어야 할 것이다(헌재 2004.8.26, 2002헌가1).

18   답 ③

① [○] 국회의 동의를 요하지 않는 조약은 명령의 효력을 갖는다.

② [○] 외국인은 국제법과 조약이 정하는 바에 의하여 그 지위가 보장된다(헌법 제6조 제2항).

❸ [×] 조약의 체결 권한은 대통령에게 있고, 비준권은 국회에 속한다.
　⇨ **조약의 체결과 비준권은 대통령의 권한**이고, 국회는 헌법 제60조 제1항에 열거된 조약의 체결·비준에 대한 동의권을 가진다.

④ [○] 헌법에 의하여 체결·공포된 조약과 일반적으로 승인된 국제법규는 국내법과 같은 효력을 가진다(헌법 제6조 제1항).

19   답 ④

① [○] 전기통신사업법 제53조는 '공공의 안녕질서 또는 미풍양속을 해하는'이라는 불온통신의 개념을 전제로 하여 규제를 가하는 것으로서 불온통신 개념의 모호성·추상성·포괄성으로 말미암아 필연적으로 규제되지 않아야 할 표현까지 다함께 규제하게 되어 과잉금지원칙에 어긋난다. 즉, 헌법재판소가 명시적으로 보호받는 표현으로 분류한 바 있는 '저속한' 표현이나, 이른바 '청소년유해매체물' 중 음란물에 이르지 아니하여 성인에 의한 표현과 접근까지 금지할 이유가 없는 선정적인 표현물도 '미풍양속'에 반한다 하여 규제될 수 있고, 성(性), 혼인, 가족제도에 관한 표현들이 '미풍양속'을 해하는 것으로 규제되고 예민한 정치적·사회적 이슈에 관한 표현들이 '공공의 안녕질서'를 해하는 것으로 규제될 가능성이 있어 표현의 자유의 본질적 기능이 훼손된다(헌재 2002.6.27, 99헌마480).

② [○] 그런데 상업광고는 표현의 자유의 보호영역에 속하지만 사상이나 지식에 관한 정치적·시민적 표현행위와는 차이가 있고, 한편 직업수행의 자유의 보호영역에 속하지만 인격발현과 개성신장에 미치는 효과가 중대한 것은 아니다. 그러므로 상업광고 규제에 관한 비례의 원칙 심사에 있어서 '피해의 최소성'원칙은 같은 목적을 달성하기 위하여 달리 덜 제약적인 수단이 없을 것인지 혹은 입법목적을 달성하기 위하여 필요한 최소한의 제한인지를 심사하기 보다는 '입법목적을 달성하기 위하여 필요한 범위 내의 것인지'를 심사하는 정도로 완화되는 것이 상당하다(헌재 2005.10.27, 2003헌가3).

③ [○] 국가가 개인의 표현행위를 규제하는 경우, 표현'내용'에 대한 규제는 원칙적으로 중대한 공익의 실현을 위하여 불가피한 경우에 한하여 엄격한 요건하에서 허용되는 반면, 표현내용과 무관하게 표현의 '방법'을 규제하는 것은 합리적인 공익상의 이유로 폭넓은 제한이 가능하다(헌재 2002.12.18, 2000헌마764).

❹ [×] 금치처분을 받은 미결수용자라 할지라도 금치처분기간 중 집필을 금지하면서 예외적인 경우에만 교도소장이 집필을 허가할 수 있도록 한 형의 집행 및 수용자의 처우에 관한 법률상 규정은 미결수용자의 표현의 자유를 침해한다.
　⇨ 이 사건 집필제한 조항은 금치처분을 받은 미결수용자에게 집필제한이라는 불이익을 가함으로써 규율 준수를 강제하고 수용시설의 안전과 질서를 유지하기 위한 것으로 목적의 정당성 및 방법의 적절성이 인정된다. **교정시설의 장이 수용자의 권리구제 등을 위해 특히 필요하다고 인정하는 때에는 집필을 허용할 수 있도록 예외가 규정되어 있으며**, 형집행법

제85조에서 미결수용자의 징벌집행 중 소송서류의 작성 등 수사 및 재판과정에서의 권리행사를 보장하도록 규정하고 있는 점 등에 비추어 볼 때 위 조항이 청구인의 **표현의 자유를 과도하게 제한한다고 보기 어렵다**(헌재 2016.4.28, 2012헌마549 등).

20 답 ④

① [O] 정당은 국민과 국가의 중개자로서 정치적 도관(導管)의 기능을 수행하여 주체적·능동적으로 국민의 다원적 정치의사를 유도·통합함으로써 국가정책의 결정에 직접 영향을 미칠 수 있는 규모의 정치적 의사를 형성하고 있다. 오늘날 대의민주주의에서 차지하는 정당의 이러한 의의와 기능을 고려하여, 헌법 제8조 제1항은 국민 누구나가 원칙적으로 국가의 간섭을 받지 아니하고 정당을 설립할 권리를 기본권으로 보장함과 아울러 복수정당제를 제도적으로 보장하고 있다. 따라서 입법자는 정당설립의 자유를 최대한 보장하는 방향으로 입법하여야 하고, 헌법재판소는 정당설립의 자유를 제한하는 법률의 합헌성을 심사할 때에 헌법 제37조 제2항에 따라 엄격한 비례심사를 하여야 한다(헌재 2014.1.28, 2012헌마431).

② [O] 헌법 제8조 제1항 전단은 단지 정당설립의 자유만을 명시적으로 규정하고 있지만, 정당의 설립만이 보장될 뿐 설립된 정당이 언제든지 해산될 수 있거나 정당의 활동이 임의로 제한될 수 있다면 정당설립의 자유는 사실상 아무런 의미가 없게 되므로, 정당설립의 자유는 당연히 정당존속의 자유와 정당활동의 자유를 포함하는 것이다(헌재 2014.1.28, 2012헌마431).

③ [O] 정당은 그 목적·조직과 활동이 민주적이어야 하며, 국민의 정치적 의사형성에 참여하는데 필요한 조직을 가져야 한다(헌법 제8조 제2항).

❹ [X] 정당의 목적이나 조직이 민주적 기본질서에 위배될 때에는 정부는 헌법재판소에 그 해산을 제소할 수 있고, 정당은 헌법재판소의 심판에 의하여 해산된다.

⇨ 정당의 '**목적**'이나 '**활동**'이 민주적 기본질서에 위배될 때에는 정부는 헌법재판소에 그 해산을 제소할 수 있고, 정당은 헌법재판소의 심판에 의하여 해산된다(헌법 제8조 제4항).

정답

p.60

01	②	02	④	03	②	04	④	05	③
06	③	07	④	08	④	09	①	10	③
11	①	12	②	13	②	14	②	15	②
16	③	17	②	18	②	19	④	20	③

01
답 ②

① [O] 헌법상 통일 관련 조항으로부터 국민 개개인의 통일에 대한 기본권, 특히 국가기관에 대하여 통일을 위한 일정한 행동을 요구할 수 있는 권리가 도출되는 것은 아니다(헌재 2000.7. 20, 98헌바63).

❷ [×] 외교통상부장관이 중국에 대해 간도협약의 무효를 주장하는 등 간도지역을 우리의 영토로 회복하기 위한 적극적인 행위를 하지 않고 있는 것은 국민의 영토권을 제한하는 것이어서 헌법소원의 대상이 되는 공권력 불행사에 해당된다.

⇨ 우리 헌법에 피청구인 또는 대한민국 정부가 현재 중국의 영토인 간도 지역을 회복하여야 할 작위의무가 특별히 규정되어 있다거나 헌법 해석상 그러한 작위의무가 도출된다고 보기 어려울 뿐만 아니라, 중국에 대해 간도협약이 무효임을 주장하여야 하는 어떠한 법적인 의무가 있다고도 볼 수 없다. 따라서, 설령 피청구인이 중국에 대해 간도협약의 무효를 주장하는 등 간도지역을 우리의 영토로 회복하기 위한 적극적인 행위를 하지 않고 있다고 하더라도, 청구인은 피청구인에 대해 그와 같은 적극적인 공권력 행사를 청구할 수 있는 권리가 있다고 볼 수 없으므로, 이 사건 심판청구는 헌법소원이 **허용될 수 없는 공권력의 불행사를 대상으로 한 것이어서 부적법하다**(헌재 2009.9.22, 2009헌마516).

③ [O] 헌법 제3조의 영토조항은 우리나라의 공간적인 존립기반을 선언하는 것인바, 영토변경은 우리나라의 공간적인 존립기반에 변동을 가져오고, 또한 국가의 법질서에도 변화를 가져옴으로써, 필연적으로 국민의 주관적 기본권에도 영향을 미치지 않을 수 없는 것이다. 이러한 관점에서 살펴본다면, 국민의 개별적 기본권이 아니라 할지라도 기본권보장의 실질화를 위하여서는, 영토조항만을 근거로 하여 독자적으로는 헌법소원을 청구할 수 없다 할지라도, 모든 국가권능의 정당성의 근원인 국민의 기본권침해에 대한 권리구제를 위하여 그 전제조건으로서 영토에 관한 권리를, 이를테면 영토권이라 구성하여, 이를 헌법소원의 대상인 기본권의 하나로 간주하는 것은 가능한 것으로 판단된다(헌재 2001.3.21, 99헌마39).

④ [O] 국가가 평화적 통일을 위해 힘써야 할 의무가 있음에도 불구하고 '남북교류협력에 관한 법률에서 남한의 주민이 북한주민 등과 접촉하고자 할 때 통일부장관의 승인을 받도록 하는 것'은 무절제한 경쟁적 접촉을 통한 남북관계의 저해를 예방하기 위한 것으로서 불가피한 것이기 때문에 헌법에 위반되지 않는다(헌재 2000.7.20, 98헌바63).

02
답 ④

① [O] 헌법 제1조 제2항은 "대한민국의 주권은 국민에게 있고, 모든 권력은 국민으로부터 나온다."고 규정한다. 이와 같이 국민이 대한민국의 주권자이며, 국민은 최고의 헌법제정권력이기 때문에 성문헌법의 제·개정에 참여할 뿐만 아니라 헌법전에 포함되지 아니한 헌법사항을 필요에 따라 관습의 형태로 직접 형성할 수 있다. 그렇다면 관습헌법도 성문헌법과 마찬가지로 주권자인 국민의 헌법적 결단의 의사의 표현이며 성문헌법과 동등한 효력을 가진다고 보아야 한다. 국민주권주의는 성문이든 관습이든 실정법 전체의 정립에의 국민의 참여를 요구한다고 할 것이며, 국민에 의하여 정립된 관습헌법은 입법권자를 구속하며 헌법으로서의 효력을 가진다[헌재 2004.10.21, 2004헌마554·566(병합)].

② [O] 관습헌법이 성립하기 위하여서는 관습법의 성립에서 요구되는 일반적 성립 요건이 충족되어야 한다. 첫째, 기본적 헌법사항에 관하여 어떠한 관행 내지 관례가 존재하고, 둘째, 그 관행은 국민이 그 존재를 인식하고 사라지지 않을 관행이라고 인정할 만큼 충분한 기간 동안 반복 내지 계속되어야 하며(반복·계속성), 셋째, 관행은 지속성을 가져야 하는 것으로서 그 중간에 반대되는 관행이 이루어져서는 아니 되고(항상성), 넷째, 관행은 여러 가지 해석이 가능할 정도로 모호한 것이 아닌 명확한 내용을 가진 것이어야 한다(명료성). 또한 다섯째, 이러한 관행이 헌법관습으로서 국민들의 승인 내지 확신 또는 폭넓은 컨센서스를 얻어 국민이 강제력을 가진다고 믿고 있어야 한다(국민적 합의)[헌재 2004.10.21, 2004헌마554·566(병합)].

③ [O] 헌법기관의 소재지, 특히 국가를 대표하는 대통령과 민주주의적 통치원리에 핵심적 역할을 하는 의회의 소재지를 정하는 문제는 국가의 정체성을 표현하는 실질적 헌법사항의 하나이다. 여기서 국가의 정체성이란 국가의 정서적 통일의 원천으로서

그 국민의 역사와 경험, 문화와 정치 및 경제, 그 권력구조나 정신적 상징 등이 종합적으로 표출됨으로써 형성되는 국가적 특성이라 할 수 있다. 수도를 설정하는 것 이외에도 국명(國名)을 정하는 것, 우리말을 국어로 하고 우리글을 한글로 하는 것, 영토를 획정하고 국가주권의 소재를 밝히는 것 등이 국가의 정체성에 관한 기본적 헌법사항이 된다고 할 것이다 [헌재 2004.10.21, 2004헌마554 · 566(병합)].

❹ [×] 국무총리제도가 채택된 이래 줄곧 대통령과 국무총리가 서울이라는 하나의 도시에 소재하고 있었다는 사실을 통해 국무총리의 소재지는 헌법적으로 중요한 기본적 사항으로 간주될 수 있을 뿐만 아니라 이러한 규범이 존재한다는 국민적 의식이 형성되었다고 보아야 한다.

⇨ 이 사건 법률은 행정중심복합도시의 건설과 중앙행정기관의 이전 및 그 절차를 규정한 것으로서 이로 인하여 대통령을 중심으로 국무총리와 국무위원 그리고 각부 장관 등으로 구성되는 행정부의 기본적인 구조에 어떠한 변화가 발생하지 않는다. 또한, 국무총리의 권한과 위상은 기본적으로 지리적인 소재지와는 직접적으로 관련이 있다고 할 수 없다. 나아가 청구인들은 **대통령과 국무총리가 서울이라는 하나의 도시에 소재하고 있어야 한다는 관습헌법의 존재를 주장하나 이러한 관습헌법의 존재를 인정할 수 없다**(헌재 2005.11.24, 2005헌마579).

03 답 ②

① [O] 대통령과 부통령은 국회에서 무기명투표로써 각각 선거한다(제헌헌법 제53조). 대통령과 부통령의 임기는 4년으로 한다. 단, 재선에 의하여 1차 중임할 수 있으며 부통령은 대통령 재임 중 재임한다(제헌헌법 제55조).

❷ [×] 위헌법률심사와 탄핵심판은 헌법위원회에서 담당한다.

⇨ 위헌법률심사는 헌법위원회가 담당하고(제헌헌법 제81조), **탄핵심판은 탄핵재판소에서 담당하는 것으로 규정하였다**(제헌헌법 제47조).

③ [O] 형사피고인은 상당한 이유가 없는 한 지체 없이 공개재판을 받을 권리가 있다. 형사피고인으로서 구금되었던 자가 무죄판결을 받은 때에는 법률의 정하는 바에 의하여 국가에 대하여 보상을 청구할 수 있다(제헌헌법 제24조).

④ [O] 제헌헌법 제18조에 대한 옳은 내용이다.

> 제헌헌법 제18조 근로자의 단결, 단체교섭과 단체행동의 자유는 법률의 범위 내에서 보장된다. 영리를 목적으로 하는 사기업에 있어서는 근로자는 법률의 정하는 바에 의하여 이익의 분배에 균점할 권리가 있다.

04 답 ④

① [O] 소급입법의 태양에는 이미 과거에 완성된 사실 · 법률관계를 규율의 대상으로 하는 이른바 진정소급효의 입법과 이미 과거에 시작하였으나 아직 완성되지 아니하고 진행과정에 있는 사실 · 법률관계를 규율의 대상으로 하는 부진정소급효의 입법이 있다(헌재 1999.4.29, 94헌바37 등 ; 헌재 2002.7.18, 99헌마574).

② [O] 헌법 제13조 제2항이 금하고 있는 소급입법은 진정소급효를 가지는 법률만을 의미하는 것으로서 부진정소급효의 입법은 원칙적으로 허용된다. 다만, 부진정소급효를 가지는 입법에서도 소급효를 요구하는 공익상의 사유와 신뢰보호의 요청 사이의 비교형량 과정에서, 신뢰보호의 관점이 입법자의 형성권에 제한을 가하게 된다(헌재 1999.4.29, 94헌바37 ; 헌재 2002.7.18, 99헌바574).

③ [O] 심판대상조항은 개정조항이 시행되기 전 환급세액을 수령한 부분까지 사후적으로 소급하여 개정된 징수조항을 적용하는 것으로서 헌법 제13조 제2항에 따라 원칙적으로 금지되는 이미 완성된 사실 · 법률관계를 규율하는 진정소급입법에 해당한다. 법인세를 부당 환급받은 법인은 소급입법을 통하여 이자상당액을 포함한 조세채무를 부담할 것이라고 예상할 수 없었고, 환급세액과 이자상당액을 법인세로서 납부하지 않을 것이라는 신뢰는 보호할 필요가 있다. 나아가 개정 전 법인세법 아래에서도 환급세액을 부당이득반환청구를 통하여 환수할 수 있었으므로, 신뢰보호의 요청에 우선하여 진정소급입법을 하여야 할 매우 중대한 공익상 이유가 있다고 볼 수도 없다. 심판대상조항은 개정조항이 시행되기 전 환급세액을 수령한 부분까지 사후적으로 소급하여 개정된 징수조항을 적용하는 것으로서 헌법 제13조 제2항에 따라 원칙적으로 금지되는 이미 완성된 사실 · 법률관계를 규율하는 진정소급입법에 해당한다(헌재 2014.7.24, 2012헌바105).

❹ [×] 시혜적 소급입법은 수익적인 것이어서 헌법상 보장된 기본권을 침해할 여지가 없어 위헌 여부가 문제되지 않는다.

⇨ 입법자는 입법목적, 사회실정이나 국민의 법감정, 법률의 개정이유나 경위 등을 참작하여 시혜적 소급입법을 할 것인가 여부를 결정할 수 있고, **그 판단은 존중되어야 하며, 그 결정이 합리적 재량의 범위를 벗어나 현저하게 불합리하고 불공정한 것이 아닌 한 헌법에 위반된다고 할 수 없다**(헌재 2012.5.31, 2009헌마553).

05 답 ③

① [×] 이 사건 심판대상 조항들이 순경 공채시험, 소방사 등 채용시험, 그리고 **소방간부 선발시험의 응시연령의 상한을 '30세 이하'로 규정하고 있는 것은 합리적이라고 볼 수 없으므로 침해의 최소성 원칙에 위배되어 청구인들의 공무담임권을 침해한다**(헌재 2012.5.31, 2010헌마278 등).

② [×] **군의 특수성을 고려할 때 부사관의 임용연령상한을 제한하는** 심판대상조항은 그 입법목적이 정당하고, 부사관보다 상위 계급인 소위의 임용연령상한도 27세로 정해져 있는 점, 연령과 체력의 보편적 상관관계 등을 고려할 때 수단의 적합성도 인정된다. … 따라서 **심판대상조항이 과잉금지의 원칙을 위반하여 청구인들의 공무담임권을 침해한다고 볼 수 없다**(헌재 2014.9.25, 2011헌마414).

❸ [O] 지역구국회의원선거 예비후보자의 선거비용을 보전 대상에서 제외하는 것은 선거 전에 예비후보자로 등록하는 것을 제한하여 공직취임의 기회를 제한하는 것은 아니므로, 해당 예비후보자의 공무담임권을 제한하지 않는다.

⇨ 선거비용 보전 제한조항은 지역구국회의원선거에 있어서 선거 후에 선거비용 보전을 제한한 것으로서 선거 전에 청구인

들이 예비후보자 또는 후보자로 등록하는 것을 제한하여 공직취임의 기회를 제한하는 것은 아니므로, 청구인들의 공무담임권 내지 피선거권을 제한하는 것이 아니다(헌재 2018.7.26, 2016헌마524).

④ [×] 국가공무원 공개경쟁채용시험에서 자격증에 따른 가산점을 인정하는 목적은 공무원의 업무상 전문성을 강화하기 위함인바, 심판대상조항은 세무 영역에서 전문성을 갖춘 것으로 평가되는 **자격증(변호사, 공인회계사, 세무사) 소지자들에게 세무직 7급 시험에서 가산점을 부여하는 것이어서 그 목적의 정당성이 인정된다.** … 따라서 심판대상조항은 과잉금지원칙에 위반되어 청구인의 **공무담임권을 침해하지 아니한다**(헌재 2020.6.25, 2017헌마178).

---

06   답 ③

① [O] 주민소환에 관한 법률 제21조 제1항의 입법목적은 행정의 정상적인 운영과 공정한 선거관리라는 정당한 공익을 달성하려는데 있고, 주민소환투표가 공고된 날로부터 그 결과가 공표될 때까지 주민소환투표 대상자의 권한행사를 정지하는 것은 위 입법목적을 달성하기 위한 상당한 수단이 되는 점, 위 기간 동안 권한행사를 일시 정지한다 하더라도 이로써 공무담임권의 본질적인 내용이 침해된다고 보기 어려운 점, 권한행사의 정지기간은 통상 20일 내지 30일의 비교적 단기간에 지나지 아니하므로, 이 조항이 달성하려는 공익과 이로 인하여 제한되는 주민소환투표 대상자의 공무담임권이 현저한 불균형 관계에 있지 않은 점 등을 고려하면, 위 조항이 과잉금지의 원칙에 반하여 과도하게 공무담임권을 제한하는 것으로 볼 수 없다(헌재 2009.3.26, 2007헌마843).

② [O] 대의민주주의 아래에서 대표자에 대한 선출과 신임은 선거의 형태로 이루어지는 것이 바람직하고, 주민소환은 대표자에 대한 신임을 묻는 것으로서 그 속성은 재선거와 다를 바 없으므로 선거와 마찬가지로 그 사유를 묻지 않는 것이 제도의 취지에 부합한다. 또한, 주민소환제는 역사적으로도 위법·탈법행위에 대한 규제보다 비민주적·독선적행위에 대한 광범위한 통제의 필요성이 강조되어 왔으므로 주민소환의 청구사유에 제한을 둘 필요가 없고, 또 업무의 광범위성이나 입법기술적 측면에서 소환사유를 구체적으로 적시하는 것도 쉽지 않다. 다만, 청구사유에 제한을 두지 않음으로써 주민소환제가 남용될 소지는 있으나, 법에서 그 남용의 가능성을 제도적으로 방지하고 있을 뿐만 아니라, 현실적으로도 시민의식 또한 성장하여 남용의 위험성은 점차 줄어들 것으로 예상할 수 있다. 그리고 청구사유를 제한하는 경우 그 해당 여부를 사법기관에서 심사하는 것이 과연 가능하고 적정한지 의문이고, 이 경우 절차가 지연됨으로써 조기에 문제를 해결하지 못할 위험성이 크다 할 수 있으므로 법이 주민소환의 청구사유에 제한을 두지 않는 데에는 상당한 이유가 있고, 입법자가 주민소환제 형성에 있어서 반드시 청구사유를 제한하여야 할 의무가 있다고 할 수도 없으며, 달리 그와 같이 청구사유를 제한하지 아니한 입법자의 판단이 현저하게 잘못되었다고 볼 사정 또한 찾아볼 수 없다. 따라서 이 사건 법률조항은 과잉금지의 원칙에 위배하여 청구인의 공무담임권을 침해한다고 볼 수 없다(헌재 2011.3.31, 2008헌마355).

③ [×] 주민소환제 자체는 지방자치의 본질적인 내용이라고 할 수 있으므로 이를 보장하지 않는 것은 위헌이고, 어떤 특정한 내용의 주민소환제를 보장해야 한다는 헌법적인 요구가 있다고 볼 수 있다.

   ⇨ **주민소환제 자체는 지방자치의 본질적인 내용이라고 할 수 없으므로 이를 보장하지 않는 것이 위헌이라거나 어떤 특정한 내용의 주민소환제를 반드시 보장해야 한다는 헌법적인 요구가 있다고 볼 수는 없으나,** 다만 이러한 주민소환제가 지방자치에도 적용되는 원리인 대의제의 본질적인 내용을 침해하는지 여부는 문제가 된다 할 것이다. 주민이 대표자를 수시에 임의로 소환한다면 이는 곧 명령적 위임을 인정하는 결과가 될 것이나, 대표자에게 원칙적으로 자유위임에 기초한 독자성을 보장하되 극히 예외적이고 엄격한 요건을 갖춘 경우에 한하여 주민소환을 인정한다면 이는 대의제의 원리를 보장하는 범위 내에서 적절한 수단이 될 수 있을 것이다(헌재 2009.3.26, 2007헌마843).

④ [O] 주민소환제는 주민의 참여를 적극 보장하고, 이로써 주민자치를 실현하여 지방자치에도 부합하므로, 이 점에서는 위헌의 문제가 발생할 소지가 없고, 제도적인 형성에 있어서도 입법자에게 광범위한 입법재량이 인정된다 할 것이나, 지방자치단체장도 선거에 의하여 선출되므로 주민소환제라 하더라도 이들의 공무담임권을 과잉으로 제한하여서는 아니 되고, 앞서 본 바와 같이 제도적인 측면에 있어 예외로서의 주민소환제는 원칙으로서의 대의제의 본질적인 부분을 침해하여서도 아니 된다는 점이 그 입법형성권의 한계로 작용한다 할 것이다(헌재 2009.3.26, 2007헌마843).

---

07   답 ④

① [O] 사회복무요원은 국가공무원과 동일하게 근무시간이 정해지고(병역법 제31조 제1항, 병역법 시행령 제58조 제1항, '국가공무원 보수규정' 제9조), 현역병의 봉급에 해당하는 보수 및 직무수행에 필요한 여비·급식비 등 실비를 지급받는데(병역법 제31조 제5항, 병역법 시행령 제62조), 이때 현역병의 봉급에 해당하는 보수는 2016년도 기준으로 월 148,800원(이등병), 161,000원(일등병), 178,000원(상등병), 197,100원(병장)에 불과하다. 반면, 산업기능요원은 지정업체와 직접 근로계약을 체결하여 근로기준법 등 노동 관련 법률에 따라 사기업에서 일반 근로자와 동일한 근무조건에서 근무하며, 비록 정식 직원과 완전히 동일한 보수를 지급받지 못하더라도 최저임금법의 적용에 따른 보수를 지급받는데, 이는 2016년도 기준으로 월 1,260,270원 이상(시급 6,030원 이상 × 월평균 209시간 근무)에 해당된다. 심판대상조항은 위와 같은 실질적 차이를 고려하여 상대적으로 열악한 환경에서 병역의무를 이행한 것으로 평가되는 현역병 및 사회복무요원의 공로를 보상하도록 한 것이므로 산업기능요원과의 차별취급에 합리적 이유가 있다. 따라서 심판대상조항은 청구인의 평등권을 침해하지 아니한다(헌재 2016.6.30, 2014헌마192).

② [O] 대통령선거경선후보자는 입후보에 대비하여 선거운동을 하다가 당선가능성이 적다고 판단하거나, 정치적·경제적 사유, 건강 등 일신상의 상황변화를 이유로 하여 대통령선거경선후보자로서의 지위를 사퇴할 자유를 가진다. 그런데 대통령선거

경선후보자로서 선거과정에 참여한 이들은 이 사건 법률조항으로 인하여 대통령선거경선후보자로서의 자격을 중도에서 포기할 자유에 중대한 제약을 받게 된다. 대통령선거경선후보자의 정치적 의사결정에 이와 같은 제약을 가하는 것은 법상의 대통령선거경선후보자제도 및 후원회제도의 목적과도 조화되기 어려운 제약으로서, 자유로운 민주정치의 건전한 발전을 방해하는 것이라고 할 것이다. 이 사건 법률조항은 정당한 사유도 없이 후원금을 선거운동비용으로 사용하는 것을 제한하는 것이고, 그로 인하여 선거운동의 자유 및 선거과정에서 탈퇴할 자유 등 국민의 참정권을 침해하는 것이다(헌재 2009.12.29, 2007헌마1412).

③ [O] 변호사의 취업난이 가중되고 있는 현실을 고려할 때, 변호사시험 합격자에게 취업에 필요한 상당한 기간 자신의 성적 정보를 활용할 기회를 부여할 필요가 있다는 점에서, '이 법 시행일부터 6개월 내'라는 기간은 변호사시험 합격자가 취업시장에서 성적 정보에 접근하고 이를 활용하기에 지나치게 짧다. 특례조항이 정하고 있는 '개정 변호사시험법 시행일부터 6개월 내'라는 성적 공개 청구기간은 지나치게 짧아 청구인의 정보공개청구권을 침해한다고 판단하였다(헌재 2019.7.25, 2017헌마1329).

❹ [X] 국회의원을 후원회지정권자로 정하면서 '지방의원'을 후원회지정권자에서 제외하고 있는 정치자금법 제6조 제2호는 지방의원의 평등권을 침해하지 않는다.

⇨ 정치자금법은 후원회의 투명한 운영을 위한 상세한 규정을 두고 있으므로, 지방의회의원의 염결성은 이러한 규정을 통하여 충분히 달성할 수 있다. 국회의원과 소요되는 정치자금의 차이도 후원 한도를 제한하는 등의 방법으로 규제할 수 있다. 그럼에도 후원회 지정 자체를 금지하는 것은 오히려 지방의회의원의 정치자금 모금을 음성화시킬 우려가 있다. 현재 지방자치법에 따라 지방의회의원에게 지급되는 의정활동비 등은 의정활동에 전념하기에 충분하지 않다. 또한, 지방의회는 유능한 신인정치인의 유입 통로가 되므로, 지방의회의원에게 후원회를 지정할 수 없도록 하는 것은 경제력을 갖추지 못한 사람의 정치입문을 저해할 수도 있다. 따라서 이러한 사정들을 종합하여 보면, **심판대상조항이 국회의원과 달리 지방의회의원을 후원회지정권자에서 제외하고 있는 것은 불합리한 차별로서 청구인들의 평등권을 침해한다**(헌재 2022.11.24, 2019헌마528).

08   답 ④

① [O] 수용자를 교정시설에 수용할 때마다 전자영상검사기를 이용하여 수용자의 항문 부위에 대한 신체검사를 하는 것으로 인하여 수용자가 느끼는 모욕감이나 수치심이 결코 작다고 할 수는 없지만, 흉기 기타 위험물이나 금지물품을 교정시설 내로 반입하는 것을 차단함으로써 수용자 및 교정시설 종사자들의 생명·신체의 안전과 교정시설 내의 질서를 유지한다는 공적인 이익이 훨씬 크다 할 것이므로, 법익의 균형성 요건 또한 충족되므로, 필요한 최소한도를 벗어나 과잉금지원칙에 위배되어 청구인의 인격권 내지 신체의 자유를 침해한다고 볼 수 없다(헌재 2011.5.26, 2010헌마775).

② [O] 유죄판결이 확정된 청구인의 경우에는 무죄추정원칙이라든가 방어권이 문제될 여지가 없고, 청구인이 출석한 재판은 민사재판이었으므로 운동화 대신 고무신을 착용하였다고 하여 공정한 재판을 받을 권리가 침해되었다고 볼 여지가 없다. 또한, 미결수용자와 형이 확정된 수용자는 구금되어 있다는 점에서만 유사점이 있을 뿐 본질적으로 동질적인 집단이라고 할 수 없으므로 평등권 침해 역시 문제되지 않는다. 이 사건 운동화 착용 불허행위는 시설 바깥으로의 외출이라는 기회를 이용한 도주를 예방하기 위한 것으로서 그 목적이 정당하고, 위와 같은 목적을 달성하기 위한 적합한 수단이라 할 것이다. 또한, 신발의 종류를 제한하는 것에 불과하여 법익침해의 최소성과 균형성도 갖추었다 할 것이므로, 이 사건 운동화 착용 불허행위가 기본권제한에 있어서의 과잉금지원칙에 반하여 청구인의 인격권과 행복추구권을 침해하였다고 볼 수 없다(헌재 2011.2.24, 2009헌마209).

③ [O] 이 사건 법률조항의 입법목적은 러·일 전쟁 개전시부터 1945년 8월 15일까지 일본제국주의를 위하여 행한 친일반민족행위의 진상을 규명하여 역사의 진실과 민족의 정통성을 확인하고 사회정의 구현에 이바지함에 있는바 그 정당성이 인정되고, 조선총독부 중추원이 일제의 식민지정책을 정당화·합리화하는 기능을 수행하여 왔다고 평가되는 점에 비추어 이 사건 법률조항은 위 입법목적 달성에 기여하는 적합한 수단이 된다. 이 사건 법률조항을 포함한 일제강점하 반민족행위 진상규명에 관한 특별법은 여러 차례 개정안이 발의되어 수회의 공청회 및 토론회 등을 거친 후 국회에서 가결된 것으로 실질적으로 우리 사회의 민주적 숙의과정 및 공론적 토대로부터 성립된 것이라고 할 수 있으므로 헌법재판소로서는 원칙적으로 그 입법적 판단을 존중함이 옳은 점, 조선총독부 중추원 참의로 활동한 행위라고 하더라도 예외 없이 친일반민족행위결정을 받는 것도 아닌 점, 조사대상자가 국내외에서 일제의 국권침탈을 반대하거나 독립운동에 참여 또는 지원한 사실이 있는 때에는 이러한 사실을 함께 조사하도록 하는 등 조사대상자 등의 불이익을 최소화하기 위한 장치를 마련하고 있는 점 등에 비추어 피해의 최소성원칙에도 위배되지 않으며, 친일반민족행위의 진상을 규명하여 정의로운 사회가 실현될 수 있도록 공동체의 윤리를 정립하고자 하는 공익의 중대성은 막대한 반면, 이 사건 법률조항으로 인해 제한되는 조사대상자 등의 인격권은 친일반민족행위에 관한 조사보고서와 사료가 공개됨으로 인한 것에 불과하므로, 법익 균형성의 원칙에도 반하지 않는다(헌재 2010.10.28, 2007헌가23).

❹ [X] 경찰관이 보도자료 배포 직후 기자들의 취재 요청에 응하여 경찰서 조사실에서 양손에 수갑을 찬 채 조사받는 피의자의 모습을 촬영할 수 있도록 허용한 행위는 업무상 정당한 행위이므로 당사자의 인격권을 침해하는 것은 아니다.

⇨ 청구인에 대한 이러한 수사 장면을 공개 및 촬영하게 할 어떠한 공익 목적도 인정하기 어려우므로 촬영허용행위는 목적의 정당성이 인정되지 아니한다. 피의자의 얼굴을 공개하더라도 그로 인한 피해의 심각성을 고려하여 모자, 마스크 등으로 피의자의 얼굴을 가리는 등 피의자의 신원이 노출되지 않도록 침해를 최소화하기 위한 조치를 취하여야 하는데, 피청구인은 그러한 조치를 전혀 취하지 아니하였으므로 침해의 최소성 원칙도 충족하였다고 볼 수 없다. 또한, 촬영허용행위는 언론 보도를 보다 실감나게 하기 위한 목적 외에 어떠한 공익도

인정할 수 없는 반면, 청구인은 피의자로서 얼굴이 공개되어 초상권을 비롯한 인격권에 대한 중대한 제한을 받았고, 촬영한 것이 언론에 보도될 경우 범인으로서의 낙인 효과와 그 파급효는 매우 가혹하여 법익균형성도 인정되지 아니하므로, **촬영허용행위는 과잉금지원칙에 위반되어 청구인의 인격권을 침해하였다**(헌재 2014.3.27, 2012헌마652).

09
답 ①

❶ [×] 양심상의 결정이 양심의 자유에 의하여 보장되기 위해서는 어떠한 종교관·세계관 또는 그 외의 가치체계에 기초하고 있어야 한다.
⇨ 일반적으로 민주적 다수는 법질서와 사회질서를 그의 정치적 의사와 도덕적 기준에 따라 형성하기 때문에, 그들이 국가의 법질서나 사회의 도덕률과 양심상의 갈등을 일으키는 것은 예외에 속한다. 양심의 자유에서 현실적으로 문제가 되는 것은 국가의 법질서나 사회의 도덕률에서 벗어나려는 소수의 양심이다. 따라서 **양심상의 결정이 어떠한 종교관·세계관 또는 그 외의 가치체계에 기초하고 있는가와 관계없이, 모든 내용의 양심상의 결정이 양심의 자유에 의하여 보장된다**(헌재 2004.8.26, 2002헌가1).
② [O] 헌법 제19조는 "모든 국민은 양심의 자유를 가진다."라고 하여 양심의 자유를 기본권의 하나로 보장하고 있는바, 여기의 양심이란 세계관·인생관·주의·신조 등은 물론, 이에 이르지 아니하여도 보다 널리 개인의 인격형성에 관계되는 내심에 있어서의 가치적·윤리적 판단도 포함된다고 볼 것이다. 그러므로 양심의 자유에는 널리 사물의 시시비비나 선악과 같은 윤리적 판단에 국가가 개입해서는 안 되는 내심적 자유는 물론, 이와 같은 윤리적 판단을 국가권력에 의하여 외부로 표명하도록 강제받지 않는 자유, 즉 윤리적 판단사항에 관한 침묵의 자유까지 포괄한다고 할 것이다(헌재 1991.4.1, 89헌마160).
③ [O] 양심형성의 자유와 양심적 결정의 자유는 내심에 머무르는 한 절대적 자유라고 할 수 있지만, 양심실현의 자유는 타인의 기본권이나 다른 헌법적 질서와 저촉되는 경우 헌법 제37조 제2항에 따라 국가안전보장·질서유지 또는 공공복리를 위하여 법률에 의하여 제한될 수 있는 상대적 자유라고 할 수 있다(헌재 1998.7.16, 96헌바35).
④ [O] 특히 헌법이 보호하려는 양심은 '어떤 일의 옳고 그름을 판단하고 그에 따라 행동하지 않고서는 자신의 인격적 존재가치가 허물어지고 말 것이라는 강력하고 진지한 마음의 소리'로서, 진지하고 절박한 구체적인 양심이지 막연하고 추상적인 개념으로서의 양심이 아님은 물론, 그 가치 판단의 일관성 내지 보편성을 충족시키는 양심이어야 할 것이다(헌재 2004.8. 26, 2002헌가1).

10
답 ③

① [O] 헌법 제32조 제1항이 규정한 근로의 권리는 근로자를 개인의 차원에서 보호하기 위한 권리로서 개인인 근로자가 그 주체가 되는 것이고 노동조합은 그 주체가 될 수 없으므로, 이 사건 법률조항이 노동조합을 비과세대상으로 규정하지 않았다

하여 헌법 제32조 제1항에 반한다고 볼 여지는 없다(헌재 2009.2.26, 2007헌바27).
② [O] 교육공무원인 대학 교원에 대하여 보더라도, 교육공무원의 직무수행의 특성과 헌법 제33조 제1항 및 제2항의 정신을 종합해 볼 때, 교육공무원에게 근로3권을 일체 허용하지 않고 전면적으로 부정하는 것은 합리성을 상실한 과도한 것으로서 입법형성권의 범위를 벗어나 헌법에 위반된다(헌재 2018.8.30, 2015헌가38).
❸ [×] '65세 이후 고용된 자'에게 실업급여에 관한 고용보험법의 적용을 배제하는 것은 근로의 의사와 능력의 존부에 대한 합리적인 판단을 결여한 것이다.
⇨ 실업급여를 포함한 고용보험제도는 개개인의 특수한 사정이나 선택에 의하여 보험관계가 설정되는 사보험이 아니라 보험의 내용이 모두 법률에 의하여 강제되거나 확정되는 공적 보험이라는 점에서, 근로의 의사와 능력이 있는지 여부에 대하여는 일정한 연령을 기준으로 하는 것이 특별히 불합리하다고 단정할 수는 없다. … 심판대상조항이 '65세 이후 고용' 여부를 기준으로 실업급여 적용 여부를 달리한 것은 **합리적 이유가 있다고 할 것이므로, 이로 인해 청구인의 평등권이 침해되었다고 보기 어렵다**(헌재 2018.6.28, 2017헌마238).
④ [O] 퇴직급여법에서 규정하고 있는 퇴직급여제도는 사회보장적 급여로서의 성격과 근로자의 장기간 복무 및 충실한 근무를 유도하는 기능을 갖고 있으므로 퇴직급여제도는 근로자의 해당 사업 또는 사업장에의 전속성이나 기여도가 그 성립의 전제가 된다 할 것인바, 사용자의 부담이 요구되는 퇴직급여제도를 입법함에 있어 해당 사업 또는 사업장에의 전속성이나 기여도가 낮은 일부 근로자를 한정하여 그 지급대상에서 배제한 것을 두고 입법형성권의 한계를 일탈하여 명백히 불공정하거나 불합리한 판단이라 볼 수는 없다. 국제노동기구(ILO) 제175호 단시간근로협약에서도 단시간근로자의 근로시간 또는 소득이 일정 기준에 미달하는 경우 법정 사회보장제도에서의 제외를 가능하도록 하고 있는바, 이는 우리에게도 고려의 요소가 될 수 있다. 따라서 심판대상조항은 헌법 제32조 제3항에 위배되는 것으로 볼 수 없다(헌재 2021.11.25, 2015헌바334).

11
답 ①

❶ [×] 일반적으로 집회는 일정한 장소를 전제로 하여 특정 목적을 가진 다수인이 일시적으로 회합하는 것을 말하는 것으로 일컬어지고 있으나, 그 공동의 목적은 적어도 '내적인 유대 관계'를 넘어서 공공의 이익을 추구하는 것이어야 한다.
⇨ 일반적으로 집회는, 일정한 장소를 전제로 하여 특정 목적을 가진 다수인이 일시적으로 회합하는 것을 말하는 것으로 일컬어지고 있고, **그 공동의 목적은 '내적인 유대 관계'로 족하다**(헌재 2009.5.28, 2007헌바22).
② [O] 집회의 자유는 그 내용에 있어 집회참가자가 기본권행사를 이유로 혹은 기본권행사와 관련하여 국가의 감시를 받게 되거나, 경우에 따라서는 어떠한 불이익을 받을 수도 있다는 것을 걱정할 필요가 없는, 즉 자유로운 심리상태의 보장이 전제되어야 한다. 개인이 가능한 외부의 영향을 받지 않고 집회의 준비와 실행에 참여할 수 있고, 집회참가자 상호간 및 공중과의 의사소통이 가능한 방해받지 않아야 한다. 따라서 집회·

시위 등 현장에서 집회 · 시위 참가자에 대한 사진이나 영상 촬영 등의 행위는 집회 · 시위 참가자들에게 심리적 부담으로 작용하여 여론형성 및 민주적 토론절차에 영향을 주고 집회의 자유를 전체적으로 위축시키는 결과를 가져올 수 있으므로 집회의 자유를 제한한다고 할 수 있다(헌재 2018.8.30, 2014헌마843).

③ [O] 그동안 삭제되었던 언론 · 출판에 대한 허가나 검열 금지와 함께 집회에 대한 허가제 금지를 다시금 살려내어, 집회의 허용 여부를 행정권의 일방적 · 사전적 판단에 맡기는 집회에 대한 허가제는 집회에 대한 검열제와 마찬가지이므로 이를 절대적으로 금지하겠다는 헌법개정권력자인 국민들의 헌법가치적 합의이며 헌법적 결단이라고 보아야 할 것이다(헌재 2009.9.24, 2008헌가25).

④ [O] 심판대상조항의 옥외집회 신고사항은 여러 옥외집회가 경합되지 않도록 하기 위해 필요한 사항으로서 질서유지 등 필요한 조치를 할 수 있도록 하는 중요한 정보이다. 또한 옥외집회에 대한 사전신고를 하였더라도 이후 신고와 관련하여 보완 등 사후조치가 필요한 경우가 발생할 수 있으므로 기재사항의 보완, 금지통고 및 이의절차 등이 원활하게 진행되기 위하여 늦어도 집회가 개최되기 48시간 전까지 사전신고를 하도록 규정한 것이 지나치다고 볼 수 없다. 헌법 제21조 제1항을 기초로 하여 심판대상조항을 보면, 미리 계획도 되었고 주최자도 있지만 집시법이 요구하는 시간 내에 신고를 할 수 없는 옥외집회인 이른바 '긴급집회'의 경우에는 신고가능성이 존재하는 즉시 신고하여야 하는 것으로 해석된다. 따라서 신고 가능한 즉시 신고한 긴급집회의 경우에까지 심판대상조항을 적용하여 처벌할 수 없다. 심판대상조항은 과잉금지원칙에 위배되어 집회의 자유를 침해하지 아니한다(헌재 2021.6.24, 2018헌마663).

12
답 ②

① [O] 누범을 가중처벌하는 것은 전범에 대하여 형벌을 받았음에도 그 형벌의 경고기능을 무시하고 다시 범행을 하였다는 데 있는 것이지 전범에 대하여 처벌을 받았음에도 다시 범행을 하는 경우에 전범을 후범과 일괄하여 다시 처벌한다는 것은 아님이 명백하고, 전범 자체가 심판의 대상이 되어 다시 처벌받기 때문에 형이 가중되는 것은 아니므로, 이 사건 법률조항은 일사부재리원칙에 위배된다고 볼 수 없다(헌재 2011.5.26, 2009헌바63 등).

❷ [×] 징계부가금을 행정처분의 형식으로 부과하는 것은 허용되나, 이에 대한 행정소송이 제기되어 판결이 확정되기 전에 징계부가금의 집행을 실시하는 것은 무죄추정원칙에 위배되므로 허용되지 아니한다.

⇨ 행정소송에 관한 판결이 확정되기 전에 행정청의 처분에 대하여 공정력과 집행력을 인정하는 것은 징계부가금에 국한되는 것이 아니라 우리 행정법체계에서 일반적으로 채택되고 있는 것이므로, **징계부가금 부과처분에 대하여 공정력과 집행력을 인정한다고 하여 이를 확정판결 전의 형벌집행과 같은 것으로 보아 곧바로 무죄추정원칙에 위배된다고 할 수 없다**(헌재 2015.2.26, 2012헌바435).

③ [O] 헌법 제12조 제1항은 "··· 법률과 적법한 절차에 의하지 아니하고는 처벌 · 보안처분 또는 강제노역을 받지 아니한다."라고 하여 적법절차원칙을 규정하고 있는데, 헌법재판소는 이 원칙이 형사소송절차에 국한되지 않고 모든 국가작용 전반에 대하여 적용된다고 밝힌 바 있다(헌재 2003.7.24, 2001헌가25).

④ [O] 심판대상 법조항은 일정금액 이상의 추징금을 납부하지 아니한 자에게 법무부장관이 출국을 금지할 수 있도록 함으로써 헌법 제14조상의 거주 · 이전의 자유 중 출국의 자유를 제한하고 있다. 그러나 이 법조항은 추징금을 미납한 국민이 출국을 이용하여 재산을 해외로 도피하는 방법으로 강제집행을 곤란하게 하는 것을 방지함으로써 추징금에 관한 국가의 형벌권을 실현하고자 하는 것에 그 목적이 있으므로 그 정당성은 인정된다(헌재 2004.10.28, 2003헌가18).

13
답 ②

① [×] 인터넷언론사의 공개된 게시판 · 대화방에서 스스로의 의사에 의하여 정당 · 후보자에 대한 지지 · 반대의 글을 게시하는 행위가 **양심의 자유나 사생활 비밀의 자유에 의하여 보호되는 영역이라고 할 수 없다**(헌재 2010.2.25, 2008헌마324 등).

❷ [O] 가정폭력 가해자인 전 배우자라도 직계혈족으로서 그 자녀의 가족관계증명서와 기본증명서를 사실상 자유롭게 발급받을 수 있게 하고 이에 대한 제한규정을 두지 않은 것은 개인정보자기결정권을 침해하여 헌법에 위배된다.

⇨ 이 사건 법률조항은 주민등록법과는 달리 가정폭력 피해자의 개인정보보호를 위한 별도의 조치를 마련하고 있지 않아서, 가정폭력 가해자는 언제든지 그 자녀 명의의 가족관계증명서 및 기본증명서를 교부받아서 이를 통하여 가정폭력 피해자의 개인정보를 획득할 수 있다. 또한, 가정폭력 가해자인 직계혈족이 그 자녀의 가족관계증명서 및 기본증명서를 청구하여 발급받음으로써 거기에 기재되어 있는 가정폭력 피해자인 (전) 배우자의 개인정보가 유출됨으로써 (전) 배우자가 입는 피해는 실로 중대하다고 볼 수 있으므로 이 사건 법률조항에 대해서는 법익의 균형성을 인정하기 어렵다. 따라서 심판대상조항은 개인정보자기결정권을 침해하여 헌법에 위반된다(헌재 2020.8.28, 2018헌마927).

③ [×] 자신의 인격권이나 명예권을 보호하기 위하여 대외적으로 해명을 하는 행위는 **표현의 자유에 속하는 영역이라고 할 수 있을 뿐 이미 사생활의 자유에 의하여 보호되는 범주를 벗어난 행위**라고 볼 것이므로, 위 청구인의 사생활의 자유가 침해된다고는 볼 수 없다(헌재 2001.8.30, 99헌바92 등).

④ [×] 이 사건 녹음행위는 **교정시설 내의 안전과 질서유지에 기여하기 위한 것으로서 그 목적이 정당할 뿐 아니라 수단이 적절하다.** 또한, 소장은 미리 접견내용의 녹음 사실 등을 고지하며, 접견기록물의 엄격한 관리를 위한 제도적 장치도 마련되어 있는 점 등을 고려할 때 침해의 최소성 요건도 갖추었고, 이 사건 녹음행위는 미리 고지되어 청구인의 접견내용은 사생활의 비밀로서의 보호가치가 그리 크지 않다고 할 것이므로 법익의 불균형을 인정하기도 어려워, **과잉금지원칙에 위반하여 청구인의 사생활의 비밀과 자유를 침해하였다고 볼 수 없다**(헌재 2012.12.27, 2010헌마153).

14

답 ②

① [O] 일반적으로 일정한 공권력작용이 체계정당성에 위반한다고 해서 곧 위헌이 되는 것은 아니고, 그것이 위헌이 되기 위해서는 결과적으로 비례의 원칙이나 평등의 원칙 등 일정한 헌법의 규정이나 원칙을 위반하여야 한다(헌재 2010.6.24, 2007헌바101).

❷ [×] 죄형법정주의란 무엇이 범죄이며 그에 대한 형벌이 어떠한 것인가를 반드시 국민의 대표로 구성된 입법부가 제정한 법률로써 정하여야 한다는 원칙을 말하므로, 형사처벌요건을 입법부가 행정부에서 제정한 명령이나 규칙에 위임하는 것은 허용되지 않는다.

⇨ 죄형법정주의란 자유주의, 권력분립, 법치주의 및 국민주권의 원리에 입각한 것으로서, 무엇이 범죄이며 그에 대한 형벌이 어떠한 것인가를 반드시 국민의 대표로 구성된 입법부가 제정한 법률로써 정하여야 한다는 원칙을 말한다. 하지만 현대국가의 사회적 기능이 증대되고 사회현상이 복잡·다양화됨에 따라 **모든 형사처벌요건을 입법부가 제정한 법률만으로 다 정할 수는 없기 때문에 합리적인 이유가 있으면 예외적으로 행정부에서 제정한 명령이나 규칙에 위임하는 것이 허용된다**(헌재 2014.2.27, 2013헌바106).

③ [O] 법률이 구체적인 사항을 대통령령에 위임하고 있고, 그 대통령령에 규정되거나 제외된 부분의 위헌성이 문제되는 경우, 헌법의 근본원리인 권력분립주의와 의회주의 내지 법치주의의 원리상, 법률조항의 위임에 따라 대통령령으로 규정한 내용이 헌법에 위반될 경우라도 그 대통령령의 규정이 위헌으로 되는 것은 별론으로 하고, 그로 인하여 정당하고 적법하게 입법권을 위임한 수권법률조항까지도 위헌으로 되는 것은 아니라고 할 것이다(헌재 2019.2.28, 2017헌바245).

④ [O] 종업원 등이 저지른 행위의 결과에 대한 법인의 독자적인 책임에 관하여 전혀 규정하지 않은 채, 단순히 법인이 고용한 종업원 등이 범죄행위를 하였다는 이유만으로 법인에 대하여 형사처벌을 과하고 있는바, 이는 아무런 비난받을 만한 행위를 하지 않은 자에 대하여 다른 사람의 범죄행위를 이유로 처벌하는 것으로서 형벌에 관한 책임주의에 반한다고 하지 않을 수 없다(헌재 2009.7.30, 2008헌가16).

15

답 ②

① [O] 심판대상조항은 아동학대사건에 대한 보도를 전면적으로 금지하는 것이 아니고 아동학대행위자의 식별정보에 대한 보도를 금지하고 있을 뿐이다. 따라서 국민적 관심의 대상이 된 사건에서 재발 방지를 위한 보도의 필요성이 큰 경우라도, 익명화된 형태로 사건을 보도하는 방법을 통해 언론기능을 충실히 수행하는 동시에 국민의 알 권리도 충족시킬 수 있다. 심판대상조항에 의해 제한되는 사익은 아동학대행위자의 식별정보를 보도하는 자극적인 보도가 금지되는 것에 지나지 않는다. 반면 심판대상조항을 통해 보호하려는 아동의 건강한 성장이라는 공익은 매우 중요하다. 그렇다면 심판대상조항은 과잉금지원칙에 반하여 언론·출판의 자유와 국민의 알 권리를 침해하지 않는다(헌재 2022.10.27, 2021헌가4).

❷ [×] 공연윤리위원회는 검열기관에 해당하나, 한국공연예술진흥협의회는 검열기관으로 볼 수 없다.

⇨ 구 음반 및 비디오물에 관한 법률에서 비디오물의 제작시 공연윤리위원회의 사전심의를 받을 의무를 부과하고 사전심의를 받지 않은 비디오물에 관하여 판매 등을 금지하면서, 이에 위반한 경우에는 형사처벌을 하고 위반자가 소유 또는 점유하는 비디오물과 그 제작기자재 등을 몰수할 수 있도록 규정하고 있고, 공연법에 의하여 공연윤리위원회를 설치하도록 하여 행정권이 그 구성에 지속적인 영향을 미칠 수 있게 하였으므로, 공연윤리위원회는 헌법 제21조 제2항에서 금지한 검열기관으로 보아야 하고 공연윤리위원회의 비디오물에 대한 사전심의는 헌법 제21조 제2항이 금지한 사전검열에 해당한다(헌재 2000.2.24, 99헌가17). 한국공연예술진흥협의회는 그 구성, 심의결과의 보고 등에 있어서 약간의 차이는 있으나, 공연법에 의하여 행정권이 심의기관의 구성에 지속적인 영향을 미칠 수 있고 행정권이 주체가 되어 검열절차를 형성하고 있는 점에 있어서 큰 차이가 없으므로, **한국공연예술진흥협의회도 검열기관으로 보는 것이 타당**하고, 따라서 한국공연예술진흥협의회가 비디오물의 제작·판매에 앞서 그 내용을 심사하여 심의기준에 적합하지 아니한 비디오물에 대하여는 제작·판매를 금지하고, 심의를 받지 아니한 비디오물을 제작·판매할 경우에는 형사처벌까지 할 수 있도록 규정한 이 사건 법률조항은 사전검열제도를 채택한 것으로서 헌법에 위배된다(헌재 1999.9.16, 99헌가1).

③ [O] 헌법 제21조 제2항에서 규정한 검열금지의 원칙은 모든 형태의 사전적인 규제를 금지하는 것이 아니고 단지 의사표현의 발표 여부가 오로지 행정권의 허가에 달려있는 사전심사만을 금지하는 것을 뜻하므로, 이 사건 법률조항에 의한 방영금지가처분은 행정권에 의한 사전심사나 금지처분이 아니라 개별 당사자간의 분쟁에 관하여 사법부가 사법절차에 의하여 심리, 결정하는 것이어서 헌법에서 금지하는 사전검열에 해당하지 아니한다(헌재 2001.8.30, 2000헌바36).

④ [O] 신문보도의 명예훼손적 표현의 피해자가 공적 인물인지 아니면 사인인지, 그 표현이 공적인 관심 사안에 관한 것인지 순수한 사적인 영역에 속하는 사안인지의 여부에 따라 헌법적 심사기준에는 차이가 있어야 한다. 객관적으로 국민이 알아야 할 공공성·사회성을 갖춘 사실은 민주제의 토대인 여론형성이나 공개토론에 기여하므로 형사제재로 인하여 이러한 사안의 게재를 주저하게 만들어서는 안 된다. 신속한 보도를 생명으로 하는 신문의 속성상 허위를 진실한 것으로 믿고서 한 명예훼손적 표현에 정당성을 인정할 수 있거나, 중요한 내용이 아닌 사소한 부분에 대한 허위보도는 모두 형사제재의 위협으로부터 자유로워야 한다(헌재 1999.6.24, 97헌마265).

16

답 ③

① [O] 성폭력처벌법은 성폭력범죄 피해자의 생명과 신체의 안전을 보장하고 건강한 사회질서를 확립하는 것을 그 목적으로 하고(제1조), 카메라등이용촬영죄는 이른바 '몰래카메라'의 폐해가 사회문제화 되면서 촬영대상자의 의사에 반하는 촬영 및 반포 등의 행위를 처벌하기 위한 조항이다. 따라서 심판대상조항은 개인의 초상권 내지 명예권과 유사한 권리로서 일반적 인격권에

포함된다고 볼 수 있는 '자신의 신체를 함부로 촬영 당하지 않을 자유'와 '사회의 건전한 성풍속 확립'을 보호하기 위한 것이라고 볼 수 있다(헌재 2017.6.29, 2015헌바243).

② [○] 자신이 속한 부분사회의 자치적 운영에 참여하는 것은 사회공동체의 유지, 발전을 위하여 필요한 행위로서 특정한 기본권의 보호범위에 들어가지 않는 경우에는 일반적 행동자유권의 대상이 되므로, 사적 자치의 영역에 국가가 개입하여 법령으로 자치활동의 목적이나 절차, 그 방식 또는 내용을 규율함으로써 일부 구성원들의 자치활동에 대한 참여를 제한한다면 해당 구성원들의 일반적 행동자유권이 침해될 가능성이 있다(헌재 2015.7.30, 2012헌마957).

❸ [×] 법무부 훈령인 법무시설 기준규칙은 수용동의 조도 기준을 취침 전 200룩스 이상, 취침 후 60룩스 이하로 규정하고 있는데, 수용자의 도주나 자해 등을 막기 위해서 취침시간에도 최소한의 조명을 유지하는 것은 수용자의 숙면방해로 인하여 인간의 존엄과 가치를 침해한다.

⇨ 교정시설의 안전과 질서유지를 위해서는 수용거실 안에 일정한 수준의 조명을 유지할 필요가 있다. 수용자의 도주나 자해 등을 막기 위해서는 취침시간에도 최소한의 조명은 유지할 수밖에 없다. 조명점등행위는 법무시설 기준규칙이 규정하는 조도 기준의 범위 안에서 이루어지고 있는데, 이보다 더 어두운 조명으로도 교정시설의 안전과 질서유지라는 목적을 같은 정도로 달성할 수 있다고 볼 수 있는 자료가 없다. 또 조명점등행위로 인한 청구인의 권익 침해가 교정시설 안전과 질서유지라는 공익 보호보다 더 크다고 보기도 어렵다. 그렇다면 **조명점등행위가 과잉금지원칙에 위배하여 청구인의 기본권을 침해한다고 볼 수 없다**(헌재 2018.8.30, 2017헌마440).

④ [○] 행복추구권은 다른 기본권에 대한 보충적 기본권으로서의 성격을 지니므로, 공무담임권이라는 우선적으로 적용되는 기본권이 존재하여(청구인들이 주장하는 불행이란 결국 교원직 상실에서 연유하는 것에 불과하다) 그 침해 여부를 판단하는 이상, 행복추구권 침해 여부를 독자적으로 판단할 필요가 없다(헌재 2000.12.14, 99헌마112).

<hr />

17 　　　　　　　　　　　　　　　　　　답 ②

① [○] 전국을 단위로 선거를 실시하는 대통령선거와 비례대표국회의원선거에 투표하기 위해서는 국민이라는 자격만으로 충분한 데 반해, 특정한 지역구의 국회의원선거에 투표하기 위해서는 '해당 지역과의 관련성'이 인정되어야 한다. 주민등록과 국내거소신고를 기준으로 지역구국회의원선거권을 인정하는 것은 해당 국민의 지역적 관련성을 확인하는 합리적인 방법이다. 따라서 선거권조항과 재외선거인 등록신청조항이 재외선거인의 임기만료지역구국회의원선거권을 인정하지 않은 것이 재외선거인의 선거권을 침해하거나 보통선거원칙에 위배된다고 볼 수 없다(헌재 2014.7.24, 2009헌마256 등).

❷ [×] 지역농협은 사법인에서 볼 수 없는 공법인적 특성을 많이 가지고 있으므로, 지역농협의 조합장선거에서 조합장을 선출하거나 조합장으로 선출될 권리, 조합장선거에서 선거운동을 하는 것도 헌법에 의하여 보호되는 선거권의 범위에 포함된다.

⇨ 사법적인 성격을 지니는 농협의 조합장선거에서 조합장을 선출하거나 조합장으로 선출될 권리, 조합장선거에서 선거운동을

하는 것은 **헌법에 의하여 보호되는 선거권의 범위에 포함되지 않는다**(헌재 2012.2.23, 2011헌바154).

③ [○] 선거운동의 자유는 선거권 행사의 전제 내지 선거권의 중요한 내용을 이룬다고 할 수 있다. 그러므로 선거운동의 제한은 후보자에 관한 정보에 자유롭게 접근할 수 있는 권리를 제한하는 것이므로 선거권, 곧 참정권의 제한으로 귀결된다(헌재 1999.6.24, 98헌마153).

④ [○] 헌법에서 지방자치제를 제도적으로 보장하고 있고, 지방자치는 지방자치단체가 독자적인 자치기구를 설치해서 그 자치단체의 고유사무를 국가기관의 간섭 없이 스스로의 책임 아래 처리하는 것을 의미한다는 점에서 지방자치단체의 대표인 단체장은 지방의회의원과 마찬가지로 주민의 자발적 지지에 기초를 둔 선거를 통해 선출되어야 한다는 것은 지방자치제도의 본질에서 당연히 도출되는 원리이다. … 주민자치제를 본질로 하는 민주적 지방자치제도가 안정적으로 뿌리내린 현 시점에서 지방자치단체의 장 선거권을 지방의회의원 선거권, 더 나아가 국회의원 선거권 및 대통령 선거권과 구별하여 하나는 법률상의 권리로, 나머지는 헌법상의 권리로 이원화하는 것은 허용될 수 없다. 그러므로 지방자치단체의 장 선거권 역시 다른 선거권과 마찬가지로 헌법 제24조에 의해 보호되는 헌법상의 권리로 인정하여야 할 것이다(헌재 2016.10.27, 2014헌마797).

<hr />

18 　　　　　　　　　　　　　　　　　　답 ②

① [○] 재판청구권은 공권력이나 사인에 의해서 기본권이 침해당하거나 침해당할 위험에 처해 있을 경우 이에 대한 구제나 그 예방을 요청할 수 있는 권리라는 점에서 다른 기본권의 보장을 위한 기본권이라는 성격을 가지고 있다(헌재 2009.4.30, 2007헌바121).

❷ [×] 헌법 제27조 제3항은 "모든 국민은 신속한 재판을 받을 권리를 가진다."고 규정하고 있으므로 모든 국민은 법률에 의한 구체적 형성이 없어도 직접 신속한 재판을 청구할 수 있는 권리를 가진다.

⇨ 헌법 제27조 제3항 제1문에 의거한 **신속한 재판을 받을 권리의 실현을 위해서는 구체적인 입법형성이 필요**하고, 신속한 재판을 위한 어떤 직접적이고 구체적인 청구권이 이 헌법규정으로부터 직접 발생하지 아니하므로, 보안관찰처분들의 취소청구에 대해서 법원이 그 처분들의 효력이 만료되기 전까지 신속하게 판결을 선고해야 할 헌법이나 법률상의 작위의무가 존재하지 아니한다.

③ [○] 헌법은 기본권의 포기에 관하여 명시적으로 규정하고 있지 않다. 다수설은 기본권의 성질과 기능에 따라 기본권의 포기가 인정된다고 본다. 항소심의 재판이나 대법원의 재판을 받지 않겠다는 재판청구권의 포기는 성질상 허용된다.

④ [○] 교원에 대한 징계처분은 그 적법성을 판단함에 있어서 전문성과 자주성에 기한 사전심사가 필요하고, 판단기관인 재심위원회의 독립성 및 공정성이 확보되어 있고 심리절차에 있어서도 상당한 정도로 사법절차가 준용되어 권리구제절차로서의 실효성을 가지고 있으며, 재판청구권의 제약은 경미한 데 비하여 그로 인하여 달성되는 공익은 크므로, 재심제도가 입법형성권의 한계를 벗어나 국민의 재판청구권을 침해하는 제도라고 할 수 없다(헌재 2007.1.17, 2005헌바86).

19 답 ④

① [O] 비례대표국회의원선거 기탁금조항은 그 입법목적이 정당하고, 기탁금 요건을 마련하는 것은 그 입법목적을 달성하기 위한 적합한 수단에 해당된다. 그러나 정당에 대한 선거로서의 성격을 가지는 비례대표국회의원선거는 인물에 대한 선거로서의 성격을 가지는 지역구국회의원선거와 근본적으로 그 성격이 다르고, 비례대표 기탁금조항은 공직선거법상 허용된 선거운동을 통하여 선거의 혼탁이나 과열을 초래할 여지가 지역구국회의원선거보다 훨씬 적다고 볼 수 있음에도 지역구국회의원선거에서의 기탁금과 동일한 고액의 기탁금을 설정하고 있어 최소성원칙과 법익균형성원칙에도 위반되어 공무담임권을 침해한다(헌재 2016.12.29, 2015헌마160).

② [O] 금고 이상의 형을 선고받았더라도 불구속상태에 있는 이상 자치단체장이 직무를 수행하는 데는 아무런 지장이 없으므로 부단체장으로 하여금 그 권한을 대행시킬 직접적 필요가 없다는 점, 혹시 그러한 직무정지의 필요성이 인정된다 하더라도, 형이 확정될 때까지 기다리게 되면 자치단체행정의 원활한 운영에 상당한 위험이 초래될 것으로 명백히 예상된다거나 회복할 수 없는 공익이 침해될 우려가 있는 제한적인 경우로 한정되어야 한다는 점, 금고 이상의 형을 선고받은 범죄가 해당 자치단체장에 선출되는 과정에서 또는 선출된 이후 자치단체장의 직무에 관련하여 발생하였는지 여부, 고의범인지 과실범인지 여부 등 해당 범죄의 유형과 죄질에 비추어 형이 확정되기 전이라도 미리 직무를 정지시켜야 할 이유가 명백한 범죄를 저질렀을 경우로만 한정할 필요도 있는 점 등에 비추어 볼 때, 이 사건 법률조항은 필요최소한의 범위를 넘어선 기본권제한에 해당할 뿐 아니라, 이 사건 법률조항으로 인하여 해당 자치단체장은 불확정한 기간 동안 직무를 정지당함은 물론 주민들에게 유죄가 확정된 범죄자라는 선입견까지 주게 되고, 더욱이 장차 무죄판결을 선고받게 되면 이미 침해된 공무담임권은 회복될 수도 없는 등의 심대한 불이익을 입게 되므로, 법익균형성 요건 또한 갖추지 못하였다. 따라서, 이 사건 법률조항은 자치단체장인 청구인의 공무담임권을 침해한다(헌재 2010.9.2, 2010헌마418).

③ [O] 헌법 제25조가 보장하는 공무담임권은 입법부, 행정부, 사법부는 물론 지방자치단체 등 국가, 공공단체의 구성원으로서 그 직무를 담당할 수 있는 권리를 말한다. 그런데 정당은 정치적 주장이나 정책을 추진하고 공직선거의 후보자를 추천 또는 지지함으로써 국민의 정치적 의사형성에 참여함을 목적으로 하는 국민의 자발적 조직으로서, 정당의 공직선거 후보자 선출은 자발적 조직 내부의 의사결정에 지나지 아니한다. 따라서 청구인이 정당의 내부경선에 참여할 권리는 헌법이 보장하는 공무담임권의 내용에 포함된다고 보기 어렵고, 청구인의 소속 정당이 당내경선을 실시하지 않는다고 하여 청구인이 공직선거의 후보자로 출마할 수 없는 것이 아니므로, 심판대상조항으로 인하여 청구인의 공무담임권이 침해될 여지는 없다(헌재 2014.11.27, 2013헌마814).

❹ [×] 국·공립학교 채용시험의 동점자처리에서 국가유공자 등 및 그 유족 가족에게 우선권을 주도록 하고 있는 국가유공자 등 예우 및 지원에 관한 법률 등의 해당 조항들은 일반 응시자들이 국·공립학교 채용시험의 동점자처리에서 심각한 불이익을 당하기 때문에 일반 응시자들의 공무담임권을 침해한다.

⇨ 이 사건 동점자처리조항에 의하여 일반 응시자들은 국·공립학교 채용시험의 동점자처리에서 불이익을 당할 수도 있으므로 일반 응시자들의 공무담임권이 제한된다고 할 것이나, 이는 국가유공자와 그 유·가족의 생활안정을 도모하고 이를 통해 국민의 애국정신함양과 민주사회 발전에 이바지한다고 하는 **공공복리를 위한 불가피한 기본권 제한에 해당하며, 앞서 본 바와 같이 비례의 원칙 내지 과잉금지의 원칙에 위반된 것으로 볼 수 없고, 기본권의 본질적인 내용을 침해한다고도 할 수 없다.** 따라서 이 사건 동점자처리조항은 **일반 응시자들의 공무담임권을 침해하지 아니한다**(헌재 2006.6.29, 2005헌마44).

20 답 ③

① [O] 모든 국민은 그 보호하는 자녀에게 적어도 초등교육과 법률이 정하는 교육을 받게 할 의무를 진다(헌법 제31조 제2항).

② [O] 조세법률주의는 조세행정에 있어서의 법치주의를 말한다. 조세행정에 있어서의 법치주의의 적용은 법률의 근거 없는 조세징수로부터 국민의 재산권을 보호하고 법적 생활의 안전을 도모하려는 데 그 목적이 있는 것으로, 오늘날의 법치주의는 국민의 권리 의무에 관한 사항을 법률로써 정해야 한다는 형식적 법치주의에 그치는 것이 아니라 그 법률의 목적과 내용 또한 기본권보장의 헌법이념에 부합되어야 한다는 실질적 법치주의를 의미하며 헌법 제38조, 제59조가 선언하는 조세법률주의도 이러한 실질적 법치주의를 뜻하는 것이므로 비록 과세요건이 법률로 명확히 정해진 것일지라도 그것만으로 충분한 것이 아니고 조세법의 목적이나 내용이 기본권보장의 헌법이념과 이를 뒷받침하는 헌법상의 제 원칙에 합치되지 아니하면 아니 된다(헌재 1995.2.3, 93헌바48).

❸ [×] 학교운영지원비를 학교회계 세입항목에 포함시키도록 하는 것은 헌법 제31조 제3항에 규정되어 있는 의무교육의 무상원칙에 위반되지 않는다.

⇨ 학교운영지원비는 그 운영상 교원연구비와 같은 교사의 인건비 일부와 학교회계직원의 인건비 일부 등 의무교육과정의 인적 기반을 유지하기 위한 비용을 충당하는 데 사용되고 있다는 점, 학교회계의 세입상 현재 의무교육기관에서는 국고지원을 받고 있는 입학금, 수업료와 함께 같은 항에 속하여 분류되고 있음에도 불구하고 학교운영지원비에 대해서만 학생과 학부모의 부담으로 남아 있다는 점, 학교운영지원비는 기본적으로 학부모의 자율적 협찬금의 외양을 갖고 있음에도 그 조성이나 징수의 자율성이 완전히 보장되지 않아 기본적이고 필수적인 학교 교육에 필요한 비용에 가깝게 운영되고 있다는 점 등을 고려해보면 이 사건 **세입조항은 헌법 제31조 제3항에 규정되어 있는 의무교육의 무상원칙에 위배되어 헌법에 위반된다**(헌재 2012.8.23, 2010헌바220).

④ [O] 국방의 의무는 외부 적대세력의 직·간접적인 침략행위로부터 국가의 독립을 유지하고 영토를 보전하기 위한 의무로서 현대전이 고도의 과학기술과 정보를 요구하고 국민전체의 협력을 필요로 하는 이른바 총력전인 점에 비추어 단지 병역법에 의하여 군복무에 임하는 등의 직접적인 병력형성의무만을 가리키는 것이 아니라 병역법, 향토예비군설치법, 민방위기본법, 비상대비자원관리법 등에 의한 간접적인 병력형성의무 및 병력형성 이후 군작전명령에 복종하고 협력하여야 할 의무도 포함하는 개념이다(헌재 2002.11.28, 2002헌바45).

정답

p.66

01	①	02	④	03	④	04	③	05	④
06	④	07	①	08	②	09	③	10	④
11	②	12	①	13	③	14	③	15	③
16	②	17	④	18	④	19	④	20	④

01

답 ①

㉠ [×] 방송의 자유는 민주주의의 원활한 작동을 위한 기초인바, 국가권력은 물론 정당, 노동조합, 광고주 등 사회의 여러 세력이 법률에 정해진 절차에 의하지 아니하고 방송편성에 개입한다면 국민 의사가 왜곡되고 민주주의에 중대한 위해가 발생하게 된다. **심판대상조항은 방송편성의 자유와 독립을 보장하기 위하여 방송에 개입하여 부당하게 영향력을 행사하는 '간섭'에 이르는 행위만을 금지하고 처벌할 뿐이고,** 방송법과 다른 법률들은 방송 보도에 대한 의견 개진 내지 비판의 통로를 충분히 마련하고 있다. 따라서 **심판대상조항이 과잉금지원칙에 반하여 표현의 자유를 침해한다고 볼 수 없다**(헌재 2021. 8.31. 2019헌바439).

㉡ [×] 국기는 국가의 역사와 국민성, 이상 등을 응축하고 헌법이 보장하는 질서와 가치를 담아 국가의 정체성을 표현하는 국가의 대표적 상징물이다. 심판대상조항은 국기를 존중, 보호함으로써 국가의 권위와 체면을 지키고, 국민들이 국기에 대하여 가지는 존중의 감정을 보호하려는 목적에서 입법된 것이다. **심판대상조항은 국기가 가지는 고유의 상징성과 위상을 고려하여 일정한 표현방법을 규제하는 것에 불과하므로,** 국기모독 행위를 처벌한다고 하여 이를 정부나 정권, 구체적 국가기관이나 제도에 대한 비판을 허용하지 않거나 이를 곤란하게 하는 것으로 볼 수 없다. … 그러므로 **심판대상조항은 과잉금지원칙에 위배되어 청구인의 표현의 자유를 침해한다고 볼 수 없고,** 표현의 자유의 본질적 내용을 침해한다고도 할 수 없다(헌재 2019.12.27. 2016헌바96).

㉢ [○] 이 사건 지원배제 지시는 특정한 정치적 견해를 표현한 자에 대하여 문화예술 지원 공모사업에서의 공정한 심사 기회를 박탈하여 사후적으로 제재를 가한 것으로, 개인 및 단체의 정치적 표현의 자유에 대한 제한조치에 해당하는바, 그 법적 근거가 없으므로 법률유보원칙을 위반하여 표현의 자유를 침해한다. 이 사건 지원배제 지시는 정부에 대한 비판적 견해를 가진 청구인들을 제재하기 위한 목적으로 행한 것인데, 이는 헌법의 근본원리인 국민주권주의와 자유민주적 기본질서에 반하므로, 그 목적의 정당성을 인정할 수 없어 청구인들의 표현의 자유를 침해한다(헌재 2020.12.23. 2017헌마416).

㉣ [×] 국가공무원법조항 중 '그 밖의 정치단체'에 관한 부분은 가입 등이 금지되는 '정치단체'가 무엇인지 그 규범 내용이 확정될 수 없을 정도로 불분명하여, 헌법상 그 가입 등이 마땅히 보호받아야 할 단체까지도 수범자인 나머지 청구인들이 가입 등의 행위를 하지 못하게 위축시키고 있고, 법 집행 공무원이 지나치게 넓은 재량을 행사하여 금지되는 '정치단체'와 금지되지 않는 단체를 자의적으로 판단할 위험이 있다. 따라서 **국가공무원법조항 중 '그 밖의 정치단체'에 관한 부분은 명확성원칙에 위배되어 나머지 청구인들의 정치적 표현의 자유, 결사의 자유를 침해한다**(헌재 2020.4.23. 2018헌마551).

㉤ [○] 심판대상조항은 정치적 의사표현이 가장 긴요한 선거운동기간 중에 인터넷언론사 홈페이지 게시판 등 이용자로 하여금 실명확인을 하도록 강제함으로써 익명표현의 자유와 언론의 자유를 제한하고, 모든 익명표현을 규제함으로써 대다수 국민의 개인정보자기결정권도 광범위하게 제한하고 있다는 점에서 이와 같은 불이익은 선거의 공정성 유지라는 공익보다 결코 과소평가될 수 없다. 그러므로 **심판대상조항은 과잉금지원칙에 반하여 인터넷언론사 홈페이지 게시판 등 이용자의 익명표현의 자유와 개인정보자기결정권, 인터넷언론사의 언론의 자유를 침해한다**(헌재 2021.1.28. 2018헌마456 등).

02

답 ④

① [○] 헌법 제18조에서 "모든 국민은 통신의 비밀을 침해받지 아니한다."라고 규정하여 통신의 비밀을 침해받지 아니할 권리 즉, 통신의 자유를 국민의 기본권으로 보장하고 있다. 따라서 통신의 중요한 수단인 서신의 당사자나 내용은 본인의 의사에 반하여 공개될 수 없으므로 서신의 검열은 원칙으로 금지된다고 할 것이다. … 이러한 현행법령과 제도하에서 수형자가 수발하는 서신에 대한 검열로 인하여 수형자의 통신의 비밀이 일부 제한되는 것은 국가안전보장·질서유지 또는 공공복리라는 정당한 목적을 위하여 부득이 할 뿐만 아니라 유효적절한 방법에 의한 최소한의 제한이며 통신의 자유의 본질적 내용을 침해하는 것이 아니므로 헌법에 위반된다고 할 수 없다(헌재 1998.8.27. 96헌마398).

② [O] 인터넷회선감청은, 인터넷회선을 통하여 흐르는 전기신호 형태의 '패킷'을 중간에 확보한 다음 재조합 기술을 거쳐 그 내용을 파악하는 이른바 '패킷감청'의 방식으로 이루어진다. 따라서 이를 통해 개인의 통신뿐만 아니라 사생활의 비밀과 자유가 제한된다. … 이 사건 법률조항은 인터넷회선감청의 특성을 고려하여 그 집행 단계나 집행 이후에 수사기관의 권한 남용을 통제하고 관련 기본권의 침해를 최소화하기 위한 제도적 조치가 제대로 마련되어 있지 않은 상태에서, 범죄수사 목적을 이유로 인터넷회선감청을 통신제한조치 허가 대상 중 하나로 정하고 있으므로 침해의 최소성 요건을 충족한다고 할 수 없다. … 이 사건 법률조항은 과잉금지원칙에 위반하는 것으로 청구인의 기본권을 침해한다(헌재 2018.8.30. 2016헌마263).

③ [O] 위치정보 추적자료 제공요청은 통신비밀보호법이 정한 강제처분에 해당되므로 헌법상 영장주의가 적용된다. 영장주의의 본질은 강제처분을 함에 있어 중립적인 법관이 구체적 판단을 거쳐야 한다는 점에 있는바, 이 사건 허가조항은 수사기관이 전기통신사업자에게 위치정보 추적자료 제공을 요청함에 있어 관할 지방법원 또는 지원의 허가를 받도록 규정하고 있으므로 헌법상 영장주의에 위배되지 아니한다(헌재 2018.6.28. 2012헌마191).

❹ [×] 수용자가 집필한 문서의 내용이 사생활의 비밀 또는 자유를 침해하는 등 우려가 있는 때 교정시설의 장이 문서의 외부반출을 금지하도록 규정한 법률 조항은, 집필문을 창작하거나 표현하는 것을 금지하거나 이에 대한 허가를 요구하는 조항이므로, 제한되는 기본권은 통신의 자유가 아니라 표현의 자유로 보아야 한다.
　⇨ 청구인은 심판대상조항에 의해 표현의 자유 또는 예술창작의 자유가 제한된다고 주장하나, 심판대상조항은 집필문을 창작하거나 표현하는 것을 금지하거나 이에 대한 허가를 요구하는 조항이 아니라 이미 표현된 집필문을 외부의 특정한 상대방에게 발송할 수 있는지 여부에 대해 규율하는 것이므로, 제한되는 기본권은 헌법 제18조에서 정하고 있는 통신의 자유로 봄이 상당하다. 따라서 **심판대상조항이 사전검열에 해당한다는 청구인의 주장에 대해서는 판단하지 아니하고, 통신의 자유 침해 여부에 대해서만 판단하기로 한다.** … 따라서 심판대상조항은 수용자의 통신의 자유를 침해하지 아니한다(헌재 2016.5.26. 2013헌바98).
　✎ **수용자의 통신의 자유는 제한하나 표현의 자유는 제한하지 않는다.**

03　　　　　　　　　　　　　　　　　　답 ④

① [×] 심판대상조항은 '부정경쟁방지 및 영업비밀보호에 관한 법률'(이하 '부정경쟁방지법'이라 한다)상 '국내에 널리 인식된' '타인의 영업임을 표시하는 표지'와 '동일'하거나 '유사'한 것을 사용하여 타인의 영업상의 시설 및 활동과 '혼동하게 하는 행위'를 부정경쟁행위로 정의하고 있는바, 각 요건의 문언적 의미, 중한 법익침해를 입법공백 없이 규제하려는 심판대상조항의 입법취지 및 경위, 등록주의를 원칙으로 하고 있는 상표법의 예외로서 특히 주지성을 취득한 영업표지에 한하여 보호하는 점 등에 비추어 본다면, 심판대상조항은 영업표지가

국내 수요자 사이에 자타식별 및 출처표시기능을 가지는 특정인의 영업표지라고 널리 인식되고 알려지는 것을 규율하는 것임을 충분히 알 수 있고, 법원 역시 일관되게 위 각 요건에 관한 보충적 해석기준을 제시해오고 있다. 따라서 **심판대상조항은 명확성원칙에 위배되지 아니한다**(헌재 2021.9.30. 2019헌바217).

② [×] 심판대상조항에서 '대리'란, 소송사건 등 법률사건에 관하여 본인을 대신하여 사건을 처리하는 제반 행위로서 법률사무 취급의 한 태양을 의미한다. 심판대상조항에서 '중재'란, 분쟁 당사자가 아닌 제3자가 법률사건에 관계된 사항에 관하여 재판 외의 절차에서 당사자들의 의사를 조율하는 등으로 분쟁의 원활한 해결을 도모하는 행위를 의미한다. 심판대상조항에서 '일반의 법률사건'이란, 법률상의 권리·의무의 발생·변경·소멸에 관한 다툼 또는 의문에 관한 사건을 의미한다. 건전한 상식과 통상적인 법감정을 가진 사람이라면 심판대상조항에 따라 처벌되는 행위가 무엇인지 파악할 수 있고, 그 구체적인 내용은 법관의 통상적인 해석·적용에 의하여 보완될 수 있으므로, **심판대상조항 중 '대리', '중재', '일반의 법률사건' 부분은 죄형법정주의의 명확성원칙에 위반되지 아니한다**(헌재 2021.6.24. 2020헌바38).

③ [×] **정액범위조항에 사용된 '등'은 열거된 항목 외에 같은 종류의 것이 더 있음을 나타내는 의미로 해석할 수 있고,** 다른 조항과의 유기적·체계적 해석을 통해 그 적용범위를 합리적으로 파악할 수 있으므로, **명확성원칙에 위배되지 않는다**(헌재 2020.4.23. 2017헌마103).

❹ [O] 형의 선고와 함께 소송비용 부담의 재판을 받은 피고인이 '빈곤'을 이유로 해서만 집행면제를 신청할 수 있도록 한 형사소송법 규정에 따른 소송비용에 관한 부분 중 '빈곤'은 경제적 사정으로 소송비용을 납부할 수 없는 경우를 지칭하는 것으로 해석될 수 있으므로 명확성원칙에 위배되지 않는다.
　⇨ '빈곤'은 경제적 사정으로 소송비용을 납부할 수 없는 경우를 지칭하는 것으로 해석될 수 있으므로 집행면제 신청 조항은 명확성원칙에 위배되지 않는다(헌재 2021.2.25. 2019헌바64).

04　　　　　　　　　　　　　　　　　　답 ③

① [×] 우리나라는 직업공무원제도를 채택하고 있는데, 이는 공무원이 집권세력의 논공행상의 제물이 되는 엽관제도(獵官制度)를 지양하고 정권교체에 따른 국가작용의 중단과 혼란을 예방하고 일관성 있는 공무수행의 독자성을 유지하기 위하여 헌법과 법률에 의하여 공무원의 신분이 보장되는 공직구조에 관한 제도이다. 여기서 말하는 공무원은 국가 또는 공공단체와 근로관계를 맺고 이른바 공법상 특별권력관계 내지 특별행정법관계 아래 공무를 담당하는 것을 직업으로 하는 협의의 공무원을 말하며 **정치적 공무원이라든가 임시적 공무원은 포함되지 않는 것이다**[헌재 1989.12.18. 89헌마32·33(병합)].

② [×] 획일적으로 30세까지는 순경과 소방사·지방소방사 및 소방간부후보생의 직무수행에 필요한 최소한도의 자격요건을 갖추고, 30세가 넘으면 그러한 자격요건을 상실한다고 보기 어렵고, 이 점은 순경을 특별 채용하는 경우 응시연령을 40세 이하로 제한하고, 소방사·지방소방사와 마찬가지로 화재현장업무 등을 담당하는 소방교·지방소방교의 경우 특채시험의

응시연령을 35세 이하로 제한하고 있는 점만 보아도 분명하다. 따라서 이 사건 심판대상조항들이 순경 공채시험, 소방사 등 채용시험, 그리고 소방간부 선발시험의 응시연령의 상한을 '30세 이하'로 규정하고 있는 것은 합리적이라고 볼 수 없으므로 침해의 최소성원칙에 위배되어 청구인들의 공무담임권을 침해한다. 그렇다고 하여, 순경 공채시험, 소방사 등 채용시험, 소방간부 선발시험에서 응시연령의 상한을 제한하는 것이 전면적으로 허용되지 않는다고 단정하기 어렵고, 경찰 또는 소방공무원의 채용 및 공무수행의 효율성을 도모하여 국민의 생명과 재산을 보호하기 위하여 필요한 최소한도의 제한은 허용되어야 할 것인바, **그 한계는 경찰 및 소방업무의 특성 및 인사제도 그리고 인력수급 등의 상황을 고려하여 입법기관이 결정할 사항이다**(헌재 2012.5.31, 2010헌마278)[헌법불합치].

❸ [O] 공무원이 수뢰죄를 범하여 금고 이상 형의 선고유예 판결을 받은 경우에 당연퇴직사유로 한 것은 합헌이다.

⇨ 수뢰죄는 수수액의 다과에 관계없이 공무원 직무의 불가매수성과 염결성을 치명적으로 손상시키고, 직무의 공정성을 해치며 국민의 불신을 초래하므로 일반 형법상 범죄와 달리 엄격하게 취급할 필요가 있다. 수뢰죄를 범하더라도 자격정지형의 선고유예를 받은 경우 당연퇴직하지 않을 수 있으며, 당연퇴직의 사유가 직무 관련 범죄로 한정되므로 심판대상조항은 침해의 최소성원칙에 위반되지 않고, 이로써 달성되는 공익이 공무원 개인이 입는 불이익보다 훨씬 크므로 법익균형성원칙에도 반하지 아니한다. 따라서 심판대상조항은 과잉금지원칙에 반하여 청구인의 공무담임권을 침해하지 아니한다(헌재 2013.7.25, 2012헌바409).

④ [X] 범죄행위로 형사처벌을 받은 공무원에 대하여 형사처벌사실 그 자체를 이유로 신분상 불이익처분을 하는 방법과 별도의 징계절차를 거쳐 불이익처분을 하는 방법 중 어느 방법을 선택할 것인가는 입법자의 재량에 속하는 것이다. 따라서 공무원에게 부과되는 신분상 불이익과 보호하려는 공익이 합리적 균형을 이루는 한 법원이 범죄의 모든 정황을 고려하여 금고 이상의 형의 집행유예 판결을 하였다면 그 범죄행위가 직무와 직접적 관련이 없거나 과실에 의한 것이라 하더라도 공무원의 품위를 손상하는 것으로 당해 공무원에 대한 사회적 비난가능성이 결코 적지 아니함을 의미하므로 이를 **공무원의 당연퇴직사유로 규정한 법률조항이 입법자의 재량을 일탈한 것이라고 볼 수 없다.** 또한, 집행유예와 선고유예의 차이, 금고형과 벌금형의 경중을 고려할 때 이 사건 법률조항이 집행유예 판결을 받은 자를 합리적 이유 없이 선고유예나 벌금형의 판결을 받은 자에 비하여 차별하는 것이라고도 볼 수 없다. 그렇다면 공무원에게 가해지는 신분상 불이익과 보호하려는 공익을 비교할 때 금고 이상의 형의 집행유예 판결을 받은 것을 공무원의 당연퇴직사유로 규정한 이 사건 **법률조항이 공무담임권 및 행복추구권을 침해하여 헌법에 위반된다고 할 수 없다**(헌재 2011.6.30, 2010헌바478).

① [X] 평등위반 여부를 심사함에 있어 엄격한 심사척도에 의할 것인지, 완화된 심사척도에 의할 것인지는 입법자에게 인정되는 입법형성권의 정도에 따라 달라지게 될 것이다. 먼저 헌법에서 특별히 평등을 요구하고 있는 경우 엄격한 심사척도가 적용될 수 있다. 헌법이 스스로 차별의 근거로 삼아서는 아니 되는 기준을 제시하거나 차별을 특히 금지하고 있는 영역을 제시하고 있다면 그러한 기준을 근거로 한 차별이나 그러한 영역에서의 차별에 대하여 엄격하게 심사하는 것이 정당화된다. 다음으로 차별적 취급으로 인하여 관련 **기본권에 대한 중대한 제한을 초래하게 된다면 입법형성권은 축소되어 보다 엄격한 심사척도가 적용되어야 할 것이다.** … 엄격한 심사를 한다는 것은 자의금지원칙에 따른 심사, 즉 합리적 이유의 유무를 심사하는 것에 그치지 아니하고 비례성원칙에 따른 심사, 즉 차별취급의 목적과 수단간에 엄격한 비례관계가 성립하는지를 기준으로 한 심사를 행함을 의미한다(헌재 1999.12. 23, 98헌마363).

② [X] 청구인들은 국가공무원임용시험에서 국가유공자와 그 가족(이하 이들을 '국가유공자'라 한다)에게 가산점을 주는 것이 다른 일반 응시자의 기본권을 침해한다고 다투면서 나아가 국가유공자와 비국가유공자를 통합하여 시험을 실시하는 것도 다툰다. 그런데 양자를 분리하여 각각 시험을 실시한다고 하더라도 동 가산점제도가 여전히 유지되고, 공무원시험의 합격정원이 달라지지 않는다면 청구인들과 같은 일반 응시자의 합격가능성에 실질적인 차이가 있다고 보기 어렵다. 양자를 통합적으로 하여 시험실시를 할 것인지 여부는 정책적인 문제에 불과하며, 이로 인한 청구인들의 불이익은 사실적인 것에 불과하므로 **기본권침해의 가능성이 있다고 볼 수 없다**(헌재 2006.5.25, 2005헌마11 등).

③ [X] 가사사용인도 근로자에 해당하지만, 제공하는 근로가 가정이라는 사적 공간에서 이루어지는 특수성이 있다. 그런데 퇴직급여법은 사용자에게 여러 의무를 강제하고 국가가 사용자를 감독하고 위반시 처벌하도록 규정하고 있다. 가구 내 고용활동에 대하여 다른 사업장과 동일하게 퇴직급여법을 적용할 경우 이용자 및 이용자 가족의 사생활을 침해할 우려가 있음은 물론 국가의 관리 감독이 제대로 이루어지기도 어렵다. … 최근 가사사용인에 대한 보호필요성이 높아짐에 따라 이용 가정의 사생활 침해를 최소화하면서도 가사사용인의 보호를 도모하기 위하여 '가사근로자의 고용개선 등에 관한 법률'이 제정되었다. 이 법에 의하면 인증받은 가사서비스 제공기관과 근로계약을 체결하고 이용자에게 가사서비스를 제공하는 사람은 가사근로자로서 퇴직급여법의 적용을 받게 된다(제6조 제1항). 이에 따라 가사사용인은 가사서비스 제공기관을 통하여 가사근로자법과 근로 관계 법령을 적용받을 것인지, 직접 이용자와 고용계약을 맺는 대신 가사근로자법과 근로 관계 법령의 적용을 받지 않을 것인지 선택할 수 있다. 이를 종합하면 **심판대상조항이 가사사용인을 일반 근로자와 달리 퇴직급여법의 적용범위에서 배제하고 있다 하더라도 합리적 이유가 있는 차별로서 평등원칙에 위배되지 아니한다**(헌재 2022.10.27, 2019헌바454).

❹ [O] 국회의원을 후원회지정권자로 정하면서 지방의원을 후원회지정권자에서 제외하고 있는 정치자금법 제6조 제2호는 지방의원의 평등권을 침해한다.

⇨ 현재 지방자치법에 따라 지방의회의원에게 지급되는 의정활동비 등은 의정활동에 전념하기에 충분하지 않다. 또한, 지방의회는 유능한 신인정치인의 유입 통로가 되므로, 지방의회의원에게 후원회를 지정할 수 없도록 하는 것은 경제력을 갖추

못한 사람의 정치입문을 저해할 수도 있다. 따라서 이러한 사정들을 종합하여 보면, 심판대상조항이 국회의원과 달리 지방의회의원을 후원회지정권자에서 제외하고 있는 것은 불합리한 차별로서 청구인들의 평등권을 침해한다. …심판대상조항에 대하여 단순위헌결정을 하여 그 효력을 상실시키게 되면 국회의원 역시 후원회를 지정할 수 있는 근거규정이 사라지게 되므로, 심판대상조항에 대하여 단순위헌결정을 선고하는 대신 헌법불합치결정을 선고한다. 입법자는 2024.5.31.까지 개선입법을 하여야 하고, 이 조항은 입법자의 개선입법이 이루어질 때까지 계속 적용된다(헌재 2022.11.24, 2019헌마528).

06 답 ④

① [O] 헌법 제72조의 국민투표권은 대통령이 어떠한 정책을 국민투표에 부의한 경우에 비로소 행사가 가능한 기본권이다. 한미무역협정에 대한 대통령의 국민투표 부의가 행해지지 않은 이상 헌법 제72조의 국민투표권의 침해 가능성은 인정되지 않는다(헌재 2013.11.28, 2012헌마166).

②③ [O] 우리 헌법은 국민에 의하여 직접 선출된 국민의 대표자가 국민을 대신하여 국가의사를 결정하는 대의민주주의를 기본으로 하고 있어, 중요 정책에 관한 사항이라 하더라도 반드시 국민의 직접적인 의사를 확인하여 결정해야 한다고 보는 것은 전체적인 헌법체계와 조화를 이룰 수 없다. 헌법 제72조는 대통령에게 국민투표의 실시 여부, 시기, 구체적 부의사항, 설문내용 등을 결정할 수 있는 임의적인 국민투표발의권을 독점적으로 부여한 것이다(헌재 2004.5.14, 2004헌나1). 따라서 특정의 국가정책에 대하여 다수의 국민들이 국민투표를 원하고 있음에도 불구하고 대통령이 이러한 희망과는 달리 국민투표에 회부하지 아니한다고 하여도 이를 헌법에 위반된다고 할 수 없고, 국민에게 특정의 국가정책에 관하여 국민투표에 회부할 것을 요구할 권리가 인정된다고 할 수도 없다. 결국 헌법 제72조의 국민투표권은 대통령이 어떠한 정책을 국민투표에 부의한 경우에 비로소 행사가 가능한 기본권이라 할 수 있다(헌재 2005.11.24, 2005헌마579 등).

❹ [X] 국민투표법 조항이 정치 참여 요구의 진지성·밀접성 등을 고려하여 주민등록이나 국내거소신고를 한 국민에게만 국민투표권을 인정한 것은 입법부의 합리적인 입법형성의 재량범위 내에 있다.

⇨ 헌법 제72조의 중요 정책 국민투표와 헌법 제130조의 헌법개정안 국민투표는 대의기관인 국회와 대통령의 의사결정에 대한 국민의 승인절차에 해당한다. 대의기관의 선출 주체가 곧 대의기관의 의사결정에 대한 승인 주체가 되는 것은 당연한 논리적 귀결이다. 재외선거인은 대의기관을 선출할 권리가 있는 국민으로서 대의기관의 의사결정에 대해 승인할 권리가 있으므로, 국민투표권자에는 재외선거인이 포함된다고 보아야 한다. 또한, 국민투표는 선거와 달리 국민이 직접 국가의 정치에 참여하는 절차이므로, 국민투표권은 대한민국 국민의 자격이 있는 사람에게 반드시 인정되어야 하는 권리이다. 이처럼 국민의 본질적 지위에서 도출되는 국민투표권을 추상적 위험 내지 선거기술상의 사유로 배제하는 것은 헌법이 부여한 참정권을 사실상 박탈한 것과 다름없다. 따라서 **국민투표법 조항은 재외선거인의 국민투표권을 침해한다**(헌재 2014.7.24, 2009헌마256 등).

07 답 ①

❶ [X] 변호인의 조력을 받을 권리는 형사절차에서 피의자 또는 피고인의 방어권 보장을 위한 것으로서 출입국관리법상 보호 또는 강제퇴거의 절차에도 적용되는 것은 아니다.

⇨ 헌법 제12조 제4항 본문의 문언 및 헌법 제12조의 조문 체계, 변호인 조력권의 속성, 헌법이 신체의 자유를 보장하는 취지를 종합하여 보면 **헌법 제12조 제4항 본문에 규정된 '구속'은 사법절차에서 이루어진 구속뿐 아니라, 행정절차에서 이루어진 구속까지 포함하는 개념이다.** 따라서 헌법 제12조 제4항 본문에 규정된 변호인의 조력을 받을 권리는 **행정절차에서 구속을 당한 사람에게도 즉시 보장된다.** 종래 이와 견해를 달리하여 헌법 제12조 제4항 본문에 규정된 변호인의 조력을 받을 권리는 형사절차에서 피의자 또는 피고인의 방어권을 보장하기 위한 것으로서 출입국관리법상 보호 또는 강제퇴거의 절차에도 적용된다고 보기 어렵다고 판시한 우리 재판소 결정(헌재 2012.8.23, 2008헌마430)은, 이 결정 취지와 저촉되는 범위 안에서 변경한다(헌재 2018.5.31, 2014헌마346).

② [O] 변호인의 조력을 받을 권리는 변호인과의 자유로운 접견교통권에 그치지 아니하고 더 나아가 변호인을 통하여 수사서류를 포함한 소송관계 서류를 열람·등사하고 이에 대한 검토 결과를 토대로 공격과 방어의 준비를 할 수 있는 권리도 포함된다고 보아야 할 것이므로 변호인의 수사기록 열람·등사에 대한 지나친 제한은 결국 피고인에게 보장된 변호인의 조력을 받을 권리를 침해하는 것이다(헌재 1997.11.27, 94헌마60).

③ [O] 변호인 선임을 위하여 피의자·피고인(이하 '피의자 등'이라 한다)이 가지는 '변호인이 되려는 자'와의 접견교통권은 헌법상 기본권으로 보호되어야 하고, '변호인이 되려는 자'의 접견교통권은 피의자 등이 변호인을 선임하여 그로부터 조력을 받을 권리를 공고히 하기 위한 것으로서, 그것이 보장되지 않으면 피의자 등이 변호인 선임을 통하여 변호인으로부터 충분한 조력을 받는다는 것이 유명무실하게 될 수밖에 없다. 이와 같이 '변호인이 되려는 자'의 접견교통권은 피의자 등을 조력하기 위한 핵심적인 부분으로서, 피의자 등이 가지는 헌법상의 기본권인 '변호인이 되려는 자'와의 접견교통권과 표리의 관계에 있다. 따라서 피의자 등이 가지는 '변호인이 되려는 자'의 조력을 받을 권리가 실질적으로 확보되기 위해서는 '변호인이 되려는 자'의 접견교통권 역시 헌법상 기본권으로서 보장되어야 한다(헌재 2019.2.28, 2015헌마1204).

④ [O] 헌법상 보장되는 '변호인의 조력을 받을 권리'는 변호인의 '충분한 조력'을 받을 권리를 의미하므로, 일정한 경우 피고인에게 국선변호인의 조력을 받을 권리를 보장하여야 할 국가의 의무에는 형사소송절차에서 단순히 국선변호인을 선정하여 주는 데 그치지 않고 한 걸음 더 나아가 피고인이 국선변호인의 실질적인 조력을 받을 수 있도록 필요한 업무 감독과 절차적 조치를 취할 책무까지 포함된다고 할 것이다(대결 2012.2.16, 2009모1044).

① [O] 변호사보수를 소송비용에 산입함으로써 정당한 권리실행을 위하여 제소 또는 응소하려는 사람이 패소한 경우의 비용 부담을 염려하여 소송제도의 이용을 꺼리게 되는 점은 부인할 수 없다. 그러나 심판대상조항과 이에 근거한 '변호사보수의 소송비용 산입에 관한 규칙'은 소송 유형에 따라 차등을 두거나 법원 재량으로 변호사보수로 산정될 금액을 감액할 수 있도록 하는 등 구체적 소송비용의 상환범위를 합리적으로 제한하고 있다. 이 사건에서 위 선례와 달리 판단할 만한 사정변경이 있다고 보기 어려우므로, 심판대상조항이 패소한 당사자의 재판청구권을 침해한다고 할 수 없다(헌재 2016.6.30. 2013헌바370).

❷ [×] 정의의 실현 및 재판의 적정성이라는 법치주의의 요청에 의해 재심제도의 규범적 형성에 있어서는 입법자의 형성적 자유가 축소된다.

➡ 재심제도의 규범적 형성에 있어서 입법자는 확정판결을 유지할 수 없을 정도의 중대한 하자가 무엇인지를 구체적으로 가려내야 하는바, 이는 사법에 의한 권리보호에 관하여 한정된 사법자원의 합리적인 분배의 문제인 동시에 법치주의에 내재된 두 가지의 대립적 이념 즉, 법적 안정성과 정의의 실현이라는 상반된 요청을 어떻게 조화시키느냐의 문제로 돌아가므로, 결국 이는 불가피하게 **입법자의 형성적 자유가 넓게 인정되는 영역이라고 할 수 있다**(헌재 2009.4.30. 2007헌바121).

③ [O] 헌법 제27조 제1항에 규정된 '헌법과 법률이 정한 법관에 의하여 재판을 받을 권리'라 함은 헌법과 법률이 정한 자격과 절차에 의하여 임명되고, 물적 독립과 인적 독립이 보장된 법관에 의한 재판을 받을 권리를 의미하는 것일 뿐 사건의 경중을 가리지 아니하고 모든 사건에 대하여 대법원을 구성하는 법관에 의한 재판을 받을 권리를 의미한다고 볼 수는 없다(대결 2004.8.20. 2003카기33).

④ [O] 약식명령은 경미하고 간이한 사건을 대상으로 하기 때문에, 대부분 범죄사실에 다툼이 없는 경우가 많고, 형사피해자도 이미 범죄사실을 충분히 인지하고 있어, 범죄사실에 대한 별도의 확인 없이도 얼마든지 법원이나 수사기관에 의견을 제출할 수 있으며, 직접 범죄사실의 확인을 원하는 경우에는 소송기록의 열람·등사를 신청하는 것도 가능하므로, 형사피해자가 약식명령을 고지받지 못한다고 하여 형사재판절차에서의 참여기회가 완전히 봉쇄되어 있다고 볼 수 없다. 따라서 이 사건 고지조항은 형사피해자의 재판절차진술권을 침해하지 않는다(헌재 2019.9.26. 2018헌마1015).

① [O] 헌법 제33조 제2항은 공무원인 근로자의 경우 법률이 정하는 자에 한하여 단결권·단체교섭권 및 단체행동권을 가진다고 규정함으로써 공무원인 근로자의 노동기본권에 대하여 헌법적 제한을 두고 있으며, 노동조합 및 노동관계조정법(이하 '노동조합법'이라 한다) 제5조 단서는 공무원으로 구성된 노동조합(이하 '공무원노동조합'이라 한다)의 설립이나 가입에 관하여 따로 법률로 정하도록 규정하고 있다. 그리고 이에 따라 제정된 공무원의 노동조합 설립 및 운영 등에 관한 법률(이하 '공무원노조법'이라 한다)은 노동기본권이 보장되는 공무원의 범위와 공무원노동조합의 설립 및 운영 등에 관한 사항을 정하면서, 제3조 제1항에서 공무원노조법에 따른 공무원노동조합의 조직·가입, 공무원노동조합과 관련된 정당한 활동에 대하여는 노동운동 등 공무 외의 집단행위를 금지한 국가공무원법 및 지방공무원법을 적용하지 아니하도록 규정하고 있다. 이러한 헌법과 노동조합법, 공무원노조법 등 공무원의 노동기본권 관련 규정 내용을 종합하면, 공무원으로 조직된 근로자단체는 공무원노조법에 따라 설립된 공무원노동조합인 경우에 한하여 노동기본권의 향유 주체가 될 수 있다(대판 2016. 12.27. 2011두921).

② [O] 국가공무원은 그 임용주체가 궁극에는 주권자인 국민이기 때문에 국민 전체에 대하여 봉사하고 책임을 져야 하는 특별한 지위에 있고, 그가 담당한 업무가 국가 또는 공공단체의 공공적인 일이어서 특히 그 직무를 수행함에 있어서 공공성·공정성·성실성 및 중립성 등이 요구되기 때문에 일반 근로자와는 달리 특별한 근무관계에 있는 사람이다. 이러한 요인으로 인하여 공무원에게 인정되는 단결권의 성질이나 형태 그리고 근무조건의 향상을 위한 활동에 대한 제한 등에서 일반 근로자와 차이가 있게 된다(헌재 2007.8.30. 2005헌가5).

❸ [×] 공무원인 근로자의 노동3권을 인정할 것인가의 여부와 그 인정범위는 과잉금지의 원칙에 따라서 심사된다.

➡ 헌법 제33조 제2항이 규정되지 아니하였다면 공무원인 근로자도 헌법 제33조 제1항에 따라 노동3권을 가진다 할 것이고, 이 경우에 공무원인 근로자의 단결권·단체교섭권·단체행동권을 제한하는 법률에 대해서는 헌법 제37조 제2항에 따른 기본권제한의 한계를 준수하였는가 하는 점에 대한 심사를 하는 것이 헌법원리로서 상당할 것이나, **헌법 제33조 제2항이 직접 '법률이 정하는 자'만이 노동3권을 향유할 수 있다고 규정하고 있어서 '법률이 정하는 자' 이외의 공무원은 노동3권의 주체가 되지 못하므로, 노동3권이 인정됨을 전제로 하는 헌법 제37조 제2항의 과잉금지원칙은 적용이 없는 것으로 보아야 할 것이다**(헌재 2008.12.26. 2005헌마971).

④ [O] 헌법 제117조 제1항은 "지방자치단체는 주민의 복리에 관한 사무를 처리하고 재산을 관리하며, 법령의 범위 안에서 자치에 관한 규정을 제정할 수 있다."라고 규정하여 법률의 위임이 있는 경우에는 조례에 의하여 소속 공무원에 대한 인사와 처우를 스스로 결정하는 권한이 있다고 할 것이므로, 사실상 노무에 종사하는 공무원의 범위에 관하여 당해 지방자치단체에 조례제정권을 부여하고 있다고 하여 헌법에 위반된다고 할 수 없다(헌재 2005.10.27. 2003헌바50).

✎ 주의할 것은 지방자치단체가 지방공무원법 제58조 제2항의 위임에 따라 '사실상 노무에 종사하는 공무원의 범위'를 정하는 조례를 제정하지 아니한 부작위는 헌법에 위반된다는 점이다(헌재 2009.7.30. 2006헌마358).

① [O] 헌법 제34조 제1항이 보장하는 인간다운 생활을 할 권리는 사회권적 기본권의 일종으로서 인간의 존엄에 상응하는 최소한의 물질적인 생활의 유지에 필요한 급부를 요구할 수 있는 권리를 의미하는데, 이러한 권리는 국가가 재정형편 등 여러 가지

상황들을 종합적으로 감안하여 법률을 통하여 구체화할 때에 비로소 인정되는 법률적 권리라고 할 것이다(헌재 2009.11.26, 2007헌마734).

② [O] 국가가 생활능력 없는 장애인의 인간다운 생활을 보장하기 위하여 행하는 사회부조에는 보장법에 의한 생계급여 지급을 통한 최저생활보장 외에 다른 법령에 의하여 행하여지는 것도 있으므로, 국가가 행하는 최저생활보장 수준이 그 재량의 범위를 명백히 일탈하였는지 여부, 즉 인간다운 생활을 보장하기 위한 객관적 내용의 최소한을 보장하고 있는지 여부는 보장법에 의한 생계급여만을 가지고 판단하여서는 아니 되고, 그 외의 법령에 의거하여 국가가 최저생활보장을 위하여 지급하는 각종 급여나 각종 부담의 감면 등을 총괄한 수준으로 판단하여야 한다(헌재 2004.10.28, 2002헌마328).

③ [O] 다른 법령에 의하여 이러한 생계유지의 보호를 받고 있는 교도소 · 구치소에 수용 중인 자에 대하여 국민기초생활 보장법의 보충급여의 원칙에 따라 중복적인 보장을 피하기 위하여 개별가구에서 제외키로 한 입법자의 판단이 국가가 최저생활 보장에 관한 입법을 전혀 하지 아니하였다든가 그 내용이 현저히 불합리하여 헌법상 용인될 수 있는 재량의 범위를 명백히 일탈한 경우에 해당한다고 볼 수 없으므로 이 사건 조항이 청구인들의 인간다운 생활을 할 권리를 침해한다고 볼 수 없다(헌재 2011.3.31, 2009헌마617 등).

❹ [×] 직장가입자가 소득월액보험료를 일정 기간 이상 체납한 경우 그 체납한 보험료를 완납할 때까지 국민건강보험공단이 그 가입자 및 피부양자에 대하여 보험급여를 실시하지 아니할 수 있도록 한 구 국민건강보험법 제53조 제3항 제1호는 해당 직장가입자의 인간다운 생활을 할 권리를 침해하는 것이다.
➪ 가입자들에 대한 안정적인 보험급여 제공을 보장하기 위해서는 보험료 체납에 따른 보험재정의 악화를 방지할 필요가 있다. 보험료 체납에 대하여 보험급여 제한과 같은 제재를 가하지 않는다면, 가입자가 충분한 자력이 있음에도 보험료를 고의로 납부하지 않은 채 보험급여만을 받고자 하는 도덕적 해이가 만연하여 건강보험제도 자체의 존립이 위태로워질 수 있다. 가입자간 보험료 부담의 형평성을 제고하고자 하는 소득월액보험료의 도입취지를 고려하면, 소득월액보험료를 체납한 가입자에 대하여 보수월액보험료를 납부하였다는 이유로 보험급여를 제한하지 아니할 경우, 형평에 부합하지 않는 결과가 초래될 수 있다. 따라서 소득월액보험료 체납자에 대한 보험급여를 제한하는 것은 그 취지를 충분히 납득할 수 있다. 심판대상조항은 체납기간이 1개월 미만이거나, 월별 보험료의 총체납횟수가 6회 미만인 경우에는 보험급여를 제한할 수 없도록 하고 있다. 또한, 분할납부 승인을 받고 그 승인된 보험료를 1회 이상 납부한 경우에는 국민건강보험공단이 보험급여를 지급할 수 있다. 심판대상조항에 따라 보험급여를 하지 아니하는 기간에 받은 보험급여의 경우에도, 일정한 기한 이내에 체납된 보험료를 완납한 경우 보험급여로 인정하는 등, 국민건강보험법은 심판대상조항으로 인하여 가입자가 과도한 불이익을 입지 않도록 배려하고 있다. 따라서 심판대상조항은 청구인의 **인간다운 생활을 할 권리나 재산권을 침해하지 아니한다**(헌재 2020.4.23, 2017헌바244).

① [O] 다수인이 이용하는 PC방과 같은 공중이용시설 전체를 금연구역으로 지정함으로써 청소년을 비롯한 비흡연자의 간접흡연을 방지하고 혐연권을 보장하여 국민 건강을 증진시키기 위해 개정된 이 사건 금연구역조항의 입법목적은 정당하며, 그 방법도 적절하다. PC방과 같이 다수의 공중이 이용하는 공간에서의 간접흡연 문제를 효과적으로 해결하기 위해서는 내부에 칸막이 등을 설치하여 금연구역과 흡연구역을 분리하는 것만으로는 부족하고 해당 공간 전체를 금연구역으로 지정하는 것이 가장 효과적이고 이 방법 이외에 이와 동일한 효과를 가져올만한 대체 수단이 있다거나 직업수행의 자유를 덜 제한하는 다른 수단이 존재한다고 단정하기는 어렵다. 아울러 이 사건 금연구역조항은 PC방 영업 자체를 금지하는 것이 아니고 다만 영업방식을 제한하고 있을 뿐이어서 청구인들의 직업수행의 자유를 크게 제한하는 것이라고 볼 수 없는 반면, 혐연권을 보장하고 국민의 건강을 증진시키는 공익의 효과는 매우 크다고 인정되므로, 이 사건 금연구역조항은 과잉금지원칙에 위배되지 않는다[헌재 2013.6.27, 2011헌마315 · 509 · 2012헌마386(병합)].

❷ [×] 성인대상 성범죄로 형을 선고받아 확정된 자는 그 형의 집행을 종료한 날부터 10년 동안 학원을 개설하거나 위 기관에 취업할 수 없도록 하는 것
➪ 이 사건 법률조항은 성인대상 성범죄 전력에 기초하여 어떠한 예외도 없이 그 대상자가 재범의 위험성이 있다고 간주하여 일률적으로 아동 · 청소년 관련 학원의 취업 등을 10년간 금지하고 있는 점, 이 사건 법률조항이 범죄행위의 유형이나 구체적 태양 등을 고려하지 않은 채 범행의 정도가 가볍고 재범의 위험성이 상대적으로 크지 않은 자에게까지 10년 동안 일률적인 취업제한을 부과하고 있는 점 등을 종합하면, 이 사건 법률조항은 침해의 최소성원칙에 위배된다. 또한, 이 사건 법률조항이 달성하고자 하는 공익이 우리 사회의 중요한 공익이지만 이 사건 법률조항에 의하여 **청구인의 직업선택의 자유가 과도하게 제한되므로**, 이 사건 법률조항은 **법익의 균형성원칙에도 위배된다. 따라서 이 사건 법률조항은 청구인의 직업선택의 자유를 침해한다**(헌재 2016.7.28, 2015헌마359).

③ [O] 청구인들이 신규카지노업 허가대상자에서 제외됨으로써 신규 시장에 대한 직업선택의 자유를 제한받았다고 할 수 있다. … 그러나 공기업으로서 '관광진흥'을 사업목적으로 하고 있는 한국관광공사를 허가대상기관으로 한정한 것은 신청 · 허가 과정의 투명성을 확보하고, 특혜시비와 국민일반에게 미치는 충격을 완화하는 한편 신규카지노업에서 발행하는 이익금은 다른 공익재원으로 마련하기 위한 것이라는 목적의 정당성이 인정된다. … 이 사건 공고는 당해 신규허가에만 1회적으로 적용되는 것이고, 신규 시장에 진입하지 못하였다고 하여 그것만으로 청구인들에게 직접적인 권리의 침해나 경제적인 손실이 현실화된 것은 아니므로 신규시장에 대한 진입제한의 효과가 비교적 경미하다. 이에 비하여, '관광진흥'을 목적으로 설립된 한국관광공사로 하여금 관광사업의 하나로 신규카지노업을 운영함으로써 관광진흥에 이바지하고, 그 이익금을 다른 공익재원으로 활용할 수 있다면 그로 인한 공익실현의 효과는 보다 극대화된다고 할 수 있다. 이러한 점에서 직업의 자유의 제한에 대한 과잉금지원칙에 위배되지 않는다(헌재 2006.7.27, 2004헌마924).
✎ 직업의 자유를 제한하지만 침해는 아니다.

④ [○] 이 사건 법률조항이 범죄행위로 자격정지의 형을 선고받은 자를 청원경찰직에서 배제하도록 한 것은 위와 같은 입법목적을 달성하기 위해 효과적이고 적절한 수단이 될 수 있다. 또한, 이 사건 법률조항이 정한 바와 같이 자격정지의 형을 선고받은 자를 청원경찰직에서 당연퇴직시키는 것은 위와 같은 입법목적을 달성하면서도 기본권 침해를 최소화하는 수단이라고 할 것이어서 기본권 침해의 최소성원칙을 준수하였고, 자격정지의 형을 선고받은 청원경찰이 이 사건 법률조항에 따라 당연퇴직되어 입게 되는 직업의 자유에 대한 제한이라는 불이익이 자격정지의 형을 선고받은 자를 청원경찰직에서 당연퇴직시킴으로써 청원경찰에 대한 국민의 신뢰를 제고하고 청원경찰로서의 성실하고 공정한 직무수행을 담보하려는 공익에 비하여 더 중하다고 볼 수는 없으므로, 법익균형성도 지켜지고 있다. 따라서 이 사건 법률조항은 과잉금지원칙을 위반하여 청구인의 직업의 자유를 침해하지 아니한다(헌재 2011.10.25. 2011헌마85).

답 ①

❶ [×] 특별시장·광역시장·특별자치시장·도지사·특별자치도지사 선거의 예비후보자를 후원회지정권자에서 제외하고 있는 정치자금법 제6조 제6호 부분이 청구인들의 공무담임권을 침해하는 것이다.
  ⇨ 정치자금법 제6조 제2호의2, 제4호가 대통령선거의 예비후보자와 지역구국회의원선거의 예비후보자는 후원회지정권자로 규정하여 각각 하나의 후원회를 지정하여 둘 수 있도록 하는 것과 달리, 심판대상조항은 광역자치단체장선거의 예비후보자와 자치구의회의원선거의 예비후보자는 후원회지정권자로 규정하지 아니하여 후원회를 통한 정치자금의 모금을 할 수 없도록 함으로써 양자를 달리 취급하고 있으므로 **평등권의 침해 여부가 문제**된다. 한편, **청구인들은 심판대상조항으로 인하여 광역자치단체장선거의 예비후보자와 자치구의회의원선거의 예비후보자에게 후원회를 둘 수 없게 된 것은 합리적 이유 없는 차별에 해당하고, 이로 인해 선거에서 불리한 지위에 놓임으로써 공무담임권, 정치적 표현의 자유도 침해된다고 주장하나,** 이는 심판대상조항이 대통령선거의 예비후보자 및 지역구국회의원선거의 예비후보자와 달리 광역자치단체장선거의 예비후보자와 자치구의회의원선거의 예비후보자는 후원회지정권자로 규정하지 아니함으로써 발생하는 차별을 다른 측면에서 지적한 것에 불과하여 **평등권 침해 여부 심사에서 판단하면 충분하므로, 별도로 판단하지 아니한다.** … 심판대상조항 중 광역자치단체장선거의 예비후보자에 관한 부분은 청구인들 중 광역자치단체장선거의 예비후보자 및 이들 예비후보자에게 후원금을 기부하고자 하는 자의 **평등권을 침해한다**(헌재 2019.12.27. 2018헌마301 등).
② [○] 기탁금조항의 1,000만원 액수는 교원 등 학내 인사뿐만 아니라 일반 국민들 입장에서도 적은 금액이 아니다. … 기탁금조항으로 인하여 기탁금을 납입할 자력이 없는 교원 등 학내 인사 및 일반 국민들은 총장후보자에 지원하는 것 자체를 단념하게 되므로, 이 사건 기탁금조항으로 제약되는 공무담임권의 정도는 결코 과소평가될 수 없다. 이 사건 기탁금조항으로 달성하려는 공익이 제한되는 공무담임권 정도보다 크다고 단정할 수 없으므로,

이 사건 기탁금조항은 법익의 균형성에도 반한다. 따라서, 이 사건 기탁금조항은 과잉금지원칙에 반하여 청구인의 공무담임권을 침해한다(헌재 2018.4.26. 2014헌마274).
③ [○] 심판대상조항으로 인하여 청구인이 입는 불이익은 예비전력관리 업무담당자 선발시험 또는 군무원 특별채용시험에 응시할 수 있는 기회가 전역 후 일정 기간 내로 제한되는 것이다. 반면에 시험응시기간을 설정함으로써 달성할 수 있는 공익은 전역군인이 가지고 있는 전문성을 활용하여 예비전력관리업무 및 군무원 업무의 효율성과 적시성을 극대화하는 것으로서 청구인이 입는 불이익보다 중대하다. 따라서 심판대상조항은 법익의 균형성원칙을 준수하고 있다. 그러므로 심판대상조항은 청구인의 공무담임권을 침해하지 아니한다(헌재 2016.10.27. 2015헌마734).
④ [○] 청구인과 같이 임용결격사유에도 불구하고 임용된 임용결격 공무원은 상당한 기간 동안 근무한 경우라도 적법한 공무원의 신분을 취득하여 근무한 것이 아니라는 이유로 공무원연금법상 퇴직급여의 지급대상이 되지 못하는 등 일정한 불이익을 받기는 하지만, 재직기간 중 사실상 제공한 근로에 대하여는 그 대가에 상응하는 금액의 반환을 부당이득으로 청구하는 등의 민사적 구제수단이 있는 점을 고려하면, 공직에 대한 국민의 신뢰보장이라는 공익과 비교하여 임용결격공무원의 사익 침해가 현저하다고 보기 어렵다. 따라서 이 사건 법률조항은 입법자의 재량을 일탈하여 공무담임권을 침해한 것이라고 볼 수 없다(헌재 2016.7.28. 2014헌바437).

답 ③

① [○] 어떤 법률의 개념이 다의적이고 그 어의의 테두리 안에서 여러가지 해석이 가능할 때, 헌법을 최고법규로 하는 통일적인 법질서의 형성을 위하여 헌법에 합치되는 해석, 즉 합헌적인 해석을 택하여야 하며, 이에 의하여 위헌적인 결과가 될 해석은 배제하면서 합헌적이고 긍정정적인 면은 살려야 한다는 것이 헌법의 일반법리이다(헌재 1990.4.2. 89헌가113).
② [○] '유효한' 법률조항의 불명확한 의미를 논리적·체계적 해석을 통해 합리적으로 보충하는 데에서 더 나아가, 해석을 통하여 전혀 새로운 법률상의 근거를 만들어 내거나, 기존에는 존재하였으나 실효되어 더 이상 존재한다고 볼 수 없는 법률조항을 여전히 '유효한' 것으로 해석한다면, 이는 법률해석의 한계를 벗어나는 것으로서, '법률의 부존재'로 말미암아 형벌의 부과나 과세의 근거가 될 수 없는 것을 법률해석을 통하여 이를 창설해 내는 일종의 '입법행위'에 해당하므로 헌법상의 권력분립원칙에 반할 뿐만 아니라 죄형법정주의, 조세법률주의의 원칙에도 반하는 것이다. 또한, 헌법정신에 맞도록 법률의 내용을 해석·보충하거나 정정하는 '헌법합치적 법률해석' 역시 '유효한' 법률조항의 의미나 문구를 대상으로 하는 것이지, 이를 넘어 이미 실효된 법률조항을 대상으로 하여 헌법합치적인 법률해석을 할 수는 없는 것이어서, 유효하지 않은 법률조항을 유효한 것으로 해석하는 결과에 이르는 것은 '헌법합치적 법률해석'을 이유로도 정당화될 수 없다 할 것이다(헌재 2012.5.31. 2009헌바123).
❸ [×] 군인사법 제48조 제4항 후단의 '무죄의 선고를 받은 때'의 의미와 관련하여, 형식상 무죄판결뿐 아니라 공소기각재판을

받았다 하더라도 그와 같은 공소기각의 사유가 없었더라면 무죄가 선고될 현저한 사유가 있는 이른바 내용상 무죄재판의 경우도 이에 포함된다고 해석하는 것은 법률의 문의적 한계를 벗어난 것으로서 합헌적 법률해석에 부합하지 아니한다.

⇨ 군인사법 제48조 제4항 후단의 '무죄의 선고를 받은 때'의 의미와 관련하여, 형식상 무죄판결뿐 아니라 공소기각재판을 받았다 하더라도 그와 같은 공소기각의 사유가 없었더라면 무죄가 선고될 현저한 사유가 있는 이른바 내용상 무죄재판의 경우도 이에 포함된다고 확대 해석함이 법률의 문의적 한계 내의 합헌적 법률해석에 부합한다(대판 2004.8.20, 2004다22377).

④ [O] 헌법재판소의 법률에 대한 위헌결정에는 단순위헌결정은 물론, 한정합헌, 한정위헌결정과 헌법불합치결정도 포함되고 이들은 모두 당연히 기속력을 가진다(헌재 1997.12.24, 96헌마172 등).

14   답 ③

㉠ [O] 취업규칙에서 사용자가 사고나 비위행위 등을 저지른 근로자에게 시말서를 제출하도록 명령할 수 있다고 규정하는 경우, 그 시말서가 단순히 사건의 경위를 보고하는 데 그치지 않고 더 나아가 근로관계에서 발생한 사고 등에 관하여 '자신의 잘못을 반성하고 사죄한다는 내용'이 포함된 사죄문 또는 반성문을 의미하는 것이라면, 이는 헌법이 보장하는 내심의 윤리적 판단에 대한 강제로서 양심의 자유를 침해하는 것이므로, 그러한 취업규칙 규정은 헌법에 위배되어 근로기준법 제96조 제1항에 따라 효력이 없고, 그에 근거한 사용자의 시말서 제출명령은 업무상 정당한 명령으로 볼 수 없다(대판 2010.1.14, 2009두6605).

㉡ [X] 음주측정요구에 처하여 이에 응하여야 할 것인지 거부해야 할 것인지 고민에 빠질 수는 있겠으나 그러한 고민은 선과 악의 범주에 관한 진지한 윤리적 결정을 위한 고민이라 할 수 없으므로 그 고민 끝에 어쩔 수 없이 음주측정에 응하였다 하여 내면적으로 구축된 인간양심이 왜곡·굴절된다고 할 수 없다. 따라서 이 사건 법률조항을 두고 헌법 제19조에서 보장하는 양심의 자유를 침해하는 것이라고 할 수 없다(헌재 1997.3.27, 96헌가11).

㉢ [O] 명예회복에 적당한 처분에 사죄광고를 포함시키는 것은 헌법 제19조에 위반되는 동시에 헌법상 보장되는 인격권의 침해에 이르게 된다(헌재 1991.4.1, 89헌마160).

㉣ [X] 지문을 날인할 것인지 여부의 결정이 선악의 기준에 따른 개인의 진지한 윤리적 결정에 해당한다고 보기는 어려워, 열 손가락 지문날인의 의무를 부과하는 이 사건 시행령 조항에 대하여 국가가 개인의 윤리적 판단에 개입한다거나 그 윤리적 판단을 표명하도록 강제하는 것으로 볼 여지는 없다고 할 것이므로, 이 사건 시행령 조항에 의한 양심의 자유의 침해 가능성 또한 없는 것으로 보인다(헌재 2005.5.26, 99헌마513).

㉤ [X] 경제규제법적 성격을 가진 공정거래법에 위반하였는지 여부에 있어서도 각 개인의 소신에 따라 어느 정도의 가치판단이 개입될 수 있는 소지가 있고 그 한도에서 다소의 윤리적·도덕적 관련성을 가질 수도 있겠으나, 이러한 법률판단의 문제는 개인의 인격형성과는 무관하며, 대화와 토론을 통하여 가장

합리적인 것으로 그 내용이 동화되거나 수렴될 수 있는 포용성을 가지는 분야에 속한다고 할 것이므로 헌법 제19조에 의하여 보장되는 양심의 영역에 포함되지 아니한다(헌재 2002.1.31, 2001헌바43).

㉥ [X] 준법서약은 어떤 구체적이거나 적극적인 내용을 담지 않은 채 단순한 헌법적 의무의 확인·서약에 불과하다 할 것이어서 양심의 영역을 건드리는 것이 아니다(헌재 2002.4.25, 98헌마425).

15   답 ③

① [O] 공직선거법 제102조 제1항에 대한 옳은 내용이다.

> **공직선거법**
> 제102조【야간연설 등의 제한】① 이 법의 규정에 의한 연설·대담과 대담·토론회(방송시설을 이용하는 경우를 제외한다)는 오후 11시부터 다음 날 오전 6시까지는 개최할 수 없으며, 공개장소에서의 연설·대담은 오후 10시부터 다음 날 오전 7시까지는 이를 할 수 없다. 다만, 공개장소에서의 연설·대담에 있어서 휴대용 확성장치만을 사용하는 경우에는 오전 6시부터 오후 11시까지 할 수 있다.

② [O] '건강하고 쾌적한 환경에서 생활할 권리'를 보장하는 환경권의 보호대상이 되는 환경에는 자연환경뿐만 아니라 인공적 환경과 같은 생활환경도 포함되므로(환경정책기본법 제3조), 일상생활에서 소음을 제거·방지하여 '정온한 환경에서 생활할 권리'는 환경권의 한 내용을 구성한다.

❸ [X] 선거운동에 대한 지나친 규제는 국민주권의 원리를 실현하는 공직선거에 있어서 후보자에 관한 정보를 선거인들에게 효율적으로 알리는 데 장애가 될 수 있는 점을 고려하면, 사용시간 및 사용지역에 따라 확성장치의 최고출력 내지 소음 규제기준에 관한 구체적인 규정을 두지 않았다고 하여 국가가 국민의 기본권 보호의무를 과소하게 이행한 것이라고 보기 어렵다.

⇨ 심판대상조항이 주거지역에서의 최고출력 내지 소음을 제한하는 등 대상지역에 따른 수인한도 내에서 공직선거운동에 사용되는 확성장치의 최고출력 내지 소음 규제기준을 두고 있지 아니한 것은, 국민이 건강하고 쾌적하게 생활할 수 있는 양호한 주거환경을 유지하기 위하여 노력하여야 할 국가의 의무를 부과한 헌법 제35조 제3항에 비추어 보면 적절하고 효율적인 **최소한의 보호조치를 취하지 아니하여 국가의 기본권 보호의무를 과소하게 이행하고 있다고 볼 수 있다.** … 출근 또는 등교 이전 및 퇴근 또는 하교 이후 시간대의 주거지역에서 확성장치의 최고출력 또는 소음을 제한하는 등 사용시간과 사용지역에 따른 수인한도 내에서 확성장치의 최고출력 내지 소음 규제기준에 관한 구체적인 규정을 두어야 할 것이다. 그러므로 심판대상조항이 이러한 규정을 두고 있지 아니한 것은 관련 법익을 형량하여 보더라도 적절하고 효율적인 최소한의 보호조치를 취하지 아니함으로써 국가의 기본권 보호의무를 과소하게 이행하였다고 평가되고, 이는 청구인의 **건강하고 쾌적한 환경에서 생활할 권리의 침해를** 가져온다(헌재 2019.12.27, 2018헌마730).

④ [O] 이 사건 법률조항은 비례대표국회의원후보자인 청구인의 선거운동의 자유를 제한함과 동시에 정당원으로서 선거운동기간

중 연설·대담을 통해 정당의 정강이나 정책을 알림으로써 정치적 의사형성을 하고자 하는 정당활동의 자유를 제한한다. … 이 사건 법률조항은 전국을 하나의 선거구로 하는 정당선거로서의 성격을 가지는 비례대표국회의원선거의 취지를 살리고, 각 선거의 특성에 맞는 선거운동방법을 규정함으로써 선거에 소요되는 사회적 비용을 절감하고 효율적인 선거관리를 도모하여 선거의 공정성을 달성하고자 함에 그 목적이 있는바 그 입법목적은 정당하고, 비례대표국회의원후보자에게 공개장소에서의 연설·대담을 금지하는 것은 위와 같은 입법목적을 달성함에 있어 적절한 수단이다. 공직선거법은 비례대표국회의원선거가 기본적으로 전국을 하나의 선거구로 하는 정당선거라는 점을 고려하여 그 특성에 맞추어 더 적합하고 효율적인 선거운동방법을 허용하고 있는 점, 만약 비례대표국회의원후보자에게 공개장소에서의 연설·대담을 허용한다면 각 정당은 정당의 정강이나 정책실현 의지보다는 후보자 개인의 지명도나 연설 및 홍보 능력 등에 기초하여 비례대표국회의원후보자를 지명할 가능성이 높아져 비례대표국회의원선거제도의 취지가 몰각될 우려가 있고, 연설·대담에 소요되는 비용과 노력으로 인한 경제적 부담이 가중되어 정당의 재정적 능력의 차이에 따라 선거운동기회가 차별적으로 부여되는 결과가 야기될 수 있는 점 등을 종합하여 보면, 이 사건 법률조항과 동일한 효과를 가지면서도 덜 침익적인 수단을 발견할 수 없으므로, 이 사건 법률조항은 침해의 최소성원칙에 위배되지 아니한다. 또한, 이 사건 법률조항을 통하여 달성하려는 선거의 공정성 확보 등의 공익은 매우 중대한 반면, 비례대표국회의원후보자로 하여금 공개장소에서 연설·대담을 하게 할 필요성이나 이를 금지함으로써 제한되는 비례대표국회의원후보자의 이익 내지 정당활동의 자유가 결코 크다고 볼 수 없어, 이 사건 법률조항은 법익의 균형성도 갖추었다. 따라서 이 사건 법률조항은 과잉금지원칙에 반하여 청구인의 선거운동의 자유 및 정당활동의 자유를 침해한다고 할 수 없다(헌재 2013.10.24. 2012헌마311).

16 　　　　　　　　　　　　　　　　답 ②

① [○] 이 사건 법률조항이 규정하는 '법률사건'이란 '법률상의 권리·의무의 발생·변경·소멸에 관한 다툼 또는 의문에 관한 사건'을 의미하고, '알선'이란 법률사건의 당사자와 그 사건에 관하여 대리 등의 법률사무를 취급하는 상대방(변호사 포함) 사이에서 양자간에 법률사건이나 법률사무에 관한 위임계약 등의 체결을 중개하거나 그 편의를 도모하는 행위를 말하는바, 이 사건 법률조항에 의하여 금지되고, 처벌되는 행위의 의미가 문언상 불분명하다고 할 수 없으므로 이 사건 법률조항은 죄형법정주의의 명확성원칙에 위배되지 않는다(헌재 2013.2.28. 2012헌바62).

❷ [×] '사교', '의례', '선물'은 사전적으로 그 의미가 불분명할 뿐만 아니라 규율대상이 광범위하여, 건전한 상식과 통상적 법감정을 가진 사람이 통상의 해석방법에 의하여 보더라도 그 내용이 일의적으로 파악되지 않으므로 명확성원칙에 위배된다.
　⇨ '사교', '의례', '선물'은 사전적으로 그 의미가 분명할 뿐만 아니라 일상생활에서 흔히 사용되는 용어들이며, 위임조항의 입법취지, 청탁금지법 제2조 제3호의 금품 등의 정의에 관한 조항

등 관련 조항들을 종합하여 보면, 위임조항이 규정하고 있는 '사교·의례 목적으로 제공되는 선물'은 다른 사람과 사귈 목적 또는 예의를 지킬 목적으로 대가 없이 제공되는 물품 또는 유가증권, 숙박권, 회원권, 입장권 그 밖에 이에 준하는 것을 뜻함을 충분히 알 수 있다. 따라서 위임조항이 명확성원칙에 위배되지 않는다(헌재 2016.7.28. 2015헌마236).

③ [○] 이 사건 정의조항 중 '반민규명법 제2조 제6호 내지 제9호의 행위를 한 자'로 규정한 부분이 불명확하다고 할 수 없고, '독립운동에 적극 참여한 자' 부분은 '일제 강점하에서 우리 민족의 독립을 쟁취하려는 운동에 의욕적이고 능동적으로 관여한 자'라는 뜻이므로 그 의미를 넉넉히 파악할 수 있다(헌재 2011.3.31. 2008헌바141).

④ [○] 심판대상조항은 '대한민국을 모욕할 목적'이 있는 경우에 성립한다. '대한민국을 모욕'한다는 것은, '국가공동체인 대한민국의 사회적 평가를 저해할 만한 추상적 또는 구체적 판단이나 경멸적 감정을 표현하는 것'을 의미한다. 심판대상조항이 다소 광범위한 개념을 사용했다 하더라도, 건전한 상식과 통상적 법감정을 가진 사람이 일반적 해석방법에 따라 보호법익과 금지 행위, 처벌의 종류와 정도를 알 수 있는 이상, 명확성원칙에 위배되지 않는다(헌재 2019.12.27. 2016헌바96).

17 　　　　　　　　　　　　　　　　답 ④

① [○] 집회의 자유는 개인이 집회에 참가하는 것을 방해하거나 또는 집회에 참가할 것을 강요하는 국가행위를 금지할 뿐만 아니라, 예컨대 집회장소로의 여행을 방해하거나, 집회장소로부터 귀가하는 것을 방해하거나, 집회참가자에 대한 검문의 방법으로 시간을 지연시킴으로써 집회장소에 접근하는 것을 방해하는 등 집회의 자유행사에 영향을 미치는 모든 조치를 금지한다(헌재 2003.10.30. 2000헌바67).

② [○] 국회의사당 경계지점으로부터 100미터 이내의 장소에서 옥외집회 또는 시위를 전면금지하는 것은 집회의 자유를 침해한다(헌재 2018.5.31. 2013헌바322).

③ [○] 집회의 자유에 의하여 보호되는 것은 단지 '평화적' 또는 '비폭력적' 집회이다. 집회의 자유는 민주국가에서 정신적 대립과 논의의 수단으로서, 평화적 수단을 이용한 의견의 표명은 헌법적으로 보호되지만, 폭력을 사용한 의견의 강요는 헌법적으로 보호되지 않는다. 헌법은 집회의 자유를 국민의 기본권으로 보장함으로써, 평화적 집회 그 자체는 공공의 안녕질서에 대한 위험이나 침해로서 평가되어서는 아니 되며, 개인이 집회의 자유를 집단적으로 행사함으로써 불가피하게 발생하는 일반대중에 대한 불편함이나 법익에 대한 위험은 보호법익과 조화를 이루는 범위 내에서 국가와 제3자에 의하여 수인되어야 한다는 것을 헌법 스스로 규정하고 있는 것이다[헌재 2003.10.30. 2000헌바67·83(병합)].

❹ [×] 24시 이후 시위를 금지하고 이에 위반한 시위 참가자를 형사처벌하는 법률조항은 집회의 자유를 침해한다.
　⇨ 야간시위를 금지하는 집회 및 시위에 관한 법률(이하 '집시법'이라 한다) 제10조 본문에는 위헌적인 부분과 합헌적인 부분이 공존하고 있으며, 위 조항 전부의 적용이 중지될 경우 공공의 질서 내지 법적 평화에 대한 침해의 위험이 높아, 일반적인 옥외집회나 시위에 비하여 높은 수준의 규제가 불가피한

경우에도 대응하기 어려운 문제가 발생할 수 있으므로, 현행 집시법의 체계 내에서 **시간을 기준으로 한 규율의 측면에서 볼 때 규제가 불가피하다고 보기 어려움에도 시위를 절대적으로 금지하여 위헌성이 명백한 부분에 한하여 위헌 결정을 한다. 심판대상조항들은, 이미 보편화된 야간의 일상적인 생활의 범주에 속하는 '해가 진 후부터 같은 날 24시까지의 시위'에 적용하는 한 헌법에 위반된다**(헌재 2014.3.27, 2010헌가2 등).

18 답 ④

① [○] 1954년 제2차 개정헌법은 민의원선거권자 50만명 이상의 찬성으로도 헌법개정을 제안할 수 있다고 규정하였다.

② [○] 국회의원의 수는 150인 이상 200인 이하의 범위 안에서 법률로 정한다.

> 1962년 헌법 제36조 ② 국회의원의 수는 150인 이상 200인 이하의 범위 안에서 법률로 정한다.
> ③ 국회의원 후보가 되려하는 자는 소속정당의 추천을 받아야 한다.

③ [○] 대통령에 대한 탄핵소추는 국회의원 50인 이상의 발의와 재적의원 3분의 2 이상의 찬성이 있어야 한다.

> 제5차 개정헌법 제61조 ② 탄핵소추는 국회의원 30인 이상의 발의가 있어야 하며, 그 의결은 재적의원 과반수의 찬성이 있어야 한다.
> 제6차 개정헌법 제61조 ② 탄핵소추는 국회의원 30인 이상의 발의가 있어야 하며, 그 의결은 재적의원 과반수의 찬성이 있어야 한다. 다만, 대통령에 대한 탄핵소추는 국회의원 50인 이상의 발의와 재적의원 3분의 2 이상의 찬성이 있어야 한다.

❹ [×] 1972년 제7차 개정헌법은 대통령선거 및 국회의원선거에서 후보자가 필수적으로 정당의 추천을 받도록 하는 조항을 추가하였다.
⇨ **1962년 제5차** 개정헌법이 대통령선거 및 국회의원선거에서 후보자가 필수적으로 정당의 추천을 받도록 하는 조항을 추가하였다.

19 답 ④

① [○] 청구인은 수능시험을 준비하는 사람들로서 심판대상계획에서 정한 출제 방향과 원칙에 영향을 받을 수 밖에 없다. 따라서 수능시험을 준비하면서 무엇을 어떻게 공부하여야 할지에 관하여 스스로 결정할 자유가 심판대상계획에 따라 제한된다. 이는 자신의 교육에 관하여 스스로 결정할 권리, 즉 교육을 통한 자유로운 인격발현권을 제한받는 것으로 볼 수 있다. 한편, 청구인들은 심판대상계획으로 인해 교육을 받을 권리가 침해된다고 주장하지만, 심판대상계획이 헌법 제31조 제1항의 능력에 따라 균등하게 교육을 받을 권리를 직접 제한한다고 보기는 어렵다. … 심판대상계획은 사교육비를 줄이고 학교교육을 정상화하는 것을 목적으로 하므로 목적의 정당성이 인정된다.

EBS는 지상파방송국으로서 손쉽게 시청이 가능하므로, 수능시험을 EBS 교재와 높은 비율로 연계하는 경우 수능시험을 준비하는 학생들의 이에 대한 의존도가 높아져 사교육을 어느 정도 진정시킬 수 있다. 학교는 EBS 교재를 보충 교재로 사용하는 등의 방법으로 학생들의 수업 집중도를 높이고 수능시험에 대한 불안감을 줄여줄 수 있으며, 학생들로 하여금 사교육에 의존하지 않고 스스로 학습하도록 유도해 갈 수도 있다. 따라서 수단의 적절성도 인정된다. 심판대상계획은 수능시험을 EBS 교재와 70% 수준으로 연계하겠다는 것을 내용으로 할 뿐, 다른 학습방법이나 사교육을 금지하는 것이 아니어서, 학생들은 EBS 교재 외에 다른 교재나 강의, 스스로 원하는 학습방법을 선택하여 수능시험을 준비하거나 공부할 수 있다. 또 수능시험이 EBS 교재에 나온 문제를 그대로 출제하는 것이 아니라, 지문이나 도표 등 자료를 활용하고 핵심 제재나 논지를 활용하는 등의 방법으로 연계되므로, 고등학교 교육과정의 중요 개념이나 원리를 이해하고 있으면 EBS 교재를 공부하지 않더라도 수능시험을 치르는 데 큰 지장을 초래한다고 보기 어렵다. 한편, 정부는 EBS 교재 연계제도를 융통성 없이 항구적으로 시행하려는 것이 아니라 그 시행 성과를 분석하여 연계비율을 축소하거나 연계방법을 개선하는 방안 나아가 연계제도를 폐지하는 방안까지 다양한 개선안을 검토하고 있다. 이런 사정을 종합하여 보면, 심판대상계획은 침해 최소성원칙에 위배된다고 볼 수 없다. 심판대상계획이 추구하는 학교교육 정상화와 사교육비 경감이라는 공익은 매우 중요한 반면, 수능시험을 준비하는 사람들이 안게 되는 EBS 교재를 공부하여야 하는 부담은 상대적으로 가벼우므로, 심판대상계획은 법익 균형성도 갖추었다. 따라서 심판대상계획은 수능시험을 준비하는 청구인들의 교육을 통한 자유로운 인격발현권을 침해한다고 볼 수 없다(헌재 2018.2.22, 2017헌마691).

② [○] 수시모집에서 검정고시 출신자에게 수학능력이 있는지 여부를 평가받을 기회를 부여하지 아니하고 이를 박탈한다는 것은 수학능력에 따른 합리적인 차별이라고 보기 어렵다. 피청구인들은 정규 고등학교 학교생활기록부가 있는지 여부, 공교육 정상화, 비교내신 문제 등을 차별의 이유로 제시하고 있으나 이러한 사유가 차별취급에 대한 합리적인 이유가 된다고 보기 어렵다. 그렇다면 이 사건 수시모집요강은 검정고시 출신자인 청구인들을 합리적인 이유 없이 차별함으로써 청구인들의 균등하게 교육을 받을 권리를 침해한다(헌재 2017.12.28, 2016헌마649).

③ [○] 수능 성적으로 학생을 선발하는 전형방법은 사회통념적 가치기준에 적합한 합리적인 방법 중 하나이다. 따라서 이 사건 입시계획이 저소득학생 특별전형에서 학생부 기록 등을 반영함이 없이 수능 성적만으로 학생을 선발하도록 정하였다 하더라도, 이는 대학의 자율성의 범위 내에 있는 것으로서 저소득학생의 응시기회를 불합리하게 박탈하고 있다고 보기 어려우므로, 청구인의 균등하게 교육을 받을 권리를 침해하지 않는다(헌재 2022.9.29, 2021헌마929).

❹ [×] 학교폭력예방 및 대책에 관한 법률 제17조 제1항 중 '수개의 조치를 병과하는 경우를 포함한다' 및 '출석정지'에 관한 부분 중 출석정지기간의 상한을 두지 아니한 '출석정지' 부분은 과잉금지원칙에 위반되어 청구인들의 자유롭게 교육을 받을 권리, 즉 학습의 자유를 침해한다.
⇨ 이 사건 징계조치 조항에서 수개의 조치를 병과하고 출석정지기간의 상한을 두지 않음으로써 구체적 사정에 따라 다양한

조치를 취할 수 있도록 한 것은, 피해학생의 보호 및 가해학생의 선도·교육을 위하여 바람직하다고 할 것이고, 이 사건 징계조치 조항보다 가해학생의 학습의 자유를 덜 제한하면서, 피해학생에게 심각한 피해와 지속적인 영향을 미칠 수 있는 학교폭력에 구체적·탄력적으로 대처하고, 피해학생을 우선적으로 보호하면서 가해학생도 선도·교육하려는 입법 목적을 이 사건 징계조치 조항과 동일한 수준으로 달성할 수 있는 입법의 대안이 있다고 보기 어렵다. 따라서 이 사건 징계조치 조항이 **가해학생에 대하여 수개의 조치를 병과할 수 있도록 하고 출석정지조치를 취함에 있어 기간의 상한을 두고 있지 않다고 하더라도, 가해학생의 학습의 자유에 대한 제한이 입법 목적 달성에 필요한 최소한의 정도를 넘는다고 볼 수 없다**(헌재 2019.4.11. 2017헌바140 등).

민국임시정부의 법통 계승을 선언한 헌법 전문 등에 비추어 친일반민족행위자측으로서는 친일재산의 소급적 박탈을 충분히 예상할 수 있었고, 친일재산 환수 문제는 그 시대적 배경에 비추어 역사적으로 매우 이례적인 공동체적 과업이므로 이러한 소급입법의 합헌성을 인정한다고 하더라도 이를 계기로 진정소급입법이 빈번하게 발생할 것이라는 우려는 충분히 불식될 수 있다. 따라서 이 사건 귀속조항은 **진정소급입법에 해당하나 헌법 제13조 제2항에 반하지 않는다**(헌재 2011.3.31. 2008헌바141 등).

20 답 ④

① [○] 조세법의 영역에 있어서는 국가가 조세·재정정책을 탄력적·합리적으로 운용할 필요성이 매우 큰 만큼, 조세에 관한 법규·제도는 신축적으로 변할 수밖에 없다는 점에서 납세의무자로서는 구법질서에 의거한 신뢰를 바탕으로 적극적으로 새로운 법률관계를 형성하였다든지 하는 특별한 사정이 없는 한 원칙적으로 세율 등 현재의 세법이 변함 없이 유지되리라고 기대하거나 신뢰할 수는 없다(헌재 2002.2.28. 99헌바4).

② [○] 사회환경이나 경제여건의 변화에 따른 필요성에 의하여 법률은 신축적으로 변할 수밖에 없고, 변경된 새로운 법질서와 기존의 법질서 사이에는 이해관계의 상충이 불가피하므로, 국민이 가지는 모든 기대 내지 신뢰가 헌법상 권리로서 보호될 것은 아니고, 신뢰의 근거 및 종류, 상실된 이익의 중요성, 침해의 방법 등에 의하여 개정된 법규·제도의 존속에 대한 개인의 신뢰가 합리적이어서 권리로서 보호할 필요성이 인정되어야 한다(헌재 2019.8.29. 2017헌바496).

③ [○] 법 시행 이전부터 소유하고 있는 택지까지 법의 적용대상으로 포함시킨 것은 입법목적을 실현하기 위하여 불가피한 조치였다고 보여지지만, 택지는 소유자의 주거장소로서 그의 행복추구권 및 인간의 존엄성의 실현에 불가결하고 중대한 의미를 가지는 경우에는 단순히 부동산투기의 대상이 되는 경우와는 헌법적으로 달리 평가되어야 하고, 신뢰보호의 기능을 수행하는 재산권 보장의 원칙에 의하여 보다 더 강한 보호를 필요로 하는 것이므로, 택지를 소유하게 된 경위나 그 목적 여하에 관계 없이 법 시행 이전부터 택지를 소유하고 있는 개인에 대하여 일률적으로 소유상한을 적용하도록 한 것은, 입법목적을 달성하기 위하여 필요한 정도를 넘는 과도한 침해이자 신뢰보호의 원칙 및 평등원칙에 위반된다(헌재 1999.4.29. 94헌바37).

❹ [×] 친일재산을 그 취득·증여 등 원인행위시에 국가의 소유로 하도록 규정한 친일반민족행위자 재산의 국가귀속에 관한 특별법 제3조 제1항 본문은 진정소급입법에 해당하여 신뢰보호원칙에 위반된다.
➡ 이 사건 귀속조항은 진정소급입법에 해당하지만, **진정소급입법이라 할지라도 예외적으로 국민이 소급입법을 예상할 수 있었던 경우와 같이 소급입법이 정당화되는 경우에는 허용될 수 있다.** 친일재산의 취득 경위에 내포된 민족배반적 성격, 대한

📐 정답　　　　　　　　　　　　　　　　　　　　　　　　　　　　　　p.74

01	①	02	④	03	④	04	④	05	②
06	②	07	④	08	④	09	③	10	④
11	④	12	④	13	①	14	②	15	②
16	④	17	④	18	①	19	②	20	④

01　　　　　　　　　　　답 ①

❶ [×] 사전심의를 받지 않은 건강기능식품의 기능성 광고를 금지하고 이를 어길 경우 심의를 받지 아니한 광고를 한 자를 형사처벌하도록 한 건강기능식품에 관한 법률은 표현의 자유 보호대상에 해당하지 아니한다.

⇨ 헌법상 사전검열은 표현의 자유 보호대상이면 예외 없이 금지된다. 건강기능식품의 기능성 광고는 인체의 구조 및 기능에 대하여 보건용도에 유용한 효과를 준다는 기능성 등에 관한 정보를 널리 알려 해당 건강기능식품의 소비를 촉진시키기 위한 상업광고이지만, **헌법 제21조 제1항의 표현의 자유의 보호대상이 됨과 동시에 같은 조 제2항의 사전검열 금지대상도 된다**(헌재 2019.5.30, 2019헌가4).

② [O] 본인확인제는 그 입법목적을 달성할 다른 수단이 있음에도 불구하고 모든 게시판 이용자의 본인확인정보를 수집하여 장기간 보관하도록 함으로써 본래의 입법목적과 관계없이 개인정보가 유출될 위험에 놓이게 하고 다른 목적에 활용될 수 있도록 하며, 수사편의 등에 치우쳐 모든 국민을 잠재적 범죄자와 같이 취급하는바, 목적달성에 필요한 범위를 넘는 과도한 제한을 하는 것으로서 침해의 최소성이 인정되지 아니한다. … 본인확인제로 인하여 기본권이 제한됨으로써 발생하는 인터넷 게시판 이용자 및 정보통신서비스 제공자의 불이익이 본인확인제가 달성하려는 공익보다 결코 더 작다고 할 수 없으므로 법익의 균형성 역시 인정되지 않는다(헌재 2012.8.23, 2010헌마47 등).

③ [O] 표현의 자유를 규제하는 입법에 있어서 명확성원칙은 특별히 중요한 의미를 지닌다. 현대 민주사회에서 표현의 자유가 국민주권주의 이념의 실현에 불가결한 것인 점에 비추어 볼 때, 불명확한 규범에 의한 표현의 자유의 규제는 헌법상 보호받는 표현에 대한 위축적 효과를 야기하고, 그로 인하여 다양한 의견, 견해, 사상의 표출을 가능케 함으로써 그러한 표현들이 상호검증을 거치도록 한다는 표현의 자유의 본래의 기능을 상실케 한다. 따라서 표현의 자유를 규제하는 법률은 규제되는 표현의 개념을 세밀하고 명확하게 규정할 것이 헌법적으로 요구된다(헌재 2013.6.27, 2012헌바37).

④ [O] 새마을금고의 경영을 책임지는 임원에게는 고도의 윤리성이 요구되므로, 임원을 선거로 선출함에 있어서는 부정·타락행위를 방지하고 선거제도의 공정성을 확보해야 할 필요성이 크다. 심판대상조항은 새마을금고 임원 선거의 과열과 혼탁을 방지함으로써 선거의 공정성을 담보하고자 하는 것으로 그 입법목적이 정당하다. … 심판대상조항은 과잉금지원칙에 위반하여 결사의 자유 및 표현의 자유를 침해하지 아니한다(헌재 2018.2.22, 2016헌바364).

02　　　　　　　　　　　답 ④

① [×] 사형제도는 우리 헌법이 적어도 간접적으로나마 인정하고 있는 형벌의 한 종류일 뿐만 아니라, 사형제도가 생명권 제한에 있어서 헌법 제37조 제2항에 의한 헌법적 한계를 일탈하였다고 볼 수 없는 이상, 범죄자의 생명권 박탈을 내용으로 한다는 이유만으로 곧바로 인간의 존엄과 가치를 규정한 헌법 제10조에 위배된다고 할 수 없으며, 사형을 선고하거나 집행하는 법관 및 교도관 등이 인간적 자책감을 가질 수 있다는 이유만으로 **사형제도가 법관 및 교도관 등의 인간으로서의 존엄과 가치를 침해하는 위헌인 형벌제도라고 할 수는 없다**(헌재 2010.2.25, 2008헌가23).

② [×] **초기배아는 생명권의 주체가 될 수 없다.** … 오늘날 생명공학 등의 발전과정에 비추어 인간의 존엄과 가치가 갖는 헌법적 가치질서로서의 성격을 고려할 때 인간으로 발전할 잠재성을 갖고 있는 초기배아라는 원시생명체에 대하여도 위와 같은 헌법적 가치가 소홀히 취급되지 않도록 노력해야 할 국가의 보호의무가 있음을 인정하지 않을 수 없다(헌재 2010.5.27, 2005헌마346).

③ [×] 헌법은 절대적 기본권을 명문으로 인정하고 있지 아니하며, 헌법 제37조 제2항에서는 국민의 모든 자유와 권리는 국가안전보장·질서유지 또는 공공복리를 위하여 필요한 경우에 한하여 법률로써 제한할 수 있도록 규정하고 있어, **비록 생명이 이념적으로 절대적 가치를 지닌 것이라 하더라도 생명에 대한 법적 평가가 예외적으로 허용될 수 있다고 할 것이므로, 생명권 역시 헌법 제37조 제2항에 의한 일반적 법률유보의 대상이 될 수밖에 없다**(헌재 2010.2.25, 2008헌가23).

❹ [○] 사형제도는 형벌의 경고기능을 무시하고 극악한 범죄를 저지른 자에 대하여 그 중한 불법 정도와 책임에 상응하는 형벌을 부과하는 것으로서 범죄자가 스스로 선택한 잔악무도한 범죄행위의 결과인바, 범죄자를 오로지 사회방위라는 공익 추구를 위한 객체로만 취급함으로써 범죄자의 인간으로서의 존엄과 가치를 침해한 것으로 볼 수 없다.

⇨ 사형제도는 형벌의 경고기능을 무시하고 극악한 범죄를 저지른 자에 대하여 그 중한 불법 정도와 책임에 상응하는 형벌을 부과하는 것으로서 범죄자가 스스로 선택한 잔악무도한 범죄행위의 결과인바, 범죄자를 오로지 사회방위라는 공익 추구를 위한 객체로만 취급함으로써 범죄자의 인간으로서의 존엄과 가치를 침해한 것으로 볼 수 없다(헌재 2010.2.25, 2008헌가23).

03 답 ④

① [○] 언론인은 그 지위나 신분 등의 관점에서 공무원 및 공적 기관의 구성원과 서로 다르다고 보아야 한다. 즉, 동일한 조항인 법 제60조 제1항에서 선거운동을 금지하고 있으나, 언론인의 선거운동을 금지하는 목적과 공무원 및 공적 기관의 구성원에 대하여 선거운동을 금지하는 목적은 명백히 구별되므로 차별취급을 논할 비교집단이 된다고 보기 어렵다. 따라서 심판대상조항들의 평등원칙 위반 여부는 별도로 판단하지 아니한다(헌재 2016.6.30, 2013헌가1).

② [○] 선거운동의 자유는 널리 선거과정에서 자유로이 의사를 표현할 자유의 일환이므로 표현의 자유의 한 태양이기도 한데, 이러한 정치적 표현의 자유는 선거과정에서의 선거운동을 통하여 국민이 정치적 의견을 자유로이 발표, 교환함으로써 비로소 그 기능을 다하게 된다 할 것이므로 선거운동의 자유는 헌법이 정한 언론·출판·집회·결사의 자유의 보장규정에 의한 보호를 받는다(헌재 1995.4.20, 92헌바29).

③ [○] 헌법 제116조 제1항은 "선거운동은 각급 선거관리위원회의 관리하에 법률이 정하는 범위 안에서 하되, 균등한 기회가 보장되어야 한다."라는 별도의 규정을 두고 있다. 그러나 이 규정의 의미를 선거운동의 허용범위를 아무런 제약 없이 입법자의 재량에 맡기는 것으로 해석하여서는 아니 된다. 오히려 선거운동은 국민주권 행사의 일환일 뿐 아니라 정치적 표현의 자유의 한 형태로서 민주사회를 구성하고 움직이게 하는 요소이므로 그 제한입법에 있어서도 엄격한 심사기준이 적용된다 할 것이다(헌재 1995.4.20, 92헌바29).

❹ [×] 언론인의 선거운동 금지조항에서 '대통령령으로 정하는 언론인' 부분은 방송, 신문 등과 같은 언론기관이나 이와 유사한 매체에서 경영·관리·편집·집필·보도 등 선거의 여론 형성과 관련 있는 업무에 종사하는지 여부가 일응의 기준이 되어 그 범위가 구체화될 것임을 충분히 예측할 수 있으므로 포괄위임금지원칙을 위반하지 아니한다.

⇨ 언론인의 선거운동 금지조항은 '대통령령으로 정하는 언론인'이라고만 하여 '언론인'이라는 단어 외에 대통령령에서 정할 내용의 한계를 설정하지 않았다. 관련 조항들을 종합하여 보아도 **방송, 신문, 뉴스통신 등과 같이 다양한 언론매체 중에서 어느 범위로 한정될지, 어떤 업무에 어느 정도 관여하는 자까지 언론인에 포함될 것인지 등을 예측하기 어렵다.** 그러므로 금지조항은 포괄위임금지원칙을 위반한다(헌재 2016.6.30, 2013헌가1).

언론인의 선거 개입으로 인한 문제는 언론매체를 통한 활동의 측면에서, 즉 언론인으로서의 지위를 이용하거나 그 지위에 기초한 활동으로 인해 발생 가능한 것이므로, 언론매체를 이용하지 아니한 언론인 개인의 선거운동까지 전면적으로 금지할 필요는 없다. 심판대상조항들의 입법목적은, 일정 범위의 언론인을 대상으로 언론매체를 통한 활동의 측면에서 발생 가능한 문제점을 규제하는 것으로 충분히 달성될 수 있다. 그런데 인터넷신문을 포함한 언론매체가 대폭 증가하고, 시민이 언론에 적극 참여하는 것이 보편화된 오늘날 심판대상조항들에 해당하는 언론인의 범위는 지나치게 광범위하다. 또한, 구 공직선거법은 언론기관에 대하여 공정보도의무를 부과하고, 언론매체를 통한 활동의 측면에서 선거의 공정성을 해할 수 있는 행위에 대하여는 언론매체를 이용한 보도·논평, 언론 내부 구성원에 대한 행위, 외부의 특정후보자에 대한 행위 등 다양한 관점에서 이미 충분히 규제하고 있다. 따라서 심판대상조항들은 선거운동의 자유를 침해한다(헌재 2016.6.30, 2013헌가1).

04 답 ④

① [○] 가짜석유제품 제조·판매 등은 사회적·경제적으로 세수 탈루 및 엔진계통 부품 부식에 따른 차량사고의 위험 증가, 유해가스 배출로 인한 환경오염 유발 등 심각한 문제를 일으키므로 이를 근절할 필요가 있음에도, 가짜석유제품 제조·판매 등 행위로 단속된 이후에도 명의만을 변경하고 가짜석유제품 판매에 이용된 영업시설을 그대로 이용하여 판매행위를 계속하는 경우 가짜석유제품 제조·판매 등 행위를 단속한 효과가 없어지므로 이러한 편법적 시설이용을 방지하고, 비밀탱크 설치, 영업시설 개조 등 지능화된 가짜석유제품 관련 불법행위를 근절하기 위해서는 가짜석유제품 판매에 제공된 시설을 석유판매시설로 이용하는 것을 제한해야 할 필요성이 크다. 또한, 이러한 목적을 달성하기 위하여 가짜석유제품 제조·판매 등에 이용된 시설에 대해 석유판매업 등록을 2년간 제한하는 것이 목적 달성을 위하여 지나치게 길다고 볼 수 없다. 석유판매업자가 가짜석유제품 판매금지의무를 위반함으로써 받게 되는 등록취소 등의 제재처분은 사업자 개인에 대한 제재가 아니라 사업의 전부나 일부에 대한 것으로서 대물적 처분의 성격을 가지고 있으므로 임대인의 귀책사유 유무에 따라 그 처분의 경중을 달리 할 것은 아니고, 오히려 귀책사유 유무에 따라 그 처분을 달리하면 임대인의 귀책사유 입증문제 등으로 규제의 실효성이 떨어질 우려가 있어 이 사건 법률조항의 입법목적을 달성하기 어려운 점 등에 비추어 이 사건 법률조항은 침해의 최소성원칙에 반하지 않고, 보호되는 공익의 중대성에 비추어 법익의 균형성원칙에도 반하지 않아 청구인의 재산권 및 직업수행의 자유를 침해하지 아니한다(헌재 2015.3.26, 2013헌마461).

② [○] 공급질서 교란행위에도 불구하고 선의의 제3자를 보호한다면 거래의 안전성 증진에는 긍정적인 효과를 기대할 수 있지만, 분양단계에서 훼손된 투명성과 공정성을 회복하지 못한다는 점에서 심판대상조항의 입법취지에 부합하지 않는 면이 있다. 한편 심판대상조항은 '주택공급계약을 취소할 수 있다'고 규정하여 사업주체가 선의의 제3자 보호의 필요성 등을 고려하여 주택공급계약의 효력을 유지할 수 있는 가능성을 열어두고

있다. 심판대상조항은 입법형성권의 한계를 벗어났다고 보이지 않으므로 재산권을 침해하지 않아 헌법에 위반되지 아니한다(헌재 2022.3.31, 2019헌가26).

③ [O] 정당의 추천을 받고자 공천신청을 하였음에도 정당의 후보자로 추천받지 못한 예비후보자가 납부한 기탁금은 반환되어야 하므로, 예비후보자에게 기탁금을 반환하지 아니하는 것은 입법형성권의 범위를 벗어난 과도한 제한이라고 할 수 있으므로 침해최소성에 어긋난다. 심판대상조항은 과잉금지원칙에 반하여 청구인의 재산권을 침해한다(헌재 2020.9.24, 2018헌가15).

❹ [×] 공무원이 '직무와 관련 없는 과실로 인한 경우' 및 '소속상관의 정당한 직무상의 명령에 따르다가 과실로 인한 경우'를 제외하고 재직 중의 사유로 금고 이상의 형을 받은 경우, 퇴직급여 등을 감액하도록 규정한 구 공무원연금법 제64조 제1항 제1호는 재산권을 침해하는 것이다.

➡ 이 사건 감액조항은 공무원범죄를 예방하고 공무원이 재직 중 성실히 근무하도록 유도하기 위한 것으로서 그 입법목적은 정당하고, 수단도 적절하다. 이 사건 감액조항은 급여의 감액사유를 범죄행위로 인하여 금고 이상의 형을 받은 경우로 한정하고 있고, 본인의 기여금과 그에 대한 이자의 합산액 부분만큼은 감액하지 못하도록 규정하고 있는 등, 그 침해를 최소화하고 있다. 이 사건 감액조항으로 달성하고자 하는 공익은 공무원에 대한 국민의 신뢰를 유지하는 것으로서, 이 사건 감액조항에서 규정한 퇴직급여 감액사유가 공무원 자신이 저지른 범죄에서 비롯된 것인 점에서 침해받는 사익에 비하여 이 사건 감액조항으로 달성하고자 하는 공익이 더욱 크다. 따라서 이 사건 감액조항은 **청구인들의 재산권과 인간다운 생활을 할 권리를 침해하지 아니한다**(헌재 2016.6.30, 2014헌바365).

---

① [O] 1972년 헌법 제65조에 대한 옳은 내용이다.

> 1972년 헌법 제65조 ① 국무회의는 정부의 권한에 속하는 중요한 정책을 심의한다.
> ② 국무회의는 대통령·국무총리와 15인 이상 25인 이하의 국무위원으로 구성한다.
> ③ 대통령은 국무회의의 의장이 되고, 국무총리는 부의장이 된다.

❷ [×] 제2차 개헌으로 대통령과 부통령 직선제 및 양원제 도입, 국회의 국무원에 대한 불신임제도를 신설하였다.

➡ 1952.7.4. **제1차** 개헌은 소위 '발췌개헌'이라 하는바, 그 주요 내용으로는 대통령과 부통령의 직선제, 양원제국회, 국회의 국무원불신임제, 국무위원임명에 있어서 국무총리의 제청권 등이 있다.

③ [O] 대통령이 궐위된 경우에 잔임 기간이 2년 미만인 때에는 국회에서 선거한다.

> 1962년 헌법 제64조 ① 대통령은 국민의 보통·평등·직접·비밀선거에 의하여 선출한다. 다만, 대통령이 궐위된 경우에 잔임 기간이 2년 미만인 때에는 국회에서 선거한다.

④ [O] 국회는 개별적인 해임의결권을 가지되 국무총리에 대한 해임의결은 국회가 임명동의를 한 후 1년 이내에는 할 수 없다.

> 1980년 헌법 제99조 ① 국회는 국무총리 또는 국무위원에 대하여 개별적으로 그 해임을 의결할 수 있다. 다만, 국무총리에 대한 해임의결은 국회가 임명동의를 한 후 1년 이내에는 할 수 없다.
> ② 제1항의 해임의결은 국회재적의원 3분의 1 이상의 발의에 의하여 국회재적의원 과반수의 찬성이 있어야 한다.
> ③ 제2항의 의결이 있을 때에는 대통령은 국무총리 또는 당해 국무위원을 해임하여야 한다. 다만, 국무총리에 대한 해임의결이 있을 때에는 대통령은 국무총리와 국무위원 전원을 해임하여야 한다.

---

① [O] 남북합의서 제21조에 대한 옳은 내용이다.

> **납북합의서**
> 제21조【남북합의서의 체결·비준】① 대통령은 남북합의서를 체결·비준하며, 통일부장관은 이와 관련된 대통령의 업무를 보좌한다.
> ② 대통령은 남북합의서를 비준하기에 앞서 국무회의의 심의를 거쳐야 한다.
> ③ 국회는 국가나 국민에게 중대한 재정적 부담을 지우는 남북합의서 또는 입법사항에 관한 남북합의서의 체결·비준에 대한 동의권을 가진다.

❷ [×] 북한이탈주민의 보호 및 정착지원에 관한 법률상 북한이탈주민이란 군사분계선 이북지역에 주소, 직계가족, 배우자, 직장 등을 두고 있는 사람으로서 북한을 벗어난 후 외국 국적을 취득한 사람과 외국 국적을 취득하지 않은 사람을 모두 포함한다.

➡ '북한이탈주민'이란 군사분계선 이북지역(이하 '북한'이라 한다)에 주소, 직계가족, 배우자, 직장 등을 두고 있는 사람으로서 **북한을 벗어난 후 외국 국적을 취득하지 아니한 사람을 말한다**(북한이탈주민의 보호 및 정착지원에 관한 법률 제2조 제1호).

③ [O] 1991.9. 남·북한이 유엔에 동시가입하였다. 그러나 이는 '유엔헌장'이라는 다변조약에의 가입을 의미하는 것으로서 유엔헌장 제4조 제1항의 해석상 신규가맹국이 '유엔'이라는 국제기구에 의하여 국가로 승인받는 효과가 발생하는 것은 별론으로 하고, 그것만으로 곧 다른 가맹국과의 관계에 있어서도 당연히 상호간에 국가승인이 있었다고는 볼 수 없다는 것이 현실 국제정치상의 관례이고 국제법상의 통설적인 입장이다(헌재 1997.1.16, 89헌마240).

④ [O] 북한주민과의 접촉이 그 과정에서 불필요한 마찰과 오해를 유발하여 긴장이 조성되거나, 무절제한 경쟁적 접촉으로 남북한간의 원만한 협력관계에 나쁜 영향을 미칠 수도 있으며, 북한의 정치적 목적에 이용되거나 국가의 안전보장이나 자유민주적 기본질서에 부정적인 영향을 미치는 통로로 이용될 가능성도 완전히 배제할 수 없으므로 통일부장관이 북한주민 등과의 접촉을 원하는 자로부터 승인신청을 받아 구체적인 내용을 검토하여 승인 여부를 결정하는 절차는 현 단계에서는 불가피하므로 남북교류협력에 관한 법률 제9조 제3항은 평화통일을 선언한 헌법전문, 헌법 제4조, 헌법 제66조 제3항 및 기타 헌법상의 통일조항에 위배된다고 볼 수 없다(헌재 2000.7.20, 98헌바63).

① [O] 가까운 혈족 사이의 혼인(이하 '근친혼'이라 한다)의 경우, 가까운 혈족 사이의 서열이나 영향력의 작용을 통해 개인의 자유롭고 진실한 혼인 의사의 형성·합치에 어려움을 초래할 수 있고, 성(性)적 긴장이나 갈등·착취 관계를 초래할 수 있으며, 종래 형성되어 계속된 가까운 혈족 사이의 신분관계를 변경시켜 개별 구성원의 역할과 지위에 혼란을 불러일으킬 수 있다. … 이 사건 금혼조항은 위와 같이 근친혼으로 인하여 가까운 혈족 사이의 상호 관계 및 역할, 지위와 관련하여 발생할 수 있는 혼란을 방지하고 가족제도의 기능을 유지하기 위한 것이므로 그 입법목적이 정당하다. 또한 8촌 이내의 혈족 사이의 법률상의 혼인을 금지한 것은 근친혼의 발생을 억제하는 데 기여하므로 입법목적 달성에 적합한 수단에 해당한다. … 따라서 이 사건 금혼조항은 과잉금지원칙에 위배하여 혼인의 자유를 침해하지 않는다(헌재 2022.10.27, 2018헌바115).

② [O] 육아휴직신청권은 헌법 제36조 제1항 등으로부터 개인에게 직접 주어지는 헌법적 차원의 권리라고 볼 수는 없고, 입법자가 입법의 목적, 수혜자의 상황, 국가예산, 전체적인 사회보장수준, 국민정서 등 여러 요소를 고려하여 제정하는 입법에 적용요건, 적용대상, 기간 등 구체적인 사항이 규정될 때 비로소 형성되는 법률상의 권리이다(헌재 2008.10.30, 2005헌마1156).

③ [O] 이 사건 증여재산공제 조항은 결혼년수에 비례한 금액을 공제액으로 인정하여 배우자의 재산형성 과정의 기여도를 어느 정도 참작하고 있다. 배우자간 증여는 다양한 목적과 형태로 이루어지므로 과세관청의 제한된 인력이나 비용으로 개개의 증여에 있어서 배우자의 기여도를 정확하게 가려낸다는 것은 현실적으로 불가능하다는 점, 공제가 허용되는 인적 범위나 공제의 한도·방법 등 그 구체적인 내용의 형성에 관하여는 보다 광범위한 입법재량이 인정된다는 점 및 입법자는 증여재산공제조항보다는 비과세규정 등을 통해 수증자의 개별적·구체적 사정을 고려하고 있다는 점 등을 고려할 때 이 사건 증여재산공제조항이 실질적 조세법률주의 등에 반하여 재산권을 침해한다고 보기 어렵다. 이 사건 증여재산공제 조항은 부부간 증여의 경우 일정한 혜택을 부여한 규정이고, 남녀를 구별하지 않고 적용되는 규정이므로, 헌법상 혼인과 가족생활 보장 및 양성의 평등원칙에 반한다고 할 수도 없다(헌재 2012.12.27, 2011헌바132).

❹ [×] 독신자의 친양자 입양을 제한하는 것은 독신자의 가족생활의 자유를 침해하는 것이다.
⇨ 심판대상조항은 **친양자가 안정된 양육환경을 제공할 수 있는 가정에 입양되도록 하여 양자의 복리를 증진하는 것을 목적으로 한다.** 독신자 가정은 기혼자 가정에 비하여 양자의 양육에 있어 불리할 가능성이 높으므로, 독신자를 친양자의 양친에서 제외하는 것은 위 입법목적을 달성하기 위한 적절한 수단이다. 아울러 성년의 독신자는 비록 친양자 입양을 할 수는 없지만 일반입양에 의하여 가족을 형성할 수 있고, 민법 제781조에 따라 법원의 허가를 얻어 양자의 성·본을 양친의 것과 동일하게 변경할 수 있을 뿐만 아니라, 일반입양 사실은 가족관계증명서만으로는 외부에 드러나지 않는다. 비록 일반입양의 경우 양자의 입양 전 친족관계가 유지되지만, 일반입양을 통해서도 양자가 가족구성원으로서 동질감과 소속감을 느낄 수 있는 가정환경의 외관을 조성하는 것이 가능하다.

심판대상조항으로 인하여 양자가 혼인관계를 바탕으로 한 안정된 가정에 입양되어 더나은 양육조건에서 성장할 수 있게 되므로 양자의 복리가 증진되는 반면, 독신자는 친양자 입양을 할 수 없게 되어 가족생활의 자유가 다소 제한되지만 여전히 일반입양은 할 수 있으므로 제한되는 사익이 위 공익보다 결코 크다고 할 수 없다. 결국 심판대상조항은 **과잉금지원칙에 위반하여 독신자의 가족생활의 자유를 침해한다고 볼 수 없다**(헌재 2013.9.26, 2011헌가42).

① [O] 노동조합 및 노동관계조정법상의 교섭창구단일화제도는 근로조건의 결정권이 있는 사업 또는 사업장 단위에서 복수 노동조합과 사용자 사이의 교섭절차를 일원화하여 효율적이고 안정적인 교섭체계를 구축하고, 소속 노동조합과 관계없이 조합원들의 근로조건을 통일하기 위한 것으로, 교섭대표노동조합이 되지 못한 소수 노동조합의 단체교섭권을 제한하고 있지만, 소수 노동조합도 교섭대표노동조합을 정하는 절차에 참여하게 하여 교섭대표노동조합이 사용자와 대등한 입장에 설 수 있는 기반이 되도록 하고 있으며, 그러한 실질적 대등성의 토대 위에서 이뤄낸 결과를 함께 향유하는 주체가 될 수 있도록 하고 있으므로 노사대등의 원리하에 적정한 근로조건의 구현이라는 단체교섭권의 실질적인 보장을 위한 불가피한 제도라고 볼 수 있다(헌재 2012.4.24, 2011헌마338).

② [O] 불법체류자는 임금체불이나 폭행 등 각종 범죄에 노출될 위험이 있고, 그 신분의 취약성으로 인해 강제 근로와 같은 인권침해의 우려가 높으며, 행정관청의 관리 감독의 사각지대에 놓이게 됨으로써 안전사고 등 각종 사회적 문제를 일으킬 가능성이 있다. 또한, 단순기능직 외국인근로자의 불법체류를 통한 국내 정주는 일반적으로 사회통합 비용을 증가시키고 국내 고용 상황에 부정적 영향을 미칠 수 있다. 따라서 이 사건 출국만기보험금이 근로자의 퇴직 후 생계 보호를 위한 퇴직금의 성격을 가진다고 하더라도 불법체류가 초래하는 여러 가지 문제를 고려할 때 불법체류 방지를 위해 그 지급시기를 출국과 연계시키는 것은 불가피하므로 심판대상조항이 청구인들의 근로의 권리를 침해한다고 보기 어렵다(헌재 2016.3.31, 2014헌마367).

③ [O] 근로자의 단결권에 대해서는 헌법 제33조가 우선적으로 적용된다. 근로자의 단결권도 국민의 결사의 자유 속에 포함되나, 헌법이 노동3권과 같은 특별 규정을 두어 별도로 단결권을 보장하는 것은 근로자의 단결에 대해서는 일반 결사의 경우와 다르게 특별한 보장을 해준다는 뜻으로 해석된다. 즉, 근로자의 단결을 침해하는 사용자의 행위를 적극적으로 규제하여 근로자가 단결권을 실질적으로 자유롭게 행사할 수 있도록 해준다는 것을 의미한다. … 그렇지 않은 통상의 결사 일반에 대한 문제일 경우에는 헌법 제21조 제2항이 적용되므로 노동조합에도 헌법 제21조 제2항의 결사에 대한 허가제금지원칙이 적용된다(헌재 2012.3.29, 2011헌바53).

❹ [×] 노동조합의 규약 및 결의처분에 대한 행정관청의 시정명령이나 회계감사원의 회계감사 등이 있음에도 불구하고 노동조합이 결산결과와 운영상황에 대한 보고의무를 위반한 경우, 이에 대하여 과태료를 부과하는 것은 노동조합의 민주성

보장하는 데 불필요한 것으로서 과잉금지원칙에 위반되어 단결권을 침해하는 것이다.

⇨ 노동조합의 재정 집행과 운영에 있어서의 적법성·민주성 등을 확보하기 위해서는 조합자치 또는 규약자치에만 의존할 수는 없고 행정관청의 감독이 보충적으로 요구되는 바, 이 사건 법률조항은 노동조합의 재정 집행과 운영의 적법성·투명성·공정성·민주성 등을 보장하기 위한 것으로서 **정당한 입법목적을 달성하기 위한 적절한 수단이다.** 노동조합의 재정 집행과 운영에 있어서의 적법성·민주성 등을 확보하기 위해 마련된 이 사건 법률조항 이외의 수단들은 각기 일정한 한계를 가지고, 이 사건 법률조항의 실제 운용현황을 볼 때 행정관청에 의하여 자의적이거나 과도하게 남용되고 있다고 보기는 어려우며, 노동조합의 내부 운영에 대한 행정관청의 개입과 그로 인한 노동조합의 운영의 자유에 대한 제한을 최소화하고 있다고 할 것이므로 피해최소성 또한 인정된다. 이 사건 법률조항이 달성하려는 노동조합 운영의 적법성·민주성 등의 공익은 중대한 반면, 이 사건 법률조항으로 말미암아 제한되는 노동조합의 운영의 자유는 그다지 크지 아니하므로, 법익균형성 또한 인정된다. 따라서 이 사건 법률조항은 **과잉금지원칙을 위반하여 노동조합의 단결권을 침해하지 아니한다** (헌재 2013.7.25, 2012헌바116).

09

답 ③

① [O] 우리 헌법재판소는 제대군인가산점제도 사건에서 '잠정적 우대조치'라는 표현을 사용하면서, "잠정적 우대조치라 함은, 종래 사회로부터 차별을 받아 온 일정집단에 대해 그동안의 불이익을 보상하여 주기 위하여 그 집단의 구성원이라는 이유로 취업이나 입학 등의 영역에서 직·간접적으로 이익을 부여하는 조치를 말한다."라고 설시한 바 있다(헌재 1999.12.23, 98헌마363).

② [O] 적극적 평등실현조치는 과거부터 가해진 차별의 결과로 현재 불리한 처지에 있는 집단을 다른 집단과 동등한 처지에까지 끌어 올려 실질적 평등을 달성하고자 한다는 점에서 그 정당성의 근거를 찾을 수 있다(헌재 2014.8.28, 2013헌마553).

❸ [×] 청년할당제는 장애인고용할당제도나 여성할당제도와 같이 적극적 평등실현조치의 일종이다.

⇨ 청년할당제는 장애인고용할당제도나 여성할당제도와 같이 역사적으로 차별을 받아 왔기 때문에 특별한 보호가 필요한 장애인이나 여성과 같은 사회적 약자들에게 과거의 차별로 인한 불이익을 시정하고 이를 보상해 주기 위한 **적극적 평등실현조치가 아니다**(헌재 2014.8.28, 2013헌마553).

┌─ 참고 판례 🖉 ─

청년할당제가 위헌인지 여부: 소극(헌재 2014.8.28, 2013헌마553)

[판시사항]
대통령령으로 정하는 공공기관 및 공기업으로 하여금 매년 정원의 100분의 3 이상씩 34세 이하의 청년 미취업자를 채용하도록 한 청년고용촉진 특별법(2013.5.22. 법률 제11792호로 개정된 것) 제5조 제1항 및 같은 법 시행령 제2조 단서(이하 '청년할당제'라고 한다)가 35세 이상 미취업자들의 평등권, 직업선택의 자유를 침해하는지 여부(소극)

[결정요지]
청년할당제는 일정 규모 이상의 기관에만 적용되고, 전문적인 자격이나 능력을 요하는 경우에는 적용을 배제하는 등 상당한 예외를 두고 있다. 더욱이 3년간 한시적으로만 시행하며, 청년할당제가 추구하는 청년실업해소를 통한 지속적인 경제성장과 사회 안정은 매우 중요한 공익인 반면, 청년할당제가 시행되더라도 현실적으로 35세 이상 미취업자들이 공공기관 취업기회에서 불이익을 받을 가능성은 크다고 볼 수 없다. 따라서 이 사건 청년할당제가 청구인들의 평등권, 공공기관 취업의 자유를 침해한다고 볼 수 없다.

④ [O] 기회의 균등이 아닌 결과의 평등을 추구하는 정책이라는 점, 개인의 자격이나 실적보다는 집단의 일원이라는 것을 근거로 혜택을 준다는 점, 목적이 실현되면 종료하는 임시적 조치라는 점을 특징으로 한다.

10

답 ④

① [O] '현혹(眩惑)', '우려(憂慮)'의 의미, 관련 조항 등을 종합하면, '소비자를 현혹할 우려가 있는 내용의 광고'란, '광고내용의 진실성·객관성을 불문하고, 오로지 의료서비스의 긍정적인 측면만을 강조하는 취지의 표현을 사용함으로써 의료소비자를 혼란스럽게 하고 합리적인 선택을 방해할 것으로 걱정되는 광고'를 의미하는 것으로 충분히 해석할 수 있으므로, 심판대상조항은 죄형법정주의의 명확성원칙에 위배되지 아니한다. … 의료광고가 소비자를 현혹하는 방법으로 이루어질 경우, 소비자는 해당 의료서비스의 부정적인 측면을 충분히 고려하지 못함으로써 의료피해라는 예상치 못한 변수에 노출될 수 있다. 부당한 의료광고 표현에 대한 규제가 적절히 이루어지지 않는다면 의료인 등의 비정상적인 광고경쟁을 유발할 수 있고, 이러한 과당경쟁은 소비자의 심리를 자극하기 위한 의료광고의 급증으로 이어져 문란한 국민의료질서를 조장할 위험성이 높으며, 결국 그 피해는 소비자인 국민에게 돌아오게 될 것이다. 따라서 심판대상조항이 과잉금지원칙을 위배하여 의료인 등의 표현의 자유나 직업수행의 자유를 침해한다고 볼 수 없다(헌재 2014.9.25, 2013헌바28).

② [O] 국가가 주방용 오물분쇄기의 사용을 금지하여 국민들은 음식물 찌꺼기 등을 음식물류 폐기물로 분리 배출할 때까지 집안에 보관하여야 하고 이 과정에서 음식물 찌꺼기 등의 부패, 해충 발생 등으로 각종 질병에 노출되거나 쾌적하지 못한 환경에서 살게 되므로, 국가가 국민의 기본권에 대한 보호의무를 다하지 못함으로써 국민의 생명·신체의 안전에 관한 기본권, 환경권을 침해한다고 주장한다. 그러나 주방용 오물분쇄기를 사용하지 못하면 음식물 찌꺼기 등을 음식물류 폐기물로 분리 배출하여야 하므로 그 처리에 다소 불편을 겪을 수는 있으나, 심판대상조항이 음식물 찌꺼기 등의 배출 또는 처리 자체를 금지하는 것은 아니다. 뿐만 아니라 국가의 기본권 보호의무란 사인인 제3자에 의한 생명이나 신체에 대한 침해로부터 이를 보호하여야 할 국가의 의무를 말하는 것으로, 이 사건처럼 국가가 직접 주방용 오물분쇄기의 사용을 금지하여 개인의 기본권을 제한하는 경우에는 국가의 기본권 보호의무 위반 여부가 문제되지 않는다. 따라서 청구인들의 위 주장에 대해서는 판단하지 않는다(헌재 2018.6.28, 2016헌마1151).

③ [O] 표시광고법 제5조 제1항에 의하면 거짓·과장의 광고와 관련하여 그 내용이 진실임을 입증할 책임은 사업자측에 있으므로, 이 사건 제품이 인체에 안전하다는 사실에 대한 입증책임은 피심인들에게 있는 것이었다. 피청구인은 이 사건 종료결정 당시까지 이 사건 제품의 인체 위해성 여부가 확인되지 않았다고 판단한바, 만약 표시·광고5 내지 7에 대하여도 심사절차를 진행하여 심의절차까지 나아갔더라면 이 사건 제품의 인체 안전성이 입증되지 못하였다는 이유로 거짓·과장의 광고에 해당한다고 보아 시정명령·과징금 등의 행정처분을 부과할 가능성이 있었다. 마찬가지의 이유에서 피청구인이 표시·광고5 내지 7에 대한 심사절차를 진행하여 심의절차까지 나아갔더라면, 거짓·과장의 광고행위로 인한 표시광고법위반죄의 미필적 고의가 인정되어 피청구인의 고발 및 이에 따른 형사처벌이 이루어질 가능성도 있었다. 위 죄는 피청구인에게 전속고발권이 있어 피청구인의 고발이 없으면 공소제기가 불가능한바, 피청구인이 표시·광고5 내지 7을 심사대상에서 제외함으로써 공소제기의 기회를 차단한 것은 청구인의 재판절차진술권 행사를 원천적으로 봉쇄하는 결과를 낳는 것이었다. 위와 같은 사정들을 모두 종합하여 보면, 피청구인이 표시·광고5 내지 7을 심사대상에서 제외한 행위는, 현저히 정의와 형평에 반하는 조사 또는 잘못된 법률의 적용 또는 증거판단에 따른 자의적인 것으로서, 그로 인하여 청구인의 평등권과 재판절차진술권이 침해되었다(헌재 2022.9.29, 2016헌마773).

❹ [X] 국가인권위원회의 공정한 조사를 받을 권리는 헌법상 기본권이므로 불법체류 외국인에 대한 보호조치와 강제퇴거는 불법체류 외국인의 노동3권 제한이다.

  ➡ 헌법재판소법 제68조 제1항 소정의 헌법소원은 기본권의 주체이어야만 청구할 수 있는데, 단순히 '국민의 권리'가 아니라 '인간의 권리'로 볼 수 있는 기본권에 대해서는 외국인도 기본권의 주체가 될 수 있다. 나아가 청구인들이 불법체류 중인 외국인들이라 하더라도, 불법체류라는 것은 관련 법령에 의하여 체류자격이 인정되지 않는다는 것일 뿐이므로, '인간의 권리'로서 외국인에게도 주체성이 인정되는 일정한 기본권에 관하여 불법체류 여부에 따라 그 인정 여부가 달라지는 것은 아니다. 청구인들이 침해받았다고 주장하고 있는 신체의 자유, 주거의 자유, 변호인의 조력을 받을 권리, 재판청구권 등은 성질상 인간의 권리에 해당한다고 볼 수 있으므로, 위 기본권들에 관하여는 청구인들의 기본권 주체성이 인정된다. 그러나 '국가인권위원회의 공정한 조사를 받을 권리'는 헌법상 인정되는 기본권이라고 하기 어렵고, 이 사건 보호 및 강제퇴거가 청구인들의 노동3권을 직접 제한하거나 침해한 바 없음이 명백하므로, 위 기본권들에 대하여는 본안판단에 나아가지 아니한다(헌재 2012.8.23, 2008헌마430).

11
답 ④

① [O] 심판대상조항은 민법상 재단법인의 설립을 통하여 영세하고 부실한 사설봉안시설의 난립을 방지하고, 관리의 안정성을 보장하여 사설봉안시설을 이용하는 국민의 권익을 보호하려는 것으로서 목적의 정당성과 수단의 적합성이 인정된다. 오늘날 장사방법은 매장중심에서 점차 화장중심으로 변화하고 있는데,

사설봉안시설은 방만하고 부실한 운영으로 불특정 다수의 이용객에게 피해를 입힐 우려가 있으므로 관리인 개인의 역량이나 경제적 여건에 영향을 받지 않고 체계적이고 안정적으로 운영될 수 있도록 할 필요가 있다. 민법상 재단법인은 설립자와 별개의 법인격과 기본재산을 가지며, 이사는 선관주의 의무로 재단법인의 사무를 담당하여야 하는 등 개인보다 안정적이고 목적사업에 충실하게 봉안시설을 운영할 수 있고, 봉안시설에 함양된 의미와 이용의 보편적 측면에 비추어 안정적이고 영속적인 봉안시설의 운영을 위하여 일정한 자격요건은 불가피한 측면이 있으며, 심판대상조항은 종중·문중이나 종교단체 등의 경우에 예외를 마련하고 있다. 재단법인을 설립할 의무라는 심판대상조항으로 인하여 제한되는 사익이 심판대상조항을 통하여 추구하는 봉안시설의 안정성과 영속성이라는 공익에 비하여 더 크다고 보기 어려우므로, 심판대상조항은 침해의 최소성과 법익의 균형성을 갖추었다. 따라서 심판대상조항은 과잉금지원칙에 위반되어 직업의 자유를 침해하지 아니한다(헌재 2021.8.31, 2019헌바453).

② [O] 심판대상조항은 정보통신시스템, 데이터 또는 프로그램 등의 '운용을 방해할 수 있는 악성프로그램'으로 대상을 한정하고, 그 중에서도 '정당한 사유가 없는 악성프로그램의 유포행위'만을 금지·처벌하여 그 범위를 목적 달성에 필요한 범위로 합리적으로 제한하고 있다. 그 위반행위에 대하여 징역형과 벌금형을 선택할 수 있게 하고, 법정형에서 형벌의 상한만 규정하여 구체적 사안에 따라 죄질에 상응하는 형을 선고할 수 있다. 또한, 악성프로그램을 유포하는 자들이 받게 되는 직업의 자유 및 일반적 행동의 자유의 제한에 비하여 심판대상조항을 통하여 달성하려는 정보통신망의 안정성 및 정보의 신뢰성 확보와 이용자의 안전 보호라는 공익이 월등히 중요하다. 따라서 심판대상조항은 직업의 자유 및 일반적 행동의 자유를 침해하지 아니한다(헌재 2021.7.15, 2018헌바428).

③ [O] 심판대상조항이 부정 취득한 운전면허를 필요적으로 취소하도록 한 것은, 법익의 균형성 원칙에 위배되지 않는다. … 이처럼 심판대상조항이 부정 취득하지 않은 운전면허까지 필요적으로 취소하도록 한 것은, 법익의 균형성 원칙에 위배된다. … 심판대상조항이 부정 취득한 운전면허를 필요적으로 취소하도록 한 것은 과잉금지원칙에 위반되지 아니하나, 부정 취득하지 않은 운전면허까지 필요적으로 취소하도록 한 것은 과잉금지원칙에 위반된다(헌재 2020.6.25, 2019헌가9 등).

❹ [X] 안경사 면허를 가진 자연인에게만 안경업소의 개설 등을 할 수 있도록 한 것은 안경사들로만 구성된 법인 형태의 안경업소 개설까지 허용하지 않으므로 과잉금지원칙에 반하여 자연인 안경사와 법인의 직업의 자유를 침해한다.

  ➡ 국민의 눈 건강과 관련된 국민보건의 중요성, 안경사 업무의 전문성, 안경사로 하여금 자신의 책임하에 고객과의 신뢰를 쌓으면서 안경사 업무를 수행하게 할 필요성 등을 고려할 때, 안경업소 개설은 그 업무를 담당할 자연인 안경사로 한정할 것이 요청된다. 법인 안경업소가 허용되면 영리추구 극대화를 위해 무면허로 하여금 안경 조제·판매를 하게 하는 등의 문제가 발생할 가능성이 높아지고, 안경 조제·판매 서비스의 질이 하락할 우려가 있다. … 따라서 심판대상조항은 과잉금지원칙에 반하지 아니하여 자연인 안경사와 법인의 직업의 자유를 침해하지 아니한다(헌재 2021.6.24, 2017헌가31).

12
답 ④

① [O] 필요적 변호사건이라 하여도 피고인이 재판거부의 의사를 표시하고 재판장의 허가 없이 퇴정하고 변호인마저 이에 동조하여 퇴정해 버린 것은 모두 피고인측의 방어권의 남용 내지 변호권의 포기로 볼 수밖에 없는 것이므로 수소법원으로서는 형사소송법 제330조에 의하여 피고인이나 변호인의 재정 없이도 심리판결할 수 있다(대판 1991.6.28, 91도865).

② [O] 변호인의 조력을 받을 권리는 변호인과의 자유로운 접견교통권에 그치지 아니하고 더 나아가 변호인을 통하여 수사서류를 포함한 소송관계 서류를 열람·등사하고 이에 대한 검토 결과를 토대로 공격과 방어의 준비를 할 수 있는 권리도 포함된다고 보아야 할 것이므로 변호인의 수사기록 열람·등사에 대한 지나친 제한은 결국 피고인에게 보장된 변호인의 조력을 받을 권리를 침해하는 것이다(헌재 1997.11.27, 94헌마60).

③ [O] 변호인 선임을 위하여 피의자·피고인(이하 '피의자 등'이라 한다)이 가지는 '변호인이 되려는 자'와의 접견교통권은 헌법상 기본권으로 보호되어야 하고, '변호인이 되려는 자'의 접견교통권은 피의자 등이 변호인을 선임하여 그로부터 조력을 받을 권리를 공고히 하기 위한 것으로서, 그것이 보장되지 않으면 피의자 등이 변호인 선임을 통하여 변호인으로부터 충분한 조력을 받는다는 것이 유명무실하게 될 수밖에 없다. 이와 같이 '변호인이 되려는 자'의 접견교통권은 피의자 등을 조력하기 위한 핵심적인 부분으로서, 피의자 등이 가지는 헌법상의 기본권인 '변호인이 되려는 자'와의 접견교통권과 표리의 관계에 있다. 따라서 피의자 등이 가지는 '변호인이 되려는 자'의 조력을 받을 권리가 실질적으로 확보되기 위해서는 '변호인이 되려는 자'의 접견교통권 역시 헌법상 기본권으로서 보장되어야 한다(헌재 2019.2.28, 2015헌마1204).

❹ [×] 변호인선임권은 변호인의 조력을 받을 권리의 출발점이기는 하나, 법률로써 제한할 수 있다.
⇨ 변호인의 조력을 받을 권리의 출발점은 변호인선임권에 있고, 이는 변호인의 조력을 받을 권리의 가장 기초적인 구성부분으로서 **법률로써도 제한할 수 없다**(헌재 2004.9.23, 2000헌마138).

13
답 ①

❶ [×] 세무사 자격을 보유한 변호사로 하여금 세무사로서 세무사의 업무를 할 수 없도록 규정한 세무사법 제6조 제1항 등이 과잉금지원칙을 위반하여 세무사 자격 보유 변호사의 직업의 자유를 침해한다고 볼 수 없다.
⇨ 세무사 자격 보유 변호사는 법률에 의해 세무사의 자격을 부여받았으므로 그 자격에 따른 업무를 수행할 자유를 회복한 것이고, 세무조정업무 등 세법 및 관련 법령에 대한 해석·적용이 필요한 세무사의 업무에 대한 전문성과 능력이 인정됨에도 불구하고, 심판대상조항은 세무사 자격 보유 변호사에 대하여 세무사로서의 세무대리를 일체 할 수 없도록 전면 금지하고 있다. 이는 세무사의 자격을 취득함으로써 회복된 직업선택의 자유를 전면적으로 금지하는 것으로서, 세무사 자격 부여의 의미를 상실시키는 것일 뿐만 아니라, 자격제도를 규율하고 있는 법 전체의 체계상으로도 모순되고, 세무사 자격에 기한

직업선택의 자유를 지나치게 제한하는 것이다. 뿐만 아니라 소비자가 자신이 필요로 하는 세무대리업무가 세무관청과 관련된 실무적 업무처리로 충분한지, 아니면 세법 및 관련 법령의 해석·적용이 중요한지를 판단한 후 세무사, 공인회계사, 변호사 중 가장 적합한 자격사를 선택할 수 있도록 하는 것이 세무대리의 전문성을 확보하고 납세자의 권익을 보호하고자 하는 입법목적에 보다 부합한다. 따라서 심판대상조항은 침해의 최소성에도 반한다. 세무사로서 세무대리를 일체 할 수 없게 됨으로써 세무사 자격 보유 변호사가 받게 되는 불이익이 심판대상조항으로 달성하려는 공익보다 경미하다고 보기 어려우므로, 심판대상조항은 법익의 균형성도 갖추지 못하였다. 그렇다면, **심판대상조항은 과잉금지원칙을 위반하여 세무사 자격 보유 변호사의 직업선택의 자유를 침해하므로 헌법에 위반된다**(헌재 2018.4.26, 2015헌가19).

② [O] 이 사건 보호자동승조항은 어린이통학버스를 운영함에 있어서 반드시 보호자를 동승하도록 함으로써 학원 등의 영업방식에 제한을 가하고 있으므로 청구인들의 직업수행의 자유를 제한한다. … 이 사건 보호자동승조항이 어린이통학버스에 어린이 등과 함께 보호자를 의무적으로 동승하도록 하였다고 하여 그 의무가 학원 등 운영자의 직업수행의 자유를 지나치게 제한하여 입법형성권의 범위를 현저히 벗어났다거나 기본권 침해의 최소성원칙에 반한다고 볼 수 없다. 안전사고의 위험으로부터 어린이 등을 보호함으로써 궁극적으로 어린이 등이 신체적·정신적 손상의 위험으로부터 벗어나 안전하고 건강한 생활을 영위하도록 하기 위한 것이다. 이와 같은 공익적 가치는 학원 등 운영자들이 어린이통학버스를 운영함에 있어 그 영업방식이 제한됨으로 인한 불이익보다 훨씬 중요하다고 할 것이므로, 이 사건 보호자동승조항은 법익의 균형성원칙에 반한다고 볼 수 없다. 이 사건 보호자동승조항은 과잉금지원칙에 반하여 청구인들의 직업수행의 자유를 침해한다고 볼 수 없다(헌재 2020.4.23, 2017헌마479).

③ [O] 변호사는 수형자와의 접견을 위해 부득이 일반접견을 이용할 수밖에 없는데, 일반접견은 접촉차단시설이 설치된 일반접견실에서 10분 내외 짧게 이루어지므로 그 시간은 변호사접견의 6분의 1 수준에 그치고 그 대화 내용은 청취·기록·녹음·녹화의 대상이 된다. 변호사의 도움이 가장 필요한 시기에 접견에 대한 제한의 정도가 위와 같이 크다는 점에서 수형자의 재판청구권 역시 심각하게 제한될 수밖에 없고, 이로 인해 법치국가원리로 추구되는 정의에 반하는 결과를 낳을 수도 있다는 점에서, 위와 같은 불이익은 매우 크다고 볼 수 있다. 심판대상조항은 과잉금지원칙에 위배되어 변호사인 청구인의 직업수행의 자유를 침해한다(헌재 2021.10.28, 2018헌마60).
✐ 재판청구권 침해가 아니고 직업수행의 자유 침해라는 점을 주의한다.

④ [O] 직업선택의 자유를 제한하는 경우에 기본권 주체의 능력이나 자격 등 주관적 사유에 의한 제한보다는 기본권 주체와는 전혀 무관한 객관적 사유를 이유로 하는 제한이 가장 심각한 제약이 되므로, 객관적 사유에 의한 직업선택의 자유의 제한은 가장 엄격한 요건이 갖추어진 경우에만 허용될 수 있고 그 제한법률에 대한 심사기준도 엄격한 비례의 원칙이 적용된다(헌재 2010.5.27, 2008헌바110).

14 답 ②

① [O] 헌법 제31조 제1항의 교육을 받을 권리는, 국민이 능력에 따라 균등하게 교육받을 것을 공권력에 의하여 부당하게 침해받지 않을 권리와, 국민이 능력에 따라 균등하게 교육받을 수 있도록 국가가 적극적으로 배려하여 줄 것을 요구할 수 있는 권리로 구성되는바, 전자는 자유권적 기본권의 성격이, 후자는 사회권적 기본권의 성격이 강하다고 할 수 있다(헌재 2008.4.24. 2007헌마456).

❷ [×] 능력에 따라 균등하게 교육을 받을 권리는 개인의 정신적·육체적·경제적 능력에 따른 차별만을 허용할 뿐 성별·종교·사회적 신분에 의한 차별은 허용하지 않는다.
⇨ 우리 헌법은 제31조 제1항에서 "모든 국민은 능력에 따라 균등하게 교육을 받을 권리를 가진다."라고 규정함으로써 모든 국민의 교육의 기회균등권을 보장하고 있다. 이는 정신적·육체적 능력 이외의 **성별·종교·경제력·사회적 신분 등에 의하여 교육을 받을 기회를 차별하지 않고, 즉 합리적 차별사유 없이 교육을 받을 권리를 제한하지 아니함**과 동시에 국가가 모든 국민에게 균등한 교육을 받게 하고 특히 경제적 약자가 실질적인 평등교육을 받을 수 있도록 적극적 정책을 실현해야 한다는 것이다(헌재 1994.2.24. 93헌마192).

③ [O] 이 사건 전형사항은 재외국민 특별전형의 공정하고 합리적인 운영을 위해 규정된 것으로, 대학입학전형기본사항은 매년 수립·공표되는 점, 이 사건 전형사항은 2014년 공표된 2017학년도 대학입학전형기본사항에서부터 예고된 점 등을 종합할 때, 이 사건 전형사항이 신뢰보호원칙에 반하여 청구인 학생의 균등하게 교육받을 권리를 침해한다고 볼 수 없다. … 이 사건 전형사항은 일반전형을 통한 진학기회를 전혀 축소하지 않고, 국내 교육과정 수학 결손이 불가피하여 대학교육의 균등한 기회를 갖기 어려운 때로 지원자격을 한정하고자 한 것으로서 그 문언상 해외근무자의 배우자가 없는 한부모 가족에는 적용이 없는 점을 고려할 때, 청구인 학생을 불합리하게 차별하여 균등하게 교육을 받을 권리를 침해하는 것이라고 볼 수 없다(헌재 2020.3.26. 2019헌마212).

④ [O] 의무교육에 있어서 무상의 범위에는 의무교육이 실질적이고 균등하게 이루어지기 위한 본질적 항목으로, 수업료나 입학금의 면제, 학교와 교사 등 인적·물적 시설 및 그 시설을 유지하기 위한 인건비와 시설유지비 등의 부담제외가 포함되고, 그 외에도 의무교육을 받는 과정에 수반하는 비용으로서 의무교육의 실질적인 균등보장을 위해 필수불가결한 비용은 무상의 범위에 포함된다. 이러한 비용 이외의 비용을 무상의 범위에 포함시킬 것인지는 국가의 재정상황과 국민의 소득수준, 학부모들의 경제적 수준 및 사회적 합의 등을 고려하여 입법자가 입법정책적으로 해결해야 할 문제이다(헌재 2012.4.24. 2010헌바164).

15 답 ②

① [O] '효'라는 우리 고유의 전통규범을 수호하기 위하여 비속이 존속을 고소하는 행위의 반윤리성을 억제하고자 이를 제한하는 것은 합리적인 근거가 있는 차별이라고 할 수 있다. 따라서, 자기 또는 배우자의 직계존속을 고소하지 못하도록 규정한 형사소송법 제224조는 헌법 제11조 제1항의 평등원칙에 위반되지 아니한다(헌재 2011.2.24. 2008헌마56).

❷ [×] 중선거구제에서는 소선거구제에서보다 당선에 필요한 유효득표율이 필연적으로 낮아지므로 양자의 기탁금 반환기준을 동일하게 설정하는 것은 불합리한 차별로서 평등원칙에 위배된다.
⇨ 중선거구제인 선거에서 기탁금반환의 기준이 소선거구제인 다른 선거에 적용되는 기준보다 낮을 수도 있으나, **우리의 정치문화와 선거풍토에서 선거의 신뢰성과 공정성을 확보하고 이를 유지하는 것이 무엇보다 중요하고 시급한 점, 국민들의 경제적 부담을 가중시키고, 정국의 불안정이나 정치에 대한 무관심으로 이어지는 등 부작용을 방지하여야 한다는 점 등을 고려하여 중선거구제를 도입하였음에도 불구하고 종전과 마찬가지 수준의 기탁금반환기준을 유지함으로써 상대적으로 이러한 문제점을 완화시키려고 하였던 입법자의 판단에는 합리적인 이유가 있다** 할 것이므로, 지역구지방의회의원선거에서도 대통령선거나 지역구국회의원선거와 마찬가지로 유효투표 총수의 100분의 15 이상의 득표를 기탁금 및 선거비용 전액의 반환 또는 보전의 기준으로, 유효투표 총수의 100분의 10 이상 100분의 15 미만의 득표를 기탁금 및 선거비용 반액의 반환 또는 보전의 기준으로 규정한 공직선거법 규정은 **평등권을 침해하지 않는다**(헌재 2011.6.30. 2010헌마542).

③ [O] 심판대상조항은 65세 미만의 혼자서 일상생활과 사회생활을 하기 어려운 장애인 가운데 노인장기요양보험법 시행령에서 규정한 노인성 질병을 가진 사람과 그렇지 않은 사람을 활동지원급여 신청자격에 있어 차별취급하고 있으므로 평등원칙 위반 여부가 문제된다. 심판대상조항이 65세 미만의 혼자서 일상생활과 사회생활을 하기 어려운 장애인 가운데 치매·뇌혈관성질환 등 노인장기요양보험법 시행령에서 규정한 노인성 질병을 가진 사람을 일률적으로 활동지원급여 신청자격자에서 제외하는 것은 불합리한 차별로서 평등원칙에 위배하여 헌법에 위반된다(헌재 2020.12.23. 2017헌가22).

④ [O] 그동안 정치자금법이 여러 차례 개정되어 후원회지정권자의 범위가 지속적으로 확대되어 왔음에도 불구하고, 국회의원선거의 예비후보자 및 그 예비후보자에게 후원금을 기부하고자 하는 자와 광역자치단체장선거의 예비후보자 및 이들 예비후보자에게 후원금을 기부하고자 하는 자를 계속하여 달리 취급하는 것은, 불합리한 차별에 해당하고 입법재량을 현저히 남용하거나 한계를 일탈한 것이다. 따라서 심판대상조항 중 광역자치단체장의 예비후보자에 관한 부분은 이들 예비후보자에게 후원금을 기부하고자 하는 자의 평등권을 침해한다(헌재 2019.12.27. 2018헌마301 등).

16 답 ④

① [O] 획일적으로 30세까지는 순경과 소방사·지방소방사 및 소방간부후보생의 직무수행에 필요한 최소한도의 자격요건을 갖추고, 30세가 넘으면 그러한 자격요건을 상실한다고 보기 어렵고, 이 점은 순경을 특별 채용하는 경우 응시연령을 40세 이하로 제한하고, 소방사·지방소방사와 마찬가지로 화재현장업무 등을 담당하는 소방교·지방소방교의 경우 특채시험의 응시연령을 35세 이하로 제한하고 있는 점만 보아도 분명하다. 따라서 이 사건 심판대상조항들이 순경 공채시험, 소방사 등 채용시험, 그리고 소방간부 선발시험의 응시연령의 상한을 '30세 이하'로 규정하고 있는 것은 합리적이라고 볼 수

없으므로 침해의 최소성원칙에 위배되어 청구인들의 공무담임권을 침해한다(헌재 2012.5.31, 2010헌마278).

② [O] 헌법 제25조가 보장하는 공무담임권은 입법부, 행정부, 사법부는 물론 지방자치단체 등 국가, 공공단체의 구성원으로서 그 직무를 담당할 수 있는 권리를 말한다. 그런데 정당은 정치적 주장이나 정책을 추진하고 공직선거의 후보자를 추천 또는 지지함으로써 국민의 정치적 의사형성에 참여함을 목적으로 하는 국민의 자발적 조직으로서, 정당의 공직선거 후보자 선출은 자발적 조직 내부의 의사결정에 지나지 아니한다. 따라서 청구인이 정당의 내부경선에 참여할 권리는 헌법이 보장하는 공무담임권의 내용에 포함된다고 보기 어렵고, 청구인의 소속 정당이 당내경선을 실시하지 않는다고 하여 청구인이 공직선거의 후보자로 출마할 수 없는 것이 아니므로, 심판대상조항으로 인하여 청구인의 공무담임권이 침해될 여지는 없다(헌재 2014.11.27, 2013헌마814).

③ [O] 후보자(후보자가 되려는 사람을 포함한다)의 직계존비속 및 배우자에게 제263조 및 제265조에 규정된 죄와 이 조 제1항 제3호에 규정된 죄의 경합범으로 징역형 또는 300만원 이상의 벌금형을 선고하는 때(선거사무장, 선거사무소의 회계책임자에 대하여는 선임·신고되기 전의 행위로 인한 경우를 포함한다)에는 이를 분리 선고하여야 한다(공직선거법 제18조 제3항 참조).

❹ [×] 노동직류와 직업상담직류를 선발할 때 직업상담사 자격증 소지자에게 각 과목 만점의 최대 5% 이내에서 점수를 가산하도록 한 공무원임용시험령 제31조 제2항 등은 공무담임권을 침해한다.

⇨ 심판대상조항은 2003년과 2007년경부터 규정된 것이어서 해당 직류의 채용시험을 진지하게 준비 중이었다면 누구라도 직업상담사 자격증이 가산대상 자격증임을 알 수 있었다고 보이며, 자격증소지를 시험의 응시자격으로 한 것이 아니라 각 과목 만점의 최대 5% 이내에서 가산점을 부여하는 점, 자격증 소지자도 다른 수험생들과 마찬가지로 합격의 최저 기준인 각 과목 만점의 40% 이상을 취득하여야 한다는 점, 그 가산점 비율은 3% 또는 5%로서 다른 직렬과 자격증 가산점 비율에 비하여 과도한 수준이라고 볼 수 없다는 점을 종합하면 이 조항이 **피해최소성원칙에 위배된다고 볼 수 없고, 법익의 균형성도 갖추었다. 따라서 심판대상조항이 청구인들의 공무담임권과 평등권을 침해하였다고 볼 수 없다**(헌재 2018.8. 30, 2018헌마46).

17 답 ④

① [O] 정당이 그 소속 국회의원을 제명하기 위해서는 당헌이 정하는 절차를 거치는 외에 그 소속 국회의원 전원의 2분의 1 이상의 찬성이 있어야 한다(정당법 제33조).

② [O] 비례대표국회의원 또는 비례대표지방의회의원이 소속정당의 합당·해산 또는 제명외의 사유로 당적을 이탈·변경하거나 2 이상의 당적을 가지고 있는 때에는 의원직을 상실할 수 있다. 다만, 비례대표국회의원이 국회의장으로 당선되어 국회법 규정에 의하여 당적을 이탈한 경우에는 그러하지 아니하다(공직선거법 제192조 제4항).

> **공직선거법**
> 제192조【피선거권상실로 인한 당선무효 등】④ 비례대표국회의원 또는 비례대표지방의회의원이 소속정당의 합당·해산 또는 제명 외의 사유로 당적을 이탈·변경하거나 2 이상의 당적을 가지고 있는 때에는 국회법 제136조(退職) 또는 지방자치법 제78조(의원의 퇴직)의 규정에 불구하고 퇴직된다. 다만, 비례대표국회의원이 국회의장으로 당선되어 국회법 규정에 의하여 당적을 이탈한 경우에는 그러하지 아니하다.

③ [O] 정당법 제15조에 대한 옳은 내용이다.

> **정당법**
> 제15조【등록신청의 심사】등록신청을 받은 관할 선거관리위원회는 형식적 요건을 구비하는 한 이를 거부하지 못한다. 다만, 형식적 요건을 구비하지 못한 때에는 상당한 기간을 정하여 그 보완을 명하고, 2회 이상 보완을 명하여도 응하지 아니할 때에는 그 신청을 각하할 수 있다.

❹ [×] 현행법상 헌법재판소에 의하여 해산된 정당소속의 국회의원은 의원직을 상실하도록 하고 있다.

⇨ 헌법재판소에 의해 해산된 정당의 소속 국회의원의 자격에 관한 **헌법 및 정당법 규정은 별도로 존재하지 않기 때문에 학설이 대립**하고 있다. 헌법재판소에 의하여 해산된 정당소속의 국회의원은 의원직을 상실한다는 견해와 유지된다는 견해가 있는데, 다수설은 상실된다는 견해이다.

18 답 ①

❶ [×] 후보자의 배우자가 공직선거법 소정의 범죄를 범함으로 인하여 징역형 또는 300만원 이상의 벌금형의 선고를 받은 때에는 그 후보자의 당선을 무효로 하는 것은 헌법 제13조 제3항에서 금지하고 있는 연좌제에 해당한다.

⇨ 배우자는 후보자와 일상을 공유하는 자로서 선거에서는 후보자의 분신과도 같은 역할을 하게 되는바, 배우자의 중대 선거범죄를 이유로 후보자의 당선을 무효로 하는 이 사건 법률조항은 배우자가 죄를 저질렀다는 이유만으로 후보자에게 불이익을 주는 것이 아니라, **후보자와 불가분의 선거운명공동체를 형성하여 활동하게 마련인 배우자의 실질적 지위와 역할을 근거로 후보자에게 연대책임을 부여한 것이므로 헌법 제13조 제3항에서 금지하고 있는 연좌제에 해당하지 아니한다**(헌재 2005.12.22, 2005헌마19).

② [O] 특수절도미수조항에서는 법정형의 하한을 징역 1년으로 규정하고 있어 구체적인 사건에서 재판을 담당하는 법관이 사건의 내용 및 죄질에 따라 징역형에 대한 선고유예나 집행유예를 선고함으로써 구체적 타당성을 도모할 수 있고, 미수범의 형은 기수범의 형보다 감경할 수 있으며(제25조 제2항), 종범(제32조), 자수범(제52조) 등과 같은 법률상 감경사유나 작량감경사유(제53조)가 있는 때에는 법원에서 1년 미만의 단기 자유형을 선고하는 것도 가능하고, 법정형의 상한을 징역 10년으로 제한하고 있다. 그렇다면 특수절도미수조항 법정형에서 벌금형 없이 '1년 이상 10년 이하의 징역'으로 규정하였다는 점만으로, 입법재량을 넘은 과잉형벌이거나 형벌체계상 균형을 상실하였다고

볼 수 없다. 위와 같이 특수절도 범행의 상대적으로 중한 죄질 및 범정, 피해의 중대성 등을 감안하여 입법자가 입법정책적 차원에서 특수절도 범죄에 대한 법정형을 단순절도죄보다 더 무겁게 정하였다고 하여, 특수절도미수조항이 형벌 본래의 기능과 목적을 달성함에 있어 필요한 정도를 현저하게 일탈하여 비례원칙에 위배되었거나 책임주의원칙에 위반하였다거나 청구인의 신체의 자유나 법관의 양형재량을 침해한 것이라 할 수 없다(헌재 2019.2.28, 2018헌바8).

③ [O] 심판대상조항은 가중요건이 되는 과거의 위반행위와 처벌대상이 되는 재범 음주운항 사이에 시간적 제한을 두지 않고 있다. 그런데 과거의 위반행위가 상당히 오래 전에 이루어져 그 이후 행해진 음주운항을 '해상교통법규에 대한 준법정신이나 안전의식이 현저히 부족한 상태에서 이루어진 반규범적 행위' 또는 '반복적으로 사회구성원에 대한 생명·신체 등을 위협하는 행위'라고 평가하기 어렵다면, 이를 가중처벌할 필요성이 인정된다고 보기 어렵다. 또한 심판대상조항은 과거 위반 전력의 시기 및 내용이나 음주운항 당시의 혈중알코올농도 수준 등을 고려할 때 비난가능성이 상대적으로 낮은 재범행위까지도 법정형의 하한인 2년 이상의 징역 또는 2천만원 이상의 벌금을 기준으로 처벌하도록 하고 있어, 책임과 형벌 사이의 비례성을 인정하기 어렵다. 따라서 심판대상조항은 책임과 형벌 간의 비례원칙에 위반된다(헌재 2022.8.31, 2022헌가10).

④ [O] 미결구금은 신체의 자유를 침해받는 피의자 또는 피고인의 입장에서 보면 실질적으로 자유형의 집행과 다를 바 없으므로 인권보호 및 공평의 원칙상 형기에 전부 산입되어야 한다(헌재 2009.12.29, 2008헌가13).

19   답 ②

① [O] 명확성의 원칙은 법치국가원리의 한 표현으로서 기본권을 제한하는 법규범의 내용은 명확하여야 한다는 헌법상의 원칙이며, 죄형법정주의에서 파생되었다.

❷ [×] 범죄구성요건에 법관의 보충적 해석을 통해서 비로소 그 내용이 확정될 수 있는 개념을 사용하였다면 죄형법정주의에 위반된다.

⇨ 모든 법규범의 문언을 순수하게 기술적 개념만으로 구성하는 것은 입법기술적으로 불가능하고 또 바람직하지도 않기 때문에 어느 정도 가치개념을 포함한 일반적·규범적 개념을 사용하지 않을 수 없다. 따라서 **명확성의 원칙이란 기본적으로 최대한이 아닌 최소한의 명확성을 요구하는 것이다.** 그러므로 법문언이 해석을 통해서, 즉 **법관의 보충적인 가치판단을 통해서 그 의미내용을 확인해낼 수 있고, 그러한 보충적 해석이 해석자의 개인적인 취향에 따라 좌우될 가능성이 없다면 명확성의 원칙에 반한다고 할 수 없다** 할 것이다(헌재 1998.4.30, 95헌가16).

③ [O] '여러 사람의 눈에 뜨이는 곳에서 공공연하게 알몸을 지나치게 내놓거나 가려야 할 곳을 내놓아 다른 사람에게 부끄러운 느낌이나 불쾌감을 준 사람'을 처벌하는 경범죄 처벌법 제3조 제1항 제33호가 죄형법정주의의 명확성원칙에 위배된다(헌재 2016.11.24, 2016헌가3).

④ [O] 방해행위의 구체적 예시로 열거된 폭행, 협박, 위계, 위력은 공통적으로 응급의료종사자에게 유·무형의 방법으로 영향력을 행사하여 즉시 필요한 응급의료를 받아야 하는 응급환자에 대한 진료 등에 지장을 주거나 지장을 줄 위험을 발생하게 할 만한 것이다. 응급의료법의 입법 취지, 규정형식 및 문언의 내용을 종합하여 볼 때, 건전한 상식과 통상적인 법 감정을 가진 일반인이라면 구체적인 사건에서 어떠한 행위가 이 사건 금지조항의 '그 밖의 방법'에 의하여 규율되는지 충분히 예견할 수 있고, 이는 법관의 보충적 해석을 통하여 확정될 수 있는 개념이다. 따라서 심판대상조항은 죄형법정주의의 명확성원칙에 위반되지 않는다(헌재 2019.6.28, 2018헌바128).

20   답 ④

① [O] 이 사건 재산등록 조항은 금융감독원 직원의 비리유혹을 억제하고 업무 집행의 투명성 및 청렴성을 확보하기 위한 것으로 입법목적이 정당하고, 금융기관의 업무 및 재산상황에 대한 검사 및 감독과 그에 따른 제재를 업무로 하는 금융감독원의 특성상 소속 직원의 금융기관에 대한 실질적인 영향력 및 비리 개연성이 클 수 있다는 점을 고려할 때 일정 직급 이상의 금융감독원 직원에게 재산등록의무를 부과하는 것은 적절한 수단이다. 재산등록제도는 재산공개제도와 구별되는 것이고, 재산등록사항의 누설 및 목적 외 사용 금지 등 재산등록사항이 외부에 알려지지 않도록 보호하는 조치가 마련되어 있다. 재산등록대상에 본인 외에 배우자와 직계존비속도 포함되나 이는 등록의무자의 재산은닉을 방지하기 위하여 불가피한 것이며, 고지거부제도 운용 및 혼인한 직계비속인 여자, 외조부모 등을 대상에서 제외함으로써 피해를 최소화하고 있다. 또한, 이 사건 재산등록 조항에 의하여 제한되는 사생활 영역은 재산관계에 한정됨에 비하여 이를 통해 달성할 수 있는 공익은 금융감독원 업무의투명성 및 책임성 확보 등으로 중대하므로 법익균형성도 충족하고 있다. 따라서 이 사건 재산등록 조항은 청구인들의 사생활의 비밀과 자유를 침해하지 아니한다(헌재 2014.6.26, 2012헌마331).

② [O] 날로 증가하는 성폭력범죄와 그 피해의 심각성을 고려할 때 범죄예방 효과의 측면에서 위치추적을 통한 전자감시제도보다 덜 기본권 제한적인 수단을 쉽게 마련하기 어려운 점 등을 종합적으로 고려하면, 이 사건 전자장치부착조항에 의한 전자감시제도가 침해의 최소성원칙에 반한다고 할 수 없다. 또한 이 사건 전자장치부착조항이 보호하고자 하는 이익에 비해 재범의 위험성이 있는 성폭력범죄자가 입는 불이익이 결코 크다고 할 수 없어 법익의 균형성원칙에 반하지 아니하므로, 이 사건 전자장치부착조항이 과잉금지원칙에 위배하여 피부착자의 사생활의 비밀과 자유, 개인정보자기결정권, 인격권을 침해한다고 볼 수 없다(헌재 2012.12.27, 2011헌바89).

③ [O] 간통죄의 보호법익인 혼인과 가정의 유지는 당사자의 자유로운 의지와 애정에 맡겨야지, 형벌을 통하여 타율적으로 강제될 수 없는 것이며, 현재 간통으로 처벌되는 비율이 매우 낮고, 간통행위에 대한 사회적 비난 역시 상당한 수준으로 낮아져 간통죄는 행위규제규범으로서 기능을 잃어가고, 형사정책상 일반예방 및 특별예방의 효과를 거두기도 어렵게 되었다. 부부 간 정조의무 및 여성 배우자의 보호는 간통한 배우자를 상대로 한 재판상 이혼청구, 손해배상청구 등 민사상의 제도에 의해 보다 효과적으로 달성될 수 있고, 오히려 간통죄가

유책의 정도가 훨씬 큰 배우자의 이혼수단으로 이용되거나 일시 탈선한 가정주부 등을 공갈하는 수단으로 악용되고 있기도 하다. 결국 심판대상조항은 과잉금지원칙에 위배하여 국민의 성적 자기결정권 및 사생활의 비밀과 자유를 침해하는 것으로서 헌법에 위반된다(헌재 2015.2.26. 2009헌바17).

❹ [×] 변호사시험은 '법학전문대학원을 졸업하였거나 졸업할 예정인 사람'으로 응시대상자가 한정되어 있는바, 타인이 합격자 명단을 열람하여 특정 응시자의 변호사시험 합격 여부 및 시기 등을 추정할 수 있으므로, 이는 응시자의 사생활의 비밀과 자유를 중대하게 제한하는 것이지만 변호사로부터 법률서비스를 받을 국민의 편의, 변호사 자격의 공공성, 변호사시험 관리의 공정성 확보 등을 위한 정당한 제한이다.

⇨ 청구인들은 심판대상조항에 따라 합격자 명단이 공개됨으로써 사생활의 비밀과 자유가 침해된다고 주장하나, 변호사라는 전문자격을 취득하거나 취득하지 못하였다는 사실이 내밀한 사적 영역에 속하는 것인지 의문일 뿐만 아니라, 설사 이에 속한다고 하더라도 개인정보자기결정권의 보호영역과 중첩되는 범위 안에서만 관련되어 있으므로, 개인정보자기결정권에 대한 과잉금지원칙 위배 여부를 심사하는 이상 따로 살펴보지 않는다. 청구인들은 심판대상조항이 당사자가 아닌 타인으로 하여금 응시자의 불합격 사실을 확인할 수 있도록 함으로써 그의 인격권 또는 명예권도 침해한다고 주장한다. 그러나 이는 개인정보가 공개되는 데 따라 초래되는 문제에 불과하므로, 이에 대해서는 나아가 살펴보지 않는다(헌재 2020.3.26. 2018헌마77 등).

정답

p.80

01	④	02	④	03	②	04	①	05	④
06	①	07	④	08	①	09	③	10	④
11	③	12	②	13	④	14	①	15	④
16	④	17	③	18	③	19	④	20	③

01

답 ④

① [O] 헌법에 '공정한 재판'에 관한 명문의 규정은 없지만 재판청구권이 국민에게 효율적인 권리보호를 제공하기 위해서는, 법원에 의한 재판이 공정하여야만 할 것은 당연한 전제이므로 '공정한 재판을 받을 권리'는 헌법 제27조의 재판청구권에 의하여 함께 보장된다(헌재 2002.7.18, 2001헌바53).

② [O] 모든 국민은 헌법과 법률이 정한 법관에 의하여 법률에 의한 재판을 받을 권리를 가진다(헌법 제27조 제1항).

③ [O] '법률에 의한' 재판청구권을 보장하기 위해서는 입법자에 의한 재판청구권의 구체적 형성이 불가피하므로 입법자의 광범위한 입법재량이 인정된다(헌재 2008.9.25, 2007헌바23).

❹ [×] 헌법 제27조 제1항이 규정하는 '법률에 의한' 재판을 받을 권리는 '절차법이 정한 절차에 따라 실체법이 정한 내용대로 재판을 받을 권리'로서 이를 보장하기 위해서는 입법자에 의한 재판청구권의 구체적 형성이 불가피하므로, 이러한 입법이 상당한 정도로 '권리구제의 실효성'을 보장하는 것이어야 한다고 요구할 수는 없다.

⇨ 헌법 제27조 제1항은 "모든 국민은 … 법률에 의한 재판을 받을 권리를 가진다."고 규정하여 법원이 법률에 기속된다는 당연한 법치국가적 원칙을 확인하고, '법률에 의한 재판, 즉 절차법이 정한 절차에 따라 실체법이 정한 내용대로 재판을 받을 권리'를 보장하고 있다. 이로써 위 헌법조항은 "원칙적으로 입법자에 의하여 형성된 현행 소송법의 범주 내에서 권리구제절차를 보장한다."는 것을 밝히고 있다. 재판청구권의 실현이 법원의 조직과 절차에 관한 입법에 의존하고 있기 때문에 입법자에 의한 재판청구권의 구체적 형성은 불가피하며, 따라서 입법자는 청구기간이나 제소기간과 같은 일정한 기간의 준수, 소송대리, 변호사 강제제도, 소송수수료규정 등을 통하여 원칙적으로 소송법에 규정된 형식적 요건을 충족시켜야 비로소 법원에 제소할 수 있도록 소송의 주체, 방식, 절차, 시기, 비용 등에 관하여 규율할 수 있다. 그러나 헌법 제27조 제1항은 권리구제절차에 관한 구체적 형성을 완전히 입법자의 형성권에 맡기지는 않는다. 입법자가 단지 법원에 제소할 수 있는 형식적인 권리나 이론적인 가능성만을 제공할 뿐 권리구제의 실효성이 보장되지 않는다면 권리구제절차의 개설은 사실상 무의미할 수 있다. 그러므로 재판청구권은 법적 분쟁의 해결을 가능하게 하는 적어도 한번의 권리구제절차가 개설될 것을 요청할 뿐 아니라 그를 넘어서 소송절차의 형성에 있어서 실효성 있는 권리보호를 제공하기 위하여 그에 필요한 절차적 요건을 갖출 것을 요청한다. 비록 재판절차가 국민에게 개설되어 있다 하더라도, 절차적 규정들에 의하여 법원에의 접근이 합리적인 이유로 정당화될 수 없는 방법으로 어렵게 된다면, 재판청구권은 사실상 형해화될 수 있으므로, 바로 여기에 입법형성권의 한계가 있다(헌재 2002.10.31, 2001헌바40).

02

답 ④

① [O] 집회나 시위 해산을 위한 살수차 사용은 집회의 자유 및 신체의 자유에 대한 중대한 제한을 초래하므로 살수차 사용요건이나 기준은 법률에 근거를 두어야 하고, 살수차와 같은 위해성 경찰장비는 본래의 사용방법에 따라 지정된 용도로 사용되어야 하며 다른 용도나 방법으로 사용하기 위해서는 반드시 법령에 근거가 있어야 한다. 혼합살수방법은 법령에 열거되지 않은 새로운 위해성 경찰장비에 해당하고 이 사건 지침에 혼합살수의 근거 규정을 둘 수 있도록 위임하고 있는 법령이 없으므로, 이 사건 지침은 법률유보원칙에 위배되고 이 사건 지침만을 근거로 한 이 사건 혼합살수행위 역시 법률유보원칙에 위배된다. 따라서 이 사건 혼합살수행위는 청구인들의 신체의 자유와 집회의 자유를 침해한다(헌재 2018.5.31, 2015헌마476).

② [O] 법원 인근에서의 집회라 할지라도 법관의 독립을 위협하거나 재판에 영향을 미칠 염려가 없는 집회도 있다. 예컨대 법원을 대상으로 하지 않고 검찰청 등 법원 인근 국가기관이나 일반법인 또는 개인을 대상으로 한 집회로서 재판업무에 영향을 미칠 우려가 없는 집회가 있을 수 있다. 법원을 대상으로 한 집회라도 사법행정과 관련된 의사표시 전달을 목적으로 한 집회 등 법관의 독립이나 구체적 사건의 재판에 영향을 미칠 우려가 없는 집회도 있다. 한편, 집회 및 시위에 관한 법률은 심판대상조항 외에도 집회·시위의 성격과 양상에 따라 법원을 보호할 수 있는 다양한 규제수단을 마련하고 있으므로, 각급

법원 인근에서의 옥외집회·시위를 예외적으로 허용한다고 하더라도 이러한 수단을 통하여 심판대상조항의 입법목적은 달성될 수 있다. 심판대상조항은 입법목적을 달성하는 데 필요한 최소한도의 범위를 넘어 규제가 불필요하거나 또는 예외적으로 허용 가능한 옥외집회·시위까지도 일률적·전면적으로 금지하고 있으므로, 침해의 최소성원칙에 위배된다. … 심판대상조항은 과잉금지원칙을 위반하여 집회의 자유를 침해한다(헌재 2018.7.26, 2018헌바137).

③ [O] 경찰의 촬영행위는 직접적인 물리적 강제력을 동원하는 것이 아니라고 하더라도 청구인들의 일반적 인격권, 개인정보자기결정권 및 집회의 자유를 제한할 수 있다. 이러한 기본권 제한은 헌법 제37조 제2항에 따라 국가안전보장·질서유지 또는 공공복리를 위해 필요한 경우에 한하여 허용될 수 있다. 따라서 경찰의 촬영행위는 과잉금지원칙을 위반하여 국민의 일반적 인격권, 개인정보자기결정권 및 집회의 자유를 침해해서는 아니 된다. … 이 사건에서 피청구인이 신고범위를 벗어난 동안에만 집회참가자들을 촬영한 행위가 과잉금지원칙을 위반하여 집회참가자인 청구인들의 일반적 인격권, 개인정보자기결정권 및 집회의 자유를 침해한다고 볼 수 없다(헌재 2018.8.30, 2014헌마843).

❹ [×] 집회 또는 시위의 주최자는 집회 및 시위에 관한 법률 제8조에 따른 금지 통고를 받았을 경우, 통고를 받은 날부터 7일 이내에 해당 경찰관서의 바로 위의 상급경찰관서의 장에게 이의를 신청할 수 있다.

▷ 금지 통고를 받은 날부터 **10일 이내**에 해당 경찰관서의 바로 위의 상급경찰관서의 장에게 이의를 신청할 수 있다.

> **집회 및 시위에 관한 법률**
> 제9조【집회 및 시위의 금지 통고에 대한 이의 신청 등】① 집회 또는 시위의 주최자는 제8조에 따른 금지 통고를 받은 날부터 10일 이내에 해당 경찰관서의 바로 위의 상급경찰관서의 장에게 이의를 신청할 수 있다.

03 　　　　　　　　　　　　　　　　답 ②

㉠ [×] 위원회는 진정이 없는 경우에도 **인권침해나 차별행위가 있다고 믿을만한 상당한 근거가 있고 그 내용이 중대하다고 인정할 때에는 직권으로 조사할 수 있다**(국가인권위원회법 제30조 제3항).

㉡ [O] 위원회는 위원장 1명과 상임위원 3명을 포함한 11명의 인권위원으로 구성한다(국가인권위원회법 제5조).

㉢ [O] 권한쟁의심판은 국회의 입법행위 등을 포함하여 권한쟁의 상대방의 처분 또는 부작위가 헌법 또는 법률에 의하여 부여받은 청구인의 권한을 침해하였거나 침해할 현저한 위험이 있는 때 제기할 수 있는 것인데, 헌법상 국가에게 부여된 임무 또는 의무를 수행하고 그 독립성이 보장된 국가기관이라고 하더라도 오로지 법률에 설치근거를 둔 국가기관이라면 국회의 입법행위에 의하여 존폐 및 권한범위가 결정될 수 있으므로 이러한 국가기관은 '헌법에 의하여 설치되고 헌법과 법률에 의하여 독자적인 권한을 부여받은 국가기관'이라고 할 수 없다. 즉, 청구인이 수행하는 업무의 헌법적 중요성, 기관의 독립성 등을 고려한다고 하더라도, 국회가 제정한 국가인권위원회법에

의하여 비로소 설립된 청구인은 국회의 위 법률 개정행위에 의하여 존폐 및 권한범위 등이 좌우되므로 헌법 제111조 제1항 제4호 소정의 헌법에 의하여 설치된 국가기관에 해당한다고 할 수 없다. 결국, 권한쟁의심판의 당사자능력은 헌법에 의하여 설치된 국가기관에 한정하여 인정하는 것이 타당하므로, 법률에 의하여 설치된 청구인에게는 권한쟁의심판의 당사자능력이 인정되지 아니한다(헌재 2010.10.28, 2009헌라6).

㉣ [×] 국가인권위원회는 법률상의 독립된 국가기관이고, 피해자인 진정인에게는 국가인권위원회법이 정하고 있는 구제조치를 신청할 법률상 신청권이 있는데 국가인권위원회가 진정을 각하 및 기각결정을 할 경우 피해자인 진정인으로서는 자신의 인격권 등을 침해하는 인권침해 또는 차별행위 등이 시정되고 그에 따른 구제조치를 받을 권리를 박탈당하게 되므로, 진정에 대한 국가인권위원회의 각하 및 기각결정은 피해자인 진정인의 권리행사에 중대한 지장을 초래하는 것으로서 항고소송의 대상이 되는 행정처분에 해당하므로, 그에 대한 다툼은 우선 행정심판이나 행정소송에 의하여야 할 것이다. 따라서 이 사건 심판청구는 행정심판이나 행정소송 등의 사전 구제절차를 모두 거친 후 청구된 것이 아니므로 **보충성 요건을 충족하지 못하였다.** 헌법재판소는 종전 결정에서 국가인권위원회의 진정 각하 또는 기각결정에 대해 보충성 요건을 충족하였다고 보고 본안판단은 한 바 있으나, 이 결정의 견해와 저촉되는 부분은 변경한다(헌재 2015.3.26, 2013헌마214 등).

04 　　　　　　　　　　　　　　　　답 ①

❶ [×] 재판청구권과 같은 절차적 기본권은 원칙적으로 제도적 보장의 성격이 강하기 때문에, 자유권적 기본권 등 다른 기본권의 경우와 비교하여 볼 때 상대적으로 광범위한 입법형성권이 인정되므로, 관련 법률에 대한 위헌심사기준은 과잉금지원칙이 적용된다.

▷ 재판청구권과 같은 절차적 기본권은 원칙적으로 제도적 보장의 성격이 강하기 때문에, 자유권적 기본권 등 다른 기본권의 경우와 비교하여 볼 때 **상대적으로 광범위한 입법형성권이 인정되므로**, 관련 법률에 대한 위헌심사기준은 **합리성원칙 내지 자의금지원칙이 적용된다**(헌재 2015.3.26, 2013헌바186).

② [O] 당해 처분의 당사자로서는 그 설명서를 받는 즉시 자신이 면직처분 등을 받은 이유 등을 상세히 알 수 있고, 30일이면 그 면직처분을 소청심사 등을 통해 다툴지 여부를 충분히 숙고할 수 있다고 할 것이어서 처분사유 설명서 교부일부터 30일 이내 소청심사를 청구하도록 한 것이 지나치게 짧아 청구인의 권리구제를 위한 재판청구권의 행사를 불가능하게 하거나 형해화한다고 볼 수 없으므로 이 사건 청구기간 조항은 청구인의 재판청구권을 침해하지 아니한다(헌재 2015.3.26, 2013헌바186).

③ [O] 재정신청절차의 효율적 진행과 법률관계의 신속한 확정으로 형사피해자와 피의자의 법적 안정성을 조화시킨다는 심판대상조항의 입법목적은 정당하고, 이를 위해 법관에게 재량을 부여한 입법수단도 적절하다. … 따라서 심판대상조항이 청구인의 재판절차진술권과 재판청구권을 침해한다고 볼 수 없다(헌재 2018.4.26, 2016헌마1043).

④ [O] 형사소송에서 피고인이 자신을 방어하기 위하여 형사절차의 진행과정과 결과에 적극적으로 영향을 미칠 수 있도록 그에 필요한 절차적 권리를 보장하는 것은 공정한 재판을 받을 권리의 내용이 된다. 형사재판에서 일반적으로 피고인이 자신을 방어하기 위하여 유리한 주장과 자료를 제출하는 영역은 대부분 '사실오인, 법리오해, 양형부당' 중 하나에 해당하기 마련이고, 이러한 사유들은 모두 대표적인 항소이유에 해당된다. 그러므로 형사재판에 있어 '사실, 법리, 양형'과 관련하여 피고인이 자신에게 유리한 주장 및 자료를 제출할 수 있는 기회를 보장하는 것은, 헌법이 보장한 '공정한 재판을 받을 권리'의 보호영역에 포함된다[헌재 2021.8.31, 2019헌마516·586·768, 2020헌마411(병합)].

05   답 ④

① [O] 국적법 제4조 제1항은 "외국인은 법무부장관의 귀화허가를 받아 대한민국의 국적을 취득할 수 있다."라고 규정하고, 그 제2항은 "법무부장관은 귀화요건을 갖추었는지를 심사한 후 그 요건을 갖춘 자에게만 귀화를 허가한다."라고 정하고 있는데, 위 각 규정의 문언만으로는 법무부장관이 법률이 정하는 귀화요건을 갖춘 외국인에게 반드시 귀화를 허가하여야 한다는 취지인지 반드시 명확하다고 할 수 없는 … 한편, 국적법 등 관계 법령 어디에도 외국인에게 대한민국의 국적을 취득할 권리를 부여하였다고 볼 만한 규정이 없다. 이와 같은 귀화허가의 근거 규정의 형식과 문언, 귀화허가의 내용과 특성 등을 고려하여 보면, 법무부장관은 귀화신청인이 법률이 정하는 귀화요건을 갖추었다고 하더라도 귀화를 허가할 것인지 여부에 관하여 재량권을 가진다고 봄이 상당하다(대판 2010. 7.15, 2009두1906).

② [O] 국적법 제3조 제1항에 대한 옳은 내용이다.

> **국적법**
> 제3조【인지에 의한 국적 취득】① 대한민국의 국민이 아닌 자로서 대한민국의 국민인 부 또는 모에 의하여 인지(認知)된 자가 다음 각 호의 요건을 모두 갖추면 법무부장관에게 신고함으로써 대한민국 국적을 취득할 수 있다.
> 1. 대한민국의 민법상 미성년일 것
> 2. 출생 당시에 부 또는 모가 대한민국의 국민이었을 것

③ [O] 국적법 제5조에 대한 옳은 내용이다.

> **국적법**
> 제5조【일반귀화 요건】외국인이 귀화허가를 받기 위해서는 제6조나 제7조에 해당하는 경우 외에는 다음 각 호의 요건을 갖추어야 한다.
> 1. 5년 이상 계속하여 대한민국에 주소가 있을 것
> 1의2. 대한민국에서 영주할 수 있는 체류자격을 가지고 있을 것
> 2. 대한민국의 민법상 성년일 것
> 3. 법령을 준수하는 등 법무부령으로 정하는 품행 단정의 요건을 갖출 것
> 4. 자신의 자산(資産)이나 기능(技能)에 의하거나 생계를 같이하는 가족에 의존하여 생계를 유지할 능력이 있을 것

> 5. 국어능력과 대한민국의 풍습에 대한 이해 등 대한민국 국민으로서의 기본 소양(素養)을 갖추고 있을 것
> 6. 귀화를 허가하는 것이 국가안전보장·질서유지 또는 공공복리를 해치지 아니한다고 법무부장관이 인정할 것

❹ [×] 대한민국의 국민으로서 외국인과의 혼인으로 그 배우자의 국적을 취득하게 된 자는 그 외국 국적을 취득한 때부터 1년 내에 법무부장관에게 대한민국 국적을 보유할 의사가 있다는 뜻을 신고하지 아니하면 그 외국 국적을 취득한 때로 소급(遡及)하여 대한민국 국적을 상실한 것으로 본다.

⇨ 대한민국의 국민으로서 외국인과의 혼인으로 그 배우자의 국적을 취득하게 된 자는 그 외국 국적을 취득한 때부터 **6개월 내**에 법무부장관에게 대한민국 국적을 보유할 의사가 있다는 뜻을 신고하지 아니하면 그 외국 국적을 취득한 때로 소급(遡及)하여 대한민국 국적을 상실한 것으로 본다(국적법 제15조 제2항).

06   답 ①

❶ [×] 양심적 병역거부를 이유로 유죄판결을 받은 사람들의 개인통보에 대하여, 자유권규약위원회가 채택한 견해에 따라 전과기록 말소 및 충분한 보상을 포함한 사람들에 대한 효과적인 구제조치를 이행하는 법률을 제정하지 아니한 입법부작위의 위헌확인을 구하는 헌법소원심판은 적법하다.

⇨ 시민적 및 정치적 권리에 관한 국제규약(이하 '자유권규약'이라 한다)의 조약상 기구인 자유권규약위원회의 견해는 규약을 해석함에 있어 중요한 참고기준이 되고, 규약 당사국은 그 견해를 존중하여야 한다. … 자유권규약위원회의 견해가 규약 당사국의 국내법 질서와 충돌할 수 있고, 그 이행을 위해서는 각 당사국의 역사적·사회적·정치적 상황 등이 충분히 고려될 필요가 있으므로, 우리 입법자가 자유권규약위원회의 견해(Views)의 구체적인 내용에 구속되어 그 모든 내용을 그대로 따라야만 하는 의무를 부담한다고 볼 수는 없다. **나아가 기존에 유죄판결을 받은 양심적 병역거부자에 대해 전과기록 말소 등의 구제조치를 할 것인지에 대하여는 입법자에게 광범위한 입법재량이 부여되어 있다고 보아야 한다.** 따라서 우리나라가 자유권규약의 당사국으로서 자유권규약위원회의 견해를 존중하고 고려하여야 한다는 점을 감안하더라도, 피청구인에게 이 사건 견해에 언급된 구제조치를 그대로 이행하는 법률을 제정할 구체적인 입법의무가 발생하였다고 보기는 어려우므로, **이 사건 심판청구는 헌법소원심판의 대상이 될 수 없는 입법부작위를 대상으로 한 것으로서 부적법하다**(헌재 2018.7.26, 2011헌마306).

② [O] '양심'은 민주적 다수의 사고나 가치관과 일치하는 것이 아니라, 개인적 현상으로서 지극히 주관적인 것이다. 양심은 그 대상이나 내용 또는 동기에 의하여 판단될 수 없으며, 특히 양심상의 결정이 이성적·합리적인가, 타당한가 또는 법질서나 사회규범·도덕률과 일치하는가 하는 관점은 양심의 존재를 판단하는 기준이 될 수 없다(헌재 2018.6.28, 2011헌바379 등).

③ [O] 병역종류조항이 추구하는 공익은 대단히 중요한 것이기는 하나, 병역종류조항에 대체복무제를 도입한다고 하더라도 위와 같은 공익은 충분히 달성할 수 있다고 판단되는 반면, 병역종류조항에 대체복무제가 규정되지 않음으로 인하여 양심적 병역거부자가 감수하여야 하는 불이익은 심대하고, 이들에게

대체복무를 부과하는 것이 오히려 넓은 의미의 국가안보와 공익 실현에 더 도움이 된다는 점을 고려할 때, 병역종류조항은 기본권 제한의 한계를 초과하여 법익의 균형성 요건을 충족하지 못한 것으로 판단된다. … 양심적 병역거부자에 대한 대체복무제를 규정하지 아니한 병역종류조항은 과잉금지원칙에 위배하여 양심적 병역거부자의 양심의 자유를 침해한다(헌재 2018.6.28, 2011헌바379 등).

④ [○] 병역종류조항에 대체복무제가 마련되지 아니한 상황에서, 양심상의 결정에 따라 입영을 거부하거나 소집에 불응하는 이 사건 청구인 등이 현재의 대법원 판례에 따라 처벌조항에 의하여 형벌을 부과받음으로써 양심에 반하는 행동을 강요받고 있으므로, 이 사건 법률조항은 '양심에 반하는 행동을 강요당하지 아니할 자유', 즉, '부작위에 의한 양심실현의 자유'를 제한하고 있다(헌재 2018.6.28, 2011헌바379 등).

07
답 ④

① [○] 직업의 자유 중 이 사건에서 문제되는 직장 선택의 자유는 인간의 존엄과 가치 및 행복추구권과도 밀접한 관련을 가지는 만큼 단순히 국민의 권리가 아닌 인간의 권리로 보아야 할 것이므로 외국인도 제한적으로라도 직장 선택의 자유를 향유할 수 있다고 보아야 한다. 청구인들이 이미 적법하게 고용허가를 받아 적법하게 우리나라에 입국하여 우리나라에서 일정한 생활관계를 형성, 유지하는 등 우리 사회에서 정당한 노동인력으로서의 지위를 부여받은 상황임을 전제로 하는 이상, 이 사건 청구인들에게 직장 선택의 자유에 대한 기본권 주체성을 인정할 수 있다 할 것이다(헌재 2011.9.29, 2007헌마1083).

② [○] 초기배아는 수정이 된 배아라는 점에서 형성 중인 생명의 첫 걸음을 떼었다고 볼 여지가 있기는 하나 아직 모체에 착상되거나 원시선이 나타나지 않은 이상 현재의 자연과학적 인식수준에서 독립된 인간과 배아간의 개체적 연속성을 확정하기 어렵다고 봄이 일반적이라는 점, 배아의 경우 현재의 과학기술 수준에서 모태 속에서 수용될 때 비로소 독립적인 인간으로의 성장가능성을 기대할 수 있다는 점, 수정 후 착상 전의 배아가 인간으로 인식된다거나 그와 같이 취급하여야 할 필요성이 있다는 사회적 승인이 존재한다고 보기 어려운 점 등을 종합적으로 고려할 때, 기본권 주체성을 인정하기 어렵다(헌재 2010.5.27, 2005헌마346).

③ [○] 생명·신체의 안전에 관한 권리는 자연인의 권리이기 때문에 정당 같은 법인격 없는 사단은 향유주체가 될 수 없다.

❹ [×] 범죄피해자인 외국인은 인간으로서의 존엄성을 보장받을 권리가 있기 때문에 해당 국가의 상호보증 여부와 관계없이 범죄피해자구조를 청구할 수 있다.
⇨ 이 법은 외국인이 구조피해자이거나 유족인 경우에는 **해당 국가의 상호보증이 있는 경우에만 적용한다**(범죄피해자 보호법 제23조).

08
답 ①

❶ [×] 공무원의 신분보장은 법률로 그 내용을 정할 수 있는 것이고, 공무원은 직무의 내용인 공무수행 그 자체가 공공의 이익을

위한 활동이라는 근무관계의 특수성 때문에 국가의 공적사무를 수행할 권리와 이에 따른 신분상·재산상의 부수적 권리를 향유함과 동시에 이에 상응하는 고도의 윤리·도덕적 의무를 부담한다. 따라서 금고 이상의 형의 선고유예를 받은 공무원을 당연퇴직하게 하는 것은 공무담임권을 침해한다고 볼 수 없다.
⇨ **금고 이상의 형의 선고유예를 받은 경우라고 하여도 범죄의 종류, 내용이 지극히 다양한 것이므로 그에 따라 국민의 공직에 대한 신뢰 등에 미치는 영향도 큰 차이가 있는 것이다.** 따라서 입법자로서는 국민의 공직에 대한 신뢰보호를 위하여 해당 공무원이 반드시 퇴직하여야 할 범죄의 유형, 내용 등으로 그 당연퇴직의 사유 및 범위를 가급적 한정하여 규정하였어야 할 것이다. 그런데 위 규정은 **금고 이상의 선고유예의 판결을 받은 모든 범죄를 포괄하여 규정하고 있을 뿐 아니라, 심지어 오늘날 누구에게나 위험이 상존하는 교통사고 관련 범죄 등 과실범의 경우마저 당연퇴직의 사유에서 제외하지 않고 있으므로 최소침해성의 원칙에 반한다**(헌재 2003.10.30, 2002헌마684 등).

② [○] 이 사건 처벌조항은 비록 벌금형을 선택형으로 규정하고 있긴 하나 보호법익과 죄질이 동일하거나 유사한 조항들과 비교할 때 형벌체계상의 균형을 고려하지 않고 법정형만을 전반적으로 상향시켰다. 특히 이 사건 처벌조항은 '선거에 영향을 미치는 행위'라는 다소 광범위한 구성요건을 규정하면서도 공직선거법 제85조 제2항의 선거운동이나 제86조 제1항 각 호의 행위와 구별 또는 가중되는 요소를 별도로 규정하지 않고 있어, 검사로서는 동일한 행위에 대하여 이 사건 처벌조항을 적용하여 기소할 수도 있고, 다른 조항을 적용하여 기소할 수도 있는바, 법정형이 전반적으로 높게 규정된 이 사건 처벌조항으로 기소되는 경우에는 다른 조항으로 기소된 경우에 비해 그 형이 상향되는 결과가 초래될 수 있다. 또한, '선거에 영향을 미치는 행위'는 그 적용범위가 광범위하고 죄질의 양상도 다양하게 나타날 수 있어, 구체적인 사안에 따라서는 위법성이 현저히 작은 행위도 '선거에 영향을 미치는 행위'에 포함됨에 따라 책임에 비례하지 않는 형벌이 부과될 가능성도 존재한다. 따라서 이 사건 처벌조항은 공직선거법상 다른 조항과의 상호 관련성 및 형벌체계상의 균형에 대한 진지한 고민 없이 중한 법정형을 규정하여 형의 불균형 문제를 야기하고 있으므로, 형벌체계상의 균형을 현저히 상실하였다(헌재 2016.7.28, 2015헌바6).

③ [○] 공무원은 공직자인 동시에 국민의 한 사람이기도 하므로 국민전체에 대한 봉사자로서의 지위와 기본권을 향유하는 기본권주체로서의 지위라는 이중적 지위를 가지는바, 공무원의 신분과 지위의 특수성상 공무원에 대해서는 일반 국민에 비해보다 넓고 강한 기본권 제한이 가능하게 된다. 특히 선거관리위원회는 민주주의의 근간이 되는 선거와 투표, 정당 사무에 대한 관리업무를 행하는 기관이라는 점에서 선관위 공무원은 다른 어떤 공무원보다도 정치적으로 중립적인 입장에 서서 공정하고 객관적으로 직무를 수행할 의무를 지닌다. 이 사건 규정들은 선관위 공무원에 대하여 특정 정당이나 후보자를 지지·반대하는 단체에의 가입·활동 등을 금지함으로써 선관위 공무원의 정치적 표현의 자유 등을 제한하고 있으나, 선관위 공무원에게 요청되는 엄격한 정치적 중립성에 비추어볼 때 선관위 공무원이 특정한 정치적 성향을 표방하는 단체에

가입·활동한다는 사실 자체만으로 그 정치적 중립성과 직무의 공정성, 객관성이 의심될 수 있으므로 이 사건 규정들은 선관위 공무원의 정치적 표현의 자유 등을 침해한다고 할 수 없다(헌재 2012.3.29, 2010헌마97).

④ [O] 심판대상조항은 성년후견이 개시되지는 않았으나 동일한 정도의 정신적 장애가 발생한 국가공무원의 경우와 비교할 때 사익의 제한 정도가 과도하고, 성년후견이 개시되었어도 정신적 제약을 회복하면 후견이 종료될 수 있고, 이 경우 법원에서 성년후견 종료심판을 하고 있다는 사실에 비추어 보아도 사익의 제한 정도가 지나치게 가혹하다. 또한 심판대상조항처럼 국가공무원의 당연퇴직사유를 임용결격사유와 동일하게 규정하려면 국가공무원이 재직 중 쌓은 지위를 박탈할 정도의 충분한 공익이 인정되어야 하나, 이 조항이 달성하려는 공익은 이에 미치지 못한다. 따라서 심판대상조항은 침해되는 사익에 비하여 지나치게 공익을 우선한 입법으로서, 법익의 균형성에 위배된다. 결국 심판대상조항은 과잉금지원칙에 반하여 공무담임권을 침해한다(헌재 2022.12.22, 2020헌가8).

09
답 ③

① [O] 헌법 제21조 제1항은 언론·출판의 자유, 즉 표현의 자유를 규정하고 있는데, 이는 전통적으로 사상 또는 의견의 자유로운 표명과 그것을 전파할 자유를 의미하는 것으로서 개인이 인간으로서의 존엄과 가치를 유지하고 행복을 추구하며 국민주권을 실현하는데 필수불가결한 것으로 오늘날 민주국가에서 국민이 갖는 가장 중요한 기본권의 하나로 인식되고 있다(헌재 2013.12.26, 2009헌마747).

② [O] 언론·출판의 자유의 보호대상이 되는 의사표현 또는 전파의 매개체는 어떠한 형태이건 가능하므로, 담화·연설·토론·연극·방송·음악·영화·가요 등과 문서·소설·시가·도화·사진·조각·서화 등 모든 형상의 의사표현 또는 의사전파의 매개체를 포함한다(헌재 2001.8.30, 2000헌가9).

❸ [X] 인터넷언론사에 대하여 선거일 전 90일부터 선거일까지 후보자 명의의 칼럼이나 저술을 게재하는 보도를 제한하는 구 '인터넷선거보도 심의기준 등에 관한 규정' 제8조 제2항 본문과 '인터넷선거보도 심의기준 등에 관한 규정' 제8조 제2항(이 두 조항을 합하여 '시기제한조항'이라 한다)은 법률유보원칙에 반하여 표현의 자유를 침해한다.

⇨ 이 사건 시기제한조항은 공직선거법 제8조의5 제6항·제9항, '인터넷선거보도심의위원회의 구성 및 운영에 관한 규칙' 제17조 등의 위임에 따라 제정된 것으로서 법률에 근거를 두고 있다. 이 사건 시기제한조항의 효과와 인터넷 선거보도 심의제도의 취지, 이 사건 심의위원회의 성격 등에 비추어 보면, 모법에서 이 사건 시기제한조항을 포함한 이 사건 심의기준 규정에 포함될 내용에 대해 어느 정도 포괄적으로 위임할 필요성이 인정되므로, 이 사건 심의위원회가 어느 시기부터 인터넷언론사에 후보자 명의의 칼럼 등을 게재하는 것을 제한할 것인지를 공직선거법의 취지와 내용을 고려하여 정한 것이라면, 이를 모법의 위임범위를 벗어난 것이라고 볼 수 없다. 공직선거법은 선거일 전 90일을 기준으로 다양한 규제를 부과하고 있는데, 이 사건 심의위원회도 이러한 입법자의 판단을 존중하여 이 사건 시기제한조항에도 선거일 전 90일을

기준으로 설정하였다. 따라서 이 사건 시기제한조항이 모법의 위임범위를 벗어났다고 볼 수 없으므로 **법률유보원칙에 반하여 청구인의 표현의 자유를 침해하지 않는다**(헌재 2019.11.28, 2016헌마90).

┌─ 참고 판례 ✏️ ─

시기제한조항은 선거일 전 90일부터 선거일까지 후보자 명의의 칼럼 등을 게재하는 인터넷 선거보도가 불공정하다고 볼 수 있는지에 대해 구체적으로 판단하지 않고 이를 불공정한 선거보도로 간주하여 선거의 공정성을 해치지 않는 보도까지 광범위하게 제한한다. 공직선거법상 인터넷 선거보도 심의의 대상이 되는 인터넷언론사의 개념은 매우 광범위한데, 이 사건 시기제한조항이 정하고 있는 일률적인 규제와 결합될 경우 이로 인해 발생할 수 있는 표현의 자유 제한이 작다고 할 수 없다. 인터넷언론의 특성과 그에 따른 언론시장에서의 영향력 확대에 비추어 볼 때, 인터넷언론에 대하여는 자율성을 최대한 보장하고 언론의 자유에 대한 제한을 최소화하는 것이 바람직하고, 계속 변화하는 이 분야에서 규제 수단 또한 헌법의 틀 안에서 다채롭고 새롭게 강구되어야 한다. 이 사건 시기제한조항의 입법목적을 달성할 수 있는 덜 제약적인 다른 방법들이 이 사건 심의기준 규정과 공직선거법에 이미 충분히 존재한다. 따라서 **이 사건 시기제한조항은 과잉금지원칙에 반하여 청구인의 표현의 자유를 침해한다**(헌재 2019.11.28, 2016헌마90).

④ [O] 단체의 정치적 의사표현은 그 방법에 따라 정당·정치인이나 유권자의 선거권 행사에 심대한 영향을 미친다는 점에서 그 방법적 제한의 필요성이 매우 크고, 위 조항은 단체의 정치적 의사표현 자체를 금지하거나 그 내용에 따라 규제하도록 한 것이 아니라, 개인과의 관계에서 불균형적으로 주어지기 쉬운 '자금'을 사용한 방법과 관련하여 규제를 하는 것이므로, 정치적 표현의 자유의 본질을 침해하는 것이라고 볼 수 없다. 개인의 정치적 의사형성이 온전하게 이루어질 수 있는 범위에서의 자금모집에 관한 단체의 관여를 일반적·추상적으로 규범화하여 허용하는 것은 입법기술상 곤란할 뿐만 아니라, 개인의 정치적 기본권 보호라는 입법목적 달성에 충분한 수단이라고 보기 어렵고, 달리 덜 제약적 수단이 존재함이 명백하지 않은 이상 위 조항이 침해의 최소성원칙에 위반된다고 보기 어렵다(헌재 2014.4.24, 2011헌바254).

🖊️ 정치활동의 자유 내지 정치적 의사표현의 자유에 대한 제한이 될 수 있지만 침해는 아니다.

10
답 ④

① [O] 이 사건 정보수집 등 행위의 대상인 정치적 견해에 관한 정보는 공개된 정보라 하더라도 개인의 인격주체성을 특징짓는 것으로, 개인정보자기결정권의 보호 범위 내에 속하며, 국가가 개인의 정치적 견해에 관한 정보를 수집·보유·이용하는 등의 행위는 개인정보자기결정권에 대한 중대한 제한이 되므로 이를 위해서는 법령상의 명확한 근거가 필요함에도 그러한 법령상 근거가 존재하지 않으므로 이 사건 정보수집 등 행위는 법률유보원칙을 위반하여 청구인들의 개인정보자기결정권을 침해한다. 이 사건 정보수집 등 행위는 청구인들의 정치적 견해를 확인하여 야당 후보자를 지지한 이력이 있거나

현 정부에 대한 비판적 의사를 표현한 자에 대한 문화예술 지원을 차단하는 위헌적인 지시를 실행하기 위한 것으로, 그 목적의 정당성을 인정할 여지가 없어 청구인들의 개인정보자기결정권을 침해한다(헌재 2020.12.23, 2017헌마416).

② [O] 심판대상조항의 입법목적은 공공성을 지닌 전문직인 변호사에 관한 정보를 널리 공개하여 법률서비스 수요자가 필요한 정보를 얻는 데 도움을 주고, 변호사시험 관리 업무의 공정성과 투명성을 간접적으로 담보하는 데 있다. … 따라서 심판대상조항이 과잉금지원칙에 위배되어 청구인들의 개인정보자기결정권을 침해한다고 볼 수 없다(헌재 2020.3.26, 2018헌마77 등).

③ [O] 보안관찰해당범죄로 인한 형의 집행을 마치고 출소하여 이미 과거 범죄에 대한 대가를 치른 대상자에게 보안관찰처분의 개시 여부를 결정하기 위함이라는 공익을 위하여 재범의 위험성과 무관하게 무기한으로 과도한 범위의 신고의무를 부과하고 위반시 피보안관찰자와 동일한 형으로 형사처벌하는 것은, 달성하고자 하는 공익에 비하여 그들의 기본권을 과도하게 제한하여 법익의 균형성에도 위반된다. … 따라서 변동신고조항 및 위반시 처벌조항은 과잉금지원칙을 위반하여 청구인의 사생활의 비밀과 자유 및 개인정보자기결정권을 침해한다(헌재 2021.6.24, 2017헌바479).

❹ [×] 법무장관으로 하여금 합격자가 결정되면 즉시 명단을 공고하고 합격자에게 합격증서를 발급하도록 한 변호사시험법 조항은 전체 합격자의 응시번호만을 공고하는 등의 방법으로도 입법목적을 달성할 수 있음에도 변호사시험 응시 및 합격 여부에 관한 사실을 널리 공개되게 함으로써 과잉금지원칙에 위배되어 변호사시험 응시자의 개인정보자기결정권을 침해한다.
⇨ 심판대상조항의 입법목적은 공공성을 지닌 전문직인 변호사에 관한 정보를 널리 공개하여 법률서비스 수요자가 필요한 정보를 얻는 데 도움을 주고, 변호사시험 관리 업무의 공정성과 투명성을 간접적으로 담보하는 데 있다. 심판대상조항은 법무부장관이 시험 관리 업무를 위하여 수집한 응시자의 개인정보 중 합격자의 성명을 공개하도록 하는 데 그치므로, 청구인들의 개인정보자기결정권이 제한되는 범위와 정도는 매우 제한적이다. 합격자 명단이 공고되면 누구나, 언제든지 이를 검색할 수 있으므로, 심판대상조항은 공공성을 지닌 전문직인 변호사의 자격 소지에 대한 일반 국민의 신뢰를 형성하는 데 기여하며, 변호사에 대한 정보를 얻는 수단이 확보되어 법률서비스 수요자의 편의가 증진된다. 합격자 명단을 공고하는 경우, 시험 관리 당국이 더 엄정한 기준과 절차를 통해 합격자를 선정할 것이 기대되므로 시험 관리 업무의 공정성과 투명성이 강화될 수 있다. 따라서 **심판대상조항이 과잉금지원칙에 위배되어 청구인들의 개인정보자기결정권을 침해한다고 볼 수 없다**(헌재 2020.3.26, 2018헌마77).

11 답 ③

① [O] 형사사건으로 재판을 받고 있는 수형자의 사복착용을 불허함으로써 무죄추정의 원칙에 위반되고, 청구인으로 하여금 수형자로서 형사재판을 받거나 민사재판의 당사자로 출정할 경우 모욕감, 수치심을 느끼게 하여 인격권, 행복추구권을 침해하며, 방어권 등을 제대로 행사할 수 없도록 하여 공정한 재판을 받을 권리를 침해한다(헌재 2015.12.23, 2013헌마712).

② [O] 헌법 제27조 제4항이 보장하는 무죄추정의 원칙상 유죄가 확정될 때까지는 피고인에게 범죄사실을 근거로 법률적 측면은 물론이고 사실적 측면에서도 범죄사실의 인정과 그에 따른 유죄의 비난을 하는 등의 유형·무형의 일체의 불이익을 가하여서는 안 되는데, 이 사건 법률조항은 자치단체장이 공소제기된 피의사실에 관하여 공소가 제기되고 구속영장이 발부되어 구금되었다는 사실 자체에 피고인에 대한 부정적 가치판단을 부여하여 직무에서 배제시키는 불이익을 가하고 있는 이상 유죄인정의 효과로서의 불이익에 해당하므로, 무죄추정의 원칙에 위배된다(헌재 2011.4.28, 2010헌마474).

❸ [×] 무죄추정의 원칙은 형사절차 내에서 원칙으로 형사절차 이외의 기타 일반 법생활 영역에서의 기본권 제한과 같은 경우에는 적용되지 않는다.
⇨ 무죄추정의 원칙상 금지되는 '불이익'이란 '범죄사실의 인정 또는 유죄를 전제로 그에 대하여 법률적·사실적 측면에서 유형·무형의 차별취급을 가하는 유죄인정의 효과로서의 불이익'을 뜻하고, 이는 비단 **형사절차 내에서의 불이익뿐만 아니라 기타 일반 법생활 영역에서의 기본권 제한과 같은 경우에도 적용된다**(헌재 2011.4.28, 2010헌마474).

④ [O] 이 사건 법률조항의 법위반사실 공표명령은 행정처분의 하나로서 형사절차 내에서 행하여진 처분은 아니다. 그러나 공정거래위원회의 고발조치 등으로 장차 형사절차 내에서 진술을 해야 할 행위자에게 사전에 이와 같은 법위반사실의 공표를 하게 하는 것은 형사절차 내에서 법위반사실을 부인하고자 하는 행위자의 입장을 모순에 빠뜨려 소송수행을 심리적으로 위축시키거나, 법원으로 하여금 공정거래위원회 조사결과의 신뢰성 여부에 대한 불합리한 예단을 촉발할 소지가 있고 이는 장차 진행될 형사절차에도 영향을 미칠 수 있다. 결국 법위반사실의 공표명령은 공소제기조차 되지 아니하고 단지 고발만 이루어진 수사의 초기단계에서 아직 법원의 유무죄에 대한 판단이 가려지지 아니하였는데도 관련 행위자를 유죄로 추정하는 불이익한 처분이라고 아니할 수 없다(헌재 2002.1.31, 2001헌바43).

12 답 ②

① [O] 심판대상조항은 법무부장관이 시험 관리업무를 위하여 수집한 응시자의 개인정보 중 합격자의 성명을 공개하도록 하는 데 그치므로, 청구인들의 개인정보자기결정권이 제한되는 범위와 정도는 매우 제한적이다. 합격자 명단을 공고하는 경우, 시험 관리 당국이 더 엄정한 기준과 절차를 통해 합격자를 선정할 것이 기대되므로 시험 관리업무의 공정성과 투명성이 강화될 수 있다. 따라서 심판대상조항이 과잉금지원칙에 위배되어 청구인들의 개인정보자기결정권을 침해한다고 볼 수 없다(헌재 2020.3.26, 2018헌마77).

❷ [×] 법무부장관이 등록대상자의 재범 위험성이 상존하는 20년 동안 그의 신상정보를 보존·관리하는 것은 정당한 목적을 위한 적합한 수단이므로, 모든 등록대상 성범죄자에 대하여 일률적으로 20년의 등록기간을 적용하고 있더라도 개인정보자기결정권을 침해한다고 볼 수 없다.
⇨ 성범죄의 재범을 억제하고 수사의 효율성을 제고하기 위하여, 법무부장관이 등록대상자의 재범 위험성이 상존하는 20년 동안

그의 신상정보를 보존·관리하는 것은 정당한 목적을 위한 적합한 수단이다. 그런데 재범의 위험성은 등록대상 성범죄의 종류, 등록대상자의 특성에 따라 다르게 나타날 수 있고, 입법자는 이에 따라 등록기간을 차등화함으로써 등록대상자의 개인정보자기결정권에 대한 제한을 최소화하는 것이 바람직함에도, 이 사건 관리조항은 모든 등록대상 성범죄자에 대하여 일률적으로 20년의 등록기간을 적용하고 있으며, 이 사건 관리조항에 따라 등록기간이 정해지고 나면 등록의무를 면하거나 등록기간을 단축하기 위해 심사를 받을 수 있는 여지도 없으므로 지나치게 가혹하다. 그리고 이 사건 관리조항이 추구하는 공익이 중요하더라도, **모든 등록대상자에게 20년 동안 신상정보를 등록하게 하고 위 기간 동안 각종 의무를 부과하는 것은 비교적 경미한 등록대상 성범죄를 저지르고 재범의 위험성도 많지 않은 자들에 대해서는 달성되는 공익과 침해되는 사익 사이의 불균형이 발생할 수 있으므로 이 사건 관리조항은 개인정보자기결정권을 침해한다**(헌재 2015.7.30, 2014헌마340 등).

③ [O] 재범의 위험성이 높은 범죄를 범한 수형인 등은 생존하는 동안 재범의 가능성이 있으므로, 디엔에이신원확인정보를 수형인 등이 사망할 때까지 관리하여 범죄 수사 및 예방에 이바지하고자 하는 이 사건 삭제조항은 입법목적의 정당성과 수단의 적절성이 인정된다. 디엔에이신원확인정보는 개인식별을 위한 최소한의 정보인 단순한 숫자에 불과하여 이로부터 개인의 유전정보를 확인할 수 없는 것이어서 개인의 존엄과 인격권에 심대한 영향을 미칠 수 있는 민감한 정보라고 보기 어렵고, … 디엔에이신원확인정보를 범죄수사 등에 이용함으로써 달성할 수 있는 공익의 중요성에 비하여 청구인의 불이익이 크다고 보기 어려워 법익균형성도 갖추었다. 따라서 이 사건 삭제조항이 과도하게 개인정보자기결정권을 침해한다고 볼 수 없다(헌재 2014.8.28, 2011헌마28).

④ [O] 인터넷의 특성을 고려하지 아니한 채 본인확인제의 적용범위를 광범위하게 정하여 법집행자에게 자의적인 집행의 여지를 부여하고, 목적달성에 필요한 범위를 넘는 과도한 기본권 제한을 하고 있으므로 침해의 최소성이 인정되지 아니한다. 또한 이 사건 법령조항들은 국내 인터넷 이용자들의 해외 사이트로의 도피, 국내 사업자와 해외 사업자 사이의 차별 내지 자의적 법집행의 시비로 인한 집행 곤란의 문제를 발생시키고 있고, 나아가 본인확인제 시행 이후에 명예훼손, 모욕, 비방의 정보의 게시가 표현의 자유의 사전 제한을 정당화할 정도로 의미 있게 감소하였다는 증거를 찾아볼 수 없는 반면에, 게시판 이용자의 표현의 자유를 사전에 제한하여 의사표현 자체를 위축시킴으로써 자유로운 여론의 형성을 방해하고, 본인확인제의 적용을 받지 않는 정보통신망상의 새로운 의사소통수단과 경쟁하여야 하는 게시판 운영자에게 업무상 불리한 제한을 가하며, 게시판 이용자의 개인정보가 외부로 유출되거나 부당하게 이용될 가능성이 증가하게 되었는바, 이러한 인터넷게시판 이용자 및 정보통신서비스 제공자의 불이익은 본인확인제가 달성하려는 공익보다 결코 더 작다고 할 수 없으므로, 법익의 균형성도 인정되지 않는다. 따라서 본인확인제를 규율하는 이 사건 법령조항들은 과잉금지원칙에 위배하여 인터넷게시판 이용자의 표현의 자유, 개인정보자기결정권 및 인터넷게시판을 운영하는 정보통신서비스 제공자의 언론의 자유를 침해한다(헌재 2012.8.23, 2010헌마47).

13 답 ④

① [O] 대학 교원을 교육공무원 아닌 대학 교원과 교육공무원인 대학 교원으로 나누어, 각각의 단결권 침해가 헌법에 위배되는지 여부에 관하여 본다. 먼저, 심판대상조항으로 인하여 교육공무원 아닌 대학 교원들이 향유하지 못하는 단결권은 헌법이 보장하고 있는 근로3권의 핵심적이고 본질적인 권리이다. 심판대상조항의 입법목적이 재직 중인 초·중등 교원에 대하여 교원노조를 인정해 줌으로써 교원노조의 자주성과 주체성을 확보한다는 측면에서는 그 정당성을 인정할 수 있을 것이나, 교원노조를 설립하거나 가입하여 활동할 수 있는 자격을 초·중등 교원으로 한정함으로써 교육공무원이 아닌 대학 교원에 대해서는 근로기본권의 핵심인 단결권조차 전면적으로 부정한 측면에 대해서는 그 입법목적의 정당성을 인정하기 어렵고, 수단의 적합성 역시 인정할 수 없다. 설령 일반 근로자 및 초·중등 교원과 구별되는 대학 교원의 특수성을 인정하더라도, 대학 교원에게도 단결권을 인정하면서 다만 해당 노동조합이 행사할 수 있는 권리를 다른 노동조합과 달리 강한 제약 아래 두는 방법도 얼마든지 가능하므로, 단결권을 전면적으로 부정하는 것은 필요 최소한의 제한이라고 보기 어렵다. … 다음으로 교육공무원인 대학 교원에 대하여 보더라도, 교육공무원의 직무수행의 특성과 헌법 제33조 제1항 및 제2항의 정신을 종합해 볼 때, 교육공무원에게 근로3권을 일체 허용하지 않고 전면적으로 부정하는 것은 합리성을 상실한 과도한 것으로서 입법형성권의 범위를 벗어나 헌법에 위반된다(헌재 2018.8.30, 2015헌가38).

② [O] 출입국관리법이 취업자격 없는 외국인의 고용행위를 금지하고 있어도 이미 제공한 근로에 따른 권리나 근로자로서의 신분에 따른 노동관계법상 제반 권리까지 금지하는 것은 아니기 때문에, 취업자격을 갖고 있는지와 관계 없이 타인에게 근로를 제공하고 대가로 임금을 받아 생활하는 사람은 모두 노동조합법에 따른 근로자로 봐야 한다. … 출입국관리법에 따른 강제 퇴거 및 처벌은 취업자격이 없는 외국인을 고용하는 행위 자체를 금지하려는 것일 뿐, 취업자격 없는 외국인의 근로에 따른 권리나 노동관계법상 제반 권리까지 금지하려는 취지로 보기 어렵기 때문에 이들이 노조를 결성하거나 가입할 수 없다는 전제에 따라 노조 설립신고서를 반려한 노동청의 처분은 위법하다(대판 2015.6.25, 2007두4995).

③ [O] 사립학교 교원의 단체행동권을 제한하는 명문 규정은 없다.

> 헌법 제33조 ③ 법률이 정하는 주요방위산업체에 종사하는 근로자의 단체행동권은 법률이 정하는 바에 의하여 이를 제한하거나 인정하지 아니할 수 있다.

❹ [X] 노동조합을 설립할 때 행정관청에 설립신고서를 제출하게 하고 그 요건을 충족하지 못하는 경우 행정관청이 설립신고서를 반려하도록 규정한 구 노동조합 및 노동관계조정법 조항은 단체결성에 대한 허가제를 금지하는 헌법 제21조 제2항에 위배되지는 아니하나, 근로자의 단결권에 대한 과도한 침해로서 헌법 제33조 제1항에 위배된다.

⇨ 헌법 제21조 제2항 후단의 결사의 자유에 대한 '허가제'란 행정권이 주체가 되어 예방적 조치로 단체의 설립 여부를 사전에 심사하여 일반적인 단체 결성의 금지를 특정한 경우에 한하여 해제함으로써 단체를 설립할 수 있게 하는 제도, 즉 사전

허가를 받지 아니한 단체 결성을 금지하는 제도를 말한다. 그런데 이 사건 법률조항은 노동조합 설립에 있어 노동조합법상의 요건 충족 여부를 사전에 심사하도록 하는 구조를 취하고 있으나, 이 경우 노동조합법상 요구되는 요건만 충족되면 그 설립이 자유롭다는 점에서 일반적인 금지를 특정한 경우에 해제하는 허가와는 개념적으로 구분되고, 더욱이 행정관청의 설립신고서 수리 여부에 대한 결정은 재량 사항이 아니라 의무 사항으로 그 요건 충족이 확인되면 설립신고서를 수리하고 그 신고증을 교부하여야 한다는 점에서 단체의 설립 여부 자체를 사전에 심사하여 특정한 경우에 한해서만 그 설립을 허용하는 '허가'와는 다르다. 따라서 이 사건 법률조항의 노동조합 설립신고서 반려제도가 헌법 제21조 제2항 후단에서 금지하는 결사에 대한 허가제라고 볼 수 없다. 노동조합 설립신고에 대한 심사와 그 신고서 반려는 근로자들이 자주적이고 민주적인 단결권을 행사하도록 하기 위한 것으로서 만약 노동조합의 설립을 단순한 신고나 등록 등으로 족하게 하고, 노동조합에 요구되는 자주성이나 민주성 등의 요건에 대해서는 사후적으로 차단하는 제도만을 두게 된다면, 노동조합법상의 특권을 누릴 수 없는 자들에게까지 특권을 부여하는 결과를 야기하게 될 뿐만 아니라 노동조합의 실체를 갖추지 못한 노동조합들이 난립하는 사태를 방지할 수 없게 되므로 **노동조합이 그 설립 당시부터 노동조합으로서 자주성 등을 갖추고 있는지를 심사하여 이를 갖추지 못한 단체의 설립신고서를 반려하도록 하는 것은 과잉금지원칙에 위반되어 근로자의 단결권을 침해한다고 볼 수 없다**(헌재 2012.3.29, 2011헌바53).

---

14 답 ①

❶ [×] 근로자 4명 이하 사용 사업장에 적용될 근로기준법 조항을 정하고 있는 근로기준법 시행령이 정당한 이유 없는 해고를 금지하는 '부당해고제한조항'과 노동위원회 구제절차에 관한 '노동위원회 구제절차'를 나열하지 않은 것은 근로의 권리를 침해한다.

⇨ 개별 근로관계법상의 해고금지조항은 4인 이하 사업장에도 금지되고 있어 부당해고제한조항이 적용되지 않는 부분을 일부 보완하고 있다. 또한 4인 이하 사업장에도 근로기준법 제35조의 해고예고제도가 적용되므로, 해고예고를 받은 날부터 30일분의 임금청구가 가능하여 4인 이하 사업장에 대한 최소한의 근로자 보호가 이루어지고 있다. 노동위원회 구제절차는 부당해고제한조항의 적용을 전제로 하여서만 그 실익이 있고, 구제절차는 그 자체로 4인 이하 사업장에 법적으로 대응하는 데 필요한 관리비용 증가를 수반하며, 구제명령으로 부과되는 금전보상이나 이행강제금 등은 사업장에 경제적 부담으로 돌아갈 수 있는 조치들이다. 4인 이하 사업장에 이를 준수하라고 강제할 만한 여건이 조성되어 있지 않다는 행정입법 제·개정자의 판단이 명백히 불합리하다고 볼 사정이 없다. 그렇다면 **4인 이하 사업장에 부당해고제한조항이나 노동위원회 구제절차를 적용되는 근로기준법 조항으로 나열하지 않았다 하여 헌법상 용인될 수 있는 재량의 범위를 벗어난 것이라고 볼 수 없으므로, 심판대상조항은 청구인의 근로의 권리를 침해하지 아니한다**(헌재 2019.4.11, 2017헌마820).

② [O] 해고예고제도는 근로관계 종료 전 사용자에게 근로자에 대한 해고예고를 하게 하는 것이어서, 근로조건을 이루는 중요한 사항에 해당하고 근로의 권리의 내용에 포함된다. 그런데 근로조건의 결정은 근로조건 개선을 위한 법제의 정비 등 국가의 적극적인 급부와 배려를 통하여 비로소 이루어지는 것이어서, 해고예고제도의 구체적 내용인 적용대상 근로자의 범위, 예고기간의 장단 등에 대해서는 입법형성의 재량이 인정된다(헌재 2017.5.25, 2016헌마640).

③ [O] 연차유급휴가의 판단기준으로 근로연도 1년간의 재직 요건을 정한 이상, 이 요건을 충족하지 못한 근로연도 중도퇴직자의 중도퇴직 전 근로에 관하여 반드시 그 근로에 상응하는 등의 유급휴가를 보장하여야 하는 것은 아니므로, 근로연도 중도퇴직자의 중도퇴직 전 근로에 대해 1개월 개근시 1일의 유급휴가를 부여하지 않더라도 이것이 청구인의 근로의 권리를 침해한다고 볼 수 없다(헌재 2015.5.28, 2013헌마619).

④ [O] 이 사건 법령조항은 정직처분을 받은 공무원에 대하여 정직일수를 연차유급휴가인 연가일수에서 공제하도록 규정하고 있는바, 연차유급휴가는 일정기간 근로의무를 면제함으로써 근로자의 정신적·육체적 휴양을 통하여 문화적 생활의 향상을 기하려는 데 그 의의가 있으므로 근로의무가 면제된 정직일수를 연가일수에서 공제하였다고 하여 이 사건 법령조항이 현저히 불합리하다고 보기 어렵다. … 이 사건 법령조항이 청구인의 근로의 권리를 침해한다고 볼 수 없다(헌재 2008.9.25, 2005헌마586).

---

15 답 ④

① [×] 헌법의 기본원리는 헌법의 이념적 기초인 동시에 헌법을 지배하는 지도원리로서 입법이나 정책결정의 방향을 제시하며 공무원을 비롯한 모든 국민·국가기관이 헌법을 존중하고 수호하도록 하는 지침이 되며, **구체적 기본권을 도출하는 근거로 될 수는 없으나** 기본권의 해석 및 기본권제한입법의 합헌성 심사에 있어 해석기준의 하나로서 작용한다(헌재 1996.4.25, 92헌바47).

② [×] 주민소환제 자체는 **지방자치의 본질적인 내용이라고 할 수 없으므로** 이를 보장하지 않는 것이 위헌이라거나 어떤 특정한 내용의 주민소환제를 반드시 보장해야 한다는 헌법적인 요구가 있다고 볼 수는 없다(헌재 2009.3.26, 2007헌마843).

③ [×] 헌법은 국가유공자 인정에 관하여 명문 규정을 두고 있지 않으나 전문(前文)에서 '3.1운동으로 건립된 대한민국임시정부의 법통을 계승'한다고 선언하고 있다. 이는 대한민국이 일제에 항거한 독립운동가의 공헌과 희생을 바탕으로 이룩된 것임을 선언한 것이고, 그렇다면 **국가는 일제로부터 조국의 자주독립을 위하여 공헌한 독립유공자와 그 유족에 대하여는 응분의 예우를 하여야 할 헌법적 의무를 지닌다**(헌재 2005.6.30, 2004헌마859).

❹ [O] 우리 헌법에서 말하는 '전통', '전통문화'란 오늘날의 의미로 재해석되어야 하므로, 전래의 어떤 가족제도가 헌법 제36조 제1항이 요구하는 개인의 존엄과 양성평등에 반한다면 헌법 제9조를 근거로 그 헌법적 정당성을 주장할 수는 없다.

⇨ 헌법 전문과 헌법 제9조에서 말하는 '전통', '전통문화'란 역사성과 시대성을 띤 개념으로서 헌법의 가치질서, 인류의 보편가치, 정의와 인도정신 등을 고려하여 오늘날의 의미로

포착하여야 하며, 가족제도에 관한 전통·전통문화란 적어도 그것이 가족제도에 관한 헌법이념인 개인의 존엄과 양성의 평등에 반하는 것이어서는 안 된다는 한계가 도출되므로, 전래의 어떤 가족제도가 헌법 제36조 제1항이 요구하는 개인의 존엄과 양성평등에 반한다면 헌법 제9조를 근거로 그 헌법적 정당성을 주장할 수는 없다(헌재 2005.2.3. 2001헌가9 등).

16 답 ④

ㄱ. [×] 영상통화 방식의 접견은 헌법이 명문으로 특별히 평등을 요구하는 영역에 속하지 않고, 달리 인터넷화상접견 대상자 지침조항 및 스마트접견 대상자 지침조항에 의한 중대한 기본권의 제한 역시 인정할 수 없다. 따라서 위 각 지침조항에 의한 평등권 침해 여부는 차별에 합리적 이유가 있는지를 살펴보는 방식으로 심사하는 것이 적절하다(헌재 2021.11.25. 2018헌마598).

ㄴ. [×] 이 사건 금혼조항은 위와 같이 근친혼으로 인하여 가까운 혈족 사이의 상호 관계 및 역할, 지위와 관련하여 발생할 수 있는 혼란을 방지하고 가족제도의 기능을 유지하기 위한 것이므로 그 입법목적이 정당하다. 또한 8촌 이내의 혈족 사이의 법률상의 혼인을 금지한 것은 근친혼의 발생을 억제하는 데 기여하므로 입법목적 달성에 적합한 수단에 해당한다. 이 사건 금혼조항이 정한, 법률혼이 금지되는 혈족의 범위는 외국의 입법례에 비하여 상대적으로 넓은 것은 사실이다. 그러나 근친혼이 가족 내에서 혼란을 초래하거나 가족의 기능을 저해하는 범위는 가족의 범주에 관한 인식과 합의에 주로 달려 있으므로 역사·종교·문화적 배경이나 생활양식의 차이로 인하여 상이한 가족 관념을 가지고 있는 국가 사이의 단순 비교가 의미를 가지기 어렵다. 이를 종합하면, 이 사건 금혼조항이 침해의 최소성에 반한다고 할 수 없다. 이 사건 금혼조항으로 인하여 법률상의 배우자 선택이 제한되는 범위는 친족관계 내에서도 8촌 이내의 혈족으로, 넓다고 보기 어렵다. 그에 비하여 8촌 이내 혈족 사이의 혼인을 금지함으로써 가족질서를 보호하고 유지한다는 공익은 매우 중요하다. 따라서 이 사건 금혼조항은 법익균형성에 위반되지 아니한다. 그렇다면 이 사건 금혼조항은 과잉금지원칙에 위배하여 혼인의 자유를 침해하지 않는다(헌재 2022.10.27. 2018헌바115).

> 1. 재판관 5(합헌) : 4(헌법불합치)의 의견으로, 8촌 이내의 혈족 사이에서는 혼인할 수 없도록 하는 민법 제809조 제1항은 혼인의 자유를 침해하지 아니하여 헌법에 위반되지 아니한다는 결정을 선고하였다. [합헌]
> 2. 민법 제809조 제1항을 위반한 혼인을 무효로 하는 민법 제815조 제2호는 헌법에 합치되지 아니한다는 결정을 선고하였다. [헌법불합치]

ㄷ. [×] 이 사건 법률조항은 우리 사회의 중대한 공익이며 헌법 제36조 제1항으로부터 도출되는 일부일처제를 실현하기 위한 것이다. 이 사건 법률조항은 중혼을 혼인무효사유가 아니라 혼인취소사유로 정하고 있는데, 혼인 취소의 효력은 기왕에 소급하지 아니하므로 중혼이라 하더라도 법원의 취소판결이 확정되기 전까지는 유효한 법률혼으로 보호받는다. 후혼의 취소가 가혹한 결과가 발생하는 경우에는 구체적 사건에서 법원이 권리남용의 법리 등으로 해결하고 있다. 따라서 중혼 취소

청구권의 소멸에 관하여 아무런 규정을 두지 않았다 하더라도, 이 사건 법률조항이 현저히 입법재량의 범위를 일탈하여 후혼배우자의 인격권 및 행복추구권을 침해하지 아니한다(헌재 2014.7.24. 2011헌바275).

ㄹ. [〇] 육아휴직신청권은 헌법 제36조 제1항 등으로부터 개인에게 직접 주어지는 헌법적 차원의 권리라고 볼 수는 없고, 입법자가 입법의 목적, 수혜자의 상황, 국가예산, 전체적인 사회보장 수준, 국민정서 등 여러 요소를 고려하여 제정하는 입법에 적용요건, 적용대상, 기간 등 구체적인 사항이 규정될 때 비로소 형성되는 법률상의 권리이다(헌재 2008.10.30. 2005헌마1156).

ㅁ. [〇] 혼인으로 새로이 1세대를 이루는 자를 위하여 상당한 기간 내에 보유 주택수를 줄일 수 있도록 하고 그러한 경과규정이 정하는 기간 내에 양도하는 주택에 대해서는 혼인 전의 보유 주택수에 따라 양도소득세를 정하는 등의 완화규정을 두는 것과 같은 손쉬운 방법이 있음에도 이러한 완화규정을 두지 아니한 것은 최소침해성원칙에 위배된다고 할 것이고, 이 사건 법률조항으로 인하여 침해되는 것은 헌법이 강도 높게 보호하고자 하는 헌법 제36조 제1항에 근거하는 혼인에 따른 차별금지 또는 혼인의 자유라는 헌법적 가치라 할 것이므로 이 사건 법률조항이 달성하고자 하는 공익과 침해되는 사익 사이에 적절한 균형관계를 인정할 수 없어 법익균형성원칙에도 반한다. 결국 이 사건 법률조항은 과잉금지원칙에 반하여 헌법 제36조 제1항이 정하고 있는 혼인에 따른 차별금지원칙에 위배되고, 혼인의 자유를 침해한다(헌재 2011.11.24. 2009헌바146).

17 답 ③

① [〇] 장애인의 복지를 향상해야 할 국가의 의무가 다른 다양한 국가과제에 대하여 최우선적인 배려를 요청할 수 없을 뿐 아니라, 나아가 헌법의 규범으로부터는 '장애인을 위한 저상버스의 도입'과 같은 구체적인 국가의 행위의무를 도출할 수 없는 것이다. 국가에게 헌법 제34조에 의하여 장애인의 복지를 위하여 노력을 해야 할 의무가 있다는 것은, 장애인도 인간다운 생활을 누릴 수 있는 정의로운 사회질서를 형성해야 할 국가의 일반적인 의무를 뜻하는 것이지, 장애인을 위하여 저상버스를 도입해야 한다는 구체적 내용의 의무가 헌법으로부터 나오는 것은 아니다(헌재 2002.12.18. 2002헌마52).

② [〇] 국민연금제도는 자기 기여를 전제로 하지 않고 국가로부터 소득을 보장받는 순수한 사회부조형 사회보장제도가 아니라, 가입자의 보험료를 재원으로 하여 가입기간, 기여도 및 소득수준 등을 고려하여 소득을 보장받는 사회보험제도이므로, 입법자가 가입기간의 상당 부분을 성실하게 납부한 사람의 유족만을 유족연금 지급대상에 포함시키기 위하여 '연금보험료를 낸 기간이 그 연금보험료를 낸 기간과 연금보험료를 내지 아니한 기간을 합산한 기간의 3분의 2'(이하 '연금보험료 납입비율'이라 한다)보다 짧은 경우 유족연금 지급을 제한한 것이 입법재량의 한계를 일탈하였을 정도로 불합리하다고 보기 어렵다. 따라서 심판대상조항이 인간다운 생활을 할 권리 및 재산권을 침해한다고 볼 수 없다(헌재 2020.5.27. 2018헌바129).

❸ [×] 보건복지부장관이 고시한 생계보호기준에 따른 생계보호의 수준이 일반 최저생계비에 못미친다면, 인간다운 생활을 보장하기 위하여 국가가 실현해야 할 객관적 내용의 최소한도의 보장에도 이르지 못 한 것이므로 청구인들의 행복추구권과 인간다운 생활을 할 권리를 침해한 것이다.

⇨ 이 사건 생계보호기준이 청구인들의 인간다운 생활을 보장하기 위하여 국가가 실현해야 할 객관적 내용의 최소한도의 보장에도 이르지 못하였다거나 헌법상 용인될 수 있는 재량의 범위를 명백히 일탈하였다고 보기 어렵고, 따라서 **비록 위와 같은 생계보호의 수준이 일반 최저생계비에 못 미친다고 하더라도 그 사실만으로 곧 그것이 헌법에 위반된다거나 청구인들의 행복추구권이나 인간다운 생활을 할 권리를 침해한 것이라고는 볼 수 없다**(헌재 1997.5.29, 94헌마33).

④ [○] 부부는 민법상 서로 동거하며 부양하고 협조할 의무를 부담하므로, 공무원연금법은 공무원 또는 공무원이었던 자의 사망 당시 그에 의하여 부양되고 있던 배우자를 갑작스러운 소득상실의 위험으로부터 보호해야 할 필요성과 중요성을 인정하여 유족연금수급권자로 규정하고 있다. 또한, 공무원연금법은 법률혼뿐만 아니라 사실혼 배우자도 유족으로 인정하고 있는데, 이는 사실혼 배우자도 법률혼 배우자와 마찬가지로 서로 동거·부양·협조의무가 인정된다는 점을 고려한 것이다. 따라서 심판대상조항이 배우자의 재혼을 유족연금수급권 상실사유로 규정한 것은 배우자가 재혼을 통하여 새로운 부양관계를 형성함으로써 재혼 상대방 배우자를 통한 사적 부양이 가능해짐에 따라 더 이상 사망한 공무원의 유족으로서의 보호의 필요성이나 중요성을 인정하기 어렵다고 보았기 때문이다. 이는 한정된 재원의 범위 내에서 부양의 필요성과 중요성 등을 고려하여 유족들을 보다 효과적으로 보호하기 위한 것이므로, 입법재량의 한계를 벗어나 재혼한 배우자의 인간다운 생활을 할 권리와 재산권을 침해하였다고 볼 수 없다(헌재 2022.8.31, 2019헌가31).

<hr>

18   답 ③

① [○] 형사피의자 또는 형사피고인으로서 구금되었던 자가 법률이 정하는 불기소처분을 받거나 무죄판결을 받은 때에는 법률이 정하는 바에 의하여 국가에 정당한 보상을 청구할 수 있다(헌법 제28조).

② [○] 형사보상의 청구에 대하여 한 보상의 결정에 대하여는 불복을 신청할 수 없도록 하여 형사보상의 결정을 단심재판으로 규정한 형사보상법 제19조 제1항이 청구인들의 형사보상청구권 및 재판청구권을 침해한다(헌재 2010.10.28, 2008헌마514).

❸ [×] 형사보상은 형사피고인 등의 신체의 자유를 제한한 것에 대하여 사후적으로 그 손해를 보상하는 것인 바, 구금으로 인하여 침해되는 가치는 객관적으로 평가하기 어려운 것이므로, 그에 대한 보상을 어떻게 할 것인지는 국가의 경제적·사회적·정책적 사정들을 참작하여 입법재량으로 결정할 수 있는 사항이고, 이러한 점에서 헌법 제28조에서 규정하는 '정당한 보상'은 헌법 제23조 제3항에서 재산권의 침해에 대하여 규정하는 '정당한 보상'과 동일한 의미를 가진다.

⇨ 형사보상은 형사피고인 등의 신체의 자유를 제한한 것에 대하여 사후적으로 그 손해를 보상하는 것인바, 구금으로 인하여 침해되는 가치는 객관적으로 평가하기 어려운 것이므로, 그에 대한 보상을 어떻게 할 것인지는 국가의 경제적·사회적·정책적 사정들을 참작하여 입법재량으로 결정할 수 있는 사항이라 할 것이다. 이러한 점에서 **헌법 제28조에서 규정하는 '정당한 보상'은 헌법 제23조 제3항에서 재산권의 침해에 대하여 규정하는 '정당한 보상'과는 차이가 있다 할 것이다**(헌재 2010.10.28, 2008헌마514).

④ [○] 권리의 행사가 용이하고 일상 빈번히 발생하는 것이거나 권리의 행사로 인하여 상대방의 지위가 불안정해지는 경우 또는 법률관계를 보다 신속히 확정하여 분쟁을 방지할 필요가 있는 경우에는 특별히 짧은 소멸시효나 제척기간을 인정할 필요가 있으나, 이 사건 법률조항은 위의 어떠한 사유에도 해당하지 아니하는 등 달리 합리적인 이유를 찾기 어렵고, 일반적인 사법상의 권리보다 더 확실하게 보호되어야 할 권리인 형사보상청구권의 보호를 저해하고 있다. 또한, 이 사건 법률조항은 형사소송법상 형사피고인이 재정하지 아니한 가운데 재판할 수 있는 예외적인 경우를 상정하고 있는 등 형사피고인은 당사자가 책임질 수 없는 사유에 의하여 무죄재판의 확정사실을 모를 수 있는 가능성이 있으므로, 형사피고인이 책임질 수 없는 사유에 의하여 제척기간을 도과할 가능성이 있는바, 이는 국가의 잘못된 형사사법작용에 의하여 신체의 자유라는 중대한 법익을 침해받은 국민의 기본권을 사법상의 권리보다도 가볍게 보호하는 것으로서 부당하다(헌재 2010.7.29, 2008헌가4).

<hr>

19   답 ④

① [○] 북한은 조국의 평화적 통일을 위한 대화와 협력의 동반자임과 동시에 대남적화노선을 고수하면서 우리자유민주체제의 전복을 획책하고 있는 반국가단체라는 성격도 함께 갖고 있음이 엄연한 현실이다(헌재 1993.7.29, 92헌바48).

② [○] 우리 헌법에서 지향하는 통일은 대한민국의 존립과 안전을 부정하는 것이 아니고, 또 자유민주적 기본질서에 위해를 주는 것이 아니라 그것에 바탕을 둔 통일인 것이다(헌재 2000.7.20, 98헌바63).

③ [○] 북한주민과의 접촉이 그 과정에서 불필요한 마찰과 오해를 유발하여 긴장이 조성되거나 무절제한 경쟁적 접촉으로 남북한간의 원만한 협력관계에 나쁜 영향을 미칠 수도 있으며 북한 정치적 목적에 이용되거나 국가의 안전보장이나 자유민주적 기본질서에 부정적인 영향을 미치는 통로로 이용될 가능성도 완전히 배제할 수 없으므로 통일부장관의 북한주민 등과의 접촉을 원하는 자로부터 승인을 받아 구체적인 내용을 검토하여 승인 여부를 결정하는 절차는 현 단계에서는 불가피하므로 남북교류협력에 관한 법률 제9조 제3항은 평화통일을 선언한 헌법전문, 헌법 제4조, 헌법 제66조 제3항 및 기타 헌법상의 통일조항에 위배된다고 볼 수 없다(헌재 2000.7.20, 98헌바63).

❹ [×] 헌법상 통일 관련 조항들로부터 국민 개개인의 통일에 대한 기본권이 직접 인정되지는 않지만, 국가기관에 대하여 통일에 관련된 일정한 행동을 요구할 수 있는 권리는 도출된다.

⇨ 헌법상의 여러 통일 관련 조항들은 국가의 통일의무를 선언한 것이기는 하지만, 그로부터 국민 개개인의 통일에 대한

기본권, 특히 **국가기관에 대하여 통일과 관련된 구체적인 행동을 요구하거나 일정한 행동을 할 수 있는 권리가 도출된다고 볼 수 없다**(헌재 2000.7.20, 98헌바63).

20 답 ③

① [O] 배아의 경우 현재의 과학기술 수준에서 모태 속에서 수용될 때 비로소 독립적인 인간으로의 성장가능성을 기대할 수 있다는 점, 수정 후 착상 전의 배아가 인간으로 인식된다거나 그와 같이 취급하여야 할 필요성이 있다는 사회적 승인이 존재한다고 보기 어려운 점 등을 종합적으로 고려할 때, 초기배아에 대한 국가의 보호필요성이 있음은 별론으로 하고, 청구인의 기본권 주체성을 인정하기 어렵다. 그렇다면 청구인은 기본권의 주체가 될 수 없으므로 헌법소원을 제기할 수 있는 청구인적격이 없다(헌재 2010.5.27, 2005헌마346).

② [O] 헌법 제32조 제1항이 규정한 근로의 권리는 근로자를 개인의 차원에서 보호하기 위한 권리로서 개인인 근로자가 그 주체가 되는 것이고 노동조합은 그 주체가 될 수 없으므로, 이 사건 법률조항이 노동조합을 비과세대상으로 규정하지 않았다 하여 헌법 제32조 제1항에 반한다고 볼 여지는 없다(헌재 2009.2.26, 2007헌바27).

❸ [×] 국가, 지방자치단체나 그 기관 또는 국가조직의 일부나 공법인은 원칙적으로 기본권의 수범자이자 동시에 기본권의 주체가 되는 이중적 지위에 있다.

  ⇨ 국가, 지방자치단체나 그 기관 또는 국가조직의 일부나 공법인은 원칙적으로 **기본권의 수범자이지 기본권의 향유자가 아니므로 기본권의 주체가 아니다.**

④ [O] 심판대상조항이 제한하고 있는 직업의 자유는 국가자격제도 정책과 국가의 경제상황에 따라 법률에 의하여 제한할 수 있는 국민의 권리에 해당한다. 국가정책에 따라 정부의 허가를 받은 외국인은 정부가 허가한 범위 내에서 소득활동을 할 수 있는 것이므로, 외국인이 국내에서 누리는 직업의 자유는 법률에 따른 정부의 허가에 의해 비로소 발생하는 권리이다(헌재 2014.8.28, 2013헌마359).

정답

p.88

01	①	02	③	03	①	04	④	05	④
06	④	07	②	08	④	09	①	10	③
11	②	12	①	13	④	14	③	15	④
16	④	17	④	18	④	19	④	20	③

01
답 ①

㉠ [×] 변호인의 조력을 받을 권리에 대한 헌법과 법률의 규정 및 취지에 비추어 보면, '형사사건에서 변호인의 조력을 받을 권리'를 의미한다고 보아야 할 것이므로 형사절차가 종료되어 교정시설에 수용 중인 수형자나 미결수용자가 형사사건의 변호인이 아닌 **민사재판, 행정재판, 헌법재판 등에서 변호사와 접견할 경우에는 원칙적으로 헌법상 변호인의 조력을 받을 권리의 주체가 될 수 없다.** 헌법 제27조는 "모든 국민은 헌법과 법률이 정한 법관에 의하여 법률에 의한 재판을 받을 권리를 가진다."고 규정하여 재판청구권을 보장하고 있고 이때 재판을 받을 권리에는 민사재판, 형사재판, 행정재판뿐 아니라 헌법재판도 포함된다. 헌법 제27조 제1항이 규정하는 '법률에 의한' 재판청구권을 보장하기 위해서는 입법자에 의한 재판청구권의 구체적인 형성이 필요하지만, 이는 상당한 정도로 권리구제의 실효성이 보장되도록 하는 것이어야 한다. 따라서 현대 사회의 복잡다단한 소송에서의 법률전문가의 증대되는 역할, 민사법상 무기 대등의 원칙 실현, 헌법소송의 변호사강제주의 적용 등을 감안할 때 교정시설 내 수용자와 변호사 사이의 접견교통권의 보장은 헌법상 보장되는 재판청구권의 한 내용 또는 그로부터 파생되는 권리로 볼 수 있다(헌재 2013. 8.29. 2011헌마122).

㉡ [×] 이 사건 접견조항에 따르면 수용자는 효율적인 재판준비를 하는 것이 곤란하게 되고, 특히 교정시설 내에서의 처우에 대하여 국가 등을 상대로 소송을 하는 경우에는 소송의 상대방에게 소송자료를 그대로 노출하게 되어 무기대등의 원칙이 훼손될 수 있다. 변호사 직무의 공공성·윤리성 및 사회적 책임성은 변호사 접견권을 이용한 증거인멸, 도주 및 마약 등 금지물품 반입 시도 등의 우려를 최소화시킬 수 있으며, 변호사접견이라 하더라도 교정시설의 질서 등을 해할 우려가 있는 특별한 사정이 있는 경우에는 예외를 두도록 한다면 악용될 가능성도 방지할 수 있다. 따라서 이 사건 접견조항은 **과잉금지원칙에 위배하여 청구인의 재판청구권을 지나치게 제한하고 있으므로, 헌법에 위반된다**(헌재 2013.8.29. 2011헌마122).

㉢ [○] 헌법재판소가 91헌마111 결정에서 미결수용자와 변호인과의 접견에 대해 어떠한 명분으로도 제한할 수 없다고 한 것은 구속된 자와 변호인간의 접견이 실제로 이루어지는 경우에 있어서의 '자유로운 접견', 즉 '대화내용에 대하여 비밀이 완전히 보장되고 어떠한 제한, 영향, 압력 또는 부당한 간섭 없이 자유롭게 대화할 수있는 접견'을 제한할 수 없다는 것이지, 변호인과의 접견 자체에 대해 아무런 제한도 가할 수 없다는 것을 의미하는 것이 아니므로 미결수용자의 변호인 접견권 역시 국가안전보장·질서유지 또는 공공복리를 위해 필요한 경우에는 법률로써 제한될 수 있음은 당연하다(헌재 2011.5.26. 2009헌마341).

㉣ [○] 교도소장은 수형자가 출정비용을 예납하지 않았거나 영치금과의 상계에 동의하지 않았다고 하더라도, 우선 수형자를 출정시키고 사후에 출정비용을 받거나 영치금과의 상계를 통하여 출정비용을 회수하여야 하는 것이지, 이러한 이유로 수형자의 출정을 제한할 수 있는 것은 아니다. 그러므로 피청구인이, 청구인이 출정하기 이전에 예비를 납부하지 않았거나 출정비용과 영치금과의 상계에 미리 동의하지 않았다는 이유로 이 사건 출정제한행위를 한 것은, 피청구인에 대한 업무처리지침 내지 사무처리준칙인 이 사건 지침을 위반하여 청구인이 직접 재판에 출석하여 변론할 권리를 침해함으로써, 형벌의 집행을 위하여 필요한 한도를 벗어나서 청구인의 재판청구권을 과도하게 침해하였다고 할 것이다(헌재 2012.3.29. 2010헌마475).

㉤ [○] 접견내용을 녹음·녹화하는 경우 수용자 및 그 상대방에게 그 사실을 말이나 서면 등으로 알려주어야 하고 취득된 접견기록물은 법령에 의해 보호·관리되고 있으므로 사생활의 비밀과 자유에 대한 침해를 최소화하는 수단이 마련되어 있다는 점, 청구인이 나눈 접견내용에 대한 사생활의 비밀로서의 보호가치에 비해 증거인멸의 위험을 방지하고 교정시설 내의 안전과 질서유지에 기여하려는 공익이 크고 중요하다는 점에 비추어 볼 때, 이 사건 접견참여·기록이 청구인의 사생활의 비밀과 자유를 침해하였다고 볼 수 없다(헌재 2014.9.25. 2012헌마523).

① [O] 부담금관리 기본법은 제3조에서 "부담금은 별표에 규정된 법률의 규정에 의하지 아니하고는 이를 설치할 수 없다."라고 규정하고, 별표 제119호에서 '영화 및 비디오물의 진흥에 관한 법률 제25조의2의 규정에 따른 부과금'을 동법에서 말하는 부담금의 하나로서 열거하고 있다. 그러나 어떤 공과금이 조세인지 아니면 부담금인지는 단순히 법률에서 그것을 무엇으로 성격 규정하고 있느냐를 기준으로 할 것이 아니라, 그 실질적인 내용을 결정적인 기준으로 삼아야 한다(헌재 2008.11.27, 2007헌마860).

② [O] 영화관 관람객이 입장권 가액의 100분의 3을 부담하도록 하고 영화관 경영자는 이를 징수하여 영화진흥위원회에 납부하도록 강제하는 내용의 영화상영관 입장권 부과금제도는, 영화예술의 질적 향상과 한국영화 및 영화·비디오물산업의 진흥·발전의 토대를 구축하기 위한 영화발전기금의 안정적 재원 마련이라는 정당한 입법목적을 위한 것으로 헌법적으로 정당화되는 재정조달목적 부담금으로서 위와 같은 목적 달성에 적합한 수단이다. … 영화상영관 입장권에 대한 부과금제도는 과잉금지원칙에 반하여 영화관 관람객의 재산권과 영화관 경영자의 직업수행의 자유를 침해하였다고 볼 수 없다(헌재 2008.11.27, 2007헌마860).

❸ [X] 골프장 부가금은 그 부과 자체로써 골프장 부가금 납부의무자의 행위를 특정한 방향으로 유도하거나 골프장 부가금 납부의무자 이외의 다른 집단과의 형평성 문제를 조정하고자 하는 등의 목적이 있으므로 정책실현목적 부담금에 해당한다.
   ⇨ 부담금은 그 부과목적과 기능에 따라 순수하게 재정조달의 목적만 가지는 '재정조달목적 부담금'과 재정조달 목적뿐만 아니라 부담금의 부과 자체로써 국민의 행위를 특정한 방향으로 유도하거나 특정한 공법적 의무의 이행 또는 공공출연으로부터의 특별한 이익과 관련된 집단간의 형평성 문제를 조정하여 특정한 사회·경제정책을 실현하기 위한 '정책실현목적 부담금'으로 구분할 수 있다. 전자의 경우에는 공적 과제가 부담금 수입의 지출 단계에서 비로소 실현되나, 후자의 경우에는 공적 과제의 전부 혹은 일부가 부담금의 부과 단계에서 이미 실현된다. **골프장 부가금은 국민체육의 진흥을 위한 각종 사업에 사용될 국민체육진흥계정의 재원을 마련하는 데에 그 부과의 목적이 있을 뿐, 그 부과 자체로써 골프장 부가금 납부의무자의 행위를 특정한 방향으로 유도하거나 골프장 부가금 납부의무자 이외의 다른 집단과의 형평성 문제를 조정하고자 하는 등의 목적이 있다고 보기 어렵다.** 게다가 뒤에서 보는 바와 같이 심판대상조항이 골프장 부가금을 통해 추구하는 공적 과제는 국민체육진흥계정의 집행 단계에서 비로소 실현된다고 할 수 있으므로, 골프장 부가금은 **재정조달목적 부담금에 해당한다**(헌재 2019.12.27, 2017헌가21).

④ [O] 수많은 체육시설 중 유독 골프장 부가금 징수대상 시설의 이용자만을 국민체육진흥계정 조성에 관한 조세 외적 부담을 져야 할 책임이 있는 집단으로 선정한 것에는 합리성이 결여되어 있다. 골프장 부가금 등을 재원으로 하여 조성된 국민체육진흥계정의 설치 목적이 국민체육의 진흥에 관한 사항 전반을 아우르고 있다는 점에 비추어 볼 때, 국민 모두를 대상으로 하는 광범위하고 포괄적인 수준의 효용성을 놓고 부담금의 정당화 요건인 집단적 효용성을 갖추었다고 단정하기도

어렵다. 심판대상조항이 규정하고 있는 골프장 부가금은 일반 국민에 비해 특별히 객관적으로 밀접한 관련성을 가진다고 볼 수 없는 골프장 부가금 징수대상 시설 이용자들을 대상으로 하는 것으로서 합리적 이유가 없는 차별을 초래하므로, 헌법상 평등원칙에 위배된다(헌재 2019.12.27, 2017헌가21).

㉠ [X] 이 사건 시행령 조항은 교정시설의 안전과 질서유지, 수용자의 교화 및 사회복귀를 원활하게 하기 위해 수용자가 밖으로 내보내는 서신을 봉함하지 않은 상태로 제출하도록 한 것이나, 이와 같은 목적은 교도관이 수용자의 면전에서 서신에 금지물품이 들어 있는지를 확인하고 수용자로 하여금 서신을 봉함하게 하는 방법, 봉함된 상태로 제출된 서신을 X-ray 검색기 등으로 확인한 후 의심이 있는 경우에만 개봉하여 확인하는 방법, 서신에 대한 검열이 허용되는 경우에만 무봉함 상태로 제출하도록 하는 방법 등으로도 얼마든지 달성할 수 있다고 할 것인바, 위 시행령 조항이 수용자가 보내려는 모든 서신에 대해 무봉함 상태의 제출을 강제함으로써 수용자의 발송 서신 모두를 사실상 검열 가능한 상태에 놓이도록 하는 것은 **기본권 제한의 최소 침해성 요건을 위반하여 수용자인 청구인의 통신비밀의 자유를 침해하는 것이다**(헌재 2012.2.23, 2009헌마333).

㉡ [X] 헌법이 특정한 표현에 대해 예외적으로 검열을 허용하는 규정을 두지 않은 점, 이러한 상황에서 표현의 특성이나 규제의 필요성에 따라 언론·출판의 자유의 보호를 받는 표현 중에서 사전검열금지원칙의 적용이 배제되는 영역을 따로 설정할 경우 그 기준에 대한 객관성을 담보할 수 없다는 점 등을 고려하면, 헌법상 사전검열은 예외 없이 금지되는 것으로 보아야 하므로 의료광고 역시 사전검열금지원칙의 적용대상이 된다. 의료광고의 사전심의는 보건복지부장관으로부터 위탁을 받은 각 의사협회가 행하고 있으나 사전심의의 주체인 보건복지부장관은 언제든지 위탁을 철회하고 직접 의료광고 심의업무를 담당할 수 있는 점, 의료법 시행령이 심의위원회의 구성에 관하여 직접 규율하고 있는 점, 심의기관의 장은 심의 및 재심의 결과를 보건복지부장관에게 보고하여야 하는 점, 보건복지부장관은 의료인 단체에 대해 재정지원을 할 수 있는 점, 심의기준·절차 등에 관한 사항을 대통령령으로 정하도록 하고 있는 점 등을 종합하여 보면, 각 의사협회는 행정권의 영향력에서 벗어나 독립적이고 자율적으로 사전심의업무를 수행하고 있다고 보기 어렵다. 따라서 이 사건 법률규정들은 사전검열금지원칙에 위배된다(헌재 2015.12.23, 2015헌바75).

㉢ [O] 통신비밀보호법 제6조 제7항·제8항에 대한 옳은 내용이다.

> **통신비밀보호법**
> 제6조【범죄수사를 위한 통신제한조치의 허가절차】⑦ 통신제한조치의 기간은 2개월을 초과하지 못하고, 그 기간 중 통신제한조치의 목적이 달성되었을 경우에는 즉시 종료하여야 한다. 다만, 제5조 제1항의 허가요건이 존속하는 경우에는 소명자료를 첨부하여 제1항 또는 제2항에 따라 2개월의 범위에서 통신제한조치기간의 연장을 청구할 수 있다.

⑧ 검사 또는 사법경찰관이 제7항 단서에 따라 통신제한조치의 연장을 청구하는 경우에 통신제한조치의 총 연장기간은 1년을 초과할 수 없다. 다만, 다음 각 호의 어느 하나에 해당하는 범죄의 경우에는 통신제한조치의 총 연장기간이 3년을 초과할 수 없다.

1. 형법 제2편 중 제1장 내란의 죄(이하 생략)

ⓔ [O] 금치처분을 받은 수용자들은 이미 수용시설의 안전과 질서유지에 위반되는 행위, 그중에서도 가장 중한 평가를 받은 행위를 한 자들이라는 점에서, 집필과 같은 처우 제한의 해제는 예외적인 경우로 한정될 수밖에 없고, 선례가 금치기간 중 집필을 전면 금지한 조항을 위헌으로 판단한 이후, 입법자는 집필을 허가할 수 있는 예외를 규정하고 금치처분의 기간도 단축하였다. 나아가 미결수용자는 징벌집행 중 소송서류의 작성 등 수사 및 재판 과정에서의 권리행사는 제한 없이 허용되는 점 등을 감안하면, 이 사건 집필제한 조항은 청구인의 표현의 자유를 침해하지 아니한다(헌재 2014.8.28. 2012헌마623).

ⓜ [O] 긴급조치 제1호는 유신헌법을 부정하거나 반대하고 폐지를 주장하는 행위 중 실제로 국가의 안전보장과 공공의 안녕질서에 대한 심각하고 중대한 위협이 명백하고 현존하는 경우 이외에도, 국가긴급권의 발동이 필요한 상황과는 전혀 무관하게 헌법과 관련하여 자신의 견해를 단순하게 표명하는 모든 행위까지 처벌하고, 처벌의 대상이 되는 행위를 전혀 구체적으로 특정할 수 없으므로, 이는 표현의 자유 제한의 한계를 일탈한 것이다(헌재 2013.3.21. 2010헌바132).

04
답 ④

① [O] 사립학교는 그 설립자의 특별한 설립이념을 구현하거나 독자적인 교육방침에 따라 개성 있는 교육을 실시할 수 있을 뿐만 아니라 공공의 이익을 위한 재산출연을 통하여 정부의 공교육 실시를 위한 재정적 투자능력의 한계를 자발적으로 보완해 주는 역할을 담당하므로, 사립학교 설립의 자유와 운영의 독자성을 보장할 필요가 있다(헌재 2019.7.25. 2017헌마1038 등).

② [O] 개인이 설립한 사립유치원 역시 사립학교법·유아교육법상 학교로서 공교육 체계에 편입되어 그 공공성이 강조되고 공익적인 역할을 수행하며, 국가 및 지방자치단체로부터 재정지원 및 세제혜택을 받고 있다. 따라서 사립유치원의 재정 및 회계의 투명성은 그 유치원에 의하여 수행되는 교육의 공공성과 직결된다. 심판대상조항은 개인이 경영하는 사립유치원의 실정에 맞는 재무·회계기준을 제시하고 이에 따르도록 함으로써 그 재정의 건전성과 투명성을 확보한다. 이는 국가와 지방자치단체의 재정지원을 받는 사립유치원이 개인의 영리추구에 매몰되지 아니하고 교육기관으로서 양질의 유아교육을 제공하는 동시에 유아교육의 공공성을 지킬 수 있는 재정적 기초를 다지기 위한 것으로서 그 목적이 정당하다. 심판대상조항이 입법형성의 한계를 일탈하여 사립유치원 설립·경영자의 사립유치원 운영의 자유를 침해한다고 볼 수 없다(헌재 2019.7.25. 2017헌마1038).

③ [O] 학교법인으로 하여금 의무의 부담을 하고자 할 때 관할청의 허가를 받도록 하고 있어 사립학교운영에 관한 자유를 제한하고 있다 하더라도, 이는 공공복리를 위하여 필요한 권리를 제한한 경우에 해당하는 것이며, 일정액 미만의 넓은 범위에서 허가를 받지 않도록 예외를 두고 있고 시행상 일반적인 학교운영과 관련된 통상적인 의무부담은 허가에서 제외하고 있으며 일정액 이상이라도 허가를 받아 자유롭게 처리할 수 있는 점 등을 보면 합리적인 입법한계를 일탈하였거나 기본권의 본질적인 부분을 침해하였다고 볼 수 없다(헌재 2001.1.18. 99헌바63).

❹ [✕] 사립유치원의 공통적인 세입·세출 자료가 없는 경우 관할청의 지도·감독에는 한계가 존재할 수밖에 없다는 이유로 사립유치원의 회계를 국가가 관리하는 공통된 회계시스템을 이용하여 처리하도록 하는 것은 개인사업자인 사립유치원의 자유로운 회계처리 방법 선택권을 과도하게 침해한다.

⇨ 심판대상조항이 규정한 예산과목의 내용은 유치원의 재정 건전성 확보를 위해 그 필요성이 인정되고, 일정 부분 사립유치원에 운영의 자율성을 보장하고 있으며, 교육감이 예산과목 구분을 조정할 수 있도록 함으로써 구체적 타당성도 도모하고 있다. 비록 심판대상조항의 사립유치원 세입·세출예산 과목에 청구인들이 주장하는 바와 같은 항목들(유치원 설립을 위한 차입금 및 상환금, 유치원 설립자에 대한 수익배당, 통학 및 업무용 차량 이외의 설립자 개인 차량의 유류대 등)을 두지 않았다고 하더라도, 그러한 사정만으로는 심판대상조항이 현저히 불합리하거나 자의적이라고 볼 수 없다. 따라서 심판대상조항이 입법형성의 한계를 일탈하여 사립유치원 설립·경영자의 사립유치원 운영의 자유를 침해한다고 볼 수 없다(헌재 2019.7.25. 2017헌마1038 등).

05
답 ④

① [O] 자유당 정권의 부정선거에 대한 반성으로 1960년 제3차 개정헌법에서 선거의 공정한 관리를 위하여 중앙선거관리위원회를 도입했고, 각급 선거관리위원회를 추가한 것은 1962년 제5차 개정헌법이다.

② [O] 1962년(5차 개정) 헌법에서 인간의 존엄성에 관한 규정, 1980년(8차 개정) 헌법에서 적정임금의 보장에 노력하여야 할 의무와 환경권 규정, 1987년(9차 개정) 헌법에서 최저임금제 시행의무를 처음으로 규정하였다.

③ [O] 제8차 개정헌법에서 대통령의 임기는 7년으로 하며, 중임할 수 없다.

1980년 헌법 제39조 ① 대통령은 대통령선거인단에서 무기명투표로 선거한다.

제45조 대통령의 임기는 7년으로 하며, 중임할 수 없다.

❹ [✕] 1980년 헌법 전문에서 대한민국 임시정부의 법통을 계승하도록 처음으로 규정하였다.

⇨ 1987년 제9차 헌법개정에서 대한민국 임시정부의 법통을 계승하도록 처음 규정하였다.

06
답 ④

① [O] 직접선거의 원칙은 선거결과가 선거권자의 투표에 의하여 직접 결정될 것을 요구하는 원칙이다. 국회의원선거와 관련하여 보면, 국회의원의 선출이나 정당의 의석획득이 중간선거인이나 정당 등에 의하여 이루어지지 않고 선거권자의 의사에 따라 직접

이루어져야 함을 의미한다(헌재 2001.7.19, 2000헌마91).

② [○] 공직선거법상 후보자 비방 금지나 허위사실공표 금지 규정 등이 이미 존재함에 비추어 보면, 심판대상조항이 선거의 과열로 인한 무분별한 흑색선전, 허위사실유포나 비방 등을 방지하기 위한 불가피한 수단에 해당한다고 보기도 어렵다. 이를 종합하면, 심판대상조항은 목적 달성에 필요한 범위를 넘어 광고물의 설치 · 진열 · 게시 및 표시물의 착용을 통한 정치적 표현을 장기간 동안 포괄적으로 금지 · 처벌하는 것으로서 침해의 최소성을 충족하지 못한다. 심판대상조항으로 인하여 일반 유권자나 후보자가 받게 되는 정치적 표현의 자유에 대한 제약은 매우 크다. 한편, 심판대상조항은 선거의 공정성을 해치는 것이 명백하다고 볼 수 없는 정치적 표현까지 금지 · 처벌하고 있고, 이러한 범위 내에서 심판대상조항으로 인하여 달성되는 공익이 그보다 중대하다고 볼 수 없다. 따라서 심판대상조항은 법익의 균형성에도 위배된다. 그렇다면 심판대상조항은 과잉금지원칙에 반하여 정치적 표현의 자유를 침해하므로 헌법에 위반된다(헌재 2022.7.21, 2017헌가1).

③ [○] 지방의회의원에게는 선거에 있어서는 정무직공무원의 지위와, 부여받은 공적 권한을 주민 전체의 복리추구라는 공익실현을 위하여 사용하여야 하는 국민에 대한 봉사자로서의 지위간의 균형이 요구되고, 선거의 공정성을 준수하여야 할 의무가 있다. 그런데 지방의회의원이 선거운동을 함에 있어 지방의회의원의 지위를 이용하면, 이는 주민 전체의 복리를 위해 행사하도록 부여된 자원과 권한을 일방적으로 특정 정당과 개인을 위하여 남용하는 것이고, 그로 인해 선거의 공정성을 해칠 우려뿐 아니라 공직에 대한 국민의 신뢰 실추라는 폐해도 발생한다. 공무원 지위이용 선거운동을 포괄적으로 금지하는 방식 대신 금지되는 특정 방법이나 태양을 구체적으로 나열하는 방법으로는 입법목적을 달성하기 어렵다. 공직선거법상 공무원이 단순히 그 지위를 가지고 선거운동을 한 경우를 처벌하는 조항의 법정형이 3년 이하 징역 또는 600만원 이하 벌금임을 고려하면, 그보다 비난가능성과 선거의 공정에 끼치는 폐해가 더욱 큰 공무원 지위이용 선거운동죄의 법정형으로 더 무거운 5년 이하의 징역형만을 규정하여 벌금형을 두지 않은 것은 죄질 및 행위자의 책임에 비하여 지나치게 과중한 형이라 볼 수 없다. 지방의회의원이 공무원 지위이용 선거운동죄로 금고 이상의 형을 선고받으면 지방의회의원직을 상실하게 되는 불이익이 있으나, 이는 위 조항이 아니라 피선거권의 제한요건을 규율한 공직선거법 제19조 제2호라는 다른 관련 규정에 근거하여 발생하는 것이다. 따라서 공무원 지위이용 선거운동죄 조항은 과잉금지원칙을 위반하여 청구인의 정치적 표현의 자유를 침해하지 아니한다(헌재 2020.3.26, 2018헌바3).

❹ [×] 선원들이 모사전송 시스템을 활용하여 투표하는 경우, 선원들로서는 자신의 투표결과에 대한 비밀이 노출될 위험성이 있으므로, 이는 비밀선거원칙에 위반된다 할 수 있다.

⇨ 통상 모사전송 시스템의 활용에는 특별한 기술을 요하지 않고, 당사자들이 스스로 이를 이용하여 투표를 한다면 비밀 노출의 위험이 적거나 없을 뿐만 아니라, 설사 투표절차나 그 전송 과정에서 비밀이 노출될 우려가 있다 하더라도, 이는 **국민주권원리나 보통선거원칙에 따라 선원들이 선거권을 행사할 수 있도록 충실히 보장하기 위한 불가피한 측면**이라 할 수도 있고, 더욱이 선원들로서는 자신의 투표결과에 대한 비밀이 노출될 위험성을 스스로 용인하고 투표에 임할 수도 있을

것이므로, **선거권 내지 보통선거원칙과 비밀선거원칙을 조화적으로 해석할 때, 이를 두고 헌법에 위반된다 할 수 없다**(헌재 2007.6.28, 2005헌마772).

07 답 ②

① [○] 지방자치단체는 법령에 위반되지 아니하는 범위 내에서 그 사무에 관하여 조례를 제정할 수 있는 것이고, 조례가 규율하는 특정사항에 관하여 그것을 규율하는 국가의 법령이 이미 존재하는 경우에도 조례가 법령과 별도의 목적에 기하여 규율함을 의도하는 것으로서 그 적용에 의하여 법령의 규정이 의도하는 목적과 효과를 전혀 저해하는 바가 없는 때, 또는 양자가 동일한 목적에서 출발한 것이라고 할지라도 국가의 법령이 반드시 그 규정에 의하여 전국에 걸쳐 일률적으로 동일한 내용을 규율하려는 취지가 아니고 각 지방자치단체가 그 지방의 실정에 맞게 별도로 규율하는 것을 용인하는 취지라고 해석되는 때에는 그 조례가 국가의 법령에 위반되는 것은 아니다(대판 2006.10.12, 2006추38).

❷ [×] 헌법 제117조 제1항은 지방자치단체가 법령의 범위 안에서 자치에 관한 규정을 제정할 수 있다고 규정하고 있으므로, 고시 · 훈령 · 예규와 같은 행정규칙은 상위법령의 위임한계를 벗어나지 아니하고 상위법령과 결합하여 대외적인 구속력을 갖는 것이라 하더라도 위의 '법령'에 포함될 수 없다.

⇨ 헌법 제117조 제1항에서 규정하고 있는 '법령'에 법률 이외에 헌법 제75조 및 제95조 등에 의거한 '대통령령', '총리령' 및 '부령'과 같은 법규명령이 포함되는 것은 물론이지만, 헌법재판소의 "법령의 직접적인 위임에 따라 수임행정기관이 그 법령을 시행하는 데 필요한 구체적 사항을 정한 것이면, 그 제정형식은 비록 법규명령이 아닌 **고시, 훈령, 예규 등과 같은 행정규칙이더라도, 그것이 상위법령의 위임한계를 벗어나지 아니하는 한, 상위법령과 결합하여 대외적인 구속력을 갖는 법규명령으로서 기능하게 된다고 보아야 한다**."고 판시한 바에 따라, 헌법 제117조 제1항에서 규정하는 '**법령**'에는 법규명령으로서 기능하는 행정규칙이 포함된다(헌재 2002.10.31, 2001헌라1).

③ [○] 국가공무원법 등 관계 법령에 의하면 교육감 소속 교육장 등은 모두 국가공무원이고, 그 임용권자는 대통령 내지 교육부장관인 점, 국가공무원의 임용 등 신분에 관한 사항이 해당 지방자치단체의 특성을 반영하여 각기 다르게 처리된다면 국가공무원이라는 본래의 신분적 의미는 상당 부분 몰각될 수 있는 점 등에 비추어 보면, 국가공무원인 교육장 등에 대한 징계사무는 국가사무라고 보아야 한다. 또한, 구 교육공무원법령 등에 따라 교육감 소속 장학관 등의 임용권은 대통령 내지 교육부장관으로부터 교육감에게 위임되어 있고, 교육공무원법상 '임용'은 직위해제, 정직, 해임, 파면까지 포함하고 있는 점 등에 비추어 보면, 교육감 소속 교육장 등에 대한 징계의결요구 내지 그 신청사무 또한 징계사무의 일부로서 대통령, 교육부장관으로부터 교육감에게 위임된 국가위임사무이다(헌재 2013.12.26, 2012헌라3).

④ [○] 우리 헌법은 법률이 정하는 바에 따른 '선거권'과 '공무담임권' 및 국가안위에 관한 중요정책과 헌법개정에 대한 '국민투표권'만을 헌법상의 참정권으로 보장하고 있으므로, 지방자치법

제13조의2에서 규정한 주민투표권은 그 성질상 선거권, 공무담임권, 국민투표권과 전혀 다른 것이어서 이를 법률이 보장하는 참정권이라고 할 수 있을지언정 헌법이 보장하는 참정권이라고 할 수는 없다(헌재 2001.6.28, 2000헌마735).

08   답 ④

① [O] 이 법에 규정된 신청이나 신고와 관련하여 그 신청이나 신고를 하려는 자가 15세 미만이면 법정대리인이 대신하여 이를 행한다(국적법 제19조).

② [O] 만 20세가 되기 전에 복수국적자가 된 자는 만 22세가 되기 전까지, 만 20세가 된 후에 복수국적자가 된 자는 그 때부터 2년 내에 하나의 국적을 선택하여야 한다(국적법 제12조 제1항).

③ [O] 대한민국의 민법상 성년이 되기 전에 외국인에게 입양된 후 외국 국적을 취득하고 외국에서 계속 거주하다가 제9조에 따라 국적회복허가를 받은 자는 대한민국 국적을 취득한 날부터 1년 내에 외국 국적을 포기하거나 법무부장관이 정하는 바에 따라 대한민국에서 외국 국적을 행사하지 아니하겠다는 뜻을 법무부장관에게 서약하여야 한다(국적법 제10조 제2항 제3호).

❹ [×] 행복추구권은 외국인도 그 주체가 될 수 있으며 외국인이 복수국적을 누릴 자유는 행복추구권에 의해 보호되는 기본권이다.
⇨ 재산권 및 행복추구권은 외국인도 그 주체가 될 수 있으나, 외국인이 대한민국 국적을 취득하면서 자신의 외국 국적을 포기한다 하더라도 이로 인하여 재산권 행사가 직접 제한되지 않고, 일반적으로 외국인이 특정한 국가의 국적을 선택할 권리가 자연권으로서 또는 우리 헌법상 당연히 인정될 수는 없는 것이어서 **외국인이 복수국적을 누릴 자유가 우리 헌법상 행복추구권에 의하여 보호되는 기본권이라고 보기 어려우므로**, 국적법 제10조 제1항에 의하여 청구인의 재산권, 행복추구권이 침해될 가능성은 없다(헌재 2014.6.26, 2011헌마502).

09   답 ①

❶ [×] 전동킥보드의 최고속도는 25km/h를 넘지 않아야 한다고 규정한 구 '안전확인대상생활용품의 안전기준'(국가기술표준원 고시 제2017-20호) 부속서 관련 규정은 전동킥보드를 구입하고자 하는 소비자의 자기결정권 및 일반적 행동자유권을 침해한다.
⇨ 심판대상조항은 위험성을 가진 재화의 제조·판매조건을 제약함으로써 최고속도 제한이 없는 전동킥보드를 구입하여 사용하고자 하는 소비자의 자기결정권 및 일반적 행동자유권을 제한할 뿐이다. 전동킥보드의 자전거도로 통행을 허용하는 조치를 실시하기 위해서는 제조·수입되는 전동킥보드가 일정 속도 이상으로는 동작하지 않도록 제한하는 것이 선행되어야 한다. 소비자가 아직 전동킥보드의 자전거도로 통행이 가능하지 않음에도 불구하고 최고속도 제한기준을 준수한 제품만을 구입하여 이용할 수밖에 없는 불편함이 있다고 하여 전동킥보드의 최고속도를 제한하는 안전기준의 도입이 입법목적 달성을 위한 수단으로서의 적합성을 잃었다고 볼 수는 없다. 최고속도 제한을 두지 않는 방식이 이를 두는 방식에 비해 확실히

더 안전한 조치라고 볼 근거가 희박하고, 최고속도가 시속 25km라는 것은 자전거도로에서 통행하는 다른 자전거보다 속도가 더 높아질수록 사고위험이 증가할 수 있는 측면을 고려한 기준 설정으로서, 전동킥보드 소비자의 자기결정권 및 일반적 행동자유권을 박탈할 정도로 지나치게 느린 정도라고 보기 어렵다. **심판대상조항은 과잉금지원칙을 위반하여 소비자의 자기결정권 및 일반적 행동자유권을 침해하지 아니한다**(헌재 2020.2.27, 2017헌마1339).

② [O] 본인인증 조항은 인터넷게임에 대한 연령 차별적 규제수단들을 실효적으로 보장하고, 인터넷게임 이용자들이 게임물 이용 시간을 자발적으로 제한하도록 유도하여 인터넷게임 과몰입 내지 중독을 예방하고자 하는 것으로 그 입법목적에 정당성이 인정되며, 본인인증절차를 거치도록 하는 것은 이러한 목적 달성을 위한 적절한 수단이다. … 게임물 관련 사업자가 본인인증 결과 이외의 정보를 수집하기 위해서는 인터넷게임을 이용하는 사람의 별도의 동의를 받아야 하고, 정보통신망 이용촉진 및 정보보호 등에 관한 법률에서 동의를 얻어 수집된 정보를 보호하기 위한 장치들을 충분히 마련하고 있으며, 회원가입시 1회 본인인증 절차를 거치도록 하는 것이 이용자들에게 게임의 이용 여부 자체를 진지하게 고려하게 할 정도로 중대한 장벽이나 제한으로 기능한다거나 게임시장의 성장을 방해한다고 보기도 어려우므로 침해의 최소성에도 위배되지 아니하고, 본인인증조항을 통하여 달성하고자 하는 게임과몰입 및 중독 방지라는 공익은 매우 중대하므로 법익의 균형성도 갖추었다. 따라서 본인인증 조항은 청구인들의 일반적 행동의 자유 및 개인정보자기결정권을 침해하지 아니한다(헌재 2015.3.26, 2013헌마517).

③ [O] 청소년 보호법상 '인터넷게임'은 게임산업진흥에 관한 법률 (이하 '게임산업법'이라 한다)에 따른 게임물 중 정보통신망을 통하여 실시간으로 제공되는 게임물이라고 정의되어 있다. 따라서 게임의 시작 및 실행을 위하여 인터넷이나 네트워크 등 정보통신망에의 접속이 필요한 게임이라면 기기나 종류를 불문하고 모두 인터넷게임에 해당하고, 게임산업법상 게임물이 아니거나 정보통신망에의 접속이 필요 없는 게임은 인터넷게임에 해당하지 않는다는 것은 누구나 쉽게 알 수 있으므로, 이 사건금지조항에서 '인터넷게임'의 의미는 명확하다. 한편, 청소년 보호법 부칙 및 여성가족부고시(제2013-9호)에서, 스마트폰 등 모바일기기를 이용하는 인터넷게임에 대하여 강제적 셧다운제의 적용을 유예하고 있는데, 이로 인하여 이 사건 금지조항에서 정한 '인터넷게임'의 의미가 불명확해진다고 보기는 어려우므로, 이 사건 금지조항은 죄형법정주의의 명확성원칙에 위반되지 않는다(헌재 2014.4.24, 2011헌마659).

④ [O] 헌법 제10조가 보호하는 명예는 사람이나 그 인격에 대한 사회적 평가, 즉 객관적·외부적 가치평가를 가리키며 단순한 주관적·내면적 명예감정은 헌법이 보호하는 명예에 포함되지 않는다. 그런데, 제주 4·3 특별법은 제주 4·3 사건의 진상규명과 희생자 명예회복을 통해 인권신장과 민주발전 및 국민화합에 이바지함을 목적으로 제정되었고, 위령사업의 시행과 의료지원금 및 생활지원금의 지급 등 희생자들에 대한 최소한의 시혜적 조치를 부여하는 내용을 가지고 있는바, 그에 근거한 이 사건 희생자 결정이 청구인들의 사회적 평가에 부정적 영향을 미쳐 헌법이 보호하고자 하는 명예가 훼손되는 결과가 발생한다고 할 수는 없다. 따라서 이 사건 심판청구

는 명예권 등 기본권침해의 자기관련성을 인정할 수 없어 부적법하다(헌재 2010.11.25, 2009헌마147).

10 답 ③

① [○] 세월호피해지원법은 배상금 등의 지급 이후 효과나 의무에 관한 일반규정을 두거나 이에 관하여 범위를 정하여 하위 법규에 위임한 바가 전혀 없다. 따라서 세월호피해지원법 제15조 제2항의 위임에 따라 시행령으로 규정할 수 있는 사항은 지급 신청이나 지급에 관한 기술적이고 절차적인 사항일 뿐이다. 신청인에게 지급결정에 대한 동의의 의사표시 전에 숙고의 기회를 보장하고, 그 법적 의미와 효력에 관하여 안내해 줄 필요성이 인정된다 하더라도, 세월호피해지원법 제16조에서 규정하는 동의의 효력범위를 초과하여 세월호 참사 전반에 관한 일체의 이의제기를 금지시킬 수 있는 권한을 부여받았다고 볼 수는 없다. 따라서 이의제기 금지조항은 법률유보원칙을 위반하여 법률의 근거 없이 대통령령으로 청구인들에게 세월호 참사와 관련된 일체의 이의제기 금지의무를 부담시킴으로써 일반적 행동의 자유를 침해한다(헌재 2017.6.29, 2015헌마654).

② [○] 5·18보상법 및 같은 법 시행령의 관련 조항을 살펴보면, 적극적·소극적 손해에 대한 배상은 고려되고 있음에 반하여 정신적 손해배상에 상응하는 항목은 존재하지 아니한다. 그럼에도 불구하고 심판대상조항은 적극적·소극적 손해의 배상에 상응하는 보상금 등 지급결정에 동의하였다는 사정만으로 정신적 손해에 대해서까지 재판상 화해가 성립한 것으로 간주하고 있는바, 이는 국가배상청구권에 대한 과도한 제한으로서 침해의 최소성에 위반된다. 그로 인해 제한되는 사익은 공무원의 직무상 불법행위로 인하여 입은 정신적 고통에 대해 적절한 배상을 받지 않았음에도 불구하고 그에 대한 손해배상청구권이 박탈되는 것으로서, 그 제한의 정도가 지나치게 크다. 그러므로 심판대상조항은 법익의 균형성에도 위반된다. 따라서 심판대상조항은 과잉금지원칙에 위반되어 관련자와 그 유족의 국가배상청구권을 침해한다(헌재 2021.5.27, 2019헌가17).

❸ [✕] 형의 집행을 유예하면서 사회봉사를 명할 수 있도록 한 형법 제62조의2는 일반적 행동의 자유를 과도하게 제한하여 과잉금지원칙에 반한다.

⇨ 이 사건 법률조항에 의하여 형의 집행유예와 동시에 사회봉사명령을 선고받은 청구인은 자신의 의사와 무관하게 사회봉사를 하지 않을 수 없게 되어 헌법 제10조의 행복추구권에서 파생하는 일반적 행동의 자유를 제한받게 된다. 청구인은 이 사건 법률조항이 신체의 자유를 제한한다고 주장하나, 이 사건 법률조항에 의한 **사회봉사명령은 청구인에게 근로의무를 부과함에 그치고 공권력이 신체를 구금하는 등의 방법으로 근로를 강제하는 것은 아니어서 이 사건 법률조항이 신체의 자유를 제한한다고 볼 수 없다.** … 사회봉사명령으로 인하여 범죄인은 정해진 시간 동안 정해진 장소에서 본인의 의사와 무관하게 근로를 하지 않을 수 없는 불이익을 입게 되나, 앞서 본 바와 같이 사회봉사명령은 자유형의 집행으로 인한 자유의 제한을 완화하여 주는 것으로서 범죄인에게 유리할 뿐만 아니라, **범죄인에게 사회봉사활동을 하게 하여 사회와 통합하고 재범방지 및 사회복귀를 용이하게 함으로써 달성하는**

공익은 범죄인이 입게 되는 위 불이익보다 훨씬 중요하고 크므로, 이 사건 법률조항은 법익의 균형성원칙에 위배된다고 할 수 없다(헌재 2012.3.29, 2010헌바100).

④ [○] 자기낙태죄 조항으로 인해 임신한 여성은 임신 유지로 인한 신체적·심리적 부담, 출산과정에 수반되는 신체적 고통·위험을 감내하도록 강제당할 뿐 아니라 이에 더하여 다양하고 광범위한 사회적·경제적 고통까지도 겪을 것을 강제당하는 결과에 이르게 된다. 자기낙태죄 조항은 모자보건법에서 정한 사유에 해당하지 않는다면 결정 가능 기간 중에 다양하고 광범위한 사회적·경제적 사유를 이유로 낙태 갈등 상황을 겪고 있는 경우까지도 예외 없이 전면적·일률적으로 임신의 유지 및 출산을 강제하고, 이를 위반한 경우 형사처벌하고 있다. 따라서, 자기낙태죄 조항은 입법목적을 달성하기 위하여 필요한 최소한의 정도를 넘어 임신한 여성의 자기결정권을 제한하고 있어 침해의 최소성을 갖추지 못하였고, 태아의 생명 보호라는 공익에 대하여만 일방적이고 절대적인 우위를 부여함으로써 법익균형성의 원칙도 위반하였다고 할 것이므로, 과잉금지원칙을 위반하여 임신한 여성의 자기결정권을 침해하는 위헌적인 규정이다(헌재 2019.2.28, 2015헌마1204).

11 답 ②

① [○] 군인이 상관의 지시나 명령에 대하여 재판청구권을 행사하는 경우에 그것이 위법·위헌인 지시와 명령을 시정하려는 데 목적이 있을 뿐, 군 내부의 상명하복관계를 파괴하고 명령불복종 수단으로서 재판청구권의 외형만을 빌리거나 그 밖에 다른 불순한 의도가 있지 않다면, 정당한 기본권의 행사이므로 군인의 복종의무를 위반하였다고 볼 수 없다(대판 2018.3.22, 2012두26401).

❷ [✕] 특허법이 규정하고 있는 30일의 제소기간은 90일의 제소기간을 규정하고 있는 행정소송법에 비하여 지나치게 짧아 특허무효심결에 대하여 소송으로 다투고자 하는 당사자의 재판청구권 행사를 불가능하게 하거나 현저히 곤란하게 하여 헌법에 위반된다.

⇨ 특허권의 효력 여부에 대한 분쟁은 신속히 확정할 필요가 있는 점, 특허무효심판에 대한 심결은 특허법이 열거하고 있는 무효사유에 대해 특허법이 정한 방법과 절차에 따라 청구인과 특허권자가 다툰 후 심결의 이유를 기재한 서면에 의하여 이루어지는 것이므로, 당사자가 그 심결에 대하여 불복할 것인지를 결정하고 이를 준비하는 데 그리 많은 시간이 필요하지 않은 점, 특허법은 심판장으로 하여금 30일의 제소기간에 부가기간을 정할 수 있도록 하고 있고, 제소기간 도과에 대하여 추후보완이 허용되기도 하는 점 등을 종합하여 보면, **이 사건 제소기간 조항이 정하고 있는 30일의 제소기간이 지나치게 짧아 특허무효심결에 대하여 소송으로 다투고자 하는 당사자의 재판청구권 행사를 불가능하게 하거나 현저히 곤란하게 한다고 할 수 없으므로, 재판청구권을 침해하지 아니한다**(헌재 2018.8.30, 2017헌바258).

③ [○] 피고인 스스로 치료감호를 청구할 수 있는 권리나, 법원으로부터 직권으로 치료감호를 선고받을 수 있는 권리는 헌법상 재판청구권의 보호범위에 포함되지 않는다. 공익의 대표자로서 준사법기관적 성격을 가지고 있는 검사에게만 치료감호

청구권한을 부여한 것은, 본질적으로 자유박탈적이고 침익적 처분인 치료감호와 관련하여 재판의 적정성 및 합리성을 기하기 위한 것이므로 적법절차원칙에 반하지 않는다. 그렇다면 이 사건 법률조항들은 재판청구권을 침해하거나 적법절차원칙에 반한다고 보기 어렵다(헌재 2021.1.28. 2019헌가24).

④ [O] 심판대상조항은 무익한 항고 제기로 절차가 지연되는 것을 방지하기 위하여 남항고 아님을 담보하는 보증금을 공탁하도록 한 것으로서, 입법목적이 정당하고 수단도 적절하다. 경매절차에 있어 항고보증 공탁비율은 매각대금의 10분의 5에서, 10분의 2, 10분의 1로 변경되었는바, 10분의 1이란 공탁비율은 이해관계인의 권리보장과 신속한 집행절차의 구현을 조화시키기 위한 것으로 재판청구권에 대한 지나친 제한이라고 단정하기 어렵다. 항고보증공탁은 남항고에 따른 경매절차 지연을 방지하기 위한 것으로 항고인은 승소 여부에 따라 보증으로 공탁한 금액의 전부 또는 일부를 반환받을 수 있어 피해를 최소화할 수 있고, 항고인에게 남항고 아님을 소명하는 것에 갈음하여 이를 담보하는 보증금을 공탁하도록 하는 것은 많은 사건의 신속한 처리가 필요한 집행절차에서 수긍할 수 있는 합리적 방법이다. 이러한 점을 고려할 때 심판대상조항이 입법목적 달성을 위하여 필요한 범위를 넘어선 것으로 보기 어렵고, 법익 균형성도 인정된다. 따라서 심판대상조항은 항고인의 재판청구권을 침해하지 아니한다(헌재 2018.1.25. 2016헌바220).

12
답 ①

❶ [×] 전기통신역무제공에 관한 계약을 체결하는 경우 전기통신사업자로 하여금 가입자에게 본인임을 확인할 수 있는 증서 등을 제시하도록 하는 휴대전화가입 본인확인제는 익명으로 통신하고자 하는 자의 통신의 자유를 제한하는 것은 물론, 통신의 비밀까지도 제한한다.
⇨ 심판대상조항은 휴대전화를 통한 문자·전화·모바일 인터넷 등 통신기능을 사용하고자 하는 자에게 반드시 사전에 본인확인 절차를 거치는 데 동의해야만 이를 사용할 수 있도록 하므로, 익명으로 통신하고자 하는 청구인들의 통신의 자유를 제한한다. 반면, **심판대상조항이 통신의 비밀을 제한하는 것은 아니다.** 가입자의 인적사항이라는 정보는 통신의 내용·상황과 관계없는 '비 내용적 정보'이며 휴대전화 통신계약 체결 단계에서는 아직 통신수단을 통하여 어떠한 의사소통이 이루어지는 것이 아니므로 통신의 비밀에 대한 제한이 이루어진다고 보기는 어렵기 때문이다(헌재 2019.9.26. 2017헌마1209).

② [O] 피청구인의 문서열람행위는 형집행법 시행령 제67조에 근거하여 법원 등 관계기관이 수용자에게 보내온 문서를 열람한 행위로서, 문서 전달 업무에 정확성을 기하고 수용자의 편의를 도모하며 법령상의 기간준수 여부 확인을 위한 공적 자료를 마련하기 위한 것이다. 수용자 스스로 고지하도록 하거나 특별히 엄중한 계호를 요하는 수용자에 한하여 열람하는 등의 방법으로는 목적 달성에 충분하지 않고, 다른 법령에 따라 열람이 금지된 문서는 열람할 수 없으며, 열람한 후에는 본인에게 신속히 전달하여야 하므로, 문서열람행위는 청구인의 통신의 자유를 침해하지 아니한다(헌재 2021.9.30. 2019헌마919).

③ [O] 헌법 제18조에서 "모든 국민은 통신의 비밀을 침해받지 아니한다."라고 규정하여 통신의 비밀을 침해받지 아니할 권리 즉, 통신의 자유를 국민의 기본권으로 보장하고 있다. 따라서 통신의 중요한 수단인 서신의 당사자나 내용은 본인의 의사에 반하여 공개될 수 없으므로 서신의 검열은 원칙으로 금지된다고 할 것이다. … 이러한 현행법령과 제도하에서 수형자가 수발하는 서신에 대한 검열로 인하여 수형자의 통신의 비밀이 일부 제한되는 것은 국가안전보장·질서유지 또는 공공복리라는 정당한 목적을 위하여 부득이 할 뿐만 아니라 유효 적절한 방법에 의한 최소한의 제한이며 통신의 자유의 본질적 내용을 침해하는 것이 아니므로 헌법에 위반된다고 할 수 없다(헌재 1998.8.27. 96헌마398).

④ [O] 청구인은 심판대상조항에 의해 표현의 자유 또는 예술창작의 자유가 제한된다고 주장하나, 심판대상조항은 집필문을 창작하거나 표현하는 것을 금지하거나 이에 대한 허가를 요구하는 조항이 아니라 이미 표현된 집필문을 외부의 특정한 상대방에게 발송할 수 있는지 여부에 대해 규율하는 것이므로, 제한되는 기본권은 헌법 제18조에서 정하고 있는 통신의 자유로 봄이 상당하다(헌재 2016.5.26. 2013헌바98).

13
답 ④

① [×] 학교정화구역 내 극장영업금지를 규정한 학교보건법 제6조에 의한 **표현 및 예술의 자유의 제한은 극장 운영자의 직업의 자유에 대한 제한을 매개로 하여 간접적으로 제약되는 것이라** 할 것이고, 입법자의 객관적인 동기 등을 참작하여 볼 때 사안과 가장 밀접한 관계에 있고 또 침해의 정도가 가장 큰 주된 기본권은 직업의 자유라고 할 것이다. 따라서 이하에서는 직업의 자유의 침해 여부를 중심으로 살피는 가운데 **표현·예술의 자유의 침해 여부에 대하여도 부가적으로 살펴보기로 한다**(헌재 2004.5.27. 2003헌가1).

② [×] 헌법 제20조 제1항은 **종교의 자유를 따로 보장하고 있으므로 양심적 병역거부가 종교의 교리나 종교적 신념에 따라 이루어진 것**이라면, 이 사건 법률조항에 의하여 양심적 병역거부자의 종교의 자유도 함께 제한된다. 그러나 양심의 자유는 종교적 신념에 기초한 양심뿐만 아니라 비종교적인 양심도 포함하는 포괄적인 기본권이므로, 이하에서는 **양심의 자유를 중심으로 살펴보기로 한다**(헌재 2004.8.26. 2002헌가1).

③ [×] 채권자에게 채권의 실효성 확보를 위한 수단으로서 채권자취소권을 인정함으로써, 채권자의 재산권과 채무자와 수익자의 일반적 행동의 자유 내지 계약의 자유 및 수익자의 재산권이 서로 충돌하게 되는바, 위와 같은 채권자와 채무자 및 수익자의 기본권들이 충돌하는 경우에 기본권의 서열이나 법익의 형량을 통하여 어느 한 쪽의 기본권을 우선시키고 다른 쪽의 기본권을 후퇴시킬 수는 없다고 할 것이다. **채권자의 재산권과 채무자 및 수익자의 일반적 행동의 자유권 중 어느 하나를 상위기본권이라고 할 수는 없을 것**이고, 채권자의 재산권과 수익자의 재산권 사이에서도 어느 쪽이 우월하다고 할 수는 없을 것이기 때문이다. 따라서 이러한 경우에는 헌법의 통일성을 유지하기 위하여 상충하는 기본권 모두가 최대한으로 그 기능과 효력을 발휘할 수 있도록 조화로운 방법을 모색하되(규범조화적 해석), 법익형량의 원리, 입법에 의한 선택적

재량 등을 종합적으로 참작하여 심사하여야 할 것이다(헌재 2007.10.25. 2005헌바96).

❹ [ㅇ] 어떠한 법령이 수범자의 직업의 자유와 행복추구권 양자를 제한하는 외관을 띠는 경우 두 기본권의 경합문제가 발생하는데, 보호영역으로서 직업이 문제되는 경우 직업의 자유와 행복추구권은 서로 특별관계에 있어 기본권의 내용상 특별성을 갖는 직업의 자유의 침해 여부가 우선하므로, 행복추구권 관련 위헌 여부의 심사는 배제된다고 보아야 한다.

⇨ 어떠한 법령이 수범자의 직업의 자유와 행복추구권 양자를 제한하는 외관을 띠는 경우 두 기본권의 경합문제가 발생하는데, 보호영역으로서 '직업'이 문제되는 경우 직업의 자유와 행복추구권은 서로 특별관계에 있어 기본권의 내용상 특별성을 갖는 직업의 자유의 침해 여부가 우선하므로, 행복추구권 관련 위헌 여부의 심사는 배제된다고 보아야 한다(헌재 2003.9.25. 2002헌마519).

14 답 ③

① [ㅇ] 심판대상조항은 공무원 직무수행에 대한 국민의 신뢰 및 직무의 정상적 운영의 확보, 공무원범죄의 예방, 공직사회의 질서 유지를 위한 것으로서 목적이 정당하고, 형법 제129조 제1항의 수뢰죄를 범하여 금고 이상 형의 선고유예를 받은 국가공무원을 공직에서 배제하는 것은 적절한 수단에 해당한다. 수뢰죄는 수수액의 다과에 관계없이 공무원 직무의 불가매수성과 염결성을 치명적으로 손상시키고, 직무의 공정성을 해치며 국민의 불신을 초래하므로 일반 형법상 범죄와 달리 엄격하게 취급할 필요가 있다. 수뢰죄를 범하더라도 자격정지형의 선고유예를 받은 경우 당연퇴직하지 않을 수 있으며, 당연퇴직의 사유가 직무 관련 범죄로 한정되므로 심판대상조항은 침해의 최소성 원칙에 위반되지 않고, 이로써 달성되는 공익이 공무원 개인이 입는 불이익보다 훨씬 크므로 법익균형성원칙에도 반하지 아니한다. 따라서 심판대상조항은 과잉금지원칙에 반하여 청구인의 공무담임권을 침해하지 아니한다. … 심판대상조항이 청구인의 공무담임권 등을 침해하지 아니하는 이상 적법절차원칙에 위반되지 아니한다(헌재 2013.7.25. 2012헌바409).

② [ㅇ] 어떠한 경우에도 기피신청을 받은 법관 자신은 기피재판에 관여하지 못하고, 기피신청을 받은 법관의 소속 법원이 기피신청을 받은 법관을 제외하면 합의부를 구성하지 못하는 경우에는 바로 위 상급법원이 결정하도록 규정하고 있으며, 기피신청에 대한 기각결정에 대하여는 즉시항고를 할 수 있도록 하여 상급심에 의한 시정의 기회가 부여되는 등 민사소송법에는 기피신청을 한 자의 공정한 재판을 받을 권리를 담보할 만한 법적 절차와 충분한 구제수단이 마련되어 있다(헌재 2013.3.21. 2011헌바219).

❸ [×] 배당기일에 이의한 사람이 배당이의 소(訴)의 첫 변론기일에 출석하지 아니한 때에는 소(訴)를 취하한 것으로 보도록 한 민사집행법 제158조는 이의한 사람의 재판청구권을 침해한다.

⇨ 최초변론기일 불출석시 소취하 의제라는 수단은 원고의 적극적 소송수행을 유도하므로 입법목적의 달성에 효과적이고 적절한 것이고, **원고가 최초의 변론기일에만 출석한다면 그 이후의 불출석으로 인하여 다른 사건에 비하여 특별히 불리한 처우를 받게 되지 않으므로 재판청구권에 대한 과도한 제한이라고 할 수 없다**(헌재 2005.3.31. 2003헌바92).

④ [ㅇ] 교통사고로 사망한 사람의 부모는 형사소송법상 고소권자의 지위에 있을 뿐만 아니라, 비록 교통사고처리 특례법의 보호법익인 생명의 주체는 아니라고 하더라도, 그 교통사고로 자녀가 사망함으로 인하여 극심한 정신적 고통을 받은 법률상 불이익을 입게 된 자임이 명백하므로, 헌법상 재판절차진술권이 보장되는 형사피해자의 범주에 속한다(헌재 2002.10.31. 2002헌마453).

15 답 ④

① [ㅇ] 국방상 또는 국민경제상 긴절한 필요로 인하여 법률이 정하는 경우를 제외하고는, 사영기업을 국유 또는 공유로 이전하거나 그 경영을 통제 또는 관리할 수 없다(헌법 제126조).

② [ㅇ] 농업생산성의 제고와 농지의 합리적인 이용을 위하거나 불가피한 사정으로 발생하는 농지의 임대차와 위탁경영은 법률이 정하는 바에 의하여 인정된다(헌법 제121조 제2항).

③ [ㅇ] 헌법 제119조 제2항은 국가가 경제영역에서 실현하여야 할 목표의 하나로서 '적정한 소득의 분배'를 들고 있지만, 이로부터 반드시 소득에 대하여 누진세율에 따른 종합과세를 시행하여야 할 구체적인 헌법적 의무가 조세입법자에게 부과되는 것이라고 할 수 없다(헌재 1999.11.25. 98헌마55).

❹ [×] 전통시장 등의 보호라는 명분으로 대형마트 등의 영업 자체를 규제하는 유통산업발전법 규정은, 시대의 흐름과 소매시장구조의 재편에 역행할 뿐만 아니라 소비자의 자기결정권을 과도하게 침해하는 과잉규제입법이다.

⇨ **건전한 유통질서를 확립하고, 대형마트 등과 중소유통업의 상생발전을 도모하며, 대형마트 등에 근무하는 근로자의 건강권을 보호하려는 심판대상조항의 입법목적은 정당**하고, 대형마트 등의 영업시간 제한 및 의무휴업일 지정이라는 수단의 적합성도 인정된다. 심판대상조항에 따라 대형마트 등이 경제적 손실을 입고, 소비자가 불편을 겪게 될 수도 있으나, 이는 입법목적을 달성하기 위하여 필요한 최소한의 범위에 그치고 있는 반면, 심판대상조항의 입법목적은 매우 중요하므로, 법익의 균형성도 충족한다. 따라서 **심판대상조항은 과잉금지원칙에 위배되어 직업수행의 자유를 침해하지 않는다**(헌재 2018.6.28. 2016헌바77 등).

16 답 ④

① [×] 구 검사징계법 제2조 제3호의 '검사로서의 체면이나 위신을 손상하는 행위'의 의미는, 공직자로서의 검사의 구체적 언행과 그에 대한 검찰 내부의 평가 및 사회 일반의 여론, 그리고 검사의 언행이 사회에 미친 파장 등을 종합적으로 고려하여 **구체적인 상황에 따라 건전한 사회통념에 의하여 판단할 수 있으므로 명확성원칙에 위배되지 아니한다**(헌재 2011.12.29. 2009헌바282).

② [×] 법적 안정성의 **주관적 측면**은 한번 제정된 법규범은 원칙적으로 존속력을 갖고 자신의 행위기준으로 작용하리라는 개인의 신뢰보호원칙이다(헌재 1996.2.16. 96헌가2).

③ [×] '수혜적 법률'의 경우에는 수혜범위에서 제외된 자가 그 법률에 의하여 평등권이 침해되었다고 주장하는 당사자에 해당되고, 당해 법률에 대한 위헌 또는 헌법불합치 결정에 따라

수혜집단과의 관계에서 평등권침해 상태가 회복될 가능성이 있다면 기본권침해성이 인정된다(헌재 2001.11.29, 99헌마494).

❹ [O] 법인에 대해 무과실의 형사책임을 정한 구 수질환경보전법 양벌규정조항은 책임주의원칙에 위배된다.

⇨ 심판대상조항은 법인의 대리인·사용인 기타의 종업원(이하 '종업원 등'이라 한다)의 범죄행위에 대한 법인의 가담 여부나 이를 감독할 주의의무 위반 여부를 법인에 대한 처벌요건으로 규정하지 않고, 법인이 면책될 가능성에 대해서도 정하지 않은 채, 법인을 종업원 등과 같이 처벌하도록 정하고 있다. 이는 헌법상 법치국가원리로부터 도출되는 책임주의원칙에 위배된다(헌재 2021.4.29, 2019헌가2).

17   답 ④

① [O] 환매권 발생기간 '10년'을 예외 없이 유지하게 되면 토지수용 등의 원인이 된 공익사업의 폐지 등으로 공공필요가 소멸하였음에도 단지 10년이 경과하였다는 사정만으로 환매권이 배제되는 결과가 초래될 수 있다. 다른 나라의 입법례에 비추어 보아도 발생기간을 제한하지 않거나 더 길게 규정하면서 행사기간 제한 또는 토지에 현저한 변경이 있을 때 환매거절권을 부여하는 등 보다 덜 침해적인 방법으로 입법목적을 달성하고 있다. 이 사건 법률조항은 침해의 최소성원칙에 어긋난다. 결국 이 사건 법률조항은 헌법 제37조 제2항에 반하여 국민의 재산권을 침해하여 헌법에 위반된다(헌재 2020.11.26, 2019헌바131).

② [O] 전기통신금융사기는 범행 이후 피해금 인출이 신속히 이루어지고 전기통신금융사기의 범인은 동일한 계좌를 이용하여 다수의 피해자를 상대로 여러 차례 범행을 저지를 가능성이 있으므로, 어느 한 피해자의 피해구제 신청으로 사기이용계좌라는 점이 드러난 경우 전기통신금융사기로 인한 피해를 실효적으로 구제하기 위하여는 피해금 상당액을 넘어 사기이용계좌 전부에 대하여 지급정지를 하는 것이 불가피하다. 지급정지조항으로 인하여 사후적으로 전기통신금융사기와 무관함이 밝혀진 계좌 명의인의 재산권이 일시적으로 제한될 수는 있으나, 그 제한의 정도가 전기통신금융사기 피해자를 실효적으로 구제하려는 공익에 비하여 결코 중하다고 볼 수 없다. 따라서 지급정지조항은 과잉금지원칙을 위반하여 청구인의 재산권을 침해하지 않는다(헌재 2022.6.30, 2019헌마579).

③ [O] 학교용지에 대한 도시계획시설사업(학교)의 지연으로 학교용지의 매수가 장기간 지체되고, 나대지인 경우와 같이 학교용지를 종래의 목적으로도 사용할 수 없거나 또는 더 이상 법적으로 허용된 토지이용의 방법이 없는 등 학교용지에 대한 재산권 제한이 토지소유자가 수인해야 하는 사회적 제약의 한계를 넘게 되는 경우라 하더라도, '국토의 계획 및 이용에 관한 법률' 제47조, 제48조가 정한 매수청구권, 개발행위의 허용, 도시계획시설결정의 실효 등 가혹한 침해를 완화하고 적절하게 보상하는 제도가 이미 마련되어 있다. 따라서 이 사건 법률조항은 재산권을 침해하지 않는다(헌재 2010.4.29, 2008헌바70).

❹ [✕] 상호신용금고의 예금채권자에게 예탁금의 한도 안에서 상호신용금고의 총재산에 대하여 다른 채권자에 우선하여 변제받을 권리를 부여하는 것은 공적자금 등의 보호필요성에 근거하므로 다른 일반 채권자의 재산권을 침해하지 않는다.

⇨ 이 사건 예금자우선변제제도가 도입된 배경에 비추어 보면 영세상공인이 주로 거래하는 서민금융기관의 공신력을 보장하고 서민예금채권자를 보호하기 위한 것이라고 할 수 있다. 그런데 이 사건 법률조항이 예금의 종류나 한도를 묻지 아니하고 예탁금 전액에 대하여 우선변제권을 부여하는 것은 위와 같은 입법취지를 벗어난 것이라고 볼 여지가 있다. 상호신용금고의 예금채권을 특별히 보호해야 할 필요성이 있다고 하더라도 입법자는 예금의 종류나 한도를 묻지 않고 무제한적인 우선변제권을 줄 것이 아니라 입법취지에 맞게 예금의 종류나 한도를 제한하여 다른 일반채권자의 재산권 침해를 최소화할 헌법상 의무가 있는 것이다. 결국 이 사건 예금자우선변제제도는 상호신용금고의 예금채권자를 우대하기 위하여 상호신용금고의 일반채권자를 불합리하게 희생시킴으로써 일반 채권자의 평등권 및 재산권을 침해한다고 하지 않을 수 없으므로, 이 사건 법률조항은 헌법 제11조 제1항과 제23조 제1항에 위반된다[헌재 2006.11.30, 2003헌가14·15(병합)].

18   답 ④

① [O] 직업선택의 자유에 대한 제한은 헌법 제37조 제2항에서 도출되는 과잉금지원칙에 따라, 반드시 법률로써 하여야 할 뿐 아니라 국가안전보장·질서유지·공공복리라는 공공의 목적을 달성하기 위하여 필요하고 적정한 수단·방법에 의해서만 가능하다(헌재 2016.12.29, 2016헌마550).

② [O] 변호사 광고에 대한 합리적 규제는 필요하지만, 광고표현이 지닌 기본권적 성질을 고려할 때 광고의 내용이나 방법적 측면에서 꼭 필요한 한계 외에는 폭넓게 광고를 허용하는 것이 바람직하다. 각종 매체를 통한 변호사 광고를 원칙적으로 허용하는 변호사법 제23조 제1항의 취지에 비추어 볼 때, 변호사 등이 다양한 매체의 광고업자에게 광고비를 지급하고 광고하는 것은 허용된다고 할 것인데, 이러한 행위를 일률적으로 금지하는 위 규정은 수단의 적합성을 인정하기 어렵다. 대가수수 광고금지규정이 아니더라도 변호사법이나 다른 규정들에 의하여 입법목적을 달성할 수 있고, 공정한 수임질서를 해치거나 소비자에게 피해를 줄 수 있는 내용의 광고를 특정하여 제한하는 등 완화된 수단에 의해서도 입법목적을 같은 정도로 달성할 수 있다. 나아가, 위 규정으로 입법목적이 달성될 수 있을지 불분명한 반면, 변호사들이 광고업자에게 유상으로 광고를 의뢰하는 것이 사실상 금지되어 청구인들의 표현의 자유, 직업의 자유에 중대한 제한을 받게 되므로, 위 규정은 침해의 최소성 및 법익의 균형성도 갖추지 못하였다. 따라서 대가수수 광고금지규정은 과잉금지원칙에 위반되어 청구인들의 표현의 자유와 직업의 자유를 침해한다(헌재 2022.5.26, 2021헌마619).

③ [O] 성기구라고 하여 무차별적으로 판매 등이 금지되는 것이 아니라 그 형상이나 색깔, 재질 등을 살펴 형상 자체의 자극과 표현의 노골성을 이유로 사람의 존엄성과 가치를 심각하게 훼손·왜곡함으로써 음란한 물건으로 인정되는 예외적인 경우에만 판매 등이 금지되고, 그러한 성기구를 소비자가 구입하지 못하게 될 뿐 음란성이 인정되지 아니하는 성기구 일반의 판매 또는 소지가 금지되는 것은 아닌 점, 이처럼 예외적으로 판매 등이 금지되는 성기구를 일반적으로 유형화하기 어려워 개별 사안에서 판단할 수밖에 없는 점 등에 비추어 보면, 이 사건 법률조항이 성기구 판매자의 직업수행의 자유 및

성기구 사용자의 사생활의 비밀과 자유를 과도하게 제한하여 침해최소성원칙에 위반된다고 보기는 어렵고, 법익의 균형성도 인정되므로 이 사건 법률조항은 과잉금지원칙에 위배되지 아니한다(헌재 2013.8.29, 2011헌바176).

❹ [×] 택시운전자격을 취득한 자가 친족관계인 사람을 강제추행하여 금고 이상의 실형을 선고받은 경우 그 택시운전자격을 취소하도록 규정한 '여객자동차 운수사업법' 제87조 제1항 단서 제3호 중 해당 부분은 직업선택의 자유에 대한 과도한 제한에 해당된다.

  ⇨ 택시운전을 주된 업이자 생계수단으로 영위해 온 사람은 심판대상조항에 의하여 직업선택의 자유에 상당한 제한을 받게 되나, 현대 대중교통에서 택시가 차지하는 비중 및 특수성과 더불어 성폭력 범죄의 중대성, 반사회성 등을 고려해 볼 때 **국가가 택시를 이용하는 국민의 생명·신체 등에 중대한 침해를 가할 수 있는 위험이 현실화되는 것을 방지하기 위하여 성폭력처벌법상 범죄로 실형을 선고받은 사람을 택시운송사업의 운전업무에서 배제해야 할 공익상 필요는 매우 크다.** 이와 같은 점을 종합할 때, 심판대상조항은 과잉금지원칙에 위배되지 아니한다(헌재 2020.5.27, 2018헌바264).

---

19   답 ④

① [×] 이 사건 조항이 학교, 교육방송 및 다른 사교육에 대하여는 교습시간을 제한하지 않으면서 학원 및 교습소의 교습시간만 제한하였다고 하여도 **공교육의 주체인 학교 및 공영방송인 한국교육방송공사가 사교육 주체인 학원과 동일한 지위에 있다고 보기 어렵고,** 다른 사교육인 개인과외교습이나 인터넷 통신 강좌에 의한 심야교습이 초래하게 될 사회적 영향력이나 문제점이 학원에 의한 심야교습보다 적으므로 학원 및 교습소의 교습시간만 제한하였다고 하여 이를 두고 **합리적 이유 없는 차별이라고 보기는 어려운바,** 이 사건 조항이 학원 운영자 등의 평등권을 침해하였다고 보기는 어렵다(헌재 2009.10.29, 2008헌마635).

② [×] 이 사건 법률조항이 정하고 있는 '1세대'를 기준으로 하여 3주택 이상 보유자에 대해 중과세하는 방법은 보유 주택수를 억제하여 주거생활의 안정을 꾀하고자 하는 이 사건 법률조항의 입법목적을 위하여 일응 합리적인 방법이라 할 수 있다. 그러나 혼인으로 새로이 1세대를 이루는 자를 위하여 상당한 기간 내에 보유 주택수를 줄일 수 있도록 하고 그러한 경과규정이 정하는 기간 내에 양도하는 주택에 대해서는 혼인 전의 보유 주택수에 따라 양도소득세를 정하는 등의 완화규정을 두는 것과 같은 손쉬운 방법이 있음에도 이러한 **완화규정을 두지 아니한 것은 최소침해성원칙에 위배된다고** 할 것이고, 이 사건 법률조항으로 인하여 침해되는 것은 헌법이 강도 높게 보호하고자 하는 헌법 제36조 제1항에 근거하는 혼인에 따른 차별금지 또는 혼인의 자유라는 헌법적 가치라 할 것이므로 이 사건 법률조항이 달성하고자 하는 **공익과 침해되는 사익 사이에 적절한 균형관계를 인정할 수 없어 법익균형성원칙에도 반한다.** 결국 이 사건 법률조항은 과잉금지원칙에 반하여 헌법 제36조 제1항이 정하고 있는 혼인에 따른 차별금지원칙에 위배되고, 혼인의 자유를 침해한다(헌재 2011.11.24, 2009헌바146).

③ [×] '사립학교교직원 연금법'상 퇴직급여 및 퇴직수당을 받을 권리는 **사회적 기본권의 하나인 사회보장수급권인 동시에 경제적 가치가 있는 권리로서 헌법 제23조에 의하여 보장되는

재산권이다(헌재 2013.9.26, 2013헌바170).

❹ [O] 친생부인의 소의 제척기간을 규정한 민법 제847조 제1항 중 '부가 그 사유가 있음을 안 날로부터 2년 내' 부분은 친생부인의 소의 제척기간에 관한 입법재량의 한계를 일탈하지 않은 것으로서 헌법에 위반되지 아니한다.

  ⇨ 헌재 1997.3.27, 95헌가14 등 결정의 취지에 따라 2005.3.31. 법률 제7427호로 개정된 민법 제847조 제1항은 '친생부인의 사유가 있음을 안 날'을 제척기간의 기산점으로 삼음으로써 부(夫)가 혈연관계의 진실을 인식할 때까지 기간의 진행을 유보하고, '그로부터 2년'을 제척기간으로 삼음으로써 부(夫)의 친생부인의 기회를 실질적으로 보장하고 있다. 또한 2년이라는 기간은 자녀의 불안정한 지위를 장기간 방치하지 않기 위한 것으로서 지나치게 짧다고 볼 수 없다. 따라서 민법 제847조 제1항 중 '부(夫)가 그 사유가 있음을 안 날부터 2년 내' 부분은 친생부인의 소의 제척기간에 관한 입법재량의 한계를 일탈하지 않은 것으로서 헌법에 위반되지 아니한다(헌재 2015.3.26, 2012헌바357).

---

20   답 ③

㉠ [O] '양심의 자유'가 보장하고자 하는 '양심'은 민주적 다수의 사고나 가치관과 일치하는 것이 아니라, 개인적 현상으로서 지극히 주관적인 것이다. 양심은 그 대상이나 내용 또는 동기에 의하여 판단될 수 없으며, 특히 양심상의 결정이 이성적·합리적인가, 타당한가 또는 법질서나 사회규범, 도덕률과 일치하는가 하는 관점은 양심의 존재를 판단하는 기준이 될 수 없다(헌재 2004.8.26, 2002헌가1).

㉡ [×] 종교단체가 운영하는 학교 형태 혹은 학원 형태의 교육기관도 예외 없이 학교설립인가 혹은 학원설립등록을 받도록 규정하고 있는 것은 **종교의 자유를 침해하였다고 볼 수 없다**(헌재 2000.3.30, 99헌바14).

㉢ [×] 헌법 제19조에서 말하는 양심이란 세계관·인생관·주의·신조 등은 물론 이에 이르지 아니하여도 보다 널리 개인의 인격형성에 관계되는 내심에 있어서의 가치적·윤리적 판단도 포함된다. 그러므로 양심의 자유에는 널리 사물의 시시비비나 선악과 같은 윤리적 판단에 국가가 개입해서는 아니 되는 내심적 자유는 물론, 이와 같은 **윤리적 판단을 국가권력에 의하여 외부에 표명하도록 강제받지 아니할 자유까지 포괄한다**(헌재 1998.7.16, 96헌바35).

㉣ [O] 적성시험 시행공고가 시험의 시행일을 일요일로 정하고 있는 것은 대다수의 국민의 응시기회 보장 및 용이한 시험관리라는 정당한 목적을 달성하기 위한 적절한 수단이며, 시험장으로 임차된 학교들의 구체적인 학사일정에 차이가 있고 주5일 근무제의 시행이 배제되는 사업장이 존재하며 국가시험의 종류에 따라 시험의 시행기관 및 투입비용 등이 다르다는 점에 비추어 위 공고가 피해의 최소성 및 법익균형성원칙에 반하여 종교의 자유를 침해한다고 볼 수 없다. 또한, 기독교 문화를 사회적 배경으로 하는 구미 제국과 달리 우리나라에서는 일요일이 특정 종교의 종교의식일이 아니라 일반적 공휴일에 해당한다는 점 등을 고려하면 일요일에 적성시험을 실시하는 것이 특정 종교를 믿는 자들을 불합리하게 차별대우하는 것이라고 볼 수도 없다(헌재 2010.4.29, 2009헌마399).

2023 최신개정판

해커스경찰
신동욱
경찰헌법 실전동형모의고사 1

개정 2판 1쇄 발행 2023년 2월 6일

지은이	신동욱 편저
펴낸곳	해커스패스
펴낸이	해커스경찰 출판팀

주소	서울특별시 강남구 강남대로 428 해커스경찰
고객센터	1588-4055
교재 관련 문의	gosi@hackerspass.com
	해커스경찰 사이트(police.Hackers.com) 교재 Q&A 게시판
	카카오톡 플러스 친구 [해커스경찰]
학원 강의 및 동영상강의	police.Hackers.com

ISBN	979-11-6880-995-6 (13360)
Serial Number	02-01-01

경찰공무원 1위,
해커스경찰 police.Hackers.com

해커스 경찰

· 정확한 성적 분석으로 약점 극복이 가능한 **합격예측 모의고사**(교재 내 응시권 및 해설강의 수강권 수록)
· 해커스 스타강사의 **경찰헌법 무료 동영상강의**
· **해커스경찰 학원 및 인강**(교재 내 인강 할인쿠폰 수록)

한경비즈니스 선정 2019 한국 소비자 만족지수 교육(경찰공무원) 부문 1위